JN022940

ゼロからはじめる

［近代建築］入門

原口秀昭著

彰国社

装丁＝早瀬芳文
装画＝内山良治
本文フォーマットデザイン＝鈴木陽子

はじめに

「空間構成」こそが近代建築の要諦だ！

学生の頃から筆者が感じていたことです。近世以前の建築は主に立面に現れた表現をグルーピングする「様式史」のなかで語られますが、近代建築で同じ方法をとると、少々物足りなさを感じます。なぜならフランク・ロイド・ライト、ル・コルビュジエ、ミース・ファン・デル・ローエらの作品の中では、新しい「空間構成」が際立っているからです。伝統的な箱を解体した、あるいは箱を変質した新しい「空間構成」こそ、彼らが試行錯誤したものだからです。

筆者は学生の頃に「空間構成」がわかりやすいアクソノメトリック図を描き、「都市住宅」や「SD」、「新建築」に連載記事を載せ、その結果として『20世紀の住宅』（鹿島出版会、1994）、『ルイス・カーンの空間構成　アクソメで読む20世紀の建築家たち』（彰国社、1998）やその英訳版、中国語訳版を出版してきました。本書ではその当時描いたアクソノメトリック図も数多く採用し、陰影を付け直し、解説を加えています。

本書ではまず全体像をつかむための近代建築の概観、近代建築に影響を与えた近世建築、産業革命後の技術的成果としてのS造、S造によるオフィスビル、RC造、近代建築で典型的なタイプの英米の住宅と話を進めます。そしてフランク・ロイド・ライト、ル・コルビュジエ、ミース・ファン・デル・ローエ、ルイス・カーン、アルヴァ・アアルトといった巨匠たちはもちろんのこと、トニー・ガルニエ、オーギュスト・ペレ、エドウィン・ランドシーア・ラッチェンスらの第1世代の建築家にもページを多めに割き、単なる表面的な通史ではなく、ところどころで深掘りした作家論としています。作家を神格化するのではなく相対比するために、さまざまな構成の比較も試みています。本書により近代建築を概観するばかりでなく、各建築家の空間構成を理解し、建築を考える際の基礎となるように配慮しました。

「ゼロからはじめる」シリーズのイラストを中心として建築を語る本は、東京大学大学院時代の恩師であり建築史家の故鈴木博之氏から励まされて書き続けてきたもので、本書で17冊目となります。またその多くが中国、台湾、韓国で翻訳されています。ブログ（https://plaza.rakuten.co.jp/mikao/）やHP（https://mikao-investor.com/）にも記事や動画をまとめているので、参照してください。本書を出すにあたり、彰国社編集部の尾関恵さんには大変お世話になりました。この場を借りてお礼申し上げます。

2023年6月　　原口秀昭

コルのドミノが
近代建築の始点
だよ！ミキちゃん
17世紀半ばには
あったわよ！
アキラ

もくじ　CONTENTS

7　アメリカの住宅

8　フランク・ロイド・ライトの住宅

9　ミース・ファン・デル・ローエ

10　ル・コルビュジエ

11　ル・コルビュジエ以後

ゼロからはじめる

[近代建築]入門

建築史における近代の長さ

Q 建築史における近代の長さは？

▼

A 狭義で約100年、広義で約200年です。

時代を3分割した古代（Ancient ages）、中世（Medieval ages）、近世（Early ages）では、古代は約2000年、中世は約1000年、近世は約500年と2分の1ずつ短くなります。MedievalのMedはMediterranean（地中海）のMedと同様に、挟まれた状態、中間を表す接頭語です。時代3分割は、ルネサンスの時代に提示されましたが、後にフランス革命、産業革命後の世界を区分するために、近世と近代（Modern ages）を分けるようになります。近代がフランス革命、産業革命とそれに伴う技術・社会変革からだとすると約200年、RC造やS造ラーメンとそれ独自のデザインが普及する20世紀初頭からだとすると約100年の長さになります。全体を首の長い恐竜（ティタノサウルス）の身長にたとえると、長い首は古代、胴体は中世、短い脚は近世で、近代は足先のわずかな高さとなります。

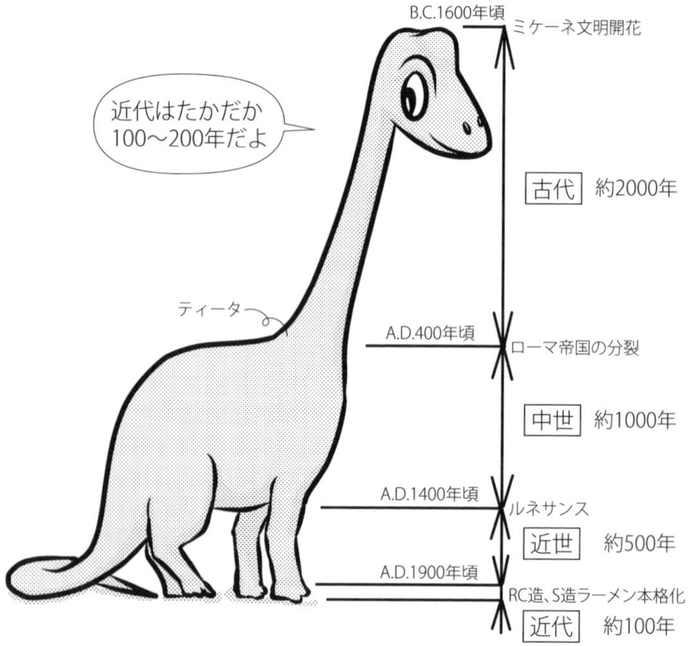

B.C.1600年頃
ミケーネ文明開花
近代はたかだか
100～200年だよ
古代 約2000年
ティータ
A.D.400年頃
ローマ帝国の分裂
中世 約1000年
A.D.1400年頃
ルネサンス
近世 約500年
A.D.1900年頃
RC造、S造ラーメン本格化
近代 約100年

- 時代の長さを大まかにとらえるため、年代の数字は強引に丸めてあります。日本では1900年頃に近世様式建築と近代建築がほぼ同時に流入して建築の西洋化≒近代化がはじまるので、近代の長さは約100年です。

近世建築、近代建築のルーツ

Q 近世建築、近代建築のルーツは？

A 近世建築のルーツは古代ギリシャ、ローマ。近代建築のルーツは産業革命です。

近世建築の主流である古典主義のルーツ（根、根源）はギリシャ、ローマです。一方近代建築のルーツは産業革命であり、近世建築とは違う地盤から発生しています。18世紀から19世紀にかけて主にイギリスで起きた産業革命で工業化が進み、鉄、コンクリート、ガラスが量産されるようになります。鉄の骨組は工場、温室、駅舎、市場、アーケードなどに登場し、徐々に一般の建物内部に進出、19世紀末には建物外壁にも鉄が現れます。また都市と郊外への人口集中、鉄道の普及、中産階級の発生もこの時期です。19世紀は反工業化や中世回帰、古典主義やゴシックの復興もあって、旧様式と新技術によるデザインが混在する時代です。本格的に近代建築が普及しはじめるのは、19世紀末から20世紀初頭です。

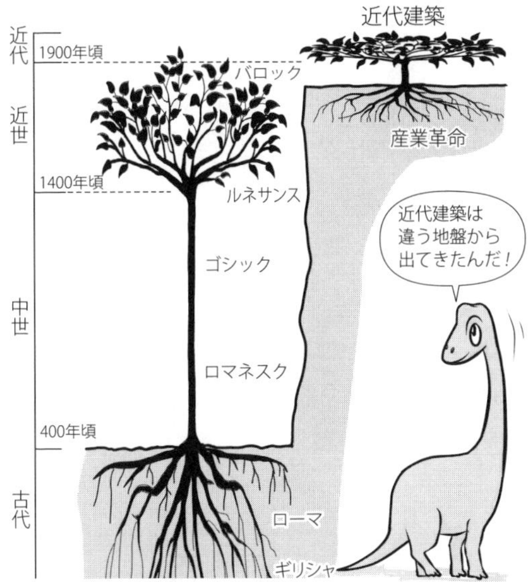
近代建築
近代
1900年頃
バロック
近世
産業革命
1400年頃
ルネサンス
近代建築は
違う地盤から
出てきたんだ！
ゴシック
中世
ロマネスク
400年頃
古代
ローマ
ギリシャ

● 多くの建築史家が、近世建築と近代建築を結び付ける説を展開していますが、RCラーメン構造、Sラーメン構造を生かした横長窓や大ガラス面をもつ伝統的装飾のない直方体、いわゆる国際様式は、決して近世建築から出たものではありません。トニー・ガルニエのアカデミーへの態度（R165参照）を見ればわかるように、近代建築はどちらかというと近世建築への反抗、否定から生まれたものです。初期近代建築の建築家たちは、レジスタンスのように、既成の圧倒的勢力にゲリラ的に抵抗する者たちでした。

R003

Q 新古典主義（ネオクラシシズム：Neoclassicism）とは？

▼

A 18世紀から19世紀中頃までに流行した厳格化、単純化された古典主義です。

新古典主義は、それ以前のバロック、ロココの動的で豊穣な古典主義の反動として、単純さ、純粋さ、生真面目さが際立った古典主義です。古典主義（Classicism）とはギリシャ、ローマに範を求めるヨーロッパでは保守本流の様式ですが、ギリシャの考古学的研究が盛んになり、ギリシャや原型への回帰も謳われました。フランスのクロード・ニコラ・ルドゥーによる立方体、球、円筒などを用いたデザインは、その装飾の少ない純粋形態から近代性の現れ、近代建築の始点のひとつとよく語られます。

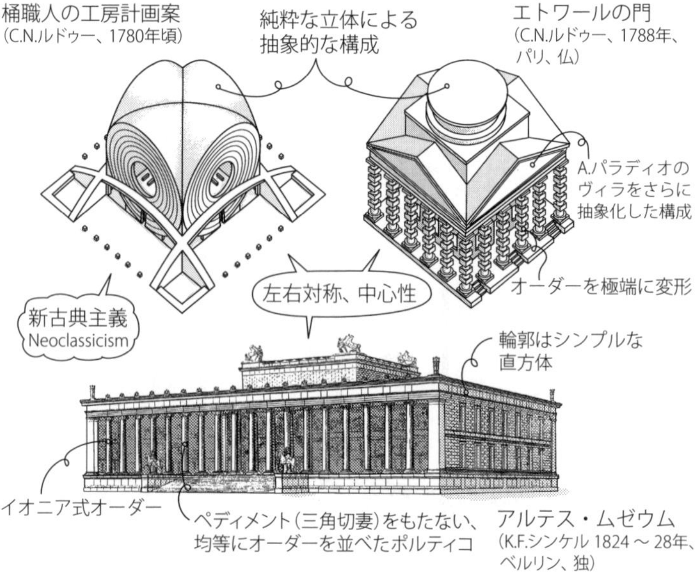

桶職人の工房計画案
（C.N.ルドゥー、1780年頃）

純粋な立体による
抽象的な構成

エトワールの門
（C.N.ルドゥー、1788年、
パリ、仏）

A.パラディオの
ヴィラをさらに
抽象化した構成

オーダーを極端に変形

左右対称、中心性

新古典主義
Neoclassicism

輪郭はシンプルな
直方体

イオニア式オーダー

ペディメント（三角切妻）をもたない、
均等にオーダーを並べたポルティコ

アルテス・ムゼウム
（K.F.シンケル 1824～28年、
ベルリン、独）

- ルドゥーのデザインは、装飾が少ないといっても単純化されたオーダーやパラディアン・モチーフ（アーチの両側に小開口とオーダーを配した形）をよく用いており、また左右対称や中心の強調（中心性）によって形をまとめる構成は、きわめて古典主義的なものです。純粋形態、幾何学は建築に必須なものとして古代からあるもので、純粋形態が近代性の現れとするならば、エジプトのピラミッドも近代建築となってしまいます。また正多面体を意味するプラトン立体は、文字通り古代ギリシャに端を発します。純粋形態で近代建築の歴史を遡るならば、限りなく遡れてしまうことになります。

参考文献　1-1、1-2、1-3

Q 新古典主義以降、19世紀のヨーロッパの様式は？

▼

A ゴシック・リバイバル（Gothic revival：ゴシック復興）、ロマネスク・リバイバル（Romanesque revival：ロマネスク復興）、ネオバロック（Neobaroque：新バロック）、ピクチャレスク（Picturesque）など。

厳格で単純明快な新古典主義に対抗するように、主にイギリスでゴシック・リバイバルが、またパリのオペラ座のような豊穣、複雑な古典主義であるネオバロックが起こります。中世初期のロマネスクも復興されます。また様式によらずに、自然の風景のように、あるいは舞台の書き割りのように建築、庭園を絵画的に構成しようとするピクチャレスクも同時並行で進みます。19世紀では様式が相対化し、着せ替え人形のように建物にさまざまな様式をかぶせ、どの様式が正当かの様式論争が盛んになります。建築デザインの流行は、単純→複雑→単純を繰り返す傾向にあります。単純な新古典主義に対抗するような19世紀の複雑なデザインの後にやってくるのが、単純明快、簡潔、純粋が売りのインターナショナル・スタイル、モダニズム建築、モダンデザインです。

ゴシック・リバイバル
複雑な形が多いよ！
単純な新古典主義の後だから

英国国会議事堂（C.バリー、A.W.N.ピュージン、1836～68年、ロンドン、英）

ネオバロック

パリ・オペラ座
（C.ガルニエ、1875年、パリ、仏）

ピクチャレスク

クラグサイド
（R.N.ショウ、1863～1875年、ロスバリー、英）

参考文献　1-4、1-5

Q 建築におけるモダニズム（modernism：近代主義）とは？

▼

A 合理主義、機能主義、科学技術にもとづき、工業化社会に根差した建築を支持する考え方で、様式的細部や装飾は不合理で無駄なものとして排除されます。

合理主義（rationalism）とは宗教などによらずに理性をよりどころとする思想ですが、建築で合理主義というと、様式によらずに抽象的、幾何学的な形態を志向するデザインや無駄を極力省こうとするミニマリズム（minimalism）の考え方を指します。機能主義（functionalism）とは機能をよりどころとする思想ですが、建築では様式や感覚によらずに機能から形態が生ずるとする考えです。科学技術や規格化された工業生産を肯定する思想も、モダニズムには含まれています。中世的な職人による手工業を否定し、工業による規格化と大量生産、機械による能率的な施工を肯定しています。一般にはインターナショナル・スタイル（国際様式）と呼ばれるル・コルビュジエ、ミース・ファン・デル・ローエ、ワルター・グロピウスらの作品をモダニズムの建築と総称します。

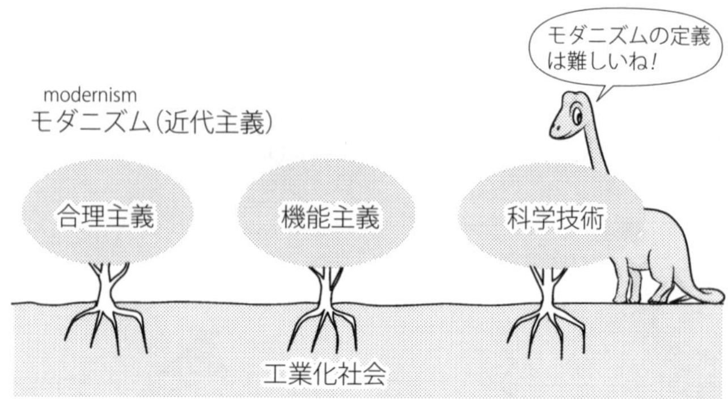
モダニズムの定義
は難しいね！
modernism
モダニズム（近代主義）
合理主義
機能主義
科学技術
工業化社会

- モダニズムは合理主義、機能主義をキャッチフレーズとして世界制覇を果たしましたが、資本主義下の経済合理主義にもピタリと一致したものでした。クライアントの資本家たちは、コストのかかる装飾過多なデザインや奇抜なデザインをしてもらっては困るが、かといって平凡で退屈なものも困るというプレッシャーを建築家たちにかけ続けました。

Q 建築における機能主義（functionalism）とは？

A 機能（function）、効用、用途、使用目的から建築を設計しようとするデザインや思潮のことです。

古代ギリシャのソクラテスは、建築に関しては厳しい機能主義的立場をとっていたとされています（＊1）。また古代ローマのウィトルウィウスの有名な言葉「強、用、美」において、用が機能を指すことは言うまでもありません。すなわち建築における機能主義は古代からあるもので、近代で初めて出てきたものではありません。"Form follows function."（形は機能に従う）は19世紀末にシカゴでオフィスビルをつくっていたルイス・ヘンリー・サリヴァンの言葉ですが、彼の建築には機能で説明不可能な鋳鉄やテラコッタの緻密な装飾が多く付けられており（R123参照）、その装飾によって同時代のオフィスビルと差別化されています。

実際、建築の機能は機械のようには厳密に決められず大ざっぱなもので、その機能によって形態が1対1に決まるものでもありません。近代建築家は、近世における古典主義、ゴシック、ロマネスクなどの立面表現様式から設計しようとする態度や、パリのボザール（国立高等美術学校）などのアカデミーに対抗するために、伝統的様式によらずに、建物の機能、効用、目的から設計すべきとしたのです。様式主義に対抗するため、過去の様式から分離するため、ゲーム・チェンジをするための機能主義だったわけです。

Form follows function!
形は機能に従う！
機能主義の合い言葉

L.H.サリヴァン
（1856～1924年）

緻密な鋳鉄による装飾

機能では説明
できないわよ！

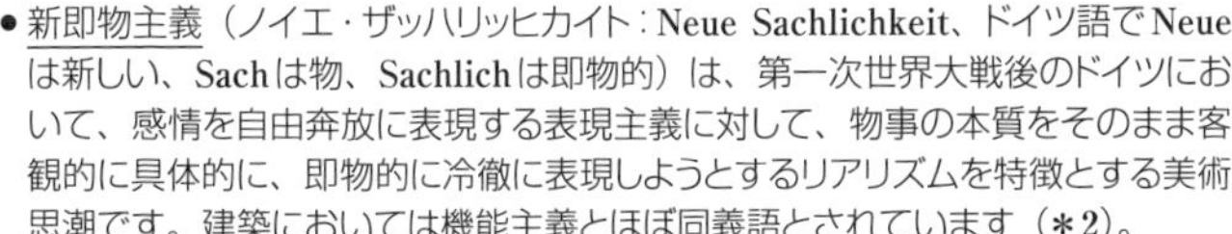

- 新即物主義（ノイエ・ザッハリッヒカイト：Neue Sachlichkeit、ドイツ語でNeueは新しい、Sachは物、Sachlichは即物的）は、第一次世界大戦後のドイツにおいて、感情を自由奔放に表現する表現主義に対して、物事の本質をそのまま客観的に具体的に、即物的に冷徹に表現しようとするリアリズムを特徴とする美術思潮です。建築においては機能主義とほぼ同義語とされています（＊2）。

＊1　1-6（p.12）　＊2　1-6（p.1）／参考文献　1-6

Q 機械のイメージは近代建築にどのように影響した？

A 機能的な部品の構成から決められた機能を普遍的に果たす機能主義、伝統様式によらない機能から決まるデザイン、庶民のための低コストの量産システムなど。

産業革命期から自動で動く機械の大型化、量産化が進み、機械が世界を変えていきました。ル・コルビュジエはルイ何世様式など捨てて、新しい時代の新しい精神を有する機械にならって、建築をつくろうとしました。シトロアン型住宅は車のシトロエンからとった名前で、安価に量産される、庶民の住宅がめざされています。彼の言う「住宅は住むための機械」の機械は、無機的な金属的な冷たい機械ではなく、庶民が親しむ車、船、飛行機のような機械だったように思われます。コルビュジエが提唱する、日光浴ができる屋上庭園も、船のデッキのイメージから来ているようで、鉄パイプの手すりにもそれが表れています。

シトロアン型住宅（ル・コルビュジエ、1922年）：サロン・ドートンヌ（秋のサロン）に出展
Citrohan

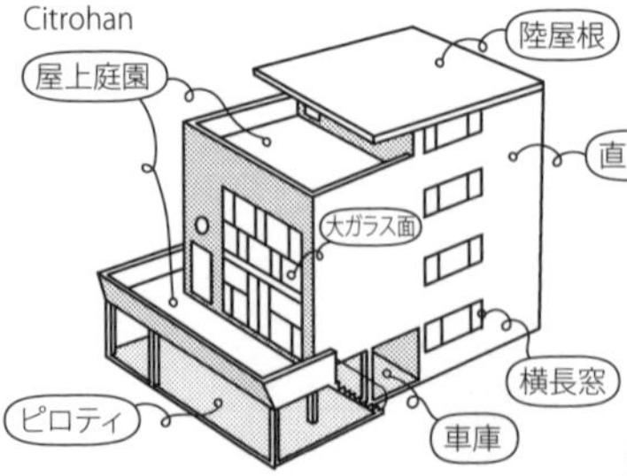

屋上庭園
陸屋根
直方体
大ガラス面
横長窓
ピロティ
車庫

車のように量産できる、住むための機械をめざしたのよ！

シトロエン社の車
Citroën
必要最小限のスペース
無駄な装飾がない

「偉大な時代がはじまったところだ」
「新しい精神が存在している」

ル・コルビュジエ著『建築をめざして』（1924年）に載せられた船と飛行機の写真

「飛行機の教訓は、課題の提起からその実現までを貫く論理にある」

船のデッキのイメージだよ

ル・コルビュジエ
（1887～1965年）

サヴォア邸斜路のスロープと手すり
（ル・コルビュジエ、1917～31年、ポワシー、仏）

水道管が手すり?!

45φ
30φ
30φ
30φ
35φ
mm　ファイ：直径
寸法：著者現地実測

参考文献　1-7／出典　1-7（写真）

インターナショナル・スタイル

Q インターナショナル・スタイル（国際様式）の3つの原理とは？

A ①ヴォリュームとしての建築、②規則性、③装飾の忌避です。

フィリップ・ジョンソンとヘンリー・ラッセル・ヒッチコックによって、1932年にニューヨーク近代美術館で開催された「モダン・アーキテクチャー展」にて、20年代の近代建築を指してインターナショナル・スタイル（国際様式）という様式名がつけられました。伝統的建築の重々しい量塊に対して①薄い面に包まれたヴォリュームとしての建築、②対称性ではなくて規則性、③装飾を取り除いた材料の気品と洗練された比例の3点を特徴とするとされています（*）。

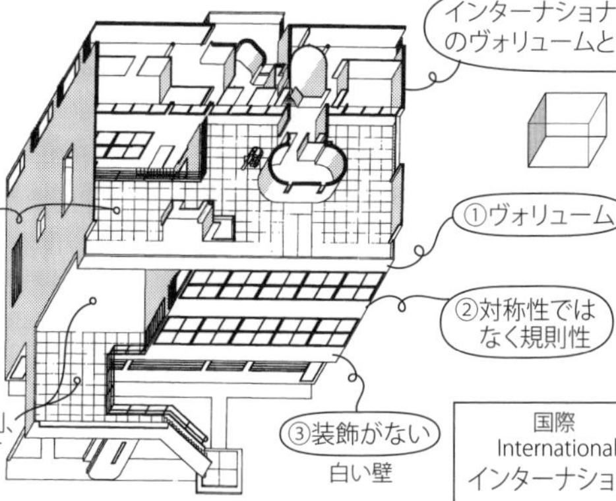

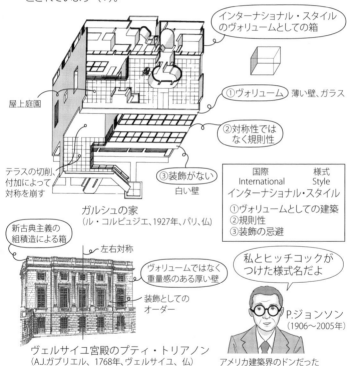

インターナショナル・スタイルのヴォリュームとしての箱
屋上庭園
①ヴォリューム 薄い壁、ガラス
②対称性ではなく規則性
テラスの切削、付加によって対称を崩す
③装飾がない
白い壁

ガルシュの家
（ル・コルビュジエ、1927年、パリ、仏）

国際	様式
International	Style

インターナショナル・スタイル
①ヴォリュームとしての建築
②規則性
③装飾の忌避

新古典主義の組積造による箱
左右対称
ヴォリュームではなく重量感のある厚い壁
装飾としてのオーダー

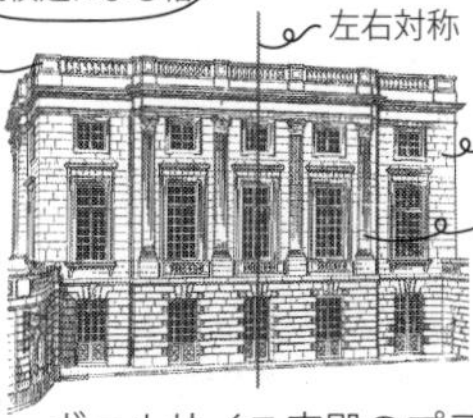

ヴェルサイユ宮殿のプティ・トリアノン
（A.J.ガブリエル、1768年、ヴェルサイユ、仏）

私とヒッチコックがつけた様式名だよ
P.ジョンソン
（1906〜2005年）

アメリカ建築界のドンだった

- ル・コルビュジエによるガルシュの家の箱と、新古典主義の箱であるプティ・トリアノンの箱を比較すると、その違いがはっきりします。ただしヴォリュームという用語の定義は難しく、たとえばミースv.d.ローエによるバルセロナ・パヴィリオンのような分離独立した面を構成したデザインをヴォリュームというには少し無理があるように思われます。

*1-8／参考文献 1-8

Q 建築におけるエレメンタリズム（elementalism: 要素主義）とは？

A 狭義にはオランダのデ・ステイルのメンバー、テオ・ファン・ドゥースブルフによって提唱された垂直線、水平線、斜線を構成することによって造形しようとするデザインや思潮のことです。広義には様式によらない抽象的な線、面、直方体などのエレメント（要素）の構成で造形しようとするデザインや思潮のことです。

デ・ステイルとはオランダ語でスタイルを意味し、1917年に結成されたドゥースブルフやピート・モンドリアンらのグループですが、同名の雑誌も発行されました。画家のモンドリアンは1920年に、垂直線、水平線、三原色（赤、黄、青）、無彩色（白、黒、灰）の構成で表現しようとするネオ・プラスティシズム（新造形主義）を掲げました。ドゥースブルフはネオ・プラスティシズムに斜線を加えるエレメンタリズム（要素主義）を1926年に提唱し、垂直線、水平線のみに限定するモンドリアンと決別しました。
エレメンタリズムはドゥースブルフが提唱した用語ですが、建築界では広く、面や直方体による抽象的要素による構成などを指すことがあります。デ・ステイル・グループのヘリット・トーマス・リートフェルトによるシュレーダー邸が、様式によらない、繰り形のない抽象的な面による構成でつくられたエレメンタリズムの代表例です。

様式によらない、繰り形のない抽象的要素による構成
element composition
広義のエレメンタリズム（要素主義）
分離された抽象的な面
グレー
白
赤
黒
面の端部
エッジ
抽象的面という要素を組み合わせる

（写真：筆者）

シュレーダー邸
（G.T.リートフェルト、1924年、ユトレヒト、蘭）

● デ・ステイル・グループは、1931年にドゥースブルフが亡くなることで消滅します。

絵画からの影響

Q 近代建築の絵画からの影響は？

▼

A 近代建築の抽象的な線、面、立体に分解して構成する方法、伝統的な遠近法（透視図法）ではなく同時に多方面から見るアクソノメトリック図的な視点、透明性、純粋直方体などが、絵画からの影響とも考えられます。

パブロ・ピカソ、ジョルジュ・ブラックらのキュビズム（立体派）の絵画における横顔と正面の顔をオーバーラップさせる多方向からの視点や、物を直線と面に分解して構成する方法、内外の浸透、透明性、コラージュ（貼り合わせ）、P.モンドリアンのネオ・プラスティシズム（新造形主義）による縦横の黒の枠線と赤青黄の原色によるパターンなどは、デ・ステイル派らの様式的繰り形のない面や直方体の抽象的、幾何学的要素に分解して構成する建築などに通じるものがあります。

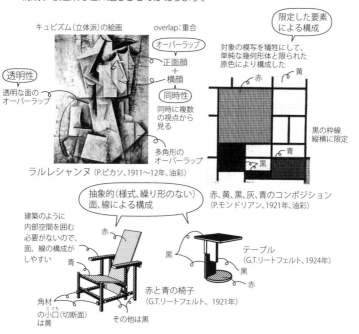

キュビズム（立体派）の絵画　overlap：重合

オーバーラップ
正面顔
＋
横顔
同時性
同時に複数の視点から見る
透明性
透明な面のオーバーラップ
多角形のオーバーラップ

ラルレシャンヌ（P.ピカソ、1911～12年、油彩）

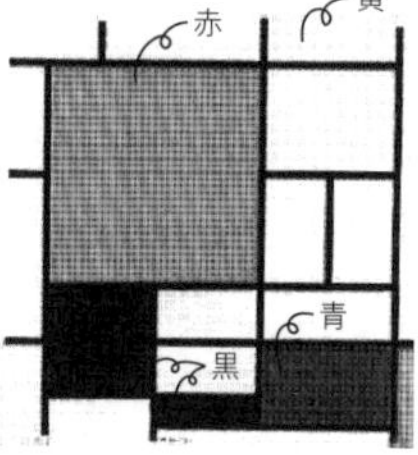

限定した要素による構成
対象の模写を犠牲にして、単純な幾何形体と限られた原色により構成した
赤
黄
黒の枠線縦横に限定
青
黒

赤、黄、黒、灰、青のコンポジション（P.モンドリアン、1921年、油彩）

抽象的（様式、繰り形のない）面、線による構成
建築のように内部空間を囲む必要がないので、面、線の構成がしやすい
赤
青
角材の小口（切断面）は黄
その他は黒

赤と青の椅子（G.T.リートフェルト、1921年）

黒
黒
赤

テーブル（G.T.リートフェルト、1924年）

- シャルル・エドゥアール・ジャンヌレ（ル・コルビュジエ）、アメデエ・オザンファンのピュリスム（純粋主義）は、純粋な形態要素やそのコラージュによる絵画で、コルビュジエらの白い箱形やそれを複合した建築に通じるものがあります。
- 建築は重力にさからって部屋を取り囲む必要があるので、絵画のような実験的な試みは構造的、機能的に難しいものがありました。抽象的な面の構成では、リートフェルトが建築よりも家具で成功しているのは、そのためです。

参考文献　1-9（2巻）、1-10

★ R011 抽象的な面による構成

Q 様式によらずに抽象的な面の構成で建物をつくることに成功したのは？

A 完全に面の箱からの分離を果たしたのは、ミースv.d.ローエによるバルセロナ・パヴィリオン（1929年）が最初です。

T.v.ドゥースブルフによる「住宅のエチュードと面の相互貫入」（1922年）では、分離された面の構成が提示されていますが、それを壁で囲んで住宅とした絵では、部屋を囲う必要から面の分離が消えてしまっています。絵画と違って建築は重さを支えながら大きなヴォリュームを安価な材料でつくり、さらに部屋を囲い込む必要から、純粋な要素主義による構成が難しい傾向にあります。G.T.リートフェルトによるシュレーダー邸（1924年）は外周面に分離された面を見せていますが、構造的にはあいまいな部分があります。

完全な抽象的な面の構成で最初に成功を収めるのは、細い鉄骨フレームを用いたミースによるバルセロナ・パヴィリオン（1929年）です。パヴィリオンという開放的な建物であったことも、面の分離を促進しました。ミースはデ・ステイルのドゥースブルフ、ロシア構成主義のエル・リシツキーとともに〈G〉グループを1921年に結成しており、両者の構成の仕方に影響を受けています。

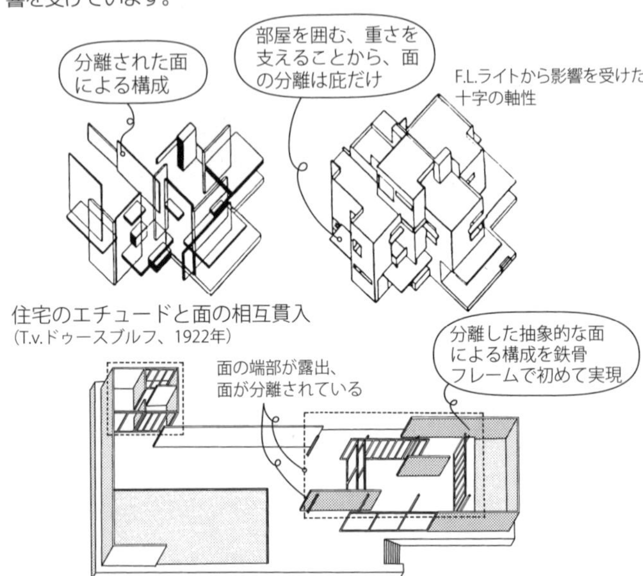

分離された面による構成
部屋を囲む、重さを支えることから、面の分離は庇だけ
F.L.ライトから影響を受けた十字の軸性
面の端部が露出、面が分離されている
分離した抽象的な面による構成を鉄骨フレームで初めて実現

住宅のエチュードと面の相互貫入（T.v.ドゥースブルフ、1922年）

バルセロナ・パヴィリオン（ミースv.d.ローエ、1929年、バルセロナ、西）

- 〈G〉グループのGはGestaltung（形態）の頭文字ともいわれています。

参考文献　1-11、1-12

Q 建築における構成主義（Constructivism）とは？

A 狭義には1920年代のロシアで生まれた建築、家具、ポスターなどに見られた創作の傾向、思潮、グループ名（ロシア構成主義）です。広義には様式によらずに抽象的な要素を「構成」することによりつくり出そうとするデザインの傾向、思潮です。

構成主義という用語は、1920年モスクワで設立された芸術文化研究所において、構成主義者第一労働者グループを結成した際に初めて使われます。ロシア構成主義は10年ほどで消滅する運動でした。計画案のスケッチには鉄骨のトラスを用いた線材を多用したデザインが多く、今見ても興味深いものが多々あります。constructionは建設という意味で、Constructivismの構成主義は運動体のグループ名ととらえた方がよさそうです。
構成（composition）は建築ではごく一般的な手法で、形態要素を「構成」して全体をつくるのは古代から行われています。近代で構成主義というと、広義には線、面、立方体、直方体、球などの抽象的な形態要素（エレメント）と原色を「構成して」全体をつくるデザインを指すこともあります。モスクワはヨーロッパの田舎であったため、エル・リシツキーはヨーロッパの前衛を求めて旅し、ミースv.d.ローエやデ・ステイルのT.v.ドゥースブルフらと〈G〉グループをつくるなどしています。

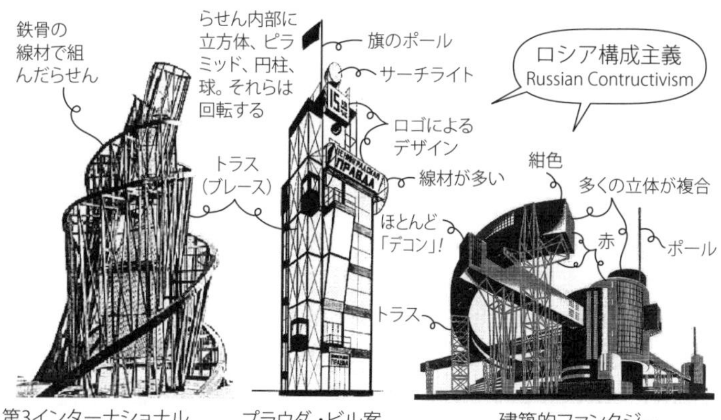
鉄骨の
線材で組
んだらせん
らせん内部に
立方体、ピラ
ミッド、円柱、
球。それらは
回転する
旗のポール
サーチライト
ロゴによる
デザイン
トラス
（ブレース）
線材が多い
ほとんど
「デコン」!
トラス
ロシア構成主義
Russian Contructivism
紺色
多くの立体が複合
赤
ポール

第3インターナショナル記念塔案（V.E.タトリン、1919年）　プラウダ・ビル案（ヴェスニン3兄弟、1924年）　建築的ファンタジー（Y.G.チェルニコフ、1933年）

- 構成主義、シュプレマティズム（至高主義）、新造形主義（ネオ・プラスティシズム）、要素主義（エレメンタリズム）などさまざまなイズム（主義）が登場しますが、そのような用語は前衛芸術家たちの伝統に対抗するPR手段でもあります。革命の影響もあり、政治スローガンのような声明も多く見られます。

参考文献　1-11、1-13／出典　1-11（上図）

R013

Q 建築における有機主義（**Organicism**）とは？

A 有機主義とは自然の有機体をよりどころとする思想で、建築では単純な箱形でない複合された形態、曲線、曲面、自然の素材を多用した複雑な形態を志向することを指します。

有機主義（**Organicism**）とはモダニズムの単純な幾何学に対抗する、自然界にあるような曲線、曲面、自然の素材を多用した複雑な形態を志向するデザインの傾向、思潮です。フランク・ロイド・ライトは有機的建築（**Organic architecture**）を提唱し、モダニズムの箱形建築を批判し、ル・コルビュジエのピロティの付いた建築を「竹馬に乗った箱」と揶揄しました。そのためライト、ブルース・ガフ、アルヴァ・アアルト、アントニオ・ガウディらによる単純な箱形ではない複合された形態、曲線を多用する形態を指して有機的と表現されるようになりました。合理主義、機能主義、有機主義などの「主義＝イズム」は建築家たちのキャッチコピーとしての意味合いが強く、正確な定義が難しい用語です。建築史家**H.R.**ヒッチコックは「建築家達が唱えた“合理的”、“機能的”、“有機的”といったどの表現をとるにも障害があり、これを“モダン”という以上に適当な言葉はない」（＊）と述べています。

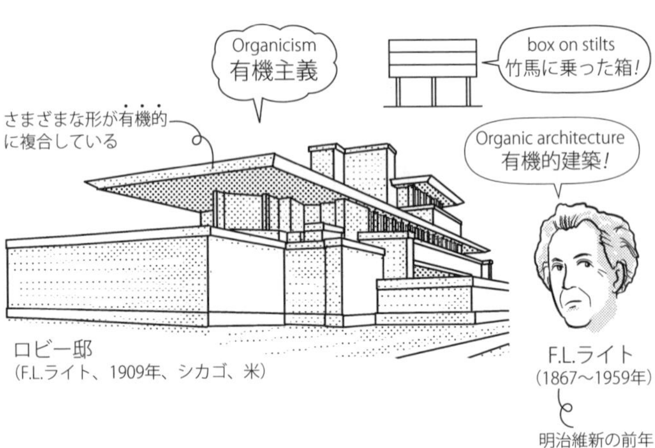
Organicism
有機主義
box on stilts
竹馬に乗った箱！
さまざまな形が有機的に複合している
Organic architecture
有機的建築！
ロビー邸
（F.L.ライト、1909年、シカゴ、米）
F.L.ライト
（1867～1959年）
明治維新の前年

- 経験主義（**Experimantalism**）とは、ものごとを理論よりも経験、知覚、感覚、感情から考えようとする立場、表現主義（**Expressionism**）は主観的な感情、激情を強く形に表現しようとする立場で、曲線的、彫刻的デザインを指すことが多いです。

＊1-14（p.54）／参考文献　1-14、1-15

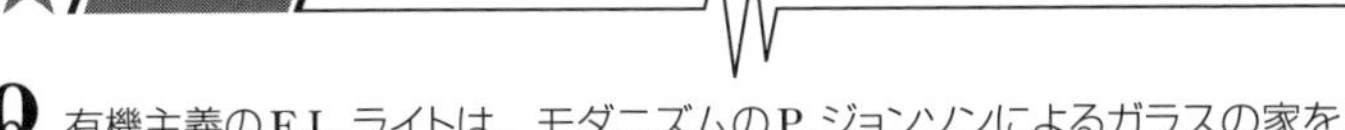

★ R014 ライトvsジョンソン

Q 有機主義の**F.L.**ライトは、モダニズムの**P.**ジョンソンによるガラスの家をどのように評した？

▼

A 猿のためのオリ、家にもシェルターにもなっていないなどと酷評しました。

ライトとジョンソンの興味深い論争がありました。ライトがガラスの家を見たとき、「ガラスの家は猿のためのオリだ。それはまったく家にもシェルターにもなっていない。家の中にいるのか外にいるのかわからない。洞窟らしさに欠け、寒々しく、快適な感じが全然しない。それはただの箱だ」と痛烈に批判しました。それに応えてジョンソンは「ライトの最近作には明晰さの感覚がなく、デザインに混乱が生じ、構造的に一貫性がない。数多くのコーナーをつくることに忙しく、梁を支えることを考えていない」と反論しました（*）。ライトは、家は洞窟らしいシェルターでなければならない、単純な箱としてはならないとしました。一方ジョンソンはデザインと構造には一貫性、明晰さが必要と述べています。有機主義vsモダニズムの両者の特徴が、わかりやすく浮かび上がっています。

ガラスの家は
猿のオリだ！
中にいるのか外に
いるのかわからない！
寒々しいただの箱だ！

ライトの最近作には
明晰さがない！
デザインが混乱し、
構造に一貫性がない！
39歳下

F.L.ライト（1867〜1959年）　P.ジョンソン（1906〜2005年）

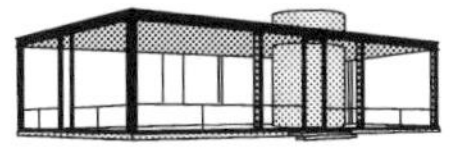

ガラスの家
（自邸、1949年、ニューケイナン、米）

- 確かにライト晩年の作には、**SF**的な造形や明晰さのないむやみに複雑な構成も見られます。「数多くのコーナーをつくることに忙しく」は言い得て妙です。一方ガラスの家は背後を守ってくれるような壁がまったくない、「コーナー」がない、住んでみたいとは思えないガラスの箱です。面白いことに、ジョンソンのガラスの家と、ミース**v.d.**ローエのファンズワース邸には、ライトの住宅と同様に、コアに暖炉がよりどころとして設置されています。
- 筆者はル・コルビュジエのサヴォア邸に入ったときにも、スカスカして落ち着かない感想をもちましたが、それは四周の壁に横長連続窓を開けて、壁の包み込む力を意図的になくしているためと思われます。箱の透明性の代償です。

*1-16（抜粋、要約）／参考文献　1-16

Q 建築における表現主義（Expressionism）とは？

A 狭義には1910〜20年代のドイツで起こった、エーリヒ・メンデルゾーン、ハンス・ペルツィヒ、ブルーノ・タウトらの洞窟、鍾乳洞、結晶のように彫塑的で感情、主観を自由奔放に表現したデザインの傾向や思潮のこと。広義には、幾何学的、抽象的なデザインに対抗する彫塑的、有機的、主観的造形の傾向や思潮を指します。

グネグネした岩山、洞窟、鍾乳洞、軟体生物のような彫塑的、有機的造形やギザギザして尖った結晶のような造形は、抽象的要素を構成して全体をつくるデ・ステイルらのデザインとは対照的なもので、広く表現主義といわれます。表現主義的な造形は有機的とも表現されますが、F.L.ライトのいう有機的とは少し異なり、自然界の有機物にあるような曲面的、彫塑的造形といったニュアンスです。表現主義は狭義には、1910〜20年代のドイツを中心とするメンデルゾーン、ペルツィヒ、タウト、ルドルフ・シュタイナーらの芸術の傾向やグループを指します。アムステルダム派と呼ばれるうねるレンガ壁や彫塑的なレンガの造形を有する建築も、表現主義に含めることもあります。表現主義的傾向は日本にも伝わり、山田守、村野藤吾、堀口捨己らも独自の彫塑的形態をデザインしています。

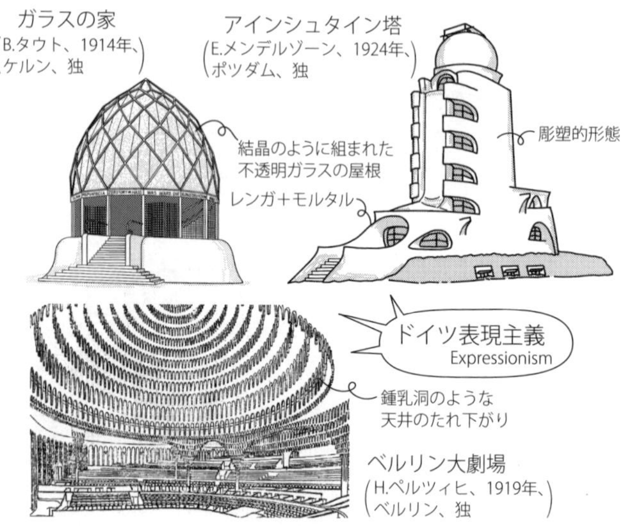
ガラスの家
(B.タウト、1914年、ケルン、独)
結晶のように組まれた不透明ガラスの屋根
アインシュタイン塔
(E.メンデルゾーン、1924年、ポツダム、独)
彫塑的形態
レンガ＋モルタル
ドイツ表現主義
Expressionism
鍾乳洞のような天井のたれ下がり
ベルリン大劇場
(H.ペルツィヒ、1919年、ベルリン、独)

- 表現主義も正確な定義が難しく、彫塑的形態ではたとえばA.ガウディのカサ・ミラ（1910年）、ル・コルビュジエのロンシャンの礼拝堂（1955年）も表現主義と言えてしまいます。時代と地域を限定してドイツ表現主義と呼べば、作家や作品を限定することができます。

参考文献　1-13、1-17／出典　1-17（下パース）

アムスタルダム派

Q 1910～20年代のアムステルダムにおいて、グネグネ、ギザギザした表現主義的形態は、どのようにつくられた？

▼

A レンガを積んで、曲面やギザギザの面をつくりました。

同時代のオランダで、デ・ステイルのように抽象的な線、面、立体を構成する形が試行錯誤されていましたが、それとは対極の、素材感をもつ彫塑的造形が出現します。アムステルダム派、あるいはオランダ表現主義などと呼ばれています。曲面の壁はレンガを積んだ組積造でつくられています。レンガは手で持てるような大きさの上に切断も可能で、目地は不規則でもモルタルで均してふさぐことができるため、容易に波打つ曲面をつくることができます。下右の写真の集合住宅では、直線的な壁はRCとレンガでつくられていますが、曲面部分はレンガ造です。オランダでは赤や黄土色のレンガは伝統的な素材で、オランダ近代建築の父と呼ばれたヘンドリク・ペトルス・ベルラーヘの証券取引所（1903年、下左）は赤レンガ造で、ロマンティック・ナショナリズム（R019参照）の主張を含む建築です。アムステルダム派の建築は、伝統的材料の新しい用法でもありました。レンガに加えて草葺きの屋根も、さまざまな曲面にすることが可能で、レンガと草葺きの両者を組み合わせた土着の民家のような作品も現れます。

1 近代建築の概観【様式と主義】

アムステルダム派
オランダ表現主義
レンガ積みは
曲面をつくり
やすいのよ！
レンガはオランダ
の伝統的材料
ロマンティック・ナショナリズム

アムステルダム証券取引所
（H.P.ベルラーヘ、1903年、アムステルダム、蘭）

50×100×160mm（現地で実測）
レンガ積みで
曲面をつくる
白い窓枠

デ・ダヘラート集合住宅　（写真：筆者）
（P.L.クラーク、M.クラーク、1922年、アムステルダム、蘭）

- 曲面のレンガ壁と草葺き屋根の建物に魅了された堀口捨己は、草葺き屋根の紫烟荘（しえんそう、1926年、蕨、埼玉、現存せず）を建てています。

Q 建築におけるブルータリズム（Brutalism）とは？

▼

A 打放しコンクリートを使って力強く冷酷、粗野、野蛮な野獣のような（brutal）デザインの傾向、思潮で、主に第二次世界大戦後、1950年代に流行しました。

ル・コルビュジエは1920年代の白い箱の時代の後、1930年代にはコンクリート打放しやレンガ、石などの素材感のある作品をつくるようになります。板目が残ったような打放しコンクリートによるユニテ・ダビタシオン（1952年）、ロンシャンの礼拝堂（1955年）、ラ・トゥーレット修道院（1960年）などは、彫塑的外形と凹凸の多い素材を出した表面による力強く粗野なブルータリズムの作品ともされています。ブルータリズムという言葉は、スミッソン夫妻がつくった言葉で、抽象をめざしたモダニズムの次の傾向でもありました。

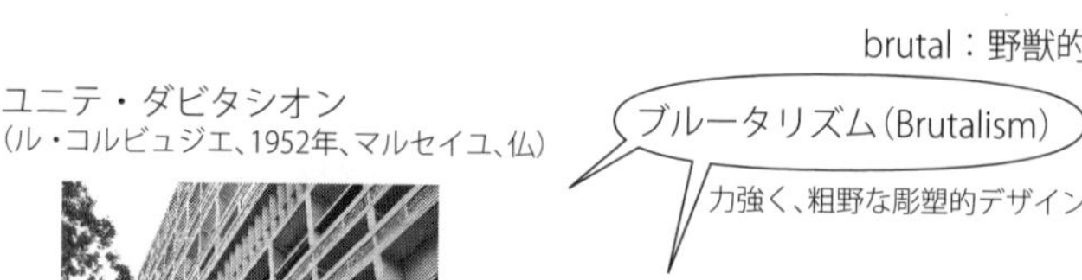

brutal：野獣的
ブルータリズム（Brutalism）
力強く、粗野な彫塑的デザイン

ユニテ・ダビタシオン
（ル・コルビュジエ、1952年、マルセイユ、仏）

打放しコンクリートの荒々しい表情
側面の壁に赤青黄緑の色彩
板目のついた打放しコンクリート （写真：筆者）

ロンシャンの礼拝堂
（ル・コルビュジエ、1955年、ロンシャン、仏）

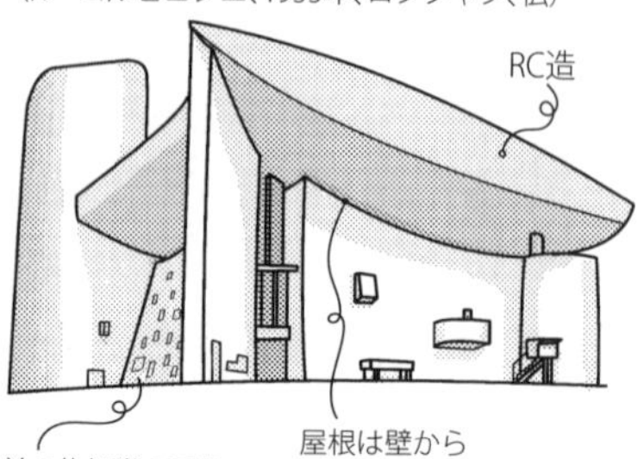

RC造

以前の礼拝堂の石やレンガを積んでいる凹凸の多いスタッコ仕上げ

屋根は壁から浮いていて、ガラスが入っている

- ル・コルビュジエのデザインを大きく3つに分けると、以下のようになります。

①準備期：1910年代　組積造の壁と勾配屋根による一般的な建築
②抽象化：1920年代　白い直方体　サヴォア邸（1931年）で終了
③彫塑化：1930年代以降　コンクリート、石、レンガの素材を出した彫塑的造形

参考文献　1-18

彫塑的形態

Q 彫塑的、表現主義的形態はどうやってつくった？

▼

A レンガや石を積む組積造、複数シェルの組み合わせ、RCなどでつくられました。

RCは曲面の型枠が難しいため、レンガや石を積んで曲面をつくることが多く、アインシュタイン塔やロンシャンの礼拝堂がその方法でつくられています。また単一のシェルでは大味な大空間となってしまうため、複数のシェルを組み合わせる方法も試され、鳥のようなTWA国際空港ターミナル、帆船の帆のようなシドニー・オペラハウスなどの優雅な建築が残っています。

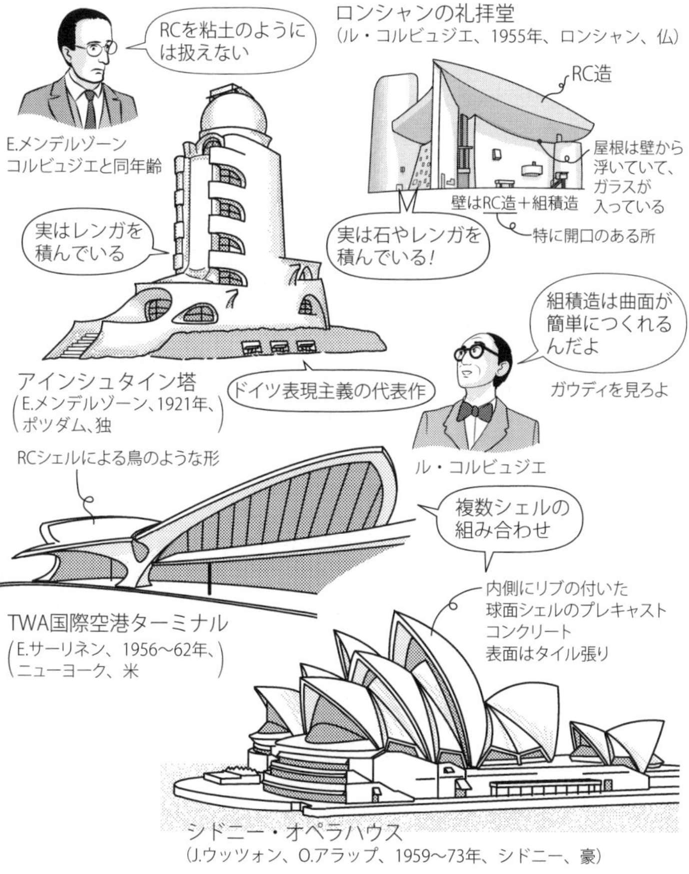

RCを粘土のようには扱えない

E.メンデルゾーン
コルビュジエと同年齢

実はレンガを積んでいる

アインシュタイン塔
（E.メンデルゾーン、1921年、ポツダム、独）

ドイツ表現主義の代表作

ロンシャンの礼拝堂
（ル・コルビュジエ、1955年、ロンシャン、仏）

RC造

屋根は壁から浮いていて、ガラスが入っている

壁はRC造＋組積造

特に開口のある所

実は石やレンガを積んでいる！

組積造は曲面が簡単につくれるんだよ

ガウディを見ろよ

ル・コルビュジエ

RCシェルによる鳥のような形

TWA国際空港ターミナル
（E.サーリネン、1956～62年、ニューヨーク、米）

複数シェルの組み合わせ

内側にリブの付いた球面シェルのプレキャストコンクリート
表面はタイル張り

シドニー・オペラハウス
（J.ウッツォン、O.アラップ、1959～73年、シドニー、豪）

Q 建築におけるロマンティック・ナショナリズム（Romantic Nationalism）とは？

▼

A 理性ではなく感性に重きを置いた（ロマンティックな）民族主義（ナショナリズム）のことで、地域性や伝統を加味した思潮、デザインを指します。

国際的（international）、合理的（rational）な理性を重んじる近代建築に対して、感性を重んじるロマン主義（romanticism）、民族主義（nationalism）の思潮です。北欧、オランダ、東欧などにおいてレンガや石などの地域的伝統的な材料を露出し、様式的伝統的モチーフを単純化、簡素化した形態を取り入れたデザインを指します。エリエル・サーリネン（父）によるヘルシンキ駅（1919年）が代表例です。ヨーロッパ中央部の古典主義や近代建築の「インターナショナル」な圧力に対抗する、辺境における「ナショナル」な反動とも言えます。

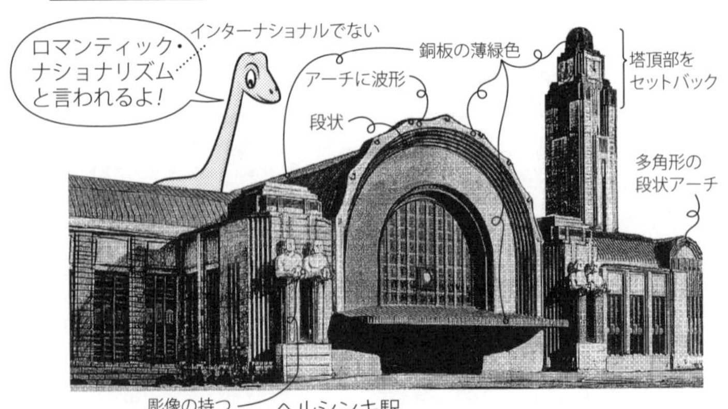
ロマンティック・ナショナリズムと言われるよ！
インターナショナルでない
銅板の薄緑色
アーチに波形
段状
塔頂部をセットバック
多角形の段状アーチ
彫像の持つ球が照明
コンペでとる

ヘルシンキ駅
（エリエル・サーリネン、1919年、ヘルシンキ、フィンランド）

エリエル・サーリネン（父）→ エーロ・サーリネン（息子）→ ケヴィン・ローチ（弟子）

- エリエル・サーリネンはシカゴ・トリビューン本社ビルコンペ（1922年）で2位に入り、その高層ビルのデザインは建築界に大きな影響を及ぼしました。その後にアメリカに移住、息子のエーロ・サーリネンは曲面シェルを使ったデザインなどで活躍します。さらにその弟子のケヴィン・ローチはフォード財団ビル（1968年）などでダイナミックな構成のデザインをいくつも実現させます。フィンランドの巨匠アルヴァ・アアルトは新古典主義や白いインターナショナル・スタイルからはじめて、次にレンガ、木材などの自然の素材やうねる曲面、扇形などを取り入れ、独自の形態をつくり出しました。モダンデザインでありながら、ロマンティック・ナショナリズムの地域性や有機主義の部分もある非常に魅力的なデザインです。

参考文献　1-19／出典　1-19（写真）

★ R020 ポスト・モダニズム

Q 建築におけるポスト・モダニズム（Post-Modernism）とは？

A 直訳するとモダニズム以後、近代主義以後で、近代建築が失った複雑さ、多様性、ウィットなどを取り入れようとする考えかた、デザインの傾向、様式のことです。

チャールズ・ジェンクスは『ポスト・モダニズムの建築言語』（1977年）にてポスト・モダニズムという用語を挙げ、単純で画一的な近代建築を批判しました。その後、ポスト・モダニズムという言葉は、建築から他分野へと広がります。ロバート・ヴェンチューリは『建築の多様性と対立性』の中で、ミース v.d. ローエによる "Less is more.（より少ないことはより豊かなこと）" に対抗して "Less is a bore.（より少ないことは退屈なこと）" と言って、反モダニズムの旗を掲げます。ポスト・モダニズムは狭義には過去の歴史的様式的モチーフを単純化して装飾として貼り付けたデザインを指し、広義には技術的な部分を強調して表すハイテックや、乱雑に構成するデコンストラクティヴィズムをも内包し、さらに近代文明を乗り越えようとするデザイン的傾向、思潮全体を指すこともあります。

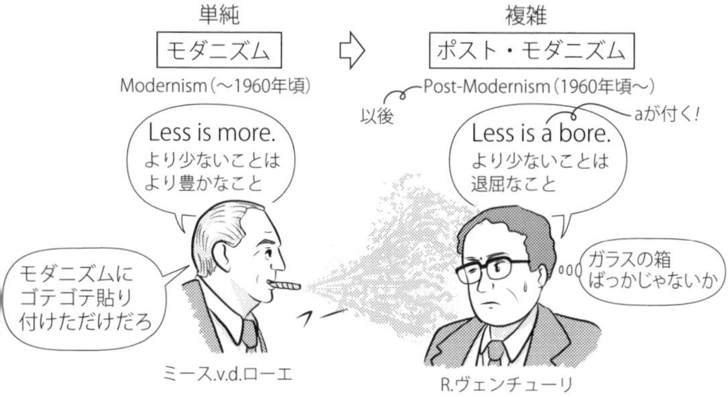

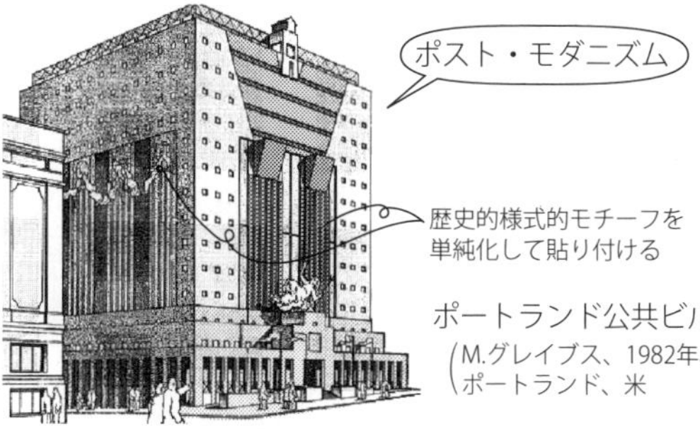

単純
モダニズム
Modernism（～1960年頃）
複雑
ポスト・モダニズム
Post-Modernism（1960年頃～）
以後
aが付く！
Less is more.
より少ないことは
より豊かなこと
Less is a bore.
より少ないことは
退屈なこと
モダニズムに
ゴテゴテ貼り
付けただけだろ
ガラスの箱
ばっかじゃないか
ミース.v.d.ローエ
R.ヴェンチューリ
ポスト・モダニズム
歴史的様式的モチーフを
単純化して貼り付ける
ポートランド公共ビル
（M.グレイブス、1982年、
ポートランド、米）

参考文献 1-20、1-21、1-22／出典 1-22（パース）

Q 建築におけるハイテックとは？

A アクロバティックな構造体や設備を露出して強調したデザインです。

ハイテックは**High Technology**の略で、鉄骨の構造、エスカレーター、エレベーター、空調機器、配管類などを露出して強調したデザインです。**19**世紀中頃のクリスタル･パレス（**R090**参照）も広義にはハイテックですが、一般には**1960**年代以降のポスト・モダニズムの潮流の中で生まれた、技術を極端に表現して強調するデザインの傾向です。主に鉄骨の架構や仕口に重点が置かれ、骨太の**RC**では表現できない機械的なデザインとされています。レンゾ・ピアノ&リチャード・ロジャースによるポンピドゥー・センター、ノーマン・フォスターによるルノー部品配送センターや**HSBC**本店などが代表例です。

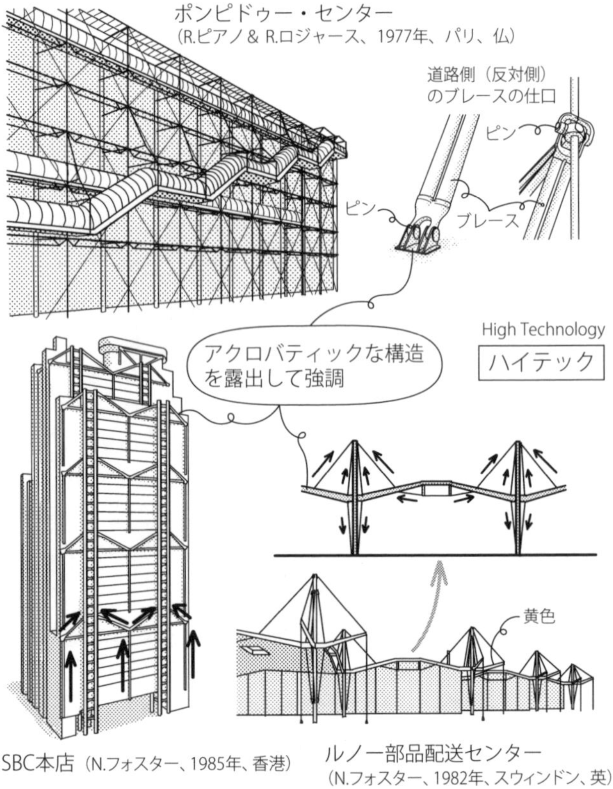

ポンピドゥー・センター
（R.ピアノ& R.ロジャース、1977年、パリ、仏）

道路側（反対側）
のブレースの仕口

ピン

ピン

ブレース

アクロバティックな構造
を露出して強調

High Technology
ハイテック

黄色

HSBC本店（N.フォスター、1985年、香港）

ルノー部品配送センター
（N.フォスター、1982年、スウィンドン、英）

参考文献　1-23、1-24

R022

デコンストラクティヴィズム

Q 建築におけるデコンストラクティヴィズム（Deconstructivism）とは？

▼

A 直訳すると脱構築主義で、極端に乱雑に非構成的に構築するデザインやその思潮のことで、「デコン」と略称されます。

1988年にP.ジョンソンの指揮のもと、「デコンストラクティヴィスト・アーキテクチュア」という展覧会がニューヨーク近代美術館で開かれ、フランク・O・ゲーリー、ザハ・ハディッド、ピーター・アイゼンマン、ダニエル・リベスキンド、レム・コールハースらの作品が展示されました。極端に乱雑に、規則性がないように構築するデザインです。単純、明快、純粋なモダニズムへの反抗であり、広義のポスト・モダニズムに含まれます。

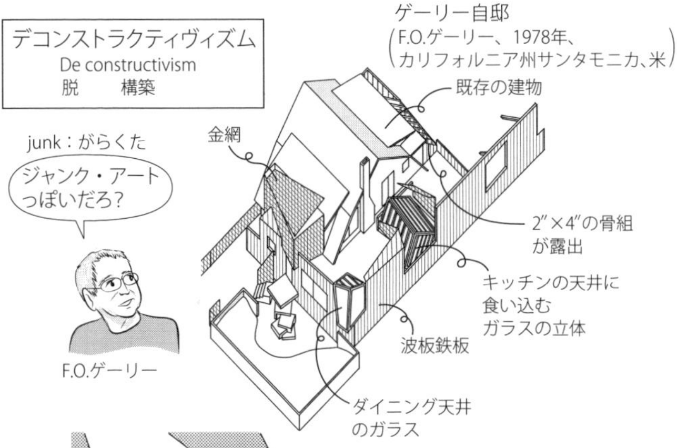

デコンストラクティヴィズム
De constructivism
脱　構築

junk：がらくた

ジャンク・アートっぽいだろ？

F.O.ゲーリー

ゲーリー自邸
（F.O.ゲーリー、1978年、カリフォルニア州サンタモニカ、米）

既存の建物

金網

2″×4″の骨組が露出

キッチンの天井に食い込むガラスの立体

波板鉄板

ダイニング天井のガラス

スピード感ある立体の交錯

香港ピーク コンペ案
（ザハ・ハディッド、1983年、香港）

ザハ・ハディッド

コンペに1等当選してもつくらせてもらえなかったのよ！

日本の国立競技場も

- インターナショナル・スタイルを確立した1932年の「モダン・アーキテクチャー」展と、デコンストラクティヴィズムを確立した1988年の「デコンストラクティヴィスト・アーキテクチュア」展は、ともにジョンソンがニューヨーク近代美術館で開催したものです。

18C中頃〜

新古典主義

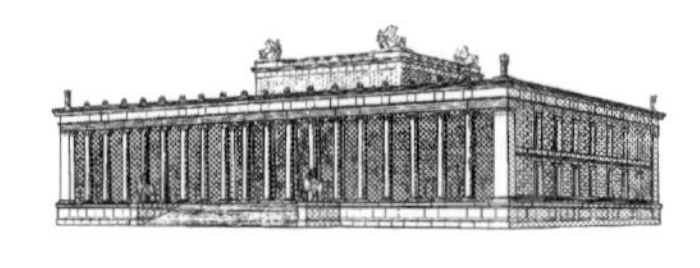

ピクチャレスク

19C中頃〜

ゴシック・リバイバル

ネオバロック

20C〜

モダニズム

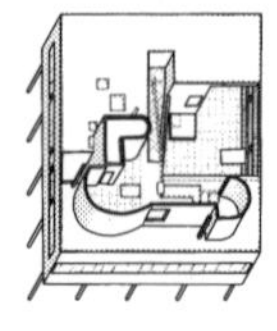

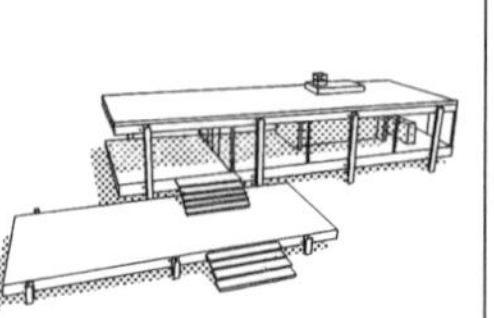

有機主義

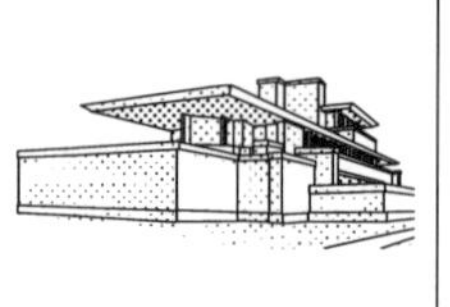

20C後半〜

ポスト・モダニズム　ハイテック　デコンストラクティヴィズム

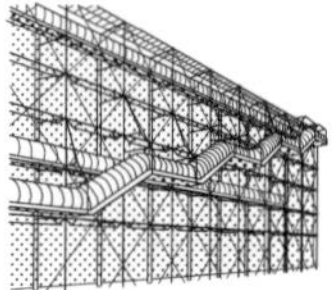

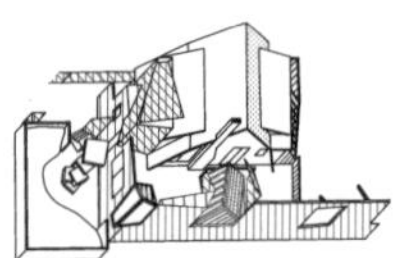

R024 様式の変遷 その2

Q 欧米の建築様式の特徴はどのように変遷する？

A 単純・簡潔・一様 → 複雑・豊穣・多様 → 単純・簡潔・一様、を繰り返します。

新古典主義からの変化を見ても、新古典主義の単純・簡潔・一様 → ピクチャレスク、ゴシック・リバイバル、ネオバロックの複雑・豊穣・多様 → モダニズムの単純・簡潔・一様 → ポスト・モダニズム、ハイテック、デコンストラクティヴィズムの複雑・豊穣・多様と繰り返しています。技術、社会、流行、趣味の波の栄枯盛衰から来ています。

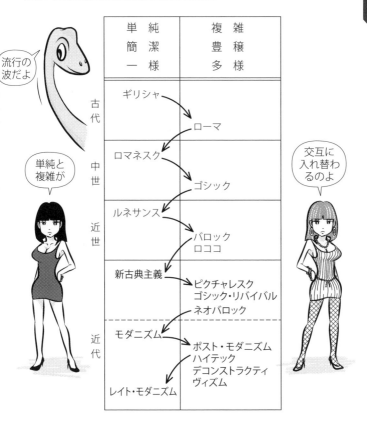

	単純 簡潔 一様	複雑 豊穣 多様
古代	ギリシャ	ローマ
中世	ロマネスク	ゴシック
近世	ルネサンス	バロック ロココ
近代	新古典主義	ピクチャレスク ゴシック・リバイバル ネオバロック
近代	モダニズム	ポスト・モダニズム ハイテック デコンストラクティヴィズム
近代	レイト・モダニズム	

流行の波だよ
単純と複雑が
交互に入れ替わるのよ

- ゴシック・リバイバルはゴシック復興、ネオバロックは新バロック、モダニズムは近代主義、レイト・モダニズムは後期近代主義、ポスト・モダニズムは近代主義以後、デコンストラクティヴィズムは脱構築主義の意味。

近代運動の変遷

Q 近代運動の主要な流れは？

▼

A アーツ・アンド・クラフツ→ドイツ工作連盟、バウハウス→アメリカン・バウハウス

一定の思潮をもった組織は近代において多数起こり、全体として近代運動の大きなうねりとなります。そのなかでメイン・ストリームをつくるならば、上記のように英→独→米の流れになると思われます。

近代運動の組織

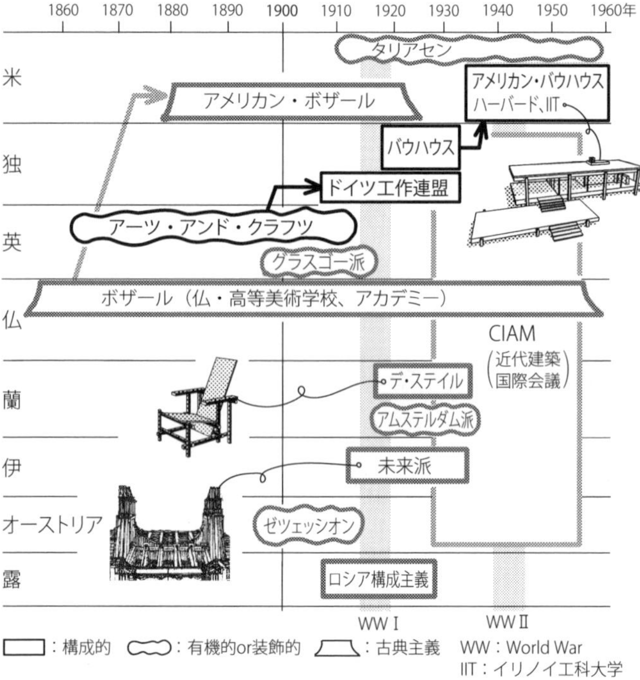

1860 1870 1880 1890 1900 1910 1920 1930 1940 1950 1960年

米 タリアセン
アメリカン・ボザール
アメリカン・バウハウス ハーバード、IIT
独 バウハウス
ドイツ工作連盟
英 アーツ・アンド・クラフツ
グラスゴー派
仏 ボザール（仏・高等美術学校、アカデミー）
CIAM（近代建築国際会議）
蘭 デ・ステイル
アムステルダム派
伊 未来派
オーストリア ゼツェッシオン
露 ロシア構成主義

WW I　WW II

□：構成的　◯：有機的or装飾的　⏢：古典主義　WW：World War
IIT：イリノイ工科大学

- アーツ・アンド・クラフツをドイツに紹介し、ドイツ工作連盟をつくるのはヘルマン・ムテジウスですが、彼はイギリスの手工芸偏重から規格化、機械生産重視に舵を切ります。バウハウスのメンバーはアメリカに移住し、ハーバードには**W.**グロピウスが、**IIT**にはミース**v.d.**ローエが入ります。古典主義の殿堂、ボザール（フランス高等美術学校）は存在し続け、また**T.**ガルニエやオーギュスト・ペレのように、ボザールで育った近代建築家も多くいます。

Q 近代建築の装飾はどのようなものがある？

▼

A 長い自由曲線のアール・ヌーヴォー、短い幾何学的線と金属色のアール・デコ、曲線による緻密なL.H.サリヴァンの装飾、直線や円弧を組み合わせたF.L.ライトの装飾、グリッドやバラを多用するチャールズ・レニー・マッキントッシュの装飾など、独自で魅力的な装飾が多くつくられました。

近代では伝統的様式によらない、独自な装飾も工夫されました。有名なところでは、クネクネしたツタや女性の長い髪のようなアール・ヌーヴォー、ギザギザ、キラキラした短い幾何学的線と金属色のアール・デコがあります。アール・デコはニューヨークの摩天楼にも広がります。少し前のウィリアム・モリスらがはじめたアーツ・アンド・クラフツも、壁紙などで自然由来の優美な装飾を用いています。

近代建築の装飾

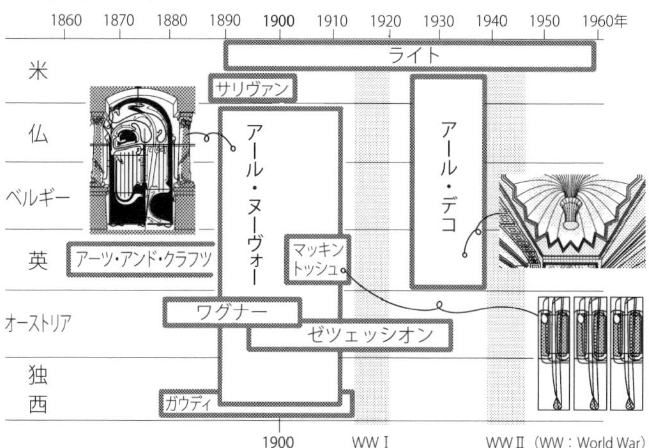
1860
1870
1880
1890
1900
1910
1920
1930
1940
1950
1960年
米
仏
ベルギー
英
オーストリア
独
西
ライト
サリヴァン
アール・ヌーヴォー
アール・デコ
アーツ・アンド・クラフツ
マッキントッシュ
ワグナー
ゼツェッシオン
ガウディ
1900
WW I
WW II（WW：World War）

- サリヴァンは鋳鉄やテラコッタで、緻密で曲線的な装飾をつくり、ライトは曲線の装飾ではサリヴァンにかなわないと、直線や円弧を使った装飾を窓などに使っています。マッキントッシュは白を基調として赤紫をアクセントとし、バラを抽象化したモチーフなどを使った独自の装飾をつくり出しました。マッキントッシュは建築家というよりも装飾家、家具デザイナーと言った方がいいくらいです。ウィーン・ゼツェッシオンでは、植物のモチーフや金属光沢を使った装飾が見られます。

近代建築というとガラスの高層オフィスビルがイメージされますが、その歴史は大きくは以下の6段階の変遷をたどります。

1　オフィスビルの揺籃期　1820年頃〜1875年頃

ロンドン、リバプール、グラスゴー、
ニューヨーク・セントルイスほか

産業革命後の工業化、都市化、経済の勃興、オフィスビルの出現。伝統的な組積造の外壁＋木や鉄の梁による床。アーケード（アーチの連続）や格子状のガラスの多い立面。鋳鉄による柱梁、エレベーターの発明。

鋳鉄の柱梁
様式を模
した装飾

ある工場の設計案
（J.ボガーダス、1848年、ニューヨーク、米）

▽

2　シカゴ派　1875年頃〜1900年頃

シカゴ、バッファローほか

シカゴ大火（1871年）、恐慌（1873年）からの復興。経済合理主義による床の積層。鉄骨ラーメン＋耐火被覆＋テラコッタの扁平アーチによる床＋カーテンウォール。オリエル窓による波打つ立面、シカゴ窓。テラコッタや鋳鉄による装飾。

格子状の立面
その他はガラス

第1ライター・ビル
（W.Lジェニー、1879年、シカゴ、米）

▽

3　アメリカン・ボザール　1890年頃〜1930年頃

ニューヨーク、シカゴほか

シカゴ・コロンビア博（1893年）後の古典主義ブームとシカゴ派の衰退。マッキム、ミード＆ホワイトやアメリカン・ボザールの隆盛。ベース＋シャフト＋クラウンの3層構成、オーダーを頂部と基部に配置。柱型を縦に通してゴシックのシャフト風に。RCの超高層の出現。第一次世界大戦（1914〜1918年）以降、大量消費の楽天的な商工業の時代。高層オフィスビルは技術の象徴となり、高さ競争がはじまる。

古典主義
頂部と基部
にオーダー列
3層構成

ニューヨーク市庁舎
（マッキム、ミード＆ホワイト、1913年、ニューヨーク、米）

4　ニューヨーク・アール・デコ　1920年頃～1940年頃

ニューヨークほか

ゾーニング法によるセットバック＋タワー。ベース＋シャフト＋クラウンの3層構成、頂部もセットバックして複雑で装飾的なクラウンに。ピア（窓間の壁）を縦に通して垂直性を出す。エリエル・サーリネンの渡米、欧州アール・デコ風装飾の高層ビルへの適用。同時期のヨーロッパでは近代芸術運動が盛んに。大恐慌（1929年）、第二次世界大戦（1939～1945年）で高層ビルブームは下火に。

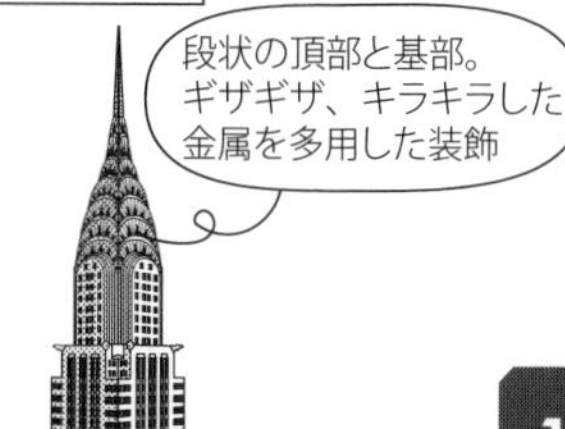
段状の頂部と基部。
ギザギザ、キラキラした
金属を多用した装飾

クライスラー・ビル
（W.V.アレン、1930年、ニューヨーク、米）

5　モダニズムのガラスのタワー　1940年頃～1970年頃

ニューヨーク、シカゴほか

ミースv.d.ローエ、W.グロピウス、マルセル・ブロイヤーらの渡米、IITやハーバードを中心に活動。ミニマリズム、合理主義、機能主義。セットバックせずに垂直に立ち上がるガラスの直方体。H形の方立。ミース風ガラスのタワー全盛の後、アトリウム、巨大なピロティ、鋭角的カット、フラットな表皮などでモダニズムのデザインに新機軸。

セットバック
のないガラス
の直方体
H形の方立

シーグラム・ビル
（ミースv.d.ローエ＆P.ジョンソン、1958年、ニューヨーク、米）

6　ポスト・モダニズム、ハイテック　1970年頃～

世界各地

モダニズムに対抗するポスト・モダニズムが提唱される。ヒストリシズム、形態の複雑化、多様化。ペディメント、アーチ、ヴォールト、ドーム、オーダーなど単純化された歴史的モチーフの採用。ベース＋シャフト＋クラウンの3層構成が復活。構造、設備の技術を露出して機械的に表現するハイテックの出現。ポスト・モダニズム、ハイテック、モダニズム（レイト・モダニズム）の併存。

歴史的モチーフを
単純化して使用

AT&Tビル
（P.ジョンソン、1984年、ニューヨーク、米）

R028

Q 近代の建築家がデザイン的な関心をもって主に取り組んだビルディング・タイプ（＊1）は、オフィス（商業）ビル、展示館、駅、住宅のほかには何がある？

▼

A ドイツでは、工場にも積極的に取り組みました。

ペーター・ベーレンスによる**AEG**（アーエーゲー）タービン工場（**1908**～**10**年）は、正面中央に大ガラス面、両脇を組積造に見せた壁、上部に神殿のペディメント風の多角形破風を付けており、壁やガラス面を内側に傾斜させています。左右対称でペディメントと列柱をもった、神殿をモダン・デザインにしたような外観です。

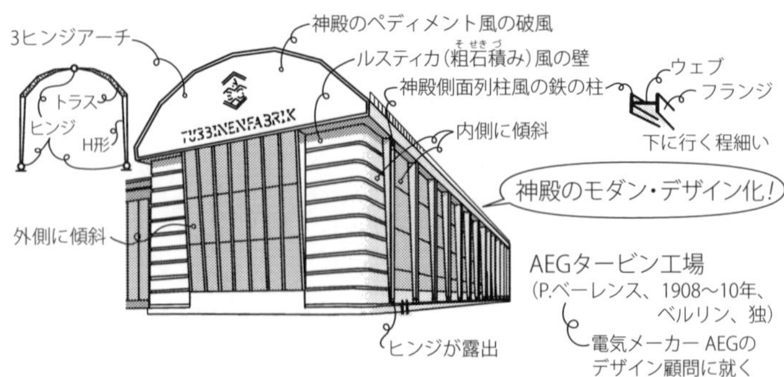
3ヒンジアーチ
トラス
ヒンジ
H形
神殿のペディメント風の破風
ルスティカ（粗石積み）風の壁
TURBINENFABRIK
神殿側面列柱風の鉄の柱
ウェブ
フランジ
下に行く程細い
内側に傾斜
神殿のモダン・デザイン化！
外側に傾斜
AEGタービン工場
（P.ベーレンス、1908～10年、ベルリン、独）
電気メーカー AEGのデザイン顧問に就く
ヒンジが露出

W.グロピウスとアドルフ・マイヤーによるファグス靴工場は、コーナーを回る大ガラス面、水平方向を強調されたサッシ割、金属製のスパンドレル（階の中間の壁）、ガラス面から後退させた柱型などにより、最初の近代建築と呼ばれています。柱型は壁より出して付柱風にするのが普通でしたが、ここではガラス面よりも下げて、ガラスの方を強調する構成としています。特にコーナー部は柱を抜いて、ガラスの透明性を強調しています。

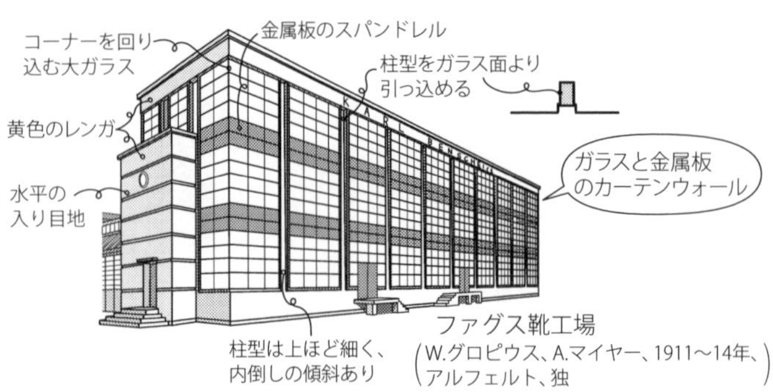
コーナーを回り込む大ガラス
金属板のスパンドレル
柱型をガラス面より引っ込める
黄色のレンガ
水平の入り目地
ガラスと金属板のカーテンウォール
柱型は上ほど細く、内倒しの傾斜あり
ファグス靴工場
（W.グロピウス、A.マイヤー、1911～14年、アルフェルト、独）

グロピウスとマイヤーによるドイツ工作連盟ケルン展モデル工場（1914年）は、水平スラブを張り出した塔屋がライト風であると指摘されています（＊2、R281参照）。またコーナーに付けられた透明ガラスで覆った階段室が透明なヴォリュームとなっていて、古典主義的な左右対称の構成にもかかわらず、近代建築史で高く評価されています。

ライト風水平スラブ
の張り出し
透明ガラスで囲った階段室
透明なヴォリューム

ドイツ工作連盟ケルン展モデル工場
（W.グロピウス、A.マイヤー、1914年、ケルン、独）

同じケルン展の管理棟では、水平方向を強調したサッシ割による、コーナーを回り込む大ガラス面が列柱の上に付けられています。そしてガラス面は柱より前に出され、柱にじゃまされない大ガラス面として、近代では初めて、透明なヴォリュームが大規模に達成されています。全体の構成は左右対称で、やはりライト風の水平スラブを張り出した塔屋が両脇に付けられ、入口は中心軸上という伝統的な構成です。

柱の外側にガラス面を出す
ライト風水平スラブ
の張り出し
透明なヴォリューム
柱の外側にガラス面を出す

ドイツ工作連盟ケルン展管理棟
（W.グロピウス、A.マイヤー、1914年、ケルン、独）

大規模な工場は産業革命後に現れたビルディング・タイプですが、工場に大ガラス面が付けられたのはAEGタービン工場から、また柱にじゃまされない大型の透明なヴォリュームは、ドイツ工作連盟ケルン展の管理棟で初めて達成されました。いずれも第一次大戦前のドイツで建てられたものです。

＊1　ビルディングタイプごとに建築史を整理したのがN.Pevsner（1-26）
＊2　1-27（p.117）／参考文献　1-26、1-27、1-28／出典　1-28（写真）

Q 近代における大空間はどのようにつくられた？

▼

A 鉄骨トラスによる梁、アーチ、シェル、RCによるシェルや折板構造、鉄骨やワイヤーによる吊り構造、空気膜構造などでつくられました。

プレファブ化された鉄骨トラス

クリスタル・パレス
（J.パクストン、1851年、ロンドン、英）

1851年のクリスタル・パレスの大スパン部には、すでにプレファブ化された鉄骨トラスが使われています。

セントパンクラス駅、パリ万博機械館は鉄骨トラスのアーチで大空間を覆っています。機械館は中央の節点と支点が回転する3ヒンジアーチです。

鉄骨トラスのアーチ
ヒンジ
回転する

セントパンクラス駅
（W.H.バーロウ、1865年、ロンドン、英）

パリ万博機械館
（F.デュテール、V.コンタマン、1889年、パリ、仏）

20世紀になりRC技術が普及すると、RCをシェル（貝殻）状に湾曲させて強度を出す方法で、大空間がつくれるようになります。ツルツルの平滑な表面では曲面であることが見えにくいですが、ローマオリンピック小体育館では、シェル表面にリブ（肋骨）を付けて、曲面であることが強調されています。リブは力線に沿って入れられているのではなく、美しい曲線の網状とされ、「構造表現主義」というよりは「構造装飾主義」と呼べるようなデザインです。

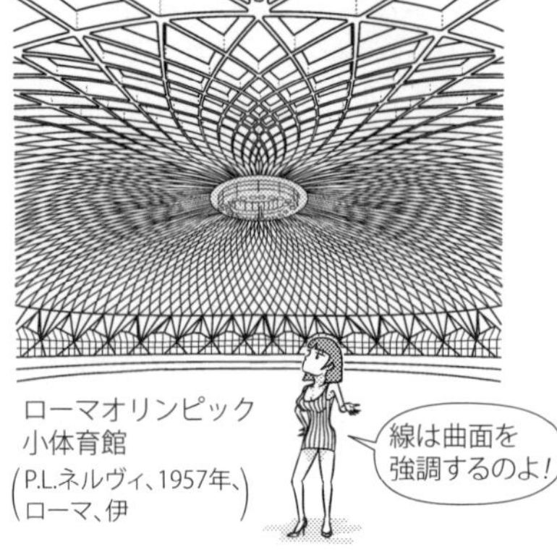

ローマオリンピック小体育館
（P.L.ネルヴィ、1957年、ローマ、伊）

線は曲面を強調するのよ！

鉄骨を正三角形トラスに組んだリチャード・バックミンスター・フラーによる球形ドームによって、ガラス張りのモントリオール万博アメリカ館がつくられました。球形は幅に対して高さがありすぎるので実用的には不便な形で、レーダードーム以外は、あまり使われていないのが実情です。体育館や大ホールでは、大スパンでも天井高の低い、扁平のドームがつくられるようになります。

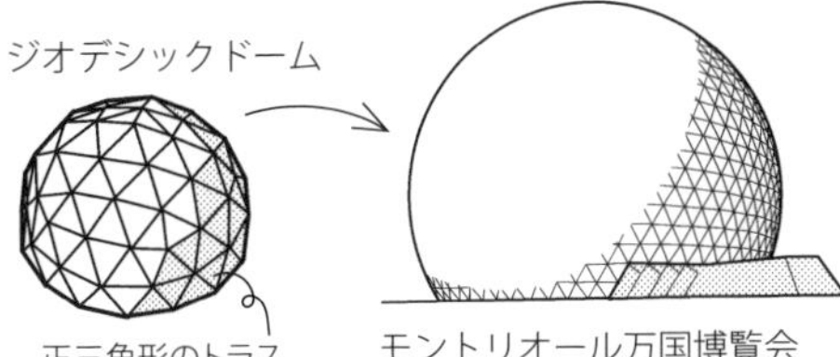
ジオデシックドーム
正三角形のトラス
モントリオール万国博覧会
アメリカ館
（R.B.フラー、1967年、モントリオール、カナダ）

日本では大阪万博お祭り広場にて、大型のトラスで巨大な屋根を架けています。同万博アメリカ館では、空気膜構造で大スパンを架けています。国立代々木競技場では、左右対称ではなく回転対称の平面に吊り構造を採用して、ダイナミックな空間を実現しています。
時代は下って現代になりますが、N.フォスターは大英博物館中庭に、軽快で優美な鉄骨トラス（シングルレイヤー・ラチスシェル：一重に架けた格子のシェル）のガラス屋根を架けています。コンピューター解析が進み、複雑な曲面の設計もできるようになったことも、このようなデザインを推し進めている一因です。

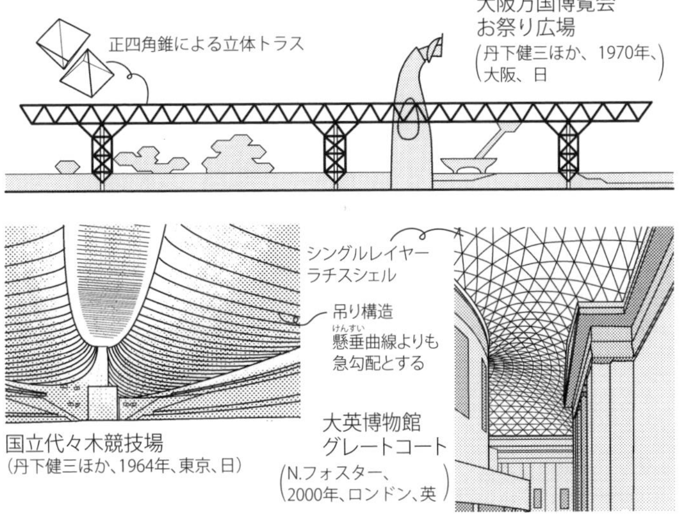
正四角錐による立体トラス
吊り構造
懸垂（けんすい）曲線よりも
急勾配とする
シングルレイヤー
ラチスシェル
大阪万国博覧会
お祭り広場
（丹下健三ほか、1970年、大阪、日）

国立代々木競技場
（丹下健三ほか、1964年、東京、日）

大英博物館
グレートコート
（N.フォスター、2000年、ロンドン、英）

R030

Q 近代の椅子のデザインには、どのような材料が使われた？

A 高温水蒸気による曲木、硬い木材による細長い部材、スティールパイプ、フラットバー（平鋼）、薄い木材を積層して曲げた積層材、硬質発泡ウレタン、FRPなどが使われました。

近世までは太い木材に彫刻を入れた重い家具が主流でしたが、ミヒャエル·トーネットは高温水蒸気による曲木の技術を開発し、軽量の椅子を大量に流通させました。C.R.マッキントッシュは細い黒く塗った木材をはしご状、グリッド状に組んで、繊細華麗な椅子をつくりました。G.T.リートフェルトは抽象的要素による構成を、木製の赤と青の椅子で実現しています。

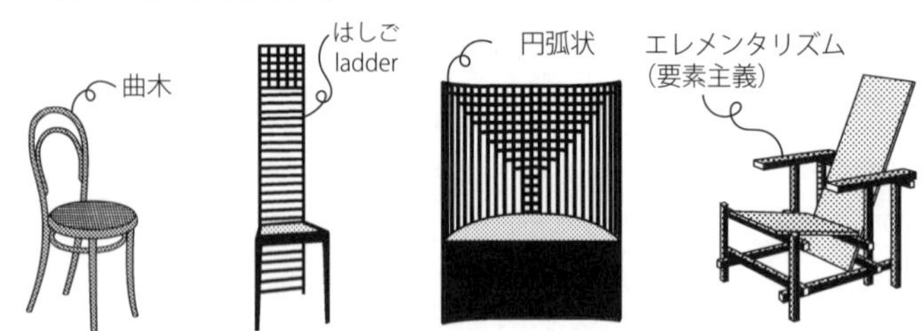
曲木
はしご
ladder
円弧状
エレメンタリズム
（要素主義）

14（M.トーネット、1859年）　ラダーバック・チェア　ウィロー・チェア（C.R.マッキントッシュ、1904、1903年）　赤と青の椅子（G.T.リートフェルト、1921年）

最初にスティールパイプを使ったのは、自転車のハンドルから着想を得たといわれるワシリー・チェアです。強度のあるスティールパイプは、張り出しのあるキャンティレバー・チェア、MRチェアを可能にしました。
スティールパイプを使ったグランドコンフォートや、フラットバー（平鋼）を使ったバルセロナ·チェアは、洗練されたデザインの上に座りやすいので、現在、世界中の役員室、応接室、ラウンジに置かれています。

張り出し
張り出し
スティールパイプ
の最初の椅子

ワシリー・チェア（M.ブロイヤー、1925年）　キャンティレバー・チェア（M.スタム、1926年）　MRチェア（ミースv.d.ローエ、1927年）

- M.トーネットはウィーンで成功した実業家で、ウィーン応用美術館に椅子がずらっと陳列されています。筆者が美術館を訪れた際、現地でたまたま会った方に、あれは必ず見るように！ と強くすすめられました。ウィーン人の誇りのようです。

サヴォア邸（ル・コルビュジエ、1931年、ポワシー、仏）

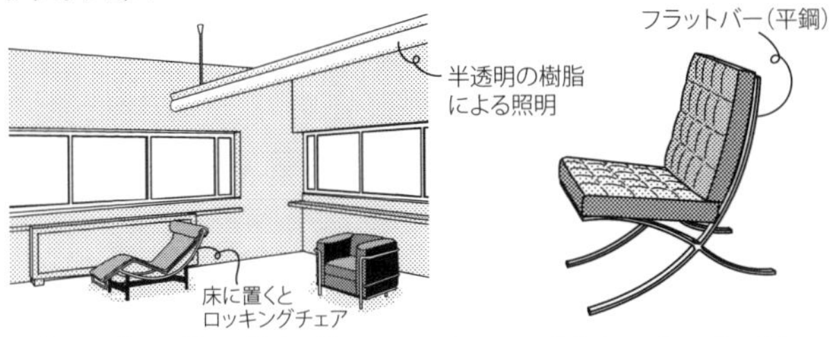
フラットバー（平鋼）
半透明の樹脂
による照明
床に置くと
ロッキングチェア

シェーズロング　グランドコンフォート
（ル・コルビュジエ、1928年）

バルセロナ・チェア
（ミースv.d.ローエ、1929年）

A.アアルトはフィンランドの木材産業のために、積層材を曲げたアーム・チェアをデザインしています。アルネ・ヤコブセンによる薄い積層合板を曲げた椅子は、細いスティールパイプにゴムを履かせた脚を付けた軽快なデザインです。

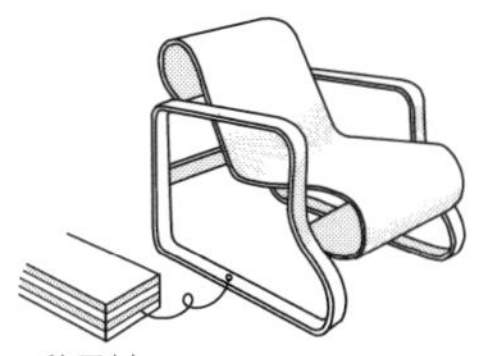
積層材

アーム・チェア41
（A.アアルト、1933年）

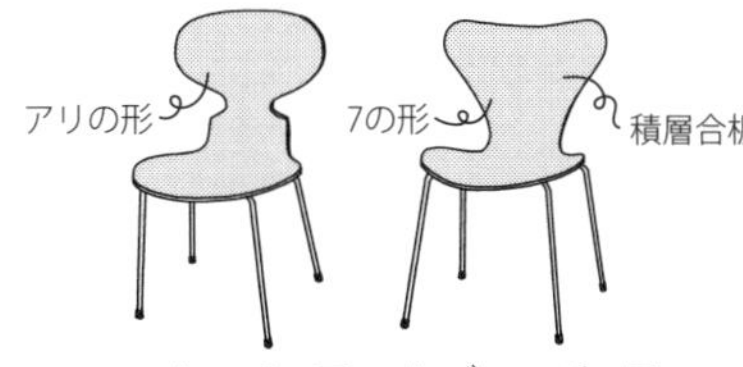
アリの形
7の形
積層合板

アント・チェア　セブン・チェア
（A.ヤコブセン、1952、1955年）

ヤコブセン、ハンス・ウェグナー、ポール・ヘニングセンらの北欧のデザイナーは、椅子や照明器具で優れたデザインを残しました。ヘニングセンのPHランプやPHアーティチョークは、Yチェアと同様に、現代建築家のインテリアによく使われています。

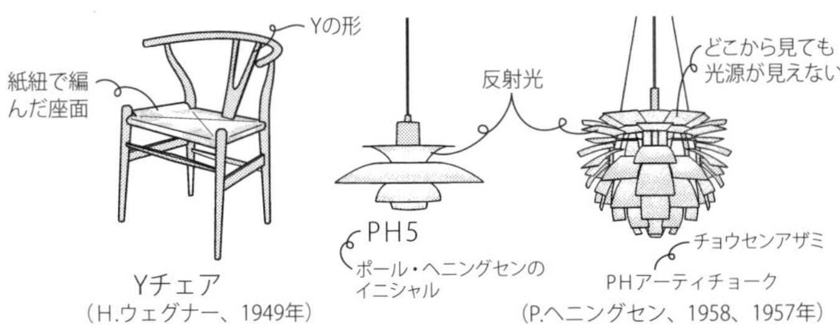
Yの形
紙紐で編
んだ座面
反射光
どこから見ても
光源が見えない
PH5
ポール・ヘニングセンの
イニシャル
チョウセンアザミ

Yチェア
（H.ウェグナー、1949年）

PHアーティチョーク
（P.ヘニングセン、1958、1957年）

- チャールズ＆レイ・イームズ夫妻によるFRPと細いスティールパイプによるシェル・チェア、ラウンジ・チェアは、「ミッドセンチュリー」と呼ばれる、アメリカの20世紀中頃のデザインです（R312参照）。

Q 近代建築の巨匠たちを3世代に分けると？

▼

A 第1世代：F.L.ライト、T.ガルニエ、A.ペレ、P.ベーレンス、アドルフ・ロース等
第2世代：W.グロピウス、ミースv.d.ローエ、ル・コルビュジエ、G.T.リートフェルト等
第3世代：ルイス・カーン、A.アアルト、P.ジョンソン、E.サーリネン等

第1世代の前に、W.モリス、オットー・ワグナー、A.ガウディ、L.H.サリヴァンらの世代があります。第1世代は近代建築の準備期と言えるような時期で、ライトはプレーリー・ハウスにて遠心性、流動性のある空間構成と箱をさまざまな要素に分解するデザインを生み出し、ガルニエ、ペレは新しい構造であるRCに、ベーレンスは工業デザインに取り組みました。第2世代はヨーロッパのアヴァンギャルドとして、無装飾で抽象的、幾何学的なモダンデザインを創出します。一般にモダニズム、近代建築という場合は、狭義にはこの第2世代以降の作品群を指します。第2世代の建築家たちがアメリカに移住してハーバード大学、イリノイ工科大学などに入り、近代建築の主要な舞台はヨーロッパからアメリカに移ります。第3世代は近代建築の基盤から出発し、中心性のある形態、自然の材料を取り込んだ地方色豊かな形態、曲面を多用した形態など、近代建築の教養を少し抜け出した建築をつくり出します。

第1世代
first generation
米
仏
仏
F.L.ライト
(1867〜1959年)
T.ガルニエ
(1869〜1948年)
A.ペレ
(1874〜1954年)

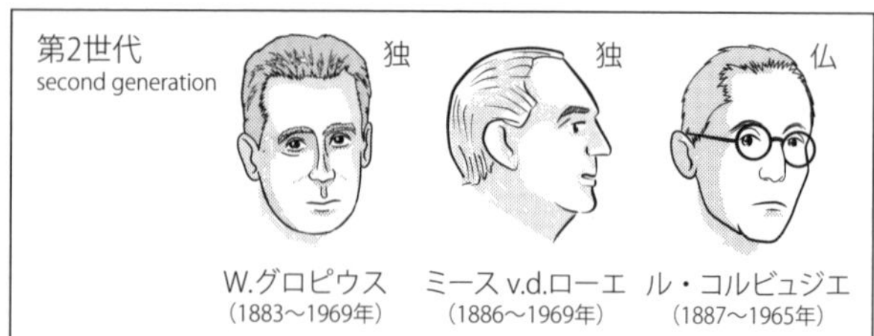
第2世代
second generation
独
独
仏
W.グロピウス
(1883〜1969年)
ミース v.d.ローエ
(1886〜1969年)
ル・コルビュジエ
(1887〜1965年)

- 第1世代、第2世代の区分は、H.R.Hitchcock、Architecture：Nineteenth and Twentieth Centuries（Penguin Books, 1958）によります。第1世代の建築家たちは、明治維新前後に生まれた世代です。

参考文献　1-29

Q 第1世代と第2世代の影響関係は？

A T.ガルニエ、A.ペレはル・コルビュジエに、P.ベーレンスはコルビュジエ、ミースv.d.ローエ、W.グロピウス、デ・ステイル派のメンバーらに、F.L.ライトはミース、グロピウス、デ・ステイル派のメンバーらに影響を与えました。

フランスのペレ事務所ではコルビュジエが、ドイツのベーレンス事務所ではコルビュジエ、ミース、グロピウスが働いており、師弟関係でもありました。ライトは箱の解体、面の分離、水平性、遠心性、流動性、十字の軸性などの点で近代運動初期に大きな影響を与えており、特にミース、グロピウスやデ・ステイルのメンバーの作品にライトの影響が見られます。コルビュジエはライトに関心を示さず、それが気に入らなかったのか、ライトはミースをタリアセンに招待して歓待しますが、コルビュジエは招かずに、コルビュジエの建築をただの箱（just box）、竹馬に乗った箱（box on stilts）などと揶揄しました。第1世代の建築家のなかで最も影響力ある建築家は、ライトだったのではないかと思われます。国別に見ると、ガルニエ、ペレはフランス、ベーレンスはドイツ、ライトはドイツ、オランダに主に影響を与えました。

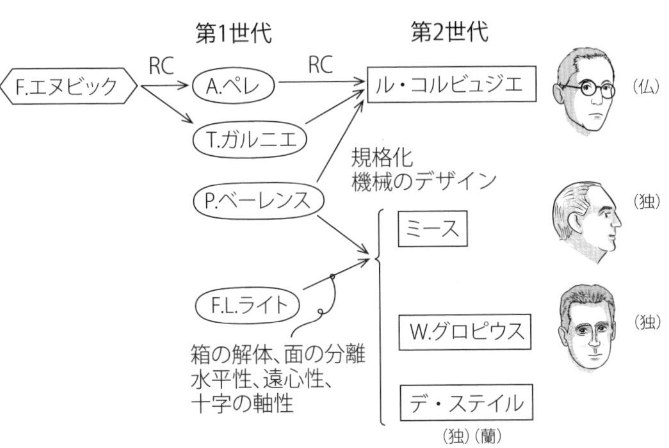
第1世代
第2世代
F.エヌビック
RC
A.ペレ
RC
ル・コルビュジエ
（仏）
T.ガルニエ
規格化
機械のデザイン
P.ベーレンス
（独）
ミース
F.L.ライト
W.グロピウス
（独）
箱の解体、面の分離
水平性、遠心性、
十字の軸性
デ・ステイル
（独）（蘭）

- 箱を解体したライトはコルビュジエのような単一の箱形の建築を好まず、パリ万博の日本館（1937年）を見たライトは坂倉準三に「君はなぜこんなものをつくるのか、日本にはもっといい文化があるじゃないか」と述べています（＊）。
- ライトと同世代のC.R.マッキントッシュは装飾や家具で優れた作品を残しましたが、空間構成に新しいところはなく、またロンドンでは認められずにウィーンで認められた作家です。

＊1-30（p.158）／参考文献　1-30

R033
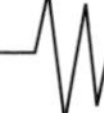

アール・ヌーヴォー

Q アール・ヌーヴォー（**Art Nouveau**）の特徴は？

A クネクネした長いツタのような自由曲線を多用する装飾です。

アール・ヌーヴォーは**1880**～**1900**年頃の約**20**年間に流行した装飾様式で、イギリスの本の表紙絵からはじまって、ヨーロッパ中に広まりました。クネクネした長いツタのような、長い髪のような自由曲線を特徴として、装飾は主に**2**次元的、表層的な扱いがされます。建築でのアール・ヌーヴォーは、薄い鉄を曲げたり鋳込んだりして曲線をつくる方法が主に用いられています。ベルギーのヴィクトール・オルタ、フランスのエクトール・ギマールは**F.L.**ライトらと同じ第**1**世代ですが、ライトのような空間構成ではなく、表層表現で新しさを見出した作家たちでした。

ツタのような
クネクネした
長い自由曲線
が特徴よ！

アール・ヌーヴォー　クネクネ
1880～1900年頃
約20年
アール・デコ　ギザギザ キラキラ
1925～1945年頃

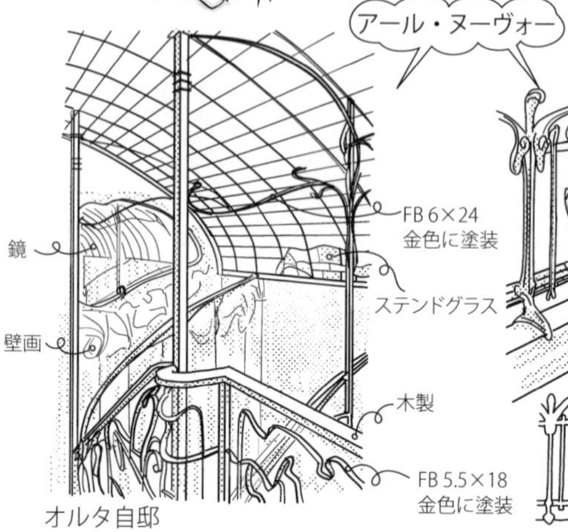

アール・ヌーヴォー

鋳型（いがた）でつくる

鏡
壁画
FB 6×24 金色に塗装
ステンドグラス
木製
FB 5.5×18 金色に塗装

オルタ自邸
（V.オルタ、1901年、ブリュッセル、ベルギー）

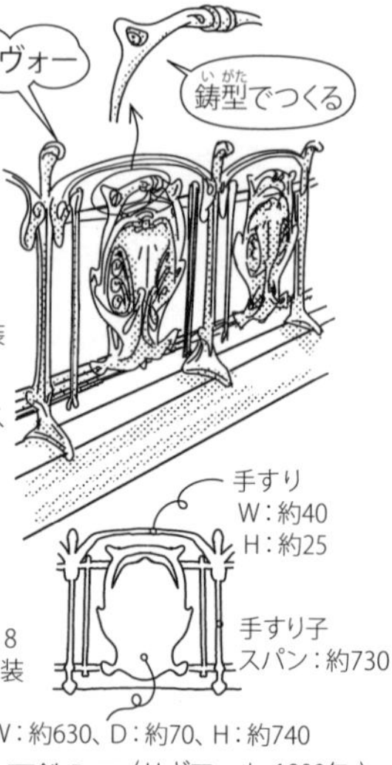

手すり
W：約40
H：約25
手すり子
スパン：約730
W：約630、D：約70、H：約740

パリ地下鉄入口（H.ギマール、1900年、パリ、仏）

FB：フラットバー　寸法は筆者現地実測（mm）

- アール・ヌーヴォー（**Art Nouveau**：新しい美術）はパリの美術商、サミュエル・ビングの店の名からとられたもの。同時代の**L.H.**サリヴァンの装飾を含めることもありますが、サリヴァンの鋳鉄やテラコッタによる緻密な装飾は、アール・ヌーヴォーとは異質のものです。

アール・デコ

Q アール・デコ（Art Déco）の装飾の特徴は？

A ギザギザした直線や角を出した短い幾何学的線が多く、真鍮やステンレスの光沢のある金属やガラスを多用する装飾です。

デイリー・エクスプレス本社ビルの玄関ホールは、シルバーやゴールドの金属色を使い、ギザギザした鋭角と直線を多く使うアール・デコの代表例です。アール・デコは短い幾何学的な線が多く、曲線も自由曲線ではなく円弧が使われます。「クネクネ」がアール・ヌーヴォー、「ギザギザ、キラキラ」がアール・デコです。アール・デコはアメリカの高層ビルにも採用され、ニューヨーク・アール・デコと呼ばれるようになりました。
元々はオーシャン・ライナーの船の内装から来たとする説が有力です。船では物をぶら下げると大きく揺れてしまい、また凹凸を出すとじゃまになるため、同一面に異種材料をはめ込む（象嵌する）フラットに近い装飾が多用されるようになり、それが一般の装飾に広まったのではないかと思われます。船という機械のインテリア・デザインが建築に移入された例です。なお1900年頃に下火となったアール·ヌーヴォーとは、ほとんど無関係です。

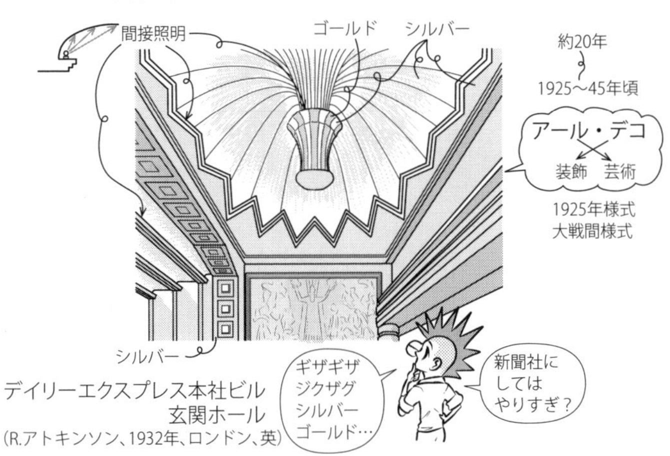

間接照明
ゴールド
シルバー
約20年
1925〜45年頃
アール・デコ
装飾
芸術
1925年様式
大戦間様式
シルバー
ギザギザ
ジクザグ
シルバー
ゴールド…
新聞社にしてはやりすぎ？

デイリーエクスプレス本社ビル
玄関ホール
(R.アトキンソン、1932年、ロンドン、英)

- アール・デコ（Art Déco）という用語は、1925年に開催されたパリ装飾芸術万国博覧会（Exposition Internationale des Arts Décoratifs et Industriels moderns）に起源があり、直訳すると装飾芸術です。1925年の博覧会から1925年様式とか、第一次世界大戦から第二次世界大戦の間に流行したので大戦間様式とも呼ばれました。興味深いことにアール・ヌーヴォー、アール・デコともに約20年間の流行です。パリ装飾芸術万国博覧会には、ル・コルビュジエがまったく装飾のない白い壁や大きな文字を書いた壁（スーパー・グラフィック）をもつ建物を出品しています。装飾の博覧会に白い壁を出品したことは、当時のコルビュジエの反骨精神を如実に表しています。

参考文献　1-28、1-31

R035

ウィーン・ゼツェッシオン

Q O.ワグナーによる装飾の特徴は？

A アルミや鉄などの金属、ガラスを多く使った光沢のある装飾に特徴があります。

ワグナーは第1世代のF.L.ライト、A.ペレらよりも1世代前の建築家です。左右対称で中心性の強い伝統的な構成が多いですが、石を留める金属の鋲やアルミ板を露出させ、金色を多く使うなど、光沢のある金属色の独自の装飾が次世代の建築家たちに大きな影響を与えました。

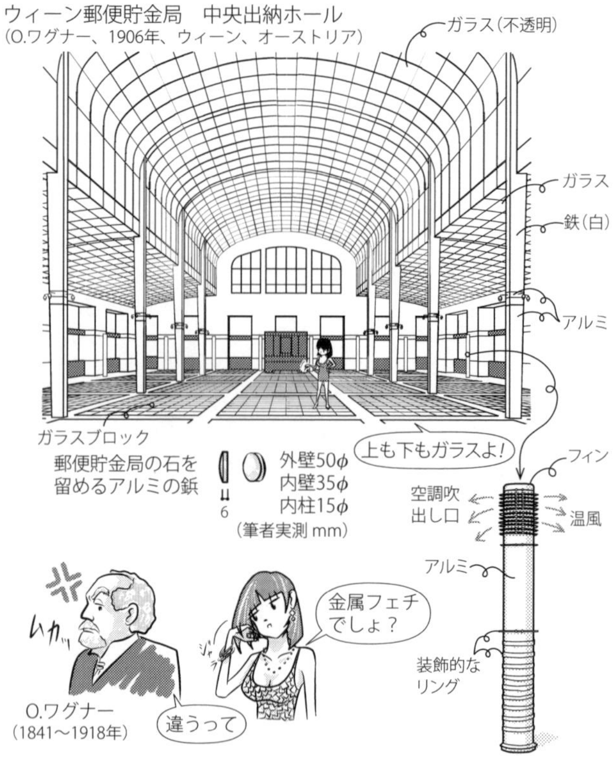

ウィーン郵便貯金局　中央出納ホール
(O.ワグナー、1906年、ウィーン、オーストリア)

ガラス(不透明)
ガラス
鉄(白)
アルミ
ガラスブロック
上も下もガラスよ！
郵便貯金局の石を留めるアルミの鋲
6
外壁50φ
内壁35φ
内柱15φ
(筆者実測 mm)
フィン
空調吹出し口
温風
アルミ
装飾的なリング
ムカッ
金属フェチでしょ？
違うって
O.ワグナー
(1841～1918年)

- グスタフ・クリムトを中心として結成されたウィーン分離派（ゼツェッシオン）は、過去の古典主義やゴシックなどの伝統から分離しようとするグループで、ワグナーもその一員でした。日本でもそれを真似して分離派がつくられましたが、日本で分離すべきものは何だったのかは疑問です。明治にほぼ同時に、近世建築と近代建築が輸入されたからです。

参考文献　1-28、1-31

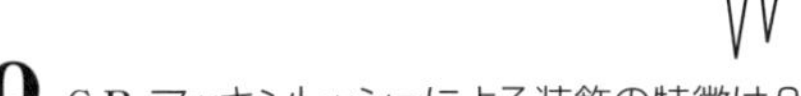

マッキントッシュ

Q C.R.マッキントッシュによる装飾の特徴は？

▼

A バラや細かい正方形グリッド、格子などのモチーフを、細い鉄や木材、モザイクタイル、ガラスに埋められた鉛の線などを使うことによってつくる線の多い繊細、華麗な装飾に特徴があります。

マッキントッシュは細くて線の多い繊細、華麗な装飾が得意でした。特にグラスゴー美術学校の図書室における合わせ梁と柱を露出した線の多いデザインは秀逸です。バラのモチーフを壁画、ガラス細工、鉄細工などで繰り返し使っています。マッキントッシュの装飾には、アール・ヌーヴォー的な長い自由曲線とアール・デコ的な短い幾何学的な線の両方が見られます。

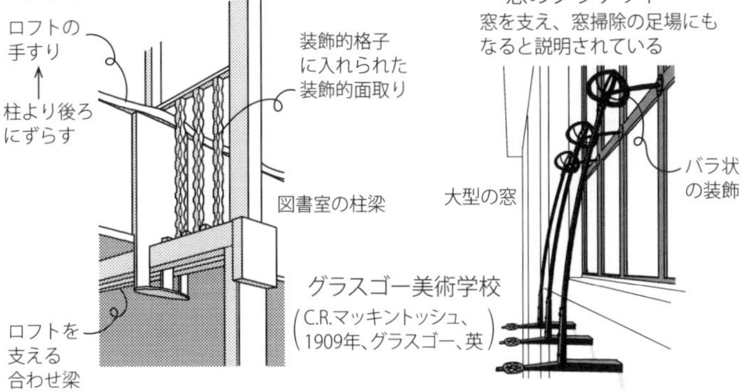

ロフトの手すり
柱より後ろにずらす
装飾的格子に入れられた装飾的面取り
図書室の柱梁
ロフトを支える合わせ梁
窓のブラケット
窓を支え、窓掃除の足場にもなると説明されている
大型の窓
バラ状の装飾

グラスゴー美術学校
（C.R.マッキントッシュ、1909年、グラスゴー、英）

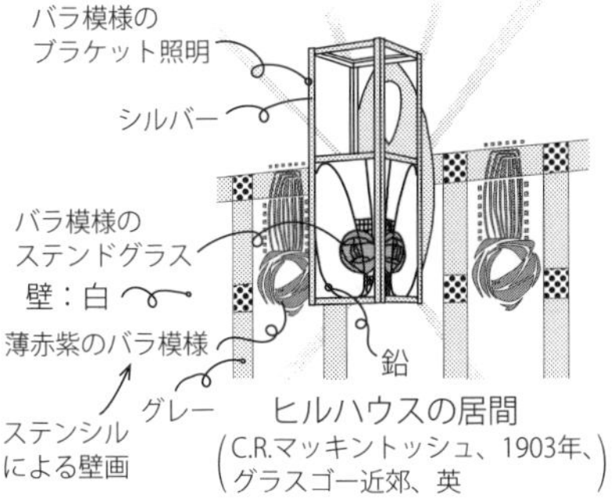

バラ模様のブラケット照明
シルバー
バラ模様のステンドグラス
壁：白
薄赤紫のバラ模様
ステンシルによる壁画
グレー
鉛
C.R.マッキントッシュ
バラの模様が好きなのね！

ヒルハウスの居間
（C.R.マッキントッシュ、1903年、グラスゴー近郊、英）

- マッキントッシュは**F.L.**ライトと同世代ですが、ライトが死ぬまでつくり続けたのに対し、マッキントッシュは**1900**年代の**10**年ほどの活躍で終わり、不遇の晩年を過ごします。グラスゴーで活躍したマッキントッシュはロンドンでは認められず、遠いウィーンで認められました。ラダーバック・チェア（**1902**年）、ウィロー・チェア（**1903**年）は黒く塗った細い木材を組んだグリッド状、格子状フレームの美しいデザインで、人類の遺産と言えるほどの椅子です（**R030**参照）。

参考文献　1-32、1-33

Q 1920年代以降のル・コルビュジエ、ミースv.d.ローエと、それ以前のデザインの主な違いは？

▼

A 壁を装飾や繰り形のない抽象的な面として扱うこと、ガラス面を大きくとること、内と外とを連続的に扱うこと、立面構成よりも空間構成、表層よりも空間に力点が置かれることなどです。

アール・ヌーヴォーやウィーン、グラスゴーの建築家のデザインは、表層の装飾が主でした。それに対しコルビュジエ、ミースは、装飾や繰り形をはぎ取ったそっけない壁面をいかに構成するかを主題としています。具象から抽象へ、立面構成から空間構成へ、表層から空間へといった変化が、コルビュジエ、ミースを中心とする近代建築全体に起こります。

ウィーンもグラスゴーも
装飾に熱心だな
新しい建築は
われわれの手で
やろう！
ル・コルビュジエ
ミースv.d.ローエ

サヴォア邸
(ル・コルビュジエ、1931年、ポワシー、仏)

ベルリン建築展モデル住宅
(ミースv.d.ローエ、1931年、ベルリン、独)

- 古代、中世、近世、近代と建築を見て歩くと、建物の質が目に見えて落ちていきます。A.パラディオのヴィラですら、レンガを積んでモルタルで均したオーダーとか、木を石に見せる塗装をした梁などの安物が目につきます。近代に向かうにつれ、集中されていた富の分散が起こり、多くの人々が中産階級となると、その住宅などは低コストにならざるをえません。低コストでありながらそれなりに見せる建築は、装飾を排した躯体の構成によるデザインです。20世紀になってそのような「躯体によるデザイン」が増えたのは、富の分散の結果でもあります。中心性に代わる偏心性、遠心性を有する空間構成が盛んにつくられるのは、そういった「躯体によるデザイン」でしか勝負できない建築家の境遇にも理由があったわけです。

参考文献　1-13

R038

近代の空間構成　その2

Q 近世建築と近代建築の、構造と窓の違いは？

A 近世建築は組積造+木造で窓は縦長。近代建築はラーメン構造で横長窓や全面ガラス。

近世建築は壁をレンガ造または石造とし、床や小屋を木造としています。鉄の梁が普及するのは19世紀後半です。外壁は組積造で重さを壁で支えるため、壁を残す必要から窓は必然的に縦長となります。近世以前の様式は、すべて縦長窓によって構成されています。一方ラーメン構造は柱で重さを支え、柱梁で直角を維持します。外壁よりも柱を後ろに下げると、水平連続窓や全面ガラス窓が可能となります。アカデミーに擁護された近世建築への対抗から、近代運動では必要以上に窓を横長や全面ガラスにしようとする傾向がありました。バウハウス校舎は全面ガラス、水平連続窓、水平独立窓など、近代建築の窓のラインナップがそろっています。

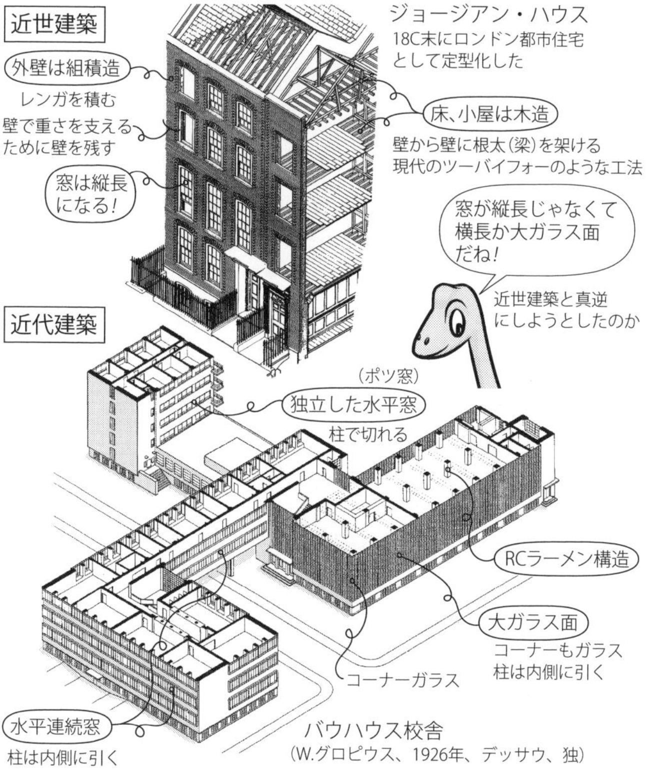

近世建築
ジョージアン・ハウス
18C末にロンドン都市住宅
として定型化した
外壁は組積造
レンガを積む
壁で重さを支える
ために壁を残す
窓は縦長
になる！
床、小屋は木造
壁から壁に根太（梁）を架ける
現代のツーバイフォーのような工法
窓が縦長じゃなくて
横長か大ガラス面
だね！
近世建築と真逆
にしようとしたのか
近代建築
（ポツ窓）
独立した水平窓
柱で切れる
RCラーメン構造
大ガラス面
コーナーもガラス
柱は内側に引く
コーナーガラス
水平連続窓
柱は内側に引く
バウハウス校舎
（W.グロピウス、1926年、デッサウ、独）

参考文献　1-34

Q 装飾のない箱形の建築はいつ頃できた？

A 18世紀以降のイギリスの工場では、レンガ造による無装飾の箱が多くつくられました。近代運動の建築家が意識的に無装飾の白い箱形をつくったのは、1910年のA.ロースによるシュタイナー邸が最初です。

18世紀初頭には、レンガ造による無装飾な箱形の工場が現れます。工場は薄い切妻屋根が架けられることが普通でしたが、なかには屋根のない箱形も見られます。ドイツの建築家カール・フリードリッヒ・シンケルが19世紀初頭にイギリスを旅行して、工場地帯における箱形建築群のスケッチを残しており、煙突がなければ近代のオフィス街のようです。雨の少ない地域でのヴァナキュラー（vernacular：自然発生的）な民家にも無装飾の箱形は多く、1927年にシュトゥットガルトに近代建築家が集まってつくった住宅地は、アラブの村と揶揄されました。建築家が意識的に無装飾の白い箱をつくったのは、A.ロースによるシュタイナー邸が最初で、ル・コルビュジエが白い箱を次々につくりはじめるのは、1920年代になってからです。

1717年で無装飾のレンガの箱
規則的にあけられた長方形の窓
ランベの製紙工場
（1717年、ダービイ、英）

1910年で無装飾の白い箱！
3分割したU字形で左右対称、縦長窓は古典的
装飾は罪悪である！
A.ロース
（1870〜1933年）
シュタイナー邸
（A.ロース、1910年、ウィーン、オーストリア）

● ロースは『装飾と罪悪』（1908年）で、「文化の進歩は実用品から装飾を取り除くことと同じである」と述べています（＊）。しかしロースの実作では、オーダーなどの控えめな様式的細部が見られます。シュタイナー邸にしてもU字形の輪郭をした、対称性の強い立体です。

＊1-36（p.13）／参考文献　1-26、1-35, 1-36／出典　1-26（上図）

Q 近代建築において、純粋直方体としての白い箱とガラスの箱はいつできた?

A 大ガラス面を付けた白い箱は、ル・コルビュジエによる1920年のシトロアン住宅案、1922年の職人のための住宅案が早い例です。ガラスの箱はP.ジョンソンによる1949年のガラスの家とミースv.d.ローエによる1951年のファンズワース邸が最初です。

白い箱はシュレーダー邸が最も早い例ですが、3分割を表した凹凸があって内外共に対称性が強く、伝統的な構成もひきずっています。1920年代のコルビュジエによる住宅は、白い箱と大ガラス面、横長連続窓、偏心した吹抜けとオープンな階段や斜路など、革新性の高い、純粋直方体としての白い箱でした。1910年代のコルビュジエの箱形は、屋根スラブがコーニス状に突出して、純粋直方体というには古典主義の伝統をひきずっています。20年代に入り、開き直ったような抜け切った抽象性に至っています。コーナーを回り込む大ガラス面は、2011年のファグス靴工場や1926年のバウハウス校舎ですでに実現しています。四周が完全なガラスの箱はミースが1951年に竣工するファンズワース邸で考えていたものですが、そのスケッチを見たジョンソンが先に1949年に自邸で実現してしまいました。

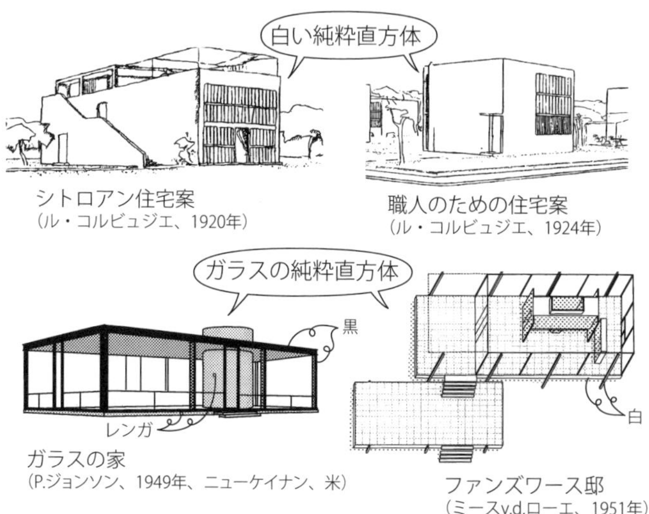
白い純粋直方体
ガラスの純粋直方体
黒
レンガ
白

シトロアン住宅案
(ル・コルビュジエ、1920年)

職人のための住宅案
(ル・コルビュジエ、1924年)

ガラスの家
(P.ジョンソン、1949年、ニューケイナン、米)

ファンズワース邸
(ミースv.d.ローエ、1951年)

- チャールズ・フランシス・アネスリー・ヴォイジイやベイリー・スコットによる住宅も白い外壁で近代性の現れとも言われていますが、凹凸のある白いラフキャスト(小石の混じった漆喰)の壁は中世からの伝統的なもので、何よりも屋根がフラットではなく切妻や寄棟が架かっており、純粋直方体ではありません。

Q モダンデザインでは単純な直方体内に納めようとする傾向があるが、大規模な場合はどうした？

▼

A 直方体を非対称に偏心させて複合する方法をとりました。

ヒルヴェルスム市庁舎は、薄黄色のレンガ造でできた多数の小さめの直方体を、非対称に偏心させながら複合させています。塔を南東側に寄せることで全体を大きく偏心させ、非対称にさせながらバランスをとっています。建物に沿った巻き込むようなアプローチはF.L.ライトからの影響と思われます。ウィレム・マリヌス・デュドクは前衛ではなく実務的な建築家だったようで、近代建築の多くのデザイン的成果を取り入れています。

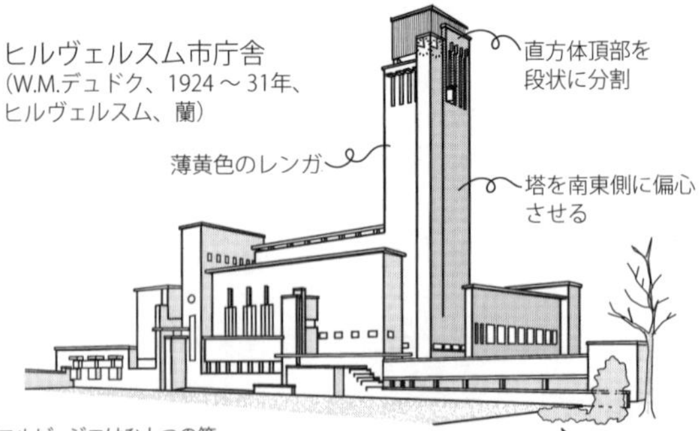

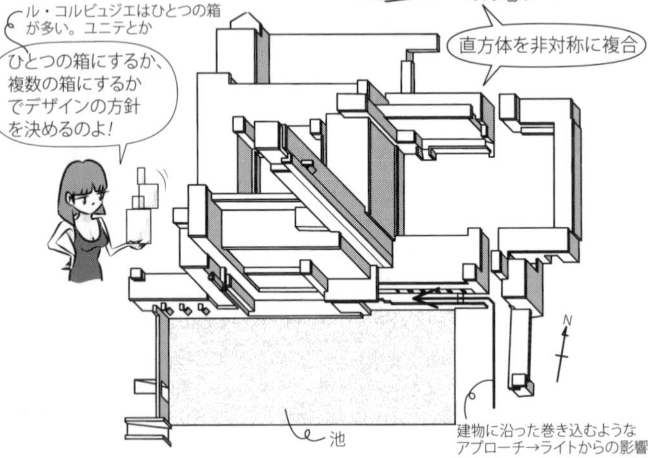

ヒルヴェルスム市庁舎
（W.M.デュドク、1924～31年、
ヒルヴェルスム、蘭）
直方体頂部を
段状に分割
薄黄色のレンガ
塔を南東側に偏心
させる
ル・コルビュジエはひとつの箱
が多い。ユニテとか
ひとつの箱にするか、
複数の箱にするか
でデザインの方針
を決めるのよ！
直方体を非対称に複合
N
池
建物に沿った巻き込むような
アプローチ→ライトからの影響

• エレメンタリズムといった場合、エレメント（要素）は抽象的な面を指すことが多いですが、小さな直方体というエレメントを構成することも、広義にはエレメンタリズムに含まれると思われます。

Q ウィーンのカール・マルクス・ホフでは、長い住棟におけるデザインはどうした？

A 全長1.2kmに及ぶ長大な直方体の前部に、色違いの「圭」形の塔と半円アーチのヴォリュームを付加することで、変化をつけています。

社会主義的傾向をもつ近代建築家は、労働者のための住宅団地の設計に情熱を注ぎ、ヨーロッパ各地に長い住棟がつくられます。しかし、箱に窓をあけただけの長い住棟は単調になりやすく、円弧状に曲げたり中庭を囲ったりとさまざまに工夫されました。なかでもデザインが際立っているのが、ウィーン郊外に建つカール・マルクス・ホフです。長い直方体の前面に、色違いの「圭」形の塔+アーチのヴォリュームを置き、長大な直方体の単調さを避けながら迫力のある外観を形づくっています。

Hof：宮殿
カール・マルクス・ホフ
（K.エーン、1927年、ウィーン、オーストリア）
赤茶色の「圭」形の塔
ポール
薄黄色
1.2kmの住宅団地をまとめるのは力わざだね
反対側に抜けられる半円アーチ
塔+バルコニー+アーチの量塊を直方体の前面に付加
赤茶色
薄黄色

- Hofとはドイツ語で宮殿のこと。ちなみにSiedlung（ジードルンク）は住宅団地。カール・マルクス・ホフはカール・マルクス宮。1382戸の住宅をもつ巨大な住棟には、洗濯所、浴場、幼稚園、診療所、商店などが入れられていました。1934年には反ファシスト暴動があり、この住棟を「城壁」と称して抵抗しましたが、4日間で鎮圧されます。まさに名前通りの労働者のための宮殿、城壁です。

Q 近代で、箱に奥行を出すためにされた操作は？

▼

A 孔のあいた壁やフレームを背後の壁や窓から距離を置いて配置する二重被膜として、奥行を出しました。

伝統的な古典主義でも、箱に孔をあけただけの平板な建物になることを避けるため、前面にオーダーやアーチの列を並べ、その層を透かして背後の壁を見せることによって、建物に奥行をつくり出しています。近代建築も基本的に箱形ですが、箱に窓をあけただけの平板さを避けるために、フレームや孔のあいた壁による二重被膜がよく使われました。ジュゼッペ・テラーニによるカサ・デル・ファッショはフレームを窓の前面に置いて、奥行や透明感をつくり出しています。また壁とフレームを対比させ、壁を右に寄せることでファサードを大きく非対称としています。

フレームによる二重被膜さ！

G.テラーニ
(1904〜1943年)
第二次世界大戦のロシア戦線で負傷、それが元で帰国後に死亡。ムッソリーニ政権の御用建築家。

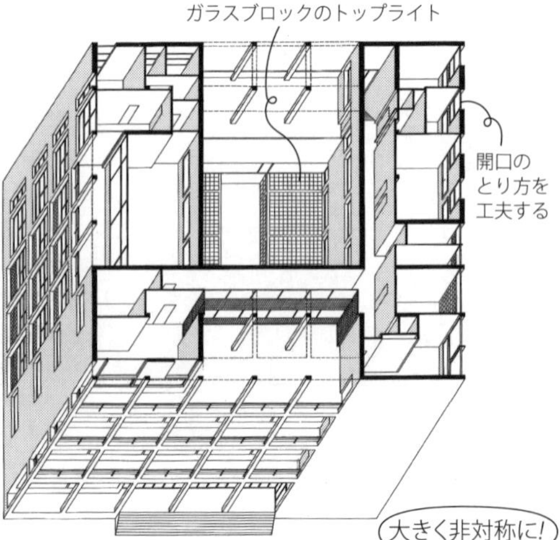

ガラスブロックのトップライト

開口のとり方を工夫する

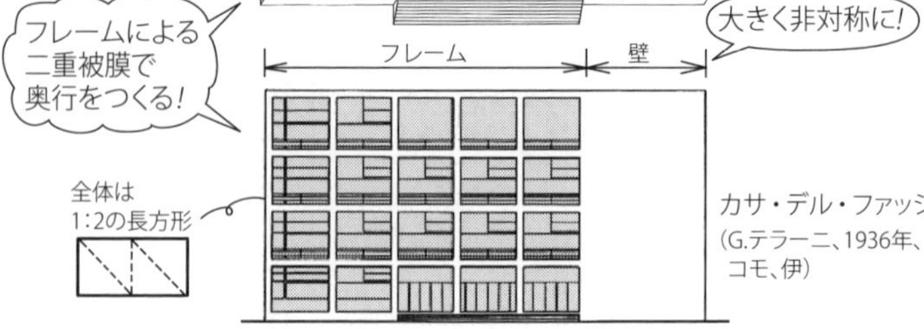

フレームによる二重被膜で奥行をつくる！

大きく非対称に！

フレーム　壁

全体は1:2の長方形

カサ・デル・ファッショ
(G.テラーニ、1936年、コモ、伊)

- 壁による二重被膜は、L.カーンがよく用いた方法ですが、ル・コルビュジエによる格子状のブリーズソレイユ（日除け）、パラソル（浮屋根）も二重被膜と考えられます。

R044

近代の空間構成　その8

Q ヨーロッパ近代運動（モダン・ムーブメント）のピークはいつ頃？

A 1926〜1928年頃です。

1926年にはW.グロピウスがデッサウにバウハウス校舎を建てますが、RCラーメン構造、非対称で卍形の動的な配置、全面ガラス、水平連続窓、ブリッジなどの近代建築の要素の多くが実現されています。1927年にはドイツのヴァイセンホーフにて住宅展が開催され、ミースv.d.ローエ、ル・コルビュジエ、グロピウス、B.タウトらの近代建築家が一堂に会し、白い箱形の住宅が数多く建てられました。それ以後ドイツでは保守的な古典主義が巻き返しを図るようになり、さらにナチスの台頭で、近代建築家が追放されます。バウハウスは1933年に閉校になり、ミース、グロピウス、M.ブロイヤーらは1930年代にアメリカに移住。近代建築運動の中心は、ヨーロッパからアメリカに移ります。1928年には第1回CIAM（シアム：近代建築国際会議）がスイスのラ・サラで開かれ、近代建築の理念が提示され、後に10回まで各地で開かれることになります。1926〜1928年頃がヨーロッパ近代運動の最盛期と考えられます。

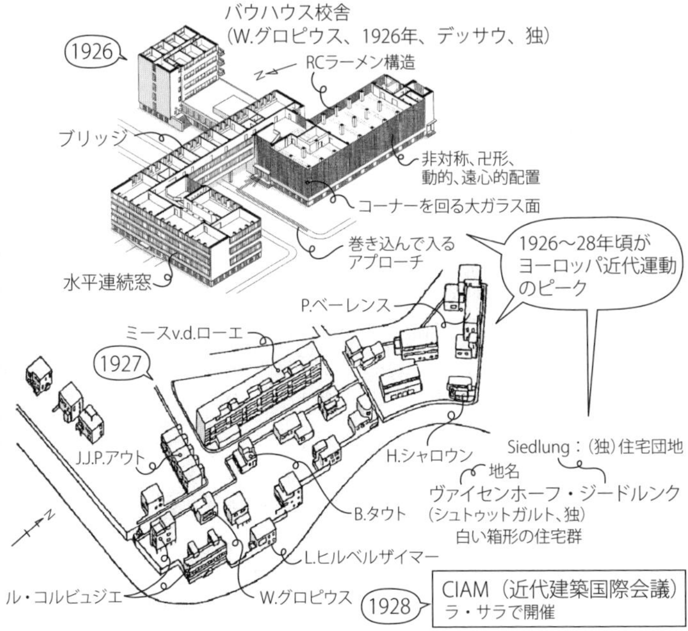

バウハウス校舎
（W.グロピウス、1926年、デッサウ、独）
1926
RCラーメン構造
ブリッジ
非対称、卍形、
動的、遠心的配置
コーナーを回る大ガラス面
巻き込んで入る
アプローチ
水平連続窓
1926〜28年頃が
ヨーロッパ近代運動
のピーク
P.ベーレンス
ミースv.d.ローエ
1927
J.J.P.アウト
H.シャロウン
Siedlung：（独）住宅団地
地名
ヴァイセンホーフ・ジードルンク
（シュトゥットガルト、独）
白い箱形の住宅群
B.タウト
L.ヒルベルザイマー
ル・コルビュジエ
W.グロピウス
1928
CIAM（近代建築国際会議）
ラ・サラで開催

- ヴァイセンホーフ・ジードルンクは陸屋根で白い箱形のデザインから、アラブの集落と揶揄され、壮大な古典主義を理想とするヒトラーから嫌われます。

参考文献　1-34、1-38／出典　1-38（下図パース）

Q 近代建築史の著作を大きく3つのジャンルに分けるとすると？

A

①同時代史として近代建築の成立に直接参加するもの

H.R.ヒッチコック、P.ジョンソン著『インターナショナル･スタイル』1932年
ニコラス･ペヴスナー著『モダン･デザインの展開』1936年
ジークフリード･ギーディオン著『空間　時間　建築』1941年

②距離を置いて近代建築を史的対象としたもの

H.R.ヒッチコック著『19世紀と20世紀の建築』1958年
レオナルド･ベネヴォロ著『近代建築の歴史』1960年
レイナー･バンハム著『第一機械時代の理論とデザイン』1960年
ヴィンセント･スカーリー著『近代建築』1961年

③近代建築を多様性、多元論の立場から相対化して批判的にとらえたもの

R.ヴェンチューリ著『建築の多様性と対立性』1966年
C.ジェンクス著『現代建築講義』1973年
C.ジェンクス著『ポスト･モダニズムの建築言語』1977年
デヴィッド･ワトキン著『モラリティと建築』1977年

（年代は原著）

同時代史として自己を正当化しようとする、アピール性の強い近代建築史が①の著作群です。モダンデザインを強化発展させるために歴史家を味方につけようと、建築史家ギーディオンをハーバードに呼んで講演してもらい、その講演をもとに出版されたのがかの有名な『空間　時間　建築』です。空間概念を取り入れた近代建築史です。
近代建築が一区切りする1960年代では、近代建築を歴史的に定位しようとする②の著作群が現れます。多くの作品を取り上げて、正確な歴史を刻もうとする、本来の意味での歴史書です。
60年代後半から70年代では、ポスト･モダニズムの潮流のもと、近代建築に批判的な③の著作群が現れます。歴史書というよりも批評、評論に近いものです。本書では、H.R.ヒッチコック著『19世紀と20世紀の建築』を中心に参照し、そのほか適宜、これらすべての著作を参照して書いています。

参考文献　1-8、1-9、1-20、1-21、1-27、1-29、1-39、1-40、1-41、1-42、1-43

Q S.ギーディオンは、近代の動的な空間はどこを起点にするとした？

A バロックの流動的な空間を起点にすると述べています。

ギーディオンは空間概念の進化を、①エジプト、シュメル、ギリシャなどのヴォリューム（量塊）の作用としての空間概念、②ヴォールト架構が課題となるローマ以降のくり抜かれた内部空間としての空間概念、③近代の内外空間の相互貫入、動的な空間としての空間概念の3段階としています。平たく言い直すと、①量塊による彫刻的物体としての概念、②覆われた空間としての概念、③動きのある空間としての概念となります。ルネサンスで発明された透視図法による単一視点を近代で捨てて、動きによって把握される複数視点による動的な空間が近代的空間概念としています。その起源の例として、バロックのフランチェスコ・ボッロミーニによる教会のうねる壁面の動き、流れるような空間を挙げています。

うねった壁は近代の
動的な空間の起点
by ギーディオン

サンカルロ・アッレ・クアットロ・フォンターネ聖堂
（F.ボッロミーニ、1688年、ローマ、伊）

- ギーディオン著『空間 時間 建築』（太田實訳、丸善、1969年、原典1941年）は筆者が学生のときに必読書として提示されていたもので、そこで述べる空間概念は面白いと思う反面、流動的空間とか内外空間の相互貫入とは、具体的に何を指しているのかという疑問をもち続けていました。たとえば、F.L.ライトのウィリッツ邸（1902年）は流動的な空間としてよく例に出されますが、2階の個室は当然ドアで区切られていて、廊下でつながれているだけで、空間が相互貫入しているわけではありません。また近代以前の空間も、歩き回ることによってはじめて全体の構成がわかるものや吹抜けの周囲を巡る構成は多く、部屋どうしや部屋と外を連続させようとする設計も多く見受けられます。あいまいな概念で近代建築とバロックを結び付けるのは、少々無理があるのではというのが筆者の考えです。

参考文献　1-9／出典　1-2（パース）

Q 建築史家N.ペヴスナーの言うモダンデザインの源流は、大きく4つに分けると？

A ①産業革命後に発達した工学技術、②ジョン・ラスキン、W.モリスの思想をもととするアーツ・アンド・クラフツ、③アール・ヌーヴォー、④19世紀後半の英米における郊外独立住宅。

ペヴスナーによる『モダン・デザインの展開』の副題は「モリスからグロピウスまで」とあり、また『モダン・デザインの源流』の副題は「モリス｜アール・ヌーヴォー 20世紀」とされ、モリスを評価しているのがわかります。

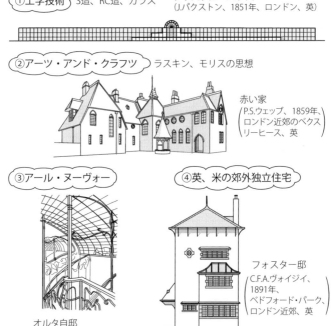

①工学技術　S造、RC造、ガラス

クリスタル・パレス
（J.パクストン、1851年、ロンドン、英）

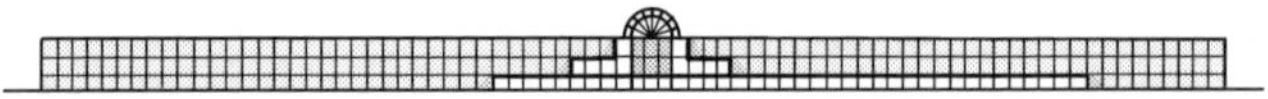

②アーツ・アンド・クラフツ　ラスキン、モリスの思想

赤い家
（P.S.ウェッブ、1859年、ロンドン近郊のベクスリーヒース、英）

③アール・ヌーヴォー

オルタ自邸
（V.オルタ、1901年、ブリュッセル、ベルギー）

④英、米の郊外独立住宅

フォスター邸
（C.F.A.ヴォイジイ、1891年、ベドフォード・パーク、ロンドン近郊、英）

- ドイツに生まれ、イギリスの大学で美術史の教授をしていたペヴスナー（1902～1983年）は、アーツ・アンド・クラフツ、アール・ヌーヴォー（イギリス発とされる）、モリス、C.F.A.ヴォイジイらをモダンデザインの源流として高く評価する傾向にあります。モリスをモダンデザインと関係づけることには、筆者は長年、疑問に感じています。モリスは中世主義者で、手工芸礼賛者で、モダンデザインに反ばくする側に位置します。

参考文献　1-39、1-44

R048

Q 近代建築がいつはじまったかという問いに、建築史家L.ベネヴォロの答えは？

▼

A ①産業革命に伴う技術的、社会的、文化的変化からはじまった。②モリス・マーシャル・フォークナー社が設立した1861年にはじまった。③第一次世界大戦直後、W.グロピウスがワイマール・バウハウス校を開校した1919年にはじまったという3通りの答えがあります（*）。

一般的に言われるのは、①の産業革命起源説で、ベネヴォロはより正確にはワーテルローの戦い（1815年）後からと記しています。②では思想と行動の一貫した動きは、モリス・マーシャル・フォークナー社の設立からとしています。③のバウハウスは個々の努力を統一し、理論と実践の橋渡しをして普及させ、近代運動が開始されたとしています。さらに19世紀のロバート・オウエンらのユートピア志向ではじまり、J.ラスキンとW.モリスおよび1890年から1914年にかけてのヨーロッパ・アバンギャルド実験を経て、F.L.ライトとアメリカの建築家がそれに貢献し、第一次世界大戦直後にグロピウスやル・コルビュジエの作品を通して広く認められるようになり、統一運動を生じさせたと述べています。

近代建築の3つの始点　by ベネヴォロ

①産業革命に伴う技術的、社会的、文化的変化から

1815年のワーテルローの戦いから

K.F.シンケルによる英工業地域のスケッチ（1826年）

②モリス・マーシャル・フォークナー社が設立された1861年

寝具、ステンド・グラス、壁紙、タイルなどの製作、販売

中世に人間の手でつくられたものは美しかった！

W.モリス
（1834～1896年）
中世主義、社会主義

（独）建築 家
Bauhaus

③ワイマール・バウハウスが設立された1919年

第一次大戦直後

【行く(19) 行く(19)！バウハウス】

バウハウスはモダンデザインの学校だよ！

1919年ワイマールに設立
1925年デッサウに移転
1933年ナチスにより閉鎖

W.グロピウス
（1883～1969年）
バウハウスを創立した建築家

【　】内スーパー記憶術
*1-40（上巻p.9）／参考文献　1-40

紙幣に描かれた近代建築

Q ユーロ紙幣の図柄に近代建築はある？

▼

A 19世紀のクリスタル・パレス風のガラスと鉄製アーチ、20世紀のミース風のガラス面が描かれています。

200ユーロ紙幣にはクリスタル・パレス（1851年、R090参照）風のガラスと鉄製アーチ、500ユーロ紙幣にはミースによるガラスのオフィスビル風の図柄が描かれています。いずれも国に偏りがないように実在する建築物ではなく、様式を一般化した図柄となっています。

200ユーロ紙幣

19世紀
クリスタル・パレス風
の鉄製アーチ

500ユーロ紙幣

20世紀
ミース風の
ガラス面

ワタナベカイチ

フォース橋
（B.ベイカー＆ J.ファウラー、
1883〜89年、エジンバラ近郊、英）

スコットランド銀行
20ポンド紙幣

- スコットランド銀行が発行した20ポンド紙幣には、フォース橋（1883〜89年）が描かれています。右上には3人の男性が実験をしている絵があり、中央はワタナベカイチという明治期に留学していた日本人です。外国の紙幣に日本人が載った稀有な例です。
- 5ユーロは古代ローマのアーチ+オーダー、10ユーロはロマネスクの半円アーチ、20ユーロはゴシックの尖頭アーチ、50ユーロはルネサンスのエディキュラ（小神殿、小祠）、100ユーロはバロックの渦巻き形ブロークン・ペディメントのエディキュラが描かれています。

R050　パラディオ

Q A.パラディオによるヴィラ・ロトンダが近代性の現れと評されるのは？

A 円形、正方形、縦横に左右対称といった純粋幾何学にもとづいた単純明快な構成のためです。

正方形平面の中央に円形ホール、縦横方向の左右対称性と十字の軸性、四方にポルティコ（柱廊玄関）が付いた四面とも同じ立面など、純粋幾何学にもとづいた単純明快な構成が、幾何学的、理性的、近代的などと言われてきました。

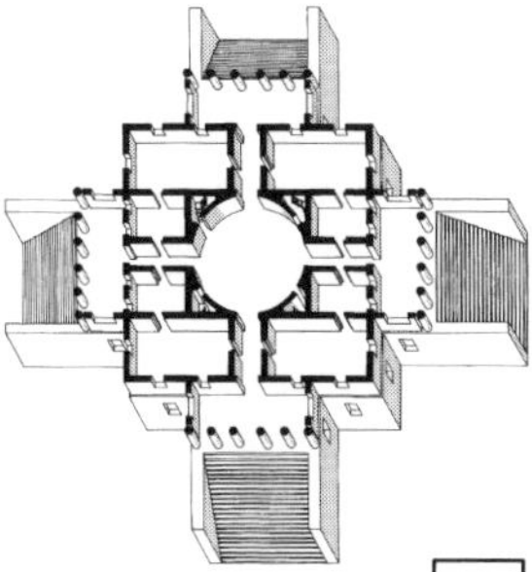

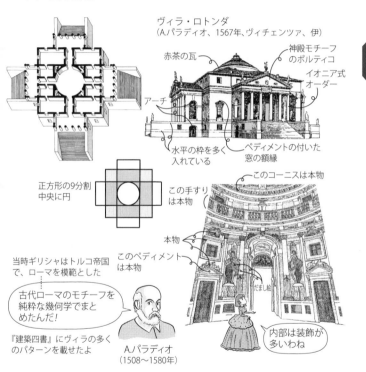

ヴィラ・ロトンダ
（A.パラディオ、1567年、ヴィチェンツァ、伊）
赤茶の瓦
神殿モチーフのポルティコ
イオニア式オーダー
アーチ
水平の枠を多く入れている
ペディメントの付いた窓の額縁
正方形の9分割
中央に円
このコーニスは本物
この手すりは本物
本物
このペディメントは本物
だまし絵
当時ギリシャはトルコ帝国で、ローマを模範とした
古代ローマのモチーフを純粋な幾何学でまとめたんだ！
『建築四書』にヴィラの多くのパターンを載せたよ
A.パラディオ
（1508〜1580年）
内部は装飾が多いわね

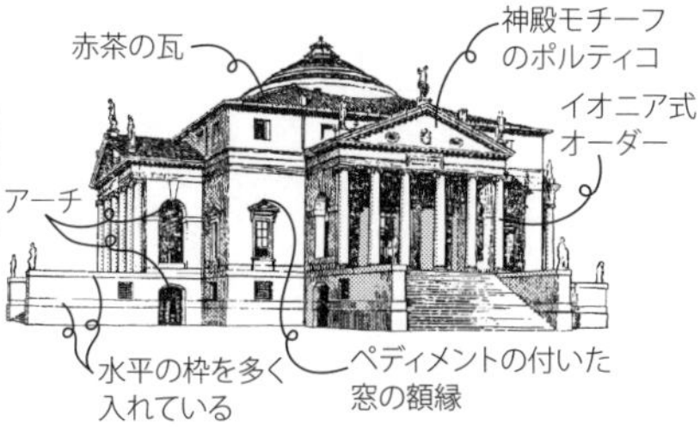

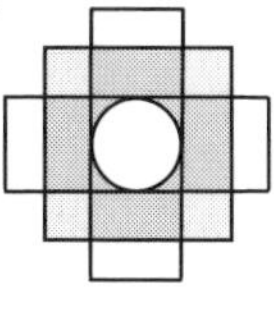

- 古代のオーダーを使ったポルティコ、内部の古代モチーフ（壁面のフレスコ画は後世に描かれたもの）などは、ローマに範を有する古典主義のもので、マニエリスムに分類されています。学生時代、筆者は純粋幾何学、理想的ヴィラの数学（美術史家コーリン・ロウの論文名）といった言葉に期待して、ヴィチェンツァのヴィラを訪れました。赤茶色の瓦の載った建物の牧歌的風景を見て、純粋幾何学の立体というよりも、ローマのモチーフを単純化させた田園のヴィラそのものという印象を受けました。

出典　1-2（上パース）

ロージエ

Q 建築理論家マルク・アントワーヌ・ロージエは『建築試論』(1753年)において、建築はどうあるべきと述べた？

A 木造の柱、梁、合掌でできた始原的な小屋のような、理念的に純化した原型に立ち帰るべきとしました。

ロージエは、それまでのバロック、ロココのような豊穣、ゆがみ、ひずみ、巨大を志向する建築を否定し、純化した原型を探求すべしと唱えました。『建築試論』の有名な扉絵には、始原を表す天使（プットー）の火と木の小屋組が描かれています。この始原の小屋は、あらゆる文明の建築の発祥とされ、付柱、大小オーダーの併用、梁（エンタブレチュア）上の屋根裏（アティック）などはその原型から外れるとして諫めています。このような理念的で純粋な原型の探求は、18世紀中頃のギリシャ建築の考古学的な探求と相まって、奇をてらわない、単純、純粋、生真面目な新古典主義の風潮を興します。近代建築の源流とされるのは、その単純さ、純粋さ、原型への志向があるからです。

始原の小屋
primitive hut
始原の象徴の火
建築の始原？
木造の柱、梁、合掌が建築の原型よ！
オーダーの残骸
M.A.ロージエ『建築試論』(1753年)の扉絵をパロディにしたもの
ギリシャはトルコの支配地域で入りにくかった
ギリシャ神殿は最初は木造だった
パルテノン神殿
(BC447 ～ 432年、アテネ、ギリシャ)
柱は積んでつくっているが、最初は木の柱だった
木製のダボ
純粋な原型の探求
考古学的探究
18C中頃～ 19C初
新古典主義
Neo-Classicism

- 初期のギリシャ神殿は木造でつくられており、石のエンタブレチュアの装飾にその痕跡が見られます。パルテノン神殿の柱は一本の石ではなく、輪切りにされた石を積み重ねて、ずれないように木製のダボで留められたものです。古典主義は石やレンガの組積造でつくられることが多いですが、元をたどれば木造の柱梁に行き着きます。組積造の閉鎖的な壁にギリシャ、ローマの円柱(オーダー)を付けて、開放的な表情にするデザインが多く見られます。

参考文献　2-4

R052 スフロ

Q M.A.ロージエが「完全なる建築の最初の作例」と述べたジャック・ジェルメン・スフロによるパンテオン（サント・ジュヌヴィエーヴ教会、パリ）では、柱と壁をどのように扱った？

▼

A 設計時にはロージエの規範通りに円柱（オーダー）だけで構成しようとしましたが、アカデミーから強度不足を指摘され、ドームを支える柱は太い支柱（ピア）に、柱間の窓は後にすべて壁で埋められました。

新古典主義の最初の本格作品といわれるパンテオンは、ギリシャ十字（前後左右同じ長さの十字、下だけ長いのはラテン十字）の平面で、規則的に並べられた円柱（コリント式オーダー）によって上部のドームを支え、前面に18本の円柱によるポルティコを出した神殿です（後に教会に変更）。ポルティコ上部の梁（エンタブレチュア）には、鉄の引張り材が網状に入れられています。均等スパンの柱による純粋形態への志向、壁を最小限にしようとしたこと、鉄の補強技術などで、近代建築の源流のひとつとされています。

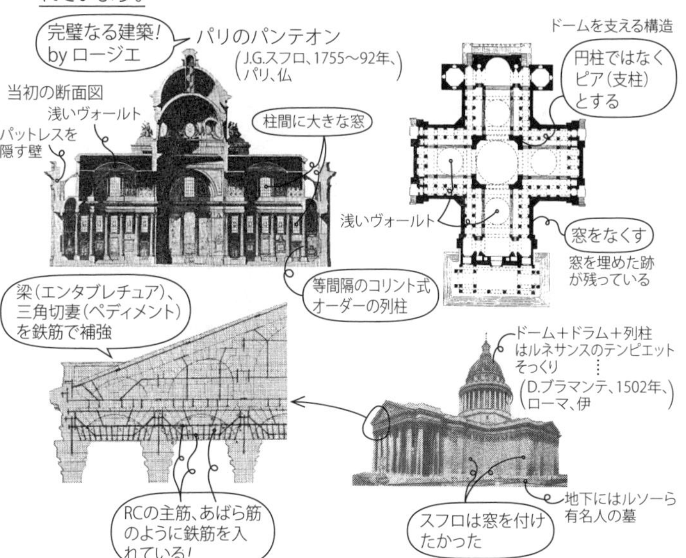

完璧なる建築！ by ロージエ
パリのパンテオン
（J.G.スフロ、1755〜92年、パリ、仏）
当初の断面図
浅いヴォールト
バットレスを隠す壁
柱間に大きな窓
等間隔のコリント式オーダーの列柱
ドームを支える構造
円柱ではなくピア（支柱）とする
浅いヴォールト
窓をなくす
窓を埋めた跡が残っている
梁（エンタブレチュア）、三角切妻（ペディメント）を鉄筋で補強
RCの主筋、あばら筋のように鉄筋を入れている！
ドーム＋ドラム＋列柱はルネサンスのテンピエットそっくり
（D.ブラマンテ、1502年、ローマ、伊）
スフロは窓を付けたかった
地下にはルソーら有名人の墓

- 梁から下には窓がありませんが、ヴォールト端部の半円形の窓と中央ドーム下のドラムの窓から光が降り注ぎ、堂内は明るく快適です。浅いドームの格間（ごうま、コファー）とそれを支える三角形状の壁（ペンデンティヴ）のパターン、色彩、林立するオーダーなど、抑制の効いた美しさを醸し出しています。パンテオン（万有神殿）は同名の神殿がローマにもあり、そちらは古代ローマの無筋コンクリートのダイナミックなドームで、どちらも必見です。

参考文献　2-4、2-5／出典　2-5（図）

R053
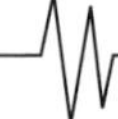

Q 18世紀のフランスで、箱形の古典主義はつくられた？

▼

A アンジュ・ジャック・ガブリエルによるプティ・トリアノンはフラットルーフに見える箱形の古典主義です。

屋根は薄い寄棟として手すりの奥に配した、フラットルーフの直方体に見える箱形です。正方形に近い平面の中央に水回り、裏階段をコア状に集め、その周囲に部屋を配置したコンパクトな平面形とともに、近代的な古典主義とも言えるような質を獲得しています。

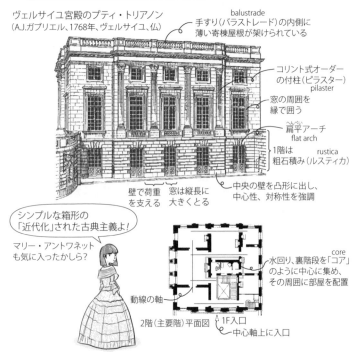

ヴェルサイユ宮殿のプティ・トリアノン
(A.J.ガブリエル、1768年、ヴェルサイユ、仏)

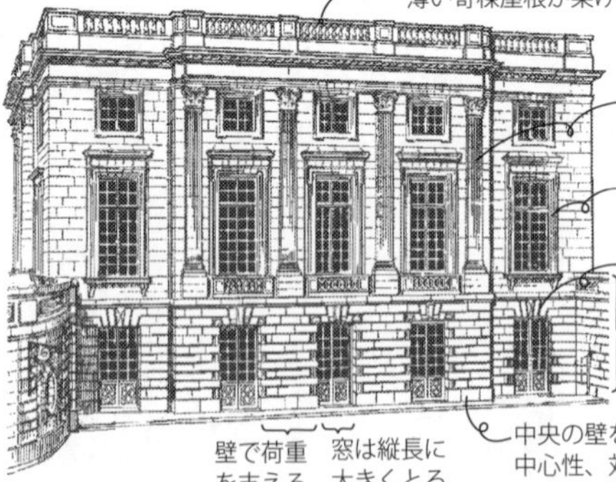

balustrade
手すり(バラストレード)の内側に
薄い寄棟屋根が架けられている

コリント式オーダー
の付柱(ピラスター)
pilaster

窓の周囲を
縁で囲う

扁平(へんぺい)アーチ
flat arch

1階は
粗石積み(ルスティカ)
rustica

壁で荷重
を支える

窓は縦長に
大きくとる

中央の壁を凸形に出し、
中心性、対称性を強調

シンプルな箱形の
「近代化」された古典主義よ!

マリー・アントワネット
も気に入ったかしら?

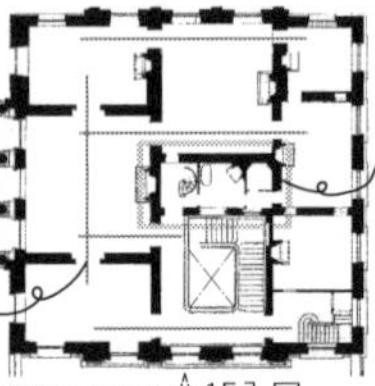

core
水回り、裏階段を「コア」
のように中心に集め、
その周囲に部屋を配置

動線の軸

2階(主要階)平面図

1F入口

中心軸上に入口

- エミール・カウフマンは『ルドゥーからル・コルビュジエまで』で、このプティ・トリアノンにより「1770年ごろに立方体の形をした建造物がフランスに受け入れられたと言うことができる」と述べています。ただし古典主義は元々屋根を低く抑えて壁を強調し、箱形に見せる傾向にあり、ルネサンスのパラッツォも屋根が目立たない箱形です。
- プティ・トリアノンは、バロックの大宮殿に飽きた女性たちの憩いの場であったことが想像されます。英国ピクチャレスクのお株を奪うような風景式庭園には、農家風の小屋が建てられています。

参考文献　2-2、2-7／出典　2-2（パース）

Q ジョヴァンニ・バッティスタ・ピラネージの版画「牢獄」の建築は、どのようなデザイン?

▼

A アーチでつくられた組積造の大空間内部に、ブリッジ、階段が迷路状に架けられ、上から光が降り注いだ、複雑怪奇で幻想的な建築です。

ピラネージは時代的には18世紀後半の新古典主義に属しますが、ギリシャに範を求める単純さを志向する古典主義ではなく、古代ローマの遺跡にとりつかれたような絵を多く残しています。特に「牢獄」のシリーズは印象的で、組積造の大空間に上から光が降り注ぎ、その中に円筒形や巨大な柱が立ち、構造物の間をブリッジや階段が複雑に迷路状に架けられています。中を歩き回ると面白そうだと思わせる、非対称で複雑でさまざまな要素が集積した空間となっています。その壮大で幻想的な絵は、同時代の建築家ばかりか、現代の建築家にも影響を及ぼしていると思われます。廃墟、遺跡、迷宮、コレクション、コラージュ、死のイメージなどがキーワードとなっており、ジョン・ソーンの自邸や絵にも通じるデザインです。

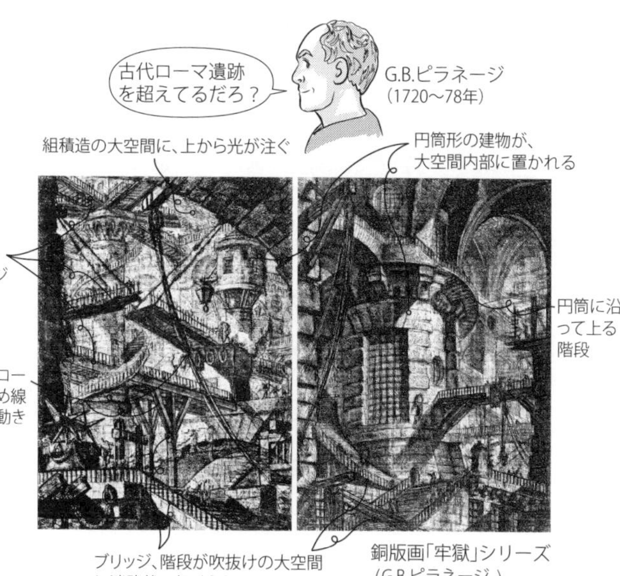
古代ローマ遺跡を超えてるだろ?
G.B.ピラネージ
(1720～78年)
組積造の大空間に、上から光が注ぐ
円筒形の建物が、大空間内部に置かれる
木造のブリッジ
円筒に沿って上る階段
方杖やロープの斜め線が絵に動きを出す
ブリッジ、階段が吹抜けの大空間に迷路状に架けられる

銅版画「牢獄」シリーズ
(G.B.ピラネージ、1749～61年)

● トップライトからの光が降り注ぐ大空間に、ランダムに迷路的にブリッジや階段などを架ける構成は、現代建築でもよく行われます。

参考文献 2-8/出典:2-8

Q 18世紀末のC.N.ルドゥーの建築が、近代性の現れ、近代建築の先駆と評されるのは？

▼

A 形態が立方体、球、円柱などの自律的な純粋幾何学にもとづいているためです。

美術史家ハンス・ゼードルマイヤーは著書『中心の喪失』で、ルドゥーによるある文人の家について、「コンクリートが出現するずっと以前に、典型的なコンクリート形式が表れていた」と書いています（＊）。また美術史家E.カウフマンは著書『ルドゥーからル・コルビュジエまで』の副題を、「自律的建築の起源と展開」として、ルドゥーの建築がル・コルビュジエにつながるような、過去の様式によらない自律的建築の起源としています。過去様式にとらわれずに、自律的に純粋幾何学によって構成する点が、ルドゥーの建築を近代建築の先駆とする理由となっています。

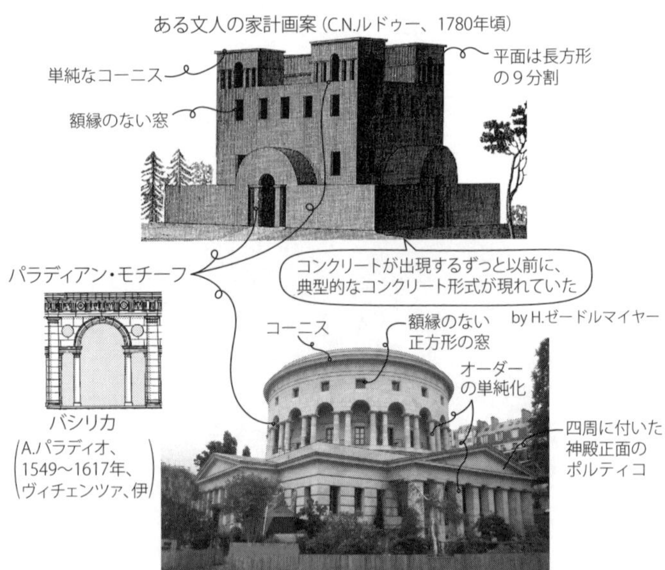
ある文人の家計画案（C.N.ルドゥー、1780年頃）
単純なコーニス
額縁のない窓
平面は長方形の9分割
パラディアン・モチーフ
コンクリートが出現するずっと以前に、典型的なコンクリート形式が現れていた
by H.ゼードルマイヤー
バシリカ
（A.パラディオ、1549～1617年、ヴィチェンツァ、伊）
コーニス
額縁のない正方形の窓
オーダーの単純化
四周に付いた神殿正面のポルティコ

ラ・ヴィレットの門（C.N.ルドゥー、1789年、パリ、仏）
（写真：筆者）

- ルドゥーによるラ・ヴィレットの門を見ると、四周の神殿正面のポルティコは、無装飾で単純な形に還元されています。オーダーの円柱であるべき独立柱を角柱にし、壁には横線を多く入れ、円筒形のドラムにはアーチの両側にオーダーを置くパラディアン・モチーフが使われています。平面は縦横に左右対称で十字の軸性をもちます。筆者には100年後のコルビュジエよりも、200年前のA.パラディオに強くつながるように思えます。

＊2-9／参考文献　2-2、2-6、2-9／出典　2-9（パース）

R056

ルドゥー　その2

Q 18世紀末の球を使った空想的な建築が、近代性を有すると評されるのは？

A 過去様式によらずに、無装飾の球という純粋幾何学を使っているためです。

エンティエンヌ・ルイ・ブレーによるニュートン記念堂は、超巨大な球の内部を、自然光を使ったプラネタリウムとしています。C.N.ルドゥーによる農地管理人のための球状の家は、窓のない球で、入口のみパラディアン・モチーフの開口があけられています。純粋な形態としての球を使っている点で、近代建築史の最初の方に載せられる計画案です。床が平らである必要から、球の下半分は使いにくく、ほこりのたまるやっかいな壁となってしまいます。古代人も悩んだようで、古代ローマのパンテオン（万有神殿）では、球の下半分は使っておらず、床に内接させているだけです。

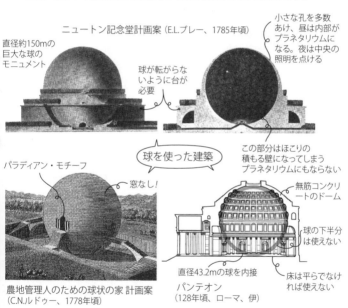

ニュートン記念堂計画案（E.L.ブレー、1785年頃）

直径約150mの
巨大な球の
モニュメント

球が転がらな
いように台が
必要

小さな孔を多数
あけ、昼は内部が
プラネタリウムに
なる。夜は中央の
照明を点ける

この部分はほこりの
積もる壁になってしまう
プラネタリウムにもならない

球を使った建築

パラディアン・モチーフ

窓なし！

農地管理人のための球状の家 計画案
（C.N.ルドゥー、1778年頃）

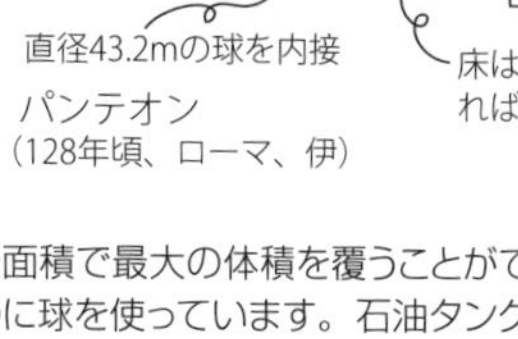

無筋コンクリ
ートのドーム

球の下半分
は使えない

直径43.2mの球を内接

床は平らでなけ
れば使えない

パンテオン
（128年頃、ローマ、伊）

- ガスタンクが球形なのは、最小の表面積で最大の体積を覆うことができる立体は球であるため、材料を節約するのに球を使っています。石油タンクが円筒形なのは、最小表面積かつ最大体積で重い石油の荷重を床で受けられる立体は円筒となるためです。合理的、機能的、経済的に決められた無装飾のガスタンクや石油タンクの形態は、近代建築のゼロからつくる合理的、経済的で自律的な純粋形態に沿っていることになります。しかし、ガスタンクを人々が美しいと感じるか、親しみをもてるかは別で、合理主義、機能主義、純粋形態では解けない課題です。

Q C.N.ルドゥーによるピラミッド形の建築はある？

▼

A きこりの家計画案、大砲鋳造工場計画案などがあります。

どちらの計画案も、炉と煙突をピラミッド状の形態としています。H.ゼードルマイヤーの『中心の喪失』におけるきこりの家のキャプションに、「新しい教義は、幾何学的形式が同時にまた建築的基本形式だということである」（＊）と述べられています。しかし、ピラミッドなどの幾何学的形式は古代からあるわけで、新しい教義には当たらないと思われます。

きこりの家 計画案
（C.N.ルドゥー、1780年頃）

炭焼き窯と煙突をピラミッドとする

中心軸上に入口
対称性、中心性、記念性、象徴性の強いデザイン

「新しい教義は、幾何学的基本形式が同時にまた建築的基本形式だということである」
by H.ゼードルマイヤー

純粋幾何学＝建築的基本形式

パラディアン・モチーフ

大砲鋳造工場計画案（1780年頃）

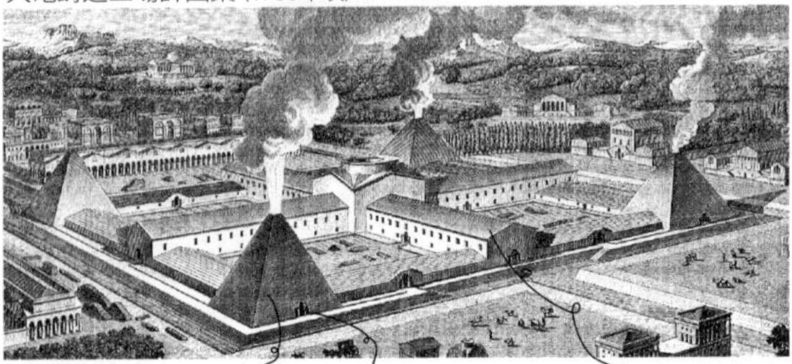

四隅の炉と煙突をピラミッドとする

パラディアン・モチーフ

十字形に配置

四隅にパヴィリオンを突出させて、対称性を強調するのは、古典主義の手法

- ルドゥーによる純粋幾何学に近代性を見る考えは多くあります。しかし、大砲鋳造工場では四隅にパヴィリオンのようにピラミッドを置いて対称性を強調し、建物を十字の軸に沿って配置するなどは古典主義のものです。ルドゥーの形態に見る中心性（入口、量塊、空間による中心の明示）、対称性、記念性、象徴性は、古典主義を極端に変形した形で引き継いだものと考えられます。プラトン形態とは純粋幾何学による形を指しますが、その名のとおり古代ギリシャに端を発しています。純粋形態で近代性を遡るならば、ギリシャやエジプトに遡らねばならなくなります。

参考文献 2-9、2-10、2-11／出典 2-11（図）

Q C.N.ルドゥーは円筒を横倒しに使った建築を設計した？

A 桶職人の工房、ルー河の監督官の館などで、円筒を横倒しで使っています。

円筒を横倒しに使うと、球の場合と同様に、円筒の下半分はほこりのたまるやっかいな壁になります。円筒を縦に使うのは古代ギリシャ、ローマからありますが、横に使うのは球を使うのと同様に、下半分で難しい処理が必要となります。桶職人の工房では上半分はヴォールトを交差させて天井に生かしていますが、立面の円盤の背後では下半分は円筒ではなくなり、普通の部屋となっています。ルー河の監督官の館では、円筒の下半分は放水路とされています。

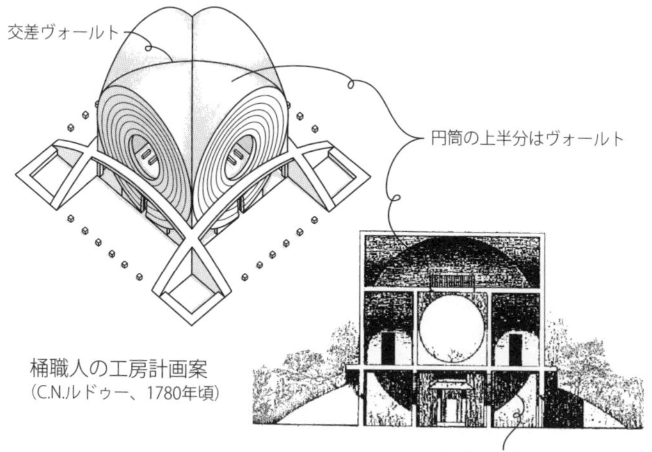
交差ヴォールト
円筒の上半分はヴォールト
円筒の下半分は立面の
円盤の壁のみ

桶職人の工房計画案
（C.N.ルドゥー、1780年頃）

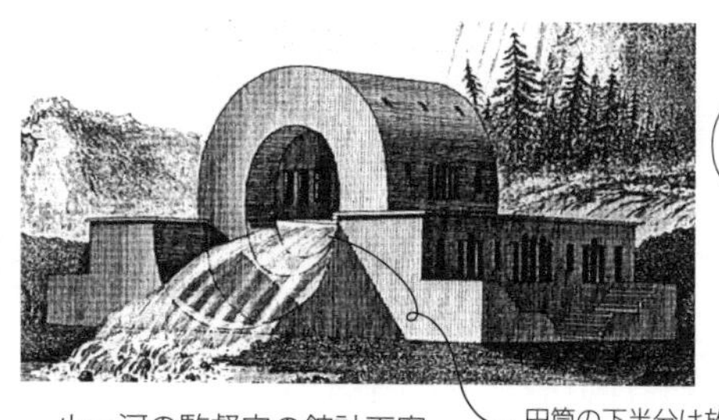
円筒の下半分は放水路。
水をせき止める装置を設置
円筒を横に
使うのは難し
いのか
円筒を縦に
使った例は古代
ギリシャ、ローマ
からある

ルー河の監督官の館計画案
（C.N.ルドゥー、1770〜80年頃）

参考文献　2-10、2-11／出典　2-11（ルドゥーの図）

Q C.N.ルドゥーによる製塩工場のオーダーは、どのようなデザイン?

▼

A 円柱と直方体を交互に積んだ、ルスティカ（粗石積み）を強調したデザインです。

建物全体はA.パラディオによるヴィラを極端に変形したもので、神殿正面のポルティコ（玄関柱廊）をもち、建物には中央から入る対称性、中心性の強い形です。オーダー（古代の円柱）のディテールなどで極端な変形、誇張、抽象化がされています。

ショーの製塩工場計画案（一部実施）
（C.N.ルドゥー、1775〜79年、アル・ケ・スナン、仏）

監督官の館を中心にして同心円状に配置。南半分のみ実現

監督官の館
工場
労働者の家

監督官の家（第2案）

ヴィラ・カルドーニョ
（A.パラディオ、1545年、ヴィツェンツァ、伊）

円柱と直方体を積んだ独特なオーダー

ポルティコ（柱廊玄関）を付けた、対称性、中心性の強い形は、パラディオのヴィラを変形したもの

パラディオの角柱ルスティカ（粗石積み）の一種

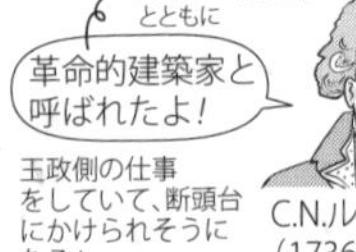
E.L.ブレー、J.J.ルクーとともに
革命的建築家と呼ばれたよ!

王政側の仕事をしていて、断頭台にかけられそうになる!

C.N.ルドゥー
（1736〜1806年）

私のヴィラを極端に変形したんだろ

A.パラディオ
（1508〜80年）

マニエリスム（後期ルネサンス）の建築家

- 中央に監督官の館を置いて、監督しやすいように同心円状に労働者の家を配したレイアウトは、理想都市というよりも管理が強化された工場団地に近いものです。ルドゥーは王の製塩工場やパリの関税徴収の門を多く設計していたことから、フランス革命時に投獄され、断頭台にかけられそうになります。同時期のフランス革命やその抽象性の強い形態、スケールの壮大さから、ブレーやルクーとともに革命的建築家とも呼ばれますが、実は革命で追われる側でした。

参考文献　2-11、2-12、2-13／出典　2-11（上図、下左図）、2-13（下右図）

Q C.N.ルドゥーによる製塩工場で、グロット（人工的な岩窟）は使われている？

A 正門の入口、ポルティコ（玄関柱廊）の奥に使われています。

グロットは、古代ローマからあり、18世紀に庭園などで多用された人工的な岩窟、岩場のこと。泉や水と関係することが多く、グロテスクの語源となっています。ルドゥーの製塩工場では大胆にも正面入口に使われ、あちこちの壁に付けられた塩のにがり汁が流れるオブジェとともに、建物の面白さ、グロテスクさを増しています。

ショーの製塩工場、正門（C.N.ルドゥー、1775～79年、アル・ケ・スナン、仏）

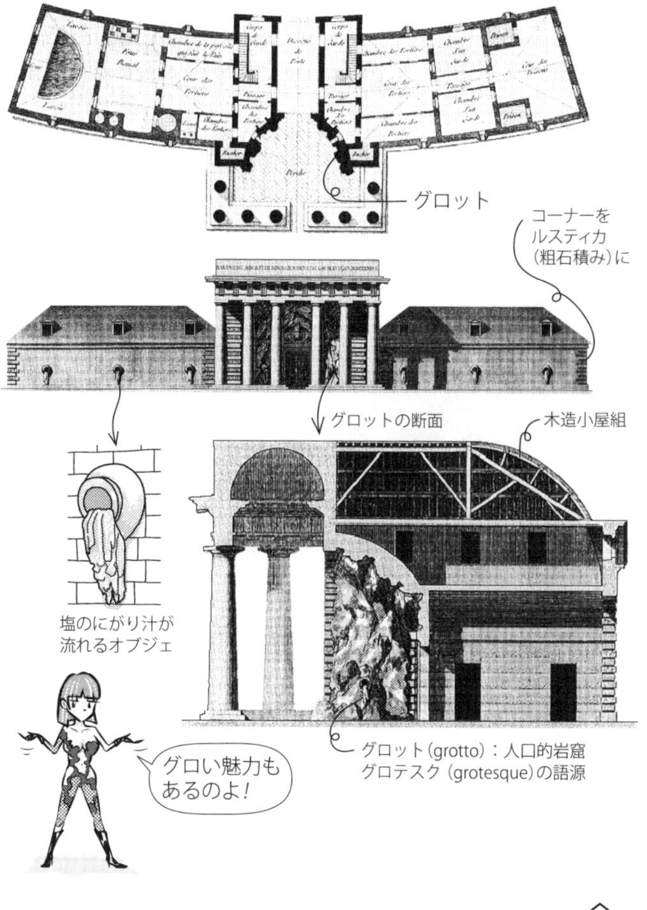

グロット

コーナーをルスティカ（粗石積み）に

グロットの断面

木造小屋組

塩のにがり汁が流れるオブジェ

グロット（grotto）：人口的岩窟
グロテスク（grotesque）の語源

グロい魅力もあるのよ！

参考文献　2-11、2-12／出典　2-11

Q C.N.ルドゥーによるパリの市門は、どのようなデザイン?

▼

A 対称性、中心性、十字の軸性の強いデザインです。

C.N.ルドゥーは人生後期にパリ市門をデザインしましたが、その多くは中心に円筒形、交差した切妻、ドームなどを頂き、四方の中央軸上にペディメント(三角切妻)やアーチの入口を配した対称性、中心性、十字の軸性の強い形態です。さらに象徴性、記念性をも有しています。オーダーは単純化された角柱、円柱、極端な凹凸のある柱にされ、純粋形態を積み木のように集積したデザインとしています。ルドゥーは純粋形態でル・コルビュジエらと比較されますが、対称性、中心性、十字の軸性による形態の統合は、近代建築とはかなり異なるものです。パラディアン・モチーフ(アーチの脇に開口とオーダー)をあちこちに使っていることからも、パラディオの影響は明らかですが、さらに極端な変形をした古典主義といえます。

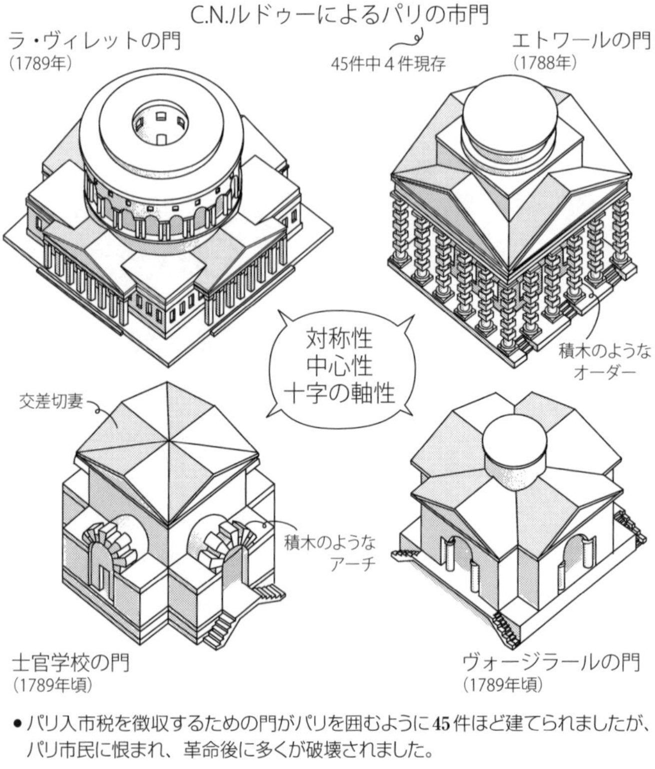

C.N.ルドゥーによるパリの市門
45件中4件現存
ラ・ヴィレットの門
(1789年)
エトワールの門
(1788年)
積木のような
オーダー
対称性
中心性
十字の軸性
交差切妻
積木のような
アーチ
士官学校の門
(1789年頃)
ヴォージラールの門
(1789年頃)

- パリ入市税を徴収するための門がパリを囲むように45件ほど建てられましたが、パリ市民に恨まれ、革命後に多くが破壊されました。

参考文献 2-10

Q C.N. ルドゥーのように円筒形を左右対称の平面中央部に使ったデザインは20世紀にある？

▼

エリック・グンナール・アスプルンドによるストックホルム市立図書館は、円筒形を左右対称なコの字平面中央に使っています。

北欧新古典主義に分類されるストックホルム市立図書館は、装飾のない単純な立体を左右対称に構成した、ルドゥーの市門からオーダーなどの装飾をはぎ取って、より単純化したような建物です。中心軸上の入口から入って階段を上がると、天井の高い円筒形の閲覧室に出ます。円筒周囲の壁には3段に積まれた書架、その上には間接照明の当てられた凹凸のある白い壁面で、さらに上に縦長窓が等間隔にあけられています。竣工した1928年はヨーロッパ中心部で近代運動が最も盛んな時期であり、北欧は遅れてそれに追随し、これ以降にモダニズムの建築が多くなります。モダンデザインで円筒形を使う場合は、非対称に大きく偏心させる配置とするのが一般的です。

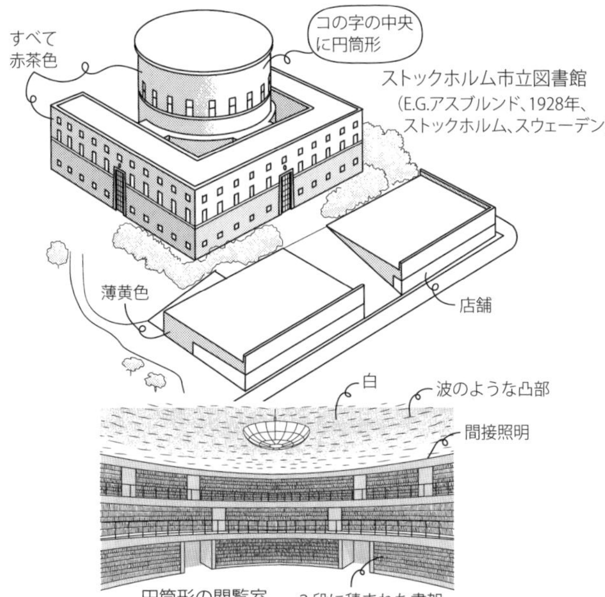
すべて
赤茶色
コの字の中央
に円筒形
ストックホルム市立図書館
（E.G.アスプルンド、1928年、
ストックホルム、スウェーデン）
薄黄色
店舗
白
波のような凸部
間接照明
円筒形の閲覧室
3段に積まれた書架

- 現在は増築されてコの字ではなくロの字。アスプルンドの森の火葬場（1940年、ストックホルム郊外）は、アプローチ路の左に塀と並木、右に草地の広がるアプローチ路の先にフレームと巨大な十字架、右前方に草地の丘と森という、大変秀逸なランドスケープデザインです。

参考文献　2-14

Q エコール・ポリテクニーク（仏、国立理工科学校）の教授ジャン・ニコラ・ルイ・デュランは講義録で、どのような平面計画を示した？

▼

A 均等グリッドによりシステム化された平面計画を示しました。

19世紀初頭、フランスのデュランが示した均等グリッドによる平面計画は、その機能的、合理的、経済的な考え方から、近代建築の源流とよく指摘されます。ただし、新古典主義に分類されているように、左右対称、中央軸上に入口、オーダーの列などは古典主義的なものです。

J.N.L.デュランによるグリッド・システム（1802、1805年）

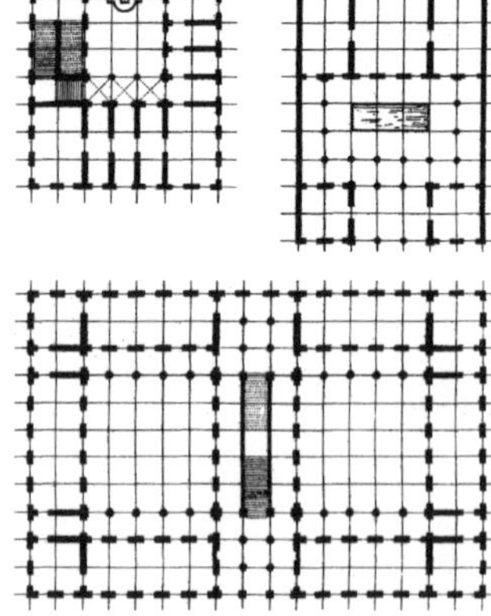

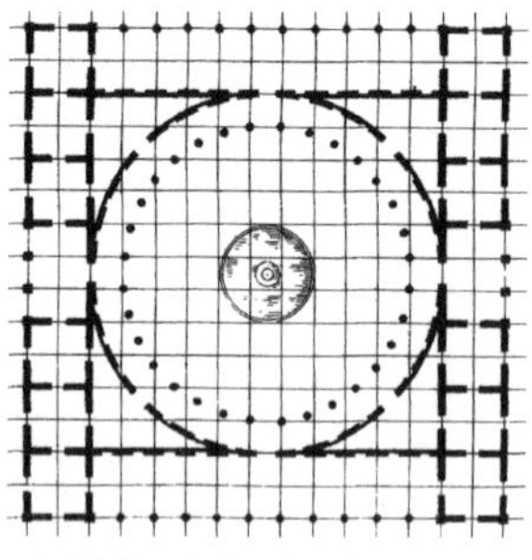

左右対称、中央に入口は古典的だが、均等グリッドによるシステム的増殖、パターン化は近代的！

古代の神殿にも
均等グリッドは
あるわよ！

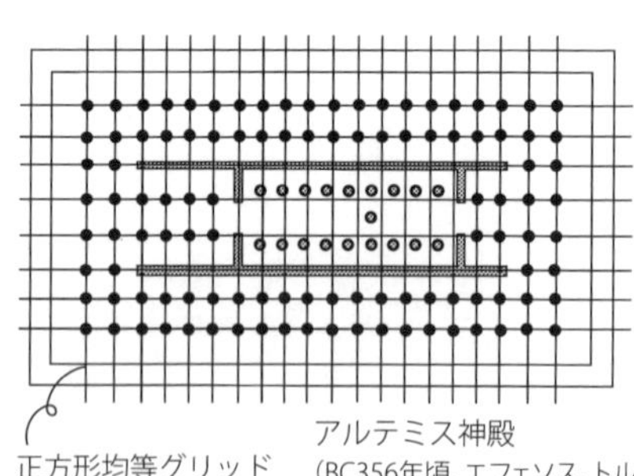
正方形均等グリッド

アルテミス神殿
（BC356年頃、エフェソス、トルコ）

- 柱を等間隔に並べる方法は古代からあり、建築の機能性、経済性を重視するデュランの発言は、時代を超えた建築の一般的な考え方でもあります。

参考文献　2-2、2-15、2-16

Q 新古典主義の建築家J.ソーンによる独特なドームは？

A 高さの低い、浅いドームで、ペンデンティヴからドームまで一体に湾曲させ、ドーム端部の厚みを見せ、ドームを周囲の壁から離して配置して、全体として薄い湾曲した板が浮いているように見えます。

ソーン自邸の朝食室では、薄いドームが部屋の輪郭より離して内側に、入れ子にして設置され、壁との隙間にはトップライトなどが仕組まれています。ドームの平面で、正方形に円形を内接させる際に、余った三角形状の部分はペンデンティヴと呼ばれます。ソーンはドームを浅く低くして、ペンデンティヴと一体化させています。またドーム端部の薄いアーチの部分で、スラブの厚みを見せるような端部の処理をすることで、全体として薄い板を湾曲させて持ち上げたような、膜のような造形としています。ペンデンティヴに張られた円形の凸面鏡、ドーム表面の溝によるパターン、中央部のトップライトなどにより、ソーン独自の膜に包まれた入れ子の空間が形成されています。

ジョン・ソーン自邸（1792〜1824年、ロンドン、英）
の朝食室（建物の裏側、地上1階建て）
トップライト
溝によるパターン
凸面鏡
ドーム端部はスラブの厚みを見せる
壁と離してドームを部屋の中に入れ子にする
三角形の頂点を尖らせて見せる
中庭
ビザンティン以来のドームの架け方
パリのパンテオンは、このドームを低く薄くしている
ソーンの低い浅いドーム
球面三角形
ペンデンティヴ
pendentive
ペンデンティヴとドームが完全に一体化

- ソーンはイングランド銀行の増改築（1788 〜 1808年）で、新古典主義の作家として成功します。ただし、彼は変わった性格の持ち主で、この浅いドームだけ見ても、K.F.シンケルのような真面目で厳格な新古典主義とは違った面白さがあります。ソーンの浅いドームは、磯崎新やP.ジョンソンが引用するなど、現代建築でも応用されています。

出典 2-17（パース）

R064 （つづき）

- ペンデンティヴ・ドームは、正方形の部屋の上にドームを載せるために、ビザンティンで開発された方法です。正方形に外接させて半球を載せ、正方形の辺に沿って垂直に切断し、その上にドームを載せる方法で、そこでできた球面三角形をペンデンティヴと呼びます。
- ソーン自邸のドームでは、球の上の方を正方形に外接させ、正方形の辺に沿って垂直に切断したもので、切断部分には浅いアーチができます。またペンデンティヴとドームは、同じ球面として一体化されています。ソーン自邸朝食室のドームは、「部屋の中で傘をさしているようなもの」（*）と表現されるように、部屋の中に入れ子にされ、膜が浮いているような形とされています。

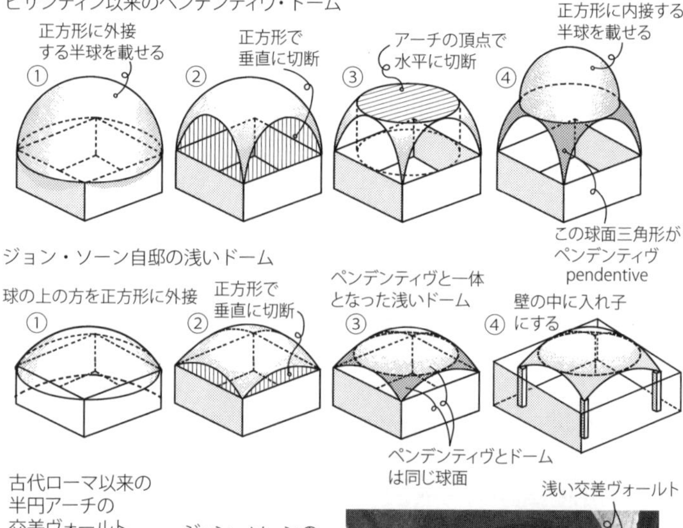
ビザンティン以来のペンデンティヴ・ドーム
① 正方形に外接する半球を載せる
② 正方形で垂直に切断
③ アーチの頂点で水平に切断
④ 正方形に内接する半球を載せる
この球面三角形がペンデンティヴ pendentive
ジョン・ソーン自邸の浅いドーム
① 球の上の方を正方形に外接
② 正方形で垂直に切断
③ ペンデンティヴと一体となった浅いドーム
④ 壁の中に入れ子にする
ペンデンティヴとドームは同じ球面

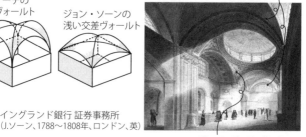

古代ローマ以来の半円アーチの交差ヴォールト

ジョン・ソーンの浅い交差ヴォールト

浅い交差ヴォールト
浅いペンデンティヴの上にドラム＋浅いドーム

イングランド銀行 証券事務所
(J.ソーン、1788～1808年、ロンドン、英)

- ソーンによるイングランド銀行では、浅い交差ヴォールトが使われています。浅いアーチ、浅いヴォールト、浅いドームは水平性が強く軽快感があり、無装飾な面に還元して現代建築でも使われています。

● ソーン自邸はタウンハウスに、デザインを過剰に詰め込み、遺跡の断片や美術品が所狭しと飾られ、凸面鏡や平面鏡があちこちに組み込まれ、その異様、奇怪、エキセントリックな雰囲気は、ピクチャレスクやゴシックにも通じるものがあります。石棺まで置いてあり、昼でも不気味なので、夜はさぞがし怖いのではないでしょうか。古典を単純化したイングランド銀行で注目を浴びたソーンですが、その反動としてなのか性格なのか、自邸では思い切り複雑で濃密なデザインとしています。

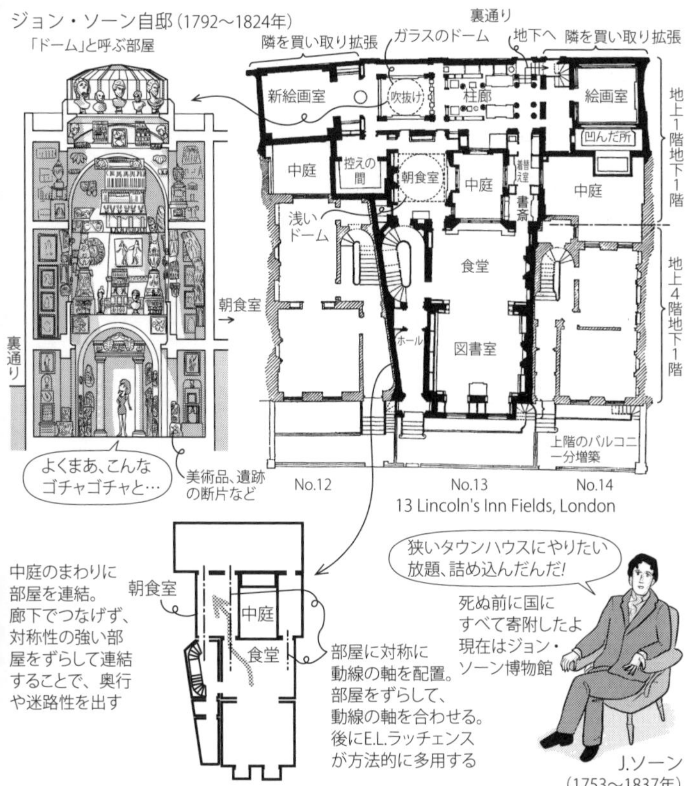
ジョン・ソーン自邸（1792～1824年）
「ドーム」と呼ぶ部屋
裏通り
朝食室
よくまあ、こんなゴチャゴチャと…
美術品、遺跡の断片など
裏通り
隣を買い取り拡張
ガラスのドーム
地下へ
隣を買い取り拡張
新絵画室
吹抜け
柱廊
絵画室
凹んだ所
地上1階地下1階
中庭
控えの間
朝食室
中庭
着替え室
書斎
中庭
浅いドーム
食堂
地上4階地下1階
ホール
図書室
上階のバルコニー分増築
No.12
No.13
No.14
13 Lincoln's Inn Fields, London
中庭のまわりに部屋を連結。廊下でつなげず、対称性の強い部屋をずらして連結することで、奥行や迷路性を出す
朝食室
中庭
食堂
部屋に対称に動線の軸を配置。部屋をずらして、動線の軸を合わせる。後にE.L.ラッチェンスが方法的に多用する
狭いタウンハウスにやりたい放題、詰め込んだんだ！
死ぬ前に国にすべて寄附したよ現在はジョン・ソーン博物館
J.ソーン
（1753～1837年）

● 各部屋は、各々左右対称で中心性が強く、廊下でつながずに部屋を直接連結しています。食堂の奥への2枚のドアは部屋に対して左右対称に置かれ、朝食室も同様です。左右対称に置いた動線の軸を、部屋をずらして重ねて、斜めに雁行するように部屋を連結しています。各部屋は対称でありながら、奥へは斜めに雁行して入る動きのある平面構成で、後にE.L.ラッチェンスが方法的に取り入れる平面構成法です。中庭のまわりに独立した部屋を連結する形となり、狭いながらも周回する迷路的な面白さも生じています。

＊2-17（p.91）／参考文献　2-17、2-18、2-19／出典　2-18（平面）

Q ソーン家墓碑はどのような構成？

▼

A 墓碑銘の石を、4本の角柱で支えた浅いドームと、4本の円柱（イオニア式オーダー）で支えた交差切妻で二重に囲い込んだ、入れ子の構成です。

4本の角柱で支えた浅いドーム（キャノピー：**canopy**、天蓋）は、ソーン自邸の朝食室の天井と同様で、ドーム中央にはランタン（**lantern**：ドームの明り取り）が付いているのも一緒です。さらにその内側に、4本のイオニア式オーダーで支えた交差切妻のキャノピーが入れ子にされ、その内側に墓碑銘の石が置かれています。このような何層もの入れ子の構成はソーン独特の空間構成で、多くの部屋で見られます。イオニア式オーダーが横を向いているのも、ソーンらしいひねりです。イギリス中に建てられているジャイルス・ギルバート・スコットによる赤い電話ボックスは、ソーンの墓碑を参照したとされています。

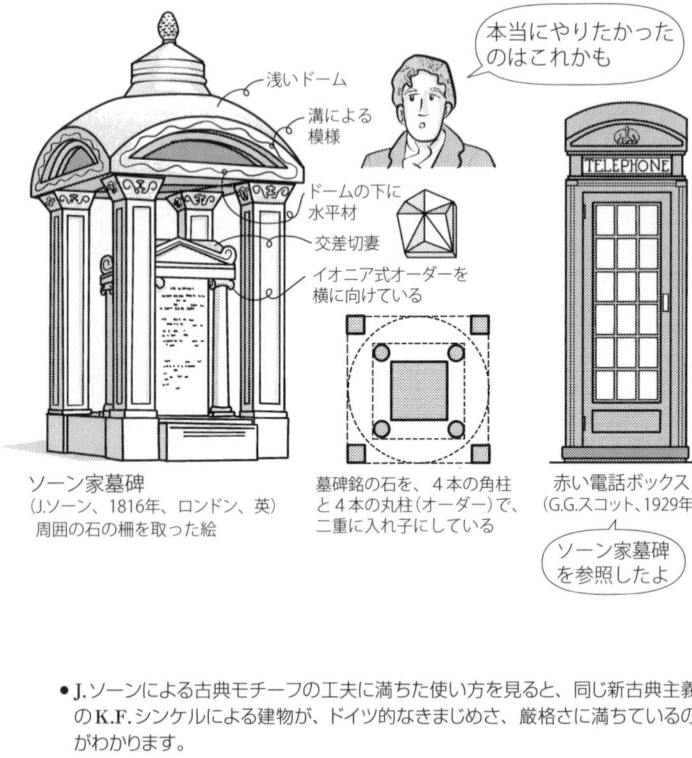

浅いドーム
溝による模様
ドームの下に水平材
交差切妻
イオニア式オーダーを横に向けている
本当にやりたかったのはこれかも
TELEPHONE
ソーン家墓碑を参照したよ

ソーン家墓碑
（J.ソーン、1816年、ロンドン、英）
周囲の石の柵を取った絵

墓碑銘の石を、４本の角柱と４本の丸柱（オーダー）で、二重に入れ子にしている

赤い電話ボックス
（G.G.スコット、1929年）

• **J.** ソーンによる古典モチーフの工夫に満ちた使い方を見ると、同じ新古典主義の**K.F.** シンケルによる建物が、ドイツ的なきまじめさ、厳格さに満ちているのがわかります。

参考文献　2-20

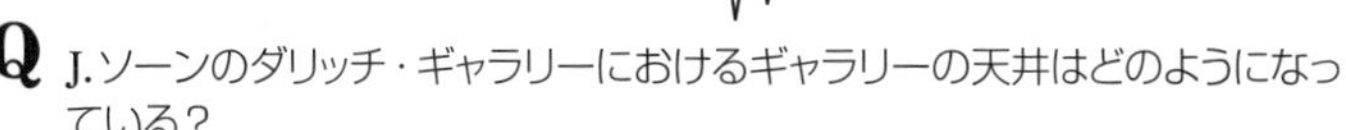
R066

ソーン　その3

Q J.ソーンのダリッチ・ギャラリーにおけるギャラリーの天井はどのようになっている？

A 白い勾配天井に凹部で半円交差ヴォールトが表現されており、中央部には大きなトップライトが設けられています。

絵画を飾る壁はソーン自邸でも使われている濃いえんじ色で、その上は白い勾配天井とトップライトで覆われています。トップライトを付けたギャラリーの、初期の例です。勾配天井には半円ヴォールトの凹部が穿たれ、縦横に交差した半円ヴォールトが仮想的に表現されています。また古代ローマの浴場窓、ドーマー窓（屋根窓）をめくら窓にしたものともとれます。

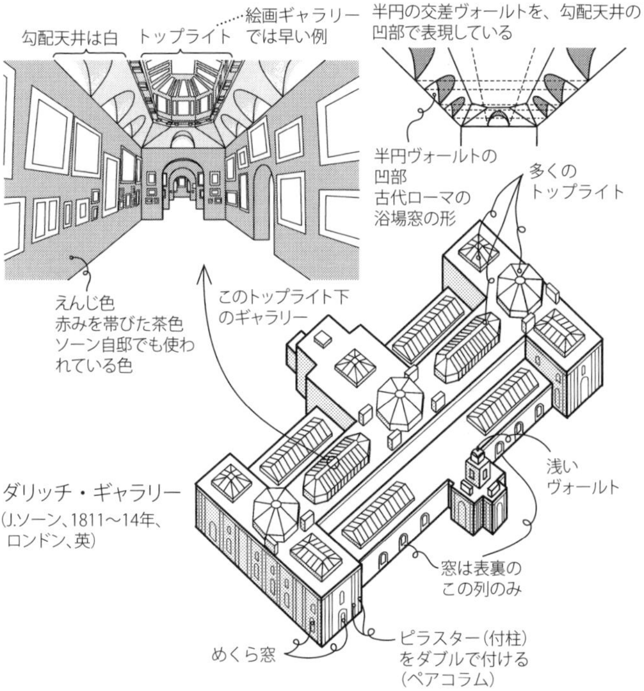

勾配天井は白
トップライト
絵画ギャラリーでは早い例
半円の交差ヴォールトを、勾配天井の凹部で表現している
半円ヴォールトの凹部
古代ローマの浴場窓の形
多くのトップライト
えんじ色
赤みを帯びた茶色
ソーン自邸でも使われている色
このトップライト下のギャラリー
浅いヴォールト
ダリッチ・ギャラリー
（J.ソーン、1811～14年、ロンドン、英）
窓は表裏のこの列のみ
めくら窓
ピラスター（付柱）をダブルで付ける（ペアコラム）

- 古典主義の形をひねって使うのはソーンがよくやりますが、この凹部によるヴォールト天井を想像させる方法も面白い手法です。バロックやロココの豊饒さを否定したギリシャ建築への考古学的遡及、始原の小屋の原理主義ではじまった、新たなルネサンスとしての新古典主義ですが、ソーンは古典主義要素を簡素化し、変形して、ポスト・モダンにもあるようなウィットの効いた形を生み出しています。

参考文献　2-20

Q ドイツ新古典主義の建築家K.F.シンケルが、1826年にイギリスのマンチェスターの繊維工場を見た際、どのような感想をもった？

▼

A 多くの高い煙突（煙を吐くオベリスク）に驚嘆すると同時に、美的配慮のない粗野な有用性のみの建築と日記に記しています。

シンケルは1826年に、プロイセンの官僚とともに、イギリスに公的な視察旅行をしており、大英博物館の鉄の梁、工場の鉄パイプの柱や鉄梁、鉄骨の屋根、鉄橋、吊り橋などを見学しています。マンチェスターの繊維工場を見たシンケルは日記に「幾千という煙を吐く80から180フィートの煙突に感銘を受ける」（＊1）ものの、「ただの職人によって建てられた、赤煉瓦の途方もない集積」に過ぎず、「粗野な有用性のみを目的とし、建築芸術の片鱗も認められない驚くべきもの」（＊2）、7、8階で約40スパン、ベルリンのロイヤル・パレスとほぼ同じ長さの建物などと記しています。

フラットルーフの直方体、均等にあけられた長方形の窓。煙突を取ったら近代建築
K.F.シンケル（1781〜1841年）
有用性のみ！
芸術性なし！
スゲー
赤レンガの壁
内部の床、屋根はS造または木造
7、8階建て

ドイツ人建築家シンケルによるマンチェスターのスケッチ
（1826年、ベルリン・シュタートリヒ・ムゼーウム所蔵）

- 赤レンガの直方体は、外壁は組積造ですが、内部は木や鉄の柱梁で支えていたものと思われます。
- 有用性のみによってつくられた建築のスケッチを見ると、フラットルーフの直方体に規則的にあけられた長方形の窓が付いており、煙突を取れば近代建築の街並みに見えます。美的配慮なしに有用性のみを目的として建てられたイギリスの工場群が、近代建築の源流のひとつであると思わせるに十分なスケッチです。

＊1　2-21（p.277）、＊2　2-14（p.1021）／参考文献　2-14、2-21

Q K.F.シンケルによるベルリン・バウアカデミー（建築学校）のデザインは？

A 赤レンガむき出しの直方体で、長方形の窓を規則的に並べたものですが、付柱、コーニス、水平の帯（トリム）、窓の上のブラインド・アーチ、窓上下の装飾、白い線による模様などの工夫が見られます。

平面は正方形で、さらに正方形グリッドに壁や柱を置いた、均質で規則的な設計です。鉄の梁から梁へレンガでアーチを架ける構造によると思われ、小スパンのために、大部屋の中央に柱が並んでいます。屋根は中庭に向けて内勾配として、外観をフラットルーフの直方体にしようという意志がはっきりと読み取れます。外壁頂部に手すり（バラストレード）を回して、その内側に背の低い寄棟屋根を付けるのは古典主義の建物でよくやられる手法ですが、ここではさらに内勾配の屋根として、はっきりと直方体としています。近代建築でよく言われる合理性、機能性、均質性、純粋幾何学を有する建物です。

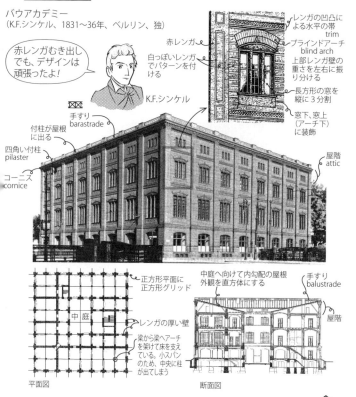

バウアカデミー
（K.F.シンケル、1831～36年、ベルリン、独）

赤レンガむき出しでも、デザインは頑張ったよ！
K.F.シンケル

赤レンガ
白っぽいレンガでパターンを付ける
レンガの凹凸による水平の帯 trim
ブラインドアーチ blind arch
上部レンガ壁の重さを左右に振り分ける
長方形の窓を縦に3分割
窓下、窓上（アーチ下）に装飾
手すり barastrade
付柱が屋根に出る
四角い付柱 pilaster
コーニス cornice
屋階 attic

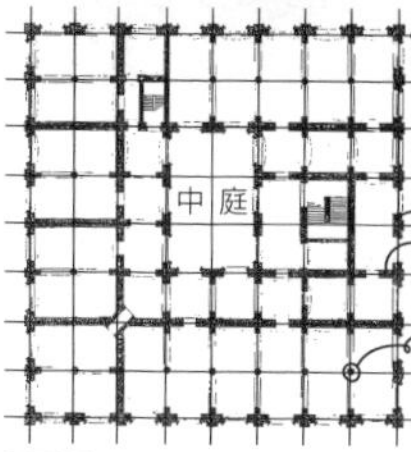

正方形平面に正方形グリッド
中庭
レンガの厚い壁
梁から梁へアーチを架けて床を支えている。小スパンのため、中央に柱が出てしまう
平面図

中庭へ向けて内勾配の屋根
外観を直方体にする
手すり balustrade
屋階
断面図

参考文献 2-22、2-23／出典 2-23（写真）

Q K.F.シンケルによるベルリン王立劇場とアルテス・ムゼウムの違いは？

▼

A 王立劇場では中心軸上に神殿正面のポルティコを付け、ヴォリュームの配置と相まって十字の軸性が強調されているのに対し、アルテス・ムゼウムでは直方体の輪郭内にほとんどを納め、前面に均等にオーダーを並べた、均質、単純な立体としています。

どちらもギリシャに範を求める新古典主義（ネオ・クラシシズム）の作品ですが、アルテス・ムゼウムの方は、単純化、均質化されていて、「近代化」された古典主義とも言えるような性質を獲得しています。

ベルリン王立劇場（K.F.シンケル　1818～21年、ベルリン、独）
中心軸上に神殿正面のポルティコ portico（玄関柱廊）
十字の軸性を強調するヴォリューム配置
こっちはほとんどギリシャね！
イオニア式オーダー
アルテス・ムゼウム（K.F.シンケル、1824～28年、ベルリン、独）
中心軸を強調せず、均質な直方体へ変える
「近代化」された古典主義！
輪郭はシンプルな直方体
ペディメント（三角切妻）をもたない、均等にオーダーを並べたポルティコ（ロッジア：loggia　柱廊）
古代ローマのパンテオンに似せたドーム
中庭
中庭
ドームの下にコンポジット式オーダーの列柱
独立柱にするために壁を後ろに下げる
独立柱
アンタ
1階平面図

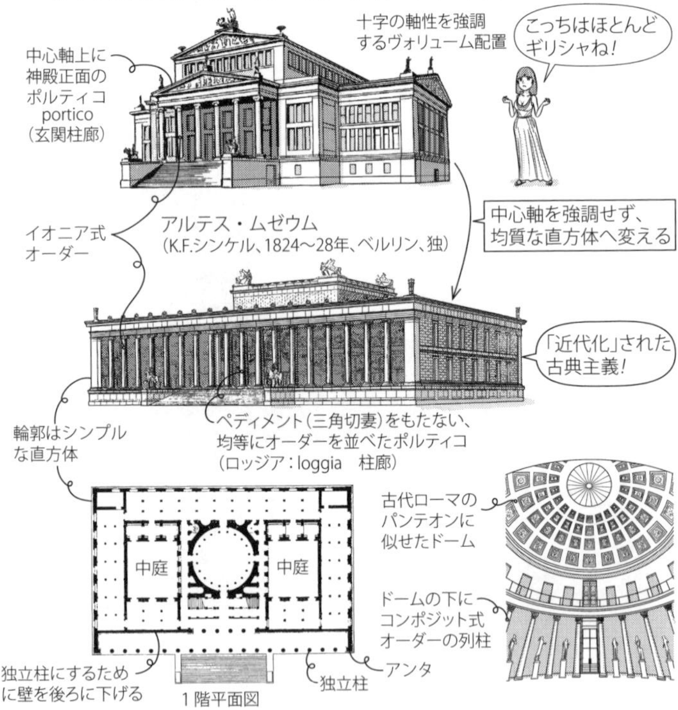

- アメリカ建築界のドン、P.ジョンソンがアルテス・ムゼウムに感銘を受けたと書いていたので、筆者は学生時に東ドイツ側に渡って見に行きました（当時はベルリンの壁の向こう側でした）。単純、厳格で均質なデザインは、確かにミース v.d.ローエに通じるような特質を感じました。しかし、古代ローマのパンテオンと比べて、内部のドームの安っぽさにがっかりしたことが印象に残っています。

参考文献　2-2、2-23／出典　2-2（上・中段パース）

Q ピクチャレスクとは？

A 絵画的な変化に富んだ構成を志向すること。18世紀のイギリス庭園で発達した概念。

左右対称で幾何学的ではない自然に近い風景式庭園とそれと調和する建築が、18世紀イギリスで多くつくられるようになり、「ピクチャレスク」という概念が発達します。ジョン・ナッシュによるロイヤル・パヴィリオン（ブライトン離宮）は、イスラム風、インド風、中国風の形態を集めて、絵画的に構成したピクチャレスクの代表例とされています。キッチュ（安っぽい）とも批評されますが、記号的に様式を取り入れる手法は、ポスト・モダンの時代に再評価されるようになります。

onion　dome
イスラム風タマネギ形ドーム
イスラムのミナレット風の塔
サーカス小屋風屋根
網状の壁の下に
イスラム風アーチ
鋳鉄の小屋組
ドーム側面に網状の装飾

ロイヤル・パヴィリオン
（J.ナッシュ、1815～23年、ブライトン、英）

ピクチャレスク
と呼ばれるよ
picturesque
絵画的な変化
に富んだ構成。
イギリスの庭園
で発達

キッチュとも
言われてる
わよ！
Kitsch
独語で俗悪なもの、
いんちきなもの、
安っぽいものの意味

私は好き
だけど

- 筆者は観光地を訪れるような気分で見に行きましたが、意外とディテールがしっかりしていて、内部の網状の装飾のされた迫力のあるドームに驚かされました。隣にいたグループの男性がその部屋を見て、"This is my favorite.（お気に入り）"と言っていたことが印象に残ります。同時代のソーンが徐々に没落する一方でナッシュは大成功を収め、バッキンガム宮殿の改修も行いますが、ジョージⅣ世が死去すると同時に失脚します。

参考文献　2-24／出典：2-24

Q J.ナッシュによるロイヤル・パヴィリオンには、鋳鉄は使われている？

▼

A 厨房の柱、接見室の柱や天井の装飾、階段における竹や籐を編んだような網状の手すり、ドームの小屋組などに鋳鉄が使われています。

鋳鉄（ちゅうてつ）は18世紀中頃には柱梁、小屋組に部分的に使われるようになりますが、儀礼的な建物で露出されて使われたのは、ブライトンのロイヤル・パヴィリオンが最初です。厨房の柱は細長く、上に銅板の葉を付けたヤシの木の形をしています。鋳鉄の柱はそれ以前の柱に比べて革命的なプロポーションをしており、横に曲がる座屈さえしなければ（座屈応力度は細長比の2乗に反比例）、建築に新しい可能性を導くものでした。その割には建築家たちにあまり採用されず、鋳型に入れてつくる俗っぽい装飾に多用されることになります。

銅板
鋳鉄

この細さは鋳鉄ならではなのか

ロイヤル・パヴィリオンの厨房
（J.ナッシュ、1815〜23年、ブライトン、英）

ヤシの木は南国の記号よ！

鋳鉄（ちゅうてつ）cast iron
- 安価
- 木に比べて火に強い
- 強度がある
- どんな形にも鋳型（いがた）でつくれる

19Cには安っぽい装飾が多くつくられた

● 寒い国ではヤシの木は南国のイメージを喚起する記号でもあり、ハンス・ホラインの旅行代理店（1978年、ウィーン）、ロバート・スターンのルエリン・パークの家（1981年、米）などのポスト・モダンのデザインでも金属のヤシの木が使われています。

参考文献　2-25／出典　2-25

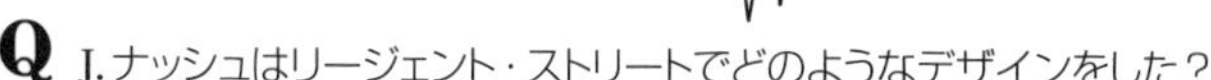

Q J.ナッシュはリージェント・ストリートでどのようなデザインをした？

A 白いスタッコによる古典主義で、大きな宮殿のようなテラスハウスや、湾曲した歩行者用のコロネードをもつ長いテラスハウスをつくり、リージェント・ストリートやリージェンツ・パークを囲う立面を飾りました。

都市的なピクチャレスクの建物で、現在でもロンドンの街路に豊かな表情を与えています。書き割の舞台装置的な建物で、ナッシュは様式の正当性にはこだわらず、低コストで正面を飾るものとしてデザインしています。

ロンドンのリージェンツ・パークとリージェント・ストリート

リージェンツ・パーク
カンバーランド・テラス（J.ナッシュ、1827年）
屋根のない板状のペディメント
アティック
エンタブレチュア
イオニア式の柱列
基壇
チェスター・テラス（J.ナッシュ、1825年）
白いスタッコで宮殿風のテラスハウス（長屋）
裏側は黄土色のレンガ
パーク・クレセント（1821年）
表は白いスタッコ、裏は黄土色のレンガ
リージェント・ストリート
リージェント・ストリート・クワドラント計画案
（J.ナッシュ、1818～20年）
書き割の舞台装置ね
ドリス式オーダーのコロネード
crescent：三日月形、quadrant：４分円

- Google ストリートビューで上空から回しながら見ると、裏に回った瞬間に黄土色のレンガ造となり、ナッシュのキッチュ（安っぽい、俗っぽい）ぶりがよくわかります。あまりモラリティ（正直さ、正当さ）を意識しない建築家だったようです。
- 筆者は数カ月、ロンドンに住むユダヤ人家庭にお世話になっていたことがあります。パーク・クレセントは安っぽくてよくないと写真を見せながら話したとき、奥さんが「シンプルな装飾だけどエレガントですばらしい建物よ。現在の建築はこのような魅力がまったくないわ!」と言っていました。ピクチャレスクの建物の価値を、考えさせられました。

参考文献　2-26／出典　2-26（パース）

ピュージン　その1

Q オーガスタス・ウェルビー・ピュージンは古典主義、ゴシックをどのように評価した？

▼

A 古典主義は異教徒の様式とし、中世ゴシックこそキリスト教信仰と不可分な様式であるとしました。

ピュージンは『対比』（1836年）において、古典主義とゴシックを対比して、ゴシックがいかに正しくてキリスト教世界に向いているか説いています。宗教的理由以外にも、ギリシャ神殿には窓、鐘塔、急傾斜の屋根がないという点で否定しています。火災に遭った英国国会議事堂はウェストミンスター・アベイに合わせるためにゴシック様式限定の設計競技とされ、古典主義が得意なチャールズ・バリーがゴシック様式で1等当選したもので、そのゴシック細部はピュージンが描いています。

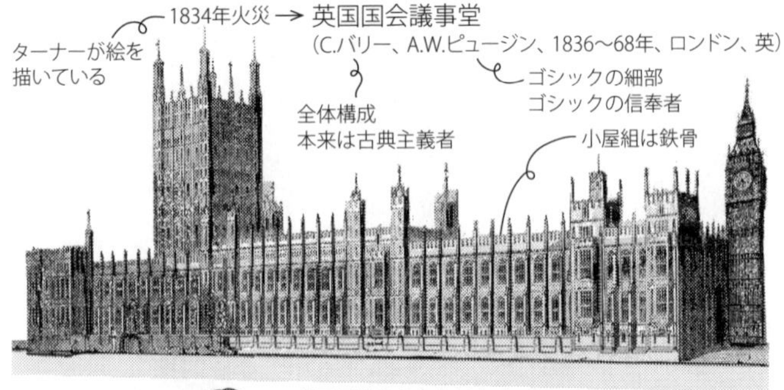
1834年火災 → 英国国会議事堂
（C.バリー、A.W.ピュージン、1836〜68年、ロンドン、英）
ターナーが絵を描いている
全体構成
本来は古典主義者
ゴシックの細部
ゴシックの信奉者
小屋組は鉄骨

A.W.ピュージン
（1812〜52年）
英国国教会からカトリックに改宗
23歳で国会議事堂のゴシックの細部設計に参加
精神を病んで、40歳で発狂して死亡
人生でやるに値するのはふたつだけ
キリスト教の建築とボートだ
遭難経験あり
ギリシャ神殿には窓、鐘塔、急傾斜の屋根がない！
古典主義
ゴシック
異教徒の建築！
ゴシックが正しい！
『対比』（1836年）の挿絵

- ゴシックはイギリスで人気が高く、19世紀にはそのゴシック好きが爆発した感があり、教会はもとより、駅、市庁舎、国会議事堂もゴシックでつくられ、ヴィクトリアン・ゴシックという一時代を築きます。1851年のクリスタル・パレスからの20年ほどは、鉄とガラスではなく、ゴシック・リバイバルの時代となります。

【ゴシック が 勝利（ヴィクトリイ）！】

【　】内スーパー記憶術
参考文献　2-4、2-27／出典　2-4

Q A.W.ピュージンは『対比』の中で、ゴシックの石積みの細部をどのように評価した？

▼

A 繰り形を付けて水を目地の先に落とすことで、目地を守る優れた細部と評価しました。

ゴシックでは段々とセットバックする部分では繰り形が付いています（図1）が、垂直の壁の部分では繰り形を付けずに積んでいることも多々あります。また古典主義でも、雨仕舞の細部は軒先などにあります。木造小屋組はゴシックでは露出して正直な構造としています（図2）が、石造ヴォールトでは木造小屋組は上に隠しています。アーチの広がろうとする力（スラスト）を受けるバットレス（控え壁：ひかえかべ）はゴシックの場合は露出され（図3）、それがゴシック聖堂側部や裏側の豊かな表情となっています。ピュージンは宗教的な意味以外にも、細部、構造、正直なデザインで古典主義よりもゴシックが優れていることを主張していますが、なかには少々無理な主張も見られます。

A.W.ピュージン『対比』(1836年)の挿絵

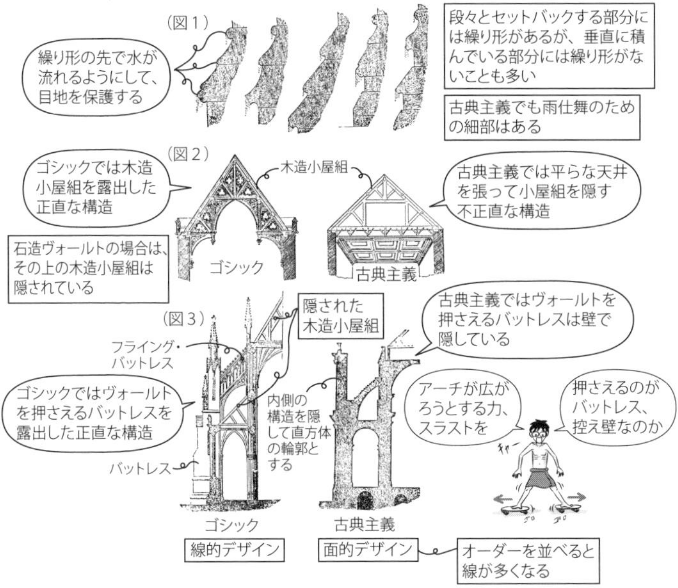

（図1）
繰り形の先で水が流れるようにして、目地を保護する
段々とセットバックする部分には繰り形があるが、垂直に積んでいる部分には繰り形がないことも多い
古典主義でも雨仕舞のための細部はある
（図2）
ゴシックでは木造小屋組を露出した正直な構造
木造小屋組
古典主義では平らな天井を張って小屋組を隠す不正直な構造
石造ヴォールトの場合は、その上の木造小屋組は隠されている
ゴシック
古典主義
（図3）
隠された木造小屋組
古典主義ではヴォールトを押さえるバットレスは壁で隠している
フライング・バットレス
ゴシックではヴォールトを押さえるバットレスを露出した正直な構造
内側の構造を隠して直方体の輪郭とする
アーチが広がろうとする力、スラストを
押さえるのがバットレス、控え壁なのか
キャー
バットレス
ゴシック
線的デザイン
古典主義
面的デザイン
オーダーを並べると線が多くなる

- フランスのエコール・デ・ボザールでは、ゴシックの研究が禁止（*）されていました。フランス古典主義では、ピュージンがないと主張した急傾斜屋根はマンサード屋根として、また古典発祥の南の地ではない暖炉の煙突も、古典主義の造形として生かしています。

*2-5（p.87）／参考文献　2-4、2-5／出典　2-5

R075

ラスキン

Q J.ラスキンの建築評論活動はどのようなものだった？

A 中世ゴシックとその職人の手仕事を高く評価し、ごまかしやこけおどしを否定し、建築の基本指針を7つにまとめた『建築の七灯』などを出版しました。

ラスキンの思潮は、W.モリスやゴシック・リバイバルの建築家たちに大きな影響を与えました。当時話題となった水晶宮、鉄道駅などは建築として認めない姿勢でした。

自然○
ごまかし×
こけおどし×
中世職人○

J.ラスキン
（1819～1900年）
美術評論家

裕富なワイン商人の一人息子。
オックスフォードに学び、教授職を得る。
「ターナーの絵は自然の真実を発見した」

鉄道の駅なぞ決して建築でありえぬ！

クリスタル・パレスは大嫌い！

→W.モリスに影響
→アーツ・アンド・クラフツ

→ゴシック・リバイバルに影響

SEVEN LAMPS OF ARCHITECTURE

『建築の七灯』(1849年)

①美を追求するための「犠牲」
②材料を正直に用いる「真実」
③単純で壮大な形態の「力」
④インスピレーションの源泉としての自然の「美」
⑤手工芸技能による「生命」
⑥未来の世代のための「記憶」
⑦過去における最高の様式を使用する「従順」

『ヴェネツィアの石』（1853年）
ヴェネツィアのゴシック建築の検証。中世職人の芸術的創造活動のすばらしさを説く。

- 筆者は大学院時代のゼミで、『建築の七灯』を原文で読む経験をしました。当時はあまりピンと来ませんでしたが、後になって7つの指針は現代建築にも当てはまるのではと思うようになりました。彼の嫌うごまかし、こけおどし、自然に従わない姿勢、従順のなさは、現代建築にもよく見られるものです。

参考文献　2-4、2-28

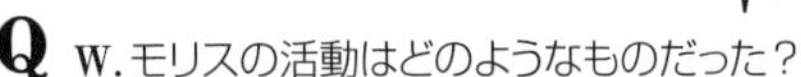

Q W. モリスの活動はどのようなものだった？

A 中世のような生活と芸術が一体となった職人による手作りを礼賛し、商会を設立して手工芸品の製作販売を行い、アーツ・アンド・クラフツ運動の端緒となりました。

モリスは産業革命後の19世紀イギリスにおいて、機械や大都市を嫌い、万人のための芸術（art）、中世の職人によるつくる喜びに満ちた手仕事（craft）を推奨しました。

中世
ギルド
craft 手工芸
労働の喜び
万人に分かつことができないなら、芸術は何の役に立つのか！
我々の家は何とも言いようのないガラクタの山でいっぱいだ！
中世に人間の手でつくられた物は美しかった！
他人の脱ぎ捨てた服で仮装するのは誤りだ！
機械による生産は悪である！

ウィリアム・モリス
（1834～96年）

様式の衣のこと
正直と簡朴によるものづくりが正しいと説く

手工芸のために製品は高価となり、結果的に万人のための芸術とはならなかった

モリス

モリスの商会は、オリジナルデザインにもとづく製品を製作・販売したり、内装工事も請け負ったりした。
モリス自身も手作業を好み、自ら製作を行った。

機織りを実演中のモリス
バーン・ジョーンズ画

- モリスの服装はあまりに薄汚かったので（父の遺産により生活は豊かだった）、バーン・ジョーンズ家の女中が彼を泥棒と間違えてしまうほどでした。また彼は癇癪を起こすと、頭を壁に打ちつけたりテーブルの角を噛んだりしました。変わり者だが情熱家、新しい時代の潮流を軽蔑する手仕事好きの彼の活動は、アーツ・アンド・クラフツ運動の起点となり、後世や海外にも広く影響を及ぼします。

参考文献　2-4、2-29、2-30、2-31、2-32／出典　2-29（下イラスト）

Q ゴシックの理論家ウジューヌ・エマニュエル・ヴィオレ・ル・デュクは、ゴシックをどのように解釈した？

▼

A 構造が力学的に合理的であり、石でできた奇跡と高く評価しました。

ヴィオレ・ル・デュクはアカデミーに背を向け、中世建築の補修や『中世建築辞典』（1854年）などによって、古典主義が保守本流であった19世紀フランスにおいて、ゴシックを高く評価しました。中世建築を力学的合理性によって評価しようとする姿勢は、近代的な思潮にも沿うものでした。しかし、彼の構造合理主義的解釈は、後に交差リブが爆撃で落ちてもヴォールトは落ちなかったことや、中世の工人がゴシックをそれほどまでに合理的にとらえていなかったという2点から、修正を余儀なくされます。

ヴォールト見上げ
ゴシックは力学的合理性にかなった様式だ！
ゴシックの理論家
特に交差リブは石造による奇跡
交差リブ
rib（肋骨）
爆撃で交差リブが落ちても、石が落ちなかった例がある
E.E.ヴィオレ・ル・デュク
（1814〜79年）
木造の小屋組がヴォールトの上に隠れている
コンクリートが打たれ、コンクリートのシェルの下に石が張り付いた構造の聖堂もある
構造合理主義で説明できない多数のイコン（聖像）の彫像
フライング・バットレス
尖頭アーチ
パリ（ノートルダム）大聖堂入口
（1163〜1200年）
（写真：筆者）

- ゴシック建築はヴォールトの上にコンクリートが打ち込まれている（＊）場合もあり、完璧な石の構造体ではありません。構造にはリダンダンシー（redundancy：冗長性、余剰）が必要で、構造合理主義では割り切れない部分が必ずあります。ヴォールトの上に木造の小屋組が隠されており、構造を正直に表出しているわけでもありません。
- 入口上部の数多いイコンやバラ窓の聖書の物語などは、合理主義では説明できません。それは合理主義というよりも神秘主義に近いもののように思えます。筆者がヨーロッパを半年近く見て回った後にイスタンブールに入ったとき、イスラム建築のイコンのないさっぱりとしたデザインに驚かされたことがあります。そこで逆にゴシックには、イコンによる強い支配を感じました。

＊2-33／参考文献　2-2、2-4、2-33／出典　2-2

★ R078

ヴィオレ・ル・デュク　その2

Q E.E.ヴィオレ・ル・デュクはドームやピロティをどのように支えると提案した？

▼

A 鉄製の方杖（ブレース）によって支える方式を提案しました。

ヴィオレ・ル・デュクの『建築講話』（1854〜1868年）に載せられたパースには、鉄製の方杖でドームやピロティを支える方式が示されています。アール・ヌーヴォーで有名なH.ギマールによるエコール・ド・サクレクールの1階には、ヴィオレ・ル・デュクの方杖を参照したと思われる構造が使われており、現存しています。19世紀中頃では鋳鉄、錬鉄による柱梁やトラスは、床や小屋組で一般に使われていますが、このような鉄の方杖を露出した架構は珍しいものでした。

E.E.ヴィオレ・ル・デュクによる鉄製の方杖（ブレース）

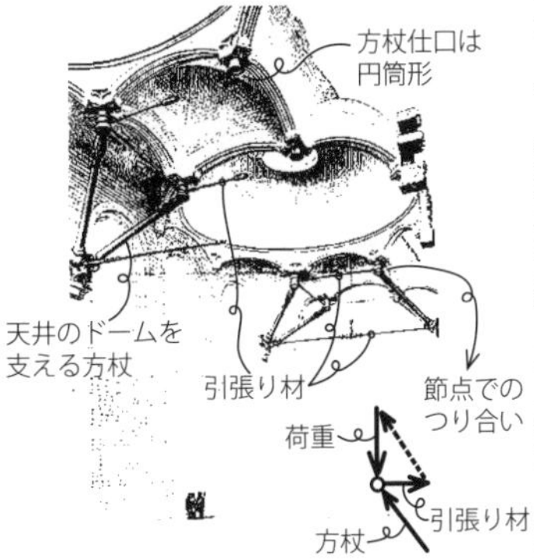

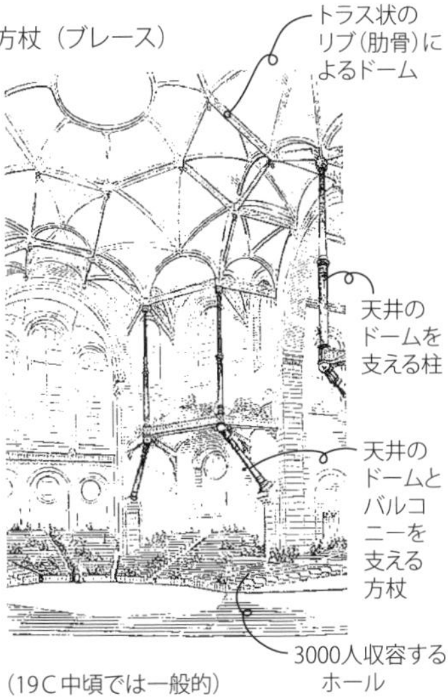

方杖仕口は円筒形
天井のドームを支える方杖
引張り材
節点でのつり合い
荷重
引張り材
方杖
トラス状のリブ（肋骨）によるドーム
天井のドームを支える柱
天井のドームとバルコニーを支える方杖
3000人収容するホール

鉄梁＋組積造アーチの床（19C中頃では一般的）

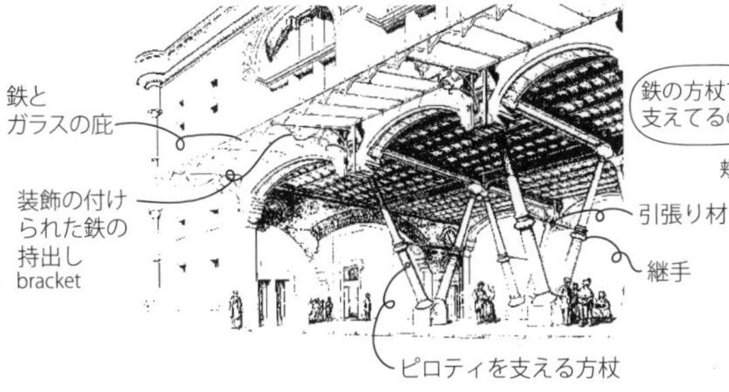

鉄とガラスの庇
装飾の付けられた鉄の持出し bracket
引張り材
継手
ピロティを支える方杖
鉄の方杖で支えてるのよ！
頬杖

パースはヴィオレ・ル・デュクによる『建築講話』から（1863〜72年）

参考文献　2-4、2-23／出典　2-23

ヴィオレ・ル・デュク　その3

Q 美術史家D.ワトキンは『モラリティと建築』において、A.W.ピュージンとE.E.ヴィオレ・ル・デュクの思想をどのように解釈した？

▼

A ピュージンにおけるゴシックの倫理的解釈と、ヴィオレ・ル・デュクにおけるゴシックの構造合理的解釈は、モダニズムの思想と同じとしました。

モダニズムを擁護する建築史家、建築家は、正直に構造や機能をあらわす、合理的な構造、真実の材料など倫理、モラリティ（morality）から建築を語り、構造と必要性の合理的帰結として建築があるとし、個人の創造性、独創性、美学的衝動などは軽視する傾向にあります。

A.W.ピュージン
(1812〜1852年)
ゴシックの
倫理的解釈
正直に構造
をあらわす
ヴィオレ・ル・デュク
(1814〜79年)
ゴシックの
構造合理的解釈
合理的な構造
ふたりの思想はモダニズムと同じ！
by D.ワトキン

- 19世紀は絶対的な様式が消滅し、設計者が様式を採用する際に、ゴシックが古典主義よりも優れているという理屈が必要になったものと思われます。倫理性、合理性などで説明するのは、モダニズムの思潮のはじまりのひとつでもあります。
- ゴシックはフランスで生まれたものの、なぜかイギリスで好まれる傾向にありました。ドーバー海峡を渡ると、美しいゴシックが、なぜかおどろおどろしい、不思議な魅力をまとうようになります。筆者はリンカーン大聖堂を天気の悪い日に訪れたことがあり、街並みの上にそびえ立つ薄暗い巨大な壁面が視界に入ったとき、怪物を見たような印象をもちました。ホーンテッド・マンションや魔法使いの学校は、霧にかすむイギリスのゴシックでなければいけません。

参考文献　2-34／出典　2-2

Q A.ガウディはどのようなアーチを開発した？

▼

A カテナリー・アーチ（放物線アーチ）を開発しました。

おもりに紐を付けてぶら下げてできる曲線は、長さ方向に等間隔に重さをかけるとカテナリー曲線、水平方向に等間隔で重さをかけると放物線となります。それを上下ひっくり返したのが、カテナリー・アーチ、放物線アーチです。上下逆さまにすると、力のつり合いのベクトルが上下逆向きになってつり合うことになります。ガウディはスペインのゴシックからはじめ、構造の合理的解釈からカテナリー・アーチに行き着いた、組積造の進化の最後にいた建築家でもありました。円弧ではなくカテナリー・アーチを開発した点で、ヴィオレ・ル・デュクよりも合理的だったところがあります。

グエル邸の入口
（A.ガウディ、1889年、バルセロナ、西）

これを逆さにしたアーチをつくったんじゃ

カサ・バトリョの階段室
（A.ガウディ、1906年、バルセロナ、西）

カサ・ミラの最上階、屋上を支える構造
（A.ガウディ、1907年、バルセロナ、西）

（写真：筆者）

- 放物線アーチは、古代オリエントでも使われていましたが、ヨーロッパでは円弧を使うアーチが主流でした。

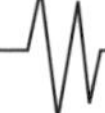

★ R081 ガウディ その2

Q 近代建築にグロット（人工的岩窟）は使われた？

▼

A A.ガウディの建物を近代建築に入れるのならば、サグラダ・ファミリアはグロット的な特徴をもつデザインです。

サグラダ・ファミリアはゴシック・リバイバルで進められていたところを、ガウディが設計を引き継いだ大聖堂です。東側入口は尖頭アーチとその内側が、まるで溶け出したような、鍾乳洞のような垂れ下がりの凹凸が多くあり、人工的な岩窟、すなわちグロットとなっています。ゴシックの大聖堂の入口は、普通は聖者の彫像（イコン）でいっぱいに飾られていますが、ここでは洞窟風凹凸、鍾乳洞風垂れ下がりの方が目立ちます。

サグラダ・ファミリア東側入口「生誕のファサード」
（A.ガウディ、1882年～、バルセロナ、西）　（写真：筆者）

彫像（イコン）は少ない
洞窟的な垂れ下がり、凹凸が多い
ゴシックの尖頭アーチが「溶け出している」
ゴシック様式の細部が洞窟的細部の中に埋め込まれている
鍾乳洞みたいな凹凸がいっぱいあるな
これもグロットね！
grotto：人工的岩窟

- 同じバルセロナにあるミース v.d. ローエによるバルセロナ・パヴィリオン（再建）は、建築関係者にしか人気がありませんが、サグラダ・ファミリアには世界中から観光客が訪れます。グロットには自然への畏怖が感じられ、人を惹きつけるグロテスクな魅力があります。筆者が幼いときに通った修道院経営の幼稚園では、修道院側の庭に「ルルド」（スペイン、フランス国境にある聖なる泉）と呼ばれるグロットがありました。丹下健三の東京カテドラル（1964年）にも、向かって左側奥に「ルルド」がつくられています。

Q A.ガウディによるカサ・ミラの形のデザインソースは？

A バルセロナ近郊のモン・セラートのゴツゴツした岩山とする説があります。

モン・セラートは不思議な形をした岩山で、サグラダ・ファミリアやカサ・ミラに似ているようにも見えます。またグロット（人工的岩窟）はヨーロッパの庭園で古代からつくられており、海底洞窟のような形態もあって、ガウディも影響を受けたものと思われます。カサ・ミラはグネグネした岩山のような彫塑的な形ですが、床は錬鉄のI形梁を渡してレンガでアーチを架けた上にコンクリートで平らに埋めたものです。また外に張り出した石を支えるために、やはり錬鉄が使われています。1階ピロティの天井では、I形梁の幅約6.5cmのフランジが、約76cm間隔に並んでいるのを見ることができます（筆者実測）。

岩山やグロット（人工的岩窟）からの影響か？
バルセロナ近郊モン・セラート

岩山のような凹凸
カサ・ミラ
（1907年、バルセロナ、西）

（写真：筆者）

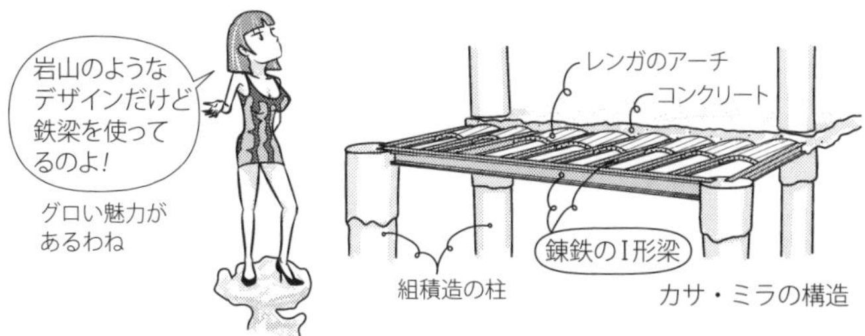
岩山のような
デザインだけど
鉄梁を使ってるのよ！
グロい魅力が
あるわね
レンガのアーチ
コンクリート
錬鉄のI形梁
組積造の柱
カサ・ミラの構造

• 19世紀に多用されたI形の鉄梁とレンガのアーチによる床構造は、近代建築史で有名なアムステルダム証券取引所（H.P.ベルラーヘ、1903年）、グラスゴー美術学校（C.R.マッキントッシュ、1909年）でも使われています。前者は1階のカフェの天井で、後者は1階アトリエの天井で鉄梁とレンガのアーチを見ることができます。

Q A.ガウディの鉄の装飾は、アール・ヌーヴォーに近い？

▼

A いいえ。アール・ヌーヴォーは平面的で長い自由曲線が多いですが、ガウディの装飾は反転曲線が密になり、立体的で入り組んでいます。

ガウディやアメリカのL.H.サリヴァンを同時代のブリュッセルやパリのアール・ヌーヴォーと一緒にグルーピングする近代建築史もありますが、三者はかなり異質なものです。ガウディの鉄の装飾は、ゆっくりとグネーッと曲がるツタというよりも、クシャクシャと曲がって折れ重なった海草に近く、反転曲線が密に集まった入り組んだ形をしており、アール・ヌーヴォーにない尖った形もつくられています。石の装飾においても鍾乳洞や骨のような形もあり、アール・ヌーヴォーのような優雅さはなく、グロテスクな魅力の方が勝っています。

混んだ反転曲線
尖った
部分あり
優美さよりもグロテスクさが出た装飾
アール・ヌーヴォーとは異質！
岩窟的な凹凸
骨のような柱
鍾乳洞のような
垂れ下がり
破砕タイル張り
いろんな植物、海草、骨、洞窟などをモチーフにしたんじゃ

グエル邸アーチ上部の装飾
(1889年、バルセロナ、西)

カサ・ビセンスのフェンス (1889年、バルセロナ、西)

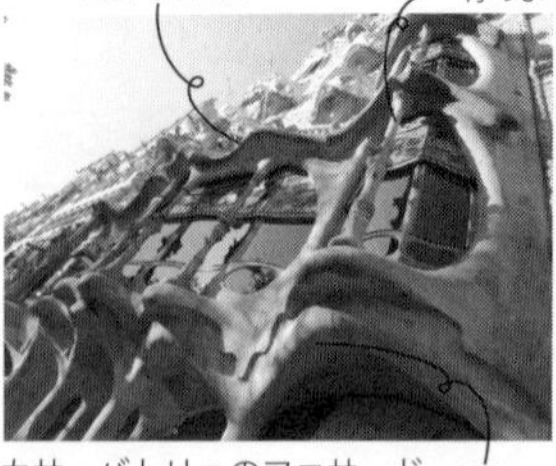

カサ・バトリョのファサード
(1906年、バルセロナ、西)
(写真：筆者)

グエル公園の
ベンチ(1914年、バルセロナ、西)

- サグラダ・ファミリア教会は現在、プレキャスト・コンクリートやRCで工事が進んでいて、RCに薄い石を張った内部の柱などは、ガウディに失礼ではないかとすら思われます。

鋳鉄、錬鉄、鋼

Q 鋳鉄(ちゅうてつ)、錬鉄(れんてつ)、鋼は、どのような順番で最盛期が来る?

A 鋳鉄 → 錬鉄 → 鋼、の順に最盛期が訪れます。

製造法と炭素の含有量で鉄の種類が分かれますが、最初に高炉で量産されたのが鋳鉄。次に引張りに強い錬鉄が出てきて、柱は鋳鉄、梁は錬鉄でつくられるようになり、最終的に圧縮、引張りに優れた鋼に置き換わります。

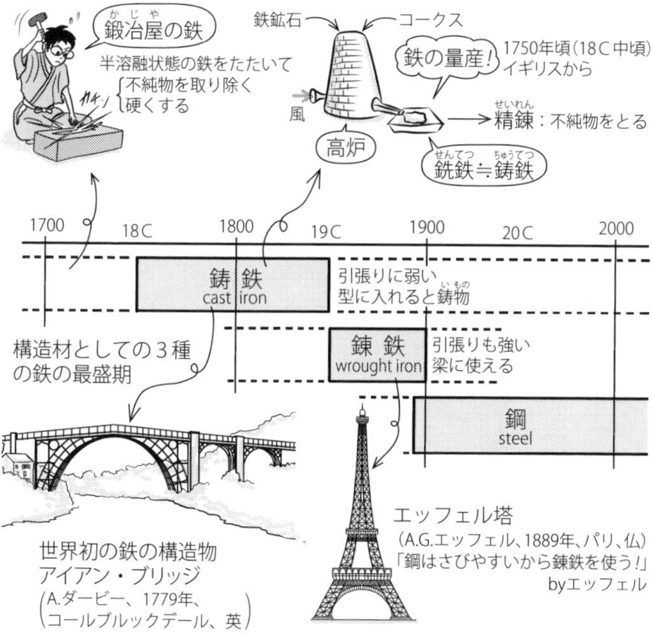

鍛冶屋の鉄
半溶融状態の鉄をたたいて
不純物を取り除く
硬くする
鉄鉱石
コークス
鉄の量産!
1750年頃(18C中頃)
イギリスから
風
高炉
精錬:不純物をとる
銑鉄≒鋳鉄
1700
18C
1800
19C
1900
20C
2000
鋳鉄
cast iron
引張りに弱い
型に入れると鋳物
錬鉄
wrought iron
引張りも強い
梁に使える
鋼
steel
構造材としての3種の鉄の最盛期
世界初の鉄の構造物
アイアン・ブリッジ
(A.ダービー、1779年、コールブルックデール、英)
エッフェル塔
(A.G.エッフェル、1889年、パリ、仏)
「鋼はさびやすいから錬鉄を使う!」
byエッフェル

炭素量
- 鋳鉄…2.14%超　延性なし 硬くて脆い
- 鋼……0.02〜2.14%　延性あり
- 錬鉄…0.02%未満　延性あり

- 最初の鉄の構造物の栄誉を担うのは、イギリスのコールブルックデールに架かるアイアン・ブリッジです。アレクサンドル・ギュスターヴ・エッフェルは、鋼はさびやすいとして嫌い、ガラビの高架橋(1880〜1884年)、エッフェル塔などには錬鉄を使いました。

参考文献 3-1

Q 18世紀、19世紀のイギリスの工場の構造は？

A 外壁をレンガの組積造とし、内部の床と屋根を木造としたものでしたが、後に鉄による柱梁にレンガのアーチを架けてその上にコンクリートを打つ構造が普及します。

水平な床をレンガでつくるのは難しく、床や小屋組は木造で一般につくられていました。工場では油を使うので火災が多く起こり、18世紀末には鉄の梁にレンガでアーチを架け、その上にコンクリートを打つ床がつくられるようになります。

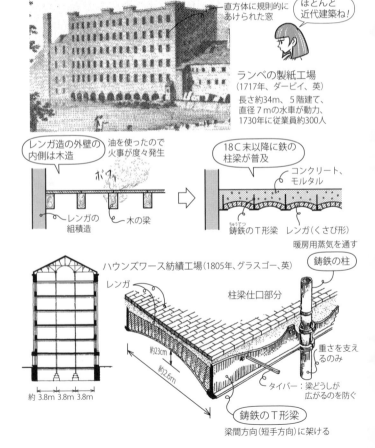

直方体に規則的にあけられた窓
ほとんど近代建築ね！

ランベの製紙工場
(1717年、ダービイ、英)
長さ約34m、5階建て、直径7mの水車が動力、1730年に従業員約300人

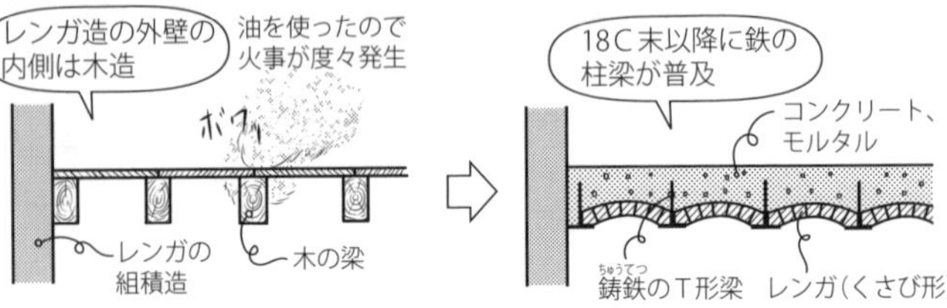

レンガ造の外壁の内側は木造
油を使ったので火事が度々発生
ボワッ
レンガの組積造
木の梁
18C末以降に鉄の柱梁が普及
コンクリート、モルタル
鋳鉄のT形梁
レンガ(くさび形)

ハウンズワース紡績工場(1805年、グラスゴー、英)

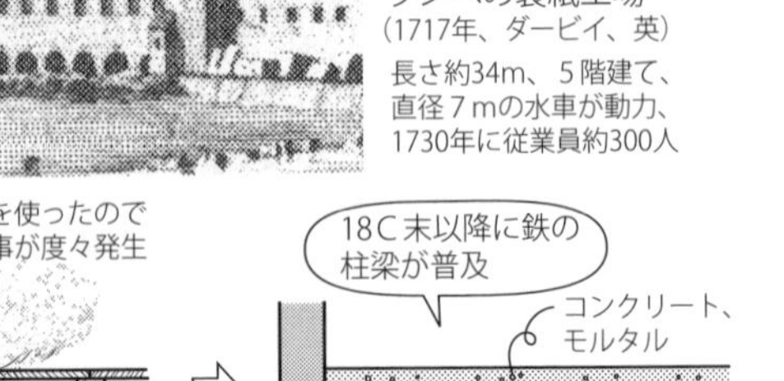

約 3.8m 3.8m 3.8m
レンガ
柱梁仕口部分
暖房用蒸気を通す
鋳鉄の柱
約23cm
約2.6m
重さを支えるのみ
タイバー：梁どうしが広がるのを防ぐ
鋳鉄のT形梁
梁間方向(短手方向)に架ける

参考文献　3-2、3-3／出典　3-2（左上パース）

鉄とガラス　その1

Q 鋳鉄造による大スパンの構造はいつ頃できた？

▼

A 18世紀末、19世紀初めのパリで、劇場や穀物倉庫の小屋組や梁で鋳鉄造が使われました。

鋳鉄は18世紀に柱や梁に部分的に使われていましたが、18世紀末から19世紀初頭には、パリの劇場、穀物倉庫の大スパンを架ける構造に使われました。燃えにくいように木構造を鋳鉄造に替えたものですが、後の建築に大きな影響を残します。

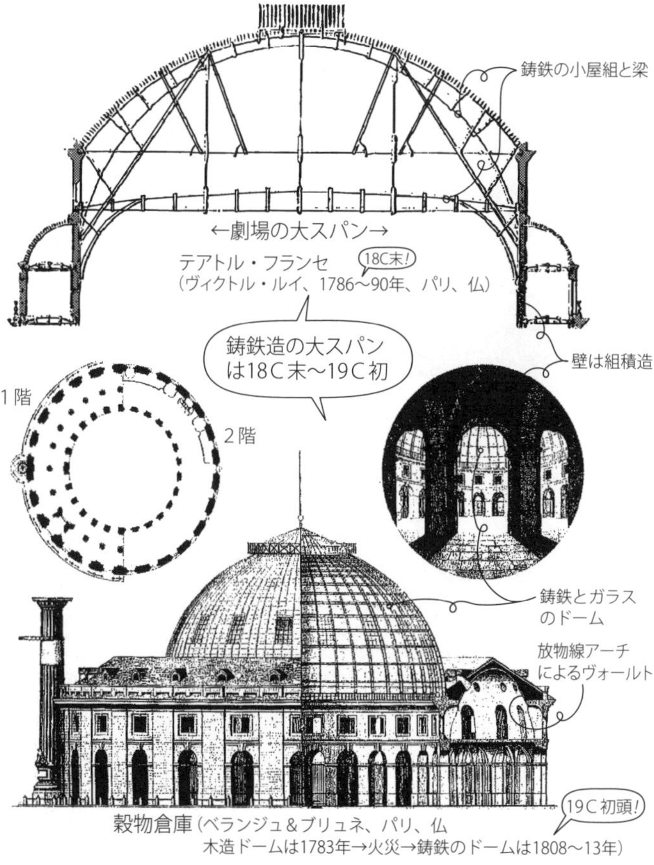

鋳鉄の小屋組と梁

←劇場の大スパン→

テアトル・フランセ　18C末!
（ヴィクトル・ルイ、1786〜90年、パリ、仏）

鋳鉄造の大スパンは18C末〜19C初

壁は組積造

1階

2階

鋳鉄とガラスのドーム

放物線アーチによるヴォールト

19C初頭!

穀物倉庫（ベランジュ&ブリュネ、パリ、仏
木造ドームは1783年→火災→鋳鉄のドームは1808〜13年）

- 火災後に鋳鉄とガラスでドームが架けられた穀物倉庫は、ナポレオンI世が開業の際に臨席したくらい評判を呼び、現在も保存されています。

参考文献　3-2／出典　3-2

Q 鉄とガラスの覆いのアーケード（ギャラリー）はいつつくられた？

▼

A パレ・ロワイヤルにおけるオルレアンのギャラリー（1828～30年）が最初で、その後ヨーロッパ各地につくられました。

パレ・ロワイヤルのギャラリーは、商店街の上に錬鉄の骨組とガラスによるヴォールトを架けた、世界初のガラス張りのショッピング・アーケードです。

世界初のガラス張りのアーケードよ!
錬鉄の骨組
側面の壁には
アーチの列
arcade
アーチの列もアーケード
と呼ばれる

パレ・ロワイヤルにおけるオルレアンのギャラリー
（ペルシエとフォンテーヌ、1828～30年、パリ、仏）

（写真：筆者）

世俗建築においてギャラリー（gallery）とは、両側に絵画などの美術品の展示や催し物などをする、長い平面形の部屋を意味します。フランス、イタリアでは特に、ショッピングのためのガラス張りのアーケードを指してギャラリー（Galerie, Galleria）と呼びます。ヨーロッパでは至るところにガラス張りのギャラリーがつくられ、ミラノにある巨大なヴィットリオ・エマヌエーレⅡ世のガレリア（1865～77年）が有名です。アーケード（arcade）は、元はアーチの連なりを指しますが、商店街の覆いもアーケードと呼ばれるようになります。

ヴィットリオ・エマヌエーレⅡ世のガレリア（G.メンゴーニ、1865～77年、ミラノ、伊）

Q 半円ヴォールト状の温室は、いつどこでつくられた？

A 19世紀半ばにイギリスでつくられました。

チャッツワースの大温室、キュー・ガーデンのヤシの木の温室は、半円ヴォールトを2段に重ねた優雅な形をしています。チャッツワースでは、表面をギザギザの折板状にして、積層木材のアーチで支えています。キュー・ガーデンでは、鉄骨のアーチは内部に隠し、表面はなめらかな泡状の曲面としています。

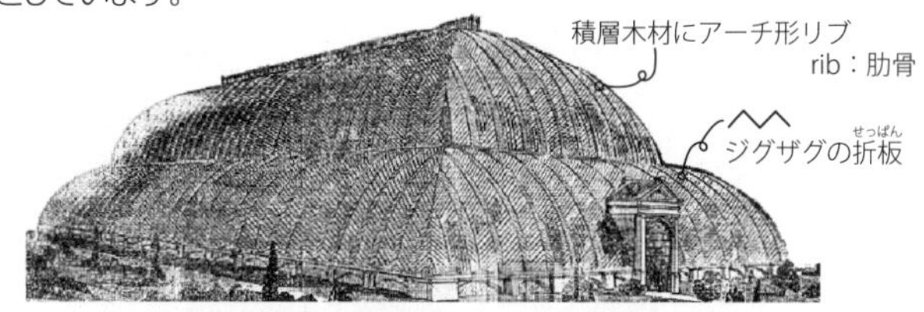
積層木材にアーチ形リブ
rib：肋骨
ジグザグの折板

チャッツワースの大温室（J.パクストン、1837〜40年、チャッツワース、英）

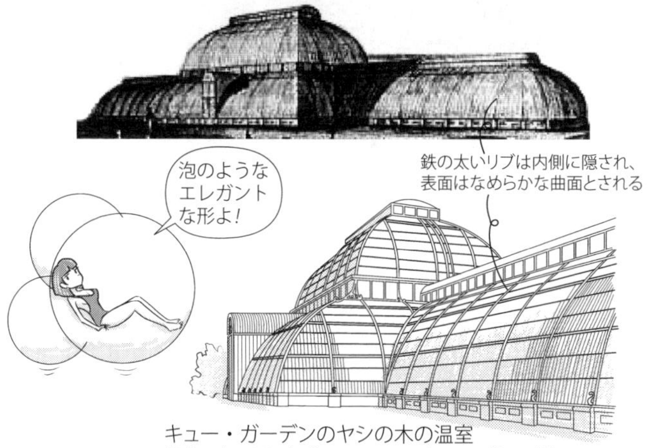
鉄の太いリブは内側に隠され、
表面はなめらかな曲面とされる
泡のような
エレガント
な形よ！

キュー・ガーデンのヤシの木の温室
（R.ターナー＆D.バートン、1844〜48年、ロンドン、英）

- キュー・ガーデンの温室を訪れたとき、表面がなめらかな泡のようなデザインに驚かされました。内部には鉄骨リブのアーチが架かっていますが、外からは平滑なガラスの曲面だけ見えます。当時は地下には、大掛かりな石炭による暖房の装置が設置されていました。19世紀の大英帝国では、世界中の植民地から植物を採集し、それを入れる大小さまざまな温室が数多くつくられました。南国の植物を栽培するには、寒いイギリスでは温室が必須だったためです。産業革命→世界進出→南国の植物の採集→温室が必要→鉄とガラスの建物の発展といった順で、産業革命の本家イギリスで鉄とガラスの建築が大いに進化したわけです。

参考文献　3-2／出典　3-2（上・中パース）

Q 19世紀イギリスにおける温室の、湾曲したガラス壁はどのようにつくっている？

▼

A 細いリブを集めたシェル構造としています。

下図のキブル・パレスでは、幅25mmの鉄製リブを湾曲させて490mm間隔で並べ、部分的に太い鉄骨のアーチで補強して、全体としてシェル構造としています。大きなスパンの円盤状の部分では、中央に柱を置いています。

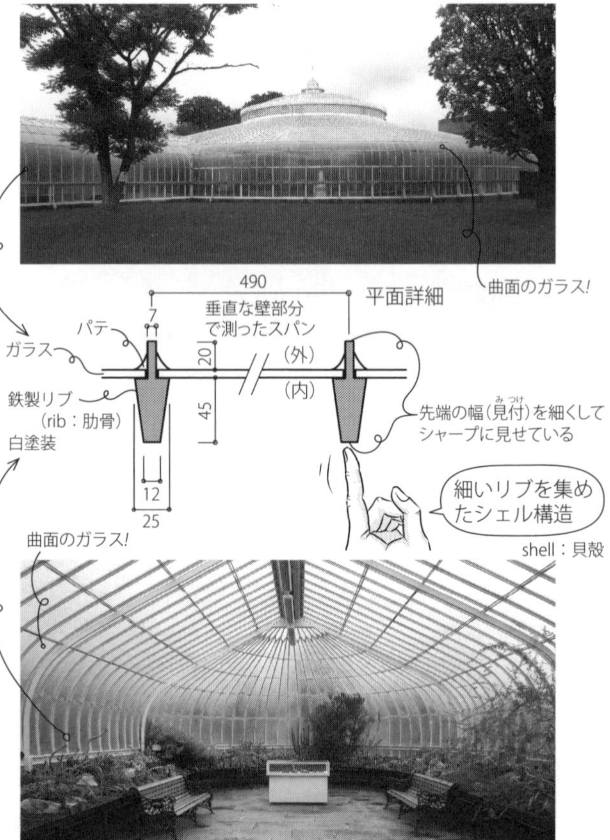

曲面のガラス！

490
平面詳細
垂直な壁部分で測ったスパン
7
パテ
ガラス
20
（外）
（内）
鉄製リブ（rib：肋骨）
白塗装
45
先端の幅（見付）を細くしてシャープに見せている
12
25
細いリブを集めたシェル構造
shell：貝殻

曲面のガラス！

キブル・パレス（J.キブル、1860年頃、1873年頃移築、グラスゴー、英）　（写真：筆者）

寸法は筆者による現地測量。

Q 巨大なクリスタル・パレス（1851年）を6カ月の短期間でつくれたのはなぜ？

▼

A 工場で部品を鋳型で量産し、現場ではボルト締めで組み立てるプレファブ工法を採用したためです。

1851年のロンドン万博の展示館で、横幅1851フィート（約564m）の巨大な鉄とガラスの建物を、プレファブによって基礎2カ月、躯体4カ月の短期間で組み立てました。建築家たちは、これは建築ではなく建造物でしかないと無視する姿勢をとりましたが、彼らの言う建築の内部にも、このような技術と材料が入り込むようになります。

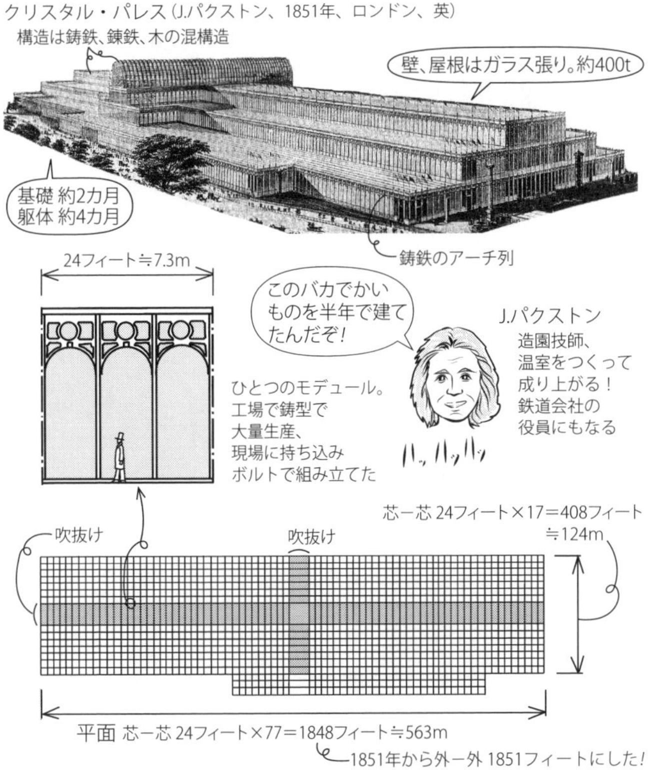

クリスタル・パレス（J.パクストン、1851年、ロンドン、英）
構造は鋳鉄、錬鉄、木の混構造
壁、屋根はガラス張り。約400t
基礎 約2カ月
躯体 約4カ月
鋳鉄のアーチ列
24フィート≒7.3m
このバカでかいものを半年で建てたんだぞ！
J.パクストン
造園技師、
温室をつくって
成り上がる！
鉄道会社の
役員にもなる
ハッハッハッ
ひとつのモデュール。
工場で鋳型で
大量生産、
現場に持ち込み
ボルトで組み立てた
芯ー芯 24フィート×17＝408フィート
≒124m
吹抜け
吹抜け
平面 芯ー芯 24フィート×77＝1848フィート≒563m
1851年から外ー外 1851フィートにした！

- 万博終了後にロンドン郊外の遊園地に移築されて物産館となりますが、陳列品の日焼けを防ぐためにカーテン、天幕を張り巡らせたため、それに引火して焼失。ガラス張りの建物の欠点、すなわち日射を取り込みすぎる点を露呈することになります。

参考文献　3-1／出典　3-1（上図パース）

Q クリスタル・パレスにおける屋根の特徴は？

▼

A ガラスをジグザグに組んで、谷に樋を仕組んだところです。

ジグザグの形は英文では**ridge and furrow**（うねと溝）と、造園家のジョセフ・パクストンらしく畑にたとえた用語が使われています。パクストンがハスの葉の構造から発想したと言われています。溝には木製の樋を兼ねたリブを付け、柱のパイプを使って雨水を下に流しています。ジグザグの板は現在の折板構造で、屋根面の強度を保つ働きもあります。パクストンは、**ridge and furrow**をチャッツワースの大温室（**R088**参照）でも使っています。あちこちにブレース（筋かい）が架けられ、プレファブ化されたトラス梁も見られます。

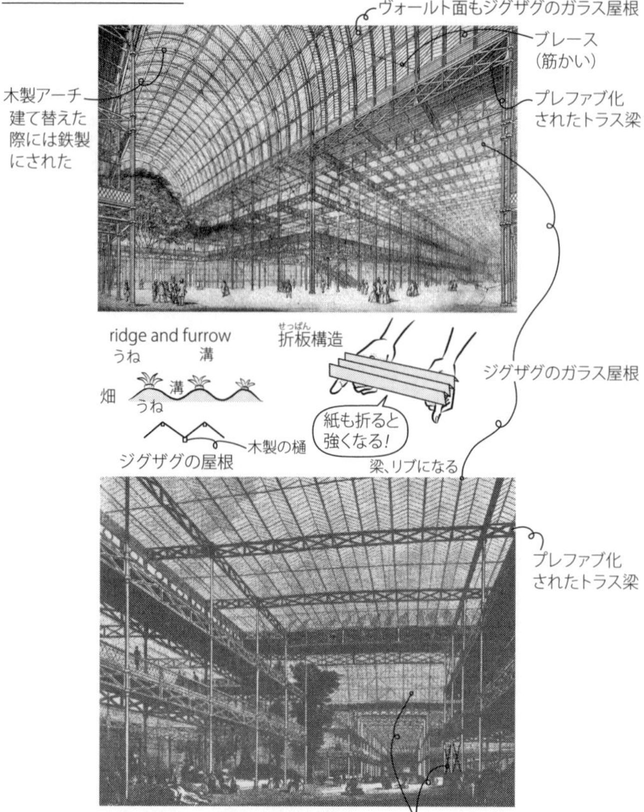

ヴォールト面もジグザグのガラス屋根
ブレース（筋かい）
木製アーチ 建て替えた際には鉄製にされた
プレファブ化されたトラス梁
ridge and furrow
うね 溝
畑 溝 うね
ジグザグの屋根
木製の樋
折板（せっぱん）構造
紙も折ると強くなる！
ジグザグのガラス屋根
梁、リブになる
プレファブ化されたトラス梁
ブレース（筋かい）

クリスタル・パレス内部吹抜け
（J.パクストン、1851年、ロンドン、英）

参考文献 3-1／出典 3-1

クリスタル・パレス　その3

Q クリスタル・パレスのガラスの屋根を支える梁はどのような構造？

A 大梁は、L形と平形の鉄材を2枚ずつ合わせ、中央に平形の鉄材でX字のブレースを入れてリベットで留めた鉄製トラス。小梁は、丸形の棒で梁下部を引っ張った鉄製張弦梁（ちょうげんばり）。

鉄製のトラス梁や張弦梁が使われており、2階床を支える梁は鋳型でつくった一体の鉄製梁が使われています。ガラス板の谷には木製の樋が設けられ、その下に張弦梁が付けられています。梁端部には柱に簡単に架けられ、また落ちにくいような突起も付けられ、施工が容易なように考えられています。溶接技術があまり発達していなかった19世紀中頃において、リベットとボルトですばやく組立て可能な鉄骨の技術とディテールがすでに開発されていたことに、驚かされます。

クリスタル・パレスにおけるガラス屋根架構部詳細
(J.パクストン、1851年、ロンドン、英)

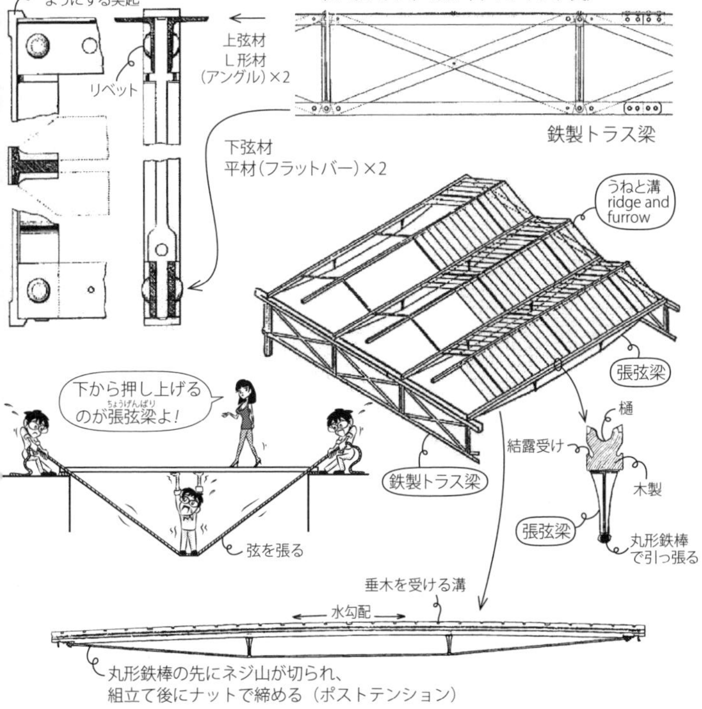

柱から落ちないようにする突起
リベット
上弦材
L形材
(アングル)×2
下弦材
平材(フラットバー)×2
鉄製トラス梁
うねと溝
ridge and furrow
張弦梁
樋
結露受け
木製
張弦梁
丸形鉄棒で引っ張る
鉄製トラス梁
下から押し上げるのが張弦梁(ちょうげんばり)よ！
弦を張る
垂木を受ける溝
水勾配
丸形鉄棒の先にネジ山が切られ、
組立て後にナットで締める（ポストテンション）

参考文献　3-1／出典　3-1（上図クリスタル・パレス）

R093

クリスタル・パレス　その4

Q クリスタル・パレスの梁はどのように持ち上げて取り付けた？

▼

A 柱の継手に鋳型でつくった梁を載せる仕口を用意し、滑車を使って人力か馬引きで持ち上げ、それに引っ掛けて留めました。

溶接はあまり普及しておらず、梁端部を留める突起の付いた仕口を鋳物でつくり、それに引っ掛けて留める精度の高いプレファブ乾式工法です。梁は工場でつくって現場に持ち込み、手動か馬引きによる滑車（人力、馬力クレーン）で持ち上げました。大量のガラスを山形に組み立てるため、木製樋に4つの車輪を入れる作業用台車もつくられました。

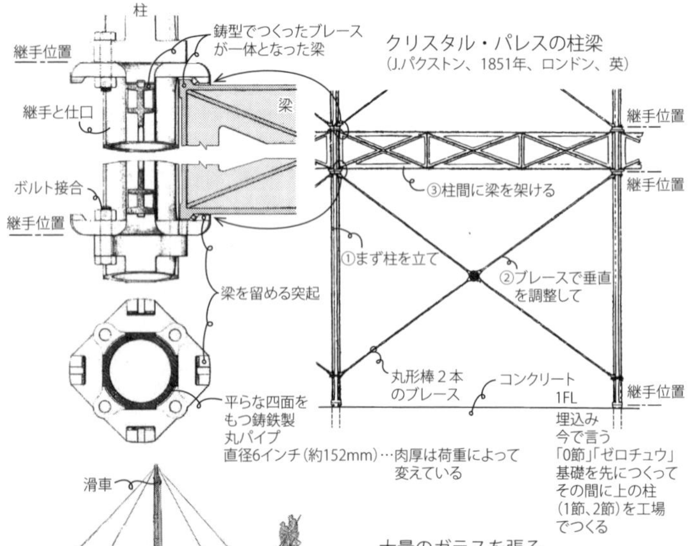

柱
継手位置
鋳型でつくったブレースが一体となった梁
梁
継手と仕口
ボルト接合
継手位置
梁を留める突起
平らな四面をもつ鋳鉄製丸パイプ
直径6インチ（約152mm）…肉厚は荷重によって変えている

クリスタル・パレスの柱梁
（J.パクストン、1851年、ロンドン、英）

継手位置
③柱間に梁を架ける
継手位置
①まず柱を立て
②ブレースで垂直を調整して
丸形棒２本のブレース
コンクリート
1FL
継手位置
埋込み
今で言う「0節」「ゼロチュウ」基礎を先につくってその間に上の柱（1節、2節）を工場でつくる

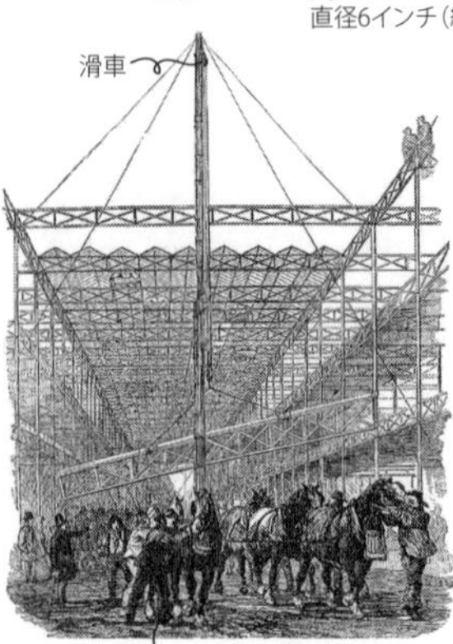

滑車
中央吹抜けの長くて重い梁は馬６頭で揚重

大量のガラスを張るための可動台車 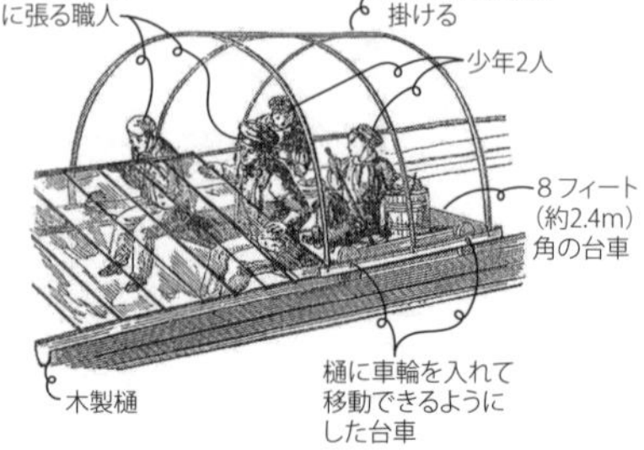
ガラスを山形に張る職人
雨の日には幌を掛ける
少年2人
8フィート（約2.4m）角の台車
木製樋
樋に車輪を入れて移動できるようにした台車

Q クリスタル・パレスのガラリは動く?

▼

A 紐で引くと歯車が回り、周囲のガラリを同時に開閉する仕組みでした。

外周壁はガラスのはめ殺し（fix）が多く、その上の欄間に可動のガラリが仕込まれ、通風のために開閉できるようにされていました。その可動ガラリは欄間の円形と左右の枠の内側に置かれ、外観デザインともなっています。鋳造された柱梁の仕口、可動ガラリ、ジグザグのガラス屋根など、19世紀のハイテック様式とも言えるようなデザインです。

クリスタル・パレスの欄間における可動ガラリ　外観立面図

ガラリ
ガラス

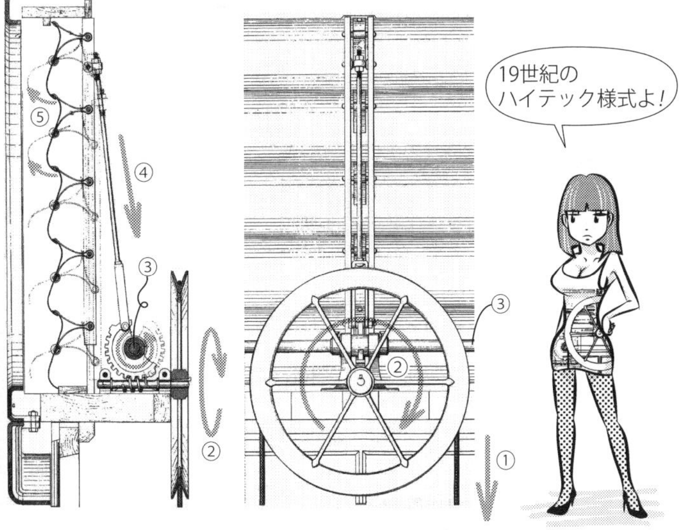
⑤
④
③
②
①
19世紀のハイテック様式よ!

①紐を引いて②を回す。スクリューによって③の丸棒が回り、④が下がって、左右に並んだ⑤のガラリが一斉に開く

3 鉄骨造

参考文献　3-1／出典　3-1

Q クリスタル・パレスの鉄骨には色を塗っている？

▼

A 白を基調として、赤、黄などの原色が塗られています。

モノクロ写真しか残っていないので、色は絵に描かれたものを見るしかありません。柱の曲面部は黄、平面部は白、柱頭の曲面部は黄、梁下面は赤、アーチも部分的に赤が塗られています。モノクロ写真で見るよりも、かなり派手な印象だったと思われます。

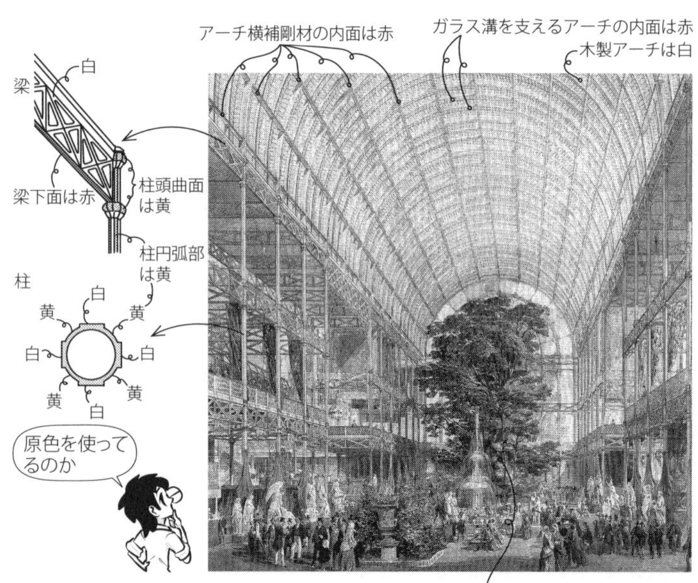
アーチ横補剛材の内面は赤
ガラス溝を支えるアーチの内面は赤
木製アーチは白
梁
白
梁下面は赤
柱頭曲面は黄
柱円弧部は黄
柱
白
黄
黄
白
白
黄
黄
白
原色を使ってるのか
既存の木を入れるために、設計変更してヴォールト屋根とした

- コンクリートの基礎に柱脚を埋め込み、それにボルト締めで上の柱を建て（現代でいう「ゼロ柱（ちゅう）」）、柱間に梁を架けて、足場を組まずに一気に上棟させました。木製アーチも、地面で組んでから持ち上げています。秀吉の墨俣一夜城は、上流で部材をつくり、川に流して持ち込んで一気に組み立てたと言われていますが、それを思わせるような鮮やかなプレファブ工法の手並みです。アルバート公主催のコンペには233案が出され、入選案では費用と工期が合わず、そこに強引に割り込んだのがJ.パクストンでした。造園家から技術者、建築家、企業家、鉄道支配人、新聞雑誌発行者、政治家にまでなったソーシャル・クライマー（階級上昇者）でした。

参考文献　3-1、3-7／出典　3-1（右パース）

Q 19世紀中頃の駅舎はどのような構成？

A プラットホーム上屋は錬鉄トラスのアーチを並べてヴォールトにして、ガラスを多く掛け、正面は組積造の建物を置いて鉄骨を見えなくしています。

鉄骨を正面にまで露出すると、重厚な組積造を見慣れた人々からは薄っぺらで軽すぎるデザインと映るので、S造は組積造の内側に隠すように置かれるのが一般的でした。セントパンクラス駅はスパンが当時世界最大の73mでしたが、正面は堂々とした赤レンガのゴシックで覆っています。また隣のキングスクロス駅では2つのヴォールトの端部を半円形の開口として出していますが、黄色いレンガのローマ風組積造の壁で覆っています。

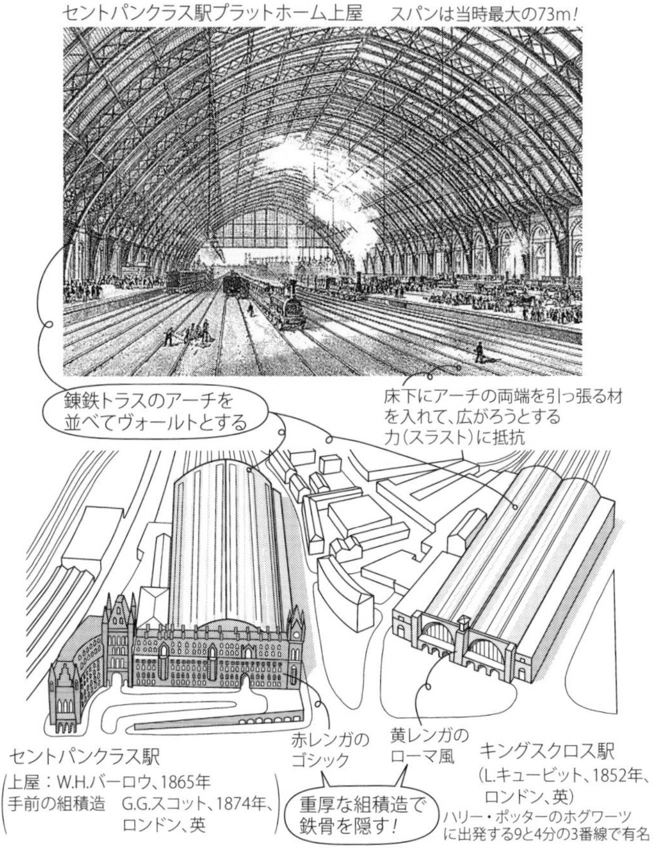

セントパンクラス駅プラットホーム上屋
スパンは当時最大の73m!
錬鉄トラスのアーチを並べてヴォールトとする
床下にアーチの両端を引っ張る材を入れて、広がろうとする力（スラスト）に抵抗
赤レンガのゴシック
黄レンガのローマ風
セントパンクラス駅
上屋：W.H.バーロウ、1865年
手前の組積造　G.G.スコット、1874年、ロンドン、英
重厚な組積造で鉄骨を隠す！
キングスクロス駅
（L.キュービット、1852年、ロンドン、英）
ハリー・ポッターのホグワーツに出発する9と4分の3番線で有名

参考文献　3-2、3-7／出典　3-2（上パース）

Q アンリ・ラブルーストによるサント・ジュヌヴィエーヴ図書館は、どのような構成？

▼

A 組積造のシンプルな箱形の外形の内側に、鉄製のアーチと柱によるヴォールトを2列並べた構成です。

鉄製アーチにはすかし彫の渦巻き模様が入れられ、ヴォールト面は金網で補強された石膏（reinforced plaster）です。建築史家S.ギーディオンによると、重要な公共的建築物で初めて鉄構造を試みた例としています（*）。

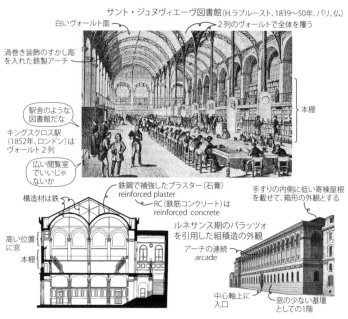

サント・ジュヌヴィエーヴ図書館（H.ラブルースト、1839〜50年、パリ、仏）
白いヴォールト面
2列のヴォールトで全体を覆う
渦巻き装飾のすかし彫を入れた鉄製アーチ
本棚
駅舎のような図書館だな
キングスクロス駅（1852年、ロンドン）はヴォールト2列
広い閲覧室でいいじゃないか
構造材は鉄
鉄鋼で補強したプラスター（石膏）reinforced plaster
RC（鉄筋コンクリート）はreinforced concrete
高い位置に窓
本棚
手すりの内側に低い寄棟屋根を載せて、箱形の外観とする
ルネサンス期のパラッツォを引用した組積造の外観
アーチの連続 arcade
中心軸上に入口
窓の少ない基壇としての1階

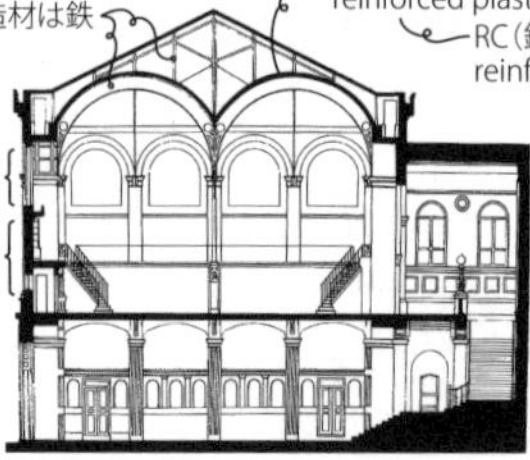

（鋳鉄か錬鉄か明確でない場合は、単に鉄と表記しています。）

- 鉄製アーチによるヴォールトは、当時としては大胆な試みですが、外観はそれを隠すようにシンプルな石造の古典主義としています。そのためJ.G.スフロによるパンテオン真横の立地にもかかわらず、街並みになじんでいます。窓の少ない基壇の上にアーチとオーダーを連続させたファサードは、マッキム、ミード&ホワイトによるボストン公共図書館（1887〜98年）に引用されています。元をたどればルネサンスのパラッツォであり、ネオ・ルネサンスとも呼ばれています。教会が公共建築に含まれるならば、19世紀初頭のセント・ジョージ教会（1812〜14年、トーマス・リックマン、リヴァプール）の内部も、鋳鉄を露出したS造のより早い例です。

*3-4（p.276）／参考文献　3-4、3-9／出典　3-9（上パース）

R098

パリの建築物　その2

Q H.ラブルーストによるパリ国立図書館リシュリュー館閲覧室は、どのような構成？

A 正方形平面を9分割し、その各々にトップライト付きのドームをかぶせ、細い鉄製の柱とアーチで支えました。

既存の組積造建築の中庭に、増築の形でつくられた閲覧室です。ドーム表面が白い陶板で張られているので、風をはらんだ天幕の下で本を読んでいるような、軽快なデザインとなっています。

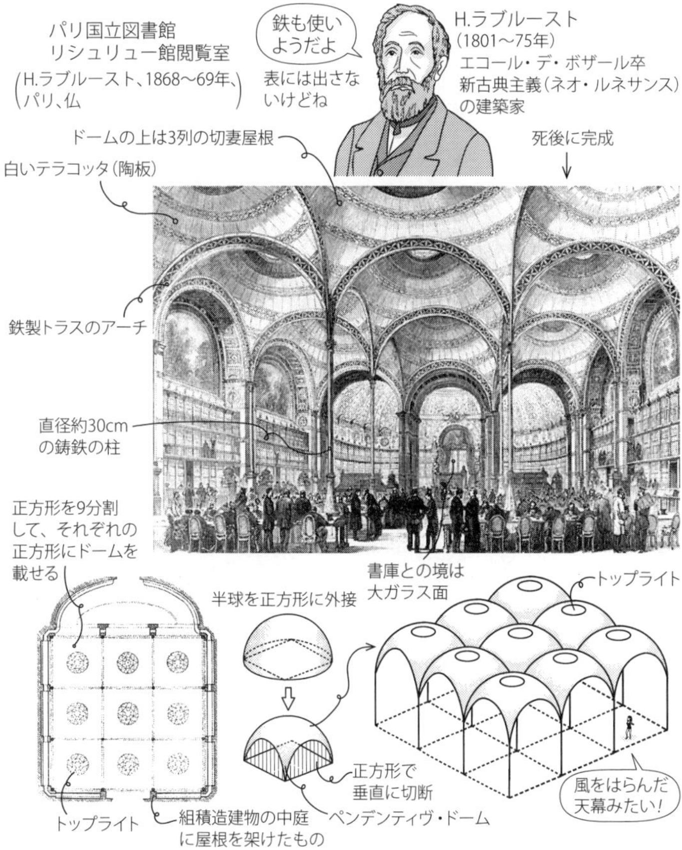

パリ国立図書館
リシュリュー館閲覧室
（H.ラブルースト、1868〜69年、パリ、仏）

鉄も使いようだよ
表には出さないけどね

H.ラブルースト
（1801〜75年）
エコール・デ・ボザール卒
新古典主義（ネオ・ルネサンス）の建築家

ドームの上は3列の切妻屋根
白いテラコッタ（陶板）
死後に完成
鉄製トラスのアーチ
直径約30cmの鋳鉄の柱
書庫との境は大ガラス面
正方形を9分割して、それぞれの正方形にドームを載せる
トップライト
組積造建物の中庭に屋根を架けたもの
半球を正方形に外接
正方形で垂直に切断
ペンデンティヴ・ドーム
トップライト
風をはらんだ天幕みたい！

- Googleストリートビューで上空から見ると、ドームの上に3列に切妻屋根が架けられているのがわかります。

R099

パリの建築物　その3

Q H.ラブルーストによるパリ国立図書館リシュリュー館書庫の床には、どのような工夫がされている？

▼

A 鋳鉄による格子の床で、トップライトの光を下階に届くようにしています。

書庫は閲覧室と同様に組積造の中庭につくられ、中央に長い吹抜けを配し、その両側に多層の書庫を置き、床を鋳鉄の格子にして、トップライトの光を下階に届くようにしています。中央の吹抜けに架かるブリッジも、近代的な空間構成と言えます。

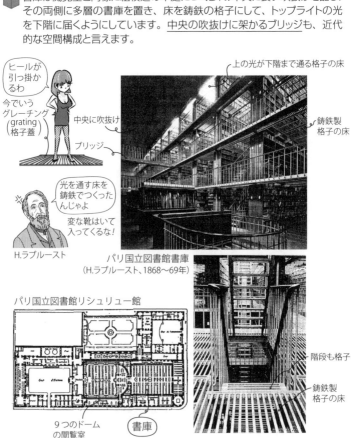

ヒールが引っ掛かるわ
今でいうグレーチング（grating）（格子蓋）
光を通す床を鋳鉄でつくったんじゃよ
変な靴はいて入ってくるな！
H.ラブルースト
上の光が下階まで通る格子の床
中央に吹抜け
ブリッジ
鋳鉄製格子の床
階段も格子
鋳鉄製格子の床
9つのドームの閲覧室
書庫

パリ国立図書館書庫
（H.ラブルースト、1868～69年）

パリ国立図書館リシュリュー館

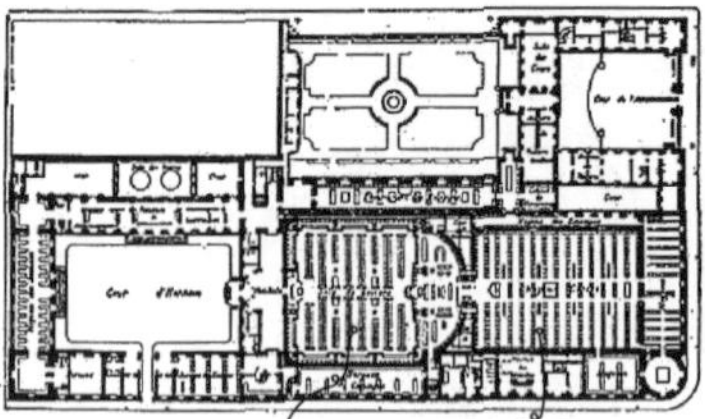

- 格子状の床は、現代ではグレーチング（grating）と呼ばれ、多用されています。汽船の機関室に用いられたのが最初と言われています。硬質で機械的なイメージは、機械そのものから来たものということになります。機械は古代からありますが、鉄製の機械が世界中に大量に供給されるのは産業革命後、工業化後のことです。

参考文献　3-4、3-10、3-11／出典　3-4（写真）

Q 鉄骨のフレーム構造の工場はいつ頃つくられた？

A 19世紀後半に薬品の量産で有名なムニエ社は、川の発電機の上に大きな梁を架けて、その上に鉄骨フレームの4階建てのムニエのチョコレート工場を建てました。

建物の立面にも柱とブレースが表され、その隙間にレンガの壁を入れており、木造ハーフティンバーを鉄でつくったような構造です。川の上の鉄骨ブレース構造で、色違いのレンガで模様もつくられたユニークな建物です。

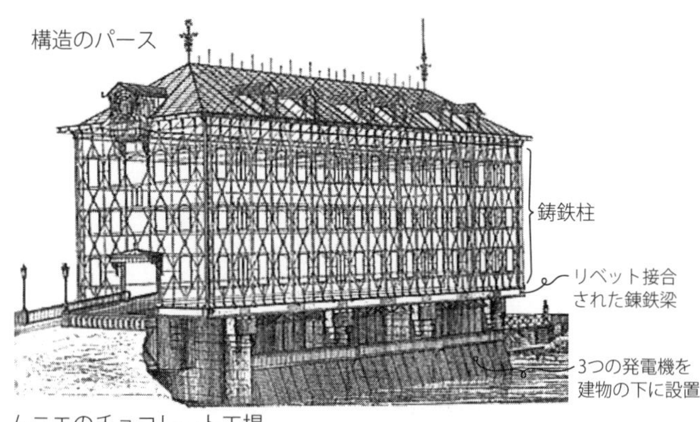

構造のパース
鋳鉄柱
リベット接合された錬鉄梁
3つの発電機を建物の下に設置

ムニエのチョコレート工場
（J.ソルニエ、1872年、パリ近郊、仏）

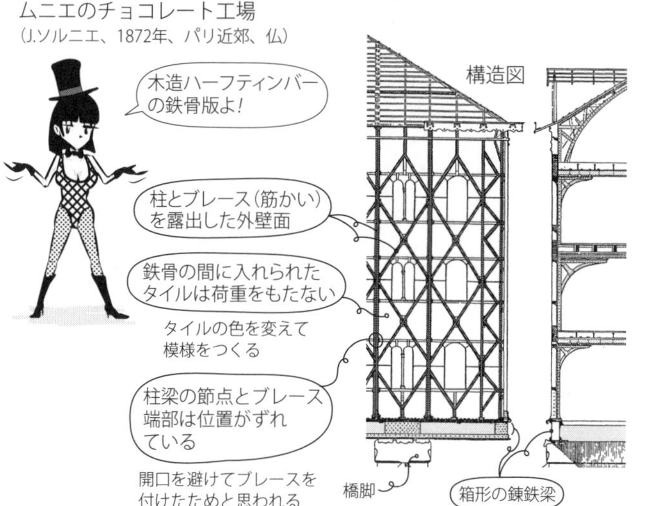

構造図
木造ハーフティンバーの鉄骨版よ！
柱とブレース（筋かい）を露出した外壁面
鉄骨の間に入れられたタイルは荷重をもたない
タイルの色を変えて模様をつくる
柱梁の節点とブレース端部は位置がずれている
開口を避けてブレースを付けたためと思われる
橋脚
箱形の錬鉄梁

参考文献　3-12／出典　3-12

R101

Q パリ中央市場（1853～86年）の立面は何で構成している？

A 鉄骨柱梁の表面を鉄製ガラリとガラスで構成し、一部レンガを充塡しています。

浅いアーチを並べたグリッドシステムで、約42m×約54mのパヴィリオンを10棟、通路を挟んで配置しています。クリスタル・パレスのようにはガラスを多用せず、鉄製ガラリを多く使うことで、機能的な市場としています。

パリ中央市場（V.バルタール、1853～86年）

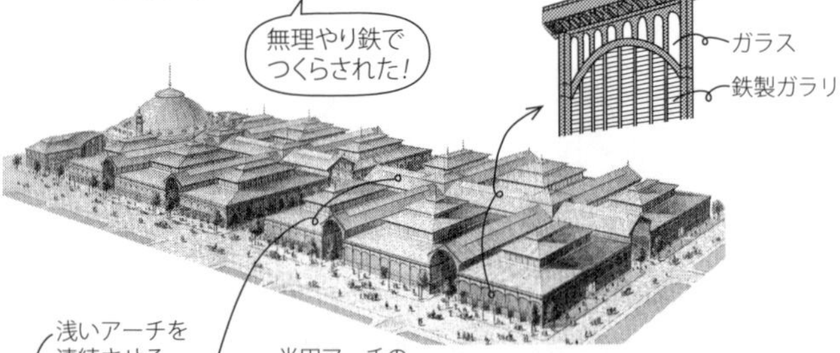

無理やり鉄でつくらされた！

ガラス

鉄製ガラリ

浅いアーチを連続させるarcade

半円アーチの上に切妻屋根

浅いアーチと鉄製ガラリによるグリッドシステムよ！

細長い鉄のプロポーション

- バルタールは当初、パヴィリオンを組積造とする計画をしていましたが、パリ改造を強引に進める新任のオスマン知事は、鉄を使ってデザインすることを命じます。ナポレオンⅢ世が同じ建築家が相反するデザインをすることに疑問を呈したとき、オスマンは「建築家は同じでございますが、知事は違っております」と答えたとされています。クリスタル・パレスなどのS造の成果を上げるイギリスに、対抗意識があったものと思われます。

参考文献　3-6／出典　3-6

Q A.G.エッフェルによるガラビの高架橋はどのように架けた？

▼

A 鍊鉄トラスによる放物線アーチ、柱脚、桁によって架けました。

脚元ほど直線状となる放物線アーチを錬鉄のトラスでつくり、スパン約165m、高さ約122mの高架橋を実現しています。高所の桁を支えるため、錬鉄トラスによる柱脚もつくられ、その上に錬鉄トラスによる桁を載せています。エッフェルは高架橋で蓄えた技術をエッフェル塔に応用し、1889年のパリ万国博覧会で成功を収めます。

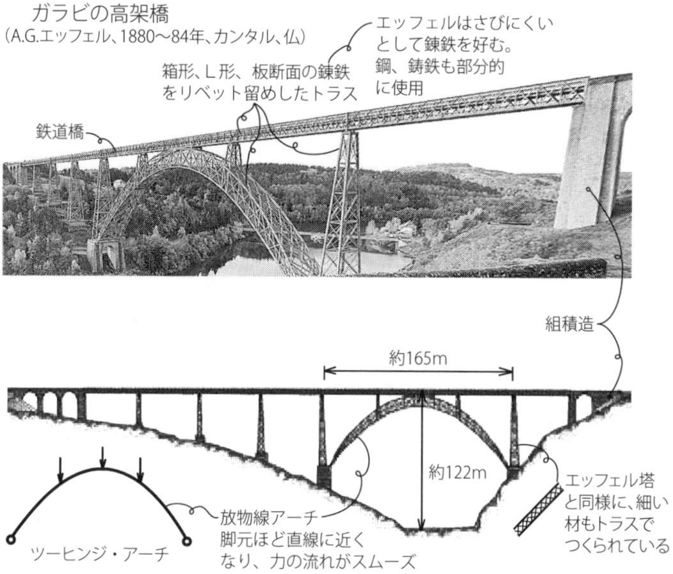

ガラビの高架橋
（A.G.エッフェル、1880～84年、カンタル、仏）

エッフェルはさびにくいとして錬鉄を好む。鋼、鋳鉄も部分的に使用

箱形、L形、板断面の錬鉄をリベット留めしたトラス

鉄道橋

組積造

約165m

約122m

放物線アーチ
脚元ほど直線に近くなり、力の流れがスムーズ

ツーヒンジ・アーチ

エッフェル塔と同様に、細い材もトラスでつくられている

19世紀にこれを架けたんだぞ！

200フラン紙幣にもなったよ

A.G.エッフェル
（1832～1923年）

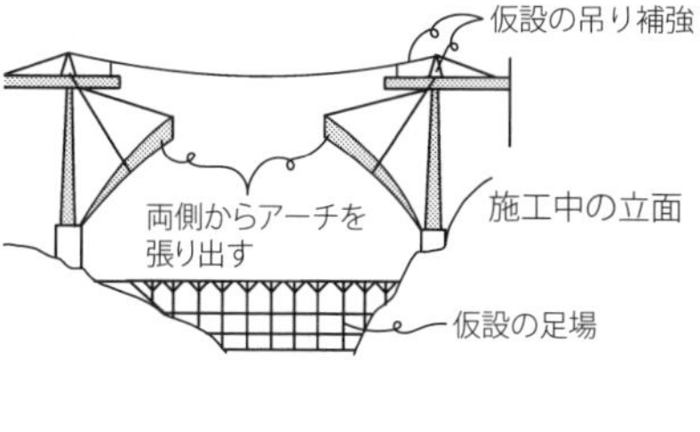

仮設の吊り補強

両側からアーチを張り出す

施工中の立面

仮設の足場

参考文献　3-4／出典　3-4

R103

エッフェル塔　その2

Q 1889年のパリ万国博覧会では、どのような建築的成果が上がった？

▼

A 高さ300mのエッフェル塔、スパン115mの機械館という、S造による大型の建物が建てられました。

万国博覧会への熱狂はイギリス（1851、1862年）からフランスに移り、1855年、1867年、1878年、1889年にパリで行われます。1855年の博覧会では、組積造の外壁に鉄骨の屋根を架けるという構造でしたが、1889年では、完全に抜け切った構造体を提示しています。A.G.エッフェルは複数の技術者、建築家とともに、高架橋などの技術を塔に応用して、風に強い300mの塔を建てます。また建築家フェルディナン・デュテールと技術者ヴィクトル・コンタマンは、115mに及ぶ大スパンの機械館をつくります。どちらも鉄骨トラスによるアーチを基本としています。エッフェルは自由の女神の構造も担当し、内部を筋かいの多く入れられたS造としています。

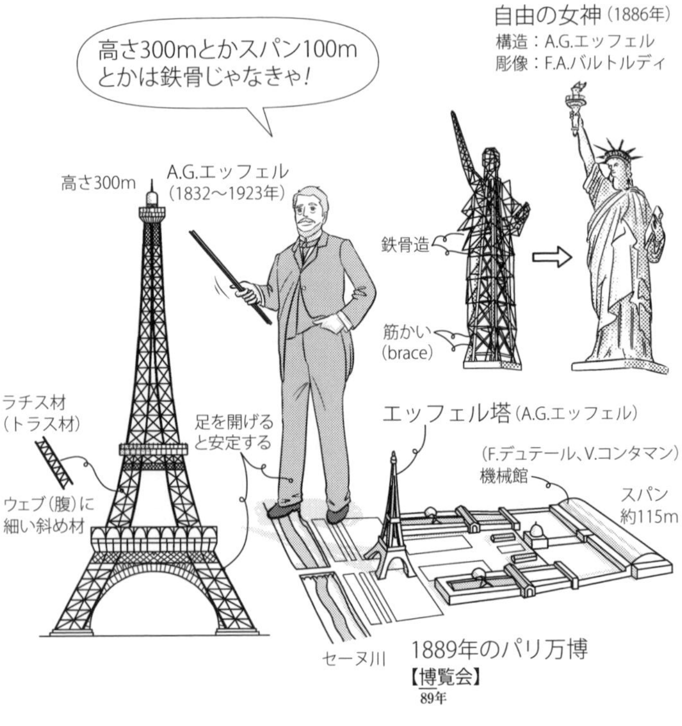

自由の女神（1886年）
構造：A.G.エッフェル
彫像：F.A.バルトルディ

高さ300mとかスパン100mとかは鉄骨じゃなきゃ！

高さ300m
A.G.エッフェル（1832～1923年）
鉄骨造
筋かい（brace）
ラチス材（トラス材）
ウェブ（腹）に細い斜め材
足を開げると安定する
エッフェル塔（A.G.エッフェル）
（F.デュテール、V.コンタマン）
機械館
スパン約115m
セーヌ川
1889年のパリ万博

【博覧会】
89年

エッフェル塔　その3

Q エッフェル塔はどのように組み立てた？

A 鍊鉄の部材をリベットやボルトで留めました。

エッフェルは鋼のさびやすさを嫌って、鉄橋や塔はみな錬鉄を使っています。エッフェルは建築家（**architect**）というよりも、技術者（**engineer**）でした。錬鉄の部材を留めるのは主にリベットで、ボルトも使われました。リベット（**rivet**）とは、熱した頭をハンマーでたたいてつぶして接合する、円筒形の鋲（びょう）のことです。リベット打ちは**19**世紀に最も多く使われた鉄の接合法で、日本でも古い鉄橋や蒸気機関車などに半球状の頭が並んでいるのが見えます。部材を工場生産して現場でリベットやボルトで留めるので、レンガを積む組積造に比べて工事が非常に早く、**1**年ちょっとの短い間に、パリの街に高さ**300m**の塔が出現しました。できた当時は由緒あるパリにはとんでもない怪物と批判され解体運動も起きますが、今ではパリのランドマークとなっています。

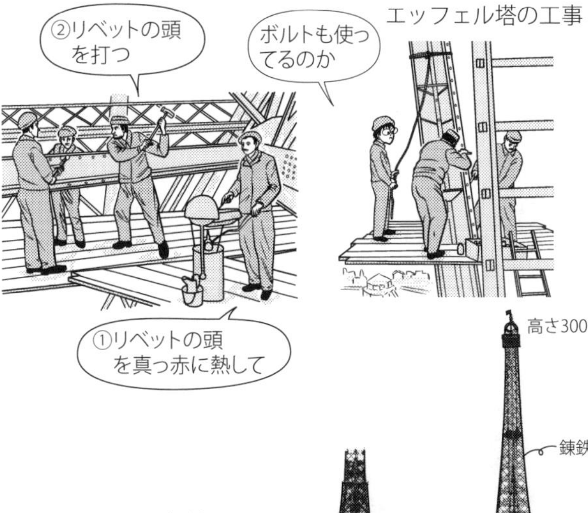

②リベットの頭を打つ

ボルトも使ってるのか

エッフェル塔の工事

①リベットの頭を真っ赤に熱して

高さ300m

錬鉄

1888年3月　1888年7月　1888年12月　1889年3月

【博覧会】
89年

工事のイラストは、当時の絵・写真を参考にして筆者が描いたもの

【　】内スーパー記憶術
参考文献　3-9

Q エッフェル塔のエレベーターはどうやって上まで上がる？

A 4本の脚に組み込まれた4基の傾斜型エレベーターで約61mの高さに上がり、そこからさらに2段階で頂上に上がります。

4本の脚に組み込んだのがミソで、東京タワーと比較するとアーチ部分がすっきりとしています。傾斜型エレベーターのガイドレールは、建設時に資材搬入用として使ったレールを転用したものです。東京タワーと比較して、①大通りなどの敷地が引き立てている、②アーチや外形の輪郭がエレベーターや展望台などにじゃまされていない、③鉄骨の部材が細くて多く、構造と関係のない装飾も多い、④色が薄茶色で景観と調和しているなど、美しさでは圧倒しています。「鉄のレース編み」とも呼ばれるように装飾的細部が多く、鑑賞ポイントのシャイヨー宮から見ると逆光のシルエットになり、100年以上経っても魅力の衰えない、数少ないS造のモニュメントです。

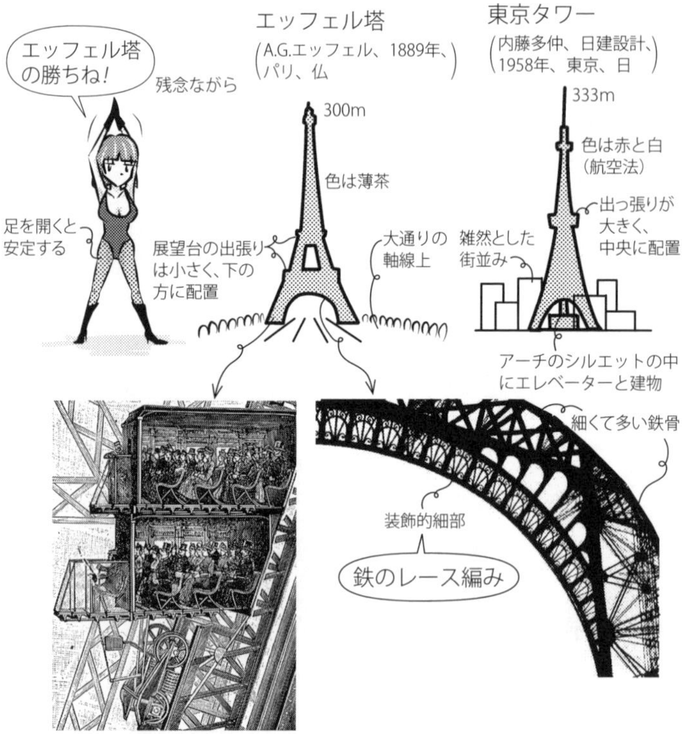

エッフェル塔の勝ちね！
残念ながら
足を開くと安定する

エッフェル塔
（A.G.エッフェル、1889年、パリ、仏）
300m
色は薄茶
展望台の出張りは小さく、下の方に配置
大通りの軸線上

東京タワー
（内藤多仲、日建設計、1958年、東京、日）
333m
色は赤と白（航空法）
出っ張りが大きく、中央に配置
雑然とした街並み
アーチのシルエットの中にエレベーターと建物

細くて多い鉄骨
装飾的細部
鉄のレース編み

斜めに昇降するエレベーター

機械館とスリーヒンジアーチ

Q 1889年パリ万国博覧会における機械館の構造は？

▼

A 鉄骨トラスによる3ヒンジアーチです。

柱脚と頂部が回転する3ヒンジアーチとして、温度変化による膨張収縮を節点の回転で吸収する構造で、スパン約115mとセントパンクラス駅の73mを超えました。

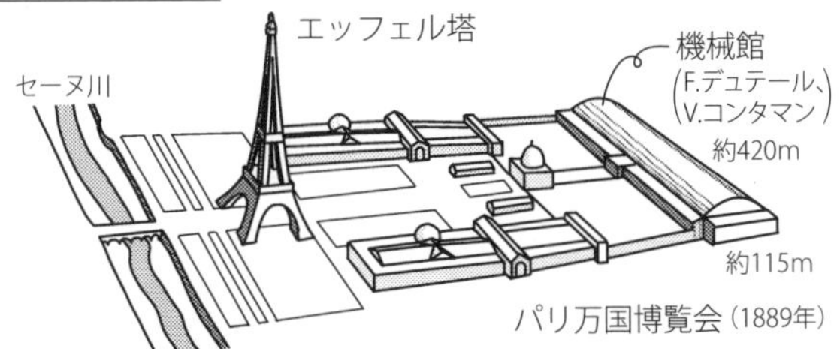
エッフェル塔
セーヌ川
機械館
(F.デュテール、V.コンタマン)
約420m
約115m
パリ万国博覧会（1889年）

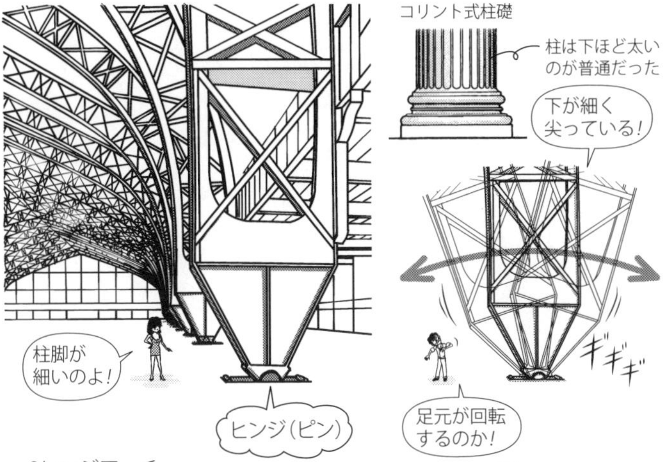

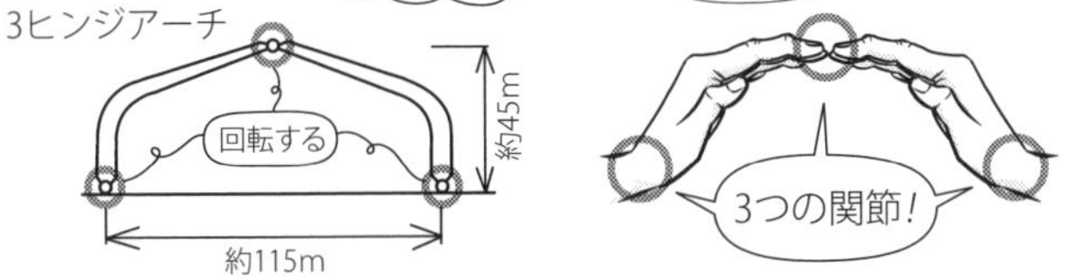

コリント式柱礎
柱は下ほど太いのが普通だった
下が細く尖っている！
柱脚が細いのよ！
ギギギ
ヒンジ（ピン）
足元が回転するのか！
3ヒンジアーチ
回転する
約45m
約115m
3つの関節！

- 3ヒンジアーチはすでにドイツの駅舎で用いられていますが、機械館は規模で優っていました。展示された機械の上にレールが配され、2基のトロッコが大勢の観客を乗せて建物内を動き、アトラクションの乗り物のように、歩き回らずとも全体を見ることができました。

参考文献　3-6

古典主義のオフィスビル

Q オフィスビルはいつ頃からつくられた？

A 19世紀初頭のロンドンにおける保険会社が最初です。

N.ペヴスナーによると、ロンドンにおけるカウンティ保険会社（1819年)、ウェストミンスター火災保険会社（1831～32年)、サン火災保険会社（1841～42年）などが最初のオフィスビルとされています（*）。様式は古典主義を基本とし、アーケード（アーチ列)、オーダー（古代の円柱とその上下の形式）などが使われています。由緒のある様式をまとうことで、会社の信用を増す効果もありました。張り出したコーニスやパラペット状の手すりによって奥にある薄い屋根が隠され、全体として箱形、直方体の外観としています。

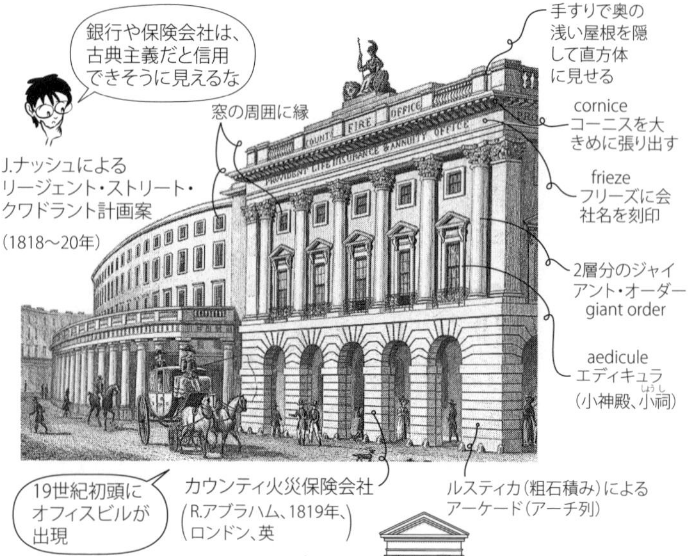

銀行や保険会社は、古典主義だと信用できそうに見えるな

J.ナッシュによるリージェント・ストリート・クワドラント計画案（1818～20年）

窓の周囲に縁

手すりで奥の浅い屋根を隠して直方体に見せる

cornice コーニスを大きめに張り出す

frieze フリーズに会社名を刻印

2層分のジャイアント・オーダー giant order

aedicule エディキュラ（小神殿、小祠）

19世紀初頭にオフィスビルが出現

カウンティ火災保険会社（R.アブラハム、1819年、ロンドン、英）

ルスティカ（粗石積み）によるアーケード（アーチ列）

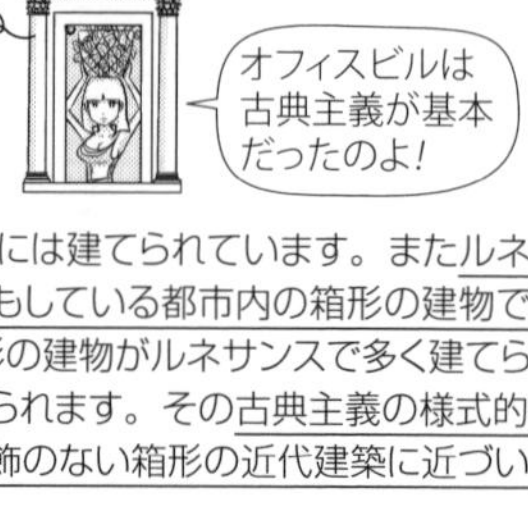

エディキュラ 古代ローマからある

オフィスビルは古典主義が基本だったのよ！

- オフィスビルに銀行も含めれば、18世紀には建てられています。またルネサンスのパラッツォも、事務、管理業務などもしている都市内の箱形の建物で、オフィスビルと言えなくもありません。箱形の建物がルネサンスで多く建てられており、近代で参照され応用されたと考えられます。その古典主義の様式的細部が抜け落ちることで、徐々に現在見る装飾のない箱形の近代建築に近づいていきました。

＊4-1（p.213）／参考文献 4-1／出典 4-1

R108

鋳鉄による柱梁構造

Q 鋳鉄の柱梁によるビルは、いつ頃つくられた？

A 19世紀中頃のアメリカで、ジェイムス・ボガーダスが鋳鉄の柱梁を表面にも表したビルをニューヨークに建てています。

イギリスでJ.パクストンがクリスタル・パレスを建てていた頃、アメリカではボガーダスが1850年に鋳鉄の柱梁構造の特許をとって、実際に建てていました。近代的なビルに近づいた柱梁による均質な表情をしていますが、さまざまな装飾を加えて、世俗の趣味に合わせる努力がされています。鋳鉄フレームがいかに強いかを示すのに、半分壊れても建っている絵が残されています。それまではレンガで外壁を囲い、その中を鉄のフレームでつくる構造でしたが、ついに表面にまで鉄のフレームが出てきました。1850年頃には、セントルイスでも鋳鉄造柱梁によるビルが建てられています。

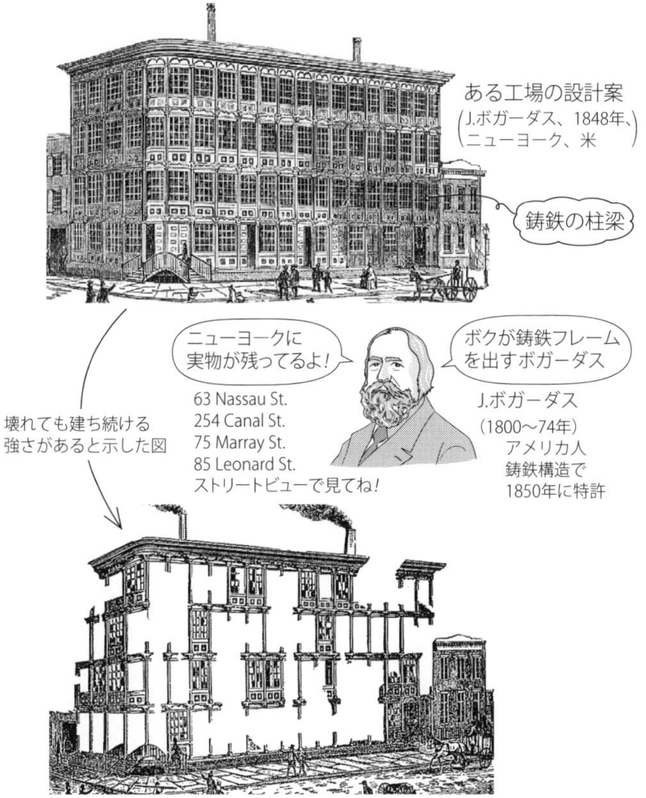

ある工場の設計案
(J.ボガーダス、1848年、ニューヨーク、米)

鋳鉄の柱梁

ニューヨークに実物が残ってるよ！

ボクが鋳鉄フレームを出すボガーダス

63 Nassau St.
254 Canal St.
75 Marray St.
85 Leonard St.
ストリートビューで見てね！

J.ボガーダス
(1800～74年)
アメリカ人
鋳鉄構造で
1850年に特許

壊れても建ち続ける強さがあると示した図

Q 乗用エレベーターはいつ頃実用化された？

A 1852年頃に安全装置が開発され、1889年に実際にビルに設置されました。

19世紀には4、5階程度の建物は数多く建てられていましたが、それより上に階段で登らせるのは無理がありました。人力や家畜の力による荷物用エレベーターは古代からありましたが、人が乗るとなると落下の問題から一般化されていませんでした。

エリシャ・オーチスは職を転々とした後に、1850年頃、エレベーター開発に乗り出します。既存のスチーム・エンジンの荷物用エレベーターは落下する危険があったため、落下した際にかごの両側に爪が出てガイドレールのギザギザに食い込ませて止める安全装置を1852年に開発します。1853～54年のニューヨーク万国博覧会では、オーチスがクリスタル・パレスに設置したエレベーターに自ら乗って安全性をデモンストレーションしています。安全装置の特許が認められたのは1861年のことで、その年にオーチスは死去し、エレベーター事業は2人の息子に引き継がれます。

ブツッ
OTIS BROTHERS & Co.
PATENT
ロープが
切れても
落ちない！
このギザギザ
に爪を食い込
ませて止める
オーチス
安全なエレベ
ーターだよ！
1861年に特許

オーチスが開発した安全装置の絵（1853年）

ニューヨーク万国博覧会（1854年）で、オーチス自身が乗ってデモンストレーション

- 1880年代にはヴェルナー・ジーメンスが電力式のエレベーターを開発し、1889年にニューヨークのビルで初めて採用されます。エッフェル塔の斜めに上るエレベーターがつくられたのも1889年。エスカレーターも1895年に発明されており、人々を上へと運ぶ手段は19世紀末には完成され、シカゴ派で培った耐火被覆された鉄骨構造と相まって、一気に高層化の時代を迎えます。建物の高層化は土地の価値を何倍にもするもので資本主義の論理にもかなない、また人口増、人口集中への対処となるため、世界中で推し進められます。高層化の最初のブームはシカゴにおいて、次にニューヨークで200mを超えるビルが建てられるようになりました。

参考文献　4-2、4-3／出典　4-2（左図）、4-3（右図）

R110

オリエル・チェンバーズ

Q ガラスのカーテンウォールによるオフィスビルはいつから？

▼

A 1865年のオリエル・チェンバーズが最初です。

オリエル・チェンバーズは、鋳鉄の柱梁構造の柱間に、出窓を設けた近代オフィスビルの原点と考えられています。外装は石を張り、ゴシック風の装飾がされていますが、全体としてはガラスの直方体となっています。

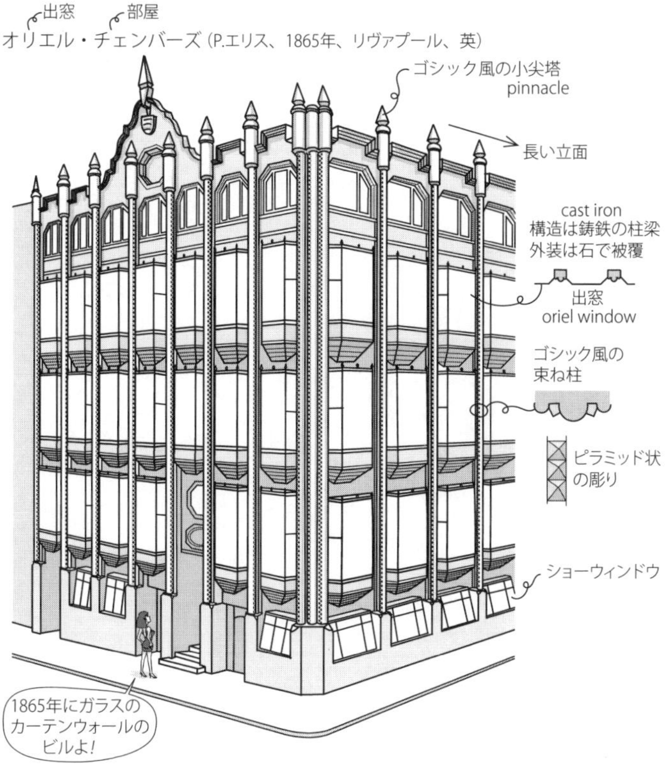

出窓　部屋
オリエル・チェンバーズ（P.エリス、1865年、リヴァプール、英）

ゴシック風の小尖塔
pinnacle

長い立面

cast iron
構造は鋳鉄の柱梁
外装は石で被覆

出窓
oriel window

ゴシック風の
束ね柱

ピラミッド状
の彫り

ショーウィンドウ

1865年にガラスの
カーテンウォールの
ビルよ！

- オリエル・チェンバーズは1866年1月号の「ビルダー」誌において、「突き出したガラスの泡の集まり」「粗末な倉庫にも劣る」と酷評され、長らく設計者も忘れられていました。1949年の調査を報じる新聞を見た孫によって、設計者がピーター・エリスと判明。今では近代建築の先駆として評価されるようになりました。
- 壁から張り出した出窓はベイ・ウィンドウ（bay：湾）、円弧状のものをボウ・ウィンドウ（bow：弓）、上階のみに付ける出窓をオリエル・ウィンドウといいますが、混用もされます。オリエル・チェンバースはシカゴ派のビルから20年前、リライアンス・ビルからは30年も前になります。

参考文献　4-4

Q シカゴ派（Chicago school）とは？

A 1880〜90年代、シカゴ大火後に起こった高層建築群と、その建築家たちのこと。

時期はより狭く、1883〜93年とされることもあります。シカゴ派の起こった理由は、①大火後の復興、②経済の勃興、③鉄骨ラーメンと、エレベーターの実用化の3点が挙げられます。主にオフィスや百貨店などの、床を積層して面積をかせぐ、いわゆるビル系の建物です。S造によるビルは、技術的には19世紀半ば頃には可能になっており、リヴァプール、グラスゴー、ニューヨーク、フィラデルフィア、セントルイスなどでもちらほらとS造の大型ビルが建てられていました。しかし1871年の大火で焼け野原になった後に一気に建てられたシカゴの高層ビル群は、量において世界を圧倒しました。床の積層という実利主義、商業主義の建築群であり、さらに言えば資本主義の産物であって、後のヨーロッパにおける近代運動の作家たちのような理念の追求からの造形とは一線を画します。この経済合理主義によってつくられた直方体のビルは、世界中に広まることになります。

シカゴ大火の絵（J.R.チェイピン画、年代不詳）

外壁は組積造でも、内部や屋根は木造が多かった

ミシガン湖
アメリカ
シカゴ
ボストン
ニューヨーク
フィラデルフィア
セントルイス

①大火後の復興
②経済の勃興
③S造、エレベーター技術

19世紀末のビル建設ラッシュなのか

シカゴ大火（1871年）復興後のシカゴ市街

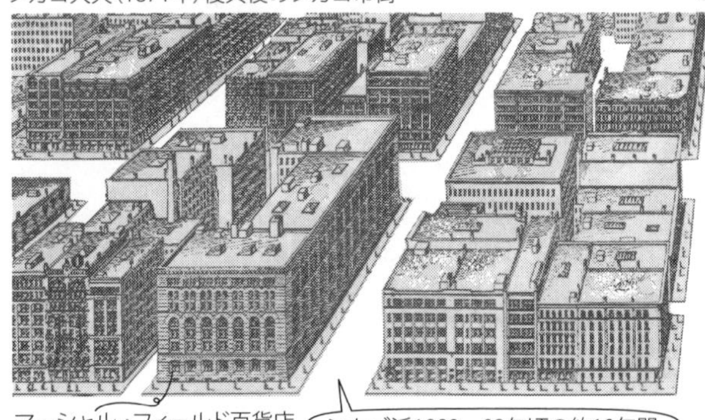

マーシャル・フィールド百貨店
（1887年、H.H.リチャードソン）

シカゴ派1883〜93年頃の約10年間

参考文献　4-5／出典　4-5

Q ウィリアム・ル・バロン・ジェニーによる第1ライタービルは、どのような構造？

▼

A 外壁はレンガの組積造、内部の柱は鋳鉄、梁は木の混構造です。

ヨーロッパの組積造はレンガや石の外壁で、床は木で架けていましたが、19世紀初頭頃から内部の柱梁に鉄が使われるようになります。その鉄は鋳鉄から引張りにも強い錬鉄、鋼へと変わっていきます。第1ライタービルでは、レンガの壁際にも鋳鉄の柱を立て、壁を自重のみもつようにして、薄く軽くしています。開口は鋳鉄のまぐさ（窓の上にわたす横材）とマリオン（方立）で上部のレンガが落ちないように支え、大きなガラス面を実現しています。結果的に格子状、柱梁状の近代的な立面が実現しています。

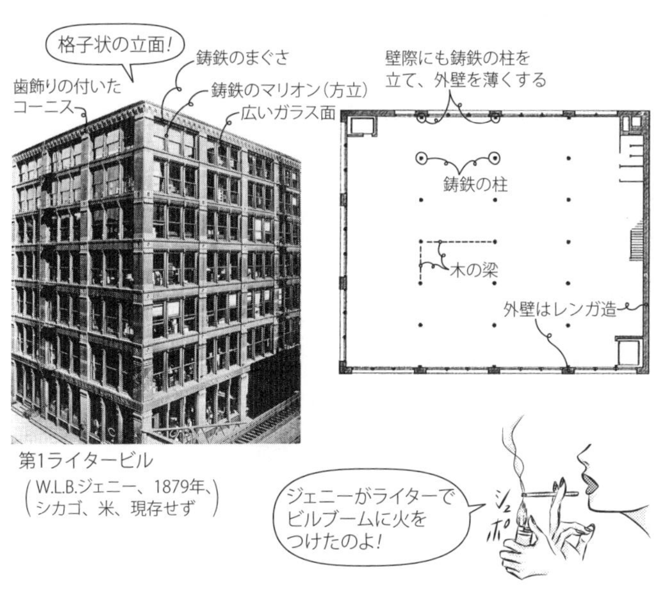
格子状の立面！
鋳鉄のまぐさ
歯飾りの付いたコーニス
鋳鉄のマリオン（方立）
広いガラス面
壁際にも鋳鉄の柱を立て、外壁を薄くする
鋳鉄の柱
木の梁
外壁はレンガ造
ジェニーがライターでビルブームに火をつけたのよ！
シュポ

第1ライタービル
（W.L.B.ジェニー、1879年、シカゴ、米、現存せず）

- ジェニーは技術者で南北戦争（1861〜65年）時は工兵隊の少佐でした。L.H.サリヴァンの共同者は建築史家S.ギーディオンに「ジェニーは詳細や装飾には何の感覚ももっていなかった」と語っています（*）。様式、装飾に興味のない技術者だからこそ、経済合理的な上にそっけない、格子状、柱梁状の近代的なビルが実現したともいえます。サリヴァンのような悩みはなかったのかもしれません。ジェニーは続くホーム・インシュアランス・ビル（1885年、現存せず）、第2ライタービル（1889年、現存）で柱梁すべてS造とし、壁は薄いカーテンウォールとしています。すべてS造とすることで、重さは石造のビルの約3分の1でつくることができたといわれています。

*4-2（p.438）／参考文献　4-2、4-6／出典　4-6（写真）

R113
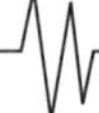

シカゴ派初期　その3

Q W.L.B.ジェニーによるフェア百貨店の構造は？

▼

A 鉄骨ラーメンの柱梁で、小梁のI形鋼に中空レンガで扁平アーチを架け、その上にコンクリートを打って床としています。外壁は石のカーテンウォールです。

ジェニーの事務所はシカゴ派初期の中心的な存在で、ダニエル・ハドソン・バーナム、ウィリアム・ホラバード、マーティン・ロッシュ、ダンクマール・アドラー、L.H.サリヴァンなど、後に活躍する建築家たちが仕事をしていました。ちょうどフランスのペレ事務所、ドイツのベーレンス事務所のような後進の教育も担った事務所でした。フェア百貨店の柱は鋼板を合わせてリベットで留めた組立て柱で、仕口ではアングル状の部材でI形鋼の大梁を固定しています。小梁のI形鋼に中空レンガを扁平アーチ状に架け、その上にコンクリートを打って床にしています。シカゴ大火の教訓から、柱梁には耐火被覆がされています。石造の壁は重さを支えないカーテンウォールで、鉄骨フレームの前面に付けられた薄い壁であったことが、残っている工事写真からわかります。

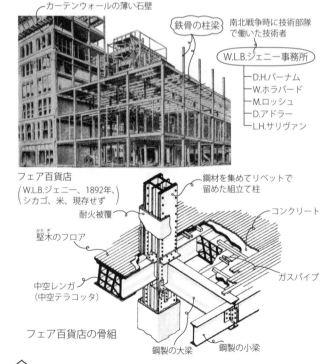

カーテンウォールの薄い石壁

鉄骨の柱梁

南北戦争時に技術部隊で働いた技術者

W.L.B.ジェニー事務所
- D.H.バーナム
- W.ホラバード
- M.ロッシュ
- D.アドラー
- L.H.サリヴァン

フェア百貨店
（W.L.B.ジェニー、1892年、シカゴ、米、現存せず）

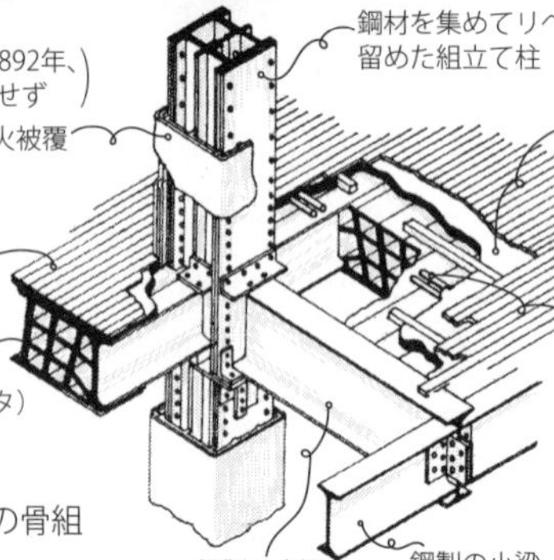

鋼材を集めてリベットで留めた組立て柱

コンクリート

耐火被覆

堅木（かたぎ）のフロア

ガスパイプ

中空レンガ
（中空テラコッタ）

鋼製の大梁

鋼製の小梁

フェア百貨店の骨組

参考文献　4-2、4-5／出典：4-2（上図）、4-5（下図）

Q バーナム&ルートによるリライアンス・ビルは柱型とスパンドレル、どちらを連続させている？

▼

A 腰壁上から下階天井の間のスパンドレルを水平に連続させています。

D.H.バーナムとジョン・ルートによって5階建てで建てられたリライアンス・ビルは、ルートの死後にバーナムと構造家エドワード・クラップ・シャンクランドによって低層のモチーフを繰り返して10階を加えて細長いタワーとしました。建築史家L.ベネヴォロは、「シカゴの最も美しい摩天楼」（＊）と述べています。3階以上ではシカゴ派では珍しく柱型を表層に出さず、スパンドレルの帯によって水平性を強調しています。スパンドレルのテラコッタには、ゴシックの四葉模様風の装飾が施されています。柱と窓のマリオン（方立）はテラコッタによって、ゴシックの線条を集めた束ね柱のような縦線の集合体をつくっています。窓ははめ殺し窓の両脇に上げ下げ窓を付けたいわゆるシカゴ窓で、横につなげてガラスの多い立面としています。

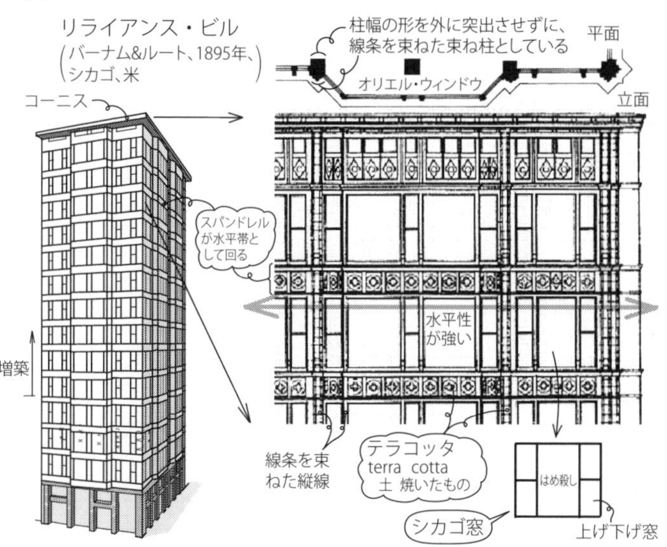

リライアンス・ビル
（バーナム&ルート、1895年、シカゴ、米）
コーニス
増築
スパンドレルが水平帯として回る
柱幅の形を外に突出させずに、線条を束ねた束ね柱としている
平面
オリエル・ウィンドウ
立面
水平性が強い
線条を束ねた縦線
テラコッタ
terra cotta
土 焼いたもの
はめ殺し
シカゴ窓
上げ下げ窓

- テラコッタのテラはテラスのテラと同じで、土という意味です。コッタは焼くという意味で、テラコッタは土を焼いたものが原義です。広義にはレンガ、タイル、植木鉢などの焼き物全般を指し、狭義には大きめの立体的な焼成粘土のブロックを指します。また仕上げや装飾ばかりでなく、中空テラコッタのブロックをI形鋼の間にフラットアーチ状に架けて床をつくるなど、構造にも使われました。

＊4-5（p.257）／参考文献　4-5、4-6、4-7／出典　4-7（右立面）

Q リライアンス・ビルはどのような構造？

A 鋼製の板とアングル（山形鋼）などをリベットで留めた組立て柱とI形鋼の梁によるラーメン構造です。

W.L.B.ジェニーがベッセマー鋼で骨組をつくる1884年以前には、鋼は3つの橋で使われただけでした。それまでラーメン構造は、鋳鉄や錬鉄で組まれていました。ベッセマー法で鋼の量産が可能となり、ジェニーがラーメンの技術を開発し、彼から学んだ建築家たちはシカゴに多くの高層ビルをつくることになります。リライアンス・ビルの構造はジェニーゆずりの鋼製フレームで、柱は鋼板やアングルをリベット留めした組立て柱で梁はI形鋼。床は梁から梁に中空テラコッタでフラットアーチを架け、その上にコンクリートを打った後に木製フローリングを張っています。鋼の骨組はテラコッタやプラスター（石膏）などで被覆し、耐火構造とされています。

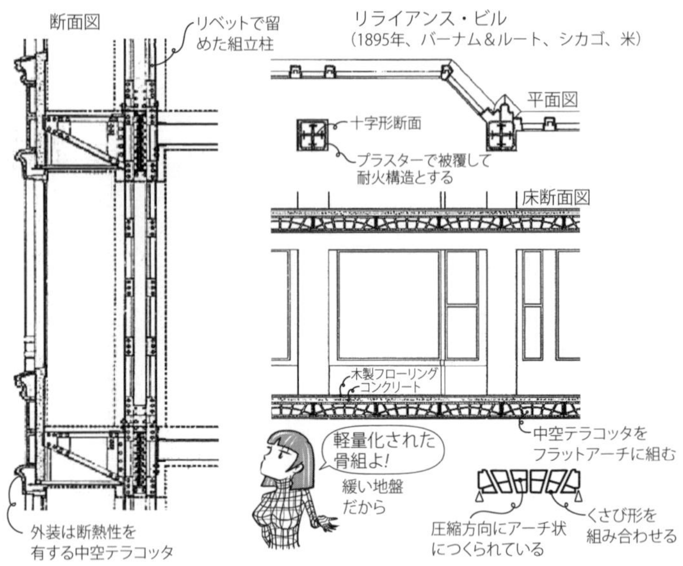
断面図
リベットで留めた組立柱
外装は断熱性を有する中空テラコッタ
リライアンス・ビル
（1895年、バーナム&ルート、シカゴ、米）
平面図
十字形断面
プラスターで被覆して耐火構造とする
床断面図
木製フローリング
コンクリート
中空テラコッタをフラットアーチに組む
軽量化された骨組よ！
緩い地盤だから
圧縮方向にアーチ状につくられている
くさび形を組み合わせる

- ベッセマー法は1855年にヘンリー・ベッセマーが特許をとった、溶けた鉄（溶銑：ようせん）に空気を送り込んで不純物を取り除いて鋼を生産する方法です。
- I形鋼は現代日本ではフランジの内側に傾斜がある規格を指し、平らな規格はH形鋼と呼びます。英文ではI-beamと書かれています。現在のS造ラーメン構造では、柱は角パイプ（角形鋼管）、梁はH形鋼を使うのが一般的ですが、当時はまだ角パイプは量産されていなかったものと思われます。リライアンス・ビルの柱断面はxy方向の曲げに強い十字形とされ、現在のSRC造の柱の形に似ているのが興味深いところです。

参考文献　4-8／出典　4-5

Q リライアンス・ビルのキャンティレバー（持出し）されたオリエル・ウィンドウ（出窓）は、どのように支えている？

▼

A アングル（山形鋼）を使った三角形状トラスとすることで支えています。

リライアンス・ビルでは、3階以上でオリエル・ウィンドウが壁から張り出しています。組積造、木造で壁から持ち出すのは構造上無理があり、できても小さな寸法でした。S造、RC造が普及すると、大きな持出しが可能となります。外壁を柱から外に持ち出すことにより、柱によってじゃまされない立面となり、大きなガラス面、横長窓、重力に逆らったダイナミックな造形も可能となります。シカゴ派はまだキャンティレバーのデザイン的重要さに気づいておらず、出窓を多くつくって室内を明るくすること、壁面を波打たせることに専念しています。

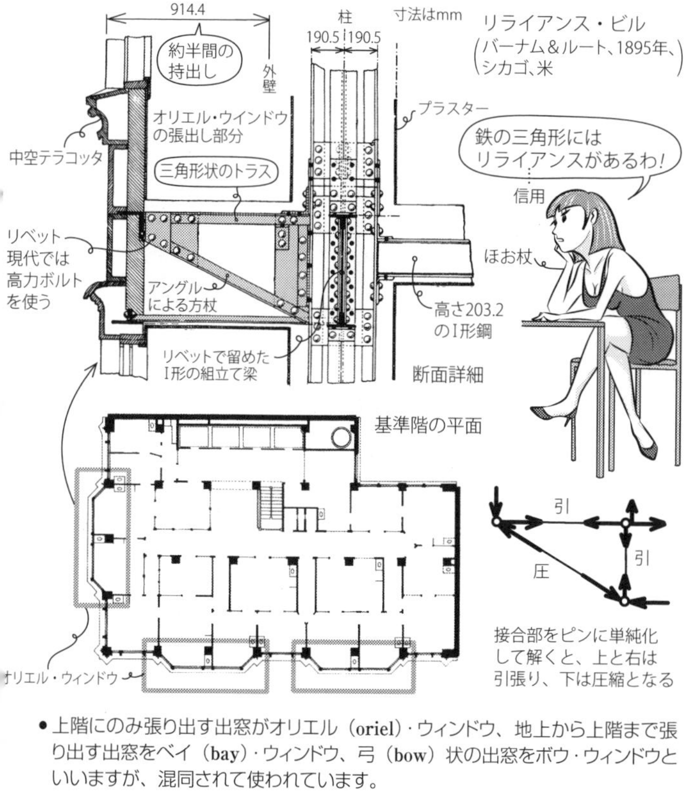

914.4
約半間の持出し
外壁
柱
190.5
190.5
寸法はmm
リライアンス・ビル
（バーナム＆ルート、1895年、シカゴ、米）
プラスター
オリエル・ウインドウの張出し部分
中空テラコッタ
三角形状のトラス
鉄の三角形にはリライアンスがあるわ！
信用
リベット
現代では高力ボルトを使う
ほお杖
アングルによる方杖
高さ203.2のI形鋼
リベットで留めたI形の組立て梁
断面詳細
基準階の平面
引
引
圧
接合部をピンに単純化して解くと、上と右は引張り、下は圧縮となる
オリエル・ウィンドウ

- 上階にのみ張り出す出窓がオリエル（oriel）・ウィンドウ、地上から上階まで張り出す出窓をベイ（bay）・ウィンドウ、弓（bow）状の出窓をボウ・ウィンドウといいますが、混同されて使われています。

参考文献　4-6、4-9／出典　4-6（下図）、4-9（上図）

Q リライアンス・ビル（1895年）とミースv.d.ローエによるガラスの高層ビル計画案（1921年）の類似点と相違点は？

▼

A 類似点はタワー状の形態、ほぼ全面ガラス、波打つ外装表面、水平スラブの積層の表出など。相違点は上中下の3部構成vs.高さ方向に均質な構成、装飾の有vs.無、商業的現実的建物vs.抽象的理想的モデルなど。

ミースの初期の計画案であるガラスの摩天楼とリライアンス・ビルとの比較は興味深いものがあります。両者ともにタワー状の形態、水平面の積層、波打つ壁面という似通った外観をしています。リライアンス・ビルは柱を奥に入れているために、水平スラブ端部、床と天井の線で囲まれたスパンドレルが水平につながって見え、ミースの水平スラブの積層という外観に近づいています。高層タワーでありながら水平線を強調しているわけです。立面では、前者は上中下を意識した3部構成であるのに対し、後者は上下逆にひっくり返しても同じような均質な構成です。商業主義の下で巨大なビルを鉄骨で建て、表面をそれなりに見せようと努力した結果と、前衛による抽象的空間を表現するモデルの違いでもあります。

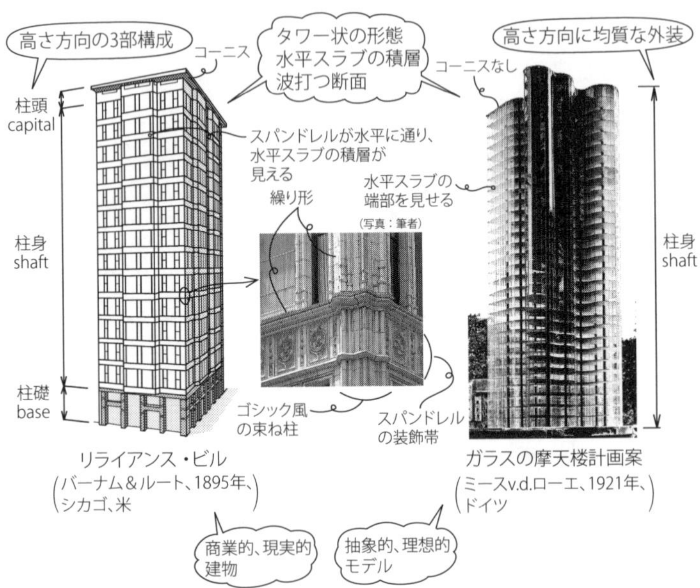
高さ方向の3部構成
コーニス
タワー状の形態
水平スラブの積層
波打つ断面
高さ方向に均質な外装
コーニスなし
柱頭
capital
スパンドレルが水平に通り、
水平スラブの積層が
見える
水平スラブの
端部を見せる
繰り形
（写真：筆者）
柱身
shaft
柱身
shaft
柱礎
base
ゴシック風
の束ね柱
スパンドレル
の装飾帯
リライアンス・ビル
（バーナム&ルート、1895年、シカゴ、米）
ガラスの摩天楼計画案
（ミースv.d.ローエ、1921年、ドイツ）
商業的、現実的
建物
抽象的、理想的
モデル

- 建築史家S.ギーディオンは、ガラスの摩天楼という幻想的な案の出発点は、約30年前のリライアンス・ビルのような作品に求められると述べています（*）。

＊4-2（p.457）／参考文献　4-2、4-6、4-10／出典　4-10（右写真）

R118

モナドノック・ビル

Q バーナム&ルートによるモナドノック・ビルの外観の特徴は？

▼

A 組積造による切り立った崖のような壁面、オリエル・ウィンドウによる波打つ壁面、円弧状のコーニス、裾を広げた基部、全体として細長い版状の彫塑的形態など。

16階建ての高層ビルをレンガの厚い壁でつくり、窓は厚い壁を切り込んだ縦長窓と張り出したオリエル窓としています。頂部には円弧状のコーニスを付け、基部は裾を円弧状に広げ、分厚い壁の奥に店舗があります。組積造は下に行くほど厚い壁とするため、1階の窓は小さく、ラーメン構造のように開放的にはつくれません。しかし断崖絶壁のような、エジプト神殿のパイロンのような壁面は組積造ならではで、柱梁を基としたビルが多いなかで異色の力強いデザインとなっています。

モナドノック・ビル（バーナム&ルート、1891年、シカゴ、米）

オリエル・ウィンドウによる波打つ壁

円弧状のコーニス

ぶ厚いレンガの壁に切り込まれた開口

丸みのあるオリエル・ウィンドウ下部

裾を広げた基部

組積造のぶ厚い壁…下階程厚い

1階店舗の開口は小さい

断崖かパイロンってとこね！

彫塑的な魅力ね

エジプト神殿のパイロン（塔門）

リチャードソン

Q ヘンリー・ホブソン・リチャードソンによるマーシャル・フィールド百貨店の特徴は？

▼

A 荒々しい粗石積みの外壁、重厚なロマネスク風アーチ、上に行くほど数を多くするアーチの規則的配列、ゴツゴツした粗石積みにもかかわらず規律のある直方体などです。

リチャードソンはヨーロッパのロマネスクから影響を受け、ゴツゴツした石を積んだ粗石積みの外壁に大きな力強い半円アーチをあけた作品を、住宅、図書館、教会、駅などでつくります。死後に完成したマーシャル・フィールド百貨店は粗石積みの単純な直方体で、大きなアーチの上にその倍の数の細長いアーチを付け、その上にさらに倍の数の縦長窓を付けてアティック（屋階）風頂部としています。高さ方向は基部、中間部、頂部の3部構成となっています。シカゴ派の巨匠とされる当時30歳のL.H.サリヴァンは、この建物から大きな影響を受けたと述べています（*）。

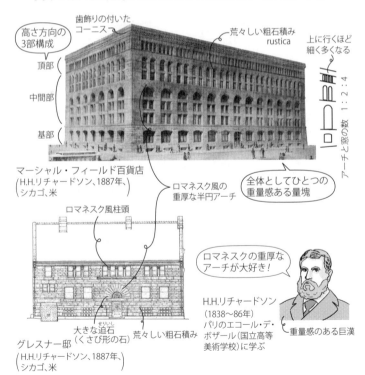

歯飾りの付いた
コーニス
高さ方向の
3部構成
頂部
中間部
基部
荒々しい粗石積み
rustica
上に行くほど
細く多くなる
アーチと窓の数　1：2：4
全体としてひとつの
重量感ある量塊
ロマネスク風の
重厚な半円アーチ

マーシャル・フィールド百貨店
（H.H.リチャードソン、1887年、シカゴ、米）

ロマネスク風柱頭
大きな迫石（せりいし）
（くさび形の石）
荒々しい粗石積み
ロマネスクの重厚な
アーチが大好き！
H.H.リチャードソン
（1838～86年）
パリのエコール・デ・
ボザール（国立高等
美術学校）に学ぶ
重量感のある巨漢

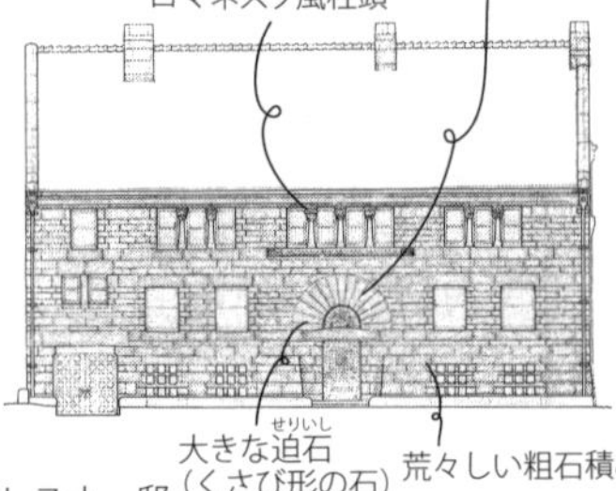

グレスナー邸
（H.H.リチャードソン、1887年、シカゴ、米）

*4-5（p.262）／参考文献　4-5、4-11／出典　4-11

Q L.H.サリヴァンとD.アドラーによるオーディトリアム・ビルでは、H.H.リチャードソンの外装の扱いをどのように変えた？

▼

A アーチの連続によるアーケードをファサードデザインの主軸としているのは同じですが、上階に行くに従い、粗石の大きさを小さく、凹凸を少なくし、さらにその上に平滑な石とするグラデーションをつけています。

劇場、ホテル、オフィスを複合させたS造石張りのオーディトリアム・ビルでは、リチャードソンが建物全体を凹凸の多い粗石でつくったのに対して、下から上へと石の表情にグラデーションをつけています。これはルネサンスのパラッツォにも用例があります。またリチャードソン風の粗石積みアーチを側面につくりながら、正面では平滑な石による2段に凹ませたアーチをつくり、アーチの内側には放射状の窓枠を入れています。劇場の天井は楕円アーチを並べ、ステージ側面の壁には見事な半円アーチの装飾が付けられています。リチャードソン風の半円アーチを用いながら、新しいデザインを試行錯誤している様が見てとれます。サリヴァンは作品ごとに試行錯誤を繰り返しており、毎回、同一作者とは思えないような多くの作風の建物をつくっています。

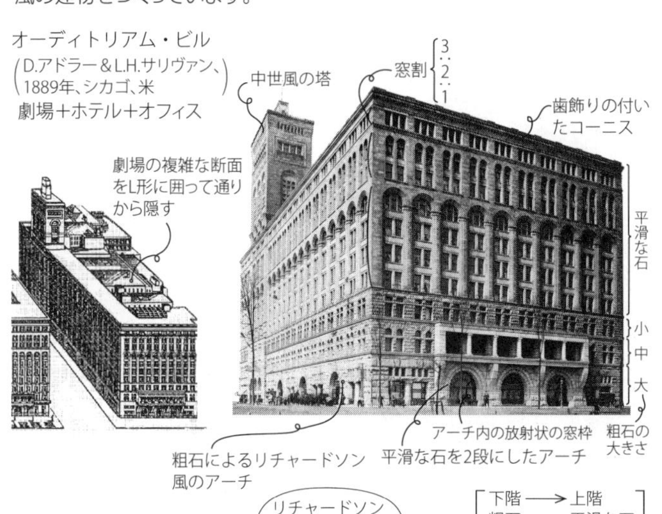
オーディトリアム・ビル
(D.アドラー＆L.H.サリヴァン、1889年、シカゴ、米)
劇場＋ホテル＋オフィス
劇場の複雑な断面をL形に囲って通りから隠す
中世風の塔
窓割 3 2 1
歯飾りの付いたコーニス
平滑な石
小
中
大
粗石の大きさ
アーチ内の放射状の窓枠
平滑な石を2段にしたアーチ
粗石によるリチャードソン風のアーチ

下階	→ 上階
粗石	平滑な石
大きい石	小さい石

リチャードソンのアーチに影響されたよ

L.H.サリヴァン
(1856～1924年)
MIT、エコール・デ・ボザールに学び、F.ファーネス、W.L.B.ジェニーらのもとで働く

参考文献 4-5、4-6／出典 4-5（左図）、4-6（右写真）

R121

サリヴァン　その2

Q D.アドラー＆L.H.サリヴァンによるギャランティー·ビルの外観デザインは？

A 装飾の付いた茶色いテラコッタで覆われた外装で、柱型をマリオンより前面に出して縦線を強調し、頂部には円弧状のコーニスと円形窓を並べ、1階では太い円柱を一部外部に出した独特な外観デザインをしています。

茶色いテラコッタ表面には、左右対称を基本とした直線と円による幾何学模様と植物の葉模様を合成した装飾が施されています。低層部から縦線が伸び上がり、頂部で円弧状コーニスと円形窓の列で終わっています。縦線を構成する柱型は、実際の柱のスパンを2分割したもので、柱の倍の数の縦線です。低層部はショーウィンドウのガラスを上部で内側しにして円柱上部を外に出し、ピロティ風となっています。円柱下部の柱礎も床を持ち上げて外に出し、ショーケースの部分のみ内側としているのも面白いところです。サリヴァンによる建物の独自の価値は、全体構成もさることながら、各部の繊細な装飾にあるように思われます。

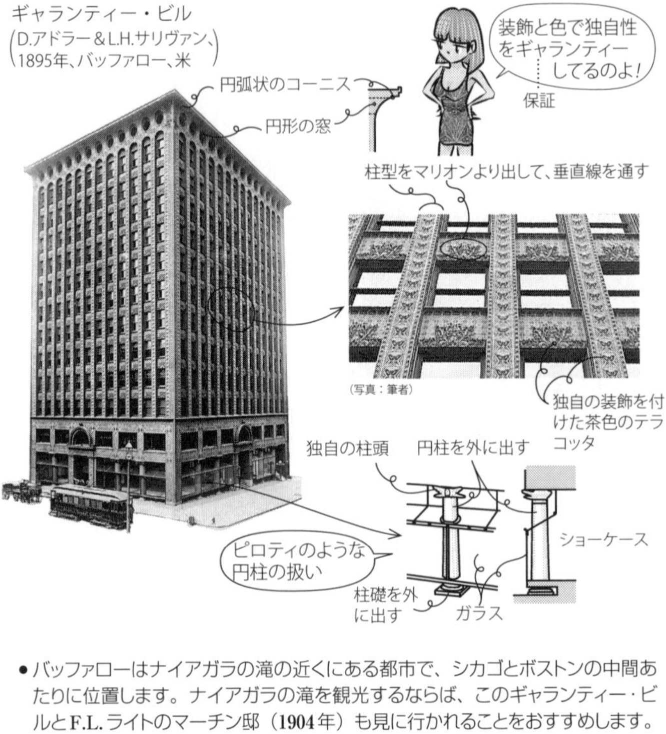

ギャランティー・ビル
(D.アドラー＆L.H.サリヴァン、1895年、バッファロー、米)

円弧状のコーニス
円形の窓
装飾と色で独自性をギャランティーしてるのよ！
保証
柱型をマリオンより出して、垂直線を通す
(写真：筆者)
独自の装飾を付けた茶色のテラコッタ
独自の柱頭
円柱を外に出す
ショーケース
ピロティのような円柱の扱い
柱礎を外に出す
ガラス

- バッファローはナイアガラの滝の近くにある都市で、シカゴとボストンの中間あたりに位置します。ナイアガラの滝を観光するならば、このギャランティー・ビルとF.L.ライトのマーチン邸（1904年）も見に行かれることをおすすめします。

参考文献　4-12／出典　4-12（右写真）

Q L.H. サリヴァンによるカーソン・ピリー・スコット百貨店では、外観デザインはどのように計画された？

▼

A ①柱梁のフレームを外に出し、フレーム間はすべてガラスとした格子状の立面。②窓は中央がはめ殺し、その両側には対称に上げ下げ窓を付けたいわゆるシカゴ窓、③低層部には緻密な装飾を施す。

フレームがそのまま表出した、近代的なグリッド状の立面です。シカゴ派のビルのほとんどはこのパターンですが、フレーム表面の装飾は、ヨーロッパの様式であったりサリヴァンのように独自なものであったりします。柱型を梁型やスパンドレルより前に出して柱型だけを通し、垂直性を強調することもよくやられています。この建物では柱梁を同一面として、均質な格子状の立面としています。そのフレームの内側に、フレーム面よりも奥行をとって大きなシカゴ窓を入れています。コーナーを円筒形にしたのは、施主側からの要求と言われています。円筒部表面には細長い柱状の繰り形が付けられています。濃色の低層部には、鋳鉄やテラコッタによる緻密な装飾が入れられています。

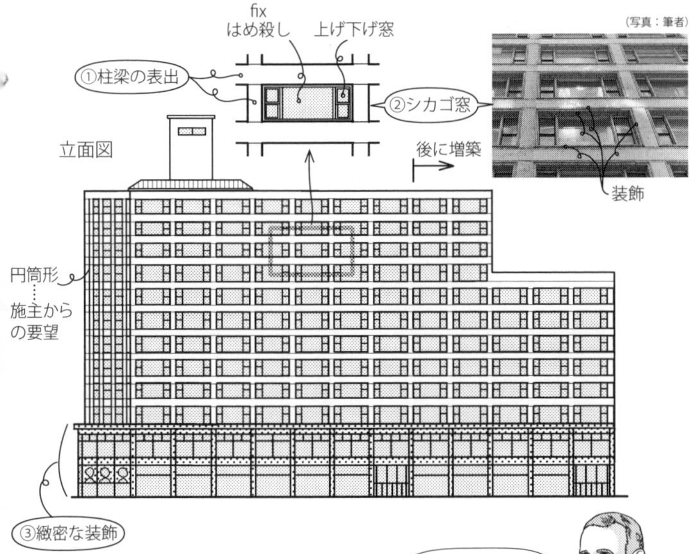

fix
はめ殺し
上げ下げ窓
①柱梁の表出
②シカゴ窓
(写真：筆者)
立面図
後に増築
装飾
円筒形
施主からの要望
③緻密な装飾

カーソン・ピリー・スコット百貨店
(L.H.サリヴァン、1899年、シカゴ、米)

シンプルなフレームでつくってみたんだ

L.H.サリヴァン
(1856～1924年)

参考文献　4-6

Q カーソン・ピリー・スコット百貨店の装飾の特徴は？

▼

A 左右対称の構図で細い曲線を前後に重ねた、緻密で有機的な植物文様の装飾です。

長い自由曲線をもつ有機的な装飾といえば、ヨーロッパで同時代に流行ったアール・ヌーヴォーが思い当たります。**L.H.** サリヴァンの装飾は、左右対称を基本としながら、曲線を前後に何層にも重ね、各部のスケールが小さく緻密な装飾となっています。アール・ヌーヴォーよりも曲線は短く、線の多さ、細密さではアール・ヌーヴォーとは異なる質の装飾であり、もっと高く評価されるべきと筆者は思います。装飾は、型に流した鋳鉄やテラコッタなどでつくられています。下図のカーソン・ピリー・スコット百貨店の円筒部における装飾は、鋳鉄製です。

左右対称、線の多さ、細密さでアール・ヌーヴォーとは異なる！
有機的装飾では私の右に出る者はいない！
L.H.サリヴァン 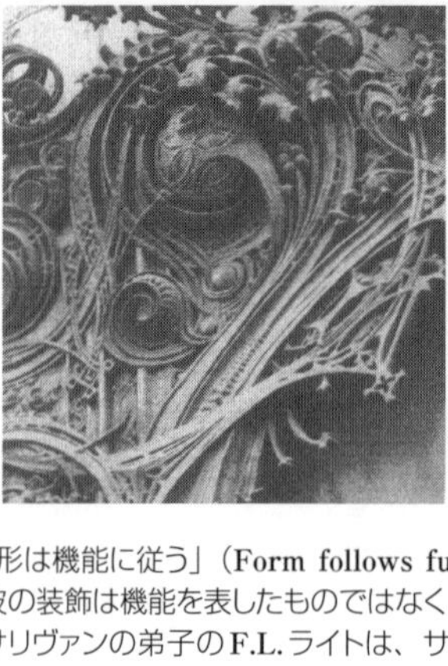 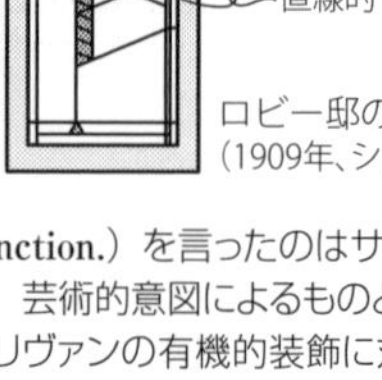
（写真：筆者）
サリヴァン師匠には、有機的装飾ではかなわない
偏心
だから幾何学的な装飾にしたんだよ
直線的
F.L.ライト
ロビー邸の窓
（1909年、シカゴ、米）

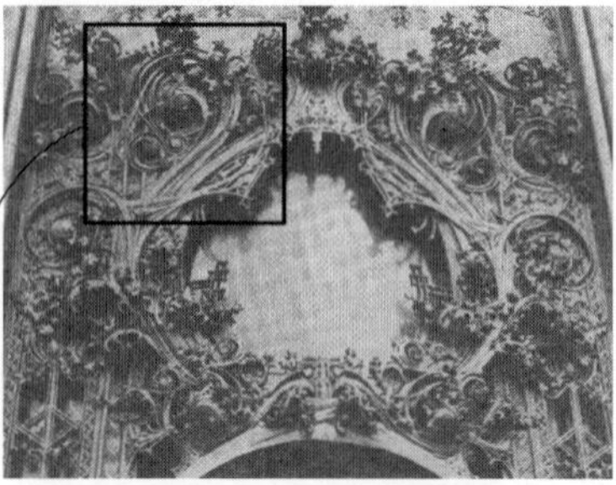

- 「形は機能に従う」（**Form follows function.**）を言ったのはサリヴァンですが、彼の装飾は機能を表したものではなく、芸術的意図によるものと考えられます。
- サリヴァンの弟子の**F.L.** ライトは、サリヴァンの有機的装飾に対抗するように、幾何学的な装飾をつくり出します。有機的装飾ではサリヴァンにかなわないと思っていたようです。

R124

サリヴァン　その5

Q カーソン・ピリー・スコット百貨店では、内部はどのように平面計画されていた？

A 長方形平面の外壁際にエレベーター、階段、トイレなどを分散して置き、その他は均質な空間として店舗に振り分けています。

平面を見ると、均等に置かれた柱で床を支え、壁際にエレベーター、階段、トイレなどを寄せています。垂直動線や設備部分をコンパクトにまとめてコアとしようという発想は、まだありません。鉄骨フレームについては、シカゴの建築家たちはビジネスマンたちと同様に、じゃまになる組積造の太い壁や柱抜きで、大きなヴォリュームを軽快につくる合理的、実利的な道具としてのみとらえていました。彼らは内部空間なるものに思想をもたなかったと思われます。1920年代のヨーロッパにおいては、ル・コルビュジエやミースv.d.ローエらが低層住宅で試行錯誤しながら、フレームにより新たな空間構成をつくり出したのとは対照的です。また平面構成、空間構成を表現の対象としたF.L.ライトは、シカゴの摩天楼を指して「それはもとの地面を何倍にも可能な限り多く売るための機械的なデザインにすぎない」と述べています（*）。

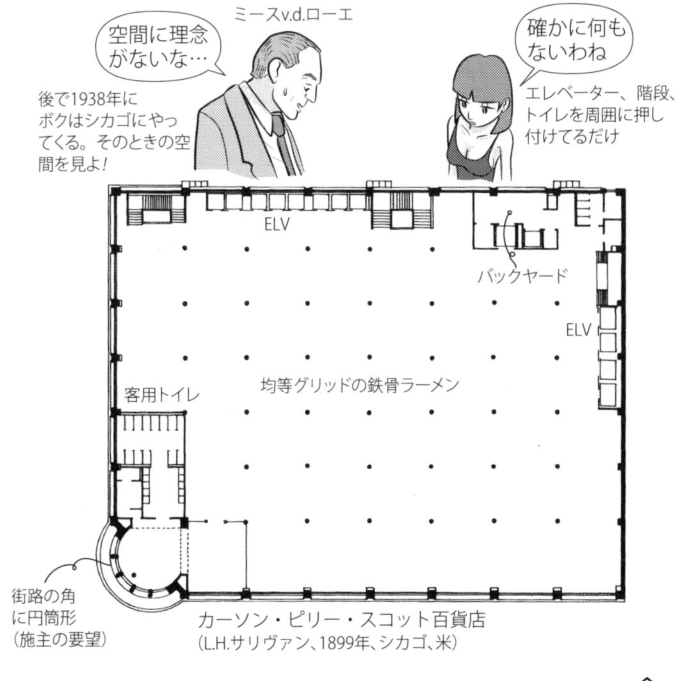

ミースv.d.ローエ
空間に理念がないな…
後で1938年にボクはシカゴにやってくる。そのときの空間を見よ！
確かに何もないわね
エレベーター、階段、トイレを周囲に押し付けてるだけ
ELV
バックヤード
ELV
均等グリッドの鉄骨ラーメン
客用トイレ
街路の角に円筒形（施主の要望）

カーソン・ピリー・スコット百貨店
（L.H.サリヴァン、1899年、シカゴ、米）

*4-5（p.253）／参考文献　4-5、4-6

Q シカゴ派が衰退するきっかけは？

▼

A 古典主義建築が建ち並んだ1893年のシカゴ・コロンビア博覧会です。

J.ルートは、近代的オフィスビルは「大きさとプロポーションによって、近代文明の偉大で、着実に存続する力という観念を伝えるべきである」と述べています（＊1）。装飾様式ではなく、大きさと比例であると。しかしそうも言っていられない社会的状況がシカゴ派に襲いかかります。1893年のシカゴ・コロンビア博覧会において白い古典主義の建物が建ち並び、多くのアメリカ人を夢中にさせ、それとともにシカゴ派は衰退することになります。近代建築史の本では、このコロンビア博はモダンデザインを後退させた悪者扱いされるのが常です。D.バーナムは伝統的、様式的細部を身に着けたデザインに転向し、L.H.サリヴァンは志を曲げずに大きな仕事ができなくなり、晩年はアル中となって弟子のF.L.ライトにお金の無心までしています。

古典主義：ギリシャ、ローマに範を求める様式

シカゴ・コロンビア博覧会（1893年）

ライトはバーナムから、パリのボザールへの留学の資金援助を申し出られますが、サリヴァンから受けた新しい創造への気持ちの方が強いため断ります（＊2）。もしそのときにライトがボザールに行っていたら、近代建築史が大きく変わっていたと思われます。サリヴァンから独立してからの20年ほどで、世界を圧倒するような成果を出すからです。

シカゴ中心部（ループ）から離れて、ライトは郊外で住宅をつくりはじめます。シカゴ派が見向きもしない郊外住宅に専念したおかげで、1893年以降のシカゴ派没落につき合わずにすみました。大陸中部の大平原と北部の森林を後背地にもち、湖に船でつながるシカゴは、アメリカ中西部の産業の中心として急成長していました。そのため中心部のビル群ばかりでなく、周囲には膨大な住宅需要があったわけです。

ライトはシカゴ派の均質フレームによる建物には反感を感じており、平面を重視した空間構成でプレーリー・ハウスをつくり、地を這って十字方向に伸び広がる流動的、遠心的な空間が実現されます。この空間的特性は、1910年以降、ヨーロッパの若手たちに多大な影響を及ぼします。

初期シカゴ派が再び注目を集めるのは、1938年にS.ギーディオンがW.グロピウスに呼ばれてハーバードで講演してそれをもとに『空間　時間　建築』を書いてから、またミースv.d.ローエが1938年にシカゴに来てIITで教鞭をとるようになってからです。様式建築を攻め滅ぼした勝者の近代建築という文脈において、シカゴ派は再評価されました。

＊1　4-13（p.137）、＊2　4-2（p.466）／参考文献　4-2、4-13、4-14

Q 古典主義の摩天楼は、オーダー（古代の円柱とその上下の形式）をどのように扱った？

▼

A オーダーを並べた層を積み重ねるか、上下にオーダーの層を設けて中間部は無装飾とする。

シカゴ・コロンビア博覧会（1893年）で活躍したマッキム、ミード&ホワイト（R258参照）は、古典主義の名手として一気にスターダムに躍り出ます。ペンシルヴァニア駅（1910年）などでは、厳格な古典主義でローマ的な壮大さをも表現されています。低層の古典主義では、ベースメント（基壇、基部）、ピアノ・ノービレ（主階）、アティック（屋階）による3部構成が基本で、通常ピアノ・ノービレにはオーダー（古代の円柱の形式）を付けます。しかし高層ビルだとピアノ・ノービレが縦に引き延ばされるので、オーダーを使うと背が高い分、異様に太い柱となってしまいます。そこで中間部を何段ものオーダーの層とするか、頂部や基部にだけオーダーを付け、中間階はすっきりとした壁面として処理するようになります。上下に装飾、中間部はすっきりという、塔自体が柱の柱頭、柱身、柱礎に対応するような3部構成のデザインです。マッキム、ミード&ホワイトによるニューヨーク市庁舎がそのようなデザインで、中心軸上にテンピエット風の頂部をもつ塔を配しています。

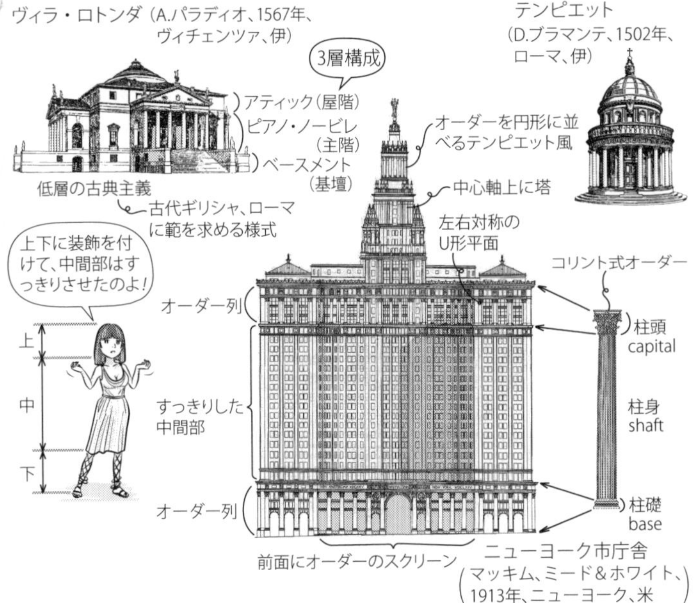
ヴィラ・ロトンダ（A.パラディオ、1567年、ヴィチェンツァ、伊）
3層構成
アティック（屋階）
ピアノ・ノービレ（主階）
ベースメント（基壇）
低層の古典主義
古代ギリシャ、ローマに範を求める様式
テンピエット（D.ブラマンテ、1502年、ローマ、伊）
オーダーを円形に並べるテンピエット風
中心軸上に塔
左右対称のU形平面
上下に装飾を付けて、中間部はすっきりさせたのよ！
上
中
下
オーダー列
すっきりした中間部
オーダー列
コリント式オーダー
柱頭 capital
柱身 shaft
柱礎 base
前面にオーダーのスクリーン
ニューヨーク市庁舎（マッキム、ミード＆ホワイト、1913年、ニューヨーク、米）

参考文献　4-14、4-15／出典　4-14（立面）

Q ゴシックの摩天楼では、縦の線条をどのようにつくった？

▼

A 三角形状の柱型を縦に通すなどして、ゴシック風の線条をつくりました。

高層ビルでは縦の線条が使いやすく、縦の線条ならばゴシックだ！ということで、ゴシック様式も積極的に取り入れられます。元々ゴシック様式には、大聖堂を思い浮かべればわかるように、高さへの希求があり、ゴシックは摩天楼と親和性が高い様式です。マッキム、ミード&ホワイト事務所で働いた後に独立したキャス・ギルバートは、ウールワース・ビル（1913年）をセットバックした尖塔を配したゴシック様式でデザインしました。塔の表面にはゴシックの聖堂のように線条が多く入れられ、頂部には小尖塔（ピナクル）を多く突き出し、約241mのゴシックのタワーとしています。

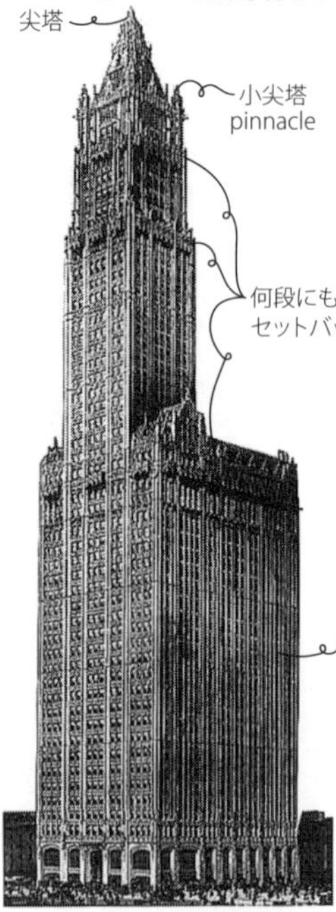

約241m…新都庁舎とほぼ同じ高さ
尖塔
小尖塔
pinnacle
何段にも
セットバック
縦の線条

ウールワース・ビル
（C.ギルバート、1913年、ニューヨーク、米）

縦線の多い
ゴシック
尖塔
小尖塔

英国国会議事堂（C.バリー、A.W.ピュージン、1836〜68年、ロンドン、英）

スパンドレルにゴシック風装飾

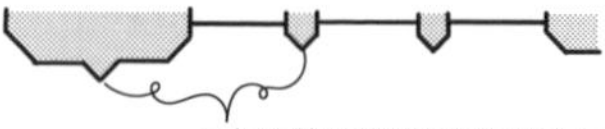

三角形状の柱型を縦に通して、
ゴシック風の線条をつくる

- 1910年代に、ついに200mを超えるビルが出現しました。建物の高層化は経済の上昇とある程度相関しており、シカゴ、ニューヨーク、世界各地へと、経済が勃興したところに摩天楼が出現していきます。

参考文献　4-16／出典　4-16（左図）

Q 高層化による道路の環境悪化に対して、L.H.サリヴァンはどのような提案をした？

▼

A セットバックした段々状の低層部の中央に塔を載せるデザイン。

技術の進歩と床面積への需要から建物は高層化し続けましたが、道路は谷底になって日照、通風が阻害され、私的な利益vs.公共の利益という対立が起こります。サリヴァンは1891年に「高層建築問題」という小論で、前面道路幅の2倍以下に高さを抑えるべきとの提案をしています。そしてオド・フェローズ・テンプル案などで、セットバックした建物の中央に塔を建てるデザインの提案をしています。1910年頃から摩天楼の舞台はシカゴからニューヨークへ移り、法規制もでき、箱形から段状ピラミッド+塔へデザインは変貌していきます。

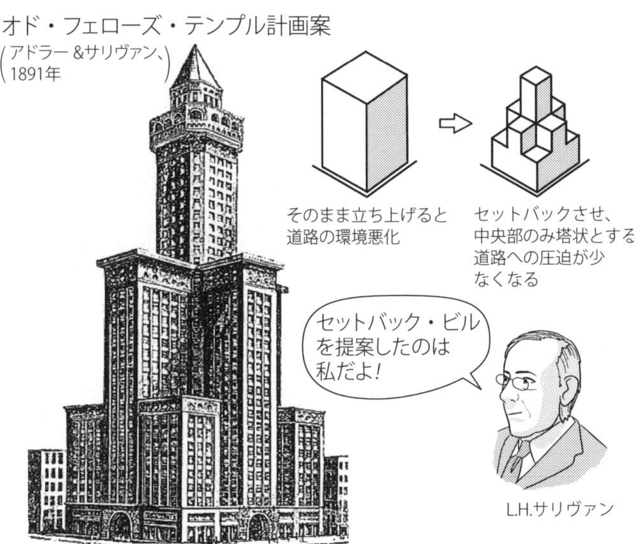
オド・フェローズ・テンプル計画案
（アドラー&サリヴァン、1891年）
そのまま立ち上げると道路の環境悪化
セットバックさせ、中央部のみ塔状とする道路への圧迫が少なくなる
セットバック・ビルを提案したのは私だよ！
L.H.サリヴァン

- 1908年D.N.ボイドによって道路斜線の考え方が提示され、1910年頃の摩天楼ブームに脅威を抱いたニューヨーク市当局が1916年7月にニューヨーク・ゾーニング法を制定。用途地区、高度地区、面積地区の3種の地区を指定し、用途、高さ、面積の制限をするようになります。高度地区における道路斜線は道路幅の1倍、1.25倍、1.5倍、2倍、2.5倍の5種。建築面積の25%以下の中央塔部は、高さ制限が緩和。この法は他の都市でも変形されながら採用されます。これによって摩天楼のデザインが今日見るような段状ピラミッド+塔の形になっていきます。

参考文献　4-17／出典　4-17

Q バートナム・グロブナー・グッドヒューによるネブラスカ州会議事堂の高層棟はどのようなデザイン?

▼

A 中央に縦の線条と窓、両脇を壁のコアとした正方形平面の塔の上に、八角柱と縦長にされたドームを頂くデザイン。

両脇を壁にして中央に縦の線条を多く配するのは、摩天楼ではよく行われるデザインですが、その元祖のひとつがグッドヒューのネブラスカ州会議事堂です。両脇にコアを置いて中央に開口を入れるのはF.L.ライトもオフィスや住宅で用いていますが、古くは伝統的3分割構成です。セットバックした段状の形、縦の線条と両脇のコアは、議事堂よりも後の摩天楼のデザインに大きな影響を及ぼします。1辺437フィート（約133m）の田の字形平面の中央交差部に高さ400フィートの高層棟が置かれています。

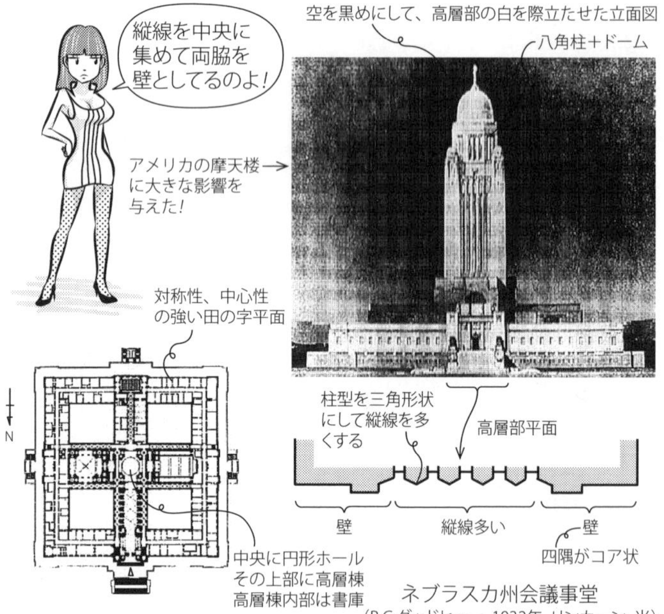

縦線を中央に
集めて両脇を
壁としてるのよ!
アメリカの摩天楼
に大きな影響を
与えた!
空を黒めにして、高層部の白を際立たせた立面図
八角柱＋ドーム
対称性、中心性
の強い田の字平面
N
中央に円形ホール
その上部に高層棟
高層棟内部は書庫
柱型を三角形状
にして縦線を多
くする
高層部平面
壁
縦線多い
壁
四隅がコア状

ネブラスカ州会議事堂
（B.G.グッドヒュー、1932年、リンカーン、米）

- ネブラスカ州会議場は1920年のコンペでグッドヒューが勝利した案ですが、1932年、彼の死後に完成します。

参考文献　4-16／出典　4-16（パース・平面）

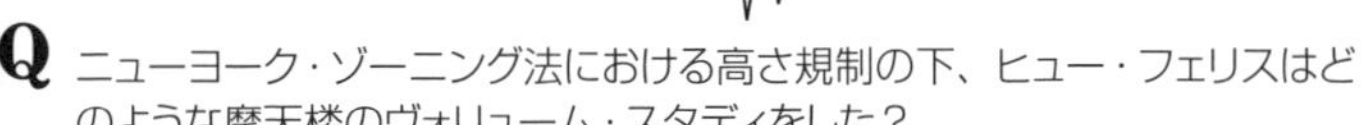

Q ニューヨーク・ゾーニング法における高さ規制の下、ヒュー・フェリスはどのような摩天楼のヴォリューム・スタディをした？

▼

A 道路側から斜めや段々状に立ち上がり、中央では超高層となるようなヴォリューム。

1916年に制定されたニューヨーク・ゾーニング法の下で、どのような高層ビルのデザインが可能かを示すため、フェリスは絵と文章を1922年3月19日のニューヨーク・タイムズに寄稿しました。今まで箱形であったビルは階段ピラミッド状となり、建築家はファサードをデザインする装飾家をやめて、階段状のヴォリュームをつくる彫刻家になる。建物のセットバックに従って視線を上方に導くため、頂部のデザインが重要となる。1942年のニューヨークは、ゾーニング法の効果のため、道路側ヴォリューム上部のライン（コーニス・ライン）がそろうことになる。また段々にセットバックするため、高層アパートではテラスが重要になるなどと述べています。
フェリスの絵を見ると、鋭角の錐状に頂部を尖らせた①、②の造形が特徴的ですが、あまり尖らせると内部空間が入らなくなります。直方体を積み重ねた③④のうち④が最も現実的な案となり、実際、後の摩天楼では④に近い造形が多く見られるようになります。

ニューヨーク・ゾーニング法下における摩天楼のヴォリューム・デザイン（1922年、H.フェリス）

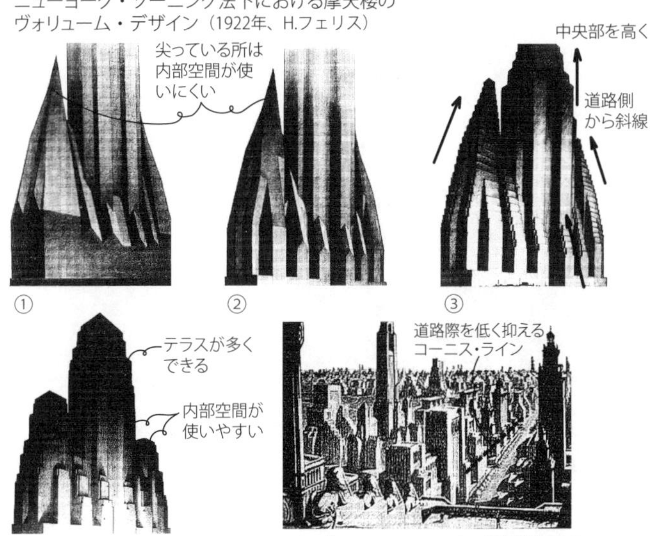
尖っている所は
内部空間が使
いにくい
中央部を高く
道路側
から斜線
①
②
③
テラスが多く
できる
内部空間が
使いやすい
④
道路際を低く抑える
コーニス・ライン
1942年のニューヨークの理想的光景

- フェリスはC.ギルバートの元でウールワース・ビルの仕事をした後、1915年に独立します。

参考文献　4-17／出典　4-17

未来派

Q 未来派のアントニオ·サンテリアによる高層ビル案は、どのようなデザイン？

▼

A セットバック、斜線、頂部の突起、垂直動線のタワーとそれをつなぐブリッジ、トラスのブリッジなどを多用した、塔を集合して組み立てた高さと動きを強調するデザイン。

高さ方向への勢いを強調する縦線、塔、頂部突起物、段状や斜めにセットバックする棟、エレベーターシャフトと思われるタワーとそこから出るブリッジ、多層にわたる動線（**multi-level circulation**）、立体交差、トラスによるブリッジなど、総じて高さと動き、スピードを強調するデザインです。

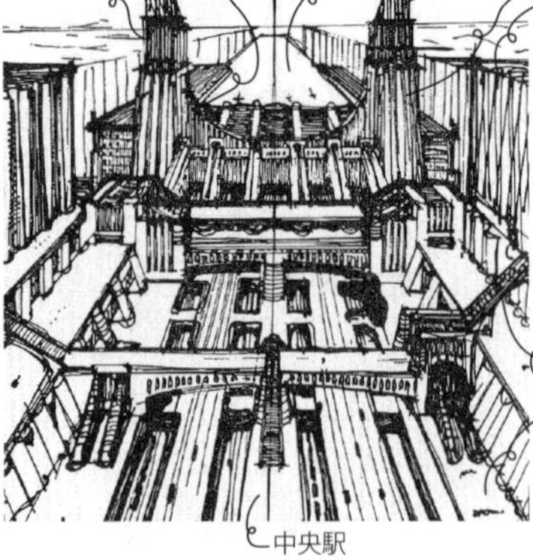

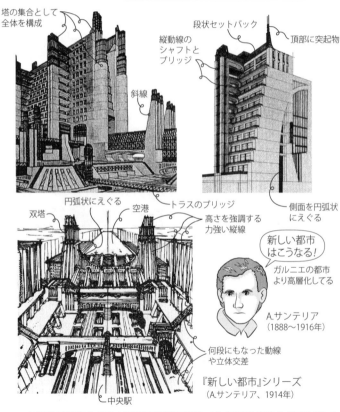

塔の集合として全体を構成
斜線
段状セットバック
頂部に突起物
縦動線のシャフトとブリッジ
トラスのブリッジ
側面を円弧状にえぐる
双塔
円弧状にえぐる
空港
高さを強調する力強い縦線
何段にもなった動線や立体交差
中央駅

新しい都市はこうなる！
ガルニエの都市より高層化してる
A.サンテリア（1888〜1916年）

『新しい都市』シリーズ（A.サンテリア、1914年）

- 未来派は革新をめざすイタリアの芸術家集団。サンテリアはほとんど実作がなく（**1911**年の小さな山荘のみ）**28**歳の若さで戦死しますが、『新しい都市』のスケッチ群は近代の建築家たちに多くの影響を与えました。

参考文献　4-9、4-18／出典　4-18

Q ロシア構成主義の高層ビルはどのようなデザイン?

A フレームで囲った直方体上部に大きく張り出した直方体を載せる形や、直方体や水平スラブ、トラス、大きな文字をデザインしたロゴなどを複合した形など、非対称でダイナミックな形態構成、形態コラージュに特徴があります。

E.リシツキーによる高層建築案は、フレームに囲まれた細長い直方体の上部に、極端にキャンティレバーさせた横長の直方体を載せたデザインです。ヤコブ・チェルニコフによる「建築的ファンタジー」では、グリッドをまとったさまざまな直方体、トラスのブリッジ、大きなロゴなどを非対称に組み合わせた形態です。線の多い形をダイナミックに複合、コラージュさせたデザインが、ロシア構成主義の特徴です。

高層建築案
(E.リシツキー、1924年)
極端な
キャンティレバー
水平連続窓
フレーム
未来派よりロシア
構成主義の方が
激しいな…
グリッドをまとう
直方体の複合
トラスのブリッジ
ポール
ロゴを張り出す
多くのブリッジ
直方体の複合

建築的ファンタジー
(Y.G.チェルニコフ、1923年)

大都会の観覧工場
(Y.G.チェルニコフ、1930年)

- ロシア構成主義の前衛たちは、未来派のA.サンテリア以上に非現実的な激しいデザインに挑戦しており、元祖ペイパー・アーキテクトとも呼べそうです。ひたすら建築の絵を描いた人として、G.B.ピラネージやT.ガルニエが思い浮かびますが、前者は幻想的な古代ローマ遺跡、後者は実現可能な箱形のRC建築を描いており、ロシア構成主義の実験的な建築とは趣が異なります。

参考文献 4-19、4-20/出典 4-20

ミースによる計画案

Q 1910年代、20年代のミースv.d.ローエによるオフィスビル計画案は、どのようなデザイン的な特徴をもつ？

▼

A 表皮をカーテンウォールのガラスにしていること、スラブの積層を表出させていること、周囲を圧倒する高さをもつことなど。

3つのオフィスビル案は、ガラス面を波打たせたり鋭角に尖らせた2つのガラスのタワーと、横長窓を付けたRCの直方体のオフィスです。そのオフィスビル案に共通するのは、重さを支えないカーテンウォールの表皮、水平スラブの積層、古い街並みに不似合いな高さです。建物を覆う表皮は、石やテラコッタなどの壁面に比べて存在感、重量感がなく、また上下を逆にしても成り立つような抽象性を有しています。

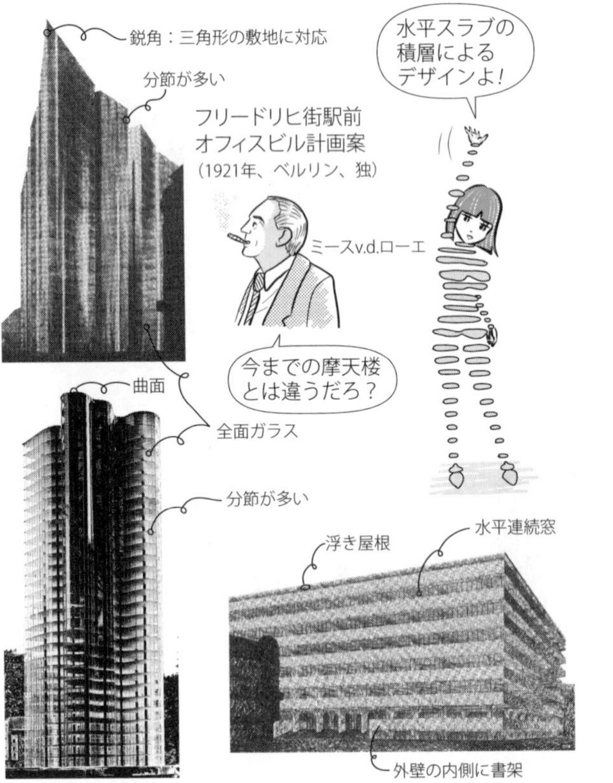

鋭角：三角形の敷地に対応

分節が多い

フリードリヒ街駅前
オフィスビル計画案
（1921年、ベルリン、独）

水平スラブの
積層による
デザインよ！

ミースv.d.ローエ

今までの摩天楼
とは違うだろ？

曲面

全面ガラス

分節が多い

浮き屋根

水平連続窓

外壁の内側に書架

ガラスの摩天楼計画案
（1921年）

コンクリートのオフィスビル計画案
（1922年）

参考文献　4-10／出典　4-10

Q シカゴ・トリビューン本社ビル設計競技において、エリエル・サーリネン案はどのようなデザイン？

▼

A 直方体をセットバックさせてピラミッド状に積み、表面には柱型による線条と縦長窓を配し、各直方体上部には小尖塔を付けたデザイン。

1922年に行われたシカゴ・トリビューン本社ビル国際設計競技では、263点の応募案があり、アメリカからは古典主義やゴシックなどの伝統的色彩の強いデザイン、ヨーロッパからは抽象的なモダンデザインが多く寄せられました。2等のサーリネン案は、ゴシック風の線条による縦線と小尖塔の突起をもち、小さなセットバックを繰り返しながらピラミッド状に直方体を積み上げています。各長方形立面は3分割され、中央は柱型による縦線、両脇は壁を主体としています。H.フェリスが予言したセットバックによる彫刻的な摩天楼となっており、L.H.サリヴァンも「デザインの高度な技を示している」（＊）と高く評価しました。

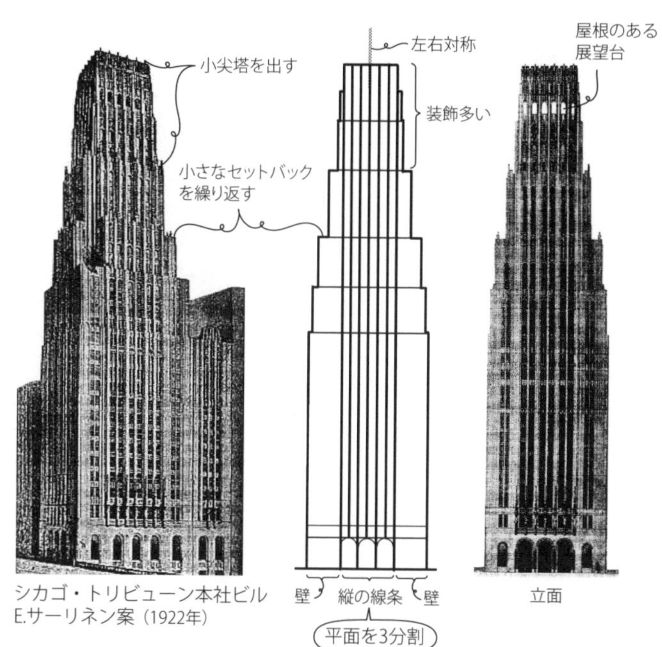
小尖塔を出す
小さなセットバック
を繰り返す
左右対称
装飾多い
壁
縦の線条
壁
平面を3分割
屋根のある
展望台

シカゴ・トリビューン本社ビル
E.サーリネン案（1922年）

立面

- サーリネンはヘルシンキ駅（1919年）において、フィンランドの文化的ルーツを表現するロマン主義の建築家として有名となり、コンペの翌年1923年にはアメリカに移住します。

＊4-17（p.87）／参考文献 4-17、4-20／出典 4-21

R135

シカゴ・トリビューン本社ビル　その2

Q シカゴ・トリビューン本社ビルのハウエルズ&フッドによる当選案は、どのようなデザイン？

▼

A 八角形平面の塔の表面に縦の線条を付け、頂部には柱型を延長した巨大なバットレスを突き出し、その内側の小さい八角形の塔と一体化させたゴシック風のデザイン。

高層ビルにはゴシックのような縦の線条が入れられるのが常ですが、この案ではさらに大胆なバットレスが頂部に付けられています。建物を階段状に積んだだけでは上下の一体感が出にくいですが、ここでは8本の柱型を上に突き出してゴシック風のバットレスとすることで、上下一体の造形とすることに成功しています。

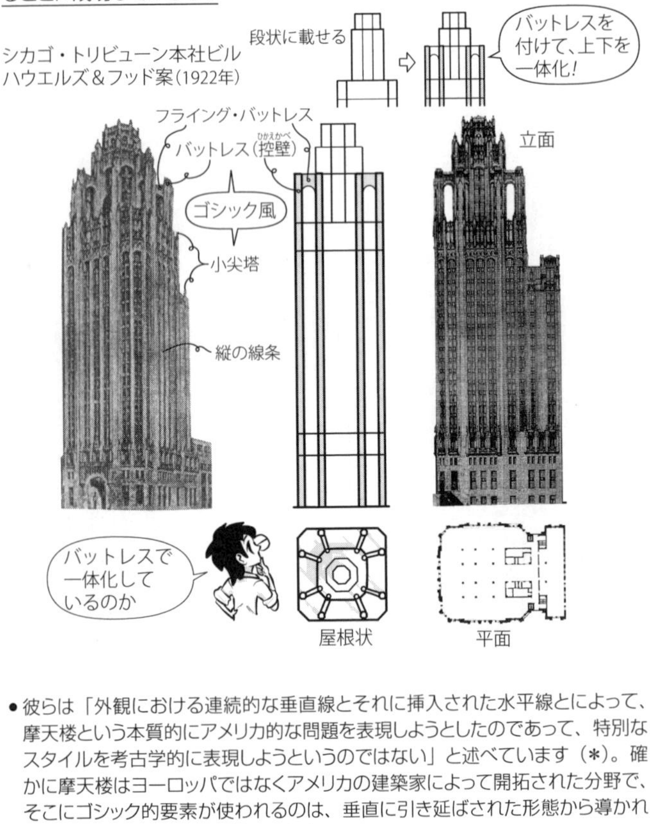

シカゴ・トリビューン本社ビル
ハウエルズ＆フッド案（1922年）

段状に載せる
バットレスを付けて、上下を一体化！
フライング・バットレス
バットレス（控壁）
ゴシック風
小尖塔
縦の線条
立面
バットレスで一体化しているのか
屋根状
平面

- 彼らは「外観における連続的な垂直線とそれに挿入された水平線とによって、摩天楼という本質的にアメリカ的な問題を表現しようとしたのであって、特別なスタイルを考古学的に表現しようというのではない」と述べています（*）。確かに摩天楼はヨーロッパではなくアメリカの建築家によって開拓された分野で、そこにゴシック的要素が使われるのは、垂直に引き延ばされた形態から導かれた自然な成り行きだったと思われます。

＊4-17（p.91）／参考文献　4-17、4-21／出典　4-21（左図、右図）

Q シカゴ・トリビューン本社ビルのW.グロピウス案はどのようなデザイン?

▼

A 柱梁フレームを出した直方体を非対称に組み合わせ、一部バルコニーを持ち出した、水平性の強いデザインです。

シカゴ・トリビューン本社ビルのコンペは1922年。グロピウスによるバウハウス創設（1919年）から3年後、モダンデザインが勢いをもちはじめる時期です。L.H.サリヴァンのカーソン・ピリー・スコット百貨店（1899年）のような、柱梁フレームの中に3分割されたシカゴ窓が入れられた直方体を、非対称に組み合わせています。ところどころで持ち出されたバルコニーが水平性を強調し、1階には一部ピロティが設けられています。セットバックした左右対称のヴォリュームに縦の線条を付けた案が多いなかで、グロピウス案による非対称で水平性の強いデザインは異色でした。

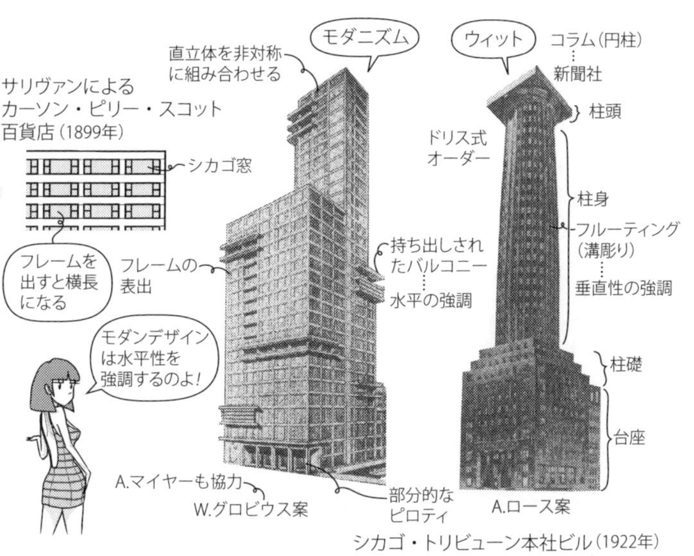
モダニズム
直立体を非対称に組み合わせる
サリヴァンによるカーソン・ピリー・スコット百貨店（1899年）
シカゴ窓
フレームを出すと横長になる
フレームの表出
持ち出しされたバルコニー
水平の強調
モダンデザインは水平性を強調するのよ！
A.マイヤーも協力
W.グロピウス案
部分的なピロティ
ウィット
コラム（円柱）
新聞社
柱頭
ドリス式オーダー
柱身
フルーティング（溝彫り）
垂直性の強調
柱礎
台座
A.ロース案

シカゴ・トリビューン本社ビル（1922年）

- A.ロースのコンペ案は、台座の上に建つ巨大なドリス式オーダーです。古典主義を採用したというよりも、新聞社のビルであることから、新聞のコラム（column）とオーダーのコラムを引っ掛けたウィットによるもので、その点ではポスト・モダニズムに属するようなデザインです。
- コンペの審査員は伝統派が多くてヨーロッパ勢は評価されず、このコンペは近代建築史上では悪者扱いされています。しかし、今見るとグロピウス案は、ファグス靴工場（1911〜14年）やバウハウス校舎（1926年）のような革新性には至っていないデザインに思われます。

参考文献 4-21／出典 4-21

★ R137　ニュー・ヨーク・アール・デコ

Q 1920年代後半から30年代のニューヨークにおける高層ビルが、アール・デコの摩天楼と呼ばれるわけは？

▼

A 1925年のパリ装飾芸術万国博覧会に影響されたアール・デコ調の装飾を各部にもつためです。

ニューヨーク・テレフォン・ビル（1926年）は、平行四辺形の敷地に合わせた平面形の低層部を段状にセットバックさせ、中央に高層タワーを立ち上げ、頂部はピアを突出させた凹凸で終わらせています。アール・デコ調の動植物の幾何学化した装飾が基部、スパンドレル、頂部などに付けられています。ゴシックのタワーが柱型の凹凸で細い縦線をつくったのに対して、フラットなピア（窓間の壁）を上下に通して太い縦線をつくっています。

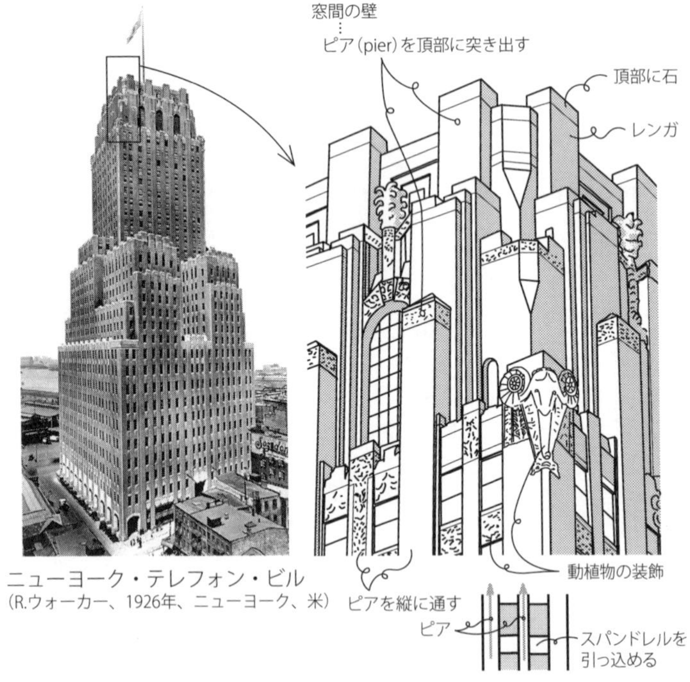

窓間の壁
ピア（pier）を頂部に突き出す
頂部に石
レンガ
動植物の装飾
ピアを縦に通す
ピア
スパンドレルを
引っ込める

ニューヨーク・テレフォン・ビル
（R.ウォーカー、1926年、ニューヨーク、米）

- アール・デコ（装飾芸術が直訳）とは1925年のパリ装飾美術万国博覧会の略称からつけられた、1910年代半ばから30年代に流行した装飾。アール・ヌーヴォーの長い自由曲線とは対照的な短い直線や円弧による幾何学模様と、アルミやステンレスなどの光沢のある金属を多く用いた、ジグザグ、ギザギザ、キラキラしたイメージの、彫りの浅い（ロウ・レリーフ）装飾のことです。

参考文献　4-17、4-22／出典　4-17（写真）

R138

クライスラー・ビル

Q クライスラー・ビルはどのようなデザイン?

A 低層部をセットバックさせ中央に塔を配し、塔の部分では壁面がセットバックなく垂直に立ち上がり、頂部には段状にされた円弧と三角形を組み合わせた金属製の尖塔を冠するデザイン。

ニューヨークの摩天楼の中でクライスラー・ビルを際立たせるのは、やはり頂部のステンレスによる尖塔です。円弧を積み上げた上に三角形の窓が放射状に配置され、夜になるとその三角形が光る仕組みです。セットバック部には、ステンレスの鷹や、羽のはえたラジエーターキャップが対角方向に張り出しています。壁面では色違いの石や金属板を張り替えて、水平、垂直のさまざまなパターンをつくっていて、総じて楽しく華やかな印象をもつ摩天楼に仕上がっています。

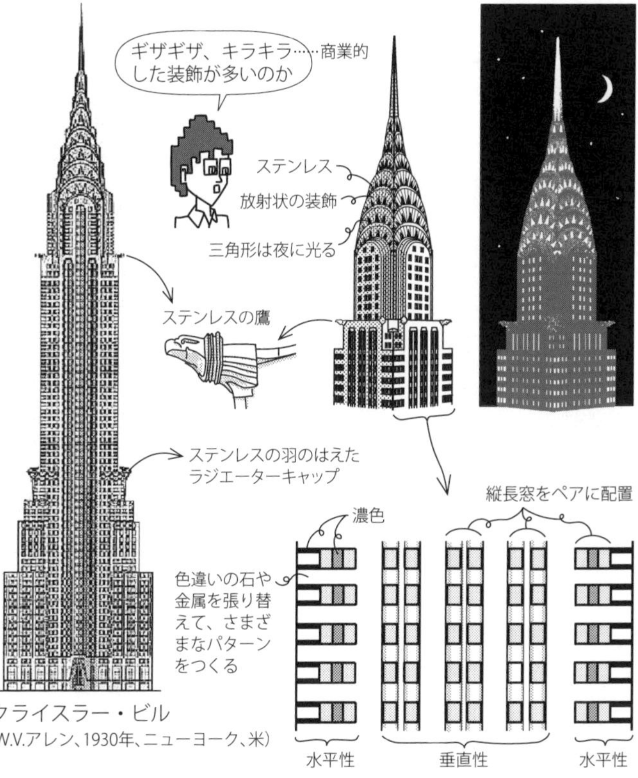

ギザギザ、キラキラ……商業的した装飾が多いのか

ステンレス
放射状の装飾
三角形は夜に光る
ステンレスの鷹
ステンレスの羽のはえたラジエーターキャップ
縦長窓をペアに配置
濃色
色違いの石や金属を張り替えて、さまざまなパターンをつくる
水平性
垂直性
水平性

クライスラー・ビル
(W.V.アレン、1930年、ニューヨーク、米)

参考文献　4-17、4-22／出典　4-17（左立面）

Q エンパイア・ステート・ビルにおけるコアと外壁の距離は、下層階と上層階で違う？

▼

A ほぼ同じ距離です。

外壁から廊下まで28フィート（約8.5m）以内で、可能な限り多くの床を確保するという方針で、設計が進められました。エレベーターは上階に行くほど少なく、中央のコアは小さくなり、それに伴って全体の輪郭も小さくなって、コアも外周壁もピラミッド状になります。下層階は道路の斜線制限でセットバックさせ、敷地面積の4分の1以下に規制されたタワー部はH形平面のシンメトリー形をとり、頂部は階段状にしてマストを載せています。タワー部中央の壁は、セットバックは1段だけで垂直に切り立たせ、垂直性を強調しています。

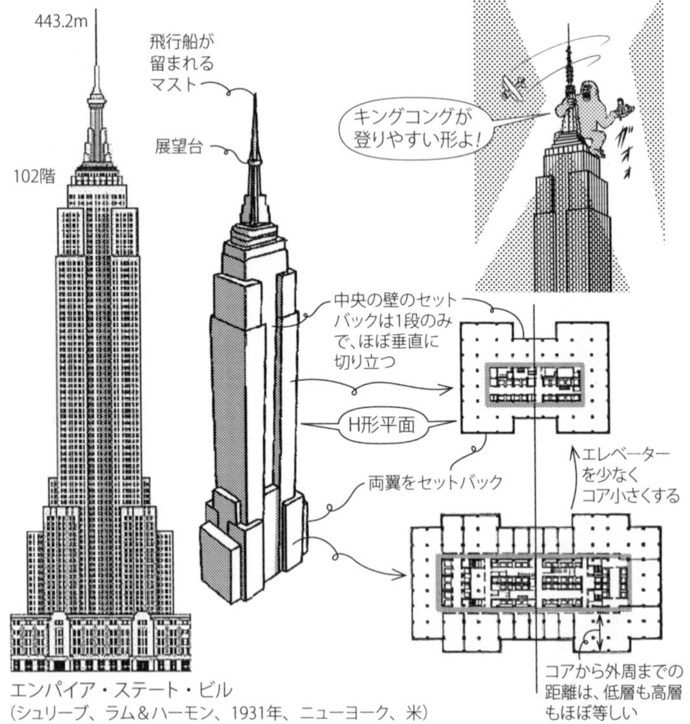
443.2m
102階
飛行船が
留まれる
マスト
展望台
キングコングが
登りやすい形よ！
ガオォ
中央の壁のセット
バックは1段のみ
で、ほぼ垂直に
切り立つ
H形平面
両翼をセットバック
エレベーター
を少なく
コア小さくする
コアから外周までの
距離は、低層も高層
もほぼ等しい

エンパイア・ステート・ビル
（シュリーブ、ラム＆ハーモン、1931年、ニューヨーク、米）

- ニューヨーク・アール・デコの建築家たちは、パリのボザール流の教育をアメリカの大学で受けているため、左右対称で両翼を張り出したH形平面を好む傾向にあります。

参考文献　4-17、4-22／出典　4-17（平・立面）

R140 ロックフェラー・センター

Q ロックフェラー・センターの中心的建物RCAビル（現コムキャスト・ビルディング）におけるセットバック形は？

▼

A 東西方向に長く南北方向に短い板状のタワーで、正面を東側に取り、東から西にセットバックさせ、左右両脇の薄い板状の部分も中央部からずらしてセットバックさせ、東側広場から見ると切り立った岩山のようなデザインとなっています。

エレベーターは上階に行くほど少なくなるので、エレベーターコアは東から西にセットバックさせて小さくし、それに合わせて外壁も東から西にセットバックさせています。それだけでは単純な階段となってしまうので、側面の壁を薄い板状にして本体のセットバックから後ろと下に少しずれた位置でセットバックさせ、彫刻的な効果を出しています。敷地が大きいため道路斜線の影響を受けず、セットバックはエレベーターと造形上の理由によるものです。ピア（窓間の壁）は石灰石、窓下のスパンドレルは波形のアルミ板として素材と色を変え、ピアを縦に通して垂直性の強い立面としています。各セットバック頂部のパラペットにはアルミ板による植物の装飾、入口上には彫りの浅い装飾（ロウ・レリーフ）が付けられています。

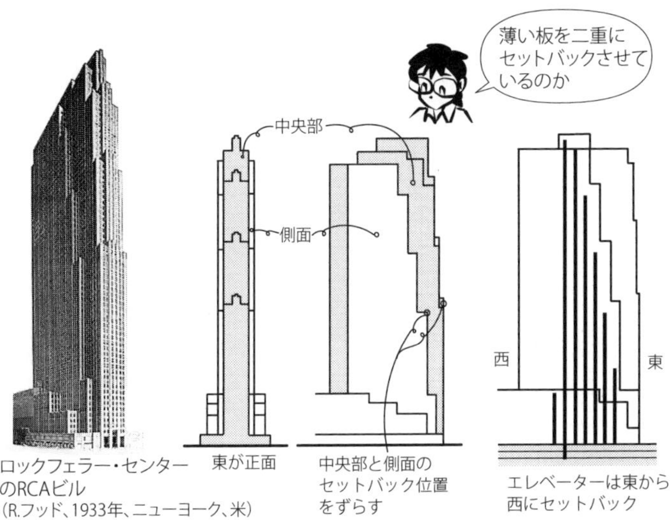
薄い板を二重に
セットバックさせて
いるのか
中央部
側面
西
東

ロックフェラー・センターのRCAビル
（R.フッド、1933年、ニューヨーク、米）

東が正面

中央部と側面のセットバック位置をずらす

エレベーターは東から西にセットバック

- ロックフェラー・センターは広場を囲ったオペラ・ハウス、ホテル、商業施設などの計画から始まり、設計が2転3転した後に現在のオフィスビル街となりました。エンパイア・ステート・ビル建設中の1929年に世界大恐慌が起こり、RCAビルが1933年に竣工する頃にはアール・デコの高層ビルブームが一段落します。次に来るのがミースらによる鉄とガラスの摩天楼です。

参考文献　4-17、4-22／出典　4-17（写真）

ミース　その1

Q ミースv.d.ローエが初めて実際に建てた高層ビルの構造は？

A RC造です。

ミースはヨーロッパ時代に中層、高層のオフィスビル案をいくつか出していますが、実現されていません。アメリカに1938年に移住後、1940年代、ミースはIITの校舎群に取り組みます。1949年に初めての高層ビルであるプロモントリイ・アパートメントを、ミースにしては珍しくRCで設計されました。鉄骨も検討しましたが、戦後すぐの鋼材不足から構造をRCとし、IITで多く使った淡い黄褐色のレンガを充填材として使っています。構造的に柱は上に行くほど細くできますが、その柱のセットバックを外に表しています。現在のRCでは汚れがたまるので柱のセットバックは内側に入れて外側を垂直に立ち上げるのが普通ですが、ここでは柱のセットバックを外側に出して、ゴシックのバットレスのような表情をつくっています。柱を梁やレンガの腰壁よりも前に出して垂直に通し、柱の垂直線と梁、横長窓の水平線による格子状の立面としています。

プロモントリイ・アパートメント
（ミースv.d.ローエ、1949年、シカゴ、米）

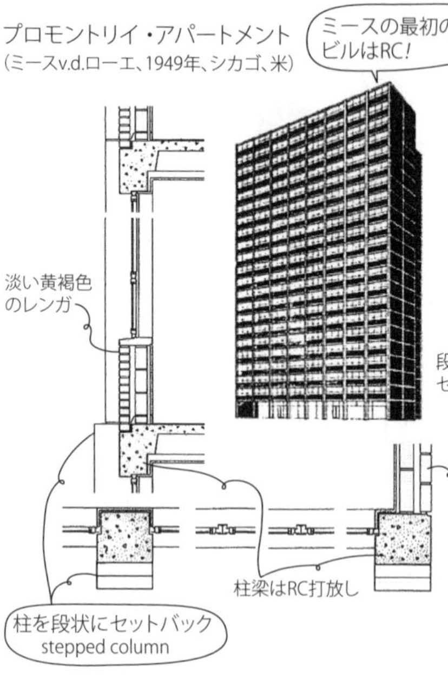

ミースの最初の高層ビルはRC!

側面は柱梁の格子の内側にレンガ

アルミサッシ

淡い黄褐色のレンガ

段状にセットバック

柱梁はRC打放し

窓下の腰壁はレンガ

側面はレンガ

柱梁はRC打放し

柱を段状にセットバック
stepped column

足場を組まずにレンガを積む

- RC、レンガ、アルミサッシと安価な材料を使ってコストを1平方フィート当たり8.55ドル（坪当たり約11万円）に抑えたうえに、レンタブル比（貸付面積／延べ面積）を88.6%にした経済的な高層アパートとなりました。

参考文献　4-10、4-23、4-24／出典　4-10（図・写真）

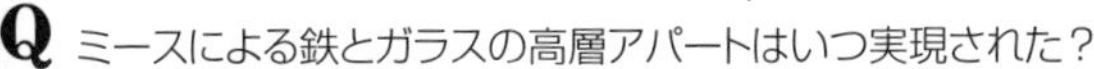

Q ミースによる鉄とガラスの高層アパートはいつ実現された?

▼

A 1951年のレイクショア・ドライブ・アパートメントで実現されました。

1933年にバウハウスを閉鎖したミースは、1937年に招かれてアメリカを旅行し、1938年にアメリカに移住、アーマー工科大学(後のイリノイ工科大学、IIT)で教鞭を取るようになり、IIT校舎の計画も始めます。1951年にファンズワース邸を建てて、ガラスの箱で水平スラブのみで規定される「水平スラブの空間」に到達します。どんな機能にも対応できる「ユニバーサル・スペース(普遍的空間)」です。レイクショア・ドライブ・アパートメントでも同様な構成を試み、20世紀半ばの1951年についに鉄とガラスの摩天楼を実現します。クリスタル・パレスからちょうど100年後の成果です。表面には黒く塗装されたH形鋼の方立(マリオン)を並べて、垂直性の強い立面としています。それまでの高層ビルでは柱型やピア(窓間の壁)で垂直性を出しましたが、ミースはそれに代えてH形鋼をもってきたわけです。構造の鉄骨は耐火被覆しなければならないため、柱のところでは方立と同じH形鋼を外側に付けた装飾的扱いとしています。

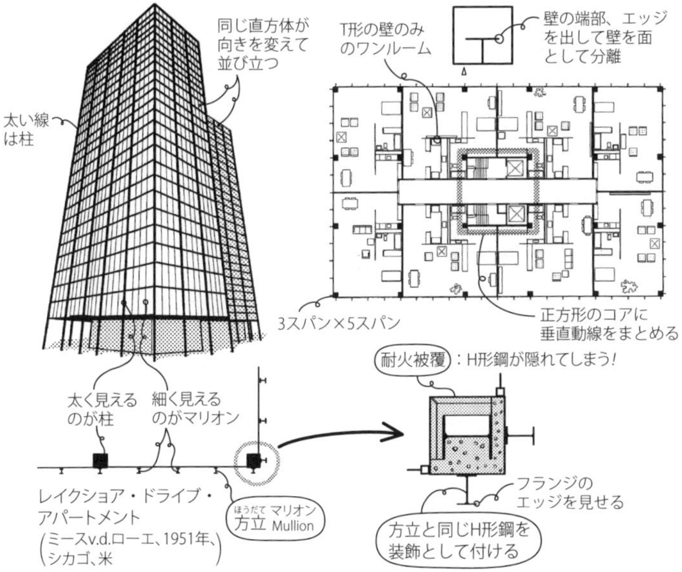

同じ直方体が向きを変えて並び立つ

太い線は柱

T形の壁のみのワンルーム

壁の端部、エッジを出して壁を面として分離

3スパン×5スパン

正方形のコアに垂直動線をまとめる

耐火被覆:H形鋼が隠れてしまう!

太く見えるのが柱

細く見えるのがマリオン

レイクショア・ドライブ・アパートメント(ミースv.d.ローエ、1951年、シカゴ、米)

方立(ほうだて) マリオン Mullion

フランジのエッジを見せる

方立と同じH形鋼を装飾として付ける

- 平面は1スパンを約6.4mとした3スパン×5スパンの長方形ですが、3:5は黄金比に近いもので、建築では平面、立面などによく使われています。各住戸ではT形に壁を置き、その他はワンルームとした30年代のコートハウス案のような平面としています(ベッドルームをもつタイプもあり)。

Q ミースv.d.ローエによる鉄とガラスの高層オフィスビルは、いつ実現された？

▼

A 1958年のシーグラム・ビルは、鉄とガラスによる高層オフィスビルのひとつの到達点となります。

タワーの平面はレイクショア・ドライブ・アパートメントと同様に、1スパン約8.5mで3スパン×5スパンの黄金比に近い長方形で、背後に1スパン×3スパンの長方形が付加されています。エンパイア・ステート・ビルのH形平面と比べると、形の単純化、抽象化が顕著なのがわかります。輪郭を複雑にして陰影や奥行を与えるのではなく、平板なガラスの直方体としています。頂部の設備機器を入れている窓のない階は一般階の約4層分の高さとし（ストリートビューなどで上から見ると設備機器が見えます）、1階は2層分の高さのピロティとしています。前面に広場を配して道路からの斜線を避け（この後にゾーニング法は廃止されて容積率制限へ移行）、基壇から垂直に高層棟を立ち上げています。ニューヨークの摩天楼はウェディングケーキと揶揄された段状の形から、ここにきて垂直に切り立つガラスのモノリス（1枚岩）となりました。

シーグラム・ビル（ミースv.d.ローエ＆P.ジョンソン、1958年、ニューヨーク、米）

窓のない設備階を設けて、小さなペントハウスはつくらない
基壇から立ち上がるガラスのモノリス
低層部はタワーの背後に設置
基壇
水盤
3スパン×5スパンの長方形
3：5は黄金比に近い

参考文献　4-10、4-24、4-25／出典　4-10（平面）

Q レイクショア・ドライブ・アパートメントとシーグラム・ビルにおける外皮と柱位置の違いは？

A レイクショア・ドライブ・アパートメントでは柱表面が外皮に出ているのに対し、シーグラム・ビルでは柱を少し内側に下げて、表層をより均質にしています。

レイクショア・ドライブ・アパートメントでは柱表面がガラス面に出ており、ほかの方立（マリオン）に用いているH形鋼を柱表面に張ることで、立面全体の連続性をなんとか保っています。柱表面のH形鋼は窓を支えているわけではないので、完全な装飾となっています。一方シーグラム・ビルでは柱が少しガラス面よりも内側に下げられているため、柱の前にもH形のブロンズ製方立を付けることができ、同じ材の方立の連続による均質な立面が実現されています。また方立の両脇にT形の部材を付けてサッシを支えているため、サッシの周囲に溝ができ、サッシが方立やスパンドレルから浮いて見えます。ガラス（ブロンズガラス）を押さえるサッシを周囲から溝を取って離すのは、バルセロナ・パヴィリオンやファンズワース邸から引き継がれたディテールです。シーグラム・ビルはブロンズ、大理石などの値の張る材料が大量に使われ、当時最も高価な摩天楼となりました。

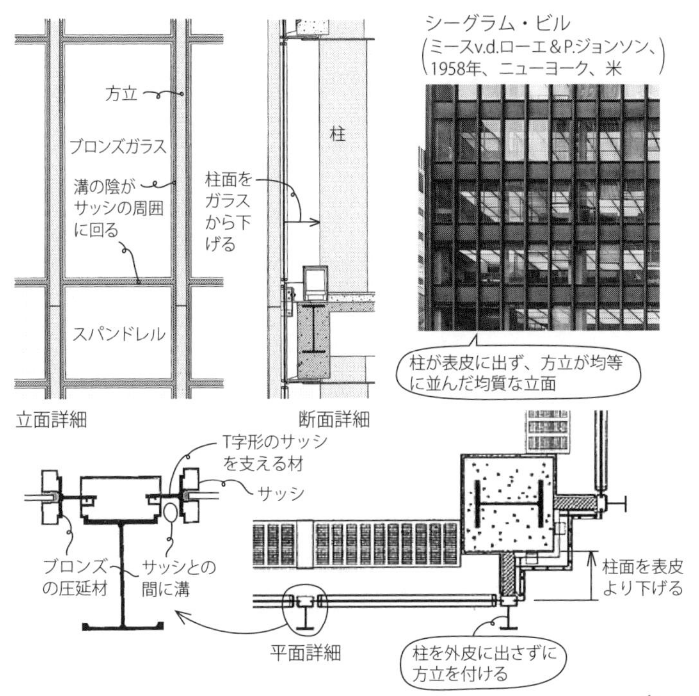
方立
ブロンズガラス
溝の陰が
サッシの周囲
に回る
スパンドレル
立面詳細
柱
柱面を
ガラス
から下
げる
断面詳細
シーグラム・ビル
（ミースv.d.ローエ＆P.ジョンソン、
1958年、ニューヨーク、米）
柱が表皮に出ず、方立が均等
に並んだ均質な立面
T字形のサッシ
を支える材
サッシ
ブロンズ
の圧延材
サッシとの
間に溝
平面詳細
柱面を表皮
より下げる
柱を外皮に出さずに
方立を付ける

参考文献　4-10、4-24／出典　4-10（図・写真）

Q SOMによるレヴァー・ハウスの全体構成は？

▼

A 中庭をもつ低層部の上に高層棟を載せたガラスのタワーです。

1951年にミースv.d.ローエがレイクショア・ドライブ・アパートメントを建てた翌年、次世代の建築家集団SOMがシンプルなガラスのタワーをニューヨークにつくり、話題となります。ミースによるシーグラム・ビル（1958年）の斜向かいに位置しますが、シーグラム・ビルが広場を前面に設けたのに対し、レヴァー・ハウスでは2階建ての低層棟を敷地いっぱいにつくり、敷地面積の8分の1に限定した高層棟はその上に分節させながら載せています。低層部には中庭を設け、ピロティを通して街路から自由に入れます。タワーの方立は箱形のステンレス鋼で、スパンドレル部にもガラスを張り、内側を緑色の壁面として、タワー全体が光沢のある美しいガラスの直方体となっています。スパンドレルの中間にも横桟を入れて、シーグラム・ビルよりも横線を増やしています。ミース風の単純化されたガラスのタワーですが、後に建つミースのシーグラム・ビルのデザインに影響を及ぼした可能性もあります。

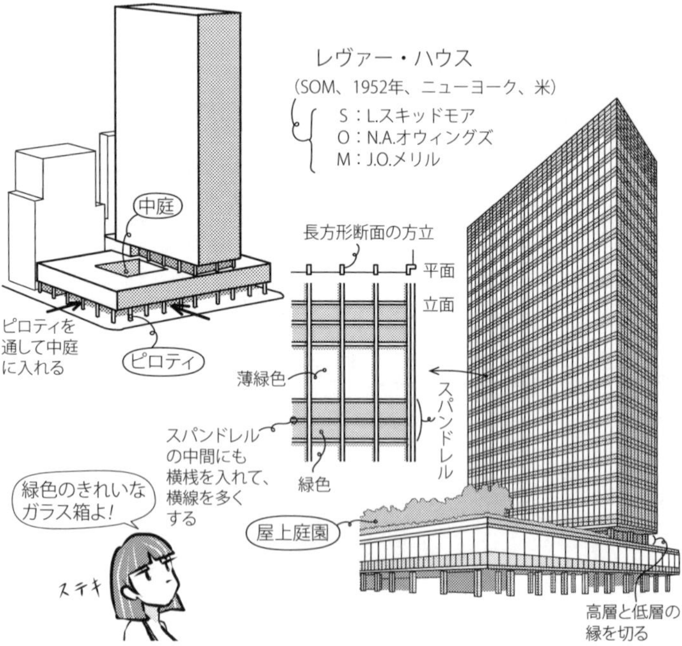

レヴァー・ハウス
（SOM、1952年、ニューヨーク、米）
S：L.スキッドモア
O：N.A.オウィングズ
M：J.O.メリル
中庭
ピロティを通して中庭に入れる
ピロティ
長方形断面の方立
平面
立面
薄緑色
スパンドレル
スパンドレルの中間にも横桟を入れて、横線を多くする
緑色
緑色のきれいなガラス箱よ！
ステキ
屋上庭園
高層と低層の縁を切る

参考文献　4-26、4-27

Q ジェームズ・スターリングのレスター大学工学部棟ではガラスはどのように扱われた？

▼

A 三角形状の立体、鋭角の角のある結晶状のデザインとして扱われています。

ミース v.d. ローエの初期のオフィスビル案では、鋭角の角や曲面があるもののガラスは透明なものとして、水平スラブの積層を際立たせる覆いとして扱われていました。レスター大学工学部棟では、実験室棟ではガラスの下部を外側に張り出し、三角形状の水平連続窓としています。低層の実験工作場では山形のガラス屋根を45°方向に並べ、端部は菱形の形として納め、結晶が並んだようなデザインとしています。このようなガラスの扱いはドイツ表現主義に近いものがありますが、後の技術的部分を誇張して露出するハイテックにもつながります。モダニズムからハイテックへの橋渡しをするような作品とも言えます。

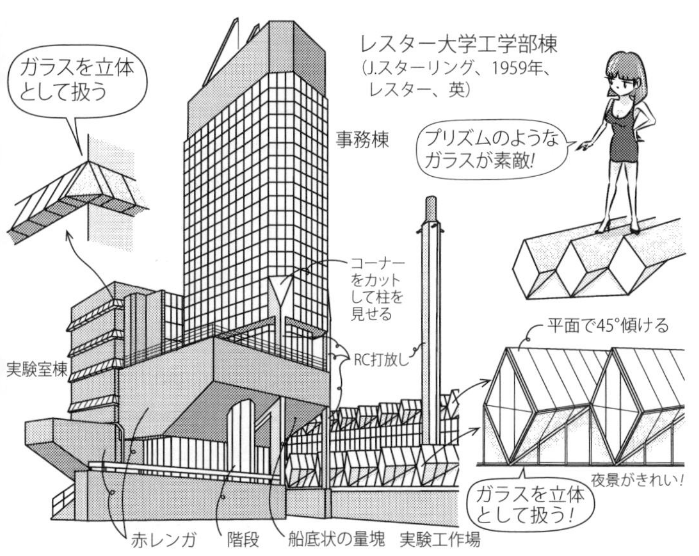
ガラスを立体として扱う
レスター大学工学部棟
(J.スターリング、1959年、レスター、英)
事務棟
プリズムのようなガラスが素敵!
コーナーをカットして柱を見せる
平面で45°傾ける
RC打放し
実験室棟
夜景がきれい!
ガラスを立体として扱う!
赤レンガ
階段
船底状の量塊
実験工作場

• スターリングはレスター大学とケンブリッジ大学の建物において、ガラスの大胆な使い方で脚光を浴びましたが、続く作品はポスト・モダン的傾向が強くなり、後から出てくるN.フォスターにお株を奪われてしまいます。低層のトップライトには谷が多くできており、雨仕舞や断熱性に疑問が残ります。同じく屋根に谷だらけのザハ・ハディッドの交通博物館（2013年、グラスゴー、英）を筆者が見に行ったときには、できて間もないのに雨漏りの補修をやっていました。

参考文献　4-28、4-29

Q K.ローチによるフォード財団ビルの特徴は？

▼

A 植栽を多く配した巨大なアトリウムです。

1950年代、60年代に単純なガラスの直方体が多く建てられるようになると、さまざまな工夫をしてその単調さを避けようとするデザインも出てきます。建物内部の大きな吹抜けはアトリウム（古代ローマの中庭）と命名され、オフィスビルに使われるようになります。ローチらによるフォード財団ビルは、非営利団体がクライアントであったため、内部に巨大なアトリウムを取り込んでその周囲にオフィスを少なめに配置した贅沢な設計です。アトリウム内は緑の多い段状の庭園で、街路から自由に入れます。表通り側をRCのシャフトからシャフトに大スパンで渡した大きなガラス面とし、吹抜け上部にはガラス屋根を架けて明るく開放的な空間としています。赤サビをわざと出したコールテン鋼（耐候性鋼の商品名）を多用し、花崗岩を張ったシャフトと対比させています。日本ではNSビル（日建設計、1979年、新宿）が、アトリウムをもつオフィスビルとして話題となりました。

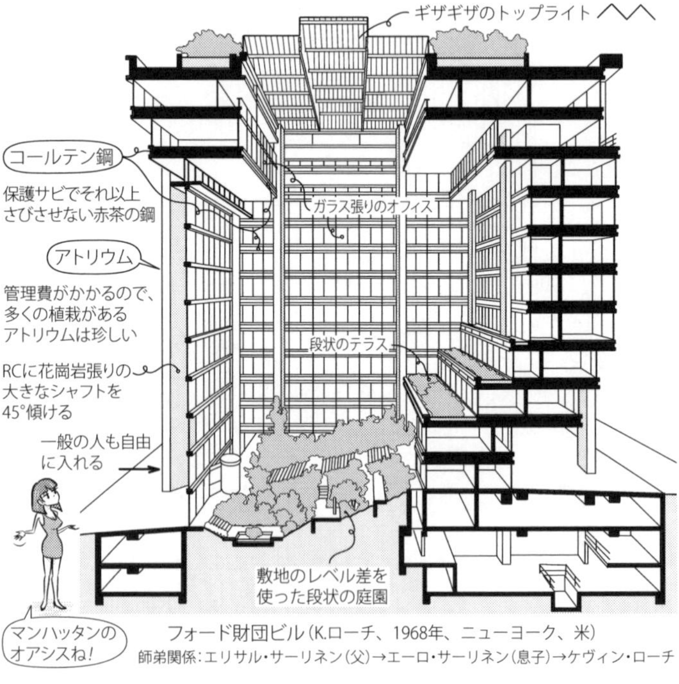

ギザギザのトップライト
コールテン鋼
保護サビでそれ以上さびさせない赤茶の鋼
ガラス張りのオフィス
アトリウム
管理費がかかるので、多くの植栽があるアトリウムは珍しい
段状のテラス
RCに花崗岩張りの大きなシャフトを45°傾ける
一般の人も自由に入れる
敷地のレベル差を使った段状の庭園
マンハッタンのオアシスね！

フォード財団ビル（K.ローチ、1968年、ニューヨーク、米）
師弟関係：エリサル・サーリネン（父）→エーロ・サーリネン（息子）→ケヴィン・ローチ

R148

Q L.カーンによるリチャーズ医学研究所では、空間はどのように扱われている？

▼

A 空間はそれぞれの構造で支えられた単位に分離されています。

オフィス、研究所、実験室などはミース v.d. ローエのように、柱をじゃまにならないように隅にやり、大スパンで大きめの空間をつくり、それを間仕切って使うのが近、現代建築では一般的です。しかしリチャーズ医学研究所では、井桁状に梁で支えた正方形の単位を連結したもので、空間には多くの分節が入れられています。さらに各ユニットには塔状の階段や設備のコアが付けられ、全体として塔の集合体という外観を呈しています。平面を見ると、研究所としてはかなり使いにくいのではないかという印象を受けます。このコアと搭状の形は、形だけの模倣作を多く生むことになります。

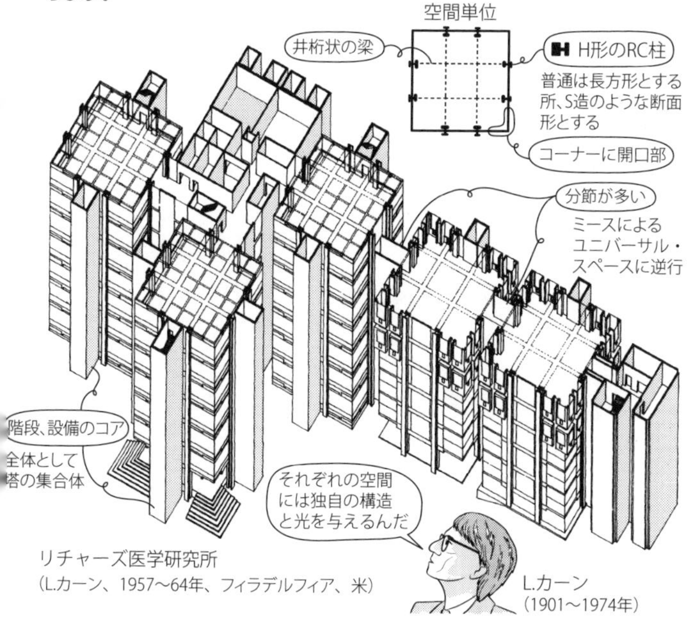

空間単位
井桁状の梁
H形のRC柱
普通は長方形とする所、S造のような断面形とする
コーナーに開口部
分節が多い
ミースによるユニバーサル・スペースに逆行
階段、設備のコア
全体として塔の集合体
それぞれの空間には独自の構造と光を与えるんだ
L.カーン
(1901〜1974年)

リチャーズ医学研究所
(L.カーン、1957〜64年、フィラデルフィア、米)

- カーンの歩みは、①1930 〜 50年：近代建築の構成、②1950〜60年：空間単位の分離、③1960年〜：中心による空間単位の統合と進みます。近代建築で統合された空間を、各々独自の構造と光を与えた空間単位に分離し、それを集合させる構成であり、近代建築の進化とは逆行する変遷をたどります。L.カーンの空間構成については、拙著『ルイス・カーンの空間構成　アクソメで読む20世紀の建築家たち』（彰国社、1998年）を参照してください。

参考文献　4-31、4-32

Q 丹下健三による大型都市計画案におけるコアの使い方は？

▼

A 垂直動線と設備をまとめたコアを構造のシャフトとして建物の四隅や両端に配し、それによってシステム的に建物を増殖します。

1960年の東京計画では、コア（図面にはvertical shaftと記載）からコアに、宙に浮いた長い建物を架け渡し、コアを基準としてシステム的に建物を増殖しています。ボローニア・フィエラ地区センター（1975年〜）では、長方形平面の四隅に置いたコアを基準として、やはりシステム的に建物を増殖しています。山梨文化会館（1966年）ではコアを搭としてそびえ立たせ、その間に建物を渡すデザインを実現しています。また単一のビルとしては、八角形のコアを四隅に置いた東京大学本部庁舎·理学部校舎（1979年）があります。

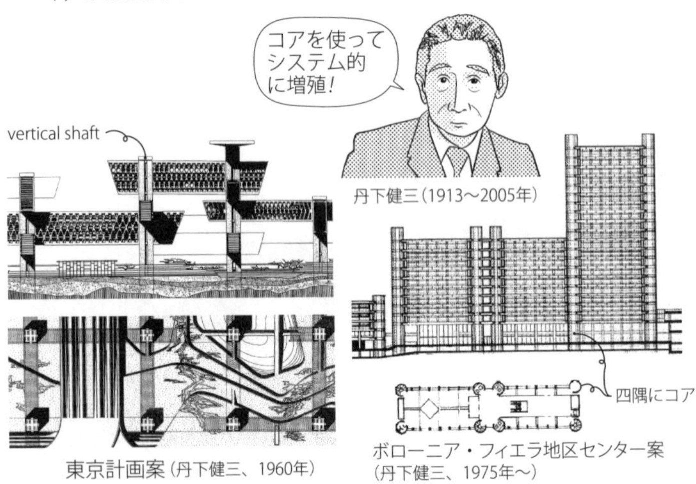
コアを使って
システム的
に増殖！
vertical shaft
丹下健三（1913〜2005年）
四隅にコア

東京計画案（丹下健三、1960年）

ボローニア・フィエラ地区センター案（丹下健三、1975年〜）

- 角に円筒形の塔を置く構成は中世ヨーロッパの城郭にも見られ、また左右両翼を張り出すのは古典主義でもよく行われる手法です。またF.L.ライトもラーキンビル、ユニティー教会で四隅にコアを置いています。そのような形態的手法を垂直動線とパイプスペースをまとめたコアを基準に構成することで、近代的なシステムデザインにまとめたとも考えられます。
- 丹下は多くのアフリカや中近東の都市計画や大規模開発に関係しました。筆者が学生時代に丹下事務所にアルバイトに行っていた頃は、ナイジェリアの首都の計画をしており、どこに鉄道を通して道路を引いてといった、とんでもないスケールの計画をしていました。コアシステムによるデザインは、何もない広大な土地に大規模な建物を展開する際に有効な方法と思われます。

参考文献 4-33／出典 4-33

Q 建築におけるメタボリズムとは？

▼

A 社会や人口の変化に応じて建築や都市も柔軟に変化させようとする思潮、運動で、黒川紀章、菊竹清訓、槇文彦らのメタボリズム・グループが1959年に結成されました。

メタボリズム（metabolism）は新陳代謝を意味する生物学用語で、生物における細胞の新陳代謝のように、社会や人口の変化に応じて建築や都市も柔軟に変化させようとする考え方です。コアとなる変わらない部分に交換可能なカプセルを取り付けた形態とし、ワンルームマンションやホテルなどの小さな部屋の集合に適したデザインです。黒川紀章による中銀カプセルタワー（1972年）が代表例です。

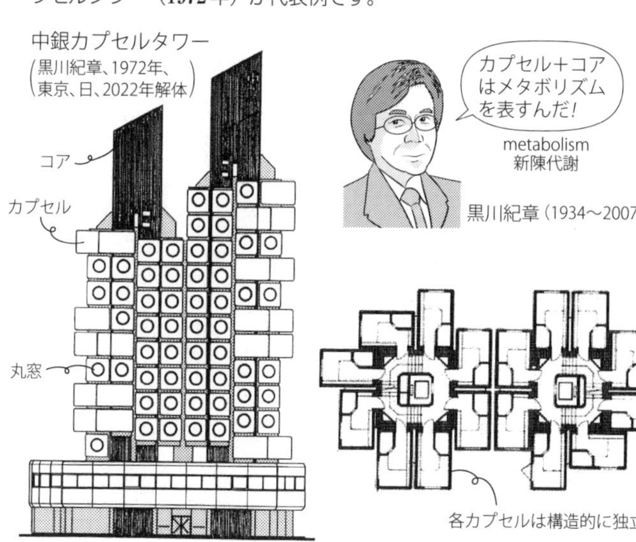
中銀カプセルタワー
（黒川紀章、1972年、東京、日、2022年解体）
コア
カプセル
丸窓
カプセル＋コアはメタボリズムを表すんだ！
metabolism
新陳代謝
黒川紀章（1934～2007年）
各カプセルは構造的に独立

- カプセルごとに構造や雨仕舞を独立させるため無駄な部分ができ、またカプセルを交換するならば全体を壊して建て替えた方が経済的な場合が多く、メタボリズムの考え方は普及しませんでした。筆者の学生時代、設計の授業は槇文彦氏が担当でしたが、メタボリズムについては否定的な意見を述べられていました。中銀カプセルタワーは新陳代謝せずに、2022年に解体されました。
- 中銀カプセルタワーで初めて開発されたユニットバスは、戸建て住宅やマンションで普及しました。ハウスメーカーは部屋をユニット化した住宅を開発しますが、それは新陳代謝ではなく施工の合理化が目的でした。戸建て住宅で新陳代謝（リフォーム、リノベーション）させるには、木造在来軸組工法が最も容易です。
- イギリスの前衛建築家グループ・アーキグラム（1961年～）によるプラグイン・シティ（1964年）も、メタボリズムと似たコンセプトによるデザインです。

参考文献　4-34／出典　4-34

Q ミノル・ヤマサキによるワールド・トレード・センターの構造は？

▼

A 外周に柱を多く配したチューブ構造（外殻構造、ラーメン型外殻構造）。

中高層のビルは柱梁を均等に架ける鋼製ラーメン構造が一般的でしたが、外側に柱を密に配し、外殻とコアの柱によって支えるチューブ構造が、超高層では主流となります。それによって無柱のオフィス空間が実現します。当時世界最高の110階、405mのワールド・トレード・センターでは、1mという極端に短い間隔に並べられた外周の柱をアルミでカバーして、キラキラとした縦線が密集した直方体としています。低層部では3本の縦線を1本にまとめており、曲がった縦線の組み合わせが尖頭アーチ（オージーアーチ）のようです。正方形平面の2本のタワーを対角線方向に並置し、ツイン・タワーとして象徴性をもたせた点が、最もデザインとして効いているところです。

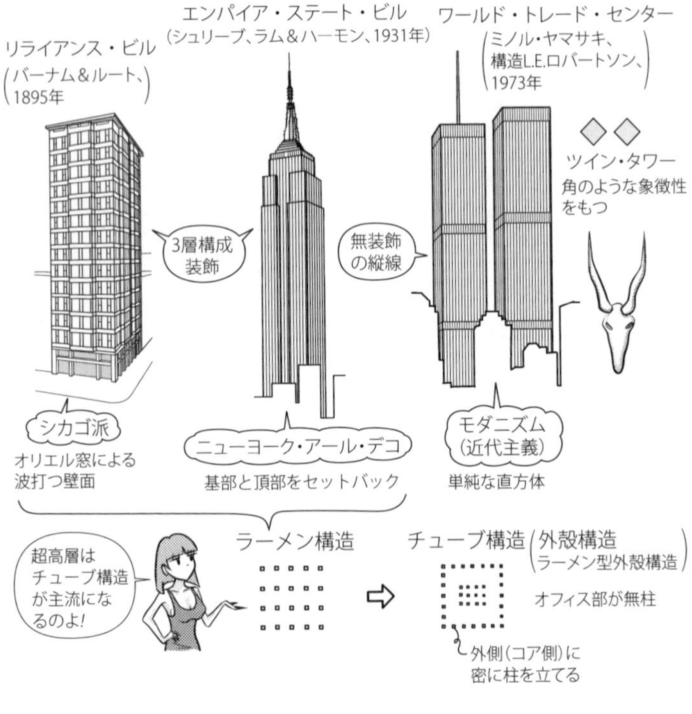

リライアンス・ビル
（バーナム＆ルート、1895年）
エンパイア・ステート・ビル
（シュリーブ、ラム＆ハーモン、1931年）
ワールド・トレード・センター
（ミノル・ヤマサキ、構造L.E.ロバートソン、1973年）
ツイン・タワー
角のような象徴性をもつ
3層構成
装飾
無装飾
の縦線
シカゴ派
オリエル窓による
波打つ壁面
ニューヨーク・アール・デコ
基部と頂部をセットバック
モダニズム
（近代主義）
単純な直方体
超高層は
チューブ構造
が主流になるのよ！
ラーメン構造
チューブ構造（外殻構造
ラーメン型外殻構造）
オフィス部が無柱
外側（コア側）に
密に柱を立てる

● 9・11テロ（2001年）で倒壊したツイン・タワーの跡地は広場とされ、平面と同形の彫り込まれた池がふたつつくられています。

R152

チューブ構造　その2

Q 超高層のチューブ構造をシカゴではどのように進展させた？

A チューブに巨大なブレースを付けることによるトラス・チューブ構造、細長いチューブを束ねるバンドル・チューブ構造が開発されました。

構造家のレスリー・アール・ロバートソンは、ニューヨークのワールド・トレード・センターなどでチューブ構造を開発しました。外周に柱を密に並べ、建物全体を角形のパイプにすることで、横力による変形に抵抗します。構造家ファズラー・ラーマン・カーンは、ジョン・ハンコック・センターで外殻に巨大なブレースを付け、チューブ全体を大きなトラスにして、チューブを固めるトラス・チューブ構造を開発。シアーズ・タワーでは、細長いチューブを束ねることによりチューブを固めるバンドル・チューブ構造を開発します。いずれも建設当時は世界最高の高さでした。戦後のシカゴの超高層ビルブームは、19世紀末のシカゴ派（Chicago School）に対して、第2シカゴ派（Second Chicago School）などと呼ばれることがあります。

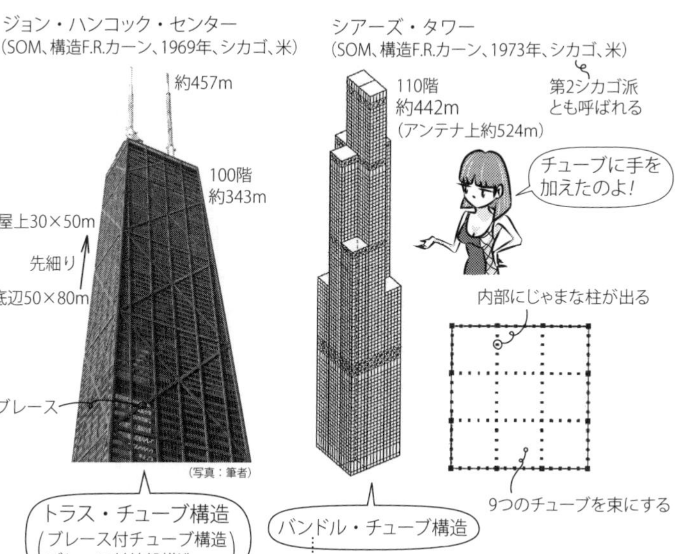
ジョン・ハンコック・センター
(SOM、構造F.R.カーン、1969年、シカゴ、米)
約457m
100階
約343m
屋上30×50m
先細り
底辺50×80m
ブレース
(写真：筆者)
トラス・チューブ構造
(ブレース付チューブ構造
ブレース付外殻構造)
シアーズ・タワー
(SOM、構造F.R.カーン、1973年、シカゴ、米)
第2シカゴ派
とも呼ばれる
110階
約442m
(アンテナ上約524m)
チューブに手を
加えたのよ！
内部にじゃまな柱が出る
9つのチューブを束にする
バンドル・チューブ構造
bundle：束

R153

ミラーガラス

Q イオ・ミン・ペイのジョン・ハンコック・タワーのデザインは？

▼

A 平行四辺形平面の短辺に正三角形の切れ込みを入れ、ミラーガラスを張ったシャープな形のタワー。

ジョン・ハンコック・タワーは最初、円筒の一部をカットした形に石張りで設計されていました。トリニティ教会前の広場に圧迫感を与えないように、広場方向に傾けた平行四辺形平面に変更し、「非物質化」（dematerialize）するためにミラーガラスが張られました。低層の多いボストンで超高層による圧迫感、存在感を減じるように、風景や空が映るミラーガラスが採用されたわけです。妻面には正三角形の切れ込みを入れ、鋭角のシャープさをさらに強調しています。モダンデザインの抽象化された純粋形態に、鋭角のカットによるシャープさと鏡面による「非物質化」を取り入れたデザインです。

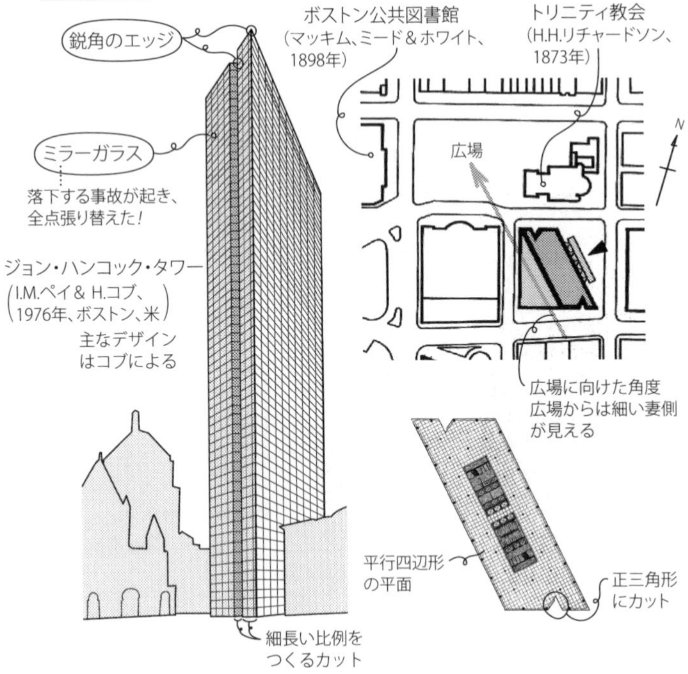

鋭角のエッジ

ミラーガラス

落下する事故が起き、全点張り替えた！

ジョン・ハンコック・タワー
（I.M.ペイ＆ H.コブ、1976年、ボストン、米）
主なデザインはコブによる

細長い比例をつくるカット

ボストン公共図書館
（マッキム、ミード＆ホワイト、1898年）

トリニティ教会
（H.H.リチャードソン、1873年）

N

広場

広場に向けた角度
広場からは細い妻側が見える

平行四辺形の平面

正三角形にカット

- 1970年代、80年代は歴史様式を単純化したデザインが現れますが、ハーバード大学でW.グロピウスやM.ブロイヤーに教えを受けたペイは、ヒストリシズム（歴史主義）、ポスト・モダニズム（モダニズム以後）には向かわず、あくまでもモダニズムの延長で試行錯誤していたように思われます。

参考文献　4-36、4-37／引用　4-36（右下図）

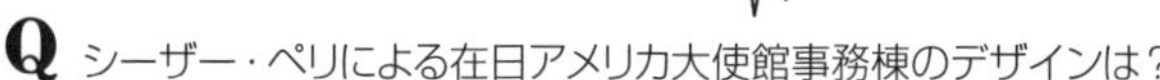
R154

フラットなデザイン

Q シーザー・ペリによる在日アメリカ大使館事務棟のデザインは？

▼

A 熱線反射ガラスによる横長連続窓のサッシとスパンドレルの**PCa**（プレキャスト・コンクリート）の目地を同一の均等グリッドで構成し、全体をフラットで均質な直方体のデザインとしています。

アルミサッシの框（かまち）間の隙間を**25mm**あけ、また**PCa**に設けられた目地を幅**25mm**、奥行**33mm**とし、アルミサッシと**PCa**の目地を合わせて全体として横**1350mm**、縦**650**の均等グリッドとしています。**PCa**は吹付けタイルで安価な仕上げですが、**25×33mm**の目地が意外と効いており、ガラス表面も壁面に近く、全体としてシャープでフラットな印象の直方体とすることに成功しています。**1970**年代にはミース**v.d.**ローエに代表されるモダニズムのデザインも新しい方向性を探しており、**I.M.**ペイによる鋭角的なデザインやペリによるフラットなデザインは新たな境地を開きました。

在日アメリカ大使館
（C.ペリ、1976年、東京、日） 
薄い表皮に見せる
妻面に内部の構造を見せる
フラットで均質な立面
（写真：筆者）

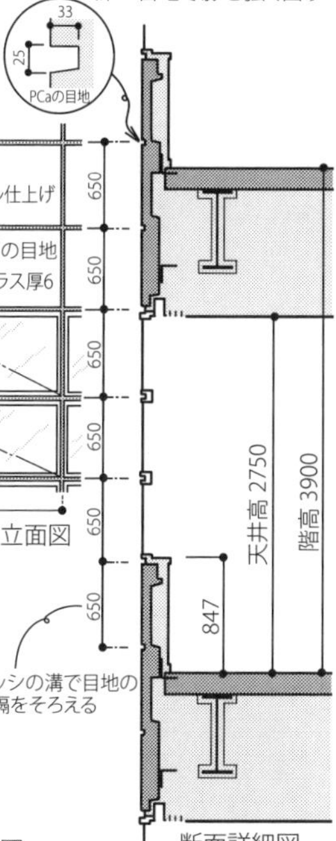

深い目地で影を強く出す
33
25
PCaの目地
PCa版
吹付けタイル仕上げ
PCa表面の目地
熱線反射ガラス厚6
すべり出し窓
650
1350
立面図
天井高 2750
階高 3900
847
サッシの溝で目地の間隔をそろえる
断面詳細図

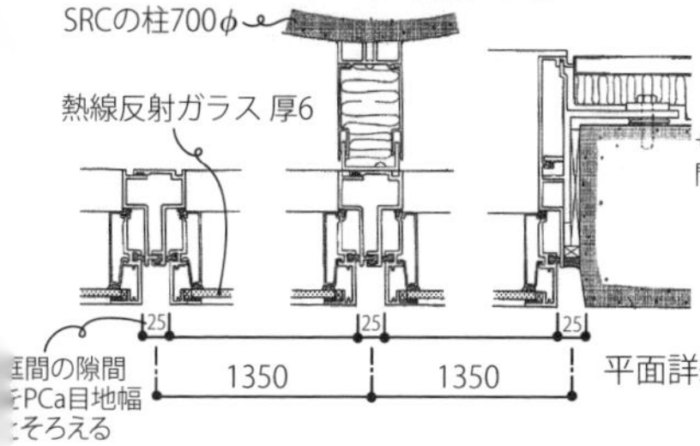

SRCの柱700φ
熱線反射ガラス 厚6
25
1350
1350
框間の隙間をPCa目地幅とそろえる
平面詳細図

Q ポスト・モダニズム（近代主義以後）と呼ばれるオフィスビルはどのようなデザイン？

▼

A 様式的細部を簡素化し、変形した形を使用し、モダニズムとは真逆の複雑、多様、あいまいなデザインで、アイロニーやウィットをもつことを特徴とします。

P. ジョンソンはミース v.d. ローエ風の鉄とガラスのモダニズムからはじめ、後にポスト・モダニズムの領域に踏み込みます。AT&Tビルは頂部が円形にくり抜かれた巨大なペディメントをもち、基部にはパラディアン・モチーフを変形したアーチと柱列が左右対称に配置されています。

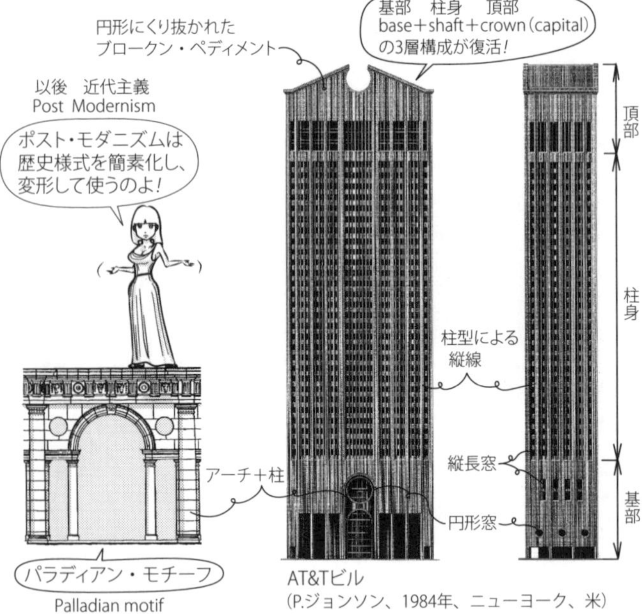
円形にくり抜かれた
ブロークン・ペディメント
基部　柱身　頂部
base＋shaft＋crown（capital）
の3層構成が復活！
以後　近代主義
Post Modernism
ポスト・モダニズムは
歴史様式を簡素化し、
変形して使うのよ！
頂部
柱身
柱型による
縦線
縦長窓
アーチ＋柱
円形窓
基部
パラディアン・モチーフ
Palladian motif

AT&Tビル
（P.ジョンソン、1984年、ニューヨーク、米）

- I.M. ペイは「ポスト・モダニズムは、現代建築のなかの、ひとつの支流、あるいは枝葉のようなものに過ぎません。彼らも、我々と基本的には同じ言葉を語っているのですが、ただ、彼らが使っているのはスラングだ、というわけです。我々が参加している現代建築の流れは、すでにその発祥の時点から充分な年月が経ち、ある程度の余裕とか、くつろぎを持てるようになっています。歴史への興味とか装飾への関心がそろそろ起こってもよい時期なのです」（＊）と述べています。スラング（俗語）としての、洗練されていない俗っぽい装飾を張り付けた建物は街中にあふれていますが、ポスト・モダニズムが少し違うのは、先頭を走るエリート建築家たちが、そのような建物をデザインしていることです。

＊4-37（p.12）／参考文献　4-37、4-10／出典　4-39（中・右図）

Q ポスト・モダニズムのオフィスビルでは、色彩はどのように扱われた？

▼

A モダニズムの単純で無機質なビルに比較して、色彩を積極的に使う傾向にあります。

マイケル・グレイヴスによるポートランド公共ビルでは、正方形の小さい窓を多数あけた箱に、オーダーや花綱飾りなどを変形、巨大化した平板な装飾を付け、薄茶、濃茶、薄青などで塗り分けています。スナーのショールームでは、ペアコラムの柱頭に間接照明を仕込み、台座や壁をさまざまな色に着彩しています。モダニズムのミニマルなデザインへの反動として、パステルカラー（原色に白を混ぜたような淡い色彩）をふんだんに使った、軽い、気取らない、ポップな装飾です。

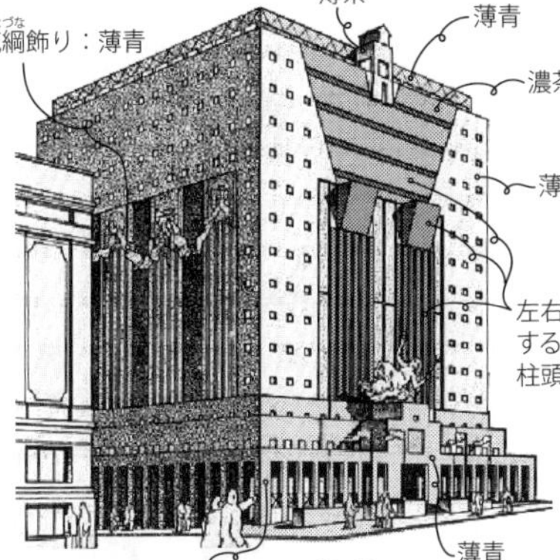

花綱（はなづな）飾り：薄青
薄茶
薄青
濃茶
薄茶
左右対称を強調する付柱（ピラスター）柱頭、その上の台形
薄青
抽象的なコロネード（柱廊）
M.グレイヴス（1934〜2015年）
軽いポップな装飾さ！

ポートランド公共ビル（M.グレイヴス、1982年、ポートランド、米）

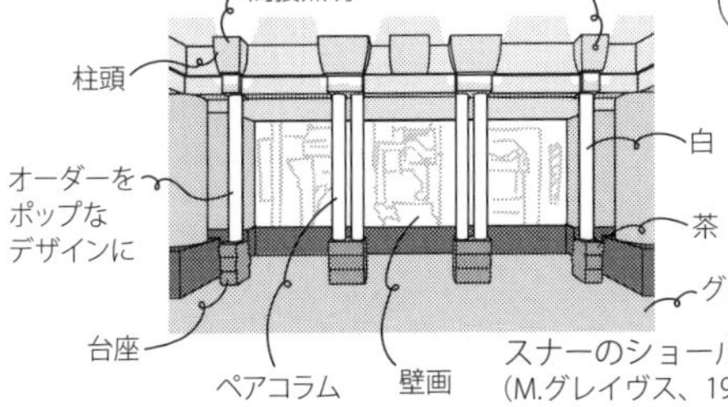

間接照明
薄青
柱頭
白
オーダーをポップなデザインに
茶
グレイ
台座
ペアコラム
壁画
色と装飾がうまいわね！

スナーのショールーム（M.グレイヴス、1980年、ロサンゼルス、米）

- 学生時にロサンゼルスのスナーのショールームを見に行き、色彩豊かなさまざまな装飾、立体的な壁画などに衝撃を受けました。建物はC.ペリによるパシフィック・デザイン・センター（1972年）で、アメリカらしい巨大で大味な青ガラスの立体でしたが、中にテナントとして入っていた小さなショールームに、グレイヴスの豊かな才能を感じ取ることができました。

参考文献　4-40／出典　4-40（左上図）

Q N.フォスターによるHSBC本店はどのようなデザイン?

▼

A 4本の組み柱から床を吊る構造を露出し、中央に吹抜けをつくりそれに太陽の動きに従って動く反射板からの光を落とすなど、構造、設備の技術を強調し露出するデザイン。

ハイテックといわれる構造、設備の技術を強調、露出するデザインが1980年代以降、盛んになります。フォスターのHSBC本店では4本の組み柱の両側に斜めの吊り材を出し、そこから何層かずつ床を吊ります。吹抜けに斜めにエスカレーターを架け、吹抜け下部はガラスを張りその下をピロティとし、ピロティからはエスカレーターでガラスを突き抜けて内部に入るアプローチです。スケルトンとされたエレベーターやその電子機械部分、太陽光を動く反射板で受けて、吹抜け上部のギザギザの反射板に当てて内部を光で満たす方法など、画期的なオフィスビルとなりました。

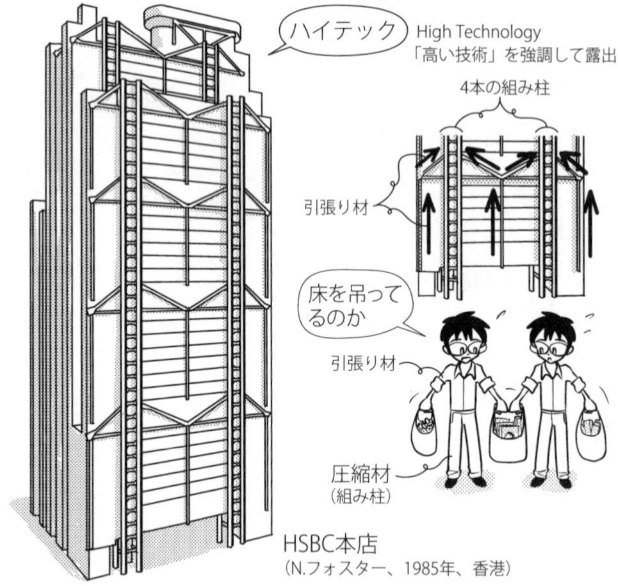
ハイテック
High Technology
「高い技術」を強調して露出
4本の組み柱
引張り材
床を吊ってるのか
引張り材
圧縮材
(組み柱)

HSBC本店
(N.フォスター、1985年、香港)

- HSBC本店は80年代で話題となった建物で、筆者は銀行口座まで開設して何度も訪れています。銀行員に建物のことを聞くと、建物は古くてトイレなんか汚くて……とあまり評判が良くありませんでした。トラス・チューブ構造の尖った中国銀行タワー(I.M.ペイ、1990年)などが周囲に建ち、今では高層ビルの谷底のようになってしまっています。しかし中国銀行タワーや香港金融街の他のビルは内部が天井と床に挟まれた普通のオフィスでしかなく、HSBCの透明感あふれる開放的な内部空間は、今訪れても十分に気持ちのいいものです。

参考文献　4-41

★ R158 ハイテック　その2

Q N.フォスターによるHSBC本店では、太陽光を避けるために、ガラス表面にどのような工夫がされている？

▼

A 金属製のルーバー付日除け兼足場（sunshade/walkway）を各階フロアの先端に突き出し、平坦なガラスに変化を与えるデザインとしています。

太陽の動きに合わせて回転する反射板を設置し、吹抜け上部の反射板に当てて、吹抜けに日光を導入しています。ガラス面にはルーバーの付いた日除けをフロア先端部に突き出し、日光を遮ります。ルーバーを支えるウェブには円形の穴があけられ、機械のような金属のデザインが強調されています。ル・コルビュジエのブリーズソレイユと同様に、太陽の光をコントロールすることをデザインに取り込み、単調なガラス面に表情を与えています。

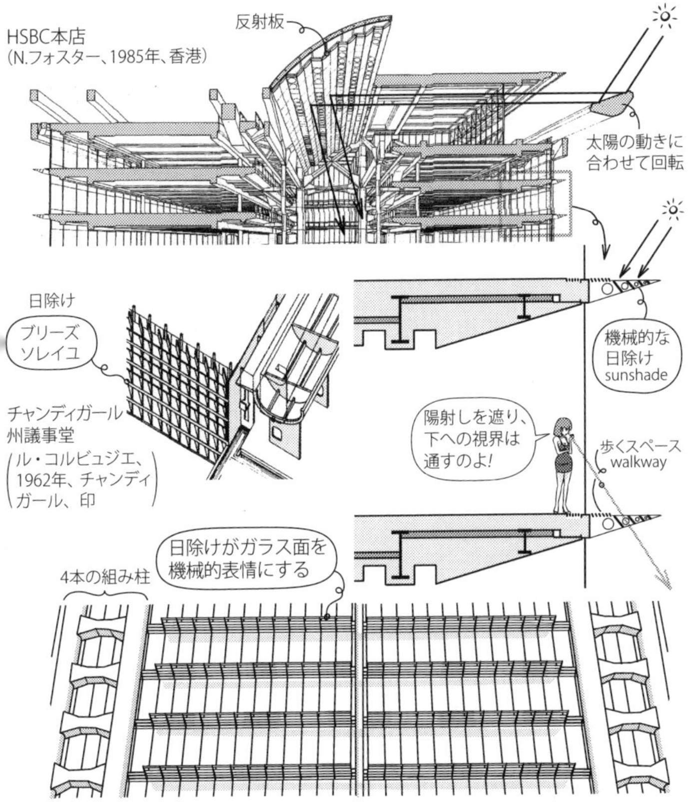

HSBC本店
（N.フォスター、1985年、香港）
反射板
太陽の動きに合わせて回転
日除け
ブリーズソレイユ
チャンディガール州議事堂
（ル・コルビュジエ、1962年、チャンディガール、印）
機械的な日除け sunshade
陽射しを遮り、下への視界は通すのよ！
歩くスペース walkway
日除けがガラス面を機械的表情にする
4本の組み柱

参考文献　4-41／出典　4-41（上パース）

Q 丹下健三による東京都新庁舎の頂部はどのような形態デザイン?

▼

A 頂部がふたつに分離されたシンボリックな双塔とされ、塔部の平面は正方形と45°傾けた正方形を重合させ、小さなセットバックも加え、フレーム内のパラボラアンテナ設置用の円筒とともに、線の多い複雑で豊饒な形態とされています。

双塔はロマネスクやゴシックの教会で使われた象徴性、中心性、対称性を強めるデザインで、ニューヨーク・アール・デコでもいくつかあります。またツイン・タワーはニューヨークのワールド・トレード・センターなどで使われていますが、ここでは45°振った形を重合させ、円筒をフレームの内部に入れ、さらにニューヨーク・アール・デコのようなセットバックもあって、頂部は線の多い、複雑なデザインとなっています。丹下は広場に対しての圧迫感を和らげるために、上部をふたつに割ったと述べています（*）。第2本庁舎も45°の立体と重合され、せり上がった階段状のデザインです。

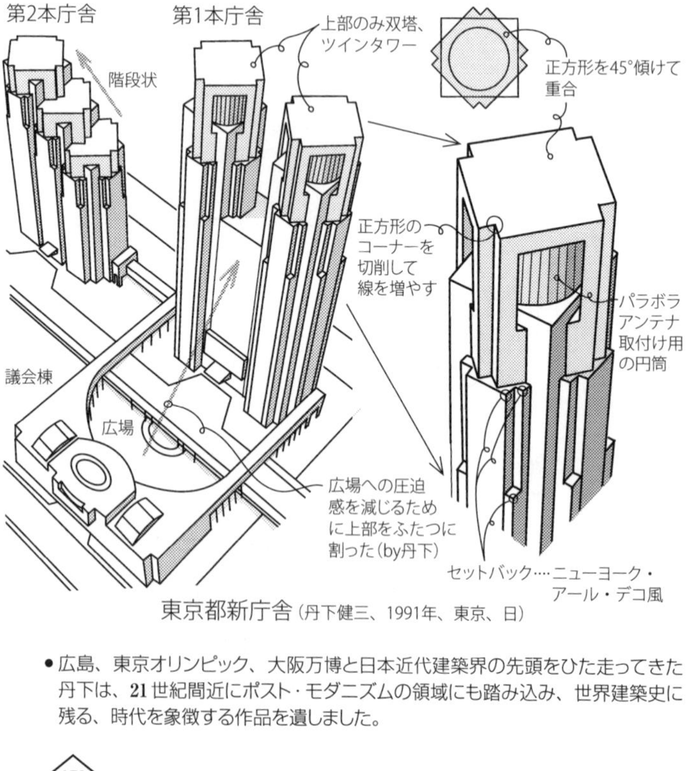

第2本庁舎
第1本庁舎
階段状
上部のみ双塔、ツインタワー
正方形を45°傾けて重合
正方形のコーナーを切削して線を増やす
パラボラアンテナ取付け用の円筒
議会棟
広場
広場への圧迫感を減じるために上部をふたつに割った（by丹下）
セットバック…ニューヨーク・アール・デコ風

東京都新庁舎（丹下健三、1991年、東京、日）

- 広島、東京オリンピック、大阪万博と日本近代建築界の先頭をひた走ってきた丹下は、21世紀間近にポスト・モダニズムの領域にも踏み込み、世界建築史に残る、時代を象徴する作品を遺しました。

＊4-42（p.5）／参考文献　4-42、4-43

Q 東京都新庁舎はどのような構造？

▼

A 正方形平面の角に4本の組み柱（スーパー柱）を置き、要所にトラスの梁（スーパービーム）を入れたスーパーストラクチャー。

S造のトラス（剛性の必要な低層部は一部SRC造）による組み柱（スーパー柱）とトラスの梁（スーパービーム）によるスーパーストラクチャー（メガストラクチャー、巨大構造）。高さ243mの超高層ですがチューブ構造ではなく、正方形平面のコーナーにトラスを組んだ柱を置き、それをトラス梁で連結した巨大な構造体となっているわけです。平面のモデュールは第1本庁舎、第2本庁舎、議会棟共通の3.2mで、スーパー柱は6.4m角、各柱は1000×1000mm、板厚30〜80mmの溶接組立ボックス形断面。大梁は、幅300〜400mm、成1000mmの溶接組立H形断面としています。

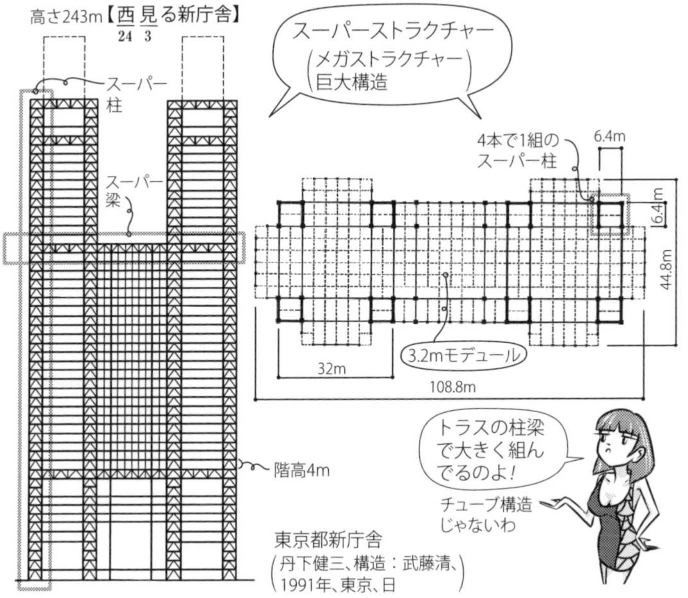

高さ243m【西(24)見(3)る新庁舎】
スーパー柱
スーパー梁
階高4m
スーパーストラクチャー
（メガストラクチャー 巨大構造）
4本で1組のスーパー柱
6.4m
6.4m
44.8m
32m
108.8m
3.2mモデュール
トラスの柱梁で大きく組んでるのよ！
チューブ構造じゃないわ

東京都新庁舎
（丹下健三、構造：武藤清、1991年、東京、日）

3.2mモデュールは日本のオフィスビルでは多用され、3.2mモデュールに合わせた天井パネル、照明、空調機器の既製品も出ています。また倍の6.4×6.4mスパンで柱を置けば、地階の駐車場で1スパンに2台ずつ車が置け、6.4m幅の両面通行の車路ができます。

【　】内スーパー記憶術
参考文献　4-42、4-43

Q 東京都新庁舎の外装はどのような装飾パターンをもつ？

▼

A 縦繁障子（たてしげしょうじ）を思わせるような装飾パターンです。

スーパー柱部分の窓のない壁に入れられた細長い濃色の石のパターンは、縦繁障子（縦に密に組子を入れた障子）を思わせるようなパターンです。2層で対にされた縦長窓の中間にも縦長の濃色の石が張られ、横長窓の上下のスパンドレルには、横長の濃色の石が張られています。90φのステンレスパイプやアルミダイキャスト（型に入れて鋳造したもの）の水切り（ガーゴイル）もアクセントとなっています。

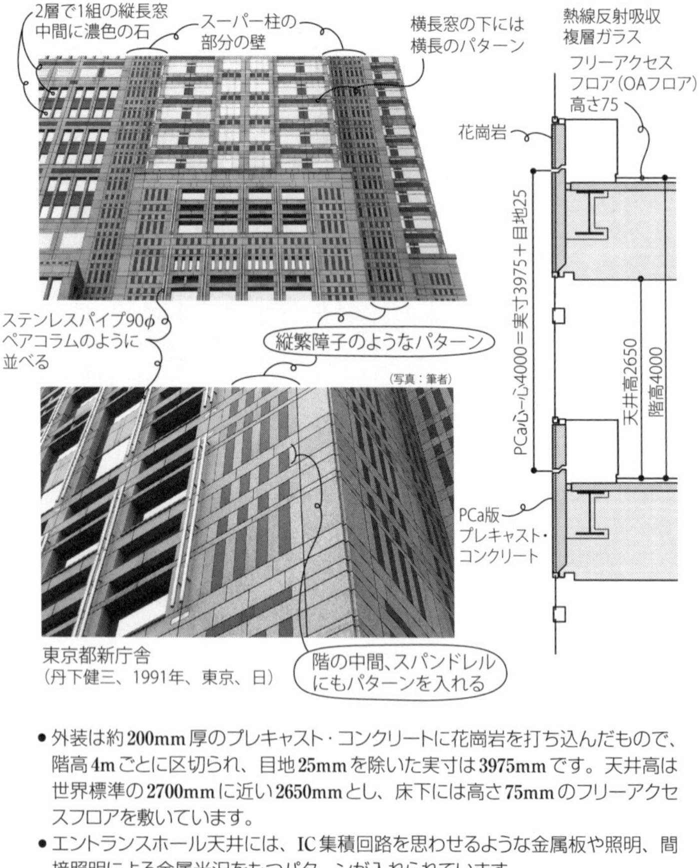

2層で1組の縦長窓
中間に濃色の石
スーパー柱の部分の壁
横長窓の下には横長のパターン
熱線反射吸収複層ガラス
フリーアクセスフロア（OAフロア）高さ75
花崗岩
PCa心−心4000＝実寸3975＋目地25
天井高2650
階高4000
PCa版
プレキャスト・コンクリート
ステンレスパイプ90φ
ペアコラムのように並べる
縦繁障子のようなパターン
（写真：筆者）
階の中間、スパンドレルにもパターンを入れる

東京都新庁舎
（丹下健三、1991年、東京、日）

- 外装は約200mm厚のプレキャスト・コンクリートに花崗岩を打ち込んだもので、階高4mごとに区切られ、目地25mmを除いた実寸は3975mmです。天井高は世界標準の2700mmに近い2650mmとし、床下には高さ75mmのフリーアクセスフロアを敷いています。
- エントランスホール天井には、IC集積回路を思わせるような金属板や照明、間接照明による金属光沢をもつパターンが入れられています。

参考文献　4-42、4-43

鉄筋コンクリートの起源

Q 鉄筋コンクリート（RC）はいつ頃できた？

A 19世紀中頃、フランスでRC造のボート、植木鉢などがつくられたのが最初です。

焼いた石灰に砂、砂利、水を入れて固めるコンクリートは、紀元前からあり、古代ローマではレンガの型枠内にコンクリートを入れて固める工法が大々的に使われていました。また18世紀のイギリスの港湾、運河施設でコンクリートは広く普及し、1824年にジョセフ・アスプディンは、ポルトランドセメントを開発します。イギリスのポルトランド島の石の色に近いので、そのような名称とされ、現在でもその名で普及しています。コンクリートに鉄を入れて補強するのは、19世紀中頃以降です。フランスのジョゼフ・ルイ・ランボーは1848年に鉄網の入ったコンクリート製ボートをつくり、ジョゼフ・モニエは1849年に鉄網の入ったコンクリート製の植木鉢をつくり1867年に特許を取得します。コンクリートは引張りに弱く、割れやすい性質があることは知られており、それを補強するために鉄網を入れる工夫をしたものです。

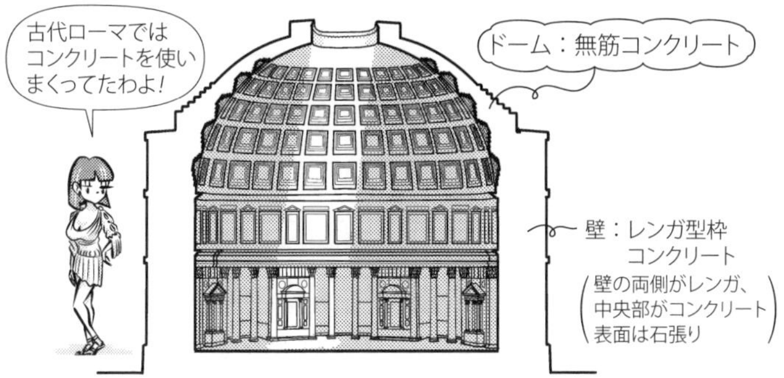

古代ローマでは
コンクリートを使い
まくってたわよ！
ドーム：無筋コンクリート
壁：レンガ型枠
コンクリート
（壁の両側がレンガ、
中央部がコンクリート
表面は石張り）

パンテオン（128年頃、ローマ、伊）

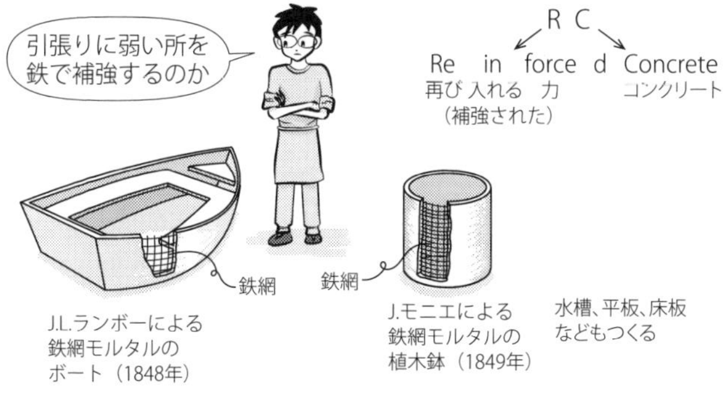

引張りに弱い所を
鉄で補強するのか
R C
Re in force d Concrete
再び 入れる 力 コンクリート
（補強された）
鉄網
鉄網

J.L.ランボーによる
鉄網モルタルの
ボート（1848年）

J.モニエによる
鉄網モルタルの
植木鉢（1849年）

水槽、平板、床板
などもつくる

参考文献　5-1、5-2

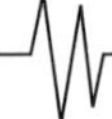

RCラーメン構造の起源

Q RCラーメン構造はいつ、だれによってつくられた？

▼

A フランスのフランソワ・エヌビックにより、19世紀末につくられました。

コンクリートは引張りに弱いので、曲げモーメントを受けると引張り側がすぐに割れてしまいます。アーチやドームは曲げモーメントが小さく、圧縮だけでもたせられますが、水平の梁、床スラブは壊れてしまいます。引張り側に鉄の棒を入れる工夫が19世紀中頃にウィリアム・バラトランド・ウィルキンソンによって提案されますが、軸方向の主筋に帯筋、あばら筋を巻き付ける現在のRCラーメン構造がつくられたのは19世紀末で、フランスのエヌビックによるものです。1892年に特許をとり、1896年に3つの紡績工場をその構造で建てています。

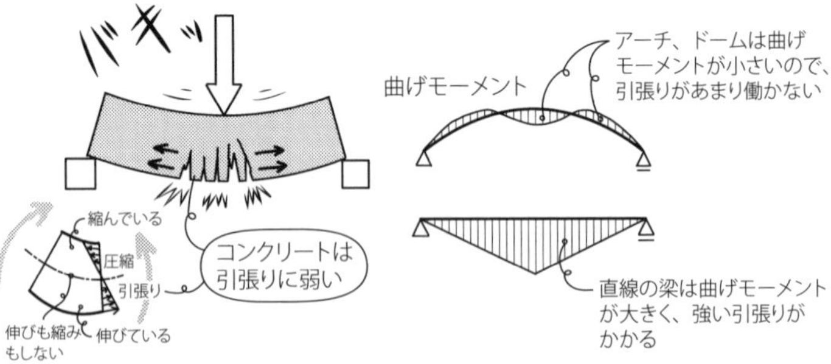

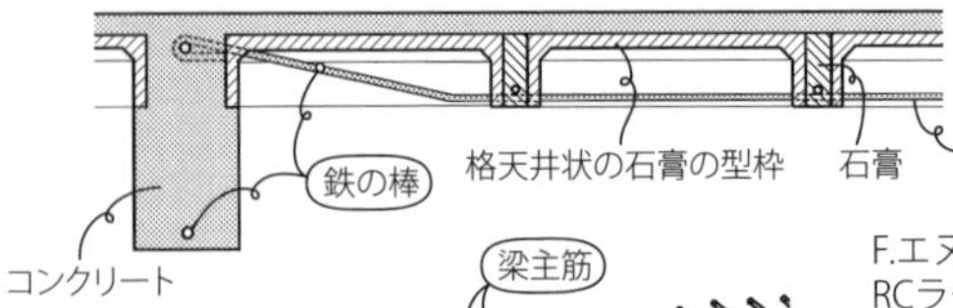

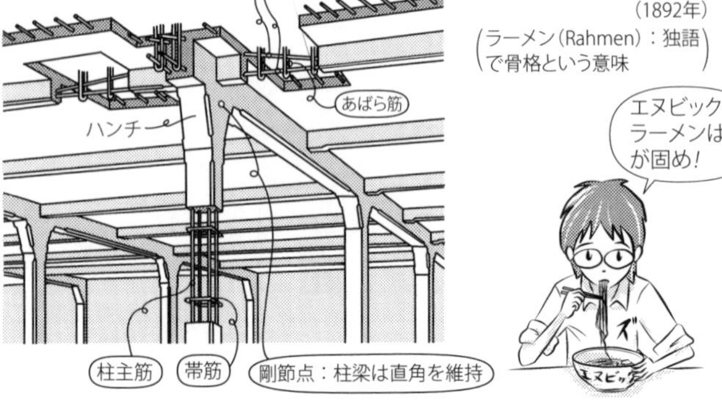

バキッ
縮んでいる
圧縮
引張り
伸びも縮みもしない
伸びている
コンクリートは引張りに弱い
曲げモーメント
アーチ、ドームは曲げモーメントが小さいので、引張りがあまり働かない
直線の梁は曲げモーメントが大きく、強い引張りがかかる
W.B.ウィルキンソンの床構造システム（1854年）
鉄の棒
格天井状の石膏の型枠
石膏
引張り側に鉄の棒を入れる工夫
コンクリート
F.エヌビックによるRCラーメン構造の提案（1892年）
（ラーメン（Rahmen）：独語で骨格という意味）
梁主筋
あばら筋
ハンチ
柱主筋
帯筋
剛節点：柱梁は直角を維持
エヌビックラーメンは麺が固め！
ズ
エヌビック

参考文献　5-1、5-2

Q RC造の教会ができたのはいつ？

▼

A 20世紀初頭、アナトール・ド・ボードによるサン・ジャン・ドゥ・モンマルトル教会が最初です。

45°傾けた細いRC（鉄筋コンクリート）の柱から45°方向にアーチのリブ（肋骨）を出し、3つのドームを連ねたヴォールトとしています。ドーム中央には正方形部分があり、3つのうちの2つには、トップサイドライトが付けられています。このヴォールトの構成は、ルイ・オーギュスト・ボワロによる鋳鉄造の教会案に前例があります。RC造でありながら、ゴシック風にするためにか、柱やリブは鉄骨のような細長さです。外装はRCを一部出すだけで、ほとんどの部分を赤レンガで覆っています。現存最古のRC造の建物とされていますが、ワード邸（1876年、R188参照）の方が古いです。

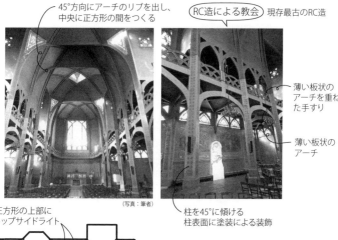

45°方向にアーチのリブを出し、
中央に正方形の間をつくる
RC造による教会
現存最古のRC造
薄い板状の
アーチを重ねた手すり
薄い板状の
アーチ
柱を45°に傾ける
柱表面に塗装による装飾
正方形の上部に
トップサイドライト
平らな正方形の天井
鉄骨の
プロポーションね
アーチのリブを45°方向に出す

（写真：筆者）

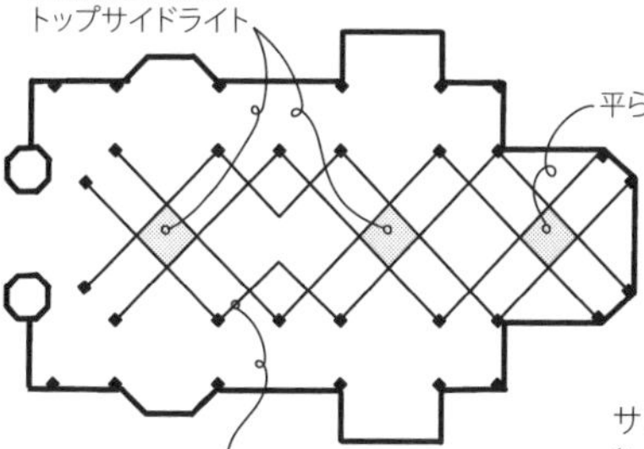

サン・ジャン・ドゥ・モンマルトル教会
（A.ド・ボード、1894～1902年、パリ、仏）

- 3つのドームを連ねてヴォールトとする構成、45°方向のリブでドームをつくる構成は、Googleストリートビューで上から見るとよくわかります。

ガルニエの工業都市　その1

Q T.ガルニエによる工業都市は、どのようにゾーニングされた？

▼

A 住居地域、工業地域を分け、病院などの保健・衛生地区、墓地、ダムは山の方に離して置いています。

中世的な手工業ならば、工場のまわりに住居を配置することもありえますが、近代的な大規模工場ではゾーニングの考え方が必要でした。ガルニエはエコール・デ・ボザール（国立美術学校）に長年在籍してローマ賞に挑み続け、30歳で大賞をとってローマに留学します。その後ボザールのような古典主義と離れ、独自の工業都市の図面を数多く描くことになります。工業都市を最初に高く評価したのはル・コルビュジエで、彼の雑誌『レスプリ・ヌーヴォー』誌の第4号（1921年）に載せています。

工業都市 3万5000人（中規模の地方都市）
（T.ガルニエ、
1901年、1904年、出版は1918年）

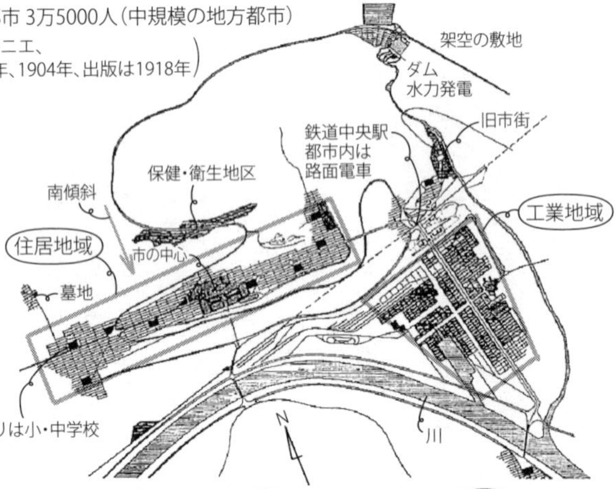

架空の敷地
ダム
水力発電
旧市街
鉄道中央駅
都市内は
路面電車
保健・衛生地区
南傾斜
工業地域
住居地域
市の中心
墓地
黒塗りは小・中学校
N
川

F.Lライト（1867〜1959年）とほぼ同世代。
パリ・オペラ座を設計したのはシャルル・ガルニエで別人。10年かけてローマ賞をとってローマへ。そこで工業都市の図を描きまくる。貧困の出、短躯、ホモセクシャルの劣等感を描画によって克服した、ユートピアを描き続けた建築狂で、社会主義者。

なにごとかを言い得るためには、わたしはまずローマ賞を獲得しなければならなかった（＊）

ボザールの古典主義にはもう飽きた

ローマに行った後、古典主義とはかけ離れた工業都市に夢中になる

T.ガルニエ
（1869〜1948年）
エコール・デ・ボザール出身で、リヨンで活躍。
リヨンのボザール1886年〜
パリのボザール1890年〜
ローマ大賞1899年（30歳）
10年!

- ローマ賞はボザールが毎年行うコンペで、1等のローマ賞受賞者は、ローマのメディチ家での公費での留学が許されました。ガルニエは、8畳分程度のペン入れ着彩された図面を毎年、10年間にもわたって描き続けました。

＊5-3（p.15）／参考文献　5-3、5-4／出典　5-4

Q T.ガルニエの工業都市の住居地域における平屋の建物は、どのような形?

▼

A パラペットを付けた箱形です。

平屋建ての住宅はRC壁構造による単純な箱形で、壁上部にはパラペットを突き出し、その下にはツタを回して、コーニス風の装飾としています。単純な直方体は近代建築の特徴とよく言われますが、古典主義でも箱形は多く建てられており、ルネサンスのパラッツォも一種の箱形と言えます。ヴェルサイユ宮殿の庭園に建つプティ・トリアノンはバラストレード（手すり）の後ろに背の低い寄棟屋根を載せており、下から見ると単純な箱形に見えます。バラストレードはパラペットと同様に壁の上に立ち上がり、背後の屋根を隠しています。19世紀までの箱形は組積造の壁の上に木造の屋根を架けていますが（ヨーロッパの屋根はほとんど木造、ゴシックの大聖堂の屋根も木造）、RCでは壁と一体に陸屋根がつくられるようになり、より簡単に箱形がつくれるようになりました。その単純な箱にいかに魅力を付与するかがひとつのテーマとなってきます。

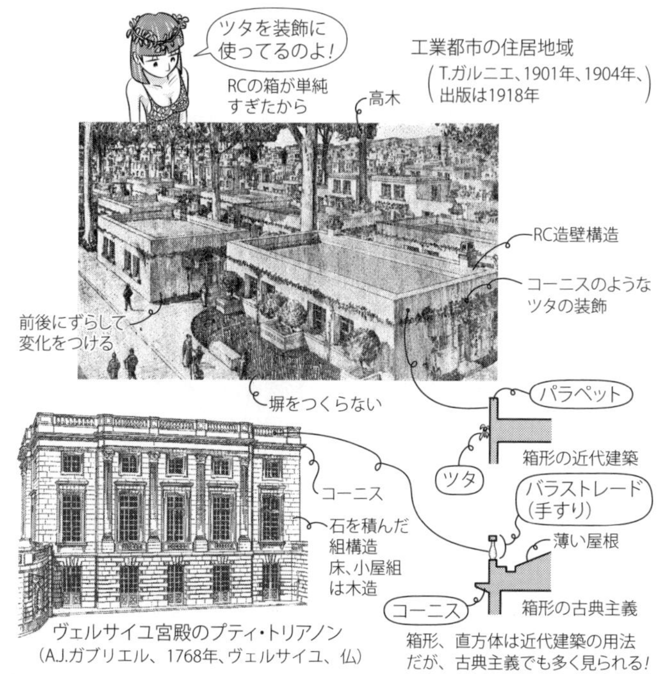
ツタを装飾に使ってるのよ!
RCの箱が単純すぎたから
工業都市の住居地域
（T.ガルニエ、1901年、1904年、出版は1918年）
高木
RC造壁構造
コーニスのようなツタの装飾
前後にずらして変化をつける
塀をつくらない
パラペット
ツタ
箱形の近代建築
コーニス
石を積んだ組構造
床、小屋組は木造
バラストレード（手すり）
薄い屋根
コーニス
箱形の古典主義
ヴェルサイユ宮殿のプティ・トリアノン
（A.J.ガブリエル、1768年、ヴェルサイユ、仏）
箱形、直方体は近代建築の用法だが、古典主義でも多く見られる!

参考文献　5-5／出典　5-5

Q T.ガルニエの工業都市における住居地域では、外部空間はどのようにデザインされた？

▼

A 街区内部に空地をとって大きな樹木を植え、塀をなくしてだれもが通行できるようにした、公園の中に低層住宅が置かれたようなデザインとなっています。

東西150m×南北30mの街区の中を割って1区画を15m角とし、戸建てや2戸建ての平屋や2階屋を多く建てています。建物を街区の前後の境界ギリギリに寄せ、中央に空地を設けて、共用の緑地としています。建物はRC壁構造フラットルーフで壁上部にコーニスをもち、平面の凹凸によって単調さを避けています。外壁には部分的に45°の面取りがされ、内壁にはほこりがたまらないように丸い面取りがされています。

工業都市の住居地域（1901年、1904年、出版は1918年）

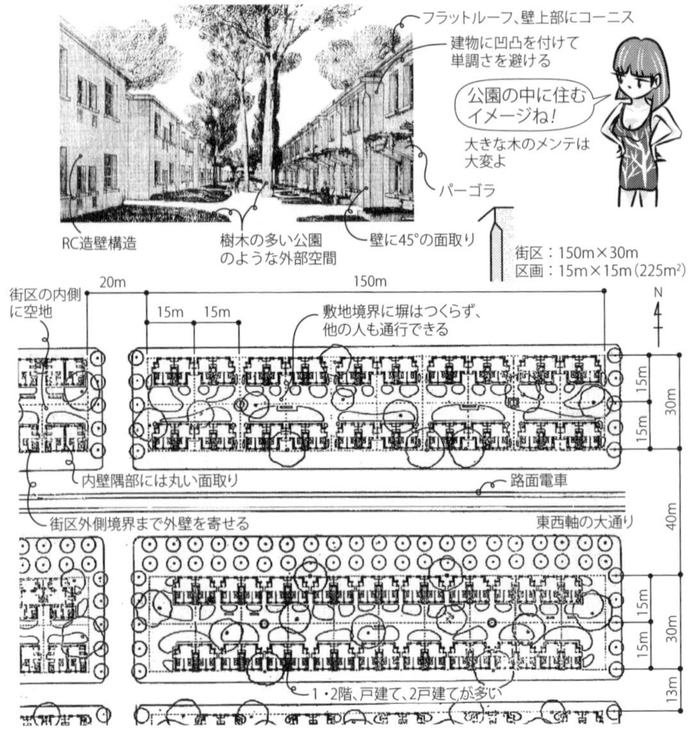
フラットルーフ、壁上部にコーニス
建物に凹凸を付けて
単調さを避ける
公園の中に住む
イメージね！
大きな木のメンテは
大変よ
パーゴラ
RC造壁構造
樹木の多い公園
のような外部空間
壁に45°の面取り
街区：150m×30m
区画：15m×15m（225m²）
街区の内側
に空地
20m
150m
15m
15m
敷地境界に塀はつくらず、
他の人も通行できる
N
15m
15m
30m
内壁隅部には丸い面取り
路面電車
40m
街区外側境界まで外壁を寄せる
東西軸の大通り
15m
15m
30m
1・2階、戸建て、2戸建てが多い
13m

参考文献　5-3、5-4／出典　5-4（上左、下図）

Q T.ガルニエの工業都市における高層の集合住宅のデザイン上の特徴は？

▼

A 4本の柱で持ち上げられた天蓋風屋根スラブ、パーゴラ、2棟の間に架け渡した折返し階段、外壁の45°面取りなど。

1904年にボザールで展示した工業都市では、緑地の中に置かれた平屋や2階建ての住宅だったものが、1918年の出版では4階建ての集合住宅が描かれています。19世紀的ユートピアから20世紀的ハウジングへの移行とも言えます。その絵の中にある天蓋風屋根、パーゴラは、ル・コルビュジエやルドルフ・シンドラーの住宅でも見ることができ、屋上庭園を特徴づける近代建築の重要な要素となっています。

工業都市の住居地域（出版前の1917年頃）

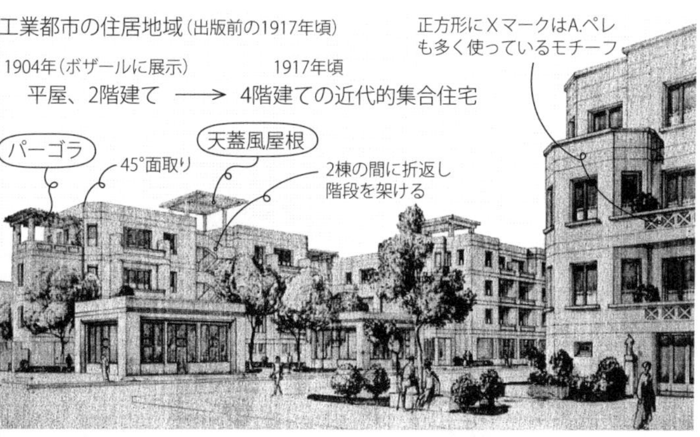
正方形にXマークはA.ペレも多く使っているモチーフ
1904年（ボザールに展示）
1917年頃
平屋、2階建て ──→ 4階建ての近代的集合住宅
パーゴラ
45°面取り
天蓋風屋根
2棟の間に折返し階段を架ける

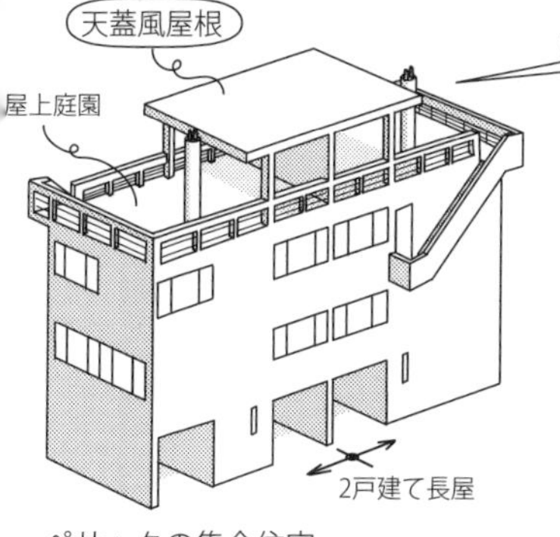
天蓋風屋根
屋上庭園
天蓋風屋根、パーゴラは近代建築の重要な要素
2戸建て長屋

ペサックの集合住宅
（ル・コルビュジエ、1924年、ペサック、仏）

パーゴラ

プエブロ・リベラ・コート
（R.シンドラー、1923年、ラ・ホヤ、米）

参考文献　5-3、5-4／出典　5-4（上図）、5-6（右下写真）

ガルニエの工業都市　その5

Q T.ガルニエの工業都市における集会議場では、どのような建築的工夫がある？

▼

A 巨大なピロティ、大スパン、大スパンを支える巨大な円柱など、新しい技術RCで実現しようとしています。

RCによる集会議場では、巨大なデッキをピロティで持ち上げ、大きな円柱で大スパンを支えています。円柱の基部にはコンクリートによる円筒のベンチがつくられ、あたかも柱礎のように見えます。八角形平面をピラミッド状に積み上げ、その中は3000人収容の会議室とし、その左右にも会議室を置いています。八角形の壁上部には、正方形に×のパターンを入れた格子を付けています。菱形平面の中央前部に組積造風の塔を建て、中心軸を強調していますが、このような建物配置は伝統的なものです。

工業都市の集会議場（T.ガルニエ、1901年、1904年、出版は1918年）

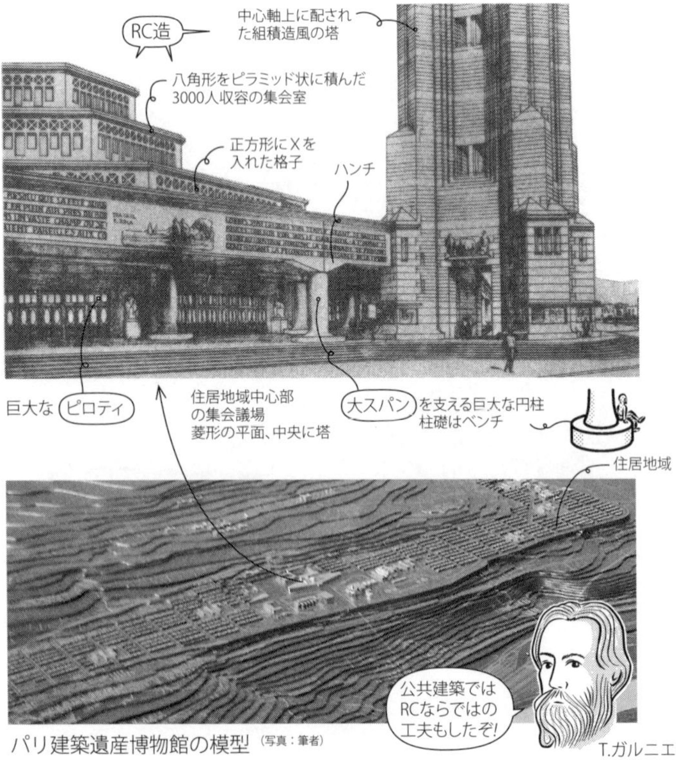

RC造
中心軸上に配された組積造風の塔
八角形をピラミッド状に積んだ3000人収容の集会室
正方形にXを入れた格子
ハンチ
巨大な ピロティ
住居地域中心部の集会議場
菱形の平面、中央に塔
大スパン を支える巨大な円柱
柱礎はベンチ
住居地域
公共建築ではRCならではの工夫もしたぞ!
T.ガルニエ

パリ建築遺産博物館の模型（写真：筆者）

参考文献　5-3、5-4／出典　5-4（上図）

ガルニエの工業都市　その6

Q T.ガルニエは工業都市の集会議場の塔をランドマークにするために道路計画はどうした？

▼

A 東西に走る大通りの軸線上に塔を置き、大通りは集会議場の前で迂回させています。

大通りのヴィスタの先、パースの焦点となる所に塔を配置し、地域の象徴、ランドマークとなるように配慮されています。大通りの軸を塔に合わせたため、大通りは塔の前で迂回させています。路面電車が中央に走る幅40mの大通りは住居地域を東西に貫き、西は山地まで、東は中央駅前まで続き、南から延びてくる工業地帯の大通りと交わっています。すなわち住居地域を横につなぐ大通りと工業地域を縦につなぐ大通りが、中央駅前で連結され、両地域を結び付けているわけです。この2本の大通りがスパイン（背骨）となり、その下位の道路と格子状をなして、住居地域と工業地域を形づくっています。

工業都市の集会議場周辺（1901年、1904年、出版は1918年）

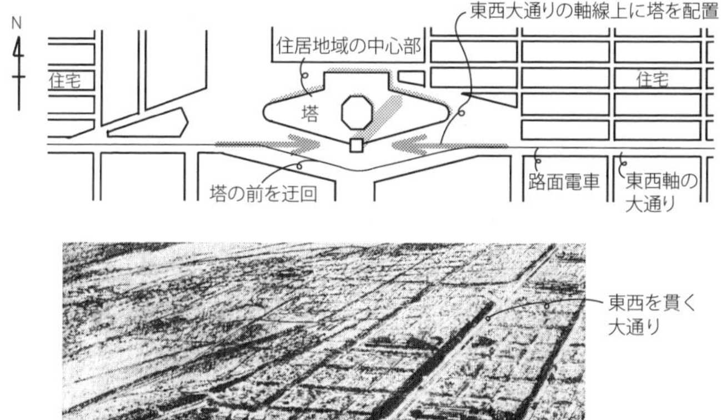
N
東西大通りの軸線上に塔を配置
住居地域の中心部
住宅
塔
住宅
塔の前を迂回
路面電車
東西軸の大通り
東西を貫く大通り
集会議場
N
大通りを迂回させている
(見通し)ヴィスタの先に塔が見える

塔がランドマークとなるように工夫してるのか

参考文献　5-4／出典　5-4（下図）

Q T.ガルニエの工業都市に屋上庭園はつくられた？

A 初等学校の屋上は、緑化された屋上庭園です。

屋上庭園、ピロティはル・コルビュジエが近代建築の5原則（1926年）の中で挙げたものですが、屋上庭園はA.ペレのフランクリン街のアパート（1903年）、F.エヌビックの住宅（1904年）、F.L.ライトのラーキン・ビル（1903年）など、20世紀初頭ではすでに実際につくられています。コンクリートは型枠に生コンを打ち込んで固めるので、傾斜屋根よりも陸屋根の方が簡単につくることができ、その平らな屋根を活用しようとしたのが屋上庭園です。ピロティ（仏：pilotis原義は杭）は柱だけで支えた吹放しの空間で、広義には1階のアーケードもピロティの一種と思われます。工業都市では集会議場の1階が大スパンで支えられたピロティとされ、エヌビックによるラーメンで描かれたハンチも使われています。ハンチは曲げモーメントが大きい柱梁端部を、斜めにして補強するものです。

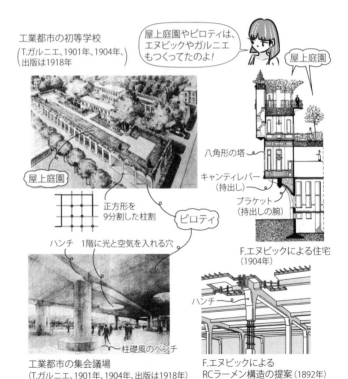

工業都市の初等学校
（T.ガルニエ、1901年、1904年、出版は1918年）

屋上庭園やピロティは、エヌビックやガルニエもつくってたのよ！

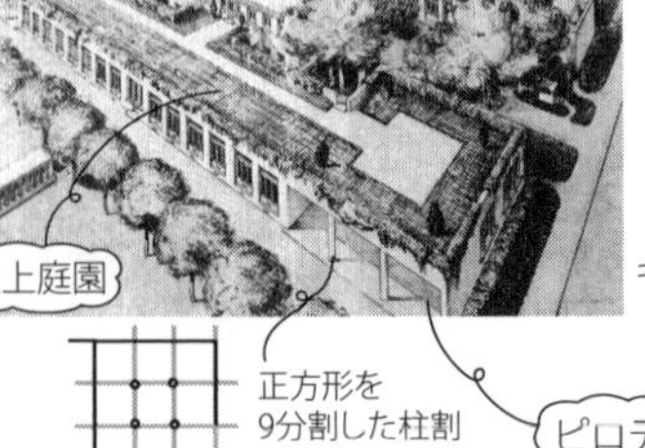

屋上庭園

正方形を9分割した柱割

ピロティ

八角形の塔

キャンティレバー（持出し）

ブラケット（持出しの腕）

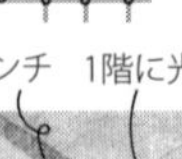

F.エヌビックによる住宅（1904年）

ハンチ　1階に光と空気を入れる穴

柱礎風のベンチ

工業都市の集会議場
（T.ガルニエ、1901年、1904年、出版は1918年）

ハンチ

F.エヌビックによる
RCラーメン構造の提案（1892年）

参考文献　5-4／出典　5-4（左上、左下パース）

Q T.ガルニエの工業都市における中央駅にあるキャノピー（入口庇）はどのような構造？

A マッシュルーム柱による無梁版構造です。

柱上部をマッシュルーム状にして、梁を付けずにスラブを支え、薄いスラブはキャンティレバー（持出し）とされています。奥に見える駅舎は、柱梁以外はガラスとされています。時計塔はRCの3本の柱と梁でつくられ、全体としてRC構造が露出されたデザインです。

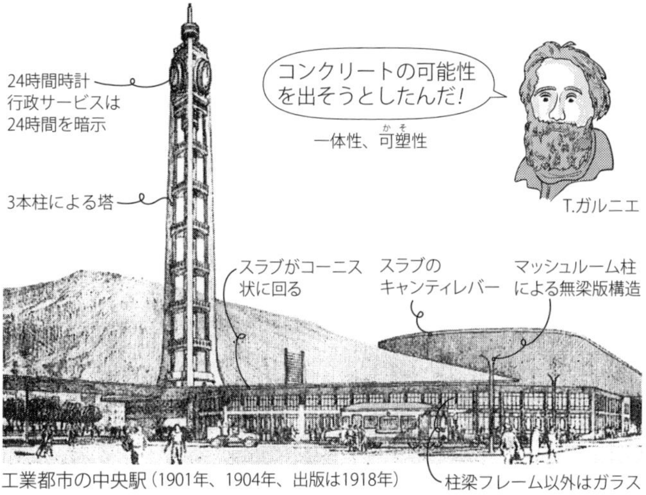
24時間時計
行政サービスは
24時間を暗示
3本柱による塔
コンクリートの可能性
を出そうとしたんだ!
一体性、可塑性
T.ガルニエ
スラブがコーニス
状に回る
スラブの
キャンティレバー
マッシュルーム柱
による無梁版構造
柱梁フレーム以外はガラス
工業都市の中央駅（1901年、1904年、出版は1918年）

マッシュルーム
で支えるのね
マッシュルーム・ヘアー
無梁版構造
梁なしのスラブ
チューリヒの倉庫
（R.マイヤール、1908年）
スイスに多くのRCアーチ橋をつくる

● マッシュルーム柱による無梁版構造は、スイスの構造家ロベール・マイヤールがチューリヒの倉庫（1908年）で採用しています。マッシュルーム柱は、F. L.ライトによるジョンソン・ワックス本社ビル（1936〜39年）が有名ですが、30年以上前にマイヤールが実現していました。マイヤールはスイスの渓谷に、RCによるアーチ橋を多く架け、コンクリートの可塑性、一体性を追求しました。

参考文献　5-4、5-5、5-7／出典　5-4（上図）

Q 工業都市のプールは、どのようなデザイン？

▼

A 柱列を正面に配した直方体の上に、スリット状の窓を付けた楕円平面のシェルを載せています。

楕円平面のシェルはプールを有する大空間の上に載っているだけですが、工業都市の中ではユニークな形をしており、下から上部にシェルが突き抜けたル・コルビュジエのチャンディガール州議事堂が思い起こされます。壁柱で支えた玄関柱廊の後ろに直方体の建物を配しているのも似ています。造形的要素を直方体に載せるのは、コルビュジエがよく使うデザイン手法で、サヴォア邸では湾曲した壁を載せています。T.ガルニエは3つのシェルを左右対称に配置したボザール流、古典主義風の構成です。一方コルビュジエはシェルを右に大きく偏心させ、左側のピラミッド状の形とバランスをとっています。工業都市の住居地域北側山麓に置かれた日光療養所は、南傾斜を利用してひな壇状にテラスを出し、その部屋境の壁が柱列風に並んだデザインは、ほとんど現代建築です。

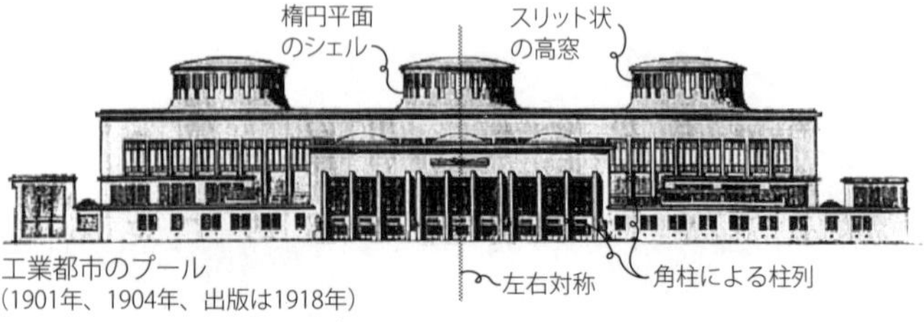

楕円平面
のシェル
スリット状
の高窓
左右対称
角柱による柱列

工業都市のプール
（1901年、1904年、出版は1918年）

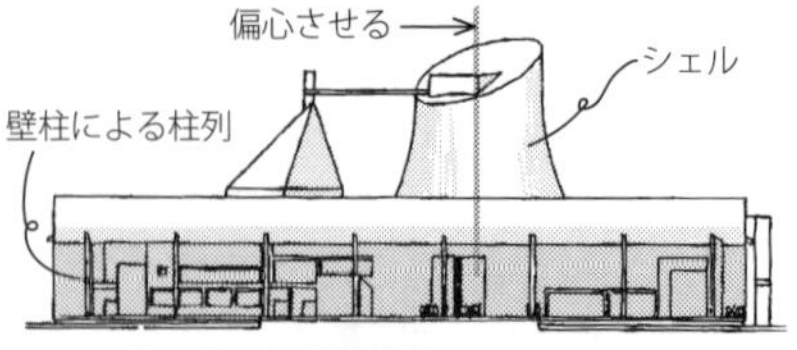

偏心させる
シェル
壁柱による柱列
頭に造形的要素
を載せてるのよ！

チャンディガール州議事堂
（ル・コルビュジエ、1962年、チャンディガール、印）

左右対称
部屋境の壁をエッジ
を見せて並べる
南傾斜の敷地にひな壇状
にテラスを付ける

工業都市の日光療養所
（1901年、1904年、出版は1918年）

参考文献　5-3、5-4、5-8／出典　5-4（上図、下図）

ガルニエの工業都市　その10

Q T.ガルニエの工業都市における工業地帯の建物のデザインの特徴は？

A 煙突に入れられたフルーティング（溝彫り）風の凸形の筋、円筒形や八角形の塔のまわりを巡る鉄骨トラスによるブリッジやデッキによる多層の歩行路など、全体として現代の化学コンビナートのようなデザインです。

鉄骨トラスのブリッジやデッキが多層に組まれて、工業都市の中でも未来的な絵となっています。煙突や塔にフルーティング状に筋を入れる方法は家畜市場機械棟（1908～14年）で実現しており、後のG.G.スコットによるバタシー発電所（1929～33年）の煙突にも使われています。いずれも古代のオーダーにおけるフルーティングから来ています。

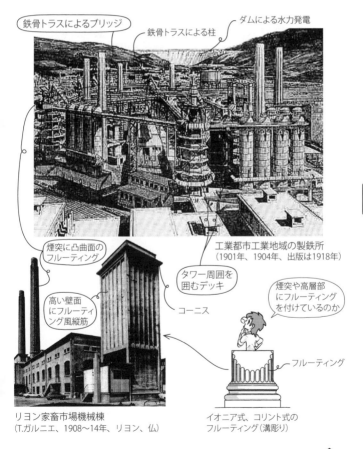

鉄骨トラスによるブリッジ
鉄骨トラスによる柱
ダムによる水力発電

工業都市工業地域の製鉄所
（1901年、1904年、出版は1918年）

煙突に凸曲面のフルーティング
高い壁面にフルーティング風縦筋
タワー周囲を囲むデッキ
コーニス
煙突や高層部にフルーティングを付けているのか
フルーティング

リヨン家畜市場機械棟
（T.ガルニエ、1908～14年、リヨン、仏）

イオニア式、コリント式の
フルーティング（溝彫り）

参考文献　5-4、5-9／出典　5-4（上図）、5-9（左下写真）

Q T.ガルニエの工業都市における大スパンの工場はどのような屋根？

▼

A 鉄骨トラスによる3ヒンジアーチの上に階段状に屋根を架け、トップサイドライトを付けています。

工場地帯には3つの大スパンの建物があり、3ヒンジアーチの鉄骨トラスが架けられています。階段状にされた屋根の垂直面に窓がとられた構成は、後にリヨン家畜市場として1914年に実現されます。ガルニエがパリに出たのは万国博開催中の1889年の春で、スパン約115mの3ヒンジアーチによる機械館を見ており、そこからの影響は明らかです。

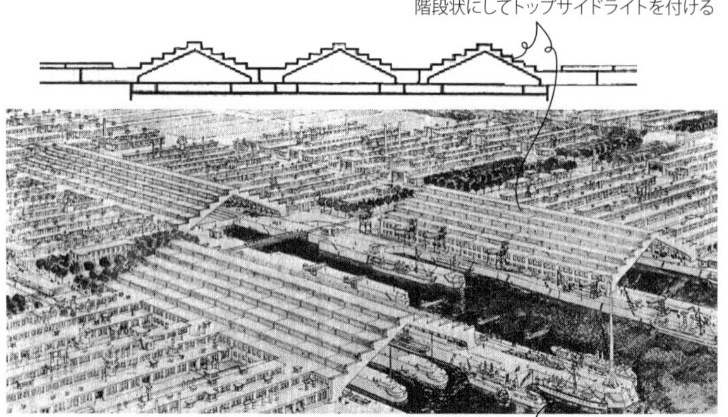
階段状にしてトップサイドライトを付ける
川から水を引き込み船が入るようにする
工業都市大スパンの工場（1901年、1904年、出版は1918年）

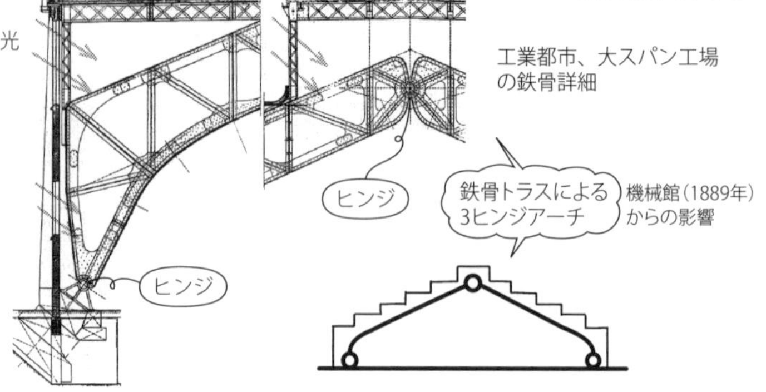
光
ヒンジ
ヒンジ
工業都市、大スパン工場の鉄骨詳細
鉄骨トラスによる3ヒンジアーチ
機械館（1889年）からの影響

参考文献　5-3、5-4／出典　5-4（パース、断面）

Q RCによる最初の近代建築と言われているのは？

▼

A A.ペレによる1903年のフランクリン街のアパートです。

陸屋根、屋上庭園、キャンティレバー、大ガラス面など、多くの近代建築の要素をもったRC造のアパートです。しかし屋上庭園はバルコニー程度の小ささなもので、持出しは小さく、外壁はタイル張り、窓は縦長で伝統的な印象の強いデザインです。

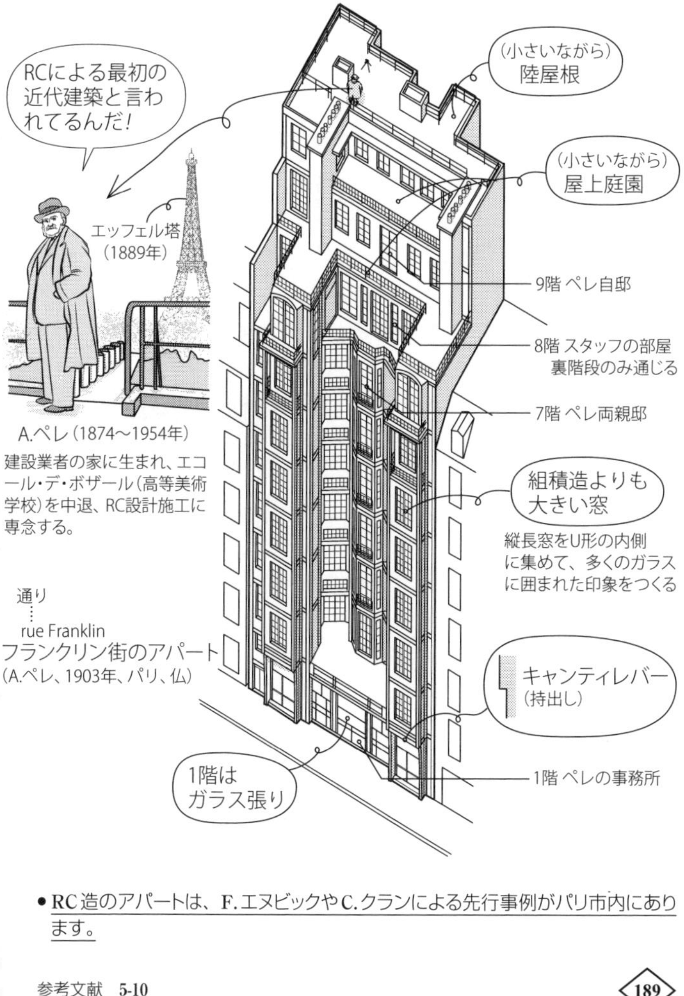

RCによる最初の近代建築と言われてるんだ！
エッフェル塔（1889年）
（小さいながら）陸屋根
（小さいながら）屋上庭園
9階 ペレ自邸
8階 スタッフの部屋 裏階段のみ通じる
7階 ペレ両親邸
組積造よりも大きい窓
縦長窓をU形の内側に集めて、多くのガラスに囲まれた印象をつくる
キャンティレバー（持出し）
1階はガラス張り
1階 ペレの事務所
通り
rue Franklin

A.ペレ（1874～1954年）

建設業者の家に生まれ、エコール・デ・ボザール（高等美術学校）を中退、RC設計施工に専念する。

フランクリン街のアパート
（A.ペレ、1903年、パリ、仏）

- RC造のアパートは、F.エヌビックやC.クランによる先行事例がパリ市内にあります。

参考文献　5-10

R177

A.ペレは建設業者の家に生まれ、エコール·デ·ボザール（高等美術学校）を1901年に中退して、主にRCによる設計施工の仕事に専念します。ペレが初めてRCを使ったのは、1899年のサン・マロのカジノにおけるテラスの床スラブです。1903年のフランクリン街のRC造アパートでは古典主義のモチーフはなくなり、1階や上層凹部にはガラスが多く配されます。平面は左右対称、3分割のU形を基本とした古典主義的な構成ですが、RC柱梁で組まれたために壁が少ない自由度の多いプランとなっています。壁が少ないため、家具のレイアウトがしにくいという批評もありました。

フランクリン街のアパート
基準階平面図

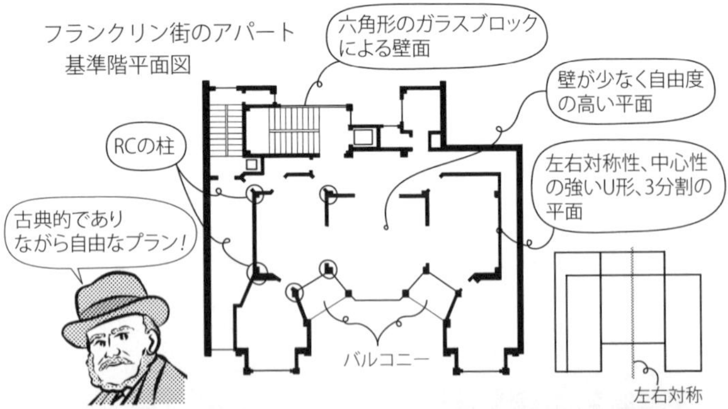

六角形のガラスブロックによる壁面
壁が少なく自由度の高い平面
RCの柱
左右対称性、中心性の強いU形、3分割の平面
古典的でありながら自由なプラン！
バルコニー
左右対称

構造以外は葉形や円形のタイル
構造の部分は無地のタイル
少しだけ持出し
（写真：筆者）

斜め
A.S.Perret 1903の銘文入りタイル
反対側にはPigot 1903
タイルのデザイン

RCの柱の上には長方形のタイル、壁にはA.ピゴによる葉形と円形タイル。RCは露出していないけれど構造体がわかるように表面のタイルを張り分けています。六角形のガラスブロックには、H.ギマールによる先行事例があります。

ペレは縦長窓、ル・コルビュジエは横長窓か大ガラス面を使います。ペレも要所では大ガラス面を使いますが、多くは伝統的な縦長窓です。パリ・ジャーナル（Paris Journal）1923年12月1日号において、ペレはコルビュジエの窓のとり方を批判します。極端に水平や垂直に延ばされた窓は、外観は個性的になるが、住人にはパノラマを強制するものだ。外形の視覚的刺激に過度に没頭して水平窓や大ガラス面をつくっている。窓を1カ所にまとめて大ガラスとしてその他を壁にすると、内部の半分には光が入らなくなる。機能（function）は機関（organ）をつくるが、機関は機能を超えてはならないと。これに対してコルビュジエはより多くの光と空気をとり入れるための水平窓、大ガラス面であると反論。

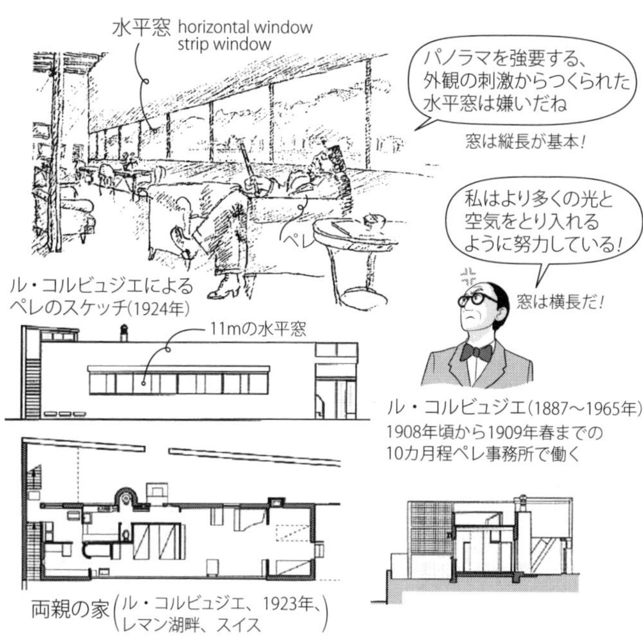
水平窓 horizontal window
strip window
パノラマを強要する、
外観の刺激からつくられた
水平窓は嫌いだね
窓は縦長が基本！
私はより多くの光と
空気をとり入れる
ように努力している！
窓は横長だ！
ペレ
11mの水平窓
ル・コルビュジエによるペレのスケッチ(1924年)

ル・コルビュジエ(1887～1965年)
1908年頃から1909年春までの10カ月程ペレ事務所で働く

両親の家（ル・コルビュジエ、1923年、レマン湖畔、スイス）

ジャーナリストはこの議論に対し、ル・コルビュジエの両親の家（1923年）を参照して、「湖側の水平窓は伝統的な縦長窓よりも光や眺めの点で優れている。縦長は壁が荷重を支える組積造のための形で、横長の水平窓はRCの可能性を引き出す」と結論づけています。ペレは柱梁と縁による枠組みを立面につくり、その枠の中に伝統的な縦長窓を納めるデザインをよくやりました。そのためRC打放しでつくられた建物でも、柱梁は古典主義的伝統の匂いがするデザインとなり、古い街並みには馴染むけれど、近代建築の新しい地平を切り開くことはできなかったように思われます。

参考文献　5-10、5-11／出典　5-10（上スケッチ）

R178

Q A.ペレによるポンテュ街のガレージのファサードは、柱でどのように分割されている？

▼

A 大きな中央の柱間と左右の小さい柱間により、3：5：3に3分割されています。

車を売ったり貸したりする店舗の建物で、RC造ラーメン構造でつくられ、白い塗装がされてはいるもののフランクリン街のアパートのようにはタイルは張られておらず、コンクリートのフレームが露出しています。3：5：3の中央に正方形の大きな窓を置いた、対称性の強い3分割構成です。最上部はコーニス風のスラブを突出させ、その下にはフリーズ風の縦長の窓列が配されています。ペレ自身が「世界初の美的なコンクリートの試み」と言っていますが、伝統的構成を下地としていること、少し前の1904年のF.L.ライトによるユニティ教会はRC打放しの上に洗い出しとし、形、空間ともまったく新しい形と空間を提示していることから、その言葉は少々疑わしくなります。

ポンテュ街のガレージ
（A.ペレ、1907年、パリ、仏
1970年取壊し）

RCラーメン構造
コンクリート打放し
一部塗装
コーニス風
フリーズ風
RENAULT
正方形の
大型ガラス
古典主義風
3分割構成
3
5
3
内部は吹抜け

世界初の美的な
鉄筋コンクリート
の試みじゃよ！
A.ペレ本人
の言葉
そうかしら？
A.ペレ

エンタブレチュア
コーニス
フリーズ
アーキトレーヴ
コラム
column
円柱
ポディウム
podium
基壇
パルテノン神殿
（BC432年、アテネ、ギリシャ）

- 写真を見ると白い塗装はショーウィンドウまわりだけのときと、1階全体が塗られているときがあり、撮影時期により塗装部分は変わっています。

ポンテュ街のガレージにおけるファサードは、ピラスター（付柱）と梁によるフレームの表現となっています。壁に四角い柱型を突出させるのはピラスターと呼ばれ、古代から使われています。梁面は柱面よりも奥に下げ、柱の縦線を上まで通しています。中央の正方形のガラス面は、ゴシックのバラ窓風とも言えるし、古典主義でも中央に正方形の無窓の壁パネルを配することも行われています。ペレはRCによる近代的なオーダーをつくろうとしていたようにも見えます。

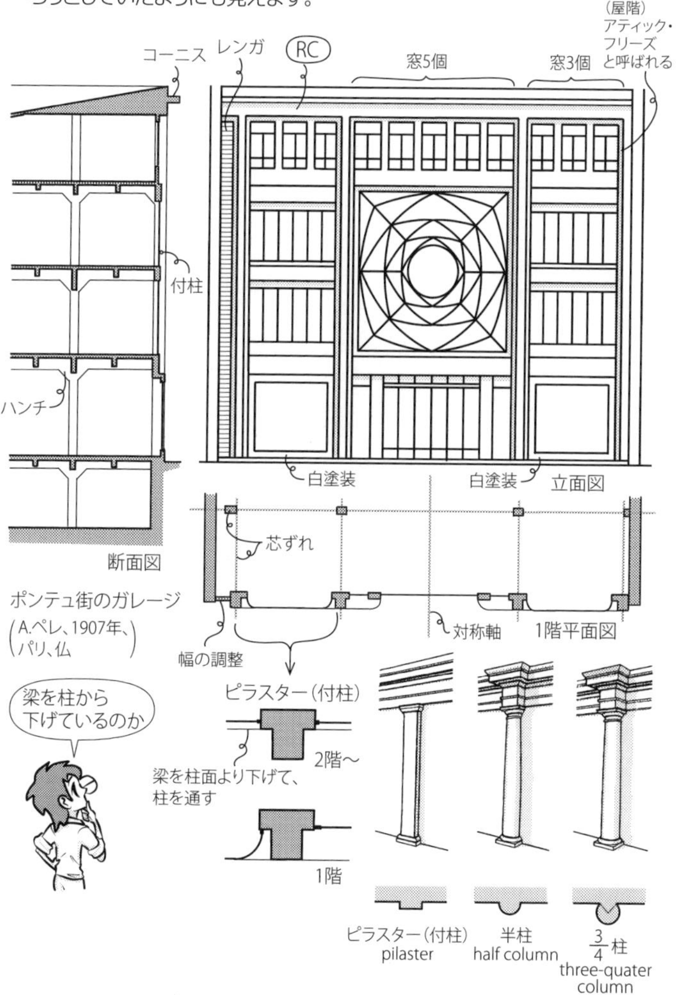
(屋階)
アティック・
フリーズ
と呼ばれる
コーニス
レンガ
RC
窓5個
窓3個
付柱
ハンチ
白塗装
白塗装
立面図
芯ずれ
断面図
ポンテュ街のガレージ
(A.ペレ、1907年、パリ、仏)
幅の調整
対称軸
1階平面図
ピラスター（付柱）
梁を柱から下げているのか
2階〜
梁を柱面より下げて、柱を通す
1階
ピラスター（付柱） pilaster
半柱 half column
3/4柱 three-quater column

R179

ポンテュ街のガレージ　その2

Q A.ペレによるポンテュ街のガレージ内部はどのような空間構成？

A 中央にトップライトの付けられた吹抜けの長い空間を置き、その両脇に3層の床を置いた、3廊式の教会のような空間です。

左右対称の中心軸上に奥行のある、光の注ぐ天井の高い空間を置き、その両脇に天井の低い空間を配した3廊式、バシリカ式教会（＊）のような対称性、中心性の強い空間構成です。ペレによるRC造のフランクリン街のアパートとポンテュ街のガレージの2作品は、後に近代建築を建築史の主流とする建築史家S.ギーディオンらによって、近代建築の先駆的作品と位置づけられるようになります。ただし教会のような空間構成は、伝統を近代的に読み替えたものとも受け取れます。

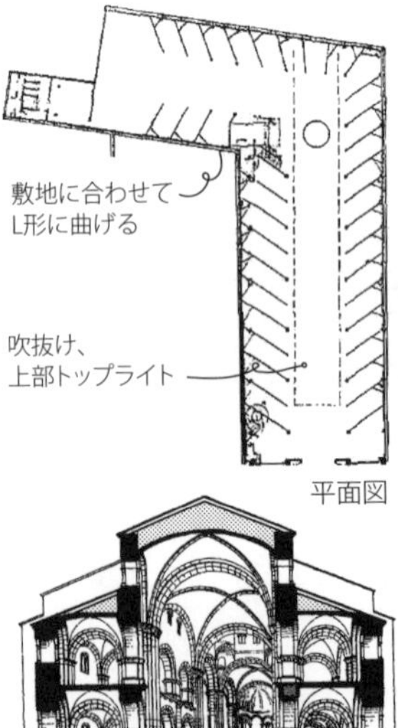

ポンテュ街のガレージ（A.ペレ、1907年、パリ、仏）

ガラスのトップライト

鉄骨トラスのブリッジ

3廊式の教会みたいね！

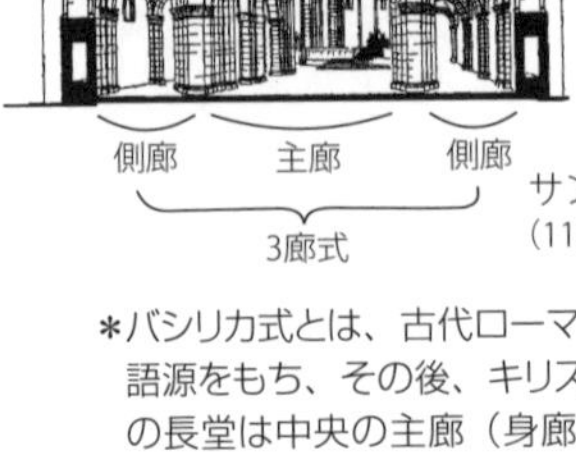

敷地に合わせてL形に曲げる

吹抜け、上部トップライト

平面図

側廊　主廊　側廊

3廊式

サン・ミケーレ・マッジョーレ聖堂
（1100～1600年、パヴィア、伊）

＊バシリカ式とは、古代ローマで裁判所や集会所に使われた長方形平面の建物に語源をもち、その後、キリスト教会の長堂を指していわれるようになります。その長堂は中央の主廊（身廊、nave）と両脇の側廊（aisle）による3廊式が主流となり、長方形の奥に直交する袖廊（しゅうろう、transept）を付けてラテン十字平面とするのが一般化します。ゴシック、古典主義の両者で使われます。広義には、中心があって両脇があるという3分割構成でもあります。

参考文献　5-2

Q A.ペレによるシャンゼリゼ劇場におけるファサードはどのような構成？

A ピラスター（付柱）をペアで用い、垂直性を優先し、上部をコーニス、フリーズ、アーキトレーヴ風の水平材で押さえた、古典主義を単純化したような構成です。

中央の直方体を3スパンで支え、ペアコラムのようにピラスターをペアで使い、柱間の枠内に窓、めくら窓（実際の窓のない）パネル、レリーフ（浮彫り）などを配しています。柱頭の薄い縁、窓枠、扉金物、彫り文字は金色とされ、白大理石とともに品の良い古典主義風のファサードを形成しています。

シャンゼリゼ劇場（A.ペレ、1913年、パリ、仏）

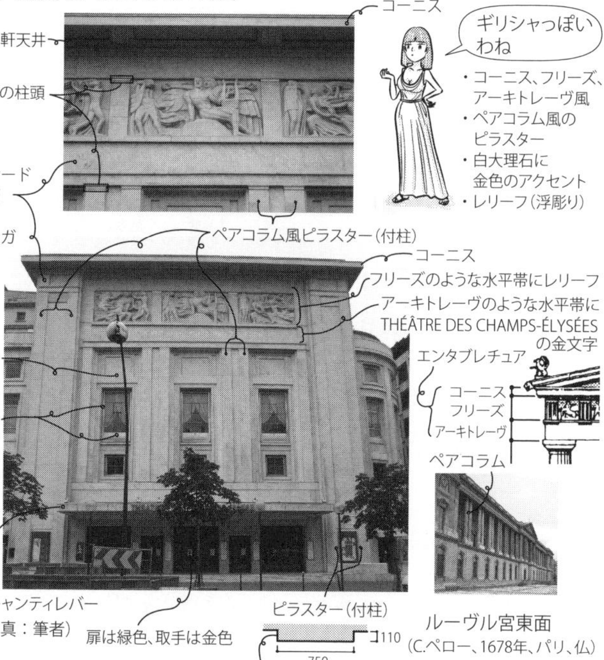

コーニス
コーニスの軒天井に梁型
金色の柱頭
正面ファサードは白大理石
側面はRC塗装とレンガ
ペアコラム風ピラスター（付柱）
コーニス
フリーズのような水平帯にレリーフ
アーキトレーヴのような水平帯にTHÉÂTRE DES CHAMPS-ÉLYSÉESの金文字
盲窓パネル
金色の窓枠
庇はRCのキャンティレバー
扉は緑色、取手は金色
ギリシャっぽいわね
・コーニス、フリーズ、アーキトレーヴ風
・ペアコラム風のピラスター
・白大理石に金色のアクセント
・レリーフ（浮彫り）
エンタブレチュア
コーニス
フリーズ
アーキトレーヴ
ペアコラム
ピラスター（付柱）
110
750
白大理石張り
（筆者実測）

（写真：筆者）

ルーヴル宮東面
（C.ペロー、1678年、パリ、仏）

- 白地に金の縁取りはウィーンのO.ワグナーらの作品に多く、曲線的な繰り形（モールディング）がほとんどないことから、ドイツ的、ゲルマン的、ゼツェッシオン的でフランスにはそぐわないとの批判も受けました。しかし、近代建築に貢献したRC造による劇場として、1957年に20世紀の建物で最初の文化財に指定されます。

参考文献　5-10、5-11

R181

シャンゼリゼ劇場　その2

Q A.ペレによるシャンゼリゼ劇場における柱のスパン割は均等グリッド?

▼

A いいえ、ダブルグリッドも使われています。

ファサードとホワイエではペアコラムとペアの梁型にするため、意匠の要求から**a**：**b**：**a**：**b**：**a**のダブルグリッドとされています。吹抜けの四隅ではさらに細かいスパンで柱が入れられ、全体として見ると複雑なスパン割となっています。奥行き方向は均等グリッドに近いものですが、劇場の大スパンに架けるアーチはペアにされています。ホワイエの吹抜け上部は中ホールとされ、建物の角からのアプローチとなります。**2100**席の大ホール、**750**席の中ホール、**250**席の小ホールを幅約**37m**、奥行約**95m**の敷地にコンパクトに入れています。

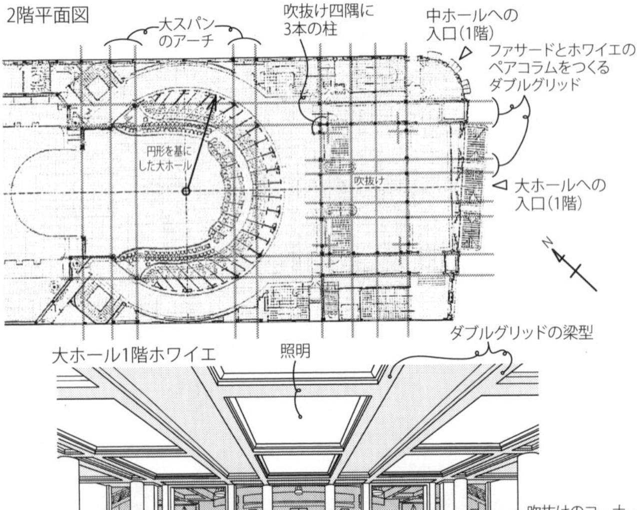

2階平面図

大スパンのアーチ
吹抜け四隅に3本の柱
中ホールへの入口(1階)
ファサードとホワイエのペアコラムをつくるダブルグリッド
円形を基にした大ホール
吹抜け
大ホールへの入口(1階)
N

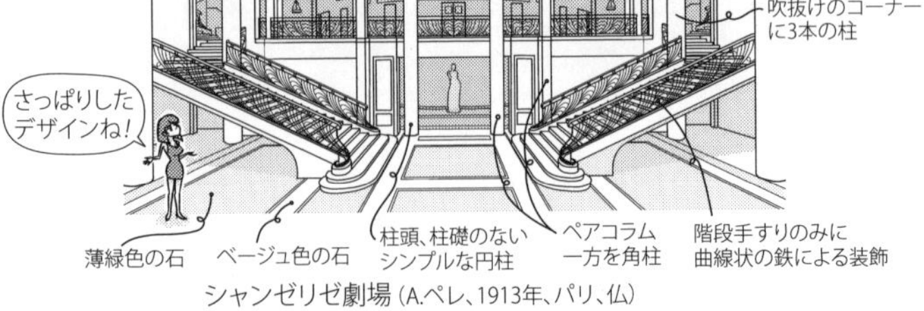

大ホール1階ホワイエ

照明
ダブルグリッドの梁型
吹抜けのコーナーに3本の柱
さっぱりしたデザインね!
薄緑色の石
ベージュ色の石
柱頭、柱礎のないシンプルな円柱
ペアコラム一方を角柱
階段手すりのみに曲線状の鉄による装飾

シャンゼリゼ劇場(A.ペレ、1913年、パリ、仏)

- 柿落しから**2**カ月後に島崎藤村がシャンゼリゼ劇場を訪れ、「パリには珍しいセセッション式の新劇場」「多くの直線で考案された白い大理石の新建築」と述べています(*)。

*5-11(p.73)/参考文献　5-10、5-11

シャンゼリゼ劇場　その3

Q A.ペレによるシャンゼリゼ劇場の大スパンはどうやって架けている？

▼

A RCのアーチと直線の梁を複合した構造で架けています。

劇場は大きな空間なので梁を架けるのが大変で、従来木造トラスを架けていましたが、テアトル・フランセ（**1790**年、パリ）あたりから鉄骨トラスが主流となります。シャンゼリゼ劇場で初めてRCの梁が採用されました。アーチの下に引張り材としての直線の梁を置き、それをペアで並べて、軸と直交方向に壁を何枚か入れて両者を相互に一体化させています（**bowstring truss**：弓形のトラス）。劇場の**2**階席、**3**階席はキャンティレバーされていますが、三角形状のRC壁を並べることで支えています。

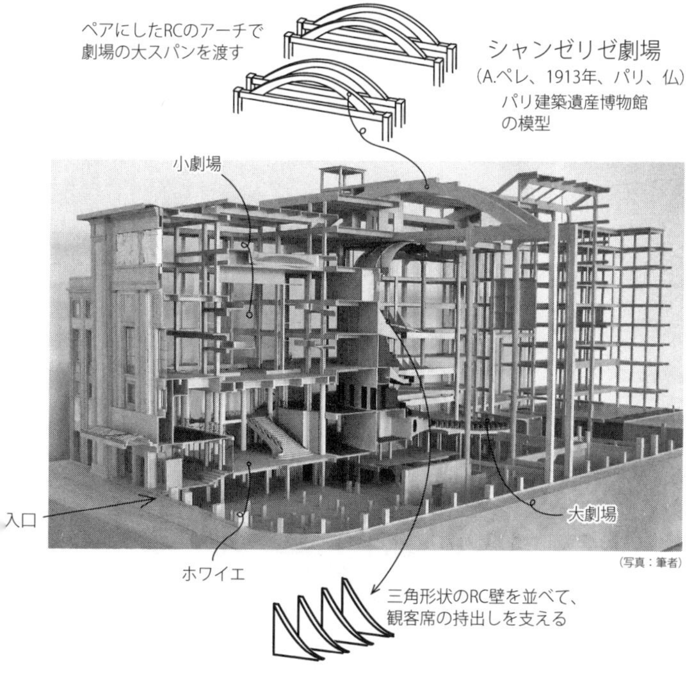

ペアにしたRCのアーチで
劇場の大スパンを渡す

シャンゼリゼ劇場
（A.ペレ、1913年、パリ、仏）
パリ建築遺産博物館
の模型

小劇場

入口

ホワイエ

大劇場

（写真：筆者）

三角形状のRC壁を並べて、
観客席の持出しを支える

- この劇場はアンリ・ヴァン・デ・ヴェルデ、アントワーヌ・ブールデル、モーリス・ドニら多くの建築家、芸術家も関与しますが、最終的にはペレが設計者となりました。装飾の少ない簡素簡潔な劇場となったのは、ペレの近代的なデザインによると同時に、オペラ座とは異なり、少ない私的資金にも理由があります。正面は白大理石が張られていますが、側面は塗装されたRC柱梁の間にレンガを充填しただけの立面です。

参考文献　5-10

カサブランカの倉庫

Q A.ペレによるカサブランカの倉庫の屋根はどのような構造？

▼

A RCシェルによる浅いヴォールトを並列に並べたもの。

1915年にモロッコのカサブランカにつくった農機具を収納する倉庫は、クライアントから木造による倉庫を依頼されたけど、同コストでRCができるとペレが提案し実現したもの。厚さ約7cmと非常に薄いシェルで背の低いヴォールトをつくってスパン約7.5mを渡し、それを並列に並べて大空間としています。ヴォールトは圧縮応力だけで架ける古代からある組積造の手法で、ヨーロッパの伝統と深くかかわっています。ペレはヴォールトをRCシェル（貝殻構造）でつくることにより、新たな技術で伝統的空間を継承しようとしたと思われます。ヴォールトの端部の妻面では、レンガをあけて積むことで孔を多くつくり、換気のできるスクリーンとしています。

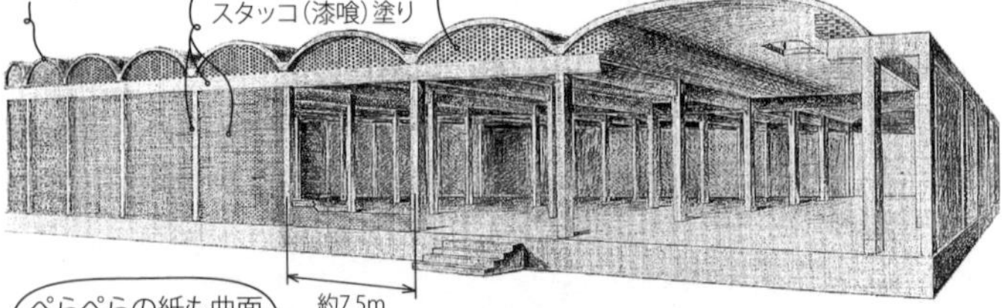

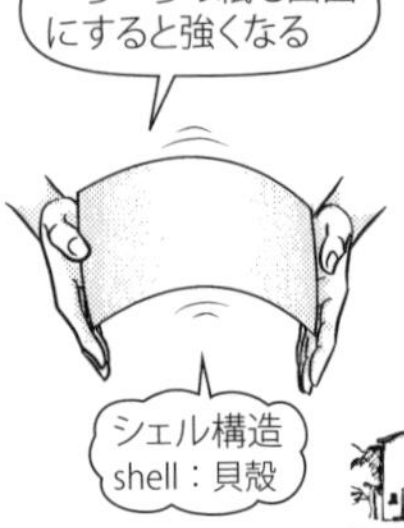

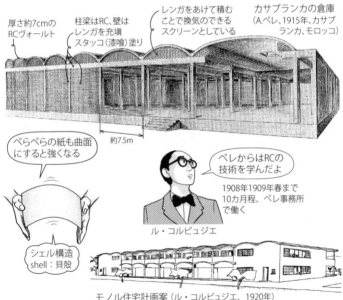

厚さ約7cmのRCヴォールト
柱梁はRC、壁はレンガを充塡スタッコ（漆喰）塗り
レンガをあけて積むことで換気のできるスクリーンとしている
カサブランカの倉庫（A.ペレ、1915年、カサブランカ、モロッコ）
約7.5m
ぺらぺらの紙も曲面にすると強くなる
シェル構造 shell：貝殻
ペレからはRCの技術を学んだよ
1908年1909年春まで10カ月程、ペレ事務所で働く
ル・コルビュジエ

モノル住宅計画案（ル・コルビュジエ、1920年）

- ヴォールトを並べて波打つ天井をつくる方法を、ル・コルビュジエは何度も試みています。コルビュジエによるモノル住宅計画案（1920年）では、浅いヴォールトを並べて波打つ屋根をつくり、その下に集合住宅を入れています。彼は1908年から1909年の春まで10カ月ほどペレ事務所で仕事をし、RCの作法をペレから学んだと思われます。また最初の給料で、ペレから薦められたE.E.ヴィオレ・ル・デュクの『中世建築辞典』（1854～1868年）を買っており、ゴシックにおける構造やディテールも学んでいます。

参考文献　5-10、5-11、5-12／出典　5-10（上パース）、5-12（下パース）

R184

塔状都市

Q A.ペレの塔状都市における高層ビルはどのようなデザイン？

A 正方形平面の高層棟の上に八角形平面と円形平面の棟がピラミッド状に重なる中世の鐘楼のようなデザインです。

緑地の中に高層ビルが並んで、相互にブリッジで連結した塔状都市を、ペレは1922年に構想し、弟子がパースに起こしています。ル・コルビュジエによる300万人都市の高層ビル群は、ペレとの対談中に語られたことから発想したと述べています（＊）。塔状都市（Ville de tours）という言葉が、コルビュジエを感化したようです。300万人都市における高層ビルは、陽射しを受けやすくするために、十字形の各腕をジグザグの凹凸にしたユニークな形態です。

窓を数えると59階
円形
八角形
中世の鐘楼のような高層ビル
正方形の四隅を45°方向に柱状に出す
日当たりを良くするために、十字形の上に、各腕をジグザグにする
緑地
アーチのブリッジで相互を結ぶ

ペレによる塔状都市（Villes-Tours）
d.J.ランバートによるパース（1922年）

ル・コルビュジエによる
300万人都市（1922年）

- ペレによる高層ビルは、アミアンの駅前に1948年に実現されます。その通称ペレ塔の形は、正方形平面の棟の上に八角形平面と45°振った正方形平面の棟をピラミッド状に重ねた、やはり中世的な形をしています。ペレは継承者、コルビュジエは革命家であることが、ふたつの塔の姿からも明らかです。コルビュジエはペレ事務所で10カ月程度働きRCの技術を学びますが、20年代で白い箱形の住宅をつくり、新しい地平を切り開いていきます。

＊5-13（p.159）／参考文献　5-10、5-12、5-13／出典　5-10（左図）、5-12（右図）

Q A.ペレによるル・ランシーのノートルダム教会では、屋根はどのような構造?

▼

A RCシェルの浅いヴォールトを奥行方向に架け、側廊ではそれと直交方向にヴォールトを架けています。

主廊（身廊）のスパン10mに架かるヴォールトの上には、2.3mおきに垂直のリブを付け、その上にヴォールトと直交するように2.3mスパンの小さくて浅いヴォールトを架けています。浅いRCシェル・ヴォールトだけでは左右に広がろうとする力（スラスト）に抵抗できなかったため、スラブの上にリブを付けたものと思われます。主廊と左右の側廊による3廊式のバシリカで、側廊も高い天井とされたハレンキルヘ（Hallenkirche、ホール式教会）です。RC造シェル・ヴォールトを支えるのはすべて独立円柱で、壁は工場でプレキャストされた格子状のコンクリートパネルをRCのフレームにはめ込んでいます。60cm角正方形の中の模様は5種類用意されていて、その外側に色ガラス、絵付きガラスがはめ込まれています。コンクリートの傘のまわりを格子状の光のスクリーンで囲った構成です。

ル・ランシーのノートルダム教会（1922～23年、A.ペレ、ル・ランシー、仏）

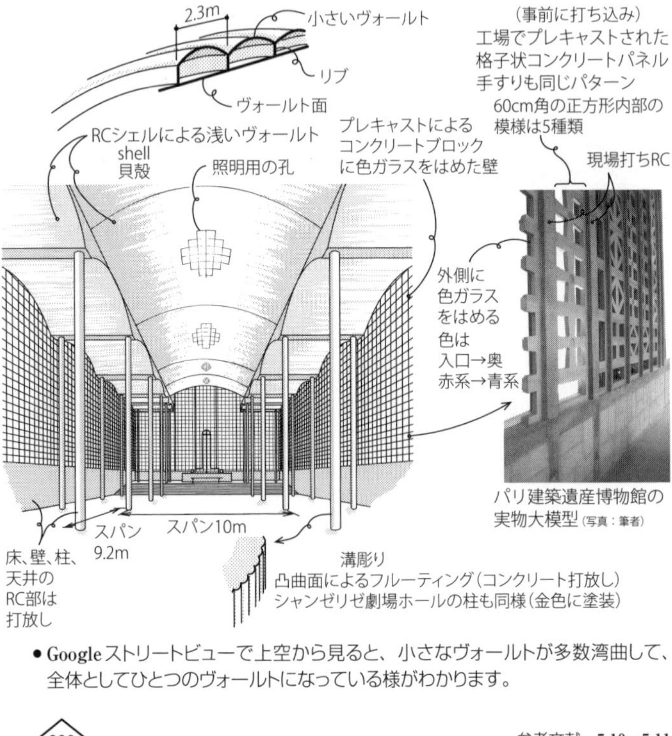

2.3m
小さいヴォールト
リブ
ヴォールト面
RCシェルによる浅いヴォールト
shell
貝殻
照明用の孔
プレキャストによる
コンクリートブロック
に色ガラスをはめた壁
（事前に打ち込み）
工場でプレキャストされた
格子状コンクリートパネル
手すりも同じパターン
60cm角の正方形内部の
模様は5種類
現場打ちRC
外側に
色ガラス
をはめる
色は
入口→奥
赤系→青系
スパン
9.2m
スパン10m
床、壁、柱、
天井の
RC部は
打放し
溝彫り
凸曲面によるフルーティング（コンクリート打放し）
シャンゼリゼ劇場ホールの柱も同様（金色に塗装）

パリ建築遺産博物館の実物大模型（写真：筆者）

- Googleストリートビューで上空から見ると、小さなヴォールトが多数湾曲して、全体としてひとつのヴォールトになっている様がわかります。

参考文献　5-10、5-11

Q A.ペレとル・コルビュジエはパリ郊外のガルシュに住宅を建てていますが、デザイン上の違いは？

▼

A ペレは左右対称を重んじ、柱型、梁型を出してフレームの表現としています。コルビュジエは非対称にして、平滑な白い壁とガラスで直方体を覆ったヴォリュームの表現としています。

直方体を基本としながら、片方はオーダー風フレームの表現のモダン・クラシシズム、もう一方はヴォリュームの表現のインターナショナル・スタイルです。コルビュジエはテラスと外部階段を左に寄せて、全体を非対称としていますが、この手法はミース v.d. ローエもテューゲントハット邸で使っています。1930年頃は近代運動の成果が一段落する時期で、ペレはこの時点で伝統を継承する側に回っていることがわかります。

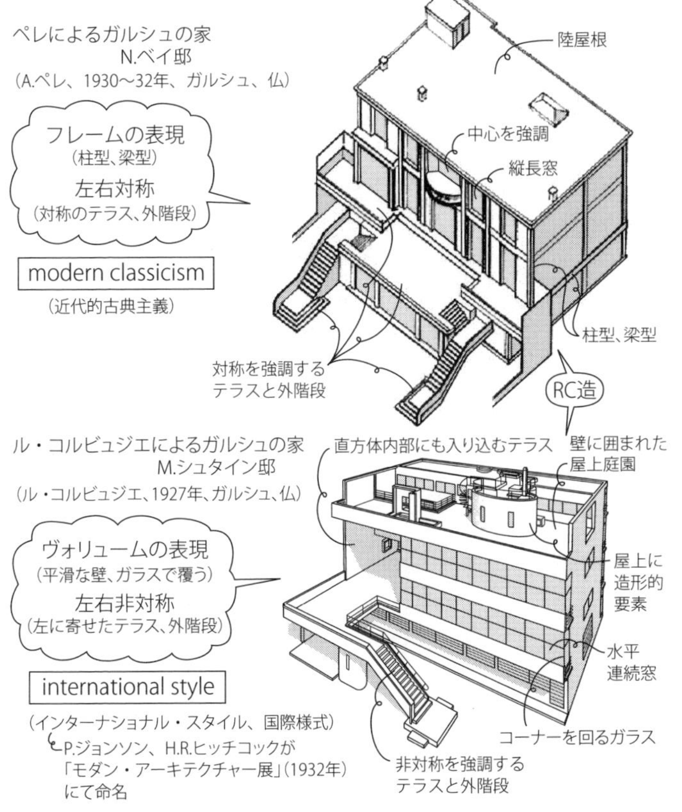
ペレによるガルシュの家
N.ベイ邸
（A.ペレ、1930〜32年、ガルシュ、仏）
フレームの表現
（柱型、梁型）
左右対称
（対称のテラス、外階段）
modern classicism
（近代的古典主義）
陸屋根
中心を強調
縦長窓
柱型、梁型
対称を強調する
テラスと外階段
RC造
ル・コルビュジエによるガルシュの家
M.シュタイン邸
（ル・コルビュジエ、1927年、ガルシュ、仏）
ヴォリュームの表現
（平滑な壁、ガラスで覆う）
左右非対称
（左に寄せたテラス、外階段）
international style
（インターナショナル・スタイル、国際様式）
P.ジョンソン、H.R.ヒッチコックが
「モダン・アーキテクチャー展」（1932年）
にて命名
直方体内部にも入り込むテラス
壁に囲まれた
屋上庭園
屋上に
造形的
要素
水平
連続窓
コーナーを回るガラス
非対称を強調する
テラスと外階段

参考文献　5-10、5-14

ガルシュの家　その2

Q A.ペレとル・コルビュジエによるガルシュの家における平面構成の共通点は？

▼

A 柱割をダブルグリッドの3分割としていることです。

柱割はa：b：a：b：aのダブルグリッド（タータンチェック）で、大きくは中央があって両脇がある3分割構成です。コルビュジエのガルシュの家の方が5年前なので、ペレがコルビュジエの柱割を参照した可能性もあります。ペレの方法は、3分割の中央に大きな空間を置いて両脇に小さな空間を置く、中心や軸性を強調する極めて古典的な構成です。一方コルビュジエは3分割を使っていても、内部の空間をS字方向（Z形）につないで流動させる、中心性や軸性を壊す構成をとっています。両者ともに居間を2階（ピアノ・ノービレ：（伊）主階）に上げ、庭園とはテラスと外階段でつないでいます。コルビュジエはテラスを左に寄せて建物に食い込ませ、全体を偏心させています。

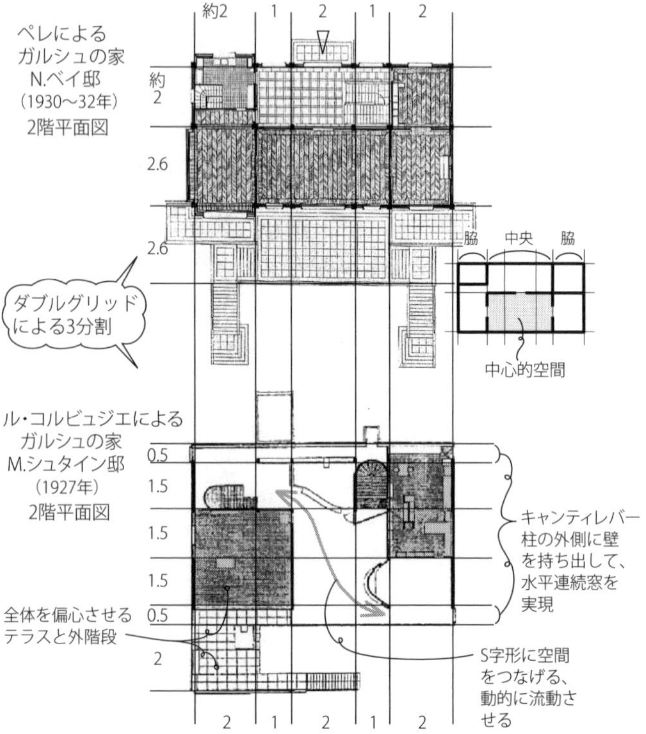

約2　1　2　1　2

ペレによる
ガルシュの家
N.ベイ邸
（1930～32年）
2階平面図

約2
2.6
2.6

ダブルグリッドによる3分割

脇　中央　脇

中心的空間

ル・コルビュジエによる
ガルシュの家
M.シュタイン邸
（1927年）
2階平面図

0.5
1.5
1.5
1.5
0.5
2

キャンティレバー
柱の外側に壁を持ち出して、水平連続窓を実現

全体を偏心させるテラスと外階段

S字形に空間をつなげる、動的に流動させる

2　1　2　1　2

参考文献　5-10、5-12

R188

ワードによるRCの住宅

Q アメリカにおける最初のRC建築は？

▼

A 1876年のワード邸です。

城郭の矢狭間（やはざま）のある胸壁（きょうへき）をもつふたつの塔、マンサード屋根、ドーマー窓、コーナーのルスティカ（粗石積み）、コーニス、オーダーのペアコラムなど、すべてRCでつくられています。梁の図面にはI形の鉄材まで入れられていて、部分的にはSRCとなっています。

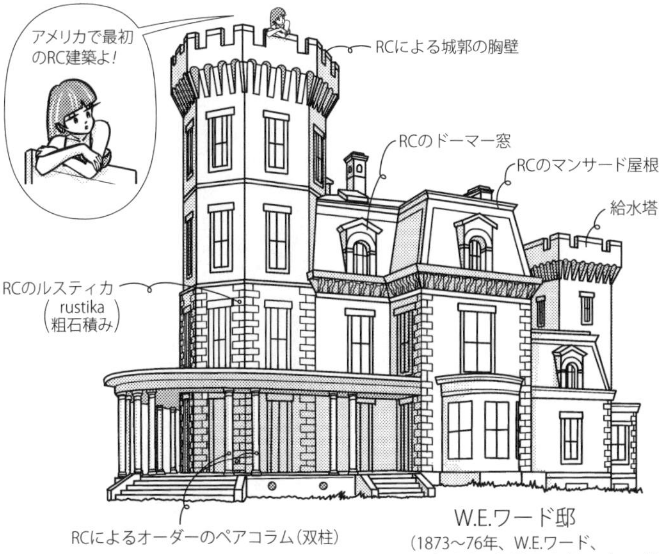

アメリカで最初のRC建築よ！
RCによる城郭の胸壁
RCのドーマー窓
RCのマンサード屋根
給水塔
RCのルスティカ（rustika 粗石積み）
RCによるオーダーのペアコラム（双柱）

W.E.ワード邸
（1873～76年、W.E.ワード、コネチカット州ライブルック、米）
1976年に歴史的建造物に登録

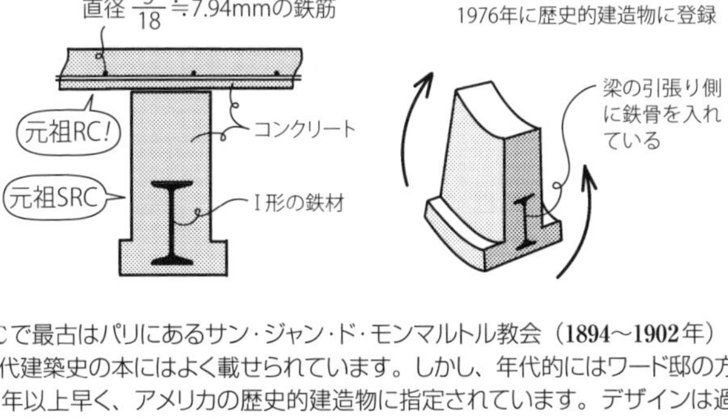

直径 $\frac{5''}{18}$ ≒7.94mmの鉄筋
元祖RC！
元祖SRC
コンクリート
I形の鉄材
梁の引張り側に鉄骨を入れている

- RCで最古はパリにあるサン・ジャン・ド・モンマルトル教会（1894～1902年）と、近代建築史の本にはよく載せられています。しかし、年代的にはワード邸の方が20年以上早く、アメリカの歴史的建造物に指定されています。デザインは過去様式の折衷で、新しい所はありません。

Q RCの高層ビルはいつ頃できた？

A 20世紀初頭の1903年に、アーネスト・レスリー・ランサムによる15階建てのインガルス・ビルが、最初のRC高層ビルとされています。

ランサムは1889年に、古典主義のスタンフォード大学美術館をRCで建てています。S造による高層ビルは1890年代のシカゴ派に多く見られますが、RCは1903年のインガルス・ビルが最初です。古典主義を簡素化した装飾が付加された石張りのビルです。

インガルス・ビル
（E.L.ランサム、1903年、
シンシナティ、米）
RC15階建て
コーニスの大きな
張出し
ペアにされた
縦長窓
1903年に
超高層をRCで
つくったんだ！
E.L.ランサム
（1852～1917年）
古典主義の細部
が満載
基壇

【ハンサムなランサム
RCつくって名を残す】

- 超高層は正確な定義はありませんが、日本の建築基準法20条で60mに区切りがあるので、60mを超える場合は超高層とすることがあります。インガルス・ビルは15階建てで、60m程度の高さはあると思われ、その点で超高層と呼んでよいと思われます。Googleストリートビューで見ると綺麗にメンテナンスされて現存しています。

モノリス・コンクリート・バンク

Q F.L.ライトはRC造のボックスを設計した？

A 1894年のモノリス・コンクリート・バンク計画案は、RC造のボックスです。

D.アドラー＆L.H.サリヴァン事務所に勤務中のライトが設計したこの銀行案は、RCのボックスでありながら、少し内側に傾いた壁、水平性を強調する多くの縁、長方形断面の柱の奥行を上部のみ見せ、石膏型枠によってコンクリート表面に装飾をつくるデザインなど、箱に穴をあけただけの建築とは一線を画す作品となっています。

(monolith 1枚の岩)
モノリス・コンクリート・バンク計画案
(1894年、F.L.ライト)

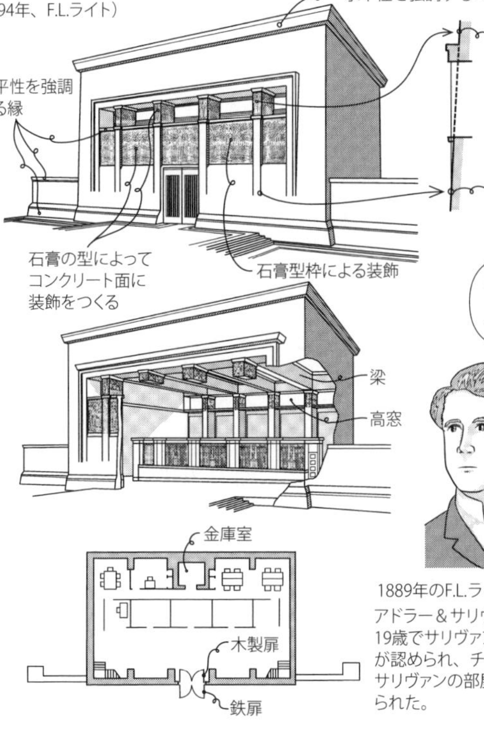

水平性を強調するコーニス
壁が少し傾いている
水平性を強調する縁
柱がここで消える
石膏の型によってコンクリート面に装飾をつくる
石膏型枠による装飾
梁
高窓
金庫室
木製扉
鉄扉

RCのボックスを1894年に提案してたよ

1889年のF.L.ライト（1867〜1959年）
アドラー＆サリヴァン事務所勤務中。19歳でサリヴァンに師事、すぐに才能が認められ、チーフデザイナーとしてサリヴァンの部屋の隣に個室を与えられた。

- このプロジェクトは1894年にブリックビルダー・マガジン誌の「村の銀行（Village Bank）」シリーズのひとつとして発表されます。1904年にフランク・L・スミスの銀行第1案（3階建て）、1905年に第2案（平屋建て）が設計され、箱形の建物（平屋建て）として実施されています。

参考文献　5-15、5-16

★ R191 ラクスファー・プリズム・ビル

Q F.L.ライトは均質なファサードをもつオフィスビルを設計した？

▼

A 1895年にライトが設計したラクスファー・プリズム・ビル計画案は、プリズム・ガラスタイルをはめ込んだ正方形の窓を均質にグリッド状に並べた直方体のオフィスビル案です。

ライトによる大型のビルはラーキン・ビル（1903年）のように、凹凸の分節が多く入った建物がほとんどですが、ラクスファー・プリズム・ビルはフラットで均質な印象の直方体となっています。シカゴ派の建物が一段落した時期のため、構造は鉄骨ラーメン構造で考えられていたものと思われます。興味深いのはプリズム・ガラスタイルで、表面はプリズム状の凹凸を付けたガラス板とされ、太陽光を部屋の奥まで届かせるように工夫されています。ラクスファー・プリズム・カンパニーが特許をとっており、アドラー&サリヴァン事務所から独立したばかりのライトは、プリズム・ガラス表面のデザインを多く行っています。

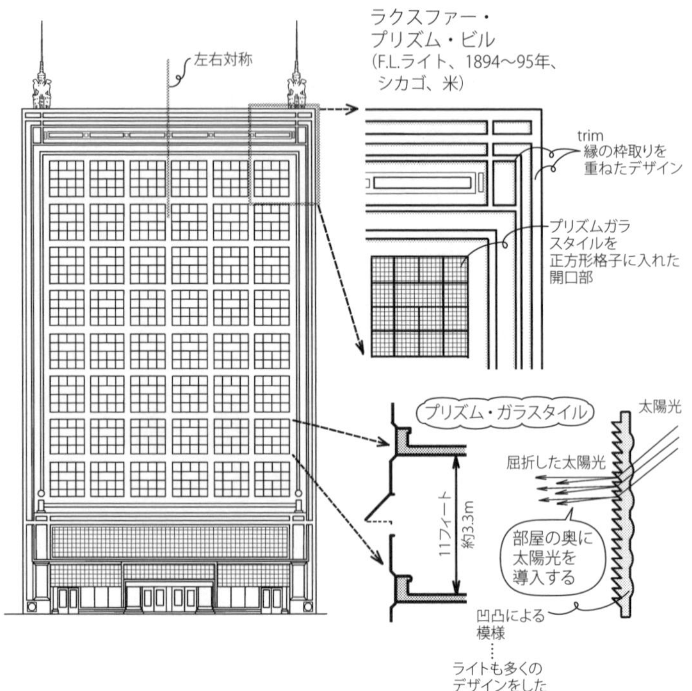
ラクスファー・
プリズム・ビル
(F.L.ライト、1894〜95年、
シカゴ、米)
左右対称
trim
縁の枠取りを
重ねたデザイン
プリズムガラ
スタイルを
正方形格子に入れた
開口部
プリズム・ガラスタイル
太陽光
屈折した太陽光
11フィート
約3.3m
部屋の奥に
太陽光を
導入する
凹凸による
模様
ライトも多くの
デザインをした

参考文献 5-15

ヤハラ・ボートハウス

Q F.L.ライトによるヤハラ・ボートハウス計画案（1902年）の屋根はどのような構成？

▼

A 長軸方向に引き伸ばし、大きく張り出して水平性を強調した、面として分離された水平スラブが特徴です。

屋根の水平スラブは、スラブ端部のエッジを四周で見せた、完全に独立した面としています。従来の箱として閉じる形から、面を分離した形を提示しています。1910年にドイツのヴァスムート社から出版したライトの作品集は、ヨーロッパ近代運動の建築家たちに大きな影響を与え、たとえばミースv.d.ローエの20年代の作品に多くの影響が見られます。2階ボートクラブのガラス面と1階艇庫のほとんど窓のない壁面は、約1：2の高さの比で、バランスよくシャープで水平性の強い立面をつくっています。ボートハウス両脇につくられたボート乗り場も、水平性を強調するのに役立っています。建物の下は浮かされ、元からある湖岸の岩場とされています。形態からRCでつくる予定であったと見られ、実施されていればラーキン・ビル、ユニティ教会と並ぶ問題作になったものと思われます。

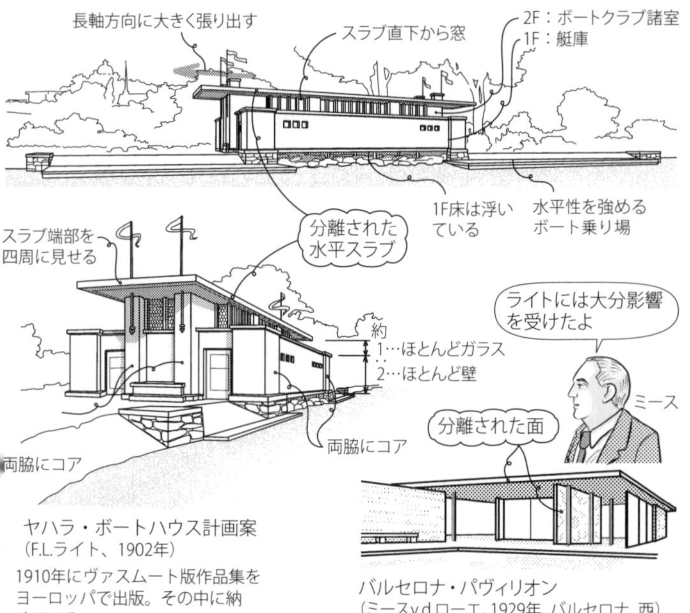
長軸方向に大きく張り出す
スラブ直下から窓
2F：ボートクラブ諸室
1F：艇庫
1F床は浮いている
水平性を強めるボート乗り場
分離された水平スラブ
スラブ端部を四周に見せる
約
1…ほとんどガラス
2…ほとんど壁
両脇にコア
両脇にコア
ライトには大分影響を受けたよ
ミース
分離された面

ヤハラ・ボートハウス計画案
（F.L.ライト、1902年）

1910年にヴァスムート版作品集をヨーロッパで出版。その中に納めている。

バルセロナ・パヴィリオン
（ミースv.d.ローエ、1929年、バルセロナ、西）

Q F.L.ライトのラーキン・ビル（1903年）は、どのようなオフィスビル？

▼

A 長方形を9分割し、中央を吹抜けにして上部からトップライトを入れた、四隅にコアをもつオフィスビルです。

薄黄色のレンガで壁、柱をつくり、鉄骨の梁を渡して床はコンクリートとする構造です。四隅にコアを置いて中央に吹抜けをつくるのは、ユニティ教会（1904年）でも見られ、フレーベルのギフトからの影響とも言われています（*）。ダブルグリッドによる構成、立面の両脇にコアを置く構成は、ウィリッツ邸（1901年）などの多くの住宅でも見られます。また四隅に階段や設備のコアを置くオフィスビルは、近代で多く建てられています。

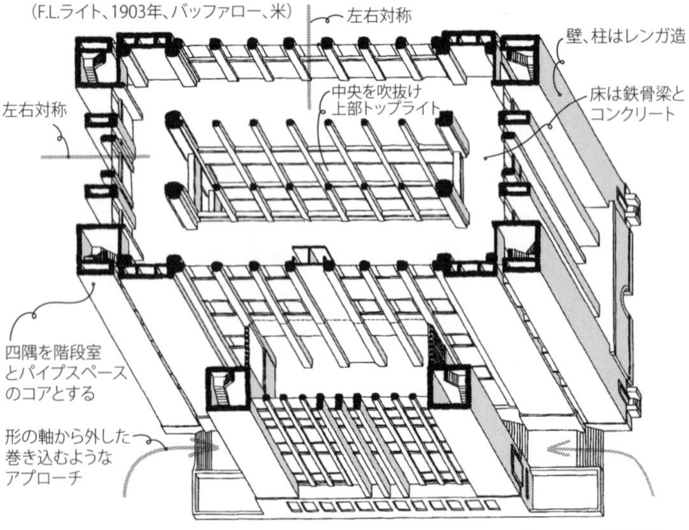

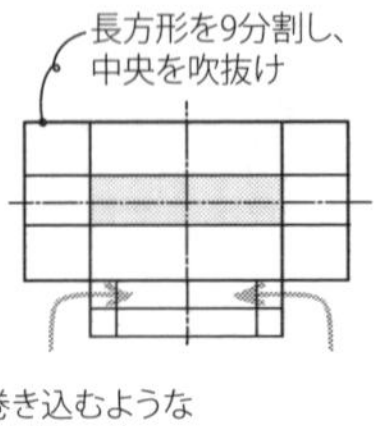

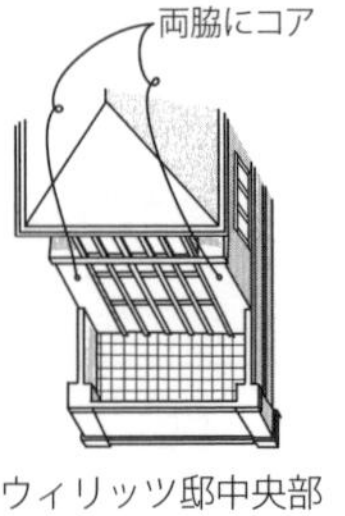

ラーキン・ビル
（F.L.ライト、1903年、バッファロー、米）

左右対称
壁、柱はレンガ造
中央を吹抜け
上部トップライト
床は鉄骨梁と
コンクリート
左右対称
四隅を階段室
とパイプスペース
のコアとする
形の軸から外した
巻き込むような
アプローチ

長方形を9分割し、
中央を吹抜け
両脇にコア
四隅にコア
ダブルグリッド
中央に吹抜け

巻き込むような
アプローチ

ウィリッツ邸中央部
（F.L.ライト、1901年、ハイランドパーク、米）

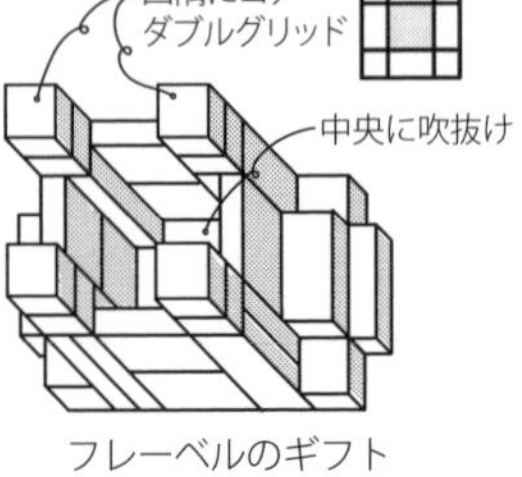

フレーベルのギフト
独の教育者F.W.Aフレーベル
による教育用具

*5-18（p.3）／参考文献　5-8、5-18

R194

ラーキン・ビル　その2

Q F.L.ライトのラーキン・ビルでは屋根はどのようにした？

A 陸屋根にして、壁でU形に囲った屋上庭園をつくっています。

ル・コルビュジエは1926年の近代建築の5原則の中で、屋上庭園を挙げています。しかしフラットルーフにして屋上庭園をつくることは、20年以上前のラーキン・ビルで達成されています。ライトはプレーリー・ハウスに注目が集まりがちですが、ラーキン・ビル、ユニティ教会で、直方体による優れたデザインも残しています。中央のトップライトは、6階床レベルでガラスが張られ、6階の屋根レベルに寄棟のガラス屋根が架けられ、二重のガラスとしています。ラーキン・ビルは壁、柱はレンガ造、床は鉄骨とコンクリートを使用しており、これがユニティ教会のようにRCだったなら近代建築史へのインパクトはより強かったものと思われます。この建物は残念ながら1950年に取り壊されました。

ラーキン・ビル
（F.L.ライト、1903年、バッファロー、米）

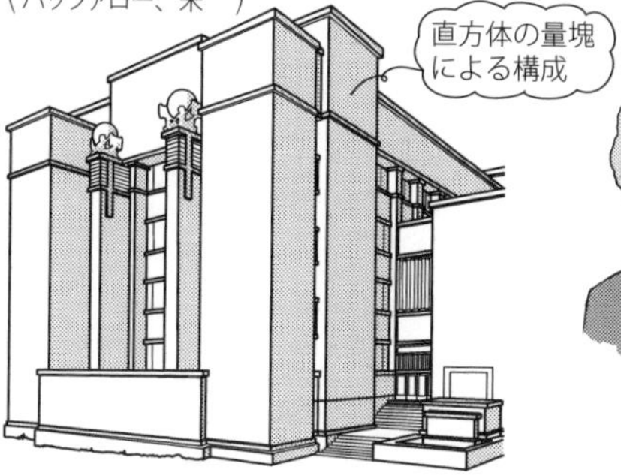

直方体の量塊による構成

屋上庭園もつくったぞ！

ル・コルビュジエの5原則は1926年

F.L.ライト

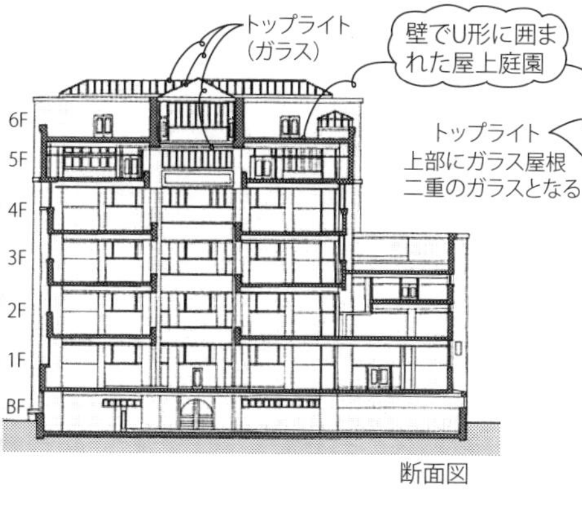

トップライト（ガラス）

壁でU形に囲まれた屋上庭園

トップライト
上部にガラス屋根
二重のガラスとなる

6F
5F
4F
3F
2F
1F
BF

断面図

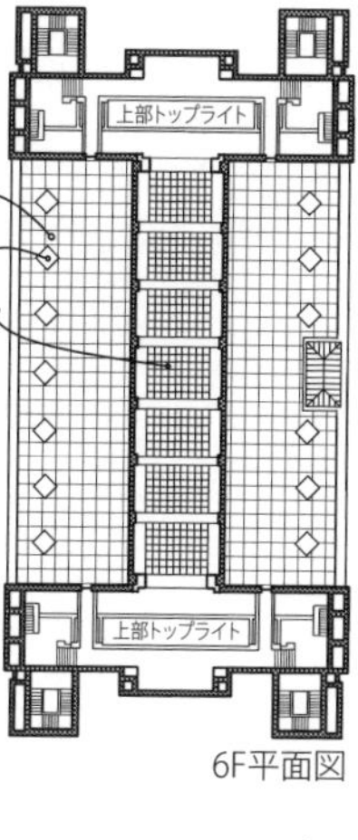

上部トップライト
上部トップライト

6F平面図

参考文献　5-16、5-19／出典　5-16（右下図）

Q F.L.ライトのラーキン・ビルには水平の縁（trim）が多く使われていますが、何でつくられている？

A 外部は砂岩、内部はテラゾー（人造石）です。

壁、柱は薄黄色のレンガで、白っぽい水平の縁は外部が砂岩、内部がテラゾーでつくられています。テラゾーは白っぽいセメントに砕石を混ぜて型に入れて固めた人造石で、ラーキン・ビルのテラゾーは現場にて木製型枠でつくられました。また床はマグネサイトという、一種のテラゾーです。断面詳細図を見ると、垂直方向はレンガの組積造（一部I形鋼が組み込まれている）、床スラブはI形鋼とコンクリートでつくられています。吹抜けに面した腰壁の部分、吹抜けの四隅にある大きい柱の部分の内部に、空調ダクトが仕込まれていて、屋上からの新鮮な空気を運びます。窓には木製サッシが二重に設置され、断熱、遮音に効果のある二重サッシとしています。

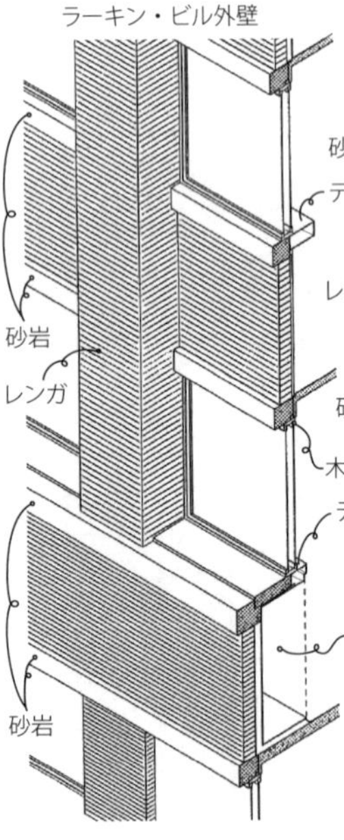

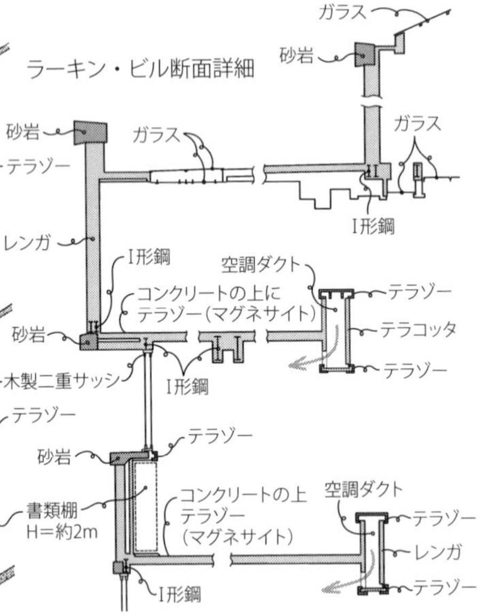

ラーキン・ビル外壁
砂岩
レンガ
テラゾー
木製二重サッシ
テラゾー
砂岩
ラーキン・ビル断面詳細
ガラス
砂岩
ガラス
I形鋼
砂岩
ガラス
テラゾー
レンガ
I形鋼
空調ダクト
コンクリートの上に
テラゾー（マグネサイト）
テラゾー
テラコッタ
砂岩
テラゾー
I形鋼
テラゾー
砂岩
書類棚
H=約2m
コンクリートの上
テラゾー
（マグネサイト）
空調ダクト
テラゾー
レンガ
テラゾー
I形鋼

- 断面詳細図では鋼材のフランジ（I形の上下の部材）にテーパー（傾斜）が付いているので、日本でいうI形鋼です。テーパーがないとH形鋼。

参考文献　5-16、5-19

Q F.L.ライトのラーキン・ビル内部の柱頭はどのようなデザイン？

A 水平線を多く入れ、丸い照明を4つ付けて柱頭装飾としています。

近代的なオフィスビルはディテールが簡素平板になりがちですが、柱頭の装飾、照明、フロアスタンド、型押しされたテラゾーやテラコッタ（焼き物）のパネルなど、多くの豊かなディテールが与えられています。またライトは、鋼製の椅子、テーブルまでデザインしています。ユニティ教会でも、似たような柱頭装飾や照明のデザインがされています。

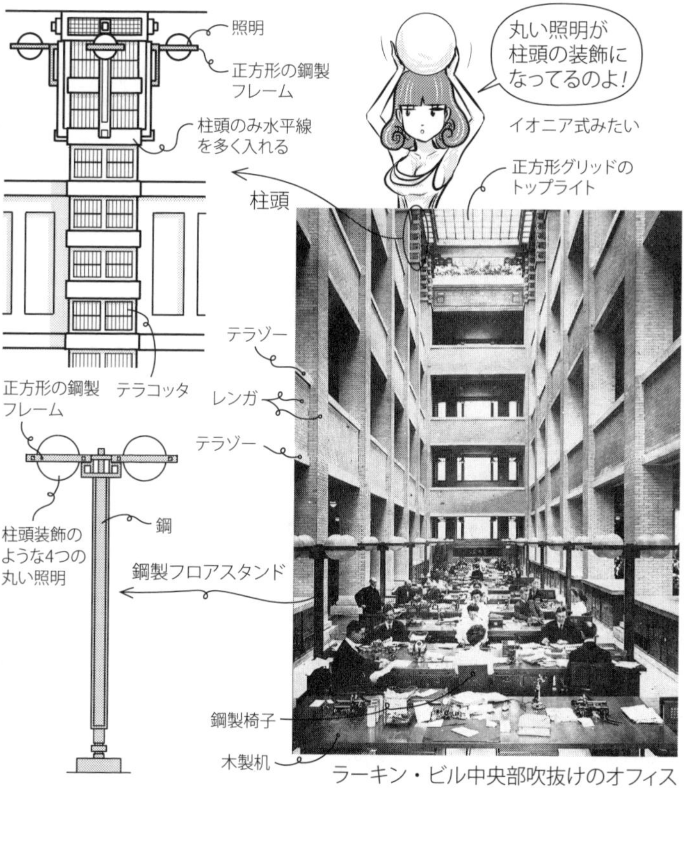

照明
正方形の鋼製フレーム
柱頭のみ水平線を多く入れる
丸い照明が柱頭の装飾になってるのよ！
イオニア式みたい
正方形グリッドのトップライト
柱頭
テラゾー
レンガ
テラゾー
正方形の鋼製フレーム
テラコッタ
柱頭装飾のような4つの丸い照明
鋼
鋼製フロアスタンド
鋼製椅子
木製机

ラーキン・ビル中央部吹抜けのオフィス

- S.ギーディオンによると、これらの鋼製椅子は残念ながら博物館に保存されていません（＊）。

＊5-20（p.493）／参考文献　5-16、5-19、5-20／出典　5-19（写真）

R197

ユニティ教会　その1

Q RCで様式にとらわれない教会を初めてつくったのは？

▼

A F.L.ライトは1904年に、RCによる直方体と水平面を組み合わせたふたつのヴォリュームを、中央の入口部分で連結したユニティ教会をつくっています。

A.ド・ボードによる赤レンガを外装としたサン・ジャン・ドゥ・モンマルトル教会（1902年）、A.ペレによるRCシェルの天井をもつル・ランシーのノートルダム教会（1923年）は、ともに奥行方向に長く主廊と側廊によるゴシック聖堂に近い印象があります。伝統から自由なアメリカのシカゴで、ユニタリアン派という宗派のため、ライトは自分の意図を自由に空間、形態、装飾に込められたものと思われます。特に集中式の聖堂は、ユニタリアン派ならではです。各々吹抜けをもつ中心性、対称性の強い建物を中央で連結した複核プラン、その形態の軸から外して、巻き込むように入るアプローチなどは、プレーリー・ハウスと共通する空間構成です。

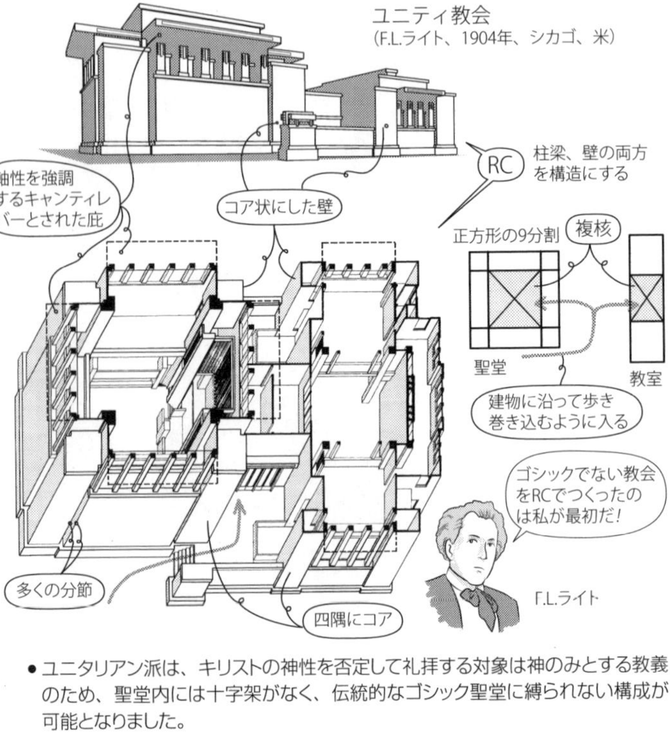

ユニティ教会
（F.L.ライト、1904年、シカゴ、米）
RC
柱梁、壁の両方を構造にする
軸性を強調するキャンティレバーとされた庇
コア状にした壁
正方形の9分割
複核
聖堂
教室
建物に沿って歩き巻き込むように入る
ゴシックでない教会をRCでつくったのは私が最初だ！
F.L.ライト
多くの分節
四隅にコア

- ユニタリアン派は、キリストの神性を否定して礼拝する対象は神のみとする教義のため、聖堂内には十字架がなく、伝統的なゴシック聖堂に縛られない構成が可能となりました。

参考文献　5-8、5-16、5-19

R198 ユニティ教会 その2

Q F.L.ライトのユニティ教会の聖堂内部は、線が多い？ 少ない？

A 線の多いデザインです。

ユニティ教会の聖堂内部は、トップライトの正方形グリッドとそれに付けられた木製の縁、柱や腰壁に縦横に付けられた木製の縁、説教壇の背後の木製縦格子、ガラスの鉛桟（なまりざん）による格子状の幾何学的装飾、ペンダント照明を吊る3本の細い鉄製角棒など、非常に線の多いデザインとなっています。外観はコンクリートのヴォリュームを構成したデザインで、内部は一転して線の構成によるデザインとなっています。

ユニティ教会
聖堂天井伏図
正方形グリッドのトップライト
吊り天井で正方形グリッドをつくる
聖堂断面図
縦格子
説教壇
説教壇の脇から出入りする
聖堂三辺に2層分の聴衆席

3本の鉄製角棒で照明を吊る
木製の縁（wood trim）で多くの線をつくる

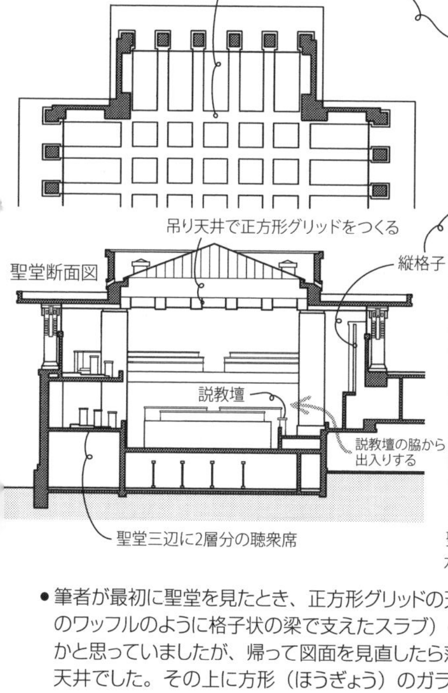

聖堂四辺にトップサイドライト
ガラスに鉛桟の幾何学模様（写真：筆者）

- 筆者が最初に聖堂を見たとき、正方形グリッドの天井はワッフルスラブ（お菓子のワッフルのように格子状の梁で支えたスラブ）のようにRCによる格子状の梁かと思っていましたが、帰って図面を見直したら薄い板でつくられたハリボテの天井でした。その上に方形（ほうぎょう）のガラス屋根を載せています。ガラス屋根は、Googleストリートビューで上から見るとよくわかります。各正方形にはトップサイドライトと同様に、鉛桟の幾何学的装飾が入れられています。トップライトの正方形は4'8"（＝1422mm。'はフィート≒尺、"はインチ）角、正方形周囲の格子は2'2"（660.4mm）幅で、格子の部分には木製縁が入れられて線状のデザインが強調されています。ヨーロッパの近代デザインに、大きな影響を与えたとされています。

参考文献 5-16

Q F.L.ライトによる高層のプレス・ビル計画案において、頂部はどのようにデザインした？

▼

A 水平スラブを張り出して、柱の縦線を受け止めています。

柱間の小さな壁（スパンドレル）は柱の後ろに下げられ垂直性を強調する、当時としてはよくある操作がされていますが、頂部では水平スラブを張り出して柱を受け止めています。その水平スラブには穴があけられ、フレーム状、パーゴラ状とされています。ライトはここに照明を仕込んで、夜には壁面を明るく照らすと述べています。シカゴ派のまっただ中で経歴をはじめたライトですが、その合理的、経済的にできているフレーム構造の直方体にはさせまいとする志向がオフィスビルにも見られます。

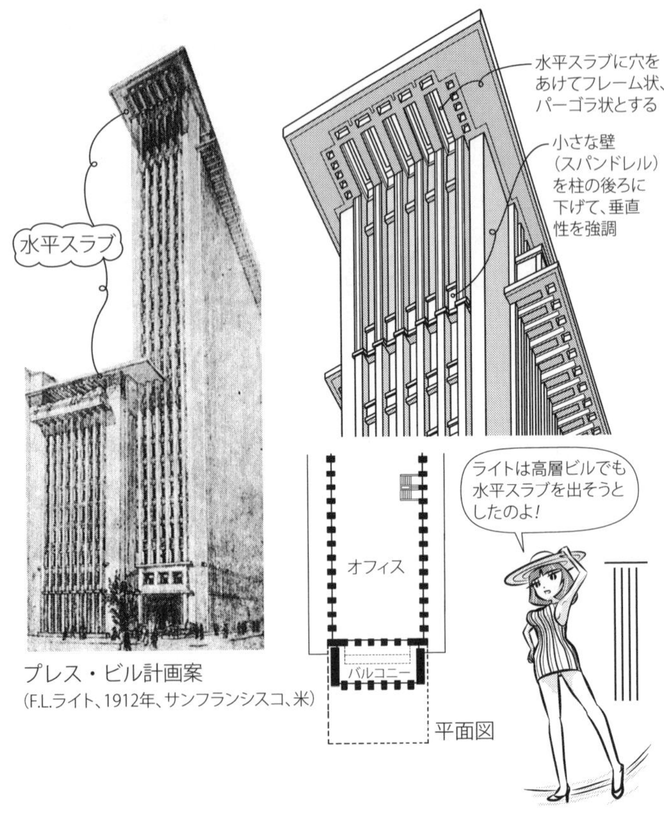
水平スラブ
水平スラブに穴をあけてフレーム状、パーゴラ状とする
小さな壁（スパンドレル）を柱の後ろに下げて、垂直性を強調
オフィス
バルコニー
ライトは高層ビルでも水平スラブを出そうとしたのよ！

プレス・ビル計画案
（F.L.ライト、1912年、サンフランシスコ、米）

平面図

参考文献　5-16（柱頭の装飾は省略）／出典　5-16（左図）

セント・マークス・タワー

Q F.L.ライトによるタワー状アパート、セント・マークス・タワー計画案では、どのような構造としている？

▼

A 幹から外へ樹木の枝状に、床スラブをキャンティレバーで張り出しています。

樹木のように中央の幹から外へと張り出す構成で、外へと動線、視線、形が向かう遠心的な空間構成です。プレーリー・ハウスの遠心的、十字状、風車状の構成を、タワーにも持ち込もうとしたものです。正方形を30°傾け、十字の壁から風車状に長方形を外へ張り出し、六角形グリッドも使われた、非常に複雑な平面構成です。

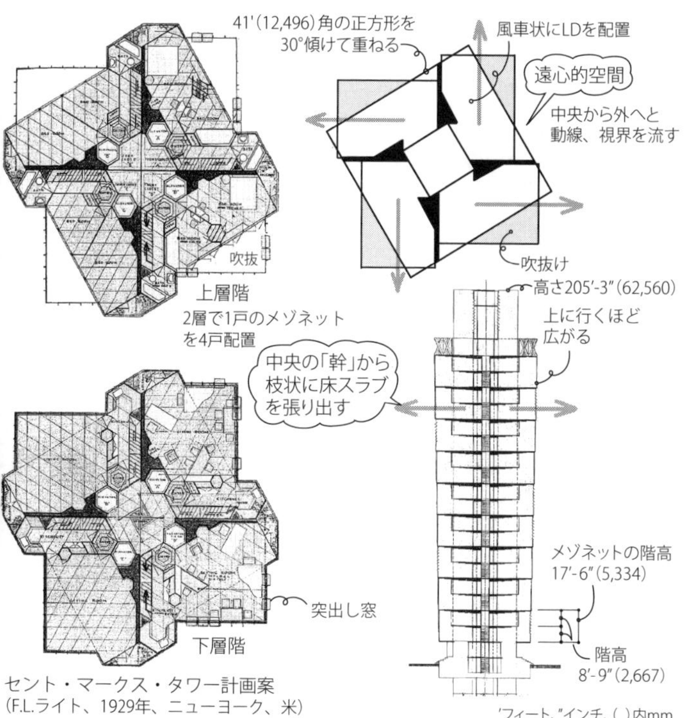
41'(12,496)角の正方形を
30°傾けて重ねる
風車状にLDを配置
遠心的空間
中央から外へと
動線、視界を流す
吹抜
吹抜け
上層階
2層で1戸のメゾネット
を4戸配置
高さ205'-3"(62,560)
上に行くほど
広がる
中央の「幹」から
枝状に床スラブ
を張り出す
メゾネットの階高
17'-6"(5,334)
突出し窓
下層階
階高
8'-9"(2,667)
'フィート、"インチ、( )内mm

セント・マークス・タワー計画案
(F.L.ライト、1929年、ニューヨーク、米)

- 2層メゾネットで、十字の壁横に階段が設置されています。エレベーターは4機ありますが、共用階段がありません。階段は居間階から下へ、寝室階から上へも行けるようになっており、火災時の避難はここを共用避難階段として使うように設計されています。火災時に自動的に鍵が解除されるなどの、共用階段を不要とする仕組みが必要になります。

参考文献　5-21、5-22／出典　5-21（左平面）

Q マッシュルーム柱は、F.L.ライトが最初につくった？

▼

A 約30年前にスイスの構造家R.マイヤールが倉庫にてマッシュルーム柱による無梁版構造を実現させています。

マイヤールは建築家というよりも構造家で、薄いRC版によるアーチ橋やシェルをつくっていますが、マッシュルーム柱による無梁版構造も1908年に倉庫にて実現しています。ライトはジョンソン・ワックス本社ビルにてマッシュルーム柱を20フィート（約6.1m）グリッドに立て、円形スラブの隙間にはガラスチューブを埋めてトップライトとしています。建築の空間や形としては、明らかにライトの方が優れたものです。

ジョンソン・ワックス本社ビル
(F.L.ライト、1936～51年、ラシーン、米)
RCのマッシュルーム柱
ガラスチューブを束ねたトップライト
20′間隔(約6.1m)
チューリヒの倉庫
(R.マイヤール、1908年、チューリヒ、スイス)
マッシュルーム柱による無梁版構造は私が先！
R.マイヤール
(1872～1940年)
ライトより5歳下
スイスの構造家
マッシュルーム・ヘア
マッシュルームで支えるのね
F.エヌビックやA.ペレは線材の組み合わせじゃよ
サルギナトーベル橋
(R.マイヤール、1930年、スイス)
RCの3ヒンジアーチ

- ル・コルビュジエによるドミノ・システムは梁がなくて柱で直接スラブを支えていると書かれている文章も見受けますが、実際はスラブの中に多くの根太が入れられた、現在でいうジョイスト・スラブ、あるいは中空スラブです。床スラブを極端に厚くしなければ、RCラーメン構造で梁を省くことはできません。

参考文献　5-7、5-21／出典　5-7（写真）

ライトとペレ

F.L.ライトによるモノリス・コンクリート・バンク計画集は、A.ペレによるフランクリン街のアパートより9年も前で、しかも打放しとしています。またペレが「世界初の美的な鉄筋コンクリートの試み」と自賛するポンテュ街のガレージと比べても、水平スラブが分離されたヤハラ・ボート・クラブ、打放しの上に洗い出しとしたユニティ教会は時代が早く、さらに近代運動の作家たちに影響を及ぼすような新しい形態と空間の構成を成し遂げています。1920年代にペレがつくったル・ランシーのノートルダム教会は天井のRCシェル、窓面のプレキャスト・コンクリートなど先進的なデザインも含まれますが、主廊の左右に側廊を置いた3廊式の伝統的な空間です。

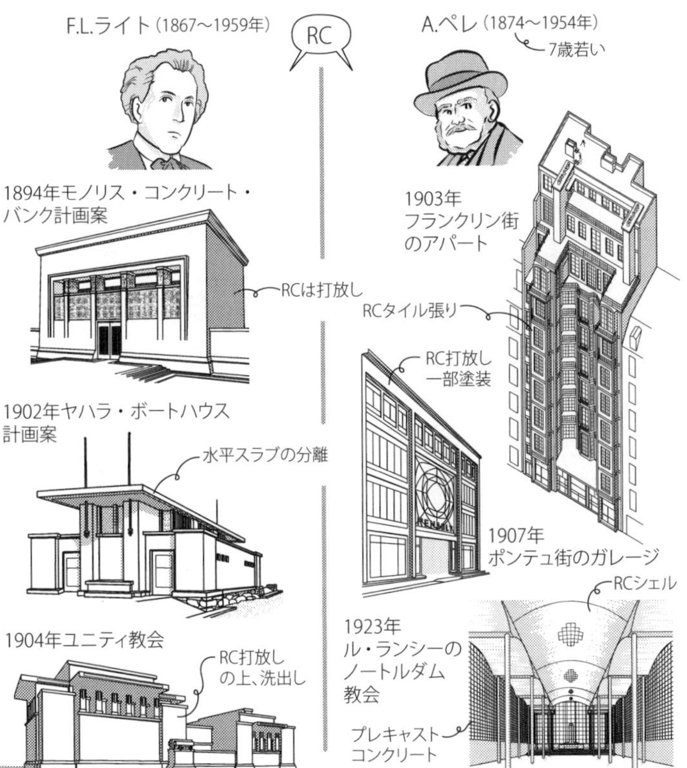
F.L.ライト (1867～1959年)
RC
A.ペレ (1874～1954年)
7歳若い
1894年モノリス・コンクリート・バンク計画案
RCは打放し
1903年
フランクリン街のアパート
RCタイル張り
RC打放し
一部塗装
1902年ヤハラ・ボートハウス計画案
水平スラブの分離
1907年
ポンテュ街のガレージ
RCシェル
1923年
ル・ランシーのノートルダム教会
1904年ユニティ教会
RC打放しの上、洗出し
プレキャストコンクリート

ペレはコンクリートに早くから着手していましたが、ライトのような新しい試みよりも、周囲の伝統的街並みに調和するRCによる古典主義を追求していました。ライトは木造のプレーリー・ハウスを山のようにつくっていたのでRCの方がかすんで見えますが、RCに限っても、フランスの作家たちを凌駕する質を獲得していたと思われます。

F.L.ライトとA.ド·ボードによるRCの教会、ユニティ教会とサン·ジャン·ドゥ·モンマルトル教会を比較してみると、両者の特質が浮かび上がります。成立年代は1904年と1902年で、モンマルトル教会の方が少し早い作品となります。ユニティ教会は中央吹抜けを取り囲むように床が2段架けられている集中式であるのに対し、モンマルトル教会は主廊の左右に側廊を付けた伝統的な3廊式です。ユニティ教会の天井は正方形グリッドの上からトップライトを落とす新しい構成に対し、モンマルトル教会はヴォールトを組み合わせた従来のものです。ユニティ教会は木製の縁を縦横に使った線の多い装飾ですが、モンマルトル教会はRCの柱の上に塗装で模様が描かれています。総じてライトの教会は新しい形と空間を実現しているのに対し、ド·ボードの教会は伝統的なゴシック教会を変形、抽象化した教会と言えます。

1904年F.L.ライトのユニティ教会
正方形グリッド、トップライト
RC
1902年A.ド・ボードの
サン・ジャン・ドゥ・モンマントル教会
ヴォールト
線の多い装飾
塗装による装飾
主廊＋側廊の3廊式
中央吹抜けの周囲に2段の床を設けた集中式
新しい形と空間
伝統的なゴシック聖堂を変形、抽象化

（写真：筆者）

- ライトは近代建築史の中であまり評価されていないと感じていた筆者は、美術史家C.ロウによる以下の文章を見つけ、大いに共感を抱きました。「フランク·ロイド·ライトがオーク·パークで試みた建築形態への導入の結果は、当時のいかなる業績に比べても著しく優れていたと思われる。ヴァン·デ·ヴェルデ、オルタ、オルブリッヒ、ホフマン、ロース、ペレ、マッキントッシュ、そしてヴォイジイらの近代への貢献がよく知られているとは言っても、これらもライトの初期作品のもつ驚くべき完成度に比較すると決断力において劣り、曖昧なものとしか見えない。（中略）この時代の最も進歩的であった建築ですら単に疑問を提起したに過ぎないと見えるのに、ここにはすでに明瞭な解答が与えられている（後略）。」（＊　下線筆者）

＊5-23（p.120）

R204

グッゲンハイム美術館

Q F.L.ライトはらせん状の建物をつくった？

A グッゲンハイム美術館は、下がすぼまったらせん形です。

ライトは1924年には、車でグルグルと回って上れるスロープの付いた、上すぼまりのジッグラト風ゴードン・ストロング・プラネタリウム案をつくっています。箱の中にらせんを入れたサンフランシスコのモリス商会（1948年）は、実現されています。徹底してらせんを使ったのは、ライトが死去する年に竣工したグッゲンハイム美術館です。ライトにしてみれば、どうしてもやってみたかった構成だったと思われます。エレベーターで上に上がってから、グルグルと回って美術品を見ながら下りてくる構成は、中央の吹抜けを背にして美術品を見るので落ち着かないとか、カタツムリのような形（風刺画あり）が周囲の箱形ビルになじんでいないといった批判はあるものの、世界を驚かすような画期的な空間でした。

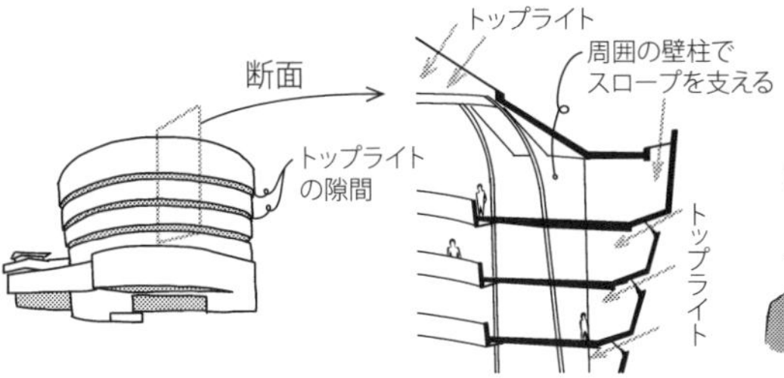

断面
トップライト
周囲の壁柱でスロープを支える
トップライトの隙間
トップライト
最後の打上げ花火さ！

（写真：筆者）
N.Y.に来たら見るんだぞ！

グッゲンハイム美術館
（F.Lライト，1943〜59年、ニューヨーク、米）
死去する年
エレベーターで上がってからグルグル回って下りるのよ！

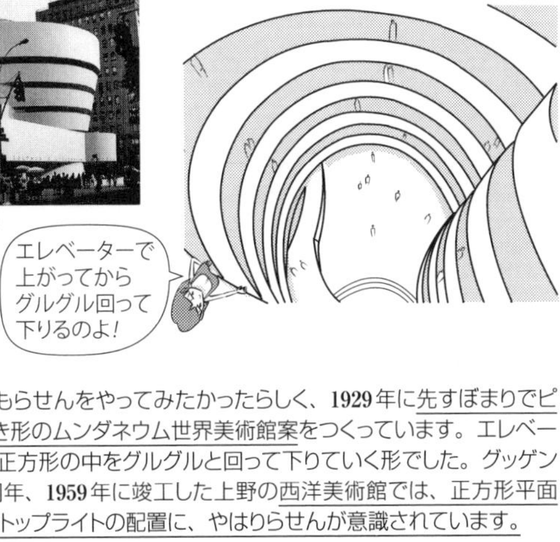

- ル・コルビュジエもらせんをやってみたかったらしく、1929年に先すぼまりでピラミッド状、渦巻き形のムンダネウム世界美術館案をつくっています。エレベーターで上ってから正方形の中をグルグルと回って下りていく形でした。グッゲンハイム美術館と同年、1959年に竣工した上野の西洋美術館では、正方形平面の中のスロープやトップライトの配置に、やはりらせんが意識されています。

参考文献　5-24

Q スクリーン・パッセージ+ホールとは？

▼

A 中世マナハウスから続く、ホールと緩衝空間としてのパッセージの組み合わせです。

イギリスの伝統的平面形式のひとつに、スクリーン・パッセージ+ホールがあります。それは荘園（manor）を管理する領主の住む中世マナハウス（manor house）に起源を発します。12世紀末頃から領主は城塞（keep）から出て、マナハウスに住むようになりました。初期のマナハウスはホールと呼ばれる屋根架構の露出した大広間一室で、その端に入口が付いたものでした。ドアを開けたときに冷たい風が吹き込まないように木の衝立を立て、それを反対側まで延ばしてスクリーン・パッセージ（screen passage）としました（図1）。
時代とともにスクリーン側に食糧庫（pantry）、食器洗い場（scullery）、キッチンなどのサービス部分、反対側にパーラー（parlour）と呼ばれる私室、その上にソーラー（solar）という主人の私室が付加されます。ホールの奥の床は一段高くされ、領主と家族が食事をするダイス（dais 上段の間）となり、ベイ・ウィンドウ（bay window）が付けられます。スクリーン・パッセージの上は楽人の演奏するギャラリー（gallery）とされ、天井の高いホールと連続した空間構成がここに現れます（図2）。この下手から上手への一方向にヒエラルキーをもつマナハウスの構成は、スクリーン・パッセージ+ホールの1セットの組み合わせとともに、近代のカントリーハウスや中小の住宅にも取り入れられていきます。R228のブラックウェルの吹抜けホールも、源流はマナハウスです。

図1　スクリーン・パッセージ＋ホール

屋根架構が露出

ドアを開けたとき
に冷たい風が入
らないようにした

2　1

▲

木の衝立

1　ホール hall
2　スクリーン・パッセージ screen passage
3　ダイス dais 領主と家族が食事をする上段の間
4　ベイ・ウィンドウ bay window 出窓
5　ギャラリー gallery 楽人が演奏する場
6　パーラー parlour 私室
7　ソーラー solar 主人の私室
8　キッチン kitchen
9　スカラリイ scullery 食器洗い場
10　パントリイ pantry 食料庫

下手から上手への
ヒエラルキーが
あるわね
hierarchy：階層

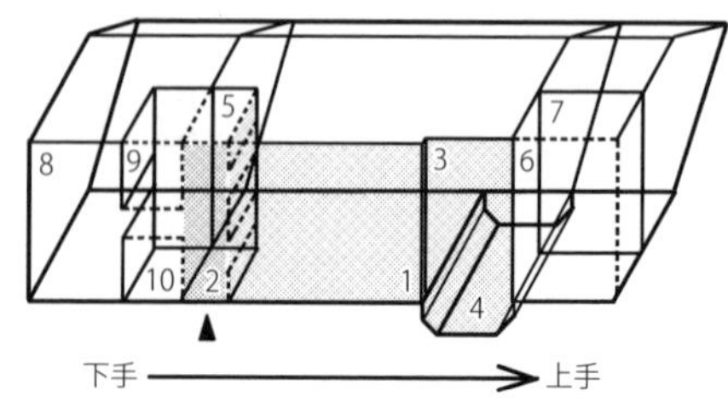
5
7
8
9
3
6
10
2
1
4
▲
下手
上手

図2　中世マナハウスの構成

Q スクリーン･パッセージ+ホールを古典主義の3分割構成の中に入れるには?

▼

A 入口の中心軸とスクリーン・パッセージ（スクリーン）の位置を、下図①の3種類のパターンで対応させます。

16世紀後半のエリザベス女王治世、シンメトリーを強調した古典主義がイギリスに入ってきます。中世ホールのアシンメトリーな構成を、いかにシンメトリーの全体形、中央部と脇をもつ3分割構成に合わせるかが課題となります。①スクリーンと中心軸を合わせる、②スクリーン+ホールを3分割の中央部に置く、③スクリーン+ホールを90°回転させて3分割中央部に置くという3種類の工夫がされるようになります。

図1　中心軸（入口）、スクリーン、ホールの位置関係

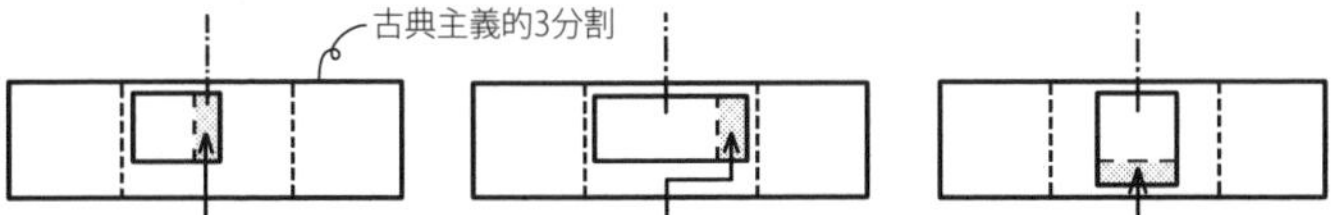

古典主義的3分割

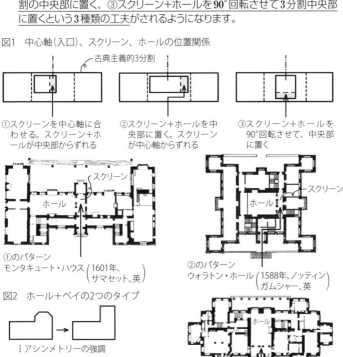

①スクリーンを中心軸に合わせる。スクリーン+ホールが中央部からずれる

②スクリーン+ホールを中央部に置く。スクリーンが中心軸からずれる

③スクリーン+ホールを90°回転させて、中央部に置く

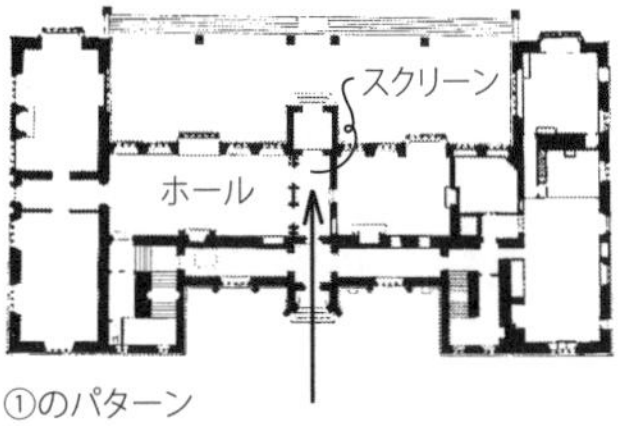

スクリーン
ホール

①のパターン
モンタキュート・ハウス（1601年、サマセット、英）

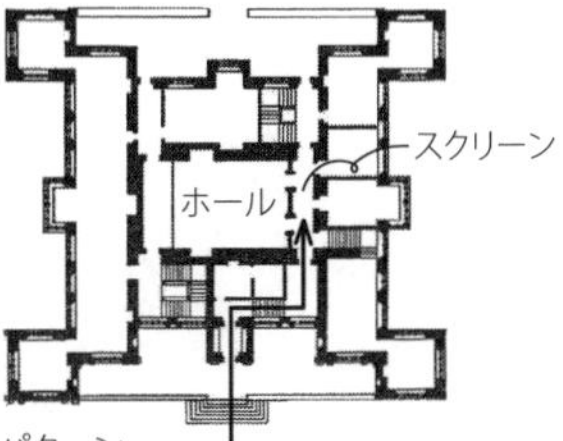

スクリーン
ホール

②のパターン
ウォラトン・ホール（1588年、ノッティンガムシャー、英）

図2　ホール+ベイの2つのタイプ

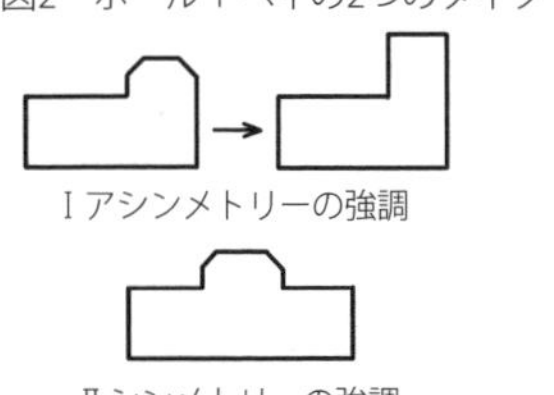

Ⅰアシンメトリーの強調

Ⅱシンメトリーの強調

ホール
スクリーン

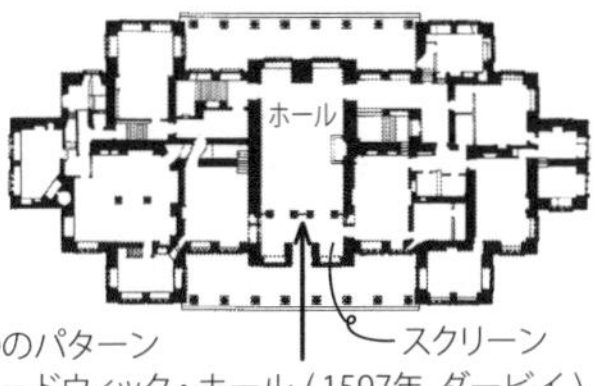

③のパターン
ハードウィック・ホール（1597年、ダービイシャー、英）

- 17世紀中頃からは中世ホールによらず、大陸風のサロンを中央に置いたオーソドックスな3分割構成も現れます。E.L.ラッチェンスは後期のカントリーハウスで、②のパターンを多く使っています。ベイ・ウィンドウの位置は、図2のような（Ⅰ）アシンメトリーの強調と、（Ⅱ）シンメトリーの強調の2パターンがあります。

参考文献　6-1、6-2

Q 中世ホールの特徴は？

▼

A 木造小屋組を露出した吹抜けの空間と、スクリーン・パッセージ上部のギャラリーが開放的につながる空間構成です。

19世紀後半の住宅復興で、吹抜けに面して2階のギャラリーや小部屋を開放的につなげる空間構成が多くつくられましたが、それらは元をたどれば中世のマナハウスに起源があります。非対称な吹抜けとそれに開放的につなげる2階の部屋、構造の露出は近代建築の特徴としてよく挙げられますが、古くからあるデザイン手法でもあったわけです。

小屋組を見せて、
構造を装飾とした
トラス（キングポストトラス）
木造アーチ
hammer beam
ハンマービーム
中世イギリスゴシック
のマナハウス
領主の生活のほかに、政治や裁判なども行われた
ペンシャーストプレース（1341〜48年、ケント州、英）
ギャラリー
スクリーン・パッセージ
吹抜けは昔から
あったのか
構造を露出する
デザインもね

参考文献 6-3／出典 6-3（下図パース）

R208

Q 産業革命後の都市の最も大きな問題点は？

A 下層労働者階級の劣悪な環境のスラムです。

産業革命後に農村から都市に人口が流入し、劣悪な環境のスラム（極貧層が住む過密化した地区）があちこちに形成されました。

産業革命→農村から都市への人口流入→下層階級のスラムが問題化

道で用を
足すんじゃ
ないよ！
陽は当たらないし
臭いし、水たまりや
ゴミだらけで
いやになるわ！

1890年頃のイギリスにおけるスラムの写真を元に、筆者が絵にしたもの

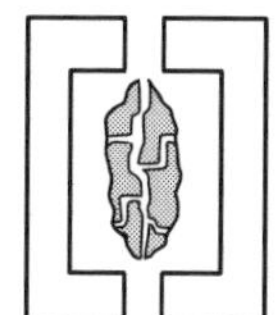

囲い地（court）、日本でいう裏店（うらだな）がスラム化しやすかった

- フリードリヒ・エンゲルスは、ロンドン・セントジャイルズのスラムを「街路のあいだにはさまった狭い囲い地へは、家と家とのあいだに隠された道を通って入っていく。窓ガラスはほとんどが割れ、扉はがたがたで古板を打ちつけてあるかあるいはまったく付けていない。汚物と塵埃（じんあい）の山があたり一面にあり、ドアの前にぶちまけられた汚い液体は集まって水たまりとなり、ひどい悪臭を放っている。最低賃金の労働者、泥棒、詐欺師、売春の犠牲者が入り混じって住んでいる」（*）などと描写しています。

*6-4（p.16）／参考文献　6-4

Q 19世紀イギリスにおけるスラムの貧民対策の建築は？

▼

A 救貧院がつくられました。

1834年に救貧法（Poor Act）が制定され、そこには貧民を救済し仕事のやる気を起こさせるような救貧院に収容するという内容を含んでいました。救貧院が世間一般よりも居心地が良いと効果が上がらないとされ、刑務所に近い管理ができる建物がつくられました。下図の救貧院案を見ると、中央の管理部門から放射状に棟を延ばす、刑務所と同様な形式なのがわかります。

中央に監視塔を置いたパノプティコン（panopticon 全方位監視可能なパノラマ的円形刑務所、ジェレミー・ベンサムが1791年に考案）に近いと、A.W.N.ピュージンは批判的な絵も残しています。貧困という罪悪によって収監される罪人のイメージを貧民に与えるもので、スラムの貧民の側は罪人扱いされて救貧院に収監されたくないがために、貧しさを隠すようにもなります。

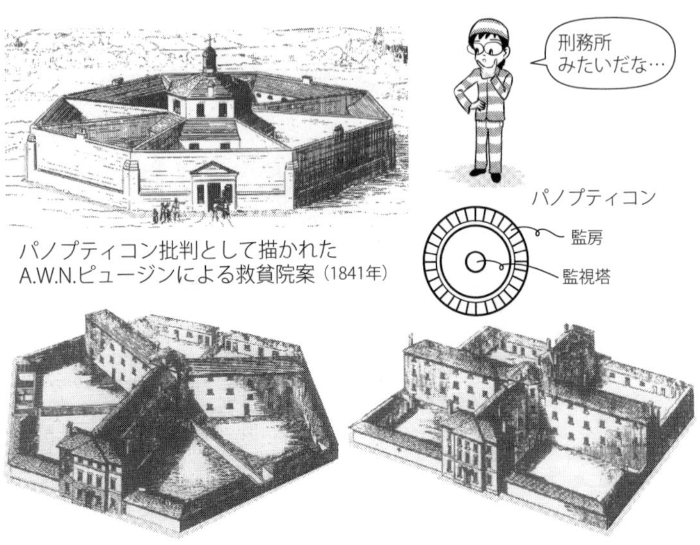
刑務所
みたいだな…
パノプティコン
監房
監視塔

パノプティコン批判として描かれた
A.W.N.ピュージンによる救貧院案（1841年）

300人収容の救貧院計画2案（S.ケンプソン、年代不詳）

参考文献　6-4／出典　6-4

Q 19世紀イギリスにおける労働者階級の集合住宅は、どのようなものがつくられた？

▼

A 折返し階段から振り分ける2戸1組の、日本の公団住宅によく見るような階段室型フラッツ（アパート）などがつくられました。

下図のリヴァプール郊外の労働者向け集合住宅は、興味深いことに、日本の公営団地に平面がよく似ています。狭い面積にコンパクトに納めようとしたため、100年以上の時代を隔てて、同じような平面に到達しています。

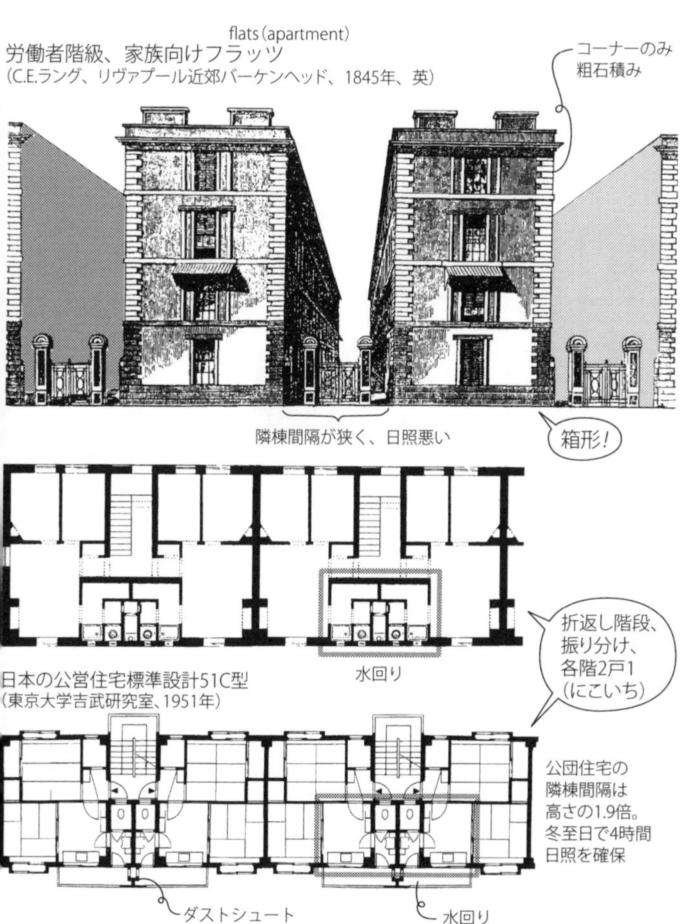
flats (apartment)
労働者階級、家族向けフラッツ
(C.E.ラング、リヴァプール近郊バーケンヘッド、1845年、英)
コーナーのみ粗石積み
隣棟間隔が狭く、日照悪い
箱形！
水回り
折返し階段、振り分け、各階2戸1(にこいち)
日本の公営住宅標準設計51C型
(東京大学吉武研究室、1951年)
公団住宅の隣棟間隔は高さの1.9倍。冬至日で4時間日照を確保
ダストシュート
水回り

参考文献 6-4、6-5／出典 6-4（上図パース）

Q アルバート公のモデル住宅（アルバート住宅 Albert Dwellings）とは？

▼

A 1851年のロンドン万国博覧会に展示された、労働者向けに設計された、階段室型、各階2戸1組のフラッツです。

ヴィクトリア女王の夫、アルバート公が総裁となった「労働者階級の状態改善協会」によって、労働者階級のための2階建て、4戸のモデル住宅（フラッツ、アパート）が建設されました。R210のフラッツと同様に、各階は2戸1組（2戸1：にこいち）の階段室型平面とされ、そのユニットは縦に積み上げたり、横に並べたりして拡大することが可能です。こうした中層集合住宅は、後に自治体の公営団地に受け継がれていきます。

Albert Dwellings
アルバート公のモデル住宅
（H.ロバーツ、1851年、ロンドン、英）

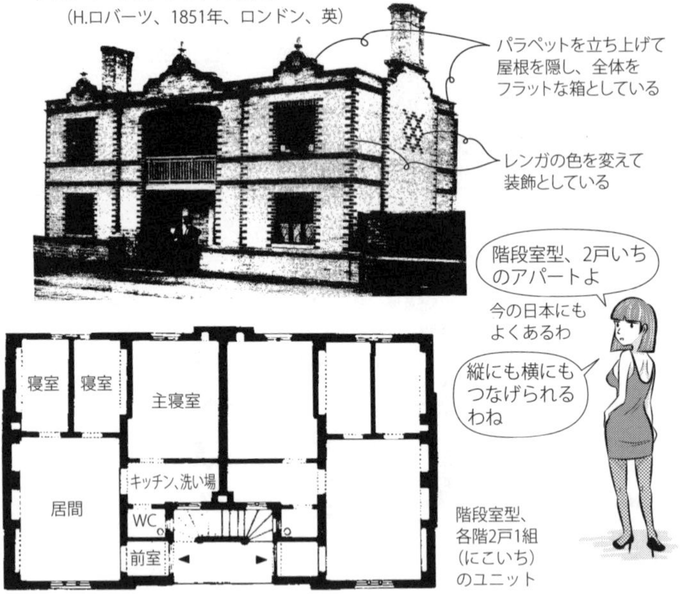

パラペットを立ち上げて屋根を隠し、全体をフラットな箱としている
レンガの色を変えて装飾としている
階段室型、2戸いちのアパートよ
今の日本にもよくあるわ
縦にも横にもつなげられるわね
寝室
寝室
主寝室
居間
キッチン、洗い場
WC
前室
階段室型、各階2戸1組（にこいち）のユニット

- アルバート公が依頼した建築家ヘンリー・ロバーツは、19世紀労働者住宅の改善で活躍しました。
- 1851年の世界初の万国博覧会は、クリスタル・パレス（水晶宮）とアルバート住宅で建築界に多大な影響を残しますが、その後20年はゴシック復興がピークを迎える時代となります。

参考文献　6-4、6-6／出典　6-4（写真）

Q フィリップ・ウェブが設計したW.モリスの自邸、赤い家のデザインの特徴は?

▼

A 型にはまらない不規則な全体の形、むき出しの赤レンガの壁、赤茶のタイル葺きの屋根など、中世の民家風の素朴で率直なデザインです。

室内装飾や家具は、モリス自身や仲間のデザイナーが設計しました。赤い家の経験を元に、モリスは1861年に仲間とともに商会を設立し、ステンドグラス、織物、壁紙、印刷物など広範な装飾芸術の製作販売に乗り出します。モリスの商会は、後のアーツ・アンド・クラフツ運動や大陸のドイツ工作連盟などに大きな影響を与えました。

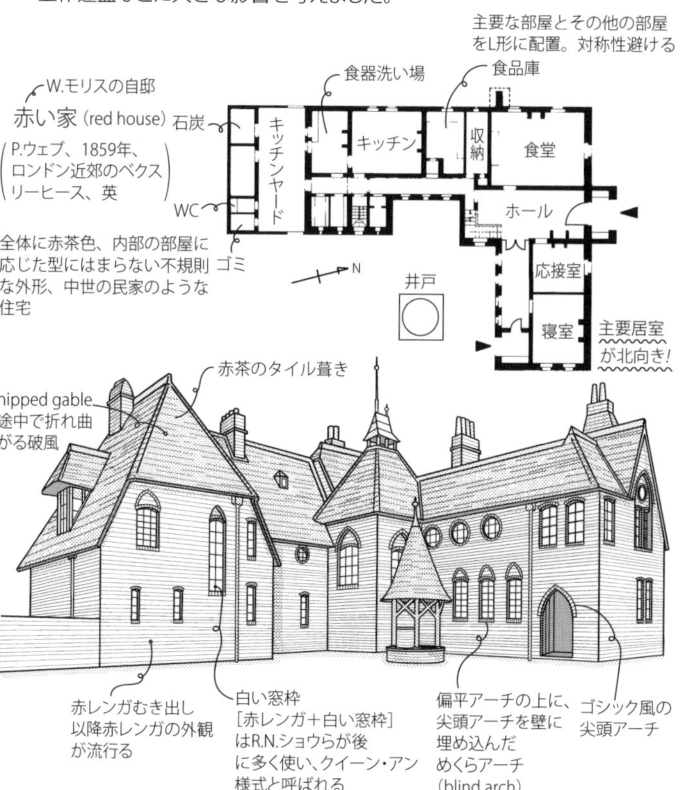

主要な部屋とその他の部屋をL形に配置。対称性避ける
食器洗い場
食品庫
W.モリスの自邸
赤い家（red house）
（P.ウェブ、1859年、ロンドン近郊のベクスリーヒース、英）
石炭
キッチンヤード
キッチン
収納
食堂
WC
ホール
ゴミ
全体に赤茶色、内部の部屋に応じた型にはまらない不規則な外形、中世の民家のような住宅
N
井戸
応接室
寝室
主要居室が北向き!
赤茶のタイル葺き
hipped gable
途中で折れ曲がる破風
赤レンガむき出し
以降赤レンガの外観が流行る
白い窓枠
[赤レンガ＋白い窓枠]はR.N.ショウらが後に多く使い、クイーン・アン様式と呼ばれる
偏平アーチの上に、尖頭アーチを壁に埋め込んだめくらアーチ（blind arch）
ゴシック風の尖頭アーチ

参考文献　6-7、6-8、6-9、6-10、6-11

Q ウィリアム・バターフィールドの集合住宅で、W.モリスの赤い家に似たものはある？

▼

A 下図のバルダーズビーの集合住宅が、かなり似ています。

バルダーズビーの集合住宅は、L形平面、レンガの露出、ヒップド・ゲーブル、ヒップド・ゲーブルのドーマー窓、尖頭アーチの開口と白い窓枠、水平な縁をもつ板状の煙突など、多くの点で赤い家と似通っています。

ゴシック・リバイバル（ヴィクトリアン・ゴシック）の建築家

W.バターフィールドの集合住宅 group of cottages
（1855～57年、バルダーズビー、ヨークシャー、英）

ヒップド・ゲーブル
のドーマー窓（屋根窓）

L形の平面

ヒップド・ゲーブル
hipped gable
腰折れ切妻

水平の縁をもつ
板状の煙突

赤レンガ

ゴシック風
尖頭アーチ
と白い窓枠

赤い家 red house
（P.ウェブ、1859年、ベクスリーヒース、英）

- バターフィールドは、色違いのレンガのパターンによって個性的なゴシックを創造しており、オックスフォード大学のキブル・カレッジ礼拝堂が代表作です。
- P.ウェブはバターフィールドのグレート・ブッカム教区学校（1856～58年）を訪れてスケッチを残しており（＊1）、バターフィールドから影響を受けたのは明らかです。

- 赤い家の設計の際にウェブは、バターフィールドによる牧師館や学校を参照したと言われています。バターフィールドの牧師館や学校は、赤レンガ、切妻屋根、途中で折り曲げられた破風（hipped gable）、白い窓枠と、確かに赤い家に似ています。中世から建てられてきた牧師館は、農家でも商家でもマナハウスでもない、小規模な専用住宅です。小さな専用住宅としての牧師館は、中産階級の郊外専用住宅に通じるものがあり、多くの建築家が参照しています。
- 主要居室を北向きにした経緯を、E.バーン・ジョーンズ夫人が夫の回想録の中で述べています。モリスとウェブが赤い家の設計をした年は非常に暑い夏だったので、暑さ嫌いのモリスは、主要な部屋を北と西に向けました（＊2）。しかし友人のバーン・ジョーンズが病弱でそこの寒気に耐えられず、商会の本拠地を変えることになります（＊3）。職住分離を企てて建てた赤い家ですが、5年間しか住まずに1865年に売却し、ロンドン中心部に引っ越します。モリス・マーシャル・フォークナー商会の上に居を構え、職住接近の生活をするようになります。

赤い家には
5年しか住まずに
売り払った！
ウェブも
気に入って
なかったぞ！

- N.ペヴスナーは「レッド・ハウスは全体としては、驚くべき独自の性格をもつ建物であり、堅固で広々とした外観をもち、しかも少しもわざとらしい所がない。これが多分、この建物のもっとも重要な特徴であろう」（＊4）と述べています。しかし赤い家は当時としてはそれほど注目されず、アーツ・アンド・クラフツ運動が隆盛となる20世紀に入ってから、出版などで紹介されるようになりました。
- 筆者は学生のときに赤い家を見に行きましたが、ごく普通のレンガの家で、どこにもモダンデザインの源流を感じることができませんでした。建築史家によくある過大評価では？　とさえ思いました。モリスの専門家である鈴木博之氏に、赤い家のどこがいいのかストレートに聞いたことがあります。さまざまなお答えをいただきましたが、いまだに納得できない所が多々あります。
- 芸術は目利きのためではなく、民衆のためのもの。芸術は独力の天才によるのではなく、民衆によるもの。そのようなモリスの思想はアーツ・アンド・クラフツ運動に発展し、「アーツ・アンド・クラフツ運動の起点としての赤い家」という評価が定着したのではないでしょうか。赤い家は、アーツ・アンド・クラフツ運動の広告塔だったわけです。機械や大都市に対する恐怖は、当時、多くの人々がいだいたものです。J.ラスキン、モリスらはその感情を思想に変え、また手工芸の製作販売の実践に変えて、世に問いかけたものと思われます。

＊1　6-12（p.20）、＊2　6-4（p.24）、＊3　6-9（p.141）、＊4　6-11（p.43）／
参考文献　6-4、6-9、6-11、6-12、6-13／出典　6-13（写真）

Q W.モリスの理想の住宅は？

▼

A 田園地帯にある、破風を多くもつ簡潔で頑丈な石の館。

モリスが書いた空想小説『ユートピアだより』では、22世紀の緑につつまれたロンドンで目覚め、ある娘と一緒にテムズ川を遡り、理想の家を見つけるシーンが出てきます。扉絵に書かれたその家はケルムスコット・マナーで、モリスが37歳のときから死ぬまで借り続けた石の館でした。登場人物に「遠い昔の素朴な田舎の人たちが建てた、この破風のたくさん見える古い邸は、最近の新しい時代が創り出したこの美しさの中にあってもやはりすばらしいものですわ」と語らせています。彼の理想とした住宅は、5年住んで売ってしまった赤い家ではなく、ケルムスコット・マナーであったようです。

灰色の乱石積み　スレート（薄い石板）葺き　軒先のスレートは大きく、上に行くほど小さい

THIS IS THE PICTURE OF THE OLD HOUSE BY THE THAMES TO WHICH THE PEOPLE OF THIS STORY WENT HEREAFTER FOLLOWS THE BOOK IT-SELF WHICH IS CALLED NEWS FROM NOWHERE OR AN EPOCH OF REST & IS WRITTEN BY WILLIAM MORRIS.

"NEWS FROM NOWHERE"
W.モリス『ユートピアだより』の扉絵（C.ジェア画、1890年）

ケルムスコット・マナー（16C～20C）
モリスは37歳から借りて、死ぬまで利用。
近くの墓地に埋葬される。墓石はP.ウェブによる最後のデザイン

多くの破風が見える
素朴な古い館！
周囲は田園で、
ロンドンとはテムズ川
でつながっている！

W.モリス

イングランド田園地帯の
ヨーマンの快活、簡潔
で美しい石の館が
理想の建築だ！

簡潔性と頑丈さが第一！ simplicity & solidity

むくりのある切妻

W.モリスと
J.E.モリスの墓石
背面には2人の娘の名
（P.ウェブ、1896年）

- 扉絵の下の文：THIS IS THE PICTURE OF THE OLD HOUSE BY THE THAMES TO WHICH THE PEOPLE OF THIS STORY WENT HEREAFTER FOLLOWS THE BOOK ITSELF WHICH IS CALLED NEWS FROM NOWHERE OR AN EPOCH OF REST & IS WRITTEN BY WILLIAM MORRIS.
  これは、この物語の人々が向かった、テムズ川のほとりの古い家の絵である。以下は、「どこからともなく来たニュース」または「休息のエポック」と呼ばれる本であり、ウィリアム・モリスによって書かれている。（筆者訳）

参考文献　6-14、6-15、6-16／出典　6-14（左図）

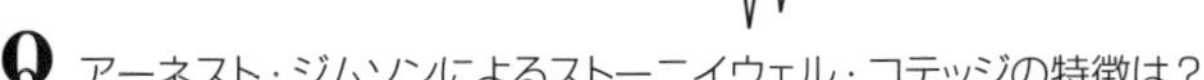

★ R215 モリスの理想の住宅　その2

Q アーネスト・ジムソンによるストーニイウェル・コテッジの特徴は？

A 荒地（heath）の斜面と一体化する、大地から生えたようなデザインです。

乱石積みにした不規則な形の外壁は、荒地の斜面に半分埋め込まれています。草葺き（火事で焼けてスレートに変更）の屋根を載せ、自然と渾然一体となるような素朴な住宅です。ジムソンやその仲間たちは**W.**モリスの田園志向、大都市嫌悪に影響されて地方に移住し、多くのピクチャレスクな田園住宅を設計しました。

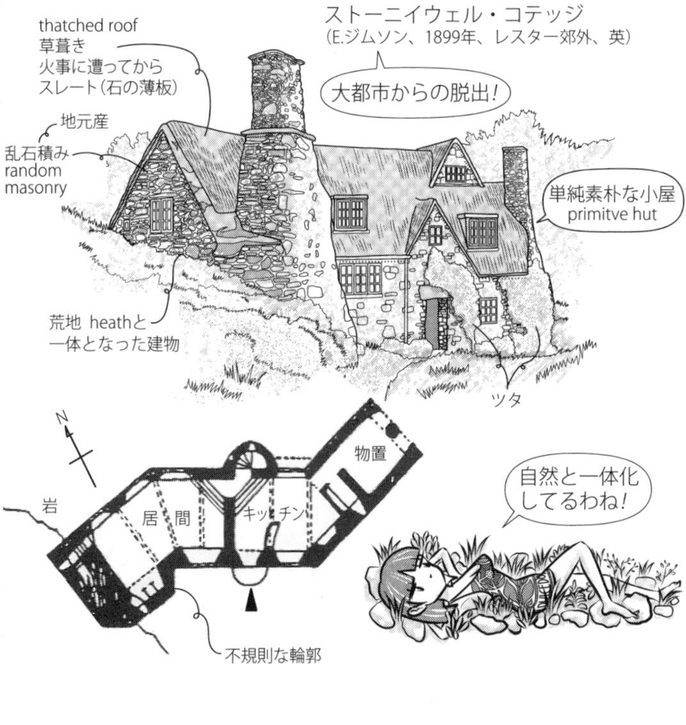

ストーニイウェル・コテッジ
（E.ジムソン、1899年、レスター郊外、英）

大都市からの脱出！

thatched roof
草葺き
火事に遭ってから
スレート（石の薄板）

地元産
乱石積み
random
masonry

単純素朴な小屋
primitve hut

荒地 heathと
一体となった建物

ツタ

N

岩

居間

キッチン

物置

不規則な輪郭

自然と一体化
してるわね！

- 筆者は長谷川堯による『田園住宅』（学芸出版社、**1994**年）について書評を頼まれたことがありますが、そのとき初めてこの住宅の写真を見て衝撃を受けました。筆者がヨーロッパ旅行中に見た名もない農家も、土に半分埋まり草や土と一体となった姿をしていて、それを彷彿とさせました。斜面に埋まって自然と一体となった素朴な姿は、ル・コルビュジエのように柱で地面から宙に浮かす白い抽象的立体の対極に位置します。

Q 1860年代以降のイギリスで中小規模の住宅が多くつくられ、ドメスティック・リバイバル（住宅復興）と呼ばれました。どのような社会的要因があった？

▼

A ①農業不況による貴族の没落と産業革命後の中産階級や資本家の勃興、②環境悪化した都市を逃れて郊外に庭付き1戸建てを求める流れ、③都市と郊外をつなぐ鉄道の普及など。

貴族が荘園経営のために建てたカントリーハウス（マナハウス）は、農場（荘園）経営の基地としての役割があり、多くの使用人を使う大邸宅でした。産業革命後に出てきた上層中産階級の人々は、そのような田園生活を多少なりとも実現できる庭付きの専用住宅を、都市近郊に求めました。仕事は都市部で、生活は郊外でという、ガーデンサバーブ（田園郊外住宅地）が発達します。ロンドン西郊のベドフォード・パークがガーデンサバーブの先駆とされています。このような流れの中で、多くの住宅作家が登場し、そのムーブメントはドメスティック・リバイバル（住宅復興）と呼ばれるようになります。なおガーデンサバーブは、ガーデンシティ（田園都市）とは違う概念です。ガーデンシティは職住一体のひとまとまりの小規模な都市全体を田園の中に置く、その都市どうしを鉄道でつなぐという考え方です。

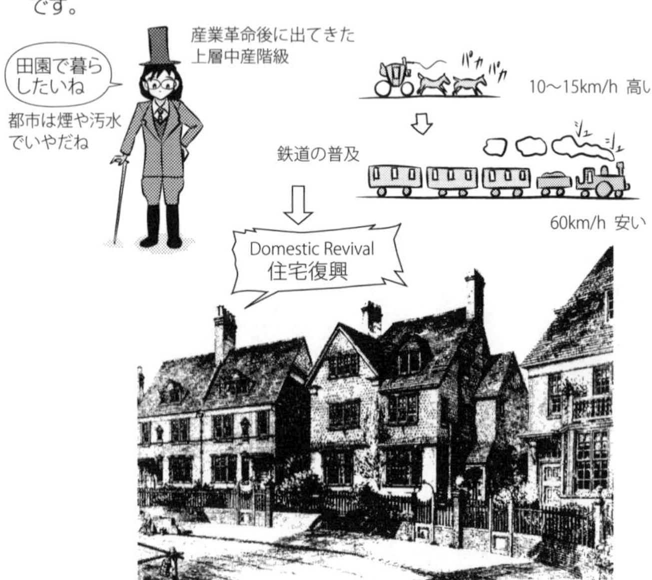

産業革命後に出てきた
上層中産階級
田園で暮らしたいね
都市は煙や汚水でいやだね
パカ パカ
10〜15km/h 高い
鉄道の普及
シュ シュ
60km/h 安い
Domestic Revival
住宅復興

ベドフォード・パークの住宅計画案（R.N.ショウ、1877年）
ガーデンサバーブ（田園郊外住宅地）の先駆
garden suburb

参考文献　6-6、6-18、6-19／出典　6-6（下図パース）

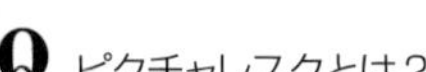
R217

ピクチャレスク

Q ピクチャレスクとは？

▼

A 軸線に従う規則的配列ではなく、絵画的に、自然に、不規則に、複雑に構成すること。絵画的な変化に豊んだ構成を志向することです。

ピクチャレスクは18世紀のイギリスで、風景式庭園から出てきて建築にも使われるようになった概念で、自然に近いように不規則に絵画的に構成することです。クラグサイドは小さな小屋をリチャード・ノーマン・ショウが設計して増築改築を繰り返してできた、岩山にそそり立つ巨大な邸宅です。<u>中世からあるヴァナキュラー（土着的）な要素を、不規則に岩山と一体となるように組み立てており、オールド・イングリッシュ様式と呼ばれています。</u>

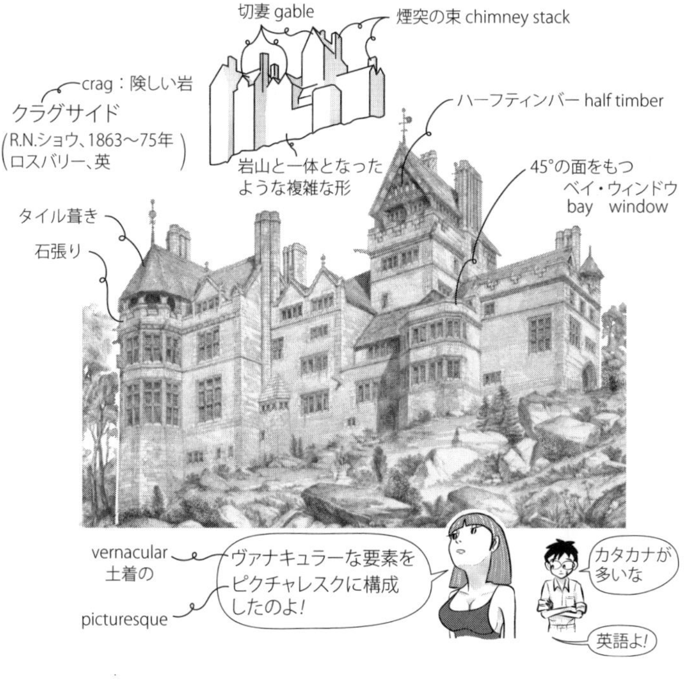

切妻 gable
煙突の束 chimney stack
crag：険しい岩
クラグサイド
（R.N.ショウ、1863～75年 ロスバリー、英）
ハーフティンバー half timber
岩山と一体となったような複雑な形
45°の面をもつ ベイ・ウィンドウ bay window
タイル葺き
石張り
vernacular 土着の
picturesque
ヴァナキュラーな要素をピクチャレスクに構成したのよ！
カタカナが多いな
英語よ！

- 世界で初めて全館を電気照明とした住宅で、水力式エレベーター、セントラル・ヒーティングなどの設備を装備し、当時の新聞には「近代魔術師の宮殿」と書かれました。施主はアームストロング砲で有名な、ウィリアム・アームストロング。アームストロング砲は、幕末の日本でも使われました。

参考文献　6-12、6-20／出典　6-20（パース）

R218

クイーン・アン様式　その1

Q クイーン・アン様式とはどういう様式？

▼

A 19世紀末のイギリスにおける住宅で、赤レンガ、白い窓枠、出窓や破風の多用などの特徴をもつ様式です。

アン女王は18世紀の女王ですが、クイーン・アン様式と呼ぶ場合は赤レンガ、白い窓枠、出窓、破風を用いた、不規則でピクチャレスクな（絵画的な、形式張っていない）デザインの、19世紀末の英国住宅の様式を指します。R.N.ショウは中小規模の住宅や都市の建物に、クイーン・アン様式を採用しました。さまざまなヴァナキュラーな（土着の）農家、コテッジのデザインを取り入れた折衷様式と言えます。

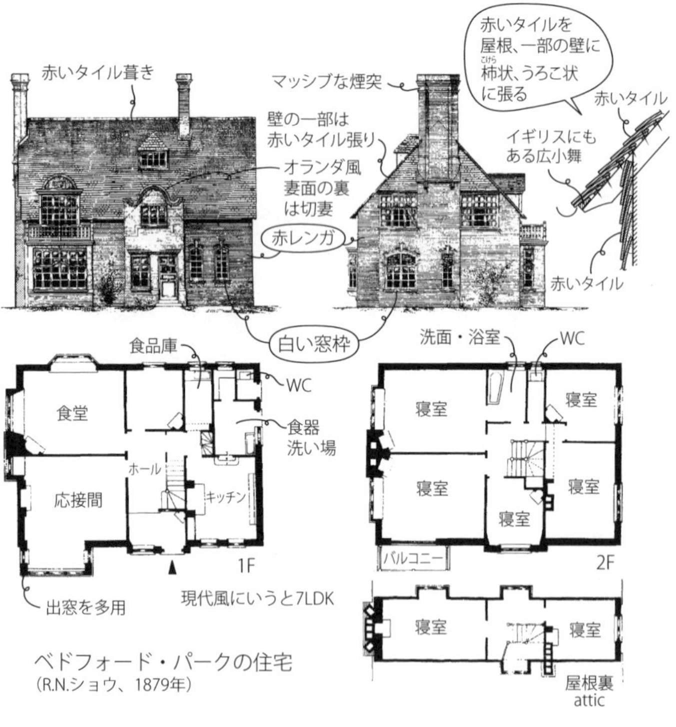

赤いタイル葺き
マッシブな煙突
壁の一部は赤いタイル張り
オランダ風妻面の裏は切妻
赤レンガ
白い窓枠
赤いタイルを屋根、一部の壁に杮（こけら）状、うろこ状に張る
赤いタイル
イギリスにもある広小舞
赤いタイル

食品庫
WC
食器洗い場
食堂
ホール
キッチン
応接間
1F
出窓を多用
現代風にいうと7LDK

洗面・浴室
WC
寝室
寝室
寝室
寝室
寝室
バルコニー
2F

寝室
寝室
屋根裏
attic

ベドフォード・パークの住宅
（R.N.ショウ、1879年）

- クイーン・アン様式は正確には「ゴシック・リバイバルにおける自由でアシンメトリカルなマスのグルーピングやプランニングと、17〜18世紀のイギリス、オランダの赤レンガ建築の全範疇から取られたディテールとの結合であって、そこに16世紀のフランス－フランドル建築のタッチが加わったもの」（＊）とされています。

＊6-12（p.50）／参考文献　6-4、6-12、6-20／出典　6-4（立面）

Q クイーン・アン様式の前兆となる作品は？

A ウィリアム・イーデン・ネスフィールドのキュー・ガーデンのロッジが最初期の例です。

キュー・ガーデンのロッジは、一時期R.N.ショウと一緒に仕事をしたネスフィールドが1866年に設計し、1867年に竣工した赤レンガ+白い窓枠の小住宅です。H.R.ヒッチコックは、この建物をクイーン・アン様式の前兆（adumbration）と評しています（*）。赤レンガ+白枠のほかに、大きなひとつ屋根の中央に高い煙突を置いた、単純で力強い構成も注目に値します。R.ヴェンチューリのビーチハウス計画案（1959年）や母の家（1962年）などの、アンチ近代建築またはポスト近代建築のデザインに影響を与えたと思われます。ヴェンチューリはモダンデザインが捨てた大屋根と高くて象徴的な煙突を、躊躇なく取り入れています。

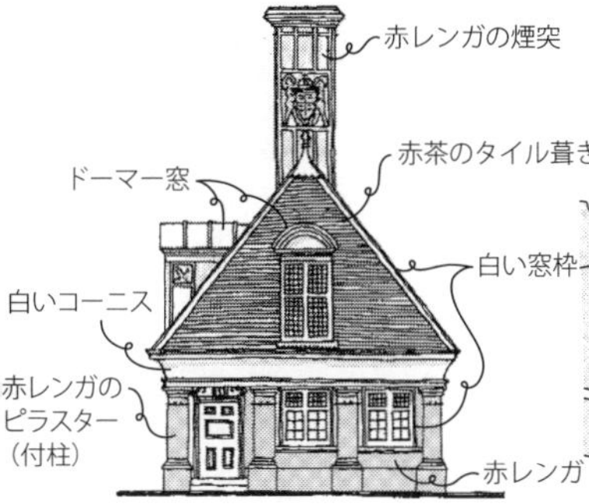

赤レンガの煙突
赤茶のタイル葺き
ドーマー窓
白い窓枠
白いコーニス
赤レンガのピラスター（付柱）
赤レンガ
キュー・ガーデン入口
クイーン・アン様式の初期の例
煙突を中央に高く立て、屋根をそれに向けて傾けてるよ！
モダンデザインが忘れた高い煙突と大屋根を取り入れたんだ
R.ヴェンチューリ
象徴的な煙突
中央に向かって上がる屋根

キュー・ガーデンのロッジ　北側立面図
（W.E.ネスフィールド、1867年、ロンドン、英）

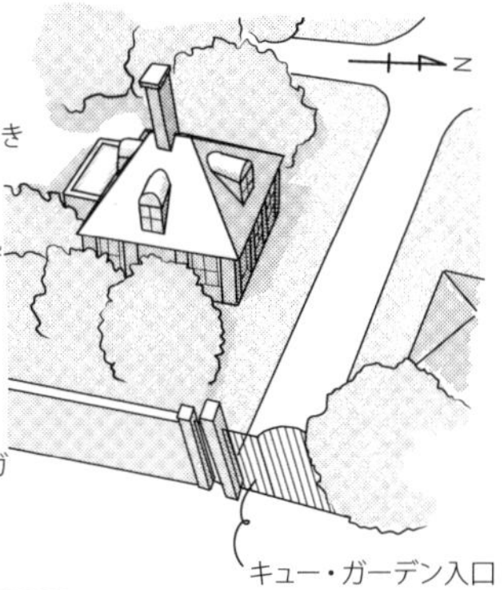

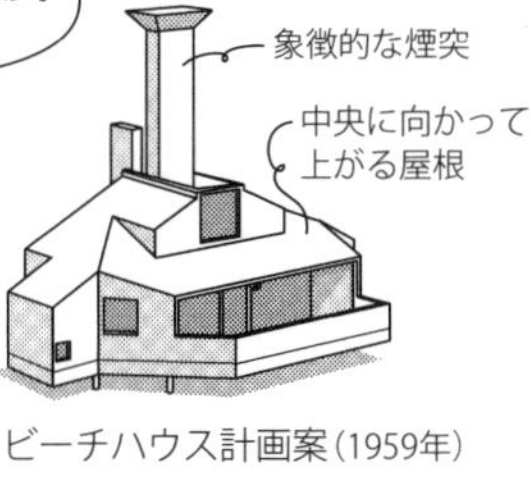

ビーチハウス計画案（1959年）

- クイーン・アン様式がどこからはじまるかは、建築史家の間で議論があります。元はアン女王治世の、17、18世紀のコストの安いヴァナキュラーな赤レンガ建築を参照したものです。

*6-21（p.293）／参考文献　6-21、6-22

クイーン・アン様式　その3

Q スタジオハウスとは？

A 芸術家のアトリエ付き住宅で、19世紀末の住宅復興（ドメスティック・リバイバル）にて中産階級の郊外住宅を先導しました。

下図のR.N.ショウによるマーカス・ストーンのスタジオハウスは、2階にアトリエ、1階を主要居室、半地下をキッチンなどのサービスの部屋としています。多くのゲーブル（破風）とオリエル・ウィンドウ（持出しの出窓）、そして赤レンガの外壁に白い窓枠といった典型的なクイーン・アン様式です。

P.ウェブの影響
3連ゲーブル
実施案では
中央のゲーブル
はとられている
トップライト
2階をアトリエ
としたスタジオハウス
オランダ風破風
Dutch gable
3連ベイ・ウィンドウ
屋根、壁は
すべてガラス
縦長の窓の上
に扁円アーチ
赤レンガ
白い窓枠

挿絵画家M・ストーンの
スタジオハウス
（1876年、ロンドン、英）

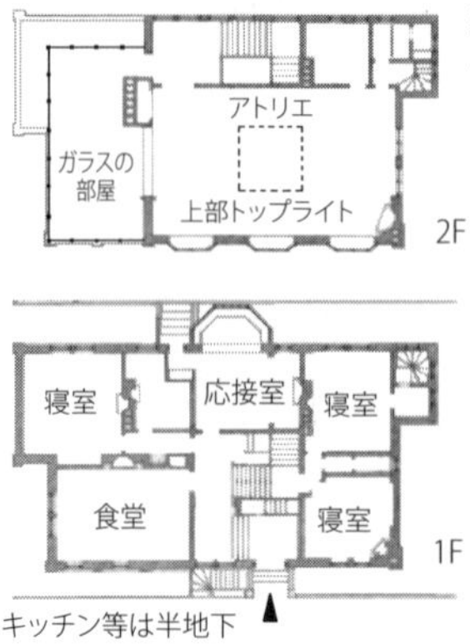

赤レンガ、白い窓枠
のクイーン・アン様式

現在でもこの辺は、赤レンガ
＋白い窓枠が多い

アトリエ
ガラスの
部屋
上部トップライト
2F

寝室
応接室
寝室
食堂
寝室
1F
キッチン等は半地下

芸術家のスタジオハウス
は中産階級の郊外住宅
を先導したな

R.N.ショウ（1831〜1912年）

参考文献　6-12、6-20／出典　6-20（パース）

R221

ヴォイジイ　その1

Q C.F.A.ヴォイジイ自邸計画案のデザイン的特徴は？

A ハーフティンバーと白いラフキャストの壁、薄い寄棟屋根、水平に連続する窓など、単純で、水平性の強いデザイン。

ラフキャストは石灰に小石を混ぜてゴツゴツした表面とした仕上げで、ハーフティンバーや水平に連続する窓とともに、中世からのヴァナキュラーなコテッジに由来します。しかしその使い方は単純化され、機械的繰り返しが多く、全体として水平性の強いモダンデザインに近い印象をもたせます。立面を見ると、ピロティで持ち上げられた近代建築のようです。近代建築のパイオニアにしたいN.ペヴスナーとの対談では、ヨーマンの住居を単純化しただけとヴォイジイは述べています。

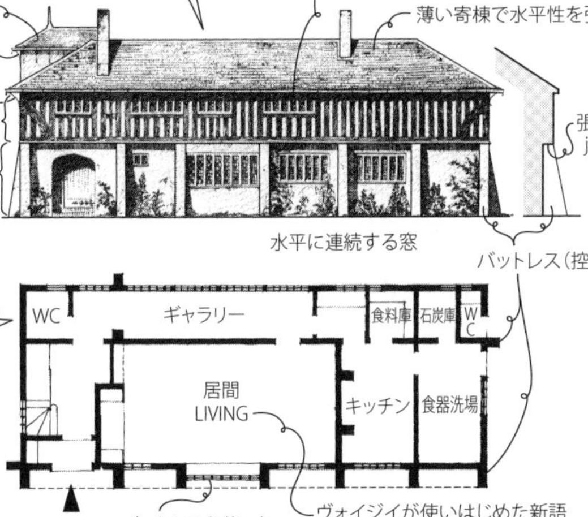

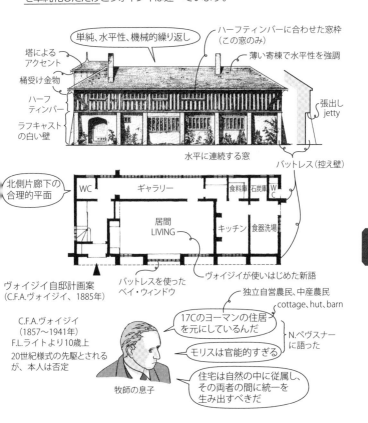

単純、水平性、機械的繰り返し
ハーフティンバーに合わせた窓枠（この窓のみ）
塔によるアクセント
薄い寄棟で水平性を強調
樋受け金物
ハーフティンバー
ラフキャストの白い壁
張出し jetty
水平に連続する窓
バットレス（控え壁）

北側片廊下の合理的平面
WC
ギャラリー
食料庫
石炭庫
WC
居間 LIVING
キッチン
食器洗場
ヴォイジイが使いはじめた新語
バットレスを使ったベイ・ウィンドウ

ヴォイジイ自邸計画案（C.F.A.ヴォイジイ、1885年）

独立自営農民、中産農民
cottage、hut、barn
17Cのヨーマンの住居を元にしているんだ
モリスは官能的すぎる
N.ペヴスナーに語った
住宅は自然の中に従属し、その両者の間に統一を生み出すべきだ

C.F.A.ヴォイジイ（1857〜1941年）
F.L.ライトより10歳上
20世紀様式の先駆とされるが、本人は否定

牧師の息子

参考文献　6-23、6-24／出典　6-23（立面）

Q C.F.A.ヴォイジイのフォスター邸の特徴は？

▼

A 白いラフキャストの箱形の外形に、水平に連続した窓をあけたシンプルで水平性の強いデザイン。

低い寄棟屋根の平らな軒線と水平に連続した窓によって、水平性が強いデザインとなっています。レンガを積んだ組積造でありながら、石のマリオン（方立）で上部の壁を支えることにより、壁を横断する窓を可能にしています。

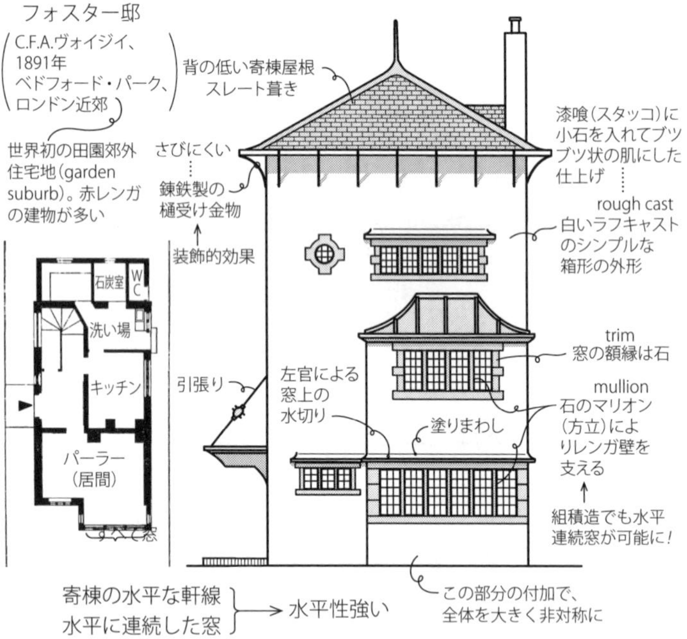

フォスター邸
（C.F.A.ヴォイジイ、1891年
ベドフォード・パーク、ロンドン近郊）

世界初の田園郊外住宅地（garden suburb）。赤レンガの建物が多い

背の低い寄棟屋根
スレート葺き

さびにくい
錬鉄製の樋受け金物
↑
装飾的効果

漆喰（スタッコ）に小石を入れてブツブツ状の肌にした仕上げ
rough cast
白いラフキャストのシンプルな箱形の外形

石炭室
WC
洗い場
キッチン
パーラー（居間）
すべて窓

trim
窓の額縁は石

引張り

左官による窓上の水切り

塗りまわし

mullion
石のマリオン（方立）によりレンガ壁を支える
↑
組積造でも水平連続窓が可能に！

寄棟の水平な軒線
水平に連続した窓
→ 水平性強い

この部分の付加で、全体を大きく非対称に

- ル・コルビュジエは1920年代に水平連続窓をもつ白い箱の住宅をつくりますが、RCの柱梁とキャンティレバー（持出し）を採用することで、より完全な水平連続窓がつくられます。低い寄棟屋根は四周の軒が平らになるので、水平性を強調しようとしたF.L.ライトが多く採用しています。

参考文献　6-21、6-23

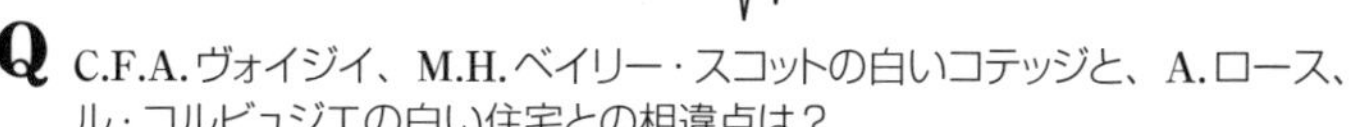

★ R223 ヴォイジイ その3

Q C.F.A.ヴォイジイ、M.H.ベイリー・スコットの白いコテッジと、A.ロース、ル・コルビュジエの白い住宅との相違点は？

▼

A 勾配屋根による小屋 vs. 陸屋根による直方体、凹凸のある壁面 vs. 平滑な壁面、中世から続く構成の単純化 vs. 抽象的な直方体・面・線の構成、過去の参照 vs. 過去と断絶してゼロからつくろうとする志向などと、同じ白い住宅でも根本的な違いがあります。

ヴォイジイやベイリー・スコットの白いコテッジは、白い外壁、水平に連続した窓などにより、モダンデザインの源流としてよく挙げられます。彼らの作品は多くの雑誌に取り上げられ、後の世代や海外に影響したことは間違いありませんが、屋根、表面の凹凸やマチエール（素材感）、歴史的構成の参照などにより、モダンデザインとの相違点も多くあり、過去と断絶して抽象的立体をゼロからつくろうと志向した運動とは、大きくかけ離れています。

白い住宅比較

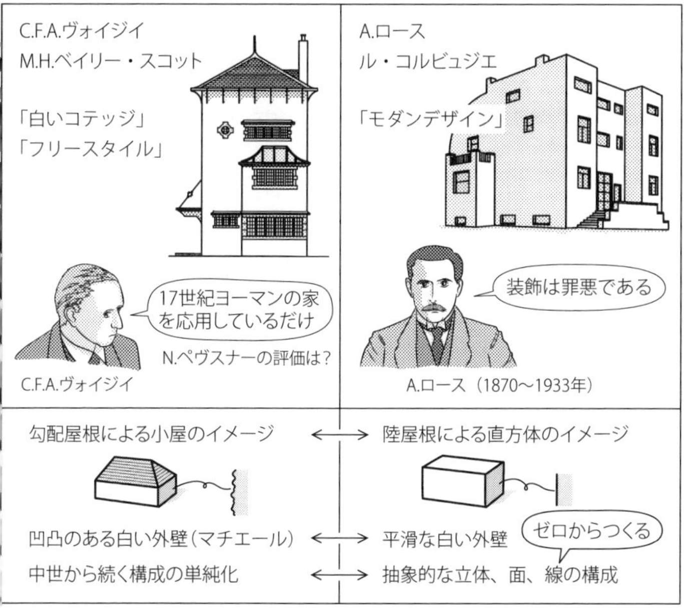

C.F.A.ヴォイジイ M.H.ベイリー・スコット 「白いコテッジ」 「フリースタイル」 17世紀ヨーマンの家を応用しているだけ N.ペヴスナーの評価は？ C.F.A.ヴォイジイ	A.ロース ル・コルビュジエ 「モダンデザイン」 装飾は罪悪である A.ロース（1870〜1933年）
勾配屋根による小屋のイメージ ←→	陸屋根による直方体のイメージ
凹凸のある白い外壁（マチエール） ←→	平滑な白い外壁　ゼロからつくる
中世から続く構成の単純化 ←→	抽象的な立体、面、線の構成

- ラフキャストの壁面は、近づくと大きな凹凸があります。一方コルビュジエ、ロースの白い壁面は、コンクリート、コンクリートブロック、レンガなどをモルタルで均した上に塗装した平滑な面です。油絵と日本画ほどのマチエールの違いがあります。

参考文献　6-23、6-25

Q C.F.A.ヴォイジイは2層吹抜けにわたるガラス面を住宅でデザインしていた？

▼

A アトリエ付テラスハウス計画案で、大ガラス面をデザインしています。

大ガラス面は近代建築の特徴のひとつですが、ヴォイジイは2戸1（semi-detached house）のアトリエ付テラスハウスにて、吹抜けのアトリエの北側窓を、正方形グリッドの大ガラス面としています。C.R.マッキントッシュによるグラスゴー美術学校（1909年）のアトリエに付けられた、正方形グリッドの大ガラス面よりも、10年以上前の設計となります。

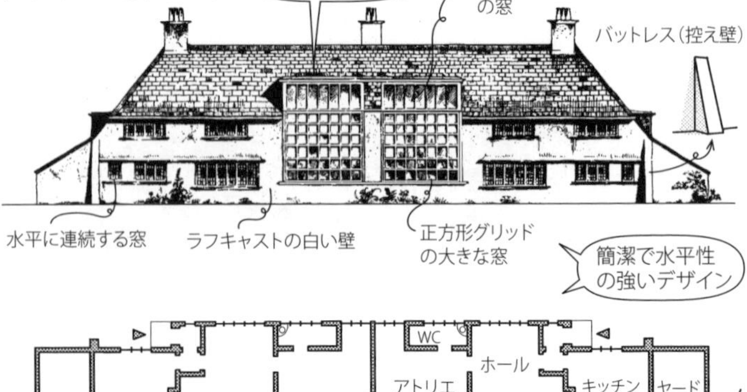

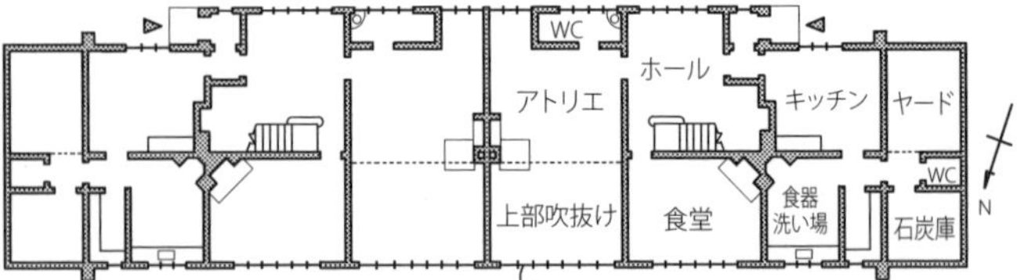

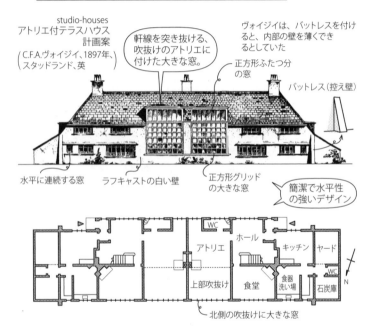

studio-houses
アトリエ付テラスハウス計画案
（C.F.A.ヴォイジイ、1897年、スタッドランド、英）
軒線を突き抜ける、吹抜けのアトリエに付けた大きな窓。
ヴォイジイは、バットレスを付けると、内部の壁を薄くできるとしていた
正方形ふたつ分の窓
バットレス（控え壁）
水平に連続する窓
ラフキャストの白い壁
正方形グリッドの大きな窓
簡潔で水平性の強いデザイン
WC
ホール
アトリエ
キッチン
ヤード
WC
N
上部吹抜け
食堂
食器洗い場
石炭庫
北側の吹抜けに大きな窓

- 白い外壁と簡素で水平性の強いデザインで20世紀様式の先駆と言われましたが、ヴォイジイ自身はそれを否定し、17世紀のヨーマンの小屋（cottage）を見習ったものとN.ペヴスナーに語っています。「住宅は自然の中に従属し、その両者の間に統一を生み出すべきだ」がヴォイジイの持論でした。
- 斜めに出されるバットレス（控え壁）は壁面の装飾的効果が大きいですが、ヴォイジイは内部の壁を薄くできる効果があると述べています。
- ヴォイジイは初めはW.モリスに影響を受けましたが、後にモリスの無神論や激しい気性により、「酔っ払いの船長のようだ」として避けるようになります。また「モリスは官能的すぎる」と語っています。

参考文献　6-4、6-12、6-23／出典　6-23（立面）

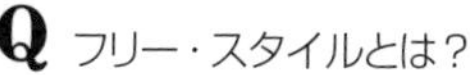

Q フリー・スタイルとは？

A 古典主義やゴシックなどの評価が定まった様式にこだわらず、農家や納屋、馬小屋などの技術も取り入れた、形式にこだわらずに自由な構成をするデザインです。

C.F.A.ヴォイジイによるブロードリーズは、白い壁、水平に連続した窓、ピロティ、水平性の強いデザイン、非対称な吹抜けなど、近代的デザインの要素が見られます。しかし、それらは農家、納屋、馬小屋、中世のマナハウスにもつながる技術、構成でもあり、権威的な様式とは離れたフリー・スタイルと称されました。

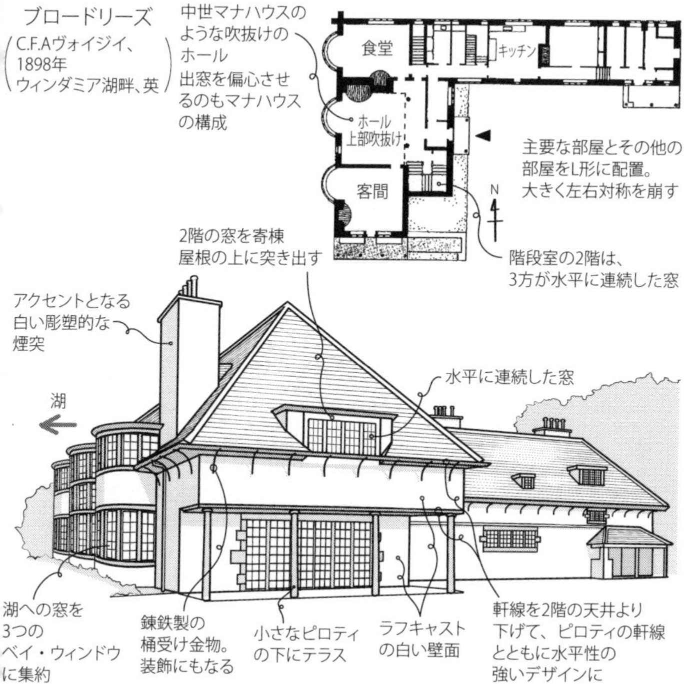

ブロードリーズ
（C.F.Aヴォイジイ、1898年
ウィンダミア湖畔、英）

中世マナハウスのような吹抜けのホール
出窓を偏心させるのもマナハウスの構成

食堂
キッチン
ホール上部吹抜け
客間
N

主要な部屋とその他の部屋をL形に配置。大きく左右対称を崩す

2階の窓を寄棟屋根の上に突き出す

階段室の2階は、3方が水平に連続した窓

アクセントとなる白い彫塑的な煙突

水平に連続した窓

湖

湖への窓を3つのベイ・ウィンドウに集約

錬鉄製の桶受け金物。装飾にもなる

小さなピロティの下にテラス

ラフキャストの白い壁面

軒線を2階の天井より下げて、ピロティの軒線とともに水平性の強いデザインに

- マナハウス（manor house）は荘園を管理する騎士の住む邸宅で、スクリーン・パッセージという通路と吹抜けのホールからなり、ベイ・ウィンドウがホールの片側に寄せられた構成です（R205参照）。ブロードリーズのホールにもその構成が生かされています。
- ヴォイジイは寄棟屋根のほかに、農家に見られる45°勾配の切妻屋根を組み合わせ、立面に三角形の妻面を出した構成の住宅も多く設計しています。

参考文献　6-19、6-21、6-23

Q C.F.A.ヴォイジイの自邸、オーチャードのインテリアの特色は？

▼

A 水平性が強く、白を基調としたシンプルなデザインです。

日本でいう「長押」がグルッと壁の上に回り、「長押」、幅木、柱梁、格子、「長押」から上の壁、天井は白く塗られ、木肌を出すことは極力抑えられています。当時つくられた小型の住宅（cottage）では梁の木肌を露出することが多いですが、ヴォイジイのインテリアは白く塗りまわされ、本人は中世農家を単純化したものと言ってはいますが、モダンデザインと呼んでもよい質を獲得しています。

ヴォイジイ自邸（オーチャード）のホール
（C.F.A.ヴォイジイ、1899年、チャーレイウッド、英）

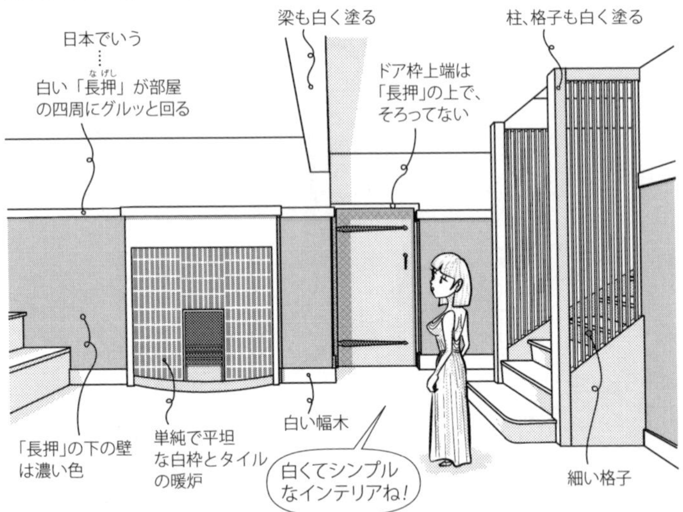
梁も白く塗る
柱、格子も白く塗る
日本でいう
白い「長押」が部屋の四周にグルッと回る
ドア枠上端は「長押」の上で、そろってない
「長押」の下の壁は濃い色
単純で平坦な白枠とタイルの暖炉
白い幅木
白くてシンプルなインテリアね！
細い格子

• ヴォイジイの有名な作品は、イギリス、ドイツの複数の雑誌に紹介され、近代運動の作家たちに多くの影響を及ぼすことになります。格子や暖炉などに見る線の細いデザインは、C.R.マッキントッシュに似たセンスを感じさせ、19世紀末の一連の英国住宅作家の中では、筆者の一番のお気に入りです。

参考文献　6-23、6-24

Q M.H.ベイリー・スコットの壁の扱いは、ミースv.d.ローエによるレンガ造田園住宅の壁の扱いに通じるものがある？

▼

A 構成法が異なり、通じるものはありません。

伝記作家のジェームズ・D.コーンウォルフは、ホワイトロッジの壁は、ミースのレンガ造田園住宅の壁の構成と似ていると分析しています。しかし、ホワイトロッジの雁行する壁は、三角形の妻面を3段にずらしたいがためにできたもので、ミースと比較するようなものではありません。このような分析は建築史家が好んで引用する部分ですが、壁を四角く囲って屋根を載せている時点で、ミースのレンガ造田園住宅とはまったく異なるものと言えます。

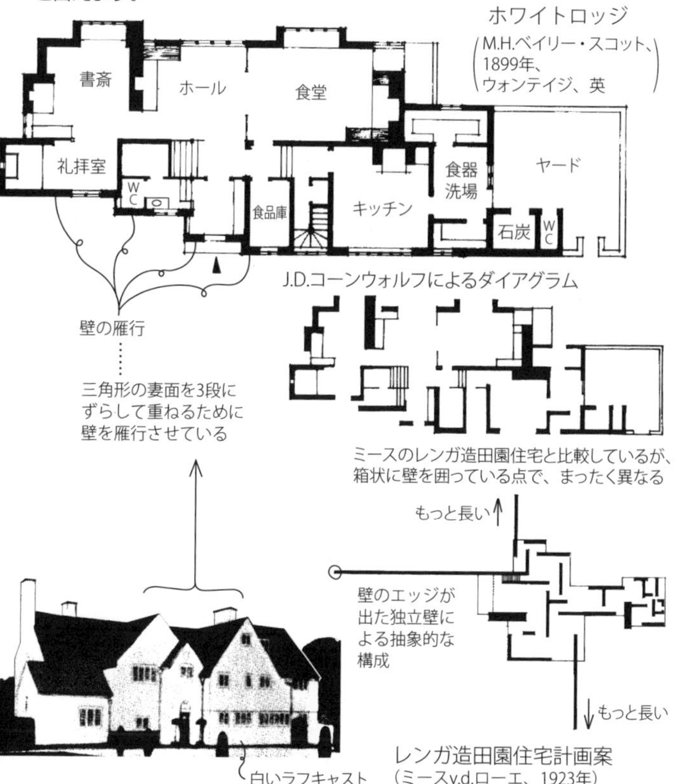
ホワイトロッジ
（M.H.ベイリー・スコット、1899年、ウォンテイジ、英）
書斎
ホール
食堂
礼拝室
WC
食品庫
キッチン
食器洗場
ヤード
石炭
WC
壁の雁行
三角形の妻面を3段にずらして重ねるために壁を雁行させている
J.D.コーンウォルフによるダイアグラム
ミースのレンガ造田園住宅と比較しているが、箱状に壁を囲っている点で、まったく異なる
もっと長い
壁のエッジが出た独立壁による抽象的な構成
もっと長い
白いラフキャスト
レンガ造田園住宅計画案
（ミースv.d.ローエ、1923年）

- ミースは組積造の壁に囲まれた空間を開放するために、雁行配置を初期に試みています。

参考文献 6-26／出典 6-26

R228

Q 19世紀末の住宅で見られる吹抜けの起源は？

▼

A 中世マナハウスのホールに源流があります。

J.D.コーンウォルフは、M.H.ベイリー・スコットによるブラックウェル（C.F.A.ヴォイジイのブロードリーズの近隣）は、ル・コルビュジエのオザンファンのアトリエ（1922年）と比較して、近代的な吹抜け構成の先駆としています。しかし、中世のマナハウスにおける「スクリーン・パッセージ+吹抜けのホール」が、当時の多くの住宅で取り入れられており、炉辺の小部屋を大きな部屋のコーナーに入れ子状につくる方法も多くの先例があります。

ブラックウェルのホール（M.H.ベイリー・スコット、1899年、ウェストモーランド、英）

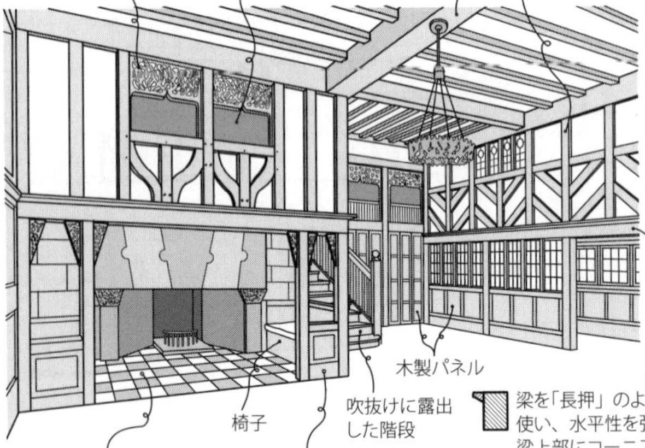

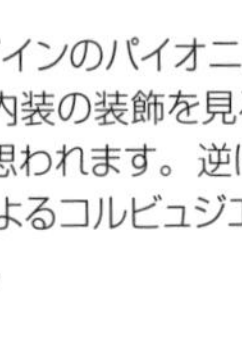

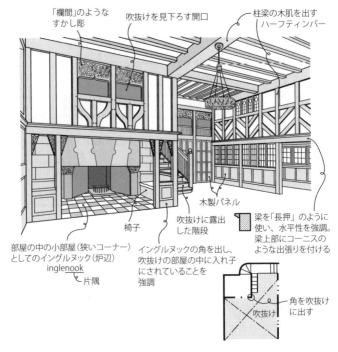

「欄間」のような
すかし彫
吹抜けを見下ろす開口
柱梁の木肌を出す
ハーフティンバー
木製パネル
梁を「長押」のように
使い、水平性を強調。
梁上部にコーニスの
ような出張りを付ける
椅子
吹抜けに露出
した階段
部屋の中の小部屋（狭いコーナー）
としてのイングルヌック（炉辺）
inglenook
片隅
イングルヌックの角を出し、
吹抜けの部屋の中に入れ子
にされていることを
強調
吹抜け
角を吹抜け
に出す

- ヴォイジイと同様にベイリー・スコットも、近代デザインのパイオニアととらえようとする建築史家や伝記作家がいますが、外観や内装の装飾を見ると、やはり中世のマナハウスや農家の応用と単純化のように思われます。逆にそのような過程で発生した空間構成と装飾が、無装飾な面によるコルビュジエらの空間構成よりも、今となっては魅力的に筆者には映ります。

参考文献　6-26

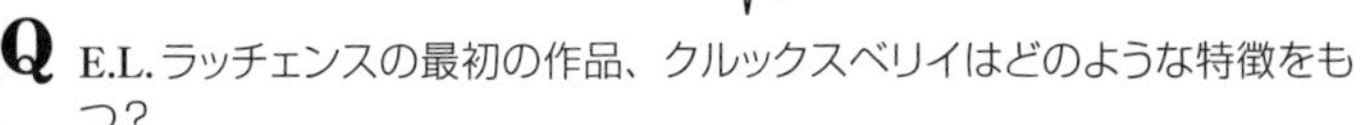
★ R229

ラッチェンス　その1

Q E.L.ラッチェンスの最初の作品、クルックスベリイはどのような特徴をもつ?

▼

A ピクチャレスクでヴァナキュラーな住宅ですが、平面構成に後に開花する動線の扱いの規則性、操作性が出ています。

部屋に対して対称に動線の軸を配置すること、動線の軸を通すこと、アプローチをZ形にクランクさせること、部分的に対称性をつくることなどが、同時代のピクチャレスクの住宅との違いとして見てとれます。

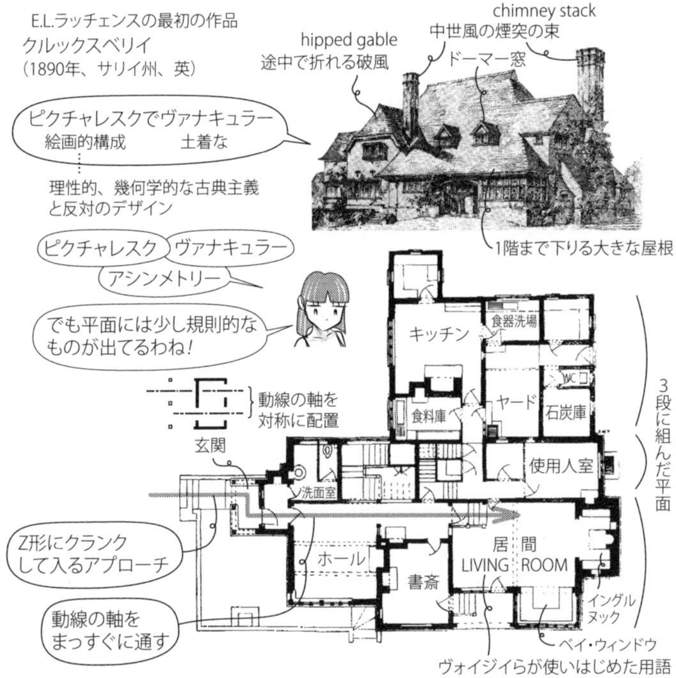

E.L.ラッチェンスの最初の作品
クルックスベリイ
(1890年、サリイ州、英)

chimney stack
中世風の煙突の束
hipped gable
途中で折れる破風
ドーマー窓
ピクチャレスクでヴァナキュラー
絵画的構成　土着な
理性的、幾何学的な古典主義と反対のデザイン
1階まで下りる大きな屋根
ピクチャレスク
ヴァナキュラー
アシンメトリー
でも平面には少し規則的なものが出てるわね!
キッチン
食器洗場
WC
ヤード
石炭庫
食料庫
動線の軸を対称に配置
玄関
使用人室
洗面室
3段に組んだ平面
Z形にクランクして入るアプローチ
ホール
居間 LIVING ROOM
書斎
イングルヌック
動線の軸をまっすぐに通す
ベイ・ウィンドウ
ヴォイジイらが使いはじめた用語

- ラッチェンスは王立美術学校で学んだ後にアーネスト・ジョージの事務所で1年ほど働き、1889年に20歳で独立。最初に依頼されたのがクルックスベリイの仕事（その前に増築の仕事はあった）で、E.ジョージ、R.N.ショウ、P.ウェブらの影響を受け、外観はピクチャレスクなヴァナキュラーでまとめています。ラッチェンスは様式折衷ゆえにか、伝統主義者、折衷主義者でまとめられることが多くありました。一方R.ヴェンチューリは「多様性と機智」によってラッチェンスを再評価しています（*）。筆者は動線の操作的な扱いにより空間の中心性を解体し、シークエンスをつくり出したラッチェンスの空間構成により注目すべきと考えています。

*6-27／参考文献　6-26、6-27、6-28、6-29／出典　6-26（図）

Q E.L.ラッチェンスの初期の住宅は、どのような様式？　アプローチ経路の特徴は？

▼

A 急勾配で大きな破風、中世風の煙突、水平に連続した窓、地元産の石やタイル、レンガなどを使った、アシンメトリーでヴァナキュラーな様式です。アプローチの軸はZ形にクランクします。

ラッチェンスは様式的にはアーツ・アンド・クラフツ風のピクチャレスクなヴァナキュラーからはじめ、後に古典主義へと移行します。しかし、動線の軸を形の中心軸からずらす、アプローチをZ形にクランクさせる、迂回させるのは、初期の住宅から一貫して見られます。

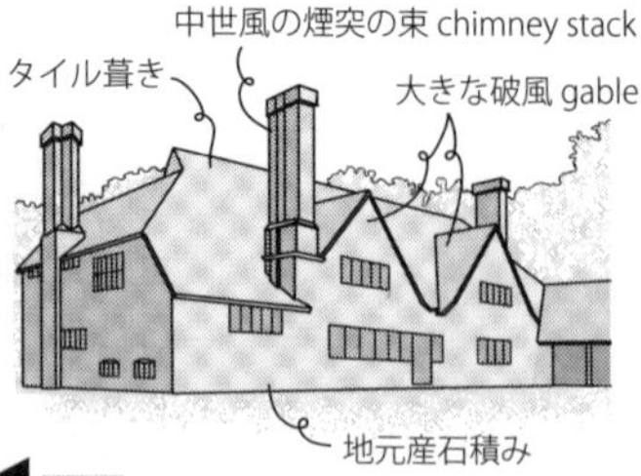

N
工房
中庭
ヤード
キッチン
ホール
食堂
Z形にクランクしたアプローチ

中世風の煙突の束 chimney stack
タイル葺き
大きな破風 gable
地元産石積み

マンステッド・ウッド、G.ジキル自邸
(E.L.ラッチェンス、1896年、マンステッド、英)

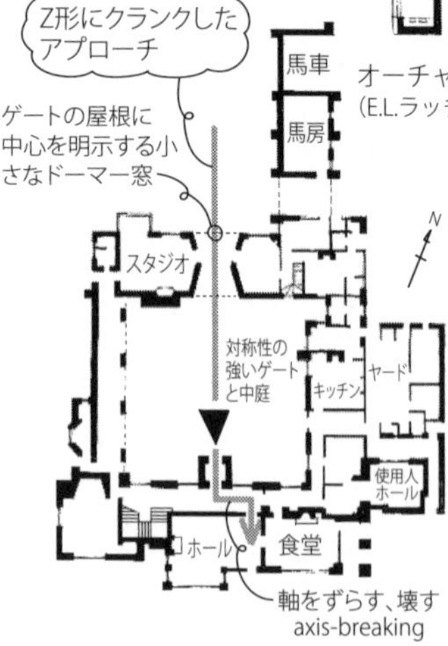

馬車
馬房
オーチャード
(E.L.ラッチェンス、1899年、マンステッド、英)

ゲートの屋根に中心を明示する小さなドーマー窓
N
スタジオ
対称性の強いゲートと中庭
キッチン
ヤード
使用人ホール
ホール
食堂
軸をずらす、壊す
axis-breaking

下図はE.L.ラッチェンスの絵（年代不詳）
せりふは筆者

庭と建築の対応に気をつけなさい！
はい

E.L.ラッチェンス
19歳
造園家G.ジキル
45歳
知り合った時

- 裕福な造園家のガートルード・ジキルと知り合い、ともにサリーやサセックス地方を巡ってヴァナキュラーなコテッジから学び、初期の作品群をヴァナキュラーな様式で設計します。庭園と対応させる建築のあり方は、ジキルの影響と思われます。

参考文献　6-2、6-16、6-30／出典　6-16（右下イラスト）、6-31（平面）

Q 吹抜け+オープンな階段をE.L.ラッチェンスはつくっていた？

A リトル・セイカムでは、吹抜けのホール+スクリーン・パッセージ+階段室を3分割構成の中央部に置き、階段室上のバルコニーや廊下からホールを見下ろすことができます。

3分割構成の中央部にスクリーン・パッセージ+ホールを入れ（R206図1の②のパターン）、入口で中心軸から動線の軸をずらし、アプローチをZ形にクランクさせています。ホールのベイ・ウィンドウは全体の中心軸を明示していますが、ホールをアシンメトリーなL形にしています。ホール中央の暖炉は、ホールの中心軸を明示しています。

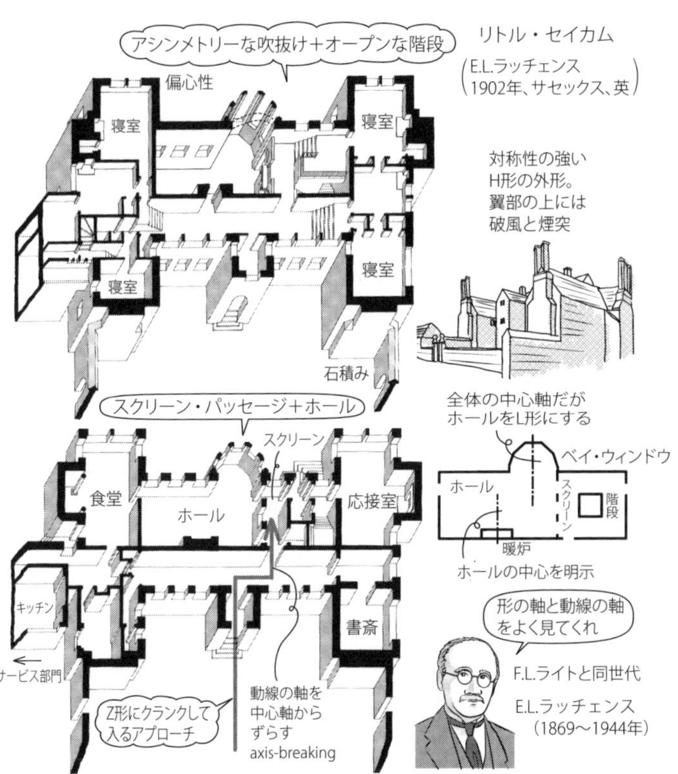
アシンメトリーな吹抜け+オープンな階段
リトル・セイカム
（E.L.ラッチェンス
1902年、サセックス、英）
偏心性
寝室
寝室
寝室
寝室
対称性の強い
H形の外形。
翼部の上には
破風と煙突
石積み
スクリーン・パッセージ+ホール
スクリーン
全体の中心軸だが
ホールをL形にする
ベイ・ウィンドウ
ホール
スクリーン
階段
暖炉
ホールの中心を明示
食堂
ホール
応接室
キッチン
書斎
サービス部門
Z形にクランクして
入るアプローチ
動線の軸を
中心軸から
ずらす
axis-breaking
形の軸と動線の軸
をよく見てくれ
F.L.ライトと同世代
E.L.ラッチェンス
（1869〜1944年）

- 筆者が現地を訪問したとき、リトル・セイカムはホテルとなっていて、内部に入って吹抜けのホールを見ることができました。階段室2階の手すりより下は石張り、上は白い壁と天井とされ、明るく開放的な印象でした。

参考文献 6-1、6-30、6-31

ラッチェンス　その4

Q E.L.ラッチェンスは、中庭の中心軸と動線の軸をどのように扱っている？

▼

A ①中庭の中心軸とアプローチの軸を最初からずらして、動線を内部にまっすぐ導入する。
②中庭の中心軸とアプローチの軸を合わせた場合、建物内部でずらして（クランクさせて）、全体の中央部を通さずに迂回させる。

ディーナリー・ガーデンでは中庭の左脇に動線をずらして入れて、そのままスクリーンに到達させています（①）。中庭を中心軸上に置いて、アプローチを中心軸上にとったナッシュダムでは、中央から入ってすぐに左に折れて、中庭を迂回するように上に上って主要居室に到達させます（②）。動線の軸を全体形の軸からずらし偏心させて、奥行やシークエンス（シーンの継時的連続）をつくっています。

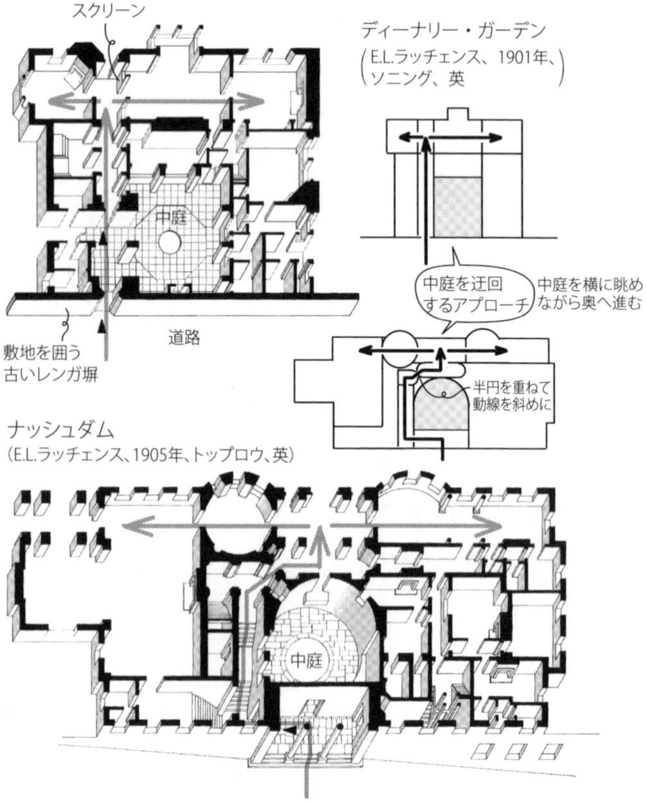

スクリーン

ディーナリー・ガーデン
（E.L.ラッチェンス、1901年、ソニング、英）

中庭

敷地を囲う古いレンガ塀

道路

中庭を迂回するアプローチ

中庭を横に眺めながら奥へ進む

半円を重ねて動線を斜めに

ナッシュダム
（E.L.ラッチェンス、1905年、トップロウ、英）

中庭

参考文献　6-1、6-2、6-30、6-31

R233

ラッチェンス　その5

Q E.L.ラッチェンスの部屋のつなぎ方で独特な方法は？

A 部屋に対称に動線（扉）をつくり、部屋をずらしながらつなげる方法です。

ホームウッドの平面を見ると、部屋に対称にドアを設け、部屋をずらして次の部屋をつなげる方法をとっています。また立面では玄関側は**P.**ウェブ風の3連ゲーブル（破風）、庭園側は平側を出してイオニア式のピラスター（付柱）を付けた古典主義風とガラッと変わっており、さらに中心軸まで意図的にずらされています。

ホームウッド（E.L.ラッチェンス、1901年、ハートフォードシャー、英）

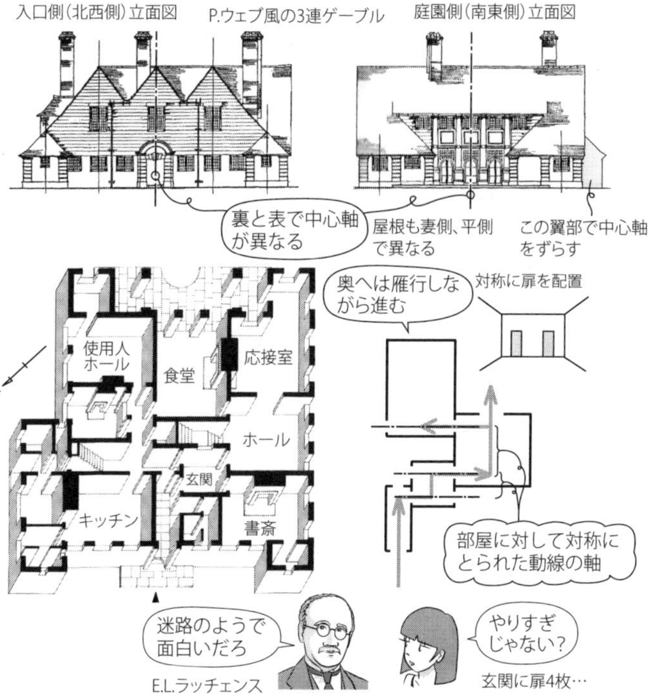

入口側（北西側）立面図
P.ウェブ風の3連ゲーブル
庭園側（南東側）立面図
裏と表で中心軸が異なる
屋根も妻側、平側で異なる
この翼部で中心軸をずらす
使用人ホール
食堂
応接室
ホール
玄関
キッチン
書斎
N
奥へは雁行しながら進む
対称に扉を配置
部屋に対して対称にとられた動線の軸
迷路のようで面白いだろ
E.L.ラッチェンス
やりすぎじゃない？
玄関に扉4枚…

- 建築史家の分析は過去様式の折衷の仕方に片寄っており、プランニングの操作性は経験主義的に出てきたもので、アプリオリな（最初に原理を決める）方法ではないとされています。1900年代はヴァナキュラーや古典主義の様式操作は出尽くした段階で、ラッチェンスは施主や建物の権威性によって様式を器用に使い分けていた感があります。様式や中世からの空間構成の連続としてのみラッチェンスを評価すべきではないと、筆者は考えます。

参考文献　6-1、6-30、6-31／出典　6-31（立面）

Q E.L.ラッチェンスは外部空間の動線を対称に配したことはある？

▼

A グレイウォールズの外部動線は、各庭に対して対称に配しています。

ラッチェンスが好んで用いた、各空間に対して対称に動線の軸を配し、空間をずらしながら連結する手法は、外部においても使われることがありました。下図のグレイウォールズのアプローチでは、①の地点で左と右に同じ門があり、左は表、右は裏となります。間違えて右に進むと裏庭（ヤード）に出てしまいます。左に折れて進んだ②の地点では、右に折れると表庭、左に折れると裏庭となります。まっすぐに進んで玄関から入り、右に折れるとホール、左に折れるとサービス部門です。それぞれの入口はデザインが同じで、各空間に対して対称の位置にあります。庭は高い壁で区分けされ、部屋の扱いと同じように各々が対称性、中心性の強い空間とされています。各空間は静的なものですが、その連結の仕方によって動きが生じる興味深い構成となっています。

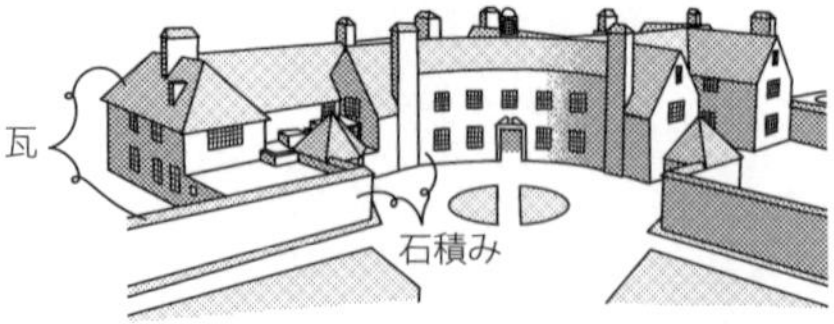

瓦

石積み

グレイウォールズ
（E.L.ラッチェンス、1901年
ガレイン、スコットランド、英）

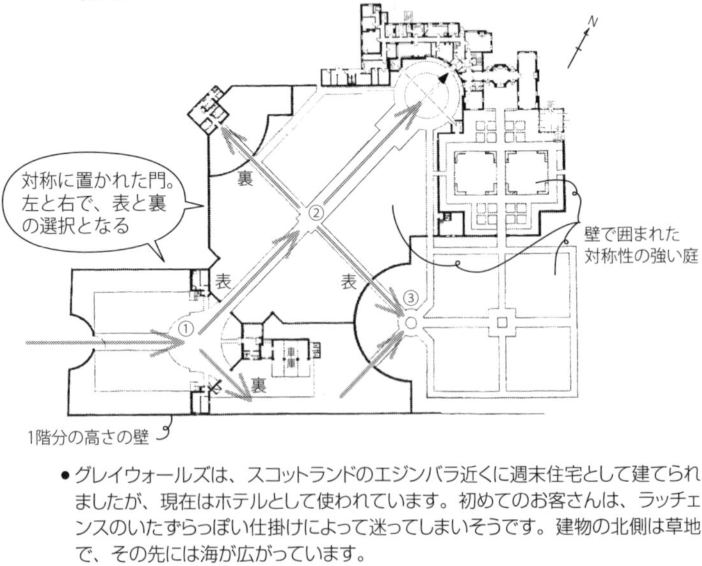

N

対称に置かれた門。
左と右で、表と裏
の選択となる

裏

②

表

表

③

①

裏

壁で囲まれた
対称性の強い庭

1階分の高さの壁

- グレイウォールズは、スコットランドのエジンバラ近くに週末住宅として建てられましたが、現在はホテルとして使われています。初めてのお客さんは、ラッチェンスのいたずらっぽい仕掛けによって迷ってしまいそうです。建物の北側は草地で、その先には海が広がっています。

参考文献　6-30、6-31

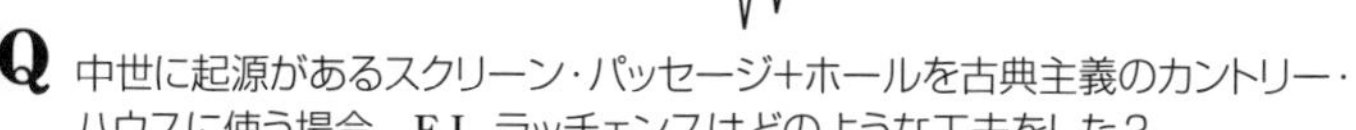
R235
ラッチェンス　その7

Q 中世に起源があるスクリーン・パッセージ+ホールを古典主義のカントリー・ハウスに使う場合、E.L. ラッチェンスはどのような工夫をした？

▼

A ホールの両脇にスクリーン・パッセージを置き、左右対称としています。

ラッチェンスのデザインは1906年以降、古典主義的要素が多くなります。ヒースコートはイタリア・ルネサンス（マニエリスム）を参照した、ピラミッド状に量塊を積み上げた左右対称の館です。ホールの両脇にはスクリーン・パッセージを設け、玄関で中心軸から右にずれてスクリーンに入ります。<u>アプローチをクランクさせる際には、部屋に対称に動線を配する、ラッチェンス特有の方法をとっています。</u>

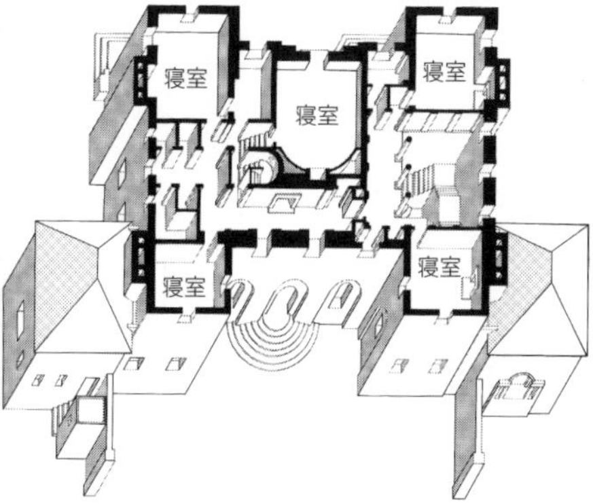

寝室
寝室
寝室
寝室
寝室

ヒースコート
（E.L.ラッチェンス、1906年、ヨークシャー、英）

イタリアン・ルネサンスもいいもんだぞ！

ゴシックのラスキン先生もわかってくれたはず

E.L.ラッチェンス

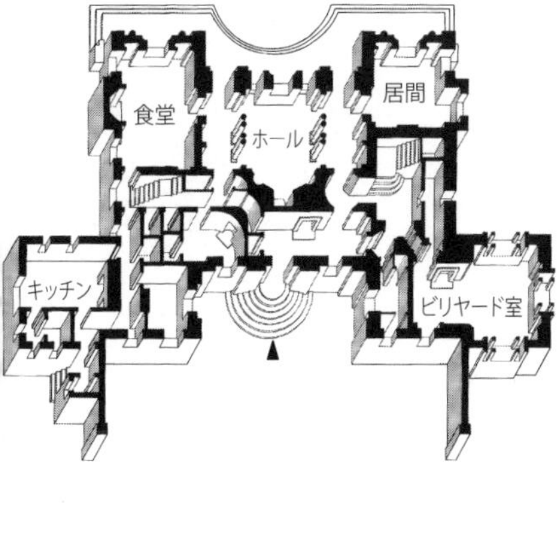

食堂
ホール
居間
キッチン
ビリヤード室

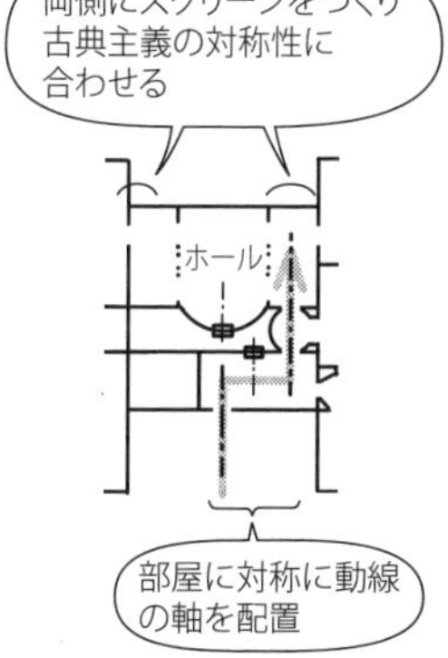

両側にスクリーンをつくり古典主義の対称性に合わせる

ホール

部屋に対称に動線の軸を配置

参考文献　6-1、6-30、6-31

Q E.L.ラッチェンスによるモンクトン・ハウスなどの、3分割の側面から入る構成とは？

▼

A ①部屋に対称に動線の軸を置く、②部屋を半グリッドずらして連結する、③アプローチの動線をクランクさせる、④全体の中心を空間ではなく量塊とする、⑤全体を3：4の正方形グリッドに入れ、主要な部屋は正方形かそれ2個分とする。

①は初期の住宅から採用されていた手法です。3分割の側面から入るパターンのモンクトン・ハウス、エドナストン・マナーを見ると、3：4の正方形グリッドの中に、部屋を半分ずらしながら連結する幾何学的操作がされています。このような平面の操作性は、同時代の作家にないラッチェンス独特なものです。

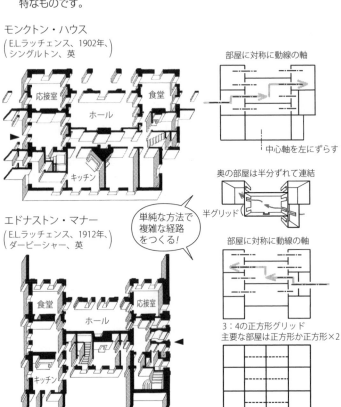

モンクトン・ハウス
（E.L.ラッチェンス、1902年、シングルトン、英）

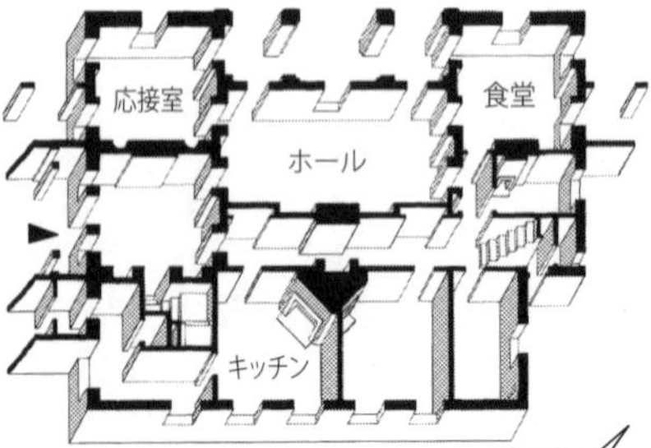

応接室
食堂
ホール
キッチン

部屋に対称に動線の軸

中心軸を左にずらす

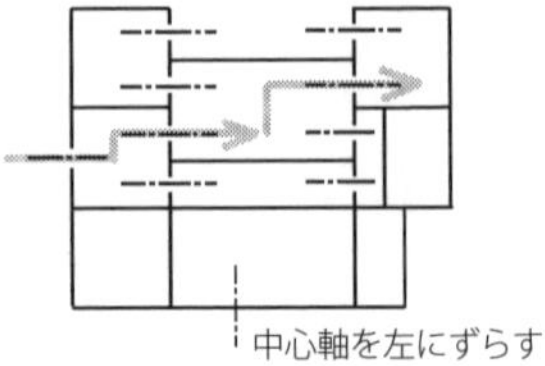

奥の部屋は半分ずれて連結

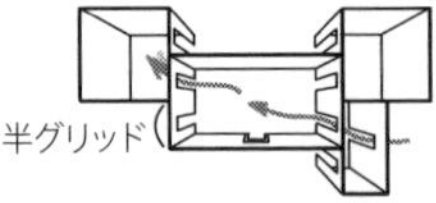

半グリッド

単純な方法で
複雑な経路
をつくる！

エドナストン・マナー
（E.L.ラッチェンス、1912年、ダービーシャー、英）

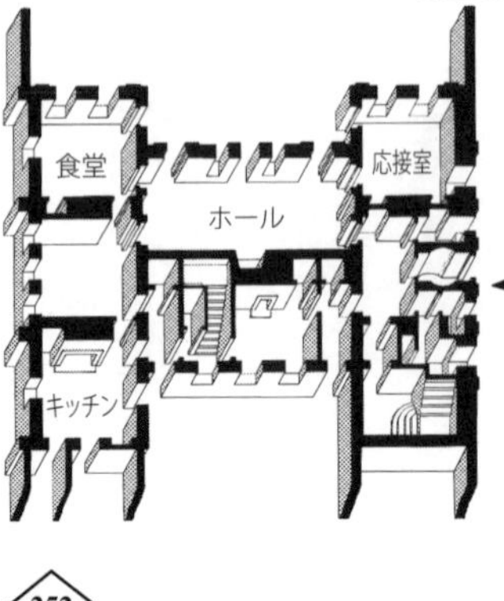

食堂
応接室
ホール
キッチン

部屋に対称に動線の軸

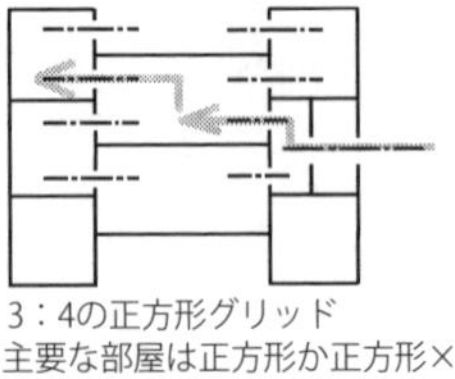

3：4の正方形グリッド
主要な部屋は正方形か正方形×2

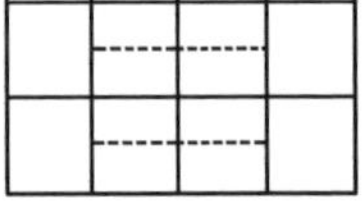

参考文献　6-1、6-30、6-31

Q E.L.ラッチェンスによるインド総督邸の様式は？

▼

A 古典主義を基本としてインドのイスラムと仏教の形を加えたもの。

1911年にインドの首都をカルカッタからデリーに変えることが決まり、かつてのインド総督リットン伯の娘婿であるラッチェンスが、建築家として指名されます。大通りの軸と一致した中心軸をもち、前庭を列柱でU形に囲んで中央にドームを載せた大建築です。サンチーのストゥーパの柵のディテールをドーム下に回し、イスラムのパヴィリオン状の小ドームを付け、コーニスの部分はイスラム風に突出させて薄い庇状にしています。その突き出たコーニスによって壁上部に影ができ、水平線が強調されます。古典主義とインド・イスラムや仏教の要素を掛け合わせた形が、インドの赤砂岩を積むことでつくられています。

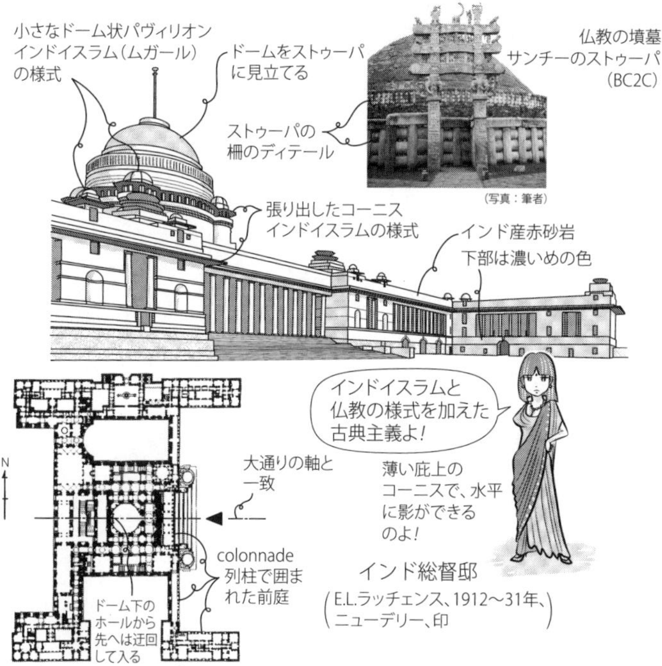

小さなドーム状パヴィリオン
インドイスラム（ムガール）
の様式
ドームをストゥーパ
に見立てる
ストゥーパの
柵のディテール
仏教の墳墓
サンチーのストゥーパ
（BC2C）
（写真：筆者）
張り出したコーニス
インドイスラムの様式
インド産赤砂岩
下部は濃いめの色
N
大通りの軸と
一致
colonnade
列柱で囲まれた前庭
ドーム下の
ホールから
先へは迂回
して入る
インドイスラムと
仏教の様式を加えた
古典主義よ！
薄い庇上の
コーニスで、水平
に影ができる
のよ！

インド総督邸
（E.L.ラッチェンス、1912～31年、ニューデリー、印）

- ラッチェンスの妻はリットン調査団の団長の妹で、伯爵令嬢。パーティーで出会ってひとめぼれするも、無資産のラッチェンスを親が認めるわけもなし。そこで死んだら妻が一生暮らせるだけの生命保険に加入。収入の13%を毎月掛け金に使わなければならなかったけれど、インドの仕事で取り返せたようです。ラッチェンスは田園的な住宅からはじまり、ついには古典主義の大作品に到達します。

- ニューデリーの街路は、東西方向に中心となる大通りを通し、それに対称に直交軸や正三角形の放射状の軸上に道路を配しています。シンメトリー配置や道路の強い軸性から、バロック的都市計画と称されます。しかし、緑地の中に建物が散在する密度の低さから、田園都市（garden city）といった風情です。

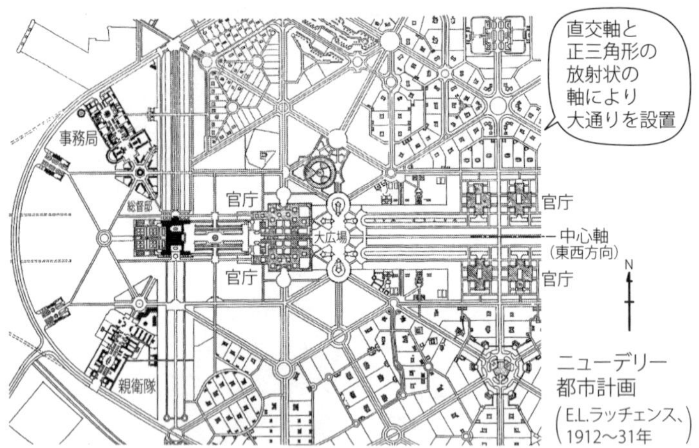
直交軸と正三角形の放射状の軸により大通りを設置
事務局
総督邸
官庁
官庁
大広場
官庁
官庁
中心軸（東西方向）
N
親衛隊

ニューデリー都市計画（E.L.ラッチェンス、1912～31年）

- ラッチェンスはダティア城について「インド建築の中で興味をそそられる」と高く評価したとされているので、筆者は1992年の夏に現地を訪れてみました。正方形をダブルグリッドで9分割にした簡単なシステム（曼荼羅に由来するとする説あり）を使って、複雑な動線や内外空間の相互貫入をつくっています。暑い夏にも、涼しい日陰のテラスがあちこちにあり、不思議な迷路的な空間でした。ラッチェンスがカントリーハウスでめざした空間構成も、単純な方法で複雑さをつくっており、なぜ彼がダティア城を評価したのかわかった気がしました。

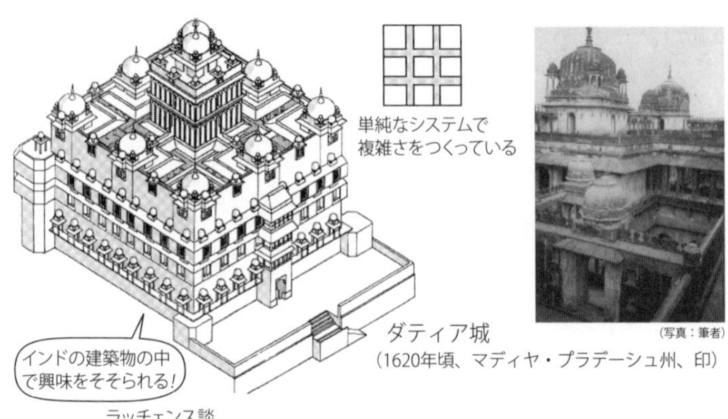
単純なシステムで複雑さをつくっている
インドの建築物の中で興味をそそられる！
ラッチェンス談
（写真：筆者）

ダティア城（1620年頃、マディヤ・プラデーシュ州、印）

参考文献　6-16、6-31、6-32／出典　6-31（平面）、6-32（アクソメ）

ル・コルビュジエは、ル・コルビュジエ全集の第6巻、チャンディガールの説明のところで、「帝政インドの首都であるトスカナから想を得たニューデリーは、30年以上前にラッチェンスが細心の注意を払い、偉大な才能を発揮して建設したもので、真の成功を収めている。 評論家は酷評するかもしれないが、このような事業を成し遂げたことは尊敬に値する」(＊)と書いています。都市はひとりの才能によって造形するには大きすぎ、ゼロから発想するモダンデザインの限界を、軸線に頼らずに都市をまとめる難しさをコルビュジエはチャンディガールで感じていたのではないでしょうか。F.L.ライトは、生徒との討論でラッチェンスの作品集をよく参照したと言われています。ふたりの近代建築の巨匠も、ラッチェンスを評価していたことになります。

ラッチェンスの作品集
をよく参照した!

ニューデリーは真の
成功を収めている!

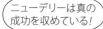

ル・コルビュジエ
(1887～1965年)
ライト、ラッチェンス
より約20歳若い

F.L.ライト
(1867～1959年)
明治維新の前年
ラッチェンスと同世代

都市を構成するには
古典主義しかない!

E.L.ラッチェンス
(1869～1944年)

(写真：筆者)

ドームの立ち上がりが高く、
遠くからでも見える

インド総督邸

庇状のコーニス
インド赤砂岩
ベースの方が濃色

ニューデリー官庁

- 建築史家のH.R.ヒッチコックはラッチェンスを「最後の伝統主義者」(last traditionalist)と称しましたが、様式折衷の器用さもさることながら、類を見ない空間構成は伝統主義では評価しきれない質を獲得しています。

＊6-33(p.51)／参考文献　6-21、6-33

プライアのザ・バーン

Q バラフライ・プランとは？　その特徴は？

A 蝶の羽根のように両翼に棟を張り出す平面で、対称性を強調できる、外部空間を囲い込める、さまざまな角度の陽射しをとらえられるなどの特徴があります。

海沿いに建つエドワード・シュローダー・プライアによるザ・バーンは、バタフライ・プランで構成され、さまざまな方向に窓を付け、テラスや前庭を囲み込んでいます。バタフライ・プランは、ヴァナキュラーな要素を取り込んだピクチャレスクの住宅にあって、例外的に対称性、中心性の強い構成となります。

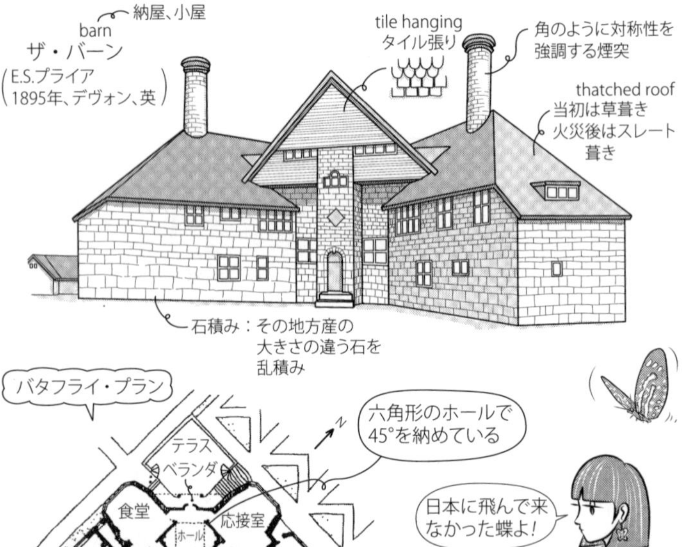

納屋、小屋
barn
ザ・バーン
（E.S.プライア
1895年、デヴォン、英）
tile hanging
タイル張り
角のように対称性を
強調する煙突
thatched roof
当初は草葺き
火災後はスレート
葺き
石積み：その地方産の
大きさの違う石を
乱積み

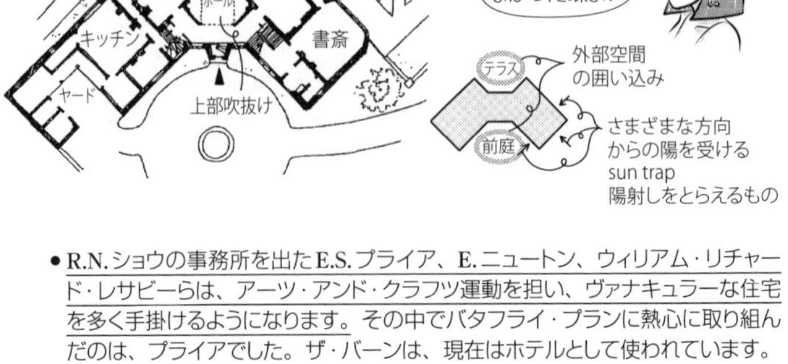

バタフライ・プラン
六角形のホールで
45°を納めている
N
テラス
ベランダ
食堂
応接室
ホール
キッチン
書斎
ヤード
上部吹抜け
日本に飛んで来
なかった蝶よ！
テラス
前庭
外部空間
の囲い込み
さまざまな方向
からの陽を受ける
sun trap
陽射しをとらえるもの

- R.N.ショウの事務所を出たE.S.プライア、E.ニュートン、ウィリアム・リチャード・レサビーらは、アーツ・アンド・クラフツ運動を担い、ヴァナキュラーな住宅を多く手掛けるようになります。その中でバタフライ・プランに熱心に取り組んだのは、プライアでした。ザ・バーンは、現在はホテルとして使われています。

参考文献　6-17、6-18、6-34

Q R.N.ショウによるバタフライ・プランはある？

▼

A チェスターズは、増築によってバタフライ・プランとしています。

E.S.プライアの師匠R.N.ショウは、1771年に建てられた館に増築することにより、3つのウィングを斜めに張り出すバタフライ・プランとしています。増改築の場合は、クラグサイドのようにピクチャレスクな、複雑で非対称な形とするのが普通ですが、オーダーを並べたロッジアをつくり、寄棟や陸屋根を用いて水平性を強調し、各部で左右対称を維持する古典主義の館としています。斜めの角度との取合いでは、多角形や半円を使った小部屋で対応しています。

チェスターズ
（R.N.ショウ、1894年
ヘクサム、英）

既存部
イオニア式
オーダーの
ペアコラム
ビリヤード室
使用人
ホール
イオニア式オーダー
を並べたロッジア
中庭
書斎
ホール
キッチン
多角形と半円を使って
斜めの角度を納める
多角形
居間
応接間
食堂
半円
左右対称
フラットルーフ
寄棟にして三角破風を
出さず、水平性を強調
コーナーを粗石積み
（ルスティカ）
前期では全体を非対称
にするのに使ったベイ・ウィンドウを、
対称性を強調するのに使う

- ショウは、初期のオールド・イングリッシュ、クイーン・アンなどのヴァナキュラーな様式から、後期には左右対称の外形にオーダーを使う古典主義に移行します。N.ペヴスナーは前期を評価し、ほかの建築史家は後期を評価するなど意見はまちまちですが、前期の方が建築史に与えた影響は大きいように思えます。

参考文献　6-20、6-34

R241

ラッチェンスのパピヨン・ホール

Q E.L.ラッチェンスによるパピヨン・ホール（蝶の館）の平面計画の特徴は？

▼

A 3つのウィングを斜めに張り出したバタフライ・プランで、関節部に円、半円を多く使って斜めの角度を納めています。また各部屋は左右対称ですがその連結により動きや奥行豊かなシークエンス（シーンの連続）をつくっています。

パピヨン・ホールはチェスターズ同様に増改築でできたバタフライ・プランで、ラッチェンスは設計前にチェスターズを見学に行っています。円形、半円を多く使って斜めの角度を納めています。各部屋でドアは左右対称に付けられていますが、部屋間の連結の際に斜めに振ったりずらしたりすることにより、動きがつくられています。全体の対称軸と動線の軸がずれ、中心の量塊のまわりを周回する動き、豊かなシークエンスがつくられています。各部屋は左右対称を守った静的な空間ですが、人間が動くことにより斜めや雁行の動きが生じます。

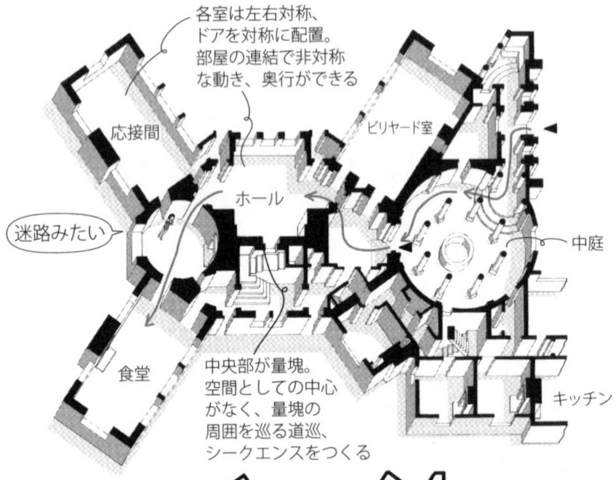

各室は左右対称、
ドアを対称に配置。
部屋の連結で非対称
な動き、奥行ができる

応接間

ビリヤード室

ホール

迷路みたい

中庭

食堂

中央部が量塊。
空間としての中心
がなく、量塊の
周囲を巡る道巡、
シークエンスをつくる

キッチン

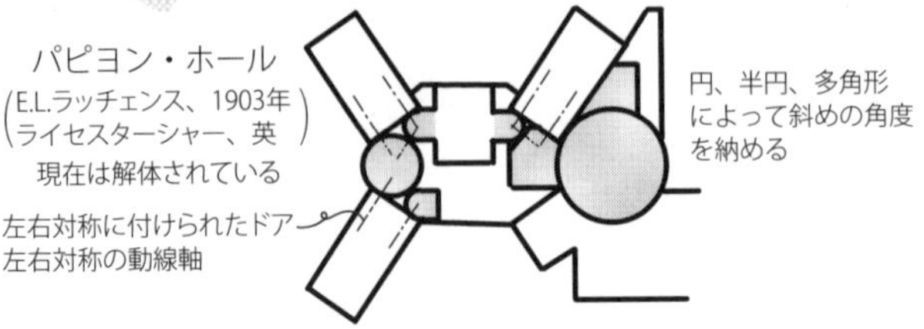

パピヨン・ホール
（E.L.ラッチェンス、1903年
ライセスターシャー、英）
現在は解体されている

円、半円、多角形
によって斜めの角度
を納める

左右対称に付けられたドア
左右対称の動線軸

- パピヨン・ホールは驚いたことに増築前から館につけられていた名称で、ラッチェンスはその名称からバタフライ・プランにしようと考えたようです。

参考文献　6-1、6-31、6-34

Q ヨーロッパ大陸でバタフライ・プランはつくられた?

▼

A ベルリン近郊に建てられたH.ムテジウスのフロイデンベルク邸は、中央に吹抜けの楕円形ホールをもつバタフライ・プランです。

大使館の文化担当官としてロンドンに派遣されたムテジウスは、英国住宅を徹底的に調査して3巻からなる『英国住宅(Das Englische Haus)』を1904年に出版し、欧米に大きな影響を与えます。ムテジウスがドイツに戻って設計したのが、英国住宅の影響を受けたハーフティンバー、赤レンガでバタフライ・プランのフロイデンベルク邸です。

フロイデンベルク邸
(H.ムテジウス、1908年
ベルリン近郊、独)
ハーフティンバー
瓦
赤レンガ積み
赤レンガ
柱が下に突き抜けている。ハーフティンバーは普通、梁を勝たせる
吹抜けの楕円形ホールで斜めの角度を納める
テラス
パーゴラ
居間
ホール
(上部吹抜け)
食堂
応接室
使用人室
手洗い
キッチン
音楽室
子供室

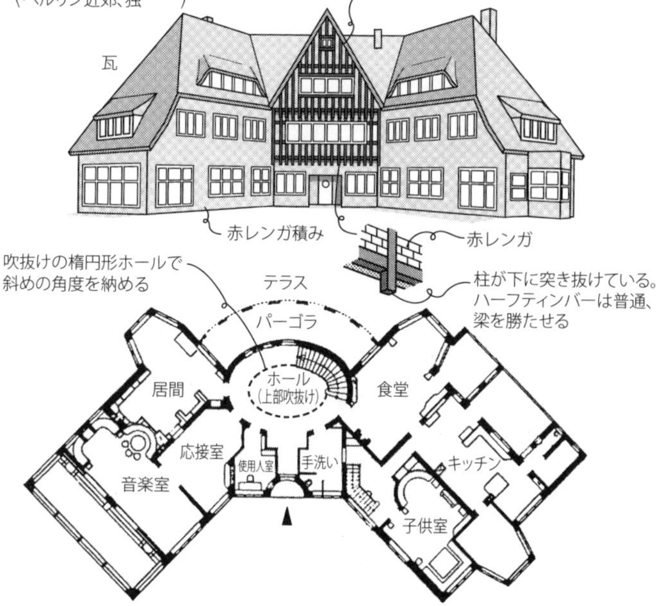

- 隣にもムテジウス作の自邸(1906年)がありましたが、解体されました。筆者は学生の頃にバタフライ・プランに興味がありフロイデンベルク邸を見に行きましたが、平面図から思っていたよりも規模が大きく、外観にはドイツらしい厳めしさ、固さを感じました。W.モリスからW.グロピウスにつながると本に書かれていて、どこをどう間違うとそうなるのかと当初疑問でしたが、モリス→アーツ・アンド・クラフツ→住宅復興→ムテジウス→ドイツ工作連盟→バウハウス→グロピウスと、ムテジウスが影響線の中に入っているわけです。

参考文献 6-17

ベイリー・スコットの設計競技案

Q 設計競技でバタフライ・プランが出たことがある？

▼

A **1901**年の芸術愛好家の家設計競技で、**M.H.**ベイリー・スコットはオランダ風破風を多くもつバタフライ・プランの案を出しています。

ドイツの雑誌社主催のコンペで、敷地は自由とされ、**1**等なしでベイリー・スコット案が**2**等入賞となりました。六角形の吹抜けホールを中央にもつバタフライ・プランで、六角形の中央ホールは、ブラックウェル（**R228**参照）のようなハーフ・ティンバーの吹抜けです。同時代の絵本作家の影響もあり、インテリアパースは水彩絵の具で着彩され、おとぎ話に出てくる家のような印象となっています。

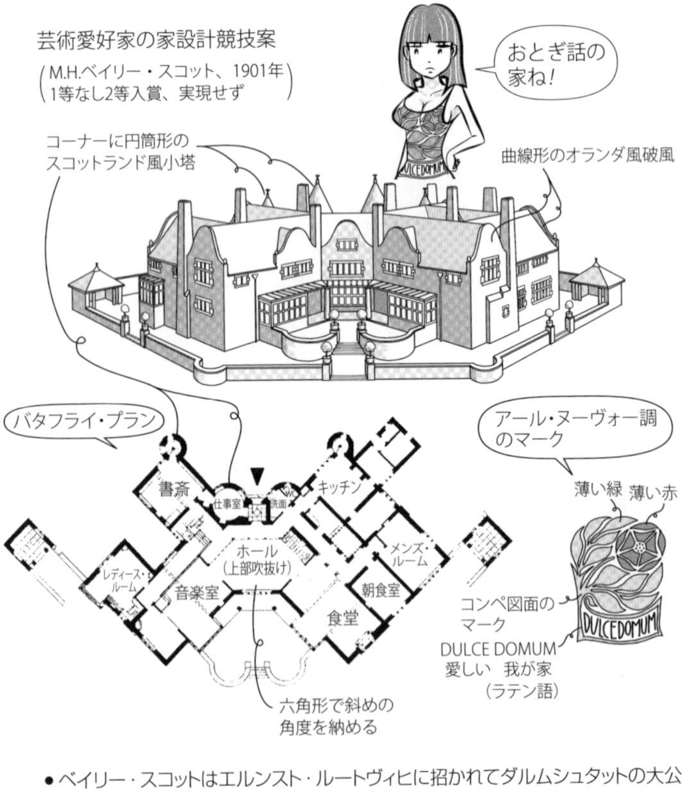

芸術愛好家の家設計競技案
（M.H.ベイリー・スコット、1901年
1等なし2等入賞、実現せず）

おとぎ話の
家ね！

コーナーに円筒形の
スコットランド風小塔

曲線形のオランダ風破風

DULCEDOMUM

バタフライ・プラン

書斎
仕事室
洗面
WC
キッチン
ホール
（上部吹抜け）
メンズ・
ルーム
レディース・
ルーム
音楽室
朝食室
食堂

六角形で斜めの
角度を納める

アール・ヌーヴォー調
のマーク

薄い緑
薄い赤

コンペ図面の
マーク

DULCEDOMUM

DULCE DOMUM
愛しい　我が家
（ラテン語）

- ベイリー・スコットはエルンスト・ルートヴィヒに招かれてダルムシュタットの大公宮殿の内装などのいくつかのプロジェクトを実施しており、ダルムシュタット芸術家村の人たちと親しい関係にありました。コンペ案は実現されませんでしたが、特別賞となった**C.R.**マッキントッシュ案はグラスゴーに**1996**年に建設されます。

参考文献　6-35

ライトのクーパー邸計画案

Q F.L.ライトはバタフライ・プランをつくった？

▼

A L.H.サリヴァン事務所に入所する際に持ち込んだクーパー邸計画案を発展させた図面は、バタフライ・プランとなっています。

ライトは1890年の段階で45°方向に伸展するバタフライ・プランを構想しており、E.S.プライアやR.N.ショウよりも早い時期となっています。ただし実現されたものはありません。クーパー邸はバタフライ・プランのほかに、長軸方向に延ばされた寄棟屋根や、壁や腰壁の水平な縁取り（trim）によって水平性が強調された、後にライトが発展させるデザインが萌芽しているのがわかります。

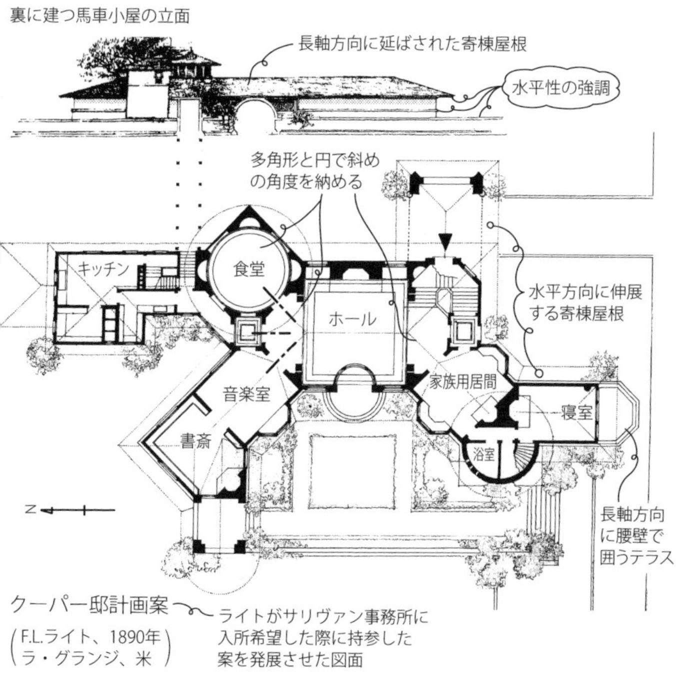
裏に建つ馬車小屋の立面
長軸方向に延ばされた寄棟屋根
水平性の強調
多角形と円で斜めの角度を納める
水平方向に伸展する寄棟屋根
キッチン
食堂
ホール
音楽室
書斎
家族用居間
寝室
浴室
長軸方向に腰壁で囲うテラス
N

クーパー邸計画案（F.L.ライト、1890年 ラ・グランジ、米）
ライトがサリヴァン事務所に入所希望した際に持参した案を発展させた図面

- ライトが20歳のときに入所した1887年のサリヴァン事務所は、オーディトリアム・ビル（1889年）の仕事を請けたばかりで、勢いのある忙しい時期でした。

参考文献　6-36／出典　6-36

ピクチャレスク系統の輪郭

Q ピクチャレスクの系統の住宅では、全体の輪郭はどういうものがある？

▼

A ①長方形、②L形、③バタフライ形、④Z形、⑤U形、⑥中庭形。

ヴァナキュラー要素をピクチャレスクに組み合わせた住宅では、全体の輪郭は大小の凹凸があって不明確であり、屋根の架け方によってさらに複雑にされます。しかし、その輪郭は、大きくは下図の6種に分類できます。対称軸を明確にせずに非対称に凹凸をつけますが、L形の特別バージョンとしてのバタフライ形は、軸をはっきりさせる傾向にあります。住宅の規模は、大まかには①<②≒③<④≒⑤<⑥となります。採光や機能連携から小規模な住宅は長方形に、大規模なカントリーハウスはL形、バタフライ形、Z形、U形、中庭形などにされています。

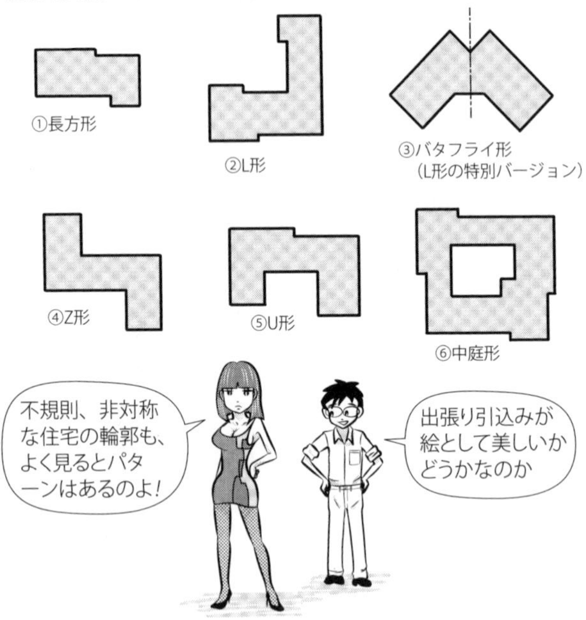
不規則、非対称、ピクチャレスクな住宅の輪郭
①長方形
②L形
③バタフライ形
(L形の特別バージョン)
④Z形
⑤U形
⑥中庭形
不規則、非対称な住宅の輪郭も、よく見るとパターーンはあるのよ！
出張り引込みが絵として美しいかどうかなのか

- カントリーハウスは荘園管理のための貴族の邸宅（マナハウス）のことを指し、一方社交のために都市に建てる邸宅はタウンハウスと呼ばれました。農場経営はカントリーハウスで、都市での社交はタウンハウスでという役割分担です。時代が進み、資本家や上層中産階級のために田園に建てる大型の邸宅も、カントリーハウスと呼ぶようになります。その場合は、仕事の場は農場ではなく都市や工業地帯に移ります。

★ R246 古典主義の輪郭

Q 古典主義の住宅では、全体の輪郭はどういうものがある？

▼

A ①長方形、②U形、③H形、④中庭形、⑤バタフライ形（いずれも左右対称で中心軸上に入口がある）。

古典主義は古代から伝わるオーダーを使い、規則性、対称性を重んじます。左右対称を強調するために、左右に張り出した部分をもつU形、H形が多く、バタフライ形も散見されます。

古典主義の住宅の輪郭

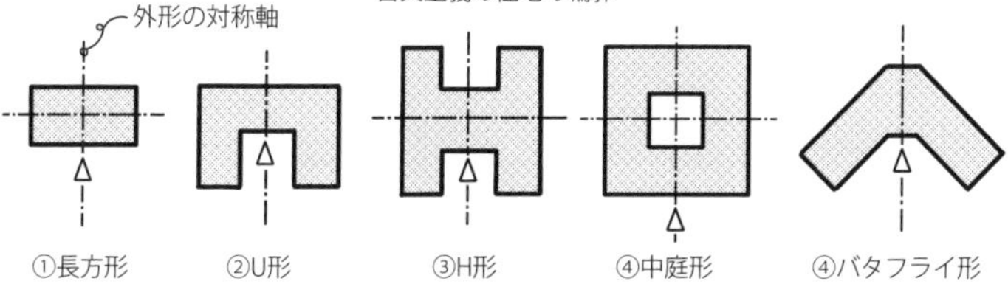

外形の対称軸

①長方形　②U形　③H形　④中庭形　④バタフライ形

古典主義は左右対称を強調するのよ!

アプローチも中心軸上よ!

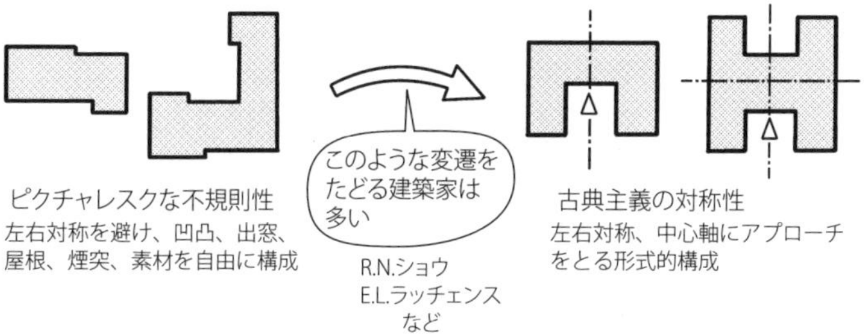

ピクチャレスクな不規則性
左右対称を避け、凹凸、出窓、屋根、煙突、素材を自由に構成

このような変遷をたどる建築家は多い

R.N.ショウ
E.L.ラッチェンス
など

古典主義の対称性
左右対称、中心軸にアプローチをとる形式的構成

- ピクチャレスクな建物を出発点として、後に古典主義に移行する建築家もいます。初期では小規模なコテッジを設計していましたが、キャリアを積むに従い、古典主義の権威性が必要な大規模な受注が増えたためと思われます。

R247

自然のイメージ

Q アメリカの自然のイメージは？

▼

A 果てしなく広がる荒野（**wilderness**）。

W. モリスは荒地（**heath**）を大事にすべきと言い、都市のスプロールに警鐘を鳴らしました。イギリスでの自然のイメージは、モリスの愛したケルムスコットのような、ある程度管理された自然です。それに対し**F.L.** ライトがキャッチコピーに使ったプレーリーは、大草原で荒野そのものです。アメリカは東に植民してから西へ西へと進み、フロンティアが西へと動きました。アメリカ文化の根底に荒野とフロンティアがあるとよく指摘されますが、建築の世界でも自然に対する考え方に、荒野のイメージが横たわっています。

F.L.ライト
草原
prairie!
W.モリス
荒地
heath!
東は都市、西は荒野、
フロンティアよ!
wild
ヒヒン
プレーリーは
ナイスな命名!
プレーリードッグ
フロンティア
西
東
荒野
都市

- 筆者は学生のときに、グレイハウンドのバスで**1**カ月以上かけてアメリカを西から東へと横断したことがあります。地平線まで続く草原、トウモロコシや小麦の畑、砂漠をいやというほど体験しました。日本でニューヨークの映像を見るのと大違いで、アメリカは荒野の国、あるいは農業の国であって、ごくたまに高層ビル群とその周囲に住宅地があるといった印象をもちました。

★ R248 ソルト・ボックス

Q ソルト・ボックスとは？

▼

A アメリカ植民地時代の、ニュー・イングランドで代表的な、切妻屋根のシンプルな木造住宅です。

イギリスのヴァナキュラーな木造住宅を基本としながら、厳しい未開の荒野に素人の手でつくる住宅として、塩の箱に似たソルト・ボックスはつくられました。レンガや石でつくった暖炉と煙突を中央に置いた、切妻屋根、シングル（杮：こけら）葺き、壁は下見板張りのシンプルな木造のボックスです。中央に暖炉の量塊（マス）を置くのは、熱環境や構造補強の点から優れており、中央にそびえる煙突は中心軸を明示して象徴的でもあります。また暖炉の周囲に部屋を配してそのまわりを巡る部屋構成は、後にF.L.ライトが応用するものです。

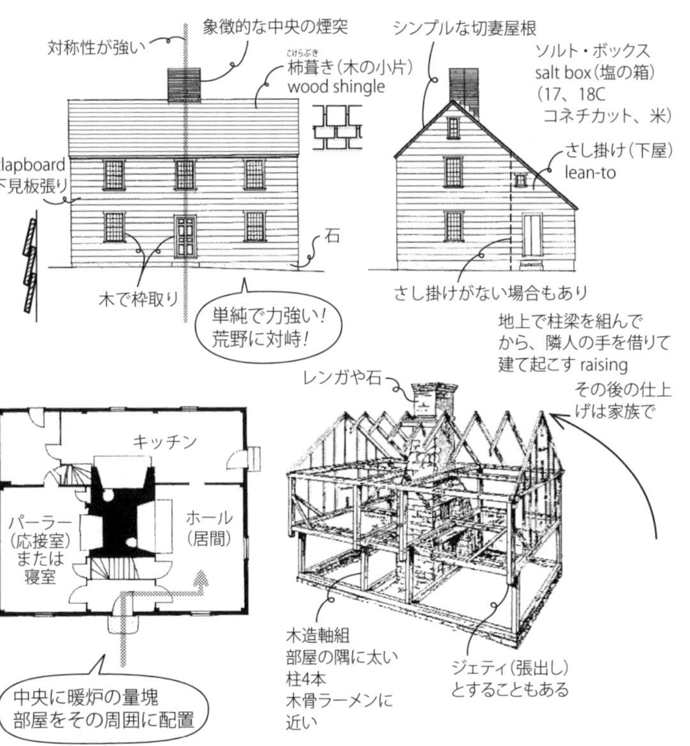

象徴的な中央の煙突
対称性が強い
杮葺き（木の小片）
wood shingle
シンプルな切妻屋根
ソルト・ボックス
salt box（塩の箱）
（17、18C
コネチカット、米）
さし掛け（下屋）
lean-to
clapboard
下見板張り
石
木で枠取り
単純で力強い！
荒野に対峙！
さし掛けがない場合もあり
地上で柱梁を組んでから、隣人の手を借りて建て起こす raising
その後の仕上げは家族で
レンガや石
キッチン
パーラー（応接室）または寝室
ホール（居間）
中央に暖炉の量塊
部屋をその周囲に配置
木造軸組
部屋の隅に太い柱4本
木骨ラーメンに近い
ジェティ（張出し）とすることもある

参考文献　7-1、7-2、7-3／出典　7-1（パース）

ヴァージニアのレンガの箱

Q アメリカ植民地時代のヴァージニアで、代表的な住宅は？

▼

A 両側の妻面に煙突を付けた、十字の軸性の強いレンガ造の住宅です。

ヴァージニアでは、レンガ造の住宅が主に建てられました。暖炉は建物の両脇に寄せ、中心軸上に入口を付け、背面まで廊下を通して、左右に振り分けで入る平面です。中央の廊下は、古典主義の3分割中央部ほどの広さはなく、空間的な中心とは言えません。ポーチ、階段、煙突の突出による十字の軸性、十字方向に伸展しようとする傾向があります。

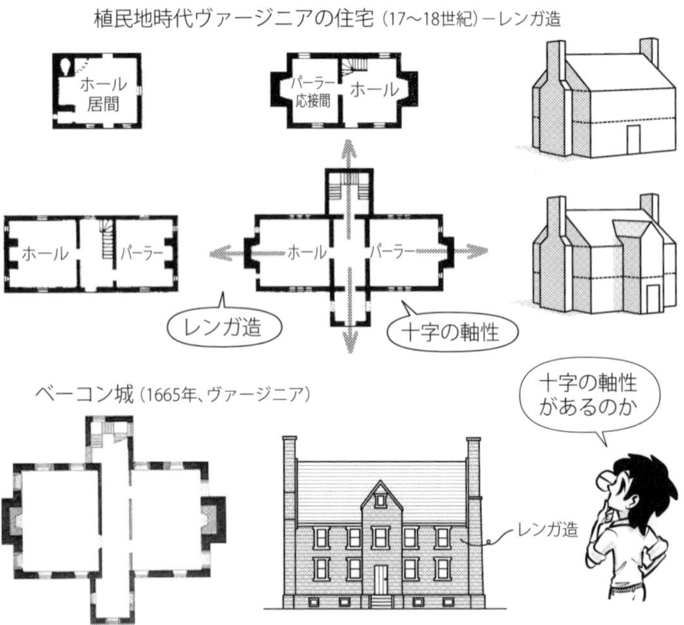
植民地時代ヴァージニアの住宅（17〜18世紀）−レンガ造
ホール
居間
パーラー
応接間
ホール
ホール
パーラー
ホール
パーラー
レンガ造
十字の軸性
ベーコン城（1665年、ヴァージニア）
十字の軸性
があるのか
レンガ造

● 寒冷な北部のニューイングランドは木造の箱なのに、それより南のヴァージニアがレンガ造の箱がメインでした。ヴァージニアも木材に恵まれ、ニューイングランドにもレンガを焼くキルンはありました。ピューリタンと貴族意識の強いアングリカンの違い、集落密度の違いなどが理由として言われていますが、はっきりとしていません。

参考文献　7-1、7-2、7-3

ジェファーソン自邸

Q アメリカ第3代大統領トマス・ジェファーソン自邸、モンティチェロの特徴は？

▼

A A.パラディオのヴィラを基本として、十字の方向に水平に伸展させたデザイン。

ジェファーソンが参考にしたと言われるロバート・モリスの本の平面は、長方形で中央部がわずかに前後に出たものです（①）。ジェファーソンの初期の案では平面が十字形にされ（②、③）、さらにポルティコ（建物本体から突出させた柱列）が前後に付き（④）、部屋数も増えて最終案となりました（⑤）。イギリス経由ですがパラディオや古典主義への傾倒、パラディオにはない水平方向の伸展、十字の軸性の強調などが見られます。V.スカーリーは直交軸平面（cross axial plan）を好む本性がアメリカ建築にあると述べています（＊）が、その好例となっています。

第3代大統領トマス・ジェファーソン
パラディオを十字方向に
水平に伸ばしたんだ
多数からひとつへ（ラテン語）
で合衆国の意
表
裏
IN GOD WE TRUST
我々は神
を信じる
Liberty
自由
2006
5セントコイン
E PLURIBUS UNUM
ドームは白
ドラムはレンガ
白
レンガ
MONTICELLO
FIVE CENTS
UNITED STATES OF AMERICA
白枠
小さな山（伊）

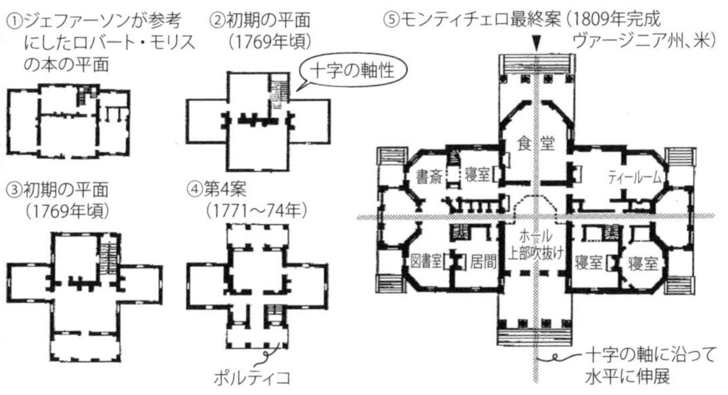
①ジェファーソンが参考
にしたロバート・モリス
の本の平面
②初期の平面
（1769年頃）
十字の軸性
③初期の平面
（1769年頃）
④第4案
（1771～74年）
ポルティコ
⑤モンティチェロ最終案（1809年完成
ヴァージニア州、米）
食堂
書斎
寝室
ティールーム
ホール
上部吹抜け
図書室
居間
寝室
寝室
十字の軸に沿って
水平に伸展

●ドームの下は平らな天井で押さえられて、外観のシンボルとなっているだけです。

＊7-4（p.91）／参考文献　7-1、7-4／出典　7-4（平面）

Q バルーン・フレームとは？

A 18世紀末にシカゴで発明されてアメリカで一般化した、木造の工法です。

木造は柱と梁を組む軸組工法が、日本でもヨーロッパでも一般的でした。柱と梁を組み合わせる仕口などに工夫が必要でした。バルーン・フレームは、桟のような平べったい間柱（スタッド）を50cm程度に密に並べ、それに板を釘で打ち付けることで固める工法です。切断と釘打ち作業だけでつくれるので、熟練した大工は不要です。筋かいも部分的に使うことがあります。当初1階、2階を通しでスタッドを立てていたものが、後に各階ごとにして、1階床→1階壁→2階床→2階壁と順々に組み立てるプラットフォーム・フレーム工法も開発されます。最初は風船（バルーン）のようなフレームだと嘲笑されていましたが、簡易で合理的な上に頑丈なので一気に広まり、アメリカ木造住宅の主流となります。

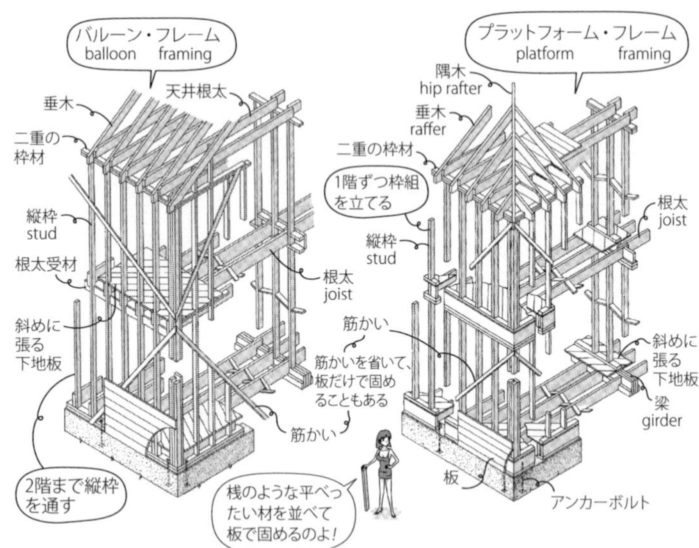

バルーン・フレーム
balloon framing
垂木
天井根太
二重の枠材
縦枠
stud
根太受材
根太
joist
斜めに張る下地板
筋かい
2階まで縦枠を通す
プラットフォーム・フレーム
platform framing
隅木
hip rafter
垂木
raffer
二重の枠材
1階ずつ枠組を立てる
縦枠
stud
根太
joist
筋かい
筋かいを省いて、板だけで固めることもある
斜めに張る下地板
梁
girder
板
アンカーボルト
桟のような平べったい材を並べて板で固めるのよ！

- バルーン・フレームの発明者は、建築史家S.ギーディオンによると、シカゴ行政府の技術職をしていたジョージ・ワシントン・スノウとされています。コロニアル期にも熟練工の不要なバルーン・フレーム風の工法はありましたが、後にスノウが規格化し、釘の量産と製材された木材の流通が後押ししました。
- バルーン・フレームは明治初期に日本に伝わり、北海道開拓使庁舎で初めて使われます。20世紀末に旧建設省が告示化し、住宅金融公庫が規格化して、三井ホームが量産しはじめます。日本ではツーバイフォー工法が通称、枠組壁工法が正式名称です。

参考文献　7-5、7-6／出典　7-6

スティック・スタイル

Q スティック・スタイルとは？

A アメリカの19世紀後半につくられた柱、梁、筋かいをあらわしたかご状の形の様式です。

ヨーロッパのハーフ・ティンバーのヴァナキュラーな様式やR.N.ショウらのデザインを元として、筋かい、方杖などの斜め材を多く露出し、全体として細い線材によるかご状のデザイン（basket work）としています。ハーフティンバーよりも細く、繊細で、角ばったデザインです。線材の間の壁は、下見板張りとしています。

柱、梁の間は下見板張り
clapboard
軒を支える
腕木
bracket
筋かい
brace
バルコニーの方杖
スティック・スタイル
stick style
棒
柱、梁、筋かいを出してかご状にするのよ!
多くの斜線
当初は手すりあり

グリスウォルド邸（R.M.ハント、1864年、ニューポート、米）

- 爆発的に売れたアンドリュー・ジャクソン・ダウニングの本（*1）は、それ以前に流行ったグリーク・リバイバルに代わり、イタリア別荘風、スイス山小屋風などの非対称でピクチャレスクなヴィラやコテッジを普及させました。ピクチャレスクな志向と構造を露出しようとする意識が結び付いて、スティック・スタイルが生まれました。スティック・スタイルとシングル・スタイル（*2）は、建築史家V.スカーリーの命名です。

*1　7-7　*2　7-8／参考文献　7-1、7-7、7-8、7-9／出典　7-9（下立面）

ショウの影響

Q ヘンリー・ボブソン・リチャードソンのワッツ・シャーマン邸は**R.N.**ショウのカントリーハウスから大きな影響を受けましたが、相違点は？

▼

A 屋根や外壁のタイルをシングル（柿板）に変え、破風を大きく水平に広げ全体を覆うようにし、窓や装飾を横に長く連続させて水平性をより強調したことなど。

リチャードソンはショウのカントリーハウスから影響を受けますが、うろこ状のタイル（**tile hanging**）をコロニアル時代からあるシングルに変え、破風を大きくして水平に広げ、窓や装飾の帯を水平に長く連続させた力強いデザインとしています。後にマッキム、ミード&ホワイトらによって多くの増築がなされます。

ワッツ・シャーマン邸（H.H.リチャードソン、1874年、ニューポート、米）

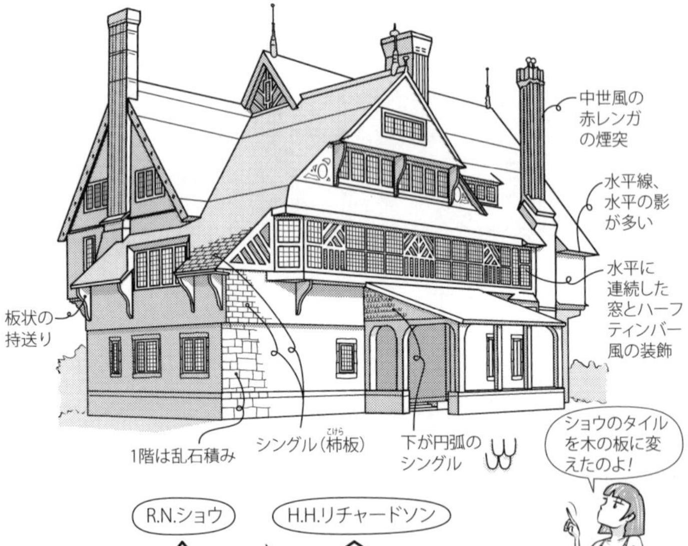

中世風の赤レンガの煙突

水平線、水平の影が多い

水平に連続した窓とハーフティンバー風の装飾

板状の持送り

1階は乱石積み

シングル（柿板〔こけら〕）

下が円弧のシングル

ショウのタイルを木の板に変えたのよ！

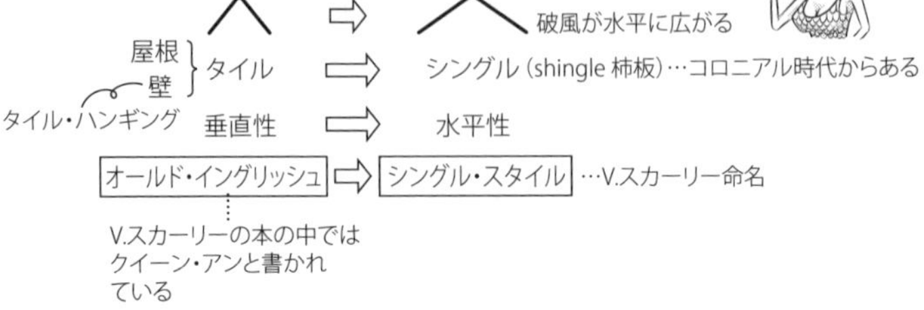

R.N.ショウ ⇨ H.H.リチャードソン

破風が水平に広がる

屋根・壁 タイル ⇨ シングル（shingle 柿板）…コロニアル時代からある

タイル・ハンギング

垂直性 ⇨ 水平性

オールド・イングリッシュ ⇨ シングル・スタイル …V.スカーリー命名

V.スカーリーの本の中ではクイーン・アンと書かれている

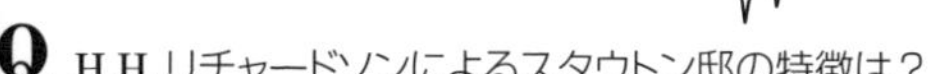

Q H.H.リチャードソンによるスタウトン邸の特徴は？

▼

A 屋根、壁をすべてシングル（杮板）で覆い、入り隅のコーナーはシングルで連続的な被膜としたところです。

L形平面のコーナーに円筒を付け、壁面の入り隅部をシングルで連続的曲面として処理しています。また屋根の円錐と切妻屋根のぶつかる部分の処理も、同様にシングルで連続的な被膜としています。ワッツ・シャーマン邸では1階を石積みとして上階をシングルとしましたが、スタウトン邸ではすべてシングルで覆っており、V.スカーリーによって命名されたシングル・スタイルの原型のひとつです。

スタウトン邸（H.H.リチャードソン、1883年、ケンブリッジ、米）

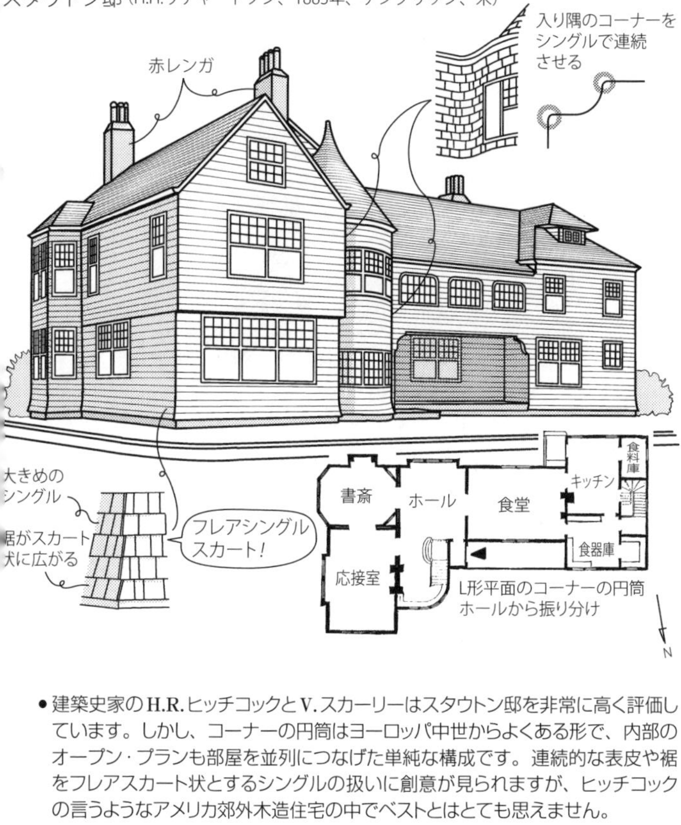

赤レンガ
入り隅のコーナーをシングルで連続させる
大きめのシングル
裾がスカート状に広がる
フレアシングルスカート！
書斎
ホール
食堂
キッチン
食料庫
食器庫
応接室
L形平面のコーナーの円筒
ホールから振り分け
N

● 建築史家のH.R.ヒッチコックとV.スカーリーはスタウトン邸を非常に高く評価しています。しかし、コーナーの円筒はヨーロッパ中世からよくある形で、内部のオープン・プランも部屋を並列につなげた単純な構成です。連続的な表皮や裾をフレアスカート状とするシングルの扱いに創意が見られますが、ヒッチコックの言うようなアメリカ郊外木造住宅の中でベストとはとても思えません。

参考文献　7-8、7-10

Q シングル・スタイルとは？

▼

A アメリカで19世紀後半につくられた、屋根、壁を柿板（こけらいた：シングル）で張った様式です。

マッキム、ミード&ホワイトによるベル邸は、非対称に構成された大きな破風やバルコニーを多くもち、表皮にさまざまな形のシングルを張ったシングル・スタイルの代表例です。R.N.ショウらのオールド・イングリッシュやクイーン・アンで使われたタイル張り（tile hanging）を木製にしたものと思われます。諸室は開放的につながり、外部へと水平方向に伸展しようとする遠心性（centrifugal）のある平面です。

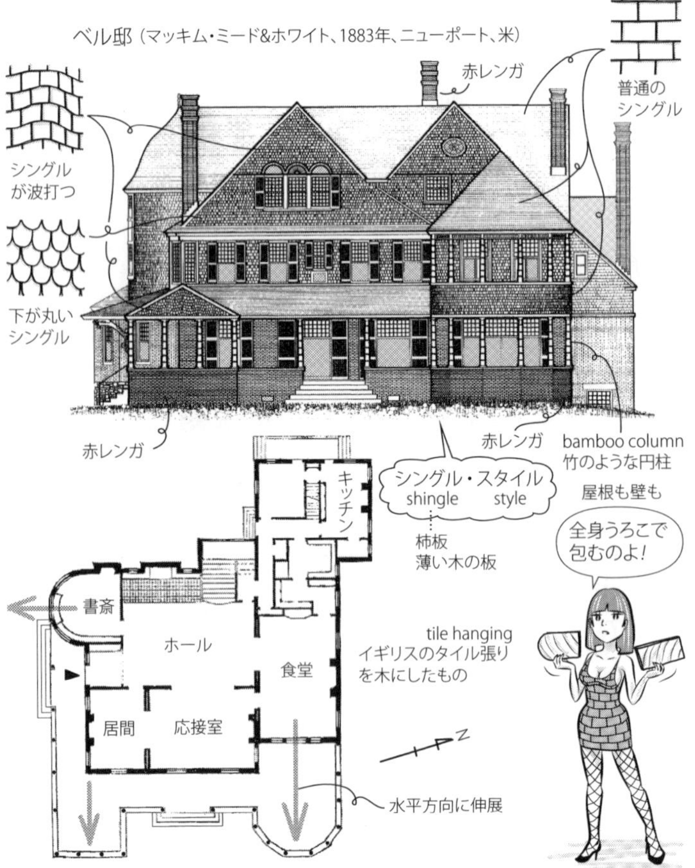
ベル邸（マッキム・ミード&ホワイト、1883年、ニューポート、米）
赤レンガ
普通の
シングル
シングル
が波打つ
下が丸い
シングル
赤レンガ
赤レンガ
bamboo column
竹のような円柱
シングル・スタイル
shingle style
柿板
薄い木の板
キッチン
屋根も壁も
全身うろこで
包むのよ！
書斎
ホール
食堂
居間
応接室
tile hanging
イギリスのタイル張り
を木にしたもの
N
水平方向に伸展

参考文献 7-9、7-10／出典 7-10（立面）

シングル・スタイル　その3

Q 切妻大屋根ひとつでつくったシングル・スタイルはある？

▼

A マッキム、ミード&ホワイトのマコーミック邸、ロウ邸は切妻大屋根の邸宅です。

屋根、壁ともにシングルを張った建物は、V.スカーリーによってシングル・スタイルと名づけられましたが、多くはオールド・イングリッシュのように、妻を縦横に出して四方に窓を付ける構成です。マコーミック邸、ロウ邸の大屋根は例外的な大屋根ひとつの作品で、日本古民家の本棟造り（ほんむねづくり）に似ています。両住宅とも大きなベランダを突出させるか、軒下に組み込むかして、全体をアシンメトリーとしています。大屋根の側面には窓がとりにくく、とるとしたらドーマー窓か、直交する切妻屋根を噛み合わせるしかありません。また2階の面積が小さくなるため、その後、大屋根は普及しませんでした。

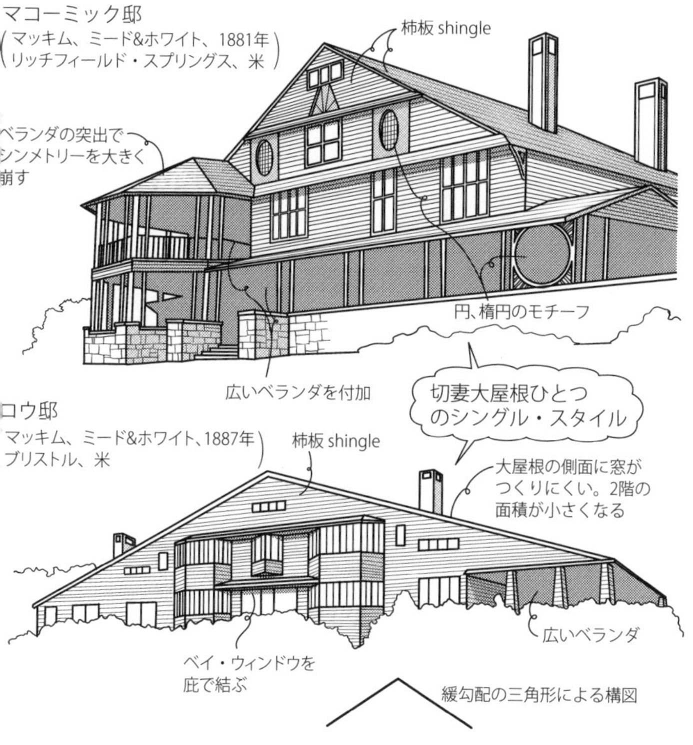
マコーミック邸
（マッキム、ミード&ホワイト、1881年
リッチフィールド・スプリングス、米）
柿板 shingle
ベランダの突出で
シンメトリーを大きく
崩す
円、楕円のモチーフ
広いベランダを付加
ロウ邸
（マッキム、ミード&ホワイト、1887年
ブリストル、米）
柿板 shingle
切妻大屋根ひとつ
のシングル・スタイル
大屋根の側面に窓が
つくりにくい。2階の
面積が小さくなる
広いベランダ
ベイ・ウィンドウを
庇で結ぶ
緩勾配の三角形による構図

参考文献　7-11

Q マッキム、ミード&ホワイトらによるイタリア・ルネサンスを、ル・コルビュジエはどのように評価した？

▼

A 意外なことに高く評価しました。

ヴィラード邸は、鉄道王ヘンリー・ヴィラードとその友人が住む**6**軒のテラスハウス（長屋）として、前庭を中心に左右対称の**U**形にまとめています。中心軸と空地のとり方を道路の向かいのセント・パトリック聖堂に合わせ、立面は抑制の効いたイタリアン・ルネサンスのパラッツォの様式とされています。内部は一転して華麗な装飾が施されています。コルビュジエは**1935**年にニューヨークを訪れ、「とにかく、私がイタリア・ルネサンスの評価を教えられたのは、ニューヨークにおいてである。それは、本物かと思うほど良くできている。それは、未知の新しい堅実さ、もはやイタリア的でなくアメリカ的な堅実さをもっている！　大洋の風に運ばれてくる空気とアメリカ的冒険の可能性は、トスカーナ的な優美さを新しい力強さに高めている」（*）と、アメリカ産の古典主義を非常に高く評価しています。

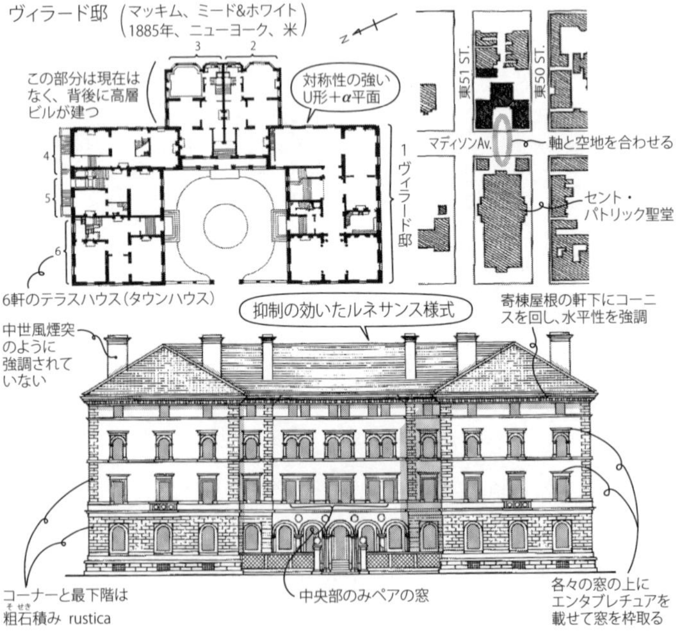

ヴィラード邸（マッキム、ミード&ホワイト 1885年、ニューヨーク、米）
この部分は現在はなく、背後に高層ビルが建つ
対称性の強いU形＋α平面
3
2
4
5
6
1 ヴィラード邸
6軒のテラスハウス（タウンハウス）
東51 ST.
東50 ST.
マディソンAv.
軸と空地を合わせる
セント・パトリック聖堂
抑制の効いたルネサンス様式
寄棟屋根の軒下にコーニスを回し、水平性を強調
中世風煙突のように強調されていない
コーナーと最下階は粗石積み rustica
中央部のみペアの窓
各々の窓の上にエンタブレチュアを載せて窓を枠取る

- 筆者の個人的な感想では、そつのない、隙のない教科書的な古典主義という印象で、E.L.ラッチェンスのような面白さ、意外さはありません。個人と組織事務所の違いと思われます。

*7-12（p.114）／参考文献　7-11、7-12／出典　7-11（立面）

Q マッキム、ミード&ホワイトの近代建築史における一般的評価は？

▼

A 折衷主義者、伝統主義者とされ、近代建築史上は高く評価されてきませんでした。

古典主義の建物を数多く設計した彼らは、E.L.ラッチェンスと同様に、近代建築運動の流れをじゃまする伝統主義者とされています。チャールズ・フォレン・マッキムとスタンフォード・ホワイトは、古典主義の殿堂であるパリのエコール・デ・ボザールを出た後にリチャードソン事務所に勤め、後にウィリアム・ラザフォード・ミードとともに3人で設計事務所をつくります。ニューイングランドのコロニアル建築を見て回ってシングル・スタイルのカントリーハウスをつくるところは、ラッチェンスがサリー州のヴァナキュラーからピクチャレスクのカントリーハウスをつくりはじめるのに似ています。しかし、彼らの設計の多くは、都市部の古典主義の建物で、本家のボザールを規模と量で圧倒し、アメリカン・ボザールとまで呼ばれました。存命中の名声とは逆に、近代建築史では折衷主義、伝統主義、成金趣味として片づけられる傾向にあります。

19世紀末～20世紀初頭のアメリカ東海岸で大活躍!
個人による創造の神話を捨てよ!
エコール・デ・ボザールの教え
W.R.ミード (1846～1928年)
C.F.マッキム (1847～1909年)
S.ホワイト (1853～1906年)
N.Y.社交界で大人気
マディソン・スクエア・ガーデンの現場で、浮気相手の亭主から射殺される!
彼らの設計した建物は875棟!
ロマネスク風アーチ
リチャードソン事務所で働く
Richardson
Mckim, Mead & White
（郊外）シンベルスタイル
（都市）古典主義
アメリカン・ボザール（流派名）
シングル・スタイル
ロマネスク
Sullivan
Wright
独自の装飾（都市）
独自の空間構成と様式（郊外）
サリヴァン事務所
パリのエコール・デ・ボザール（国立高等美術学校）に学ぶ
古典主義の殿堂
（*）1905年頃の写真を元に筆者が絵にしたもの

- 彼ら3人組が大成功したので、その後にスリーキャピタル（3つの大文字）と呼ばれるSOM、KPFなどの組織設計事務所ができます。

参考文献 7-11

Q F.L.ライトがアドラー&サリヴァン事務所に就職活動を行った際に、L.H.サリヴァンに提示したデザインの特徴は？

▼

A 長軸方向に引き伸ばされた寄棟屋根や複数入れられた水平の帯（縁）による強い水平性、テラスの腰壁と建物との一体化など。

ジョセフ・ライマン・シルスビー事務所で働いていたライトは19歳のときサリヴァンに会いに行き、12枚を超える図面を見せています。下図はそのときのもので、図中にはDrawing shown for Lieber Meister（敬愛する師に見せた図面）と表記されています。クーパー邸計画案における馬車小屋はそのときの図面にさらに手を加えたもので、住宅本体はバタフライ形の平面形をしています（R244参照）。

驚いたことにこの最初の図面で、後のプレーリー・ハウスで見るような長軸方向に引き伸ばされた寄棟屋根や建物と一体化されたテラスの腰壁、水平帯（トリム）、軒天井のすぐ下に窓を並べた水平の連続窓などがすでに出てきています。石積みの上に架かる大きな半円アーチは、サリヴァンというよりもH.H.リチャードソンからの影響と思われます。建物と連続したテラスの腰壁は、水平方向に引き伸ばされて地面との一体感をつくり、水平性を強調してもいます。また内部空間を、外部と段階的につなげるのに役立っています。テラスの腰壁がなければ窓の外はいきなり外ですが、テラスを囲う腰壁や軒があると、外との間に中間領域ができます。このようなテラスの腰壁と建物を一体化させるデザインは、後のウィリッツ邸、ロビー邸などで実現されるプレーリー・ハウスの一大特徴です。

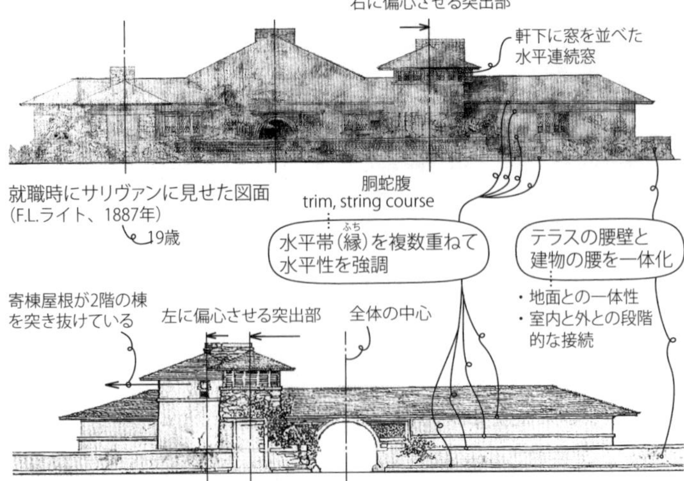
右に偏心させる突出部
軒下に窓を並べた水平連続窓
就職時にサリヴァンに見せた図面
（F.L.ライト、1887年）
19歳
胴蛇腹
trim, string course
水平帯（縁）を複数重ねて水平性を強調
テラスの腰壁と建物の腰を一体化
・地面との一体性
・室内と外との段階的な接続
寄棟屋根が2階の棟を突き抜けている
左に偏心させる突出部
全体の中心
クーパー邸計画案における馬車小屋（F.L.ライト、1890年、ラ・グランジ、米）

参考文献　8-1／出典　8-1（図）

Q F.L.ライトの最初期の作品、自邸の図書室と製図室、サリヴァン・バンガロー、チャーンリー・バンガローにおける平面構成上の特徴は？

A 正方形と八角形を複合した平面とT形平面です。

ライトはアドラー＆サリヴァン事務所で働きながら自邸、サリヴァン・バンガロー、チャーンリー・バンガローを設計します。自邸はブルース・プライスによる切妻大屋根シングル・スタイルのケント邸（1886年）に似ており、後に事務所やアパートなどを増築、改装して、全体として複雑な形になります。製図室と図書室は正方形と八角形を複合した平面、特に図書室の方は八角形を少しずつ回転させて重合させた興味深い空間がつくられています。大型のビルの設計に忙しいサリヴァンから依頼されたふたつのバンガローや馬小屋は、平面がT形にまとめられており、ライトが非対称に不規則に形態を扱うのではなく、構成の原理、構成の規則性を模索していたのがわかります。左右対称も避けていません。チャーンリー・バンガローの寝室には、暖炉の両脇のコーナーに八角形のベイ・ウィンドウが設けられています。

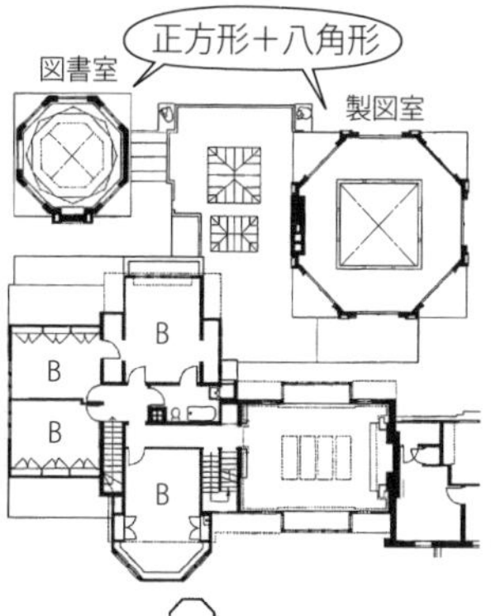

正方形＋八角形
図書室
製図室
B
B
B
B
N
正方形、八角形、T形は最初から試していたよ
F.L.ライト22歳
(1867～1959年)

ライト自邸（1897年～、オークパーク、米）
2階平面図

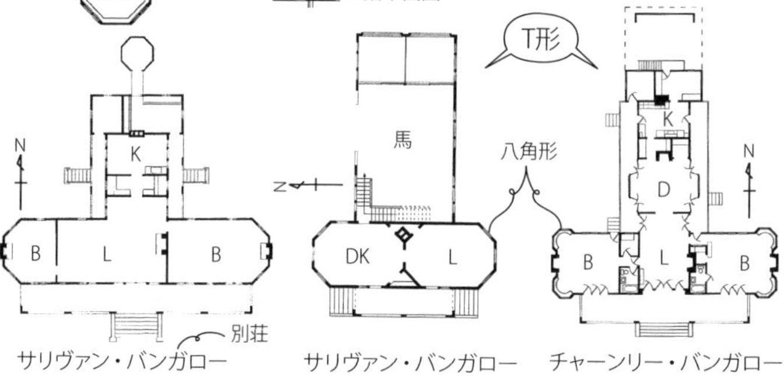

T形
K
B
L
B
N
馬
DK
L
八角形
K
D
B
L
B
N
別荘

サリヴァン・バンガロー（1890年、オーシャン・スプリングス、米）

サリヴァン・バンガローの馬小屋

チャーンリー・バンガロー（1890年、オーシャン・スプリングス、米）

参考文献　8-2／出典　8-2（平面）

R261

初期住宅の構成　その3

Q F.L.ライトは初期で、古典的な3分割構成を試みていた？

▼

A チャーンリー邸（1891年）、パーカー邸（1892年）、ハーラン邸（1892年）などが3分割構成による平面です。

アドラー＆サリヴァン事務所に勤務しながら、時間外にライトは多くの住宅を設計しています。シカゴは大火後の復興と経済の急発展から、中心部のオフィス建設需要のほかに、郊外では戸建て住宅需要も旺盛でした。有名建築家たちは大型のオフィスビルに手いっぱいであったので、若いライトにも住宅の仕事が多く回ってきました。3分割構成は中心があって両脇がある古典主義でよく用いられる平面構成ですが、サリヴァン・バンガローなどのT形平面も、一種の3分割構成と言えます。さらにチャーンリー邸のようにアプローチを中央からとると対称性、中心性が強まります。プレーリー・ハウスで独自の空間構成を生み出すライトですが、初期では古典的な3分割構成も試みていたことがわかります。

チャーンリー邸（F.L.ライト、1891年、シカゴ、米）

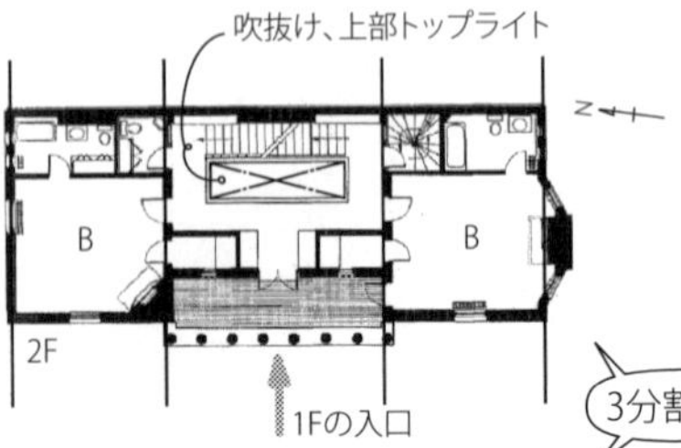

吹抜け、上部トップライト
B
B
2F
1Fの入口

パーカー邸
（F.L.ライト、1892年、オークパーク、米）
側面から入る
K
D
L
八角形

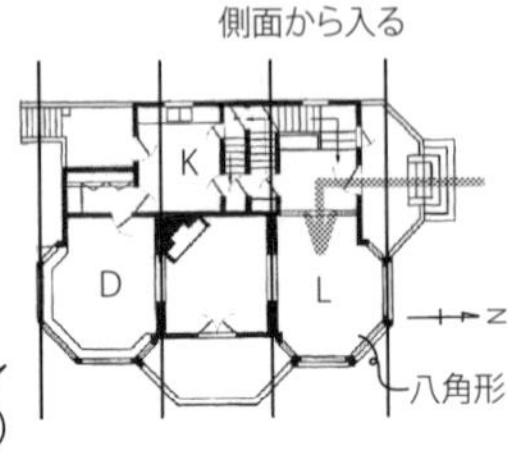

3分割構成

水平スラブの突出
茶色のレンガ
白い石
中心の強調

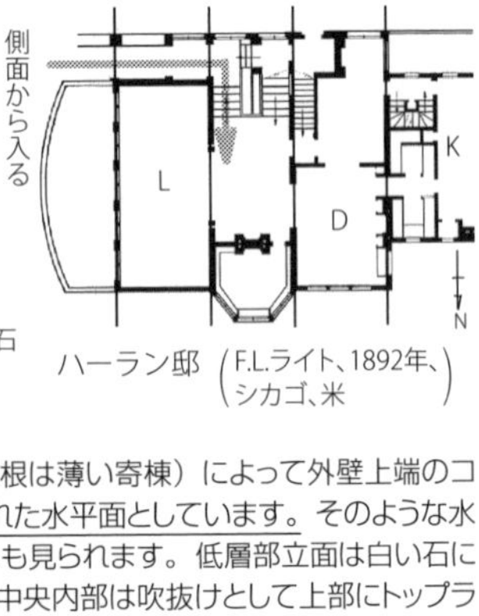

側面から入る
L
K
D
N

ハーラン邸（F.L.ライト、1892年、シカゴ、米）

- チャーンリー邸は水平スラブの突出（屋根は薄い寄棟）によって外壁上端のコーニスとしており、軒先を箱から分離された水平面としています。そのような水平面の扱いは、ライト自邸図書室の庇にも見られます。低層部立面は白い石によって凸形にし、中央部に柱廊を設け、中央内部は吹抜けとして上部にトップライトを付け、中心性、対称性が強調されています。

参考文献　8-2／出典　8-2（平面）

Q F.L.ライトは初期で、古典的な9分割構成を試みていた？

▼

A ブロッサム邸（1892年）は、正方形を9分割した平面です。

ブロッサム邸はイオニア式オーダーが円弧状に並んだポルティコ（玄関柱廊）やパラディアン・モチーフ（アーチの両側に小開口）の窓をもち、各壁面に内部の3分割構成を表すような凹部と白いピラスター（付柱）を付けた、木造による古典主義の作品です。マッキム、ミード&ホワイトによる木造の邸宅に影響を受けたとも言われています。正方形をx方向、y方向ともに3分割した9分割構成で、正方形をわずかにずらす操作もされています。中央部には居間と階段、暖炉が置かれ、中央部は空間とされた「空間的中心」となっています。A.パラディオのヴィラ・ロトンダに見るような古典主義的な9分割構成ですが、アプローチを中心軸上でまっすぐにとらずに、建物に沿って歩いて直角に折れて入る「巻き込むようなアプローチ」としている点が注目すべき点です。

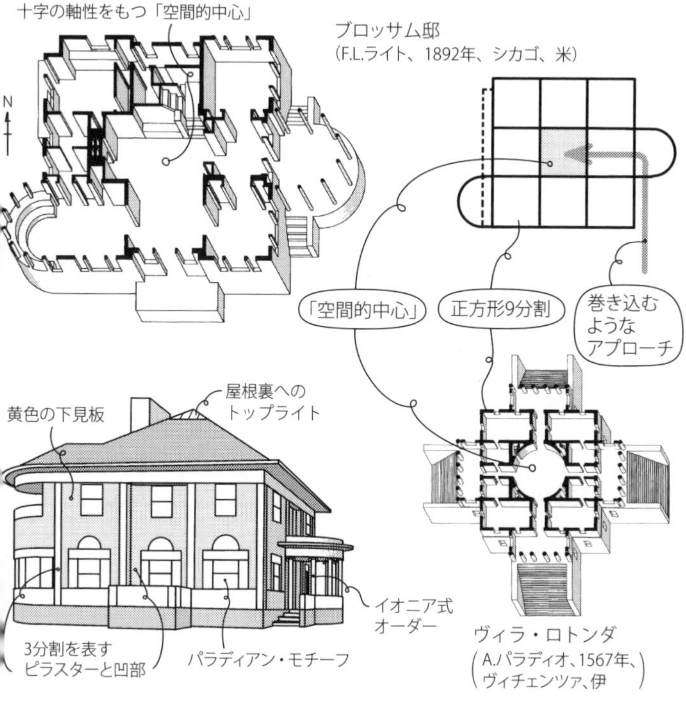

十字の軸性をもつ「空間的中心」
ブロッサム邸
(F.L.ライト、1892年、シカゴ、米)
N
「空間的中心」
正方形9分割
巻き込む
ような
アプローチ
屋根裏への
トップライト
黄色の下見板
イオニア式
オーダー
3分割を表す
ピラスターと凹部
パラディアン・モチーフ
ヴィラ・ロトンダ
(A.パラディオ、1567年、
ヴィチェンツァ、伊)

参考文献　8-1、8-2

Q F.L.ライトによるウィンズロー邸はダブルグリッドによる3分割構成ですが、その中心はどうなっている？

▼

A 暖炉の量塊が置かれ、奥へのアプローチはその量塊のまわりを迂回する形とされています。

ダブルグリッド（a：b：a：b：a）による3分割構成は古くはA.パラディオによるヴィラ・フォスカリなどに見られ、近代でもル・コルビュジエやA.ペレによるガルシュの家（1927、1932年）で使われています（R187参照）。ウィンズロー邸で注目すべきは、3分割の中央部が空間ではなく暖炉の量塊とされ、「量塊的中心」となっていることです。正面中央から入って暖炉で行き止まりとなり、奥の部屋には暖炉のまわりを迂回して行くことになります。この迂回する動線のため、空間は中心の暖炉から遠ざかろうとする「遠心性」、その周囲を回ろうとする「旋回性」と言えるような性質をもつようになります。3分割の中央を空間ではなく量塊にすることで、奥行と変化に富んだ動線をつくり出しています。外形は側面や背面で箱形から崩され、車寄せの突出や、食堂、居間のベイ・ウィンドウは遠心性の現れか、小さいながらも十字方向への伸展とも考えられます。ライトの空間の「遠心性」が初めて現れたのが、このウィンズロー邸です。ピクチャレスクの邸宅のように非対称に不規則に絵画的に形を崩すのではなく、一種の構成原理にもとづいて十字方向に形を伸展させているわけです。

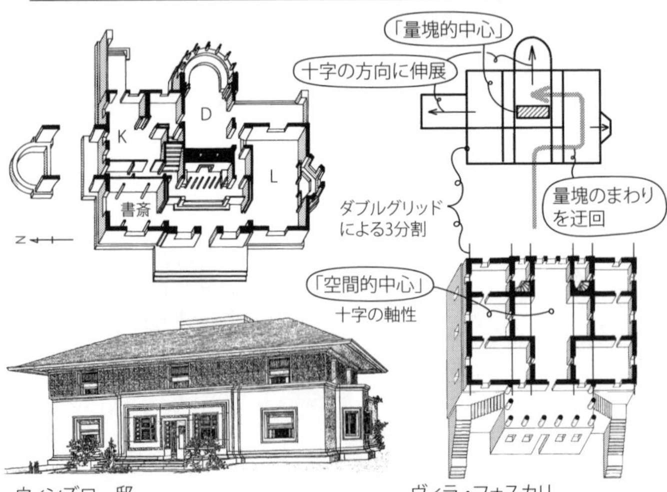
「量塊的中心」
十字の方向に伸展
D
K
L
書斎
ダブルグリッドによる3分割
量塊のまわりを迂回
「空間的中心」
十字の軸性

ウィンズロー邸
（F.L.ライト、1893年、リバーフォレスト、米）

ヴィラ・フォスカリ
（A.パラディオ、1560年、ヴェネツィア、伊）

- E.L.ラッチェンスも3分割の中央に暖炉の量塊を置いて、中心軸上の入口から入ってクランクして奥の部屋へ行くアプローチとしています。

参考文献　8-1、8-2、8-3／出典　8-3（パース）

Q F.L.ライトによるウィンズロー邸のファサードでは低層部は黄色いレンガ、その上に濃色のテラコッタの仕上げがされていますが、その高さの比は？

A 約2：1です。

黄色いレンガは2階の窓下の白い水平の縁（トリム）まで上げられ、その上の濃色のテラコッタは軒天井までとされており、その高さの比は約2：1です（正面外壁は縦横が約1：3の長方形）。材料の切り分けが階高の位置ではなく、2階の腰の高さとしているのがポイントです。2階の正方形の窓上端は軒天井ちょうどとされ、寄棟屋根の深い軒に覆われた形となっています。全体としてバランスの良い、実に美しい立面です。

ウィンズロー邸
（F.L.ライト、1893年、リバーフォレスト、米）

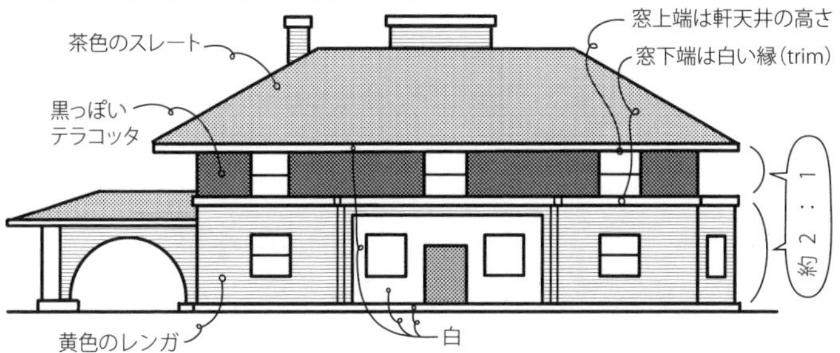
茶色のスレート
黒っぽいテラコッタ
窓上端は軒天井の高さ
窓下端は白い縁（trim）
約2：1
黄色のレンガ
白

1：1のツートンカラーにするとバランス悪い
日本の木造住宅に多い
半々にしないのがポイントよ！
1：1

- ウィンズロー邸は130年ほど経過した現在も、端正な姿を保っています。
- 現在の日本における戸建て木造住宅では1階と2階の仕上げを張り分けて、高さを1：1とするツートンカラーがよく行われていますが、バランスはあまり良くありません。2階腰窓下かバルコニー笠木まで1階の仕上げを延ばせば、バランスの良い立面がつくれると思います。

参考文献　8-1、8-2

Q F.L.ライトによるウィリアムズ邸（1895年）におけるベイ・ウィンドウの突出はどのような特徴をもつ？

▼

A 長方形平面から旋回状、卍状、風車状に突出しています。

ウィリアムズ邸は急勾配の屋根を1階まで下ろし、軒先を水平スラブ状に張り出しています。2階の採光は、ドーマー（屋根窓）からとる形です。東側立面に向かって左側に書斎のベイ・ウィンドウを突出させ、北側立面に向かって左側に食堂のベイ・ウィンドウを突出させています。さらに西側立面に向かって左側にキッチンのヴォリュームを突出させており、各立面をベイ・ウィンドウやヴォリュームの突出によって非対称に構成しています。全体として平面は旋回状、卍状、風車状の動きのある配置となっています。このような平面構成は、初期の小規模な住宅でいくつか見ることができます。

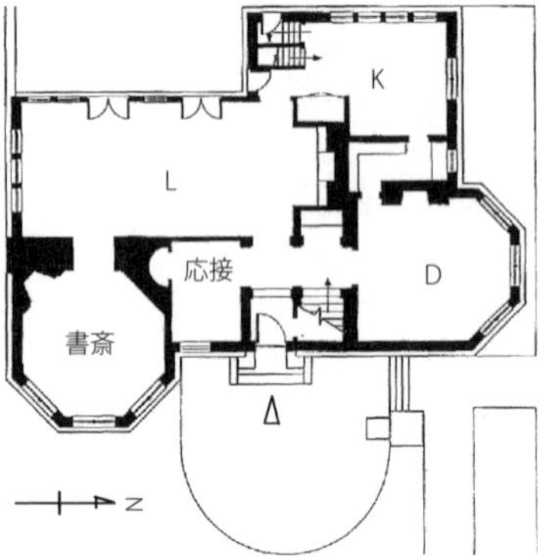

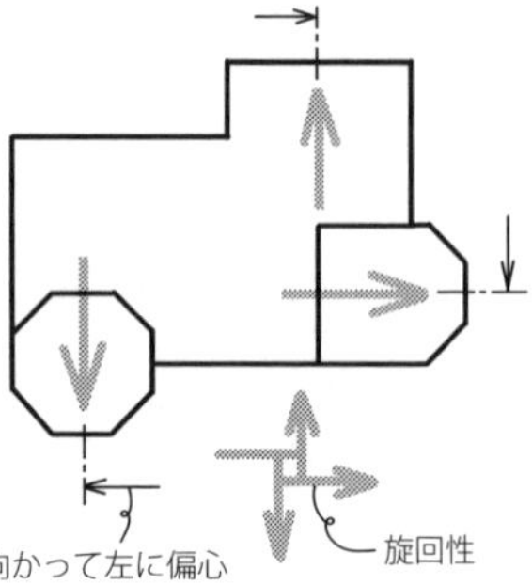

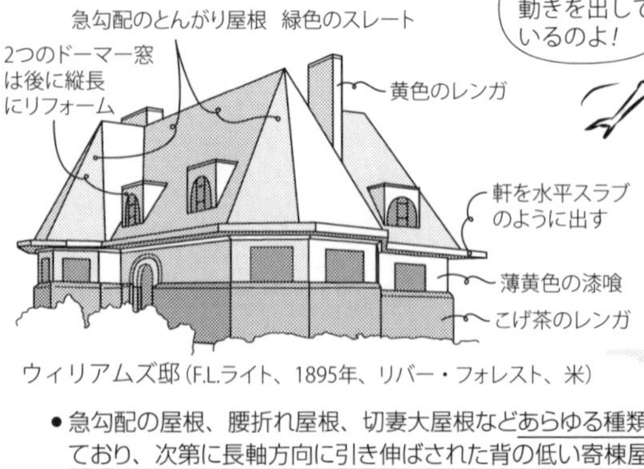

K
L
応接
D
書斎
N
向かって左に偏心
旋回性
ベイの突出で動きを出しているのよ！
急勾配のとんがり屋根　緑色のスレート
2つのドーマー窓は後に縦長にリフォーム
黄色のレンガ
軒を水平スラブのように出す
薄黄色の漆喰
こげ茶のレンガ

ウィリアムズ邸（F.L.ライト、1895年、リバー・フォレスト、米）

- 急勾配の屋根、腰折れ屋根、切妻大屋根などあらゆる種類の屋根を初期で試しており、次第に長軸方向に引き伸ばされた背の低い寄棟屋根に収斂していきます。

参考文献　8-1、8-2／出典　8-2（左上平面）

Q F.L.ライトによるヘラー邸（1896年）、ハッサー邸（1899年）の平面構成上の特徴は？

A 部屋を線形に1列に並べて開放的に連続させ、ヘラー邸においては前後に部屋をずらして動きを与えています。

ヘラー邸では十字の軸性をもつ居間と食堂が前後にずれて配置され、それをホール動線の軸で連結しています。ハッサー邸は居間と食堂が直線状に連結され、それに直角に八角形状のベイ・ウィンドウと階段が付いて、直交方向にも動きを与えています。両者とも線形の空間構成で、寄棟屋根がほぼ一方向に長く引き伸ばされた形です。正方形や正方形に近い長方形平面から離れて、長軸方向に長く引き伸ばされた長方形平面になっており、プレーリー・ハウスの前段階と見ることができます。両者ともに、長軸方向に建物に沿って歩いてから巻き込むような入り方をしています。ライトは「箱を破壊することをまずは果たさねばならなかった」と述べており（*）、長方形の長軸化、それと直交する軸方向への突出や動きもその箱を壊すことへの志向と思われます。

ヘラー邸（F.L.ライト、1896年、シカゴ、米）

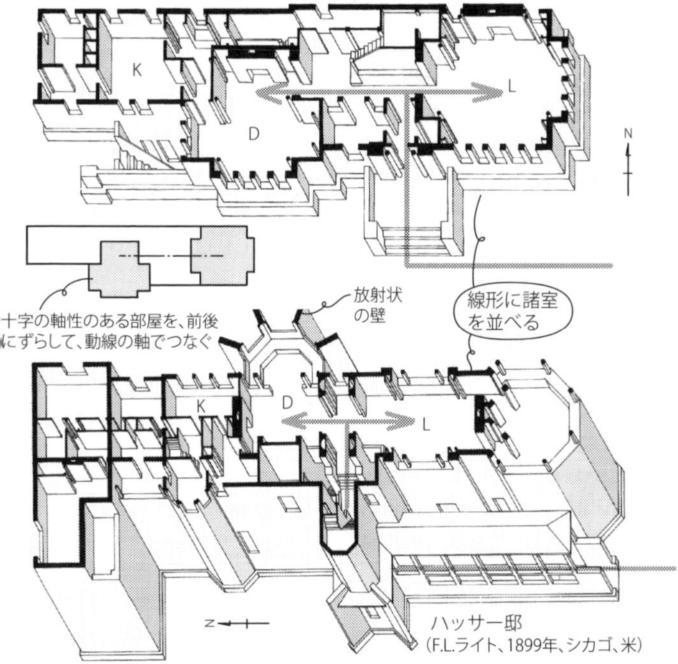

K
D
L
N
十字の軸性のある部屋を、前後にずらして、動線の軸でつなぐ
放射状の壁
線形に諸室を並べる
K
D
L

ハッサー邸
（F.L.ライト、1899年、シカゴ、米）

*8-1（p.120）／参考文献　8-1、8-2

Q レディーズ・ホーム・ジャーナル誌に1900年に載せたF.L.ライトによるプレーリー・ハウス案は、どのような平面構成上の特徴がある？

▼

A 中央の暖炉の量塊から十字方向に伸びる十字形平面で、入口、居間、食堂がドアもなくつながって、暖炉の周囲で流動的に連続した空間とされています。

ライト独自の十字形平面は、雑誌に載せたこのプレーリー・ハウス案で初めてはっきりとした姿を現します。左右方向に伸びる主に1階の高さの切妻屋根と、前後方向に伸びる2階の高さの切妻屋根が重なり合って十字形となっています。平面では十字の左腕の部分の食堂が右腕の入口ホールに比べて後ろにずらされ、動きのある配置となっています。また右腕部分の屋根を車寄せとして右に大きく引き伸ばすことで、左の食堂の屋根とのバランスを保っています。

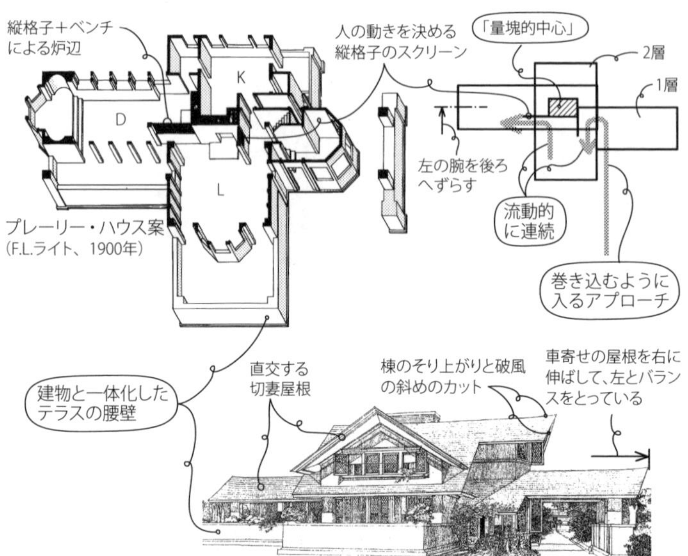
縦格子＋ベンチによる炉辺
K
D
L
人の動きを決める縦格子のスクリーン
「量塊的中心」
2層
1層
左の腕を後ろへずらす
流動的に連続
巻き込むように入るアプローチ
建物と一体化したテラスの腰壁
直交する切妻屋根
棟のそり上がりと破風の斜めのカット
車寄せの屋根を右に伸ばして、左とバランスをとっている

プレーリー・ハウス案
(F.L.ライト、1900年)

- 建物に沿ってアプローチして玄関ホールで左に折れ、暖炉前のスクリーンで左に折れて居間に入ります。居間から食堂へは、やはり暖炉前のスクリーンで左に折れて入ります。この廊下やドアによらないつなぎ方と壁やスクリーンに沿った動線によって、空間には流動性があると言われます。建物と一体化されたテラスの腰壁は十字の方向に伸び広がり、屋根の軒線とともに水平性を強調していると同時に、大地に根を下ろしたような接地性の良い外観となります。十字の軸性、遠心性、流動性、水平性、接地性は、プレーリー・ハウスの要諦です。

参考文献　8-1、8-2、8-3／出典　8-3（パース）

Q F.L.ライトによるウィリッツ邸（1901年）の平面構成上の特徴は？

A レディーズ・ホーム・ジャーナルに載せたプレーリー・ハウス案と同様に、中央の暖炉から張り出された十字形の平面で、暖炉の周囲で空間を流動的につなげています。

プレーリー・ハウス案で提示した十字形平面は、ブラッドレイ邸（1900年）とヒコックス邸（1900年）で実現されますが、十字の腕をさらに大きく伸ばして壮大な水平性を獲得したのがウィリッツ邸です。道路に平行に背の低い棟、それに直交させて2階の高さの棟を配して、両者を十字に重ね合わせています。十字の右腕になるのが車寄せの寄棟屋根で、それによって左腕の食堂の寄棟屋根とバランスさせています。十字形の中央には暖炉の量塊が置かれた「量塊的中心」です。暖炉の前には縦格子とベンチで炉辺をつくり、その縦格子によって人の動きをつくり、部屋をあいまいにつなげて流動的な空間としています。

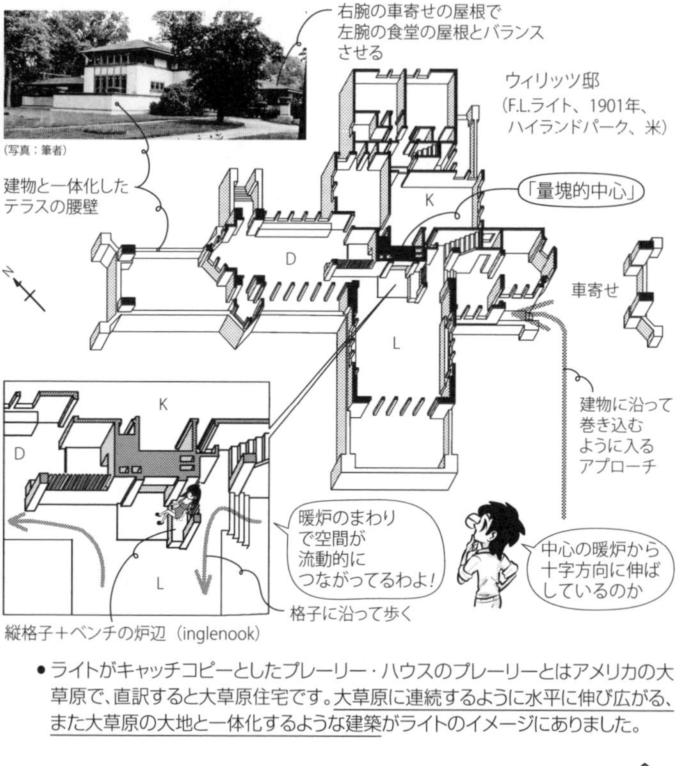

右腕の車寄せの屋根で
左腕の食堂の屋根とバランスさせる
ウィリッツ邸
（F.L.ライト、1901年、ハイランドパーク、米）
（写真：筆者）
建物と一体化したテラスの腰壁
「量塊的中心」
K
D
L
車寄せ
N
建物に沿って巻き込むように入るアプローチ
暖炉のまわりで空間が流動的につながってるわよ！
中心の暖炉から十字方向に伸ばしているのか
格子に沿って歩く
縦格子＋ベンチの炉辺（inglenook）

- ライトがキャッチコピーとしたプレーリー・ハウスのプレーリーとはアメリカの大草原で、直訳すると大草原住宅です。大草原に連続するように水平に伸び広がる、また大草原の大地と一体化するような建築がライトのイメージにありました。

参考文献 8-1、8-2

Q F.L.ライトのデザインによく見る平面における長方形の四隅にコアを置く構成、立面の左右にコアを置く構成はどこから来た？

▼

A フレーベルのギフトにおける積み木の構成、古典主義の四隅にパヴィリオンを付ける構成などから来ています。

四隅にコアを置く形態は、ライトが幼い頃に使った幼児教育用積み木「フレーベルのギフト」から来ているという説があります（*）。また四隅にパヴィリオンを付けたり四隅や両翼を突出させる構成は、古典主義でもよく用いられる手法なので、ライトは両者から取り入れていたと思われます。陸屋根のラーキン・ビル（R193参照）とユニティ教会（R197参照）で明瞭に表れていますが、ウィリッツ邸でも居間や食堂の壁のとり方、テラスのコア+植木鉢（壺）などに見られます。四隅にコアを置くと平面は長方形のダブルグリッドとなりますが、小さな部屋単位、形態単位でもダブルグリッドの基準線をたどることができます。

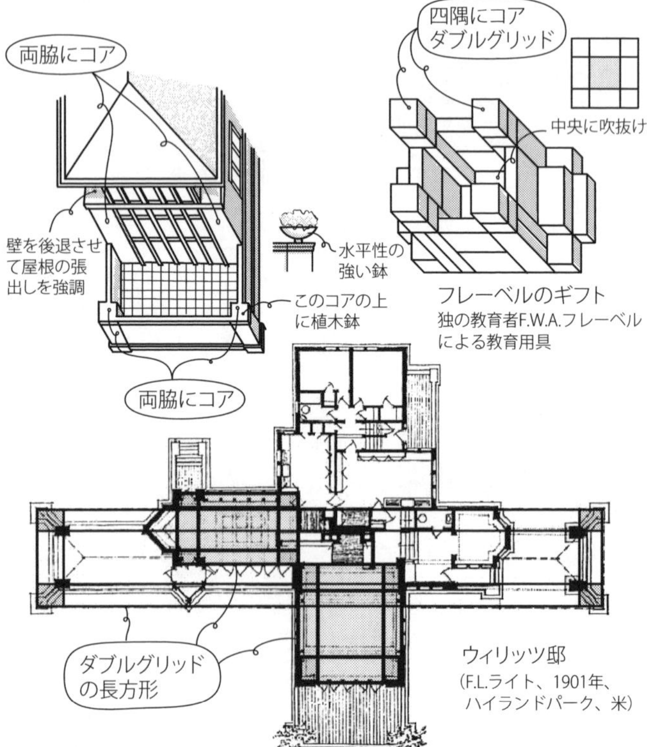

両脇にコア
壁を後退させて屋根の張出しを強調
このコアの上に植木鉢
両脇にコア
水平性の強い鉢
四隅にコア
ダブルグリッド
中央に吹抜け
フレーベルのギフト
独の教育者F.W.A.フレーベルによる教育用具
ダブルグリッドの長方形
ウィリッツ邸
（F.L.ライト、1901年、ハイランドパーク、米）

＊8-4（p.3）／参考文献　8-1、8-2、8-4

Q F.L.ライトによるウィリッツ邸において、外観の水平性を強調する線は？

▼

A 寄棟屋根の軒線（鼻隠し）、基礎の水平線のほかに、1階テラス腰壁の笠木、2階窓下の縁（ふち）などが水平性を強調しています。

ウィリッツ邸はバルーン・フレーム（枠組壁工法）の上に、白い漆喰と薄茶の木製縁で仕上げています。水平線は基礎のコンクリートを除くと、すべて木製。2階窓下の水平の縁は、高さ（見付）約20cm、厚み約4cmの木材を、木製サッシの水切りの下に組んだもの。このような線状の縁、帯は図面では、trim、belt course、picture bandなどと表記されています。1階の居間の窓と2階の寝室の窓とは、方立（マリオン）と柱型の縁で縦にもつながれて縦横の格子状とされています。

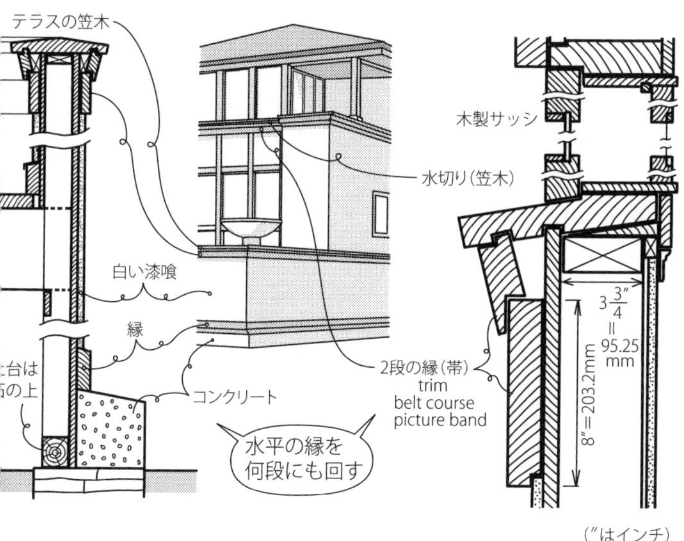
テラスの笠木
白い漆喰
縁
コンクリート
水平の縁を何段にも回す
木製サッシ
水切り（笠木）
2段の縁（帯）
trim
belt course
picture band
$3\frac{3}{4}$″ = 95.25 mm
8″=203.2mm
（″はインチ）

- 外装の木製縁、笠木は傷みやすい部分ですが、120年経過した今でも美しく維持されています。

参考文献　8-1

Q F.L.ライトによるロビー邸は、どのような空間構成？

▼

A 中央に暖炉の量塊と階段を置き、その左右に空間を伸ばし、さらに寄棟屋根を左右に大きく張り出させた構成。サブの棟はメインの棟と雁行して配置しています。

建物に沿って巻き込むようなアプローチ、暖炉による「量塊的中心」、量塊周囲の流動的空間、長軸方向に引き伸ばされた寄棟屋根、多数の水平縁による強い水平性、建物と一体化されたテラスの腰壁など、プレーリー・ハウスの特徴を有していますが、量塊から伸びる方向は左右（東西）方向のみです。十字方向ではなく左右方向なのは、単に敷地形状からと思われます。1階にビリヤード室とプレイルーム、2階に居間と食堂、3階は正方形平面に近い形として3つの寝室を置いています。この3層の構成と量塊の左右に部屋を置く構成は、少し前のトメック邸（1904年）を応用拡大したものです。居間、食堂の窓の方立（マリオン）は4フィート（1219mm）ピッチで規則的に並べられ、天井を横断する木製縁の繰り返しとともに、長軸方向が強調されています。車庫、キッチン、トイレ、召使室などのサブの棟はメインの棟とは分け、両者を雁行させて配置しています。

ロビー邸(F.L.ライト、1906年、シカゴ、米)

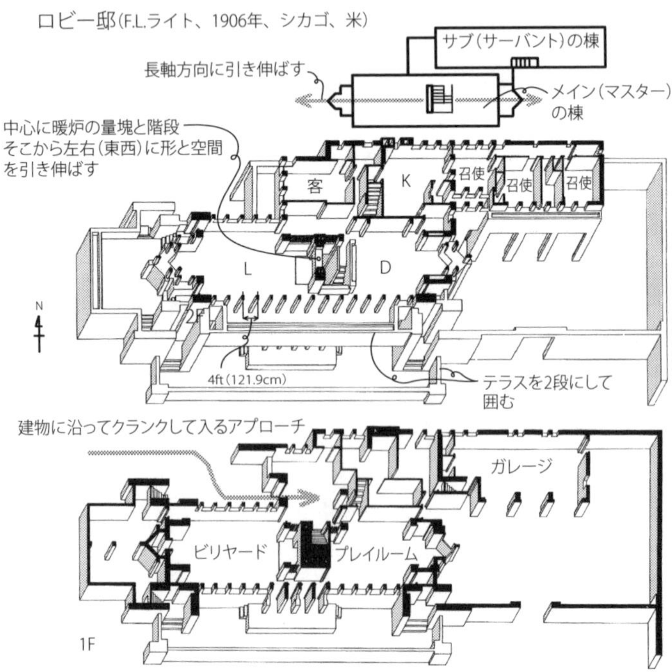
サブ(サーバント)の棟
長軸方向に引き伸ばす
メイン(マスター)の棟
中心に暖炉の量塊と階段
そこから左右(東西)に形と空間を引き伸ばす
客
K
召使
召使
召使
L
D
N
2F
4ft(121.9cm)
テラスを2段にして囲む
建物に沿ってクランクして入るアプローチ
ガレージ
ビリヤード
プレイルーム
1F

参考文献　8-2、8-5

Q F.L.ライトによるロビー邸における屋根は左右に大きく張り出していますが、それはどのように支えている？

▼

A 溝形鋼（チャンネル）を入れて、キャンティレバー（持出し）させています。

ロビー邸の構造は、基礎はコンクリート、壁、柱はレンガの組積造、梁、床組、小屋組は木造で、キャンティレバー部分、スパンの長い部分には溝形鋼、I形鋼が使われています。レンガ、木、鉄、コンクリートと材料にこだわらずに、形と空間をつくることに集中したものと思えます。また元々イギリスなどの組積造は、床組、小屋組は木造であるので、伝統的工法から学んだものとも言えます。図面を見ると鉄の梁はフランジにテーパー（先細り）が付いているので、日本の規格ではH形鋼ではなくI形鋼です。

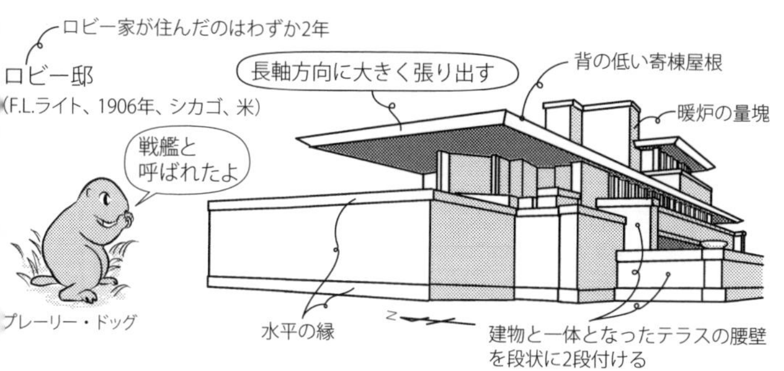

ロビー家が住んだのはわずか2年
ロビー邸
(F.L.ライト、1906年、シカゴ、米)
戦艦と呼ばれたよ
プレーリー・ドッグ
長軸方向に大きく張り出す
背の低い寄棟屋根
暖炉の量塊
水平の縁
建物と一体となったテラスの腰壁を段状に2段付ける

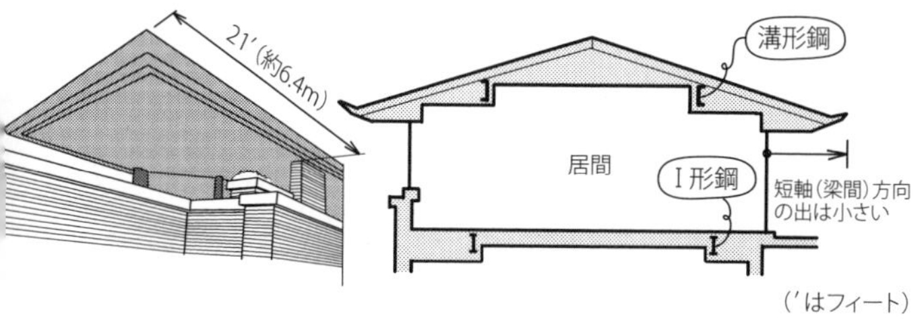

21′(約6.4m)
溝形鋼
居間
I形鋼
短軸(梁間)方向の出は小さい

（′はフィート）

- 屋根のキャンティレバーは、最も近い支えから**10**フィート（約**3m**）、組積造の柱からは**21**フィート（約**6.4m**）もあり、鉄骨を入れなければ無理な長さです。屋根は左右方向に大きく張り出して長軸方向を強調していますが、窓の前方には小さな張出ししかありません。屋根は本来、雨や陽を除けるには、窓の前方に張り出すのが有効です。よく屋根の扱いで日本建築との類似性が言われますが、ライトの屋根は長軸方向に大きく張り出して形や空間の軸を強調するもので、日本建築の屋根とはその点ではまったく異なります。

参考文献　8-2、8-5、8-6

★ R273 プレーリー・ハウス その7

Q プレーリー・ハウスにおける室内装飾はどのようなデザイン？

▼

A ドア上、窓上に木製の長押（回縁）を回して壁の上部に水平線をつくり、木製縁によるパターンを壁や天井に入れ、ガラスには幾何学的な模様を入れて、線の多いデザインとしています。

長押や回縁のような水平の木製縁は**F.L.**ライトのほとんどの住宅で使われており、日本的とも表現されてきました。ライトは日本建築とは似ていても異なるものと述べていましたが、実作を見る限り影響は受けていると思われます。また日本建築に影響を受けたマッキム、ミード&ホワイトらによる米英の住宅から、間接的な影響を受けたとも考えられます。ロビー邸の居間では窓上部に長押状の縁が連続し、中央の折り上げられた白い天井には木製縁のパターンが横断的に付けられ、窓の幾何学模様とともに、線の多いデザインとされています。クーンリー邸の居間では、壁上部に長押状の水平の縁、勾配天井には木製縁のパターンが入れられています。いずれも木製縁は濃い色とし、漆喰の白い面と対比させています。

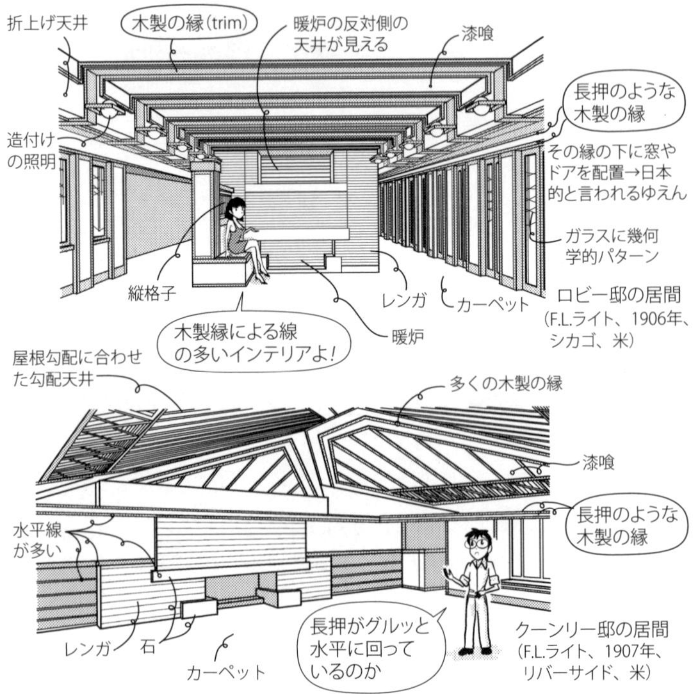
折上げ天井
木製の縁(trim)
暖炉の反対側の
天井が見える
漆喰
長押のような
木製の縁
造付け
の照明
その縁の下に窓や
ドアを配置→日本
的と言われるゆえん
ガラスに幾何
学的パターン
縦格子
レンガ
カーペット
暖炉
木製縁による線
の多いインテリアよ！
ロビー邸の居間
(F.L.ライト、1906年、
シカゴ、米)
屋根勾配に合わせ
た勾配天井
多くの木製の縁
漆喰
長押のような
木製の縁
水平線
が多い
レンガ
石
カーペット
長押がグルッと
水平に回って
いるのか
クーンリー邸の居間
(F.L.ライト、1907年、
リバーサイド、米)

参考文献 8-2、8-5、8-7

R274

プレーリー・ハウス　その8

Q 主軸に対して前方に吹抜けをつくった早い例は？

A F.L.ライトによる1900年代のプレーリー・ハウスに多くの実例があります。

湖畔の傾斜地に建つハーディ邸（1905年）、住宅地に建つイザベル・ロバーツ邸（1908年）などに早い例があります。十字形平面の居間を吹抜けにする例は、イザベル・ロバーツ邸のほかに、ベイカー邸（1909年）、ステファェンズ邸（1909年）、スチュワート邸（1909年）など、1900年代後半のプレーリー・ハウスで多く見られます。ル・コルビュジエによるシトロアン型住宅（1922年）にも前方吹抜けがあり、その上階では個室がロフト風に吹抜けに面しており、箱状の形態とともにライトのミラード邸（1923年）との類似性が指摘されています（*）。しかし前方吹抜けはそれよりも10年以上早く、1900年代のプレーリー・ハウスで実現されていました。中央に吹抜けを置くと「空間的中心」が強く明示されますが、主軸に対して前方や側面に吹抜けを置くと、建物全体を偏心させることができ、動的な空間構成となります。

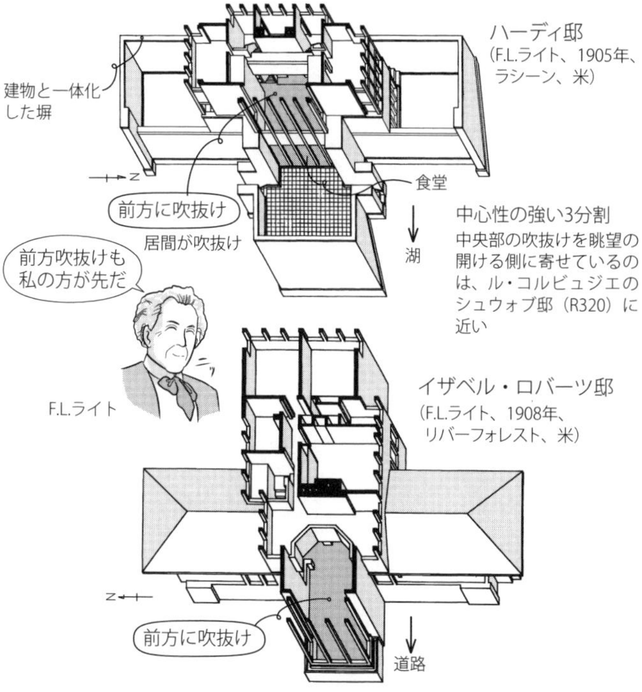

ハーディ邸
(F.L.ライト、1905年、ラシーン、米)

建物と一体化した塀

N

前方に吹抜け

居間が吹抜け

食堂

湖

中心性の強い3分割
中央部の吹抜けを眺望の開ける側に寄せているのは、ル・コルビュジエのシュウォブ邸（R320）に近い

前方吹抜けも私の方が先だ

F.L.ライト

イザベル・ロバーツ邸
(F.L.ライト、1908年、リバーフォレスト、米)

N

前方に吹抜け

道路

- 主軸は、左右対称となる要素の数が、建物内で最も多い左右対称軸のことです。

*8-8（p.494）／参考文献　8-2、8-5、8-7、8-8

浮世絵的手法

Q ヴァスムート版作品集のために**F.L.**ライト自身が描き直したハーディ邸のパースでは、どのような手法で描かれている？

▼

A 画面の下を大きくあけて余白にして建物を上部にだけ描く、画面を途中で縦に切り分ける縦枠を入れる、画面を**1**：**4**以上という縦長の比例とするといった、浮世絵、屏風絵、掛け軸の絵のような手法を取り入れています。

ライトが最初に勤めた**J.L.**シルスビーの事務所の壁には、東洋美術史家アーネスト・フランシスコ・フェノロサが持ち込んだ浮世絵が多く飾られていました。ライト自身も浮世絵コレクター、ディーラーでもあったので、来日時には大量に浮世絵を買い求めています。

わざと余白を多くとって大きく偏心させる絵の手法は、ライトがヴァスムート版作品集のために描いたハーディ邸の縦長（画面は**1**：約**4.5**）のパースによく表れています。また絵の途中で縦に切り分ける手法は（左右の画面は**1**：約**4.25**）、屏風絵の折れ曲がり部を想起させます。建築においてもヤハラ・ボートハウス（**R192**参照）の**1**階の窓の少ない壁などに、余白を多くとって線の多い部分と対比させる手法が表れています。

ハーディ邸
（1905年、ラシーン、米）のパース　ヴァスムート版ライト作品集（1910、1911年）より

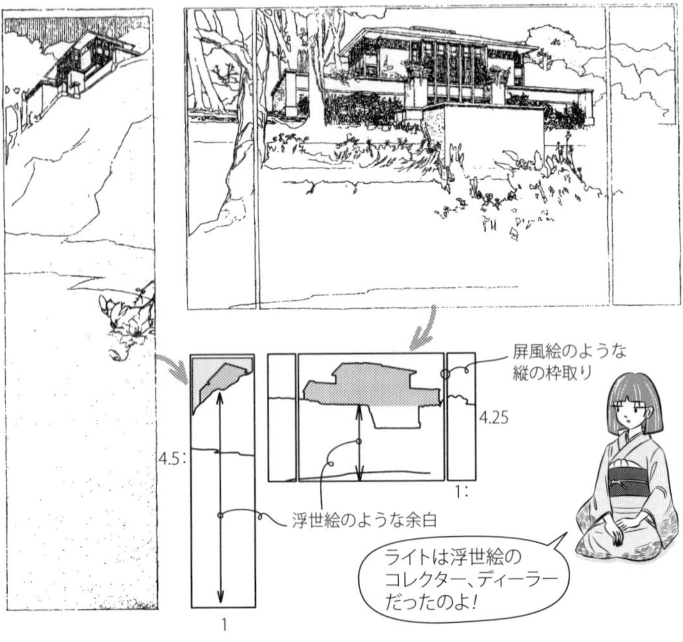

屏風絵のような
縦の枠取り
4.25
1:
4.5:
1
浮世絵のような余白
ライトは浮世絵の
コレクター、ディーラー
だったのよ！

参考文献　8-2、8-3／出典　8-3（パース）

5000ドル耐火住宅

Q F.L.ライトが1907年に雑誌に出した5000ドルの耐火住宅計画案の構造は？

A RC壁構造で、正方形平面にコンパクトに納めています。

レディーズ・ホーム・ジャーナル1907年4月号にライトが掲載した5000ドルの耐火住宅計画案は、正方形の中央に暖炉を置き、居間、食堂をL形に連続させ、その奥にキッチンを配し、階段部分を少し突出させた住宅です。形の軸から外した、巻き込むようなアプローチは、ほかの住宅と同様です。後にハント第1邸（1907年）、ストックマン邸（1908年）をほぼ同じ正方形プランで建てますが、予算オーバーのためRCではなく、木造セメント・スタッコ（漆喰）仕上げです。また入口と反対側に、屋根付きのテラスが設けられています。

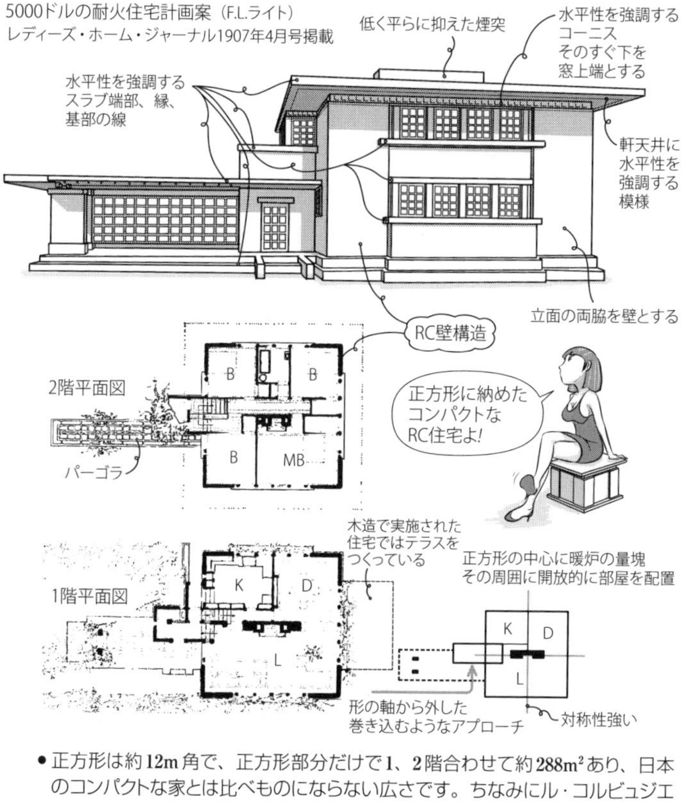

5000ドルの耐火住宅計画案（F.L.ライト）
レディーズ・ホーム・ジャーナル1907年4月号掲載
低く平らに抑えた煙突
水平性を強調する
コーニス
そのすぐ下を
窓上端とする
水平性を強調する
スラブ端部、縁、
基部の線
軒天井に
水平性を
強調する
模様
立面の両脇を壁とする
RC壁構造
2階平面図
B
B
B
MB
パーゴラ
正方形に納めた
コンパクトな
RC住宅よ！
木造で実施された
住宅ではテラスを
つくっている
正方形の中心に暖炉の量塊
その周囲に開放的に部屋を配置
1階平面図
K
D
L
K
D
L
形の軸から外した
巻き込むようなアプローチ
対称性強い

- 正方形は約12m角で、正方形部分だけで1、2階合わせて約288m²あり、日本のコンパクトな家とは比べものにならない広さです。ちなみにル・コルビュジエのサヴォア邸（1931年）は約20m角あり、1層分だけで約400m²もあります。

参考文献　8-2、8-3、8-7／出典　8-2（平面）

R277

ゲイル邸　その1

Q F.L.ライトによるトーマス・ゲイル夫人邸における屋根は？

▼

A 長軸方向に大きく張り出した、面として分離した水平スラブです。

木造にもかかわらずフラットルーフで、ヤハラ・ボートハウスと同様に長軸方向に大きく張り出した水平スラブとなっています。**2**階とバルコニーは下階よりも張り出し、木製の縁（**wood trim**）で腰壁上下を枠取り、水平性を強調しています。**1910**年のヴァスムート版作品集（トーマス・ゲイル夫人邸含む）の出版でヨーロッパに多大な影響を与え、**G.T.**リートフェルトのシュレーダー邸における抽象的な面と線による組み合わせにも類似点が指摘できます。キャンティレバーを多用したダイナミックなデザインであり、**1951**年にライト自身が「これが落水荘の原型」と語っています（＊）。

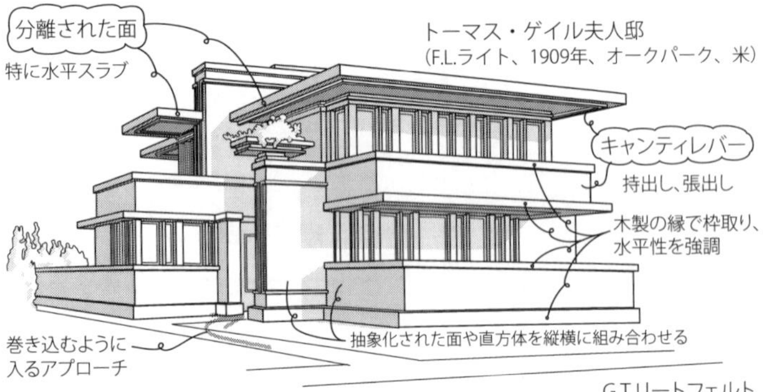

分離された面
特に水平スラブ
トーマス・ゲイル夫人邸
（F.L.ライト、1909年、オークパーク、米）
キャンティレバー
持出し、張出し
木製の縁で枠取り、
水平性を強調
巻き込むように
入るアプローチ
抽象化された面や直方体を縦横に組み合わせる

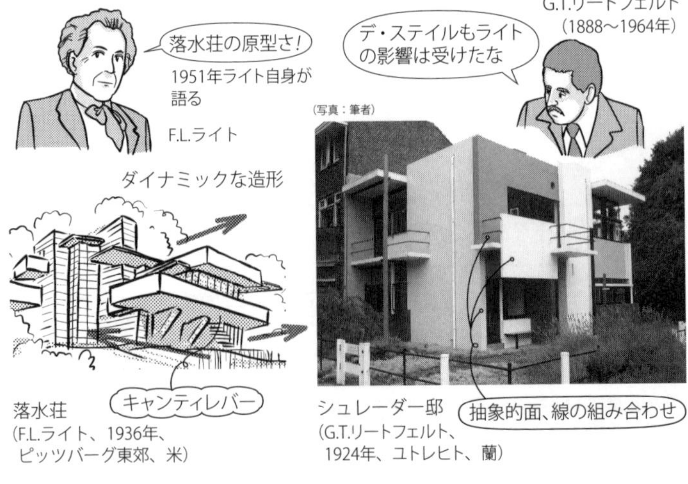

落水荘の原型さ！
1951年ライト自身が
語る
F.L.ライト

デ・ステイルもライト
の影響は受けたな
G.T.リートフェルト
（1888～1964年）

ダイナミックな造形
キャンティレバー
落水荘
（F.L.ライト、1936年、
ピッツバーグ東郊、米）

（写真：筆者）
抽象的面、線の組み合わせ
シュレーダー邸
（G.T.リートフェルト、
1924年、ユトレヒト、蘭）

＊8-2（p.94）／参考文献　8-2、8-3

R278

ゲイル邸　その2

Q F.L.ライトによるトーマス・ゲイル夫人邸外観の水平に回された縁の材料は？

A 水平の縁はすべて木製です。

実施図面の縁（trim）の部分には、木の目が描かれています。平面は縦長の長方形で、張出しは北側と南側です。居間が北向きなのは、北の道路側を正面にしたかったためと思われます。LDK、暖炉、入口、階段の配置は、5000ドル耐火住宅計画案（1907年、R276参照）とほぼ同じです。

トーマス・ゲイル夫人邸（F.L.ライト、1909年、オークパーク、米）

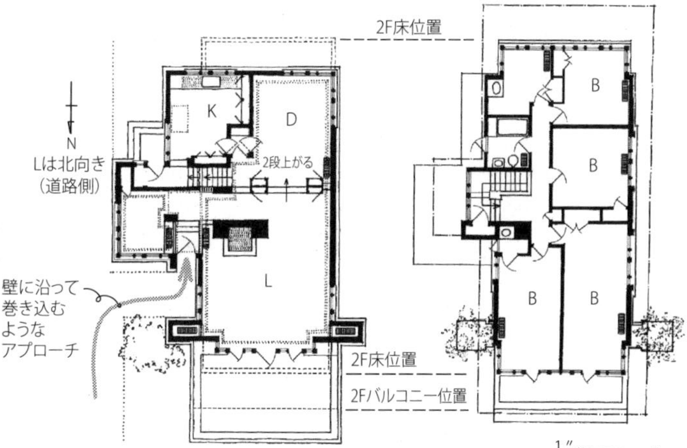

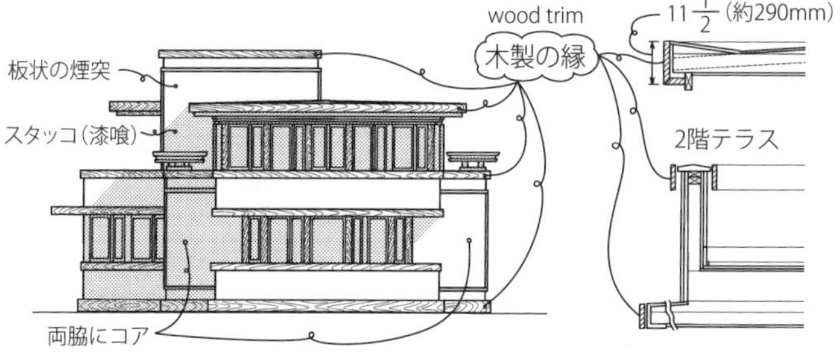

2F床位置
K
D
B
N
Lは北向き（道路側）
2段上がる
L
壁に沿って巻き込むようなアプローチ
2F床位置
2Fバルコニー位置

wood trim
木製の縁
$11\frac{1}{2}''$（約290mm）
板状の煙突
スタッコ（漆喰）
2階テラス
両脇にコア

- 縁における木目は、実際は塗装で塗りつぶされています。破風板、鼻隠しなどの縁は、木製にすると腐りやすく、現代日本ではケイ酸カルシウム板、樹脂板、カラー鉄板で板金された木製板などを使います。シカゴの年間降水量は東京の約3分の2ですが、地面のすぐ上にも木製の縁を回しているので、すぐに傷むはずです。Googleストリートビューで見ると、110年以上経過した今でも、メンテナンスがしっかりされていることがわかります。

参考文献　8-2、8-7／出典　8-2（平面）

Q F.L.ライトによるトーマス・ゲイル夫人邸における構造は？

▼

A 木造バルーン・フレーム（枠組壁工法、ツーバイフォー工法）です。

本来はRCでつくるようなフラットルーフの形ですが、木造バルーン・フレームによってつくられています。2階のバルコニーは1階から約2.5m張り出し、屋根の水平スラブは2階の部屋から約1.5m張り出しています。北側道路に向かって張り出し、キャンティレバーのダイナミックさを主張しています。その張出しを支えるために、2階床は2″×10″材、屋根は2″×6″材を約400mm間隔で並べて支えています。バルコニーやテラスと内部の床はレベル差がなく、掃出し窓では雨仕舞が心配ですが、軒が大きいのでなんとかなっていると思われます。

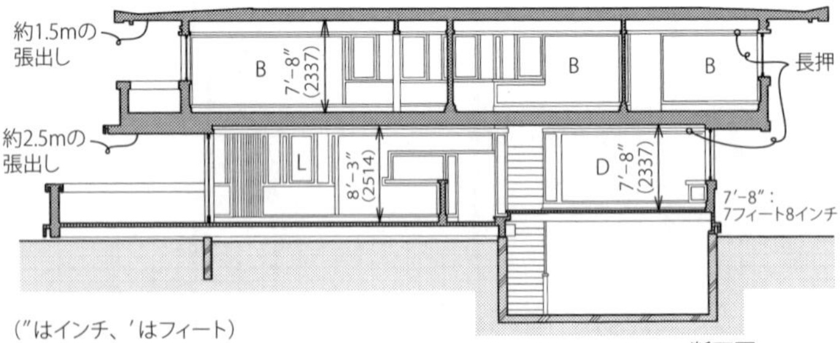

約1.5mの張出し
B
7′–8″ (2337)
B
B
長押
約2.5mの張出し
L
8′–3″ (2514)
D
7′–8″ (2337)
7′–8″：7フィート8インチ

（″はインチ、′はフィート）

断面図

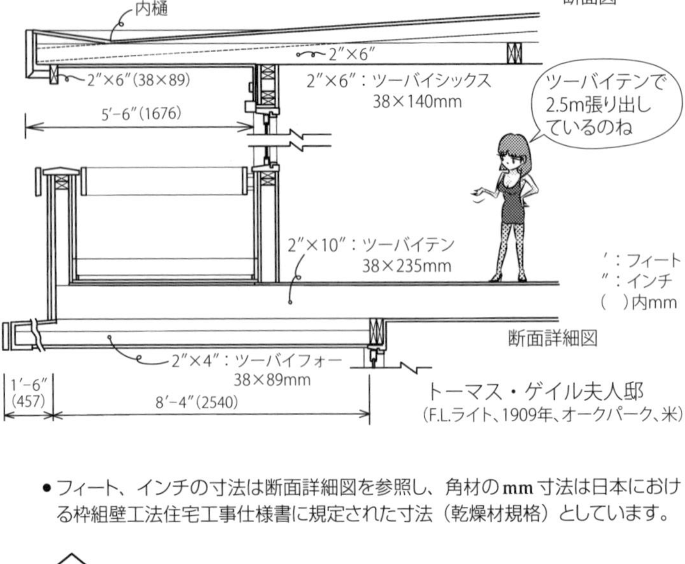

内樋
2″×6″
2″×6″（38×89）
2″×6″：ツーバイシックス 38×140mm
5′–6″（1676）
ツーバイテンで2.5m張り出しているのね
2″×10″：ツーバイテン 38×235mm
′：フィート
″：インチ
（　）内mm
断面詳細図
2″×4″：ツーバイフォー 38×89mm
1′–6″ (457)
8′–4″（2540）

トーマス・ゲイル夫人邸
（F.L.ライト、1909年、オークパーク、米）

- フィート、インチの寸法は断面詳細図を参照し、角材のmm寸法は日本における枠組壁工法住宅工事仕様書に規定された寸法（乾燥材規格）としています。

参考文献　8-3、8-7、8-9

ヨーロッパへの影響　その1

Q F.L.ライトのプレーリー・ハウスの影響を受けた住宅はヨーロッパにつくられた？

▼

A ロバート・ファント・ホフによるユス・テル・ハイドの別荘は十字の軸性、中央に置かれた暖炉の量塊、水平スラブの分離、複数入れられた水平の縁、軒のすぐ下に並べられた窓など、ほとんどプレーリー・ハウスと呼んでよいような住宅です。

ライトは1890年代、1900年代の約20年間で、箱の解体、「量塊的中心」による「空間的中心」の解体、十字の軸性、面の部分的分離、流動的空間、水平性、接地性などの特質をもつプレーリー・ハウスをつくり出しました。その成果は1910年、11年にドイツのヴァスムート社から出版された作品集にて、ヨーロッパ各地に伝わります。オランダで近代建築の父といわれるH.P.ベルラーヘは、1911年にアメリカを訪れてライトの建物を見て回り、帰国後にライトに関する講演を行っています。ファント・ホフもシカゴに赴き、ライトに会っています。J.J.P.アウトはデ・ステイル誌第1巻にて、ロビー邸について書いています。プレーリー・ハウスに似ているユス・テル・ハイドの別荘やヤン・ヴィルスによるレストラン「デ・デュッベレ・スルーテル」のほかに、箱の解体、面の分離とそれによる構成などがリートフェルトによるシュレーダー邸（1924年）などにも影響を与えたと思われます。

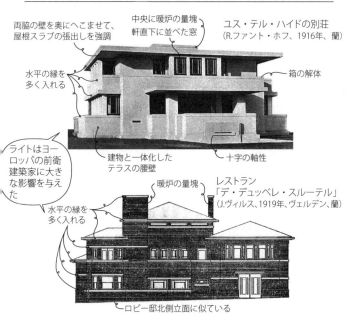

両脇の壁を奥にへこませて、屋根スラブの張出しを強調
中央に暖炉の量塊
軒直下に並べた窓
ユス・テル・ハイドの別荘
（R.ファント・ホフ、1916年、蘭）
水平の縁を多く入れる
箱の解体
建物と一体化したテラスの腰壁
十字の軸性

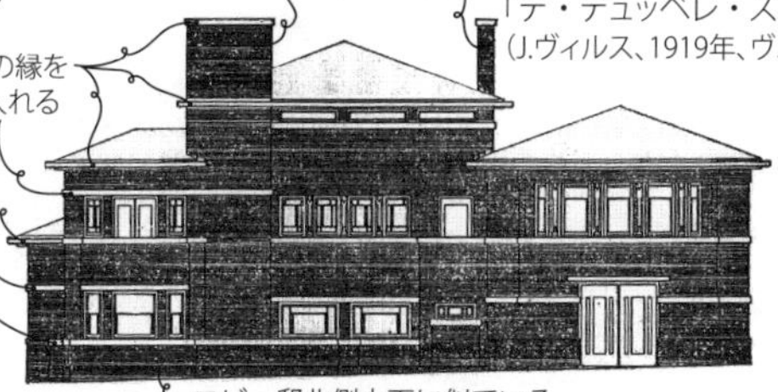

ライトはヨーロッパの前衛建築家に大きな影響を与えた

暖炉の量塊
レストラン
「デ・デュッベレ・スルーテル」
（J.ヴィルス、1919年、ヴェルデン、蘭）
水平の縁を多く入れる
ロビー邸北側立面に似ている

Q W.グロピウスとA.マイヤーによるドイツ工作連盟ケルン展の管理棟とモデル工場（1914年）は、どの部分がF.L.ライトの影響？

▼

A 両翼に水平スラブを張り出した低い塔屋を配し、水平の縁を多く入れているところです。

驚いたことに、ライトの影響は住宅ばかりでなく、工場にも現れます。ドイツ工作連盟ケルン展でつくられた管理棟とモデル工場では、水平スラブを張り出した低い塔屋を両翼に付け、水平の縁を多く入れた左右対称の立面としてまとめています。ライトによるメイソンシティのホテル（1909年）と似ていると指摘され、工作連盟圏におけるライトの影響の最初の実例とされています（*）。大胆なガラス使いで有名な管理棟と工場ですが、ライトの強い影響下にもありました。

パーク・イン・ホテル
（F.L.ライト、1909年、メイソンシティ、米）

水平スラブの張出しを両脇の低い塔屋に設置

左右対称

水平の縁（trim）

ドイツ工作連盟ケルン展管理棟
（W.グロピウス、A.マイヤー、1914年、ケルン、独）

大胆なガラス使いで有名

ドイツ工作連盟ケルン展モデル工場
（W.グロピウス、A.マイヤー、1914年、ケルン、独）

*8-11（p.117）／参考文献　8-2、8-11、8-12／出典　8-11、8-12（写真）

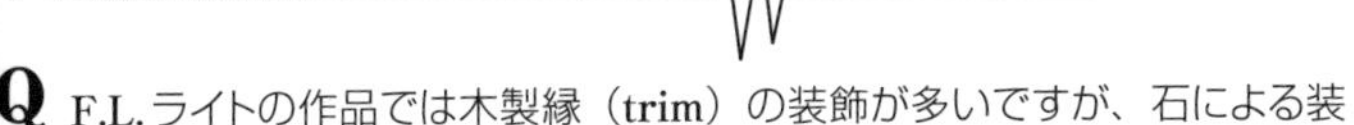

石の装飾

Q F.L.ライトの作品では木製縁（trim）の装飾が多いですが、石による装飾はある？

▼

A バーンズドール邸の暖炉上では、石を浮彫りにして円、直線を用いて偏心した非対称な装飾を施しています。

木製の縁を使う装飾はプレーリー・ハウスで多く見られますが、石を彫ったレリーフ装飾も、フラットルーフ、十字形平面のバーンズドール邸の暖炉で見られます。円を中心に置いて同心円状にすると左右対称が強まるだけですが、バーンズドール邸の暖炉では、ふたつの円を左に偏心させ、右側に大きく余白を残しています。

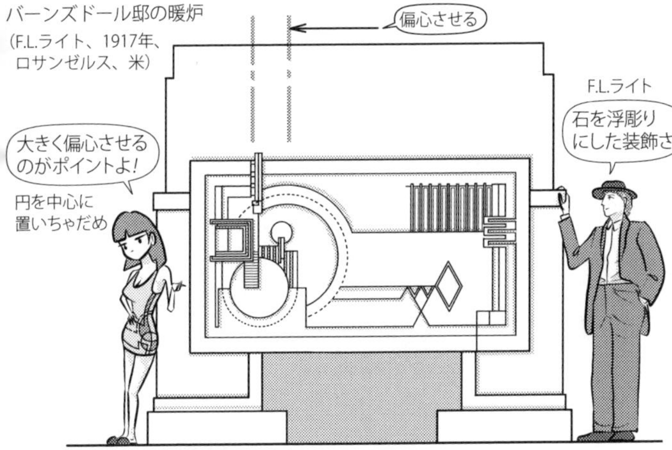

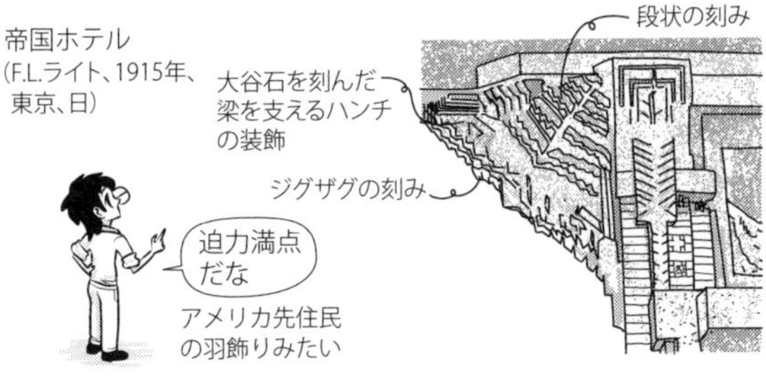

バーンズドール邸の暖炉
（F.L.ライト、1917年、ロサンゼルス、米）

偏心させる
大きく偏心させるのがポイントよ！
円を中心に置いちゃだめ
F.L.ライト
石を浮彫りにした装飾さ

帝国ホテル
（F.L.ライト、1915年、東京、日）

段状の刻み
大谷石を刻んだ梁を支えるハンチの装飾
ジグザグの刻み
迫力満点だな
アメリカ先住民の羽飾りみたい

- 帝国ホテルの中心軸上にある大きなホールで、梁を両端で支えるハンチ（三角形状の持出し）の部分では、ボソボソとした大谷石を段状、ジグザグ状に刻んだ迫力のある装飾が施されています。残念ながら明治村には、見せ場となるこの大空間の部分は保存されていません。

参考文献　8-2、8-13

Q F.L. ライトはコンクリート・ブロック（CB）で住宅をつくった？

▼

A 箱形の住宅を、カリフォルニアに4件建てています。

ミラード邸では、孔やレリーフ（浮彫り）による模様をもったCBを積んで、3階建ての箱形住宅としています。フラットルーフで屋上をもつ箱形、前方吹抜けの構成など、ヨーロッパの近代建築に近い構成ですが、レリーフ模様の入ったCBによる表情は、マヤ建築を思わせるものがあります。

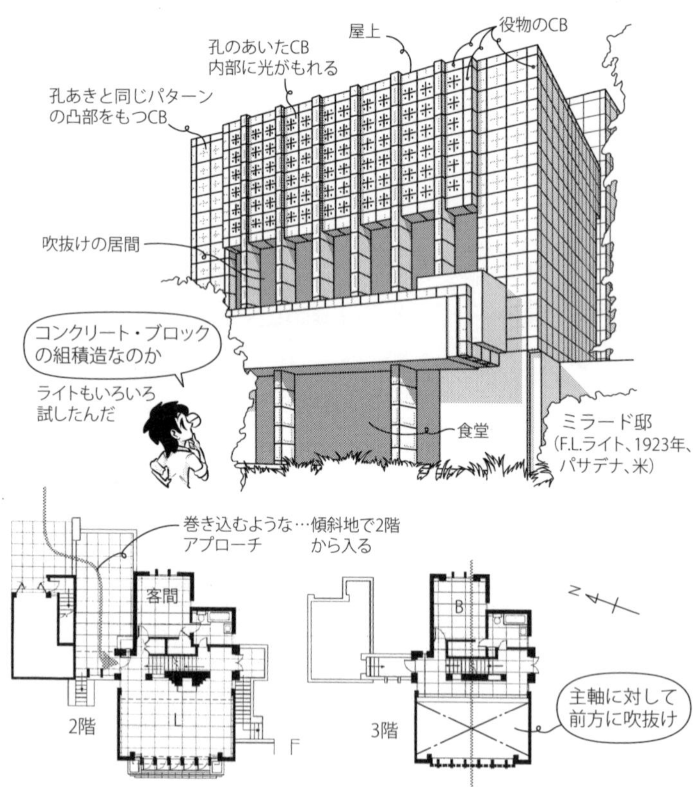
屋上
役物のCB
孔のあいたCB
内部に光がもれる
孔あきと同じパターン
の凸部をもつCB
吹抜けの居間
コンクリート・ブロック
の組積造なのか
ライトもいろいろ
試したんだ
食堂
ミラード邸
（F.L.ライト、1923年、
パサデナ、米）
巻き込むような…
アプローチ
傾斜地で2階
から入る
客間
L
2階
B
3階
主軸に対して
前方に吹抜け
N

参考文献　8-2、8-13、8-14／出典　8-2（平面）

Q F.L.ライトによるミラード邸におけるコンクリート・ブロック（CB）の積み方は？

▼

A CBの上下左右に円弧状の空隙をつくり、空隙に縦横に鉄筋を通しながらモルタル目地の幅をとらずに直接ぶつけて積み、空隙にモルタルを充填させて固定しています。

縦横約400mm（4フィートモデュール×1/3）、厚み約76mm（3″）のCBを、目地幅をとらずにぶつけて積んでいます。CB端部の円弧状の空隙は、充填させるモルタル（グラウト・モルタル）を入れるための凹みです。そのCBの壁を二重にして空気層を間につくり、断熱性をもたせています。CBの表面には凹凸の模様が付けられていますが、内部の多くのCBの表面はフラットなものとされています。

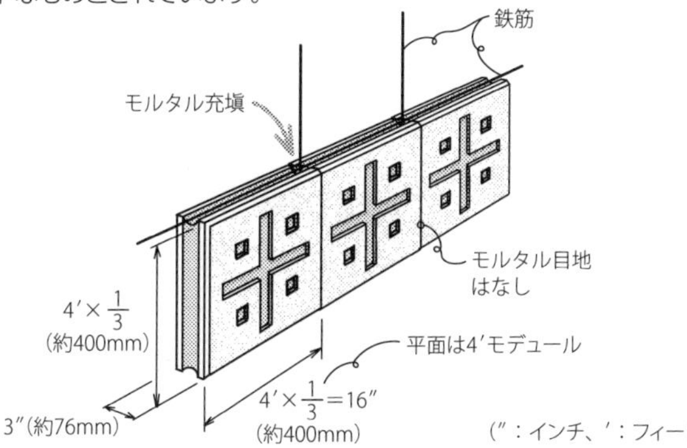
鉄筋
モルタル充填
モルタル目地
はなし
4′×1/3
(約400mm)
平面は4′モデュール
4′×1/3＝16″
(約400mm)
3″(約76mm)
(″：インチ、′：フィート)

- 屋根と床の水平スラブは、RCではなくツーバイフォー材で支えられ、その梁を覆う材、目板、天井板はともに木目を見せた木材です。テラスの壁や1階の壁はRCではなく、板の上にプラスター（漆喰）を塗ったものです。屋根は2″×12″（38×286mm）の梁（根太）、2階の床とテラスの張出しは2″×10″（38×235mm）を2枚合わせた梁（根太）を約400mmピッチで並べて支えています。CBを積んで壁をつくり、それに木製の梁を架けて床や屋根をつくった、組積造＋木造という構造体です。
- ライトはチェニー夫人とのスキャンダルで建築界を追放され、1909年にオークパークの事務所を閉鎖してヨーロッパに渡航、ドイツのヴァスムート社から作品集を1910年（大型版）、1911年（小型版）に出版します。小型版作品集が出版されるや、ヨーロッパ各国に衝撃を与えます。オークパークの住居の一部をアパートに改装して外遊時の家族の生活費にあて、1911年に新しい住居タリアセンをつくります。1914年には錯乱した召使がチェニー夫人ら7名を殺害、タリアセンに放火。1905（明治38）年、1913（大正2）年の早い段階で訪日しており、帝国ホテル（1915年）、自由学園（1921年）などを残します。アメリカに戻ってカリフォルニアにCBの箱形住宅を4件つくるのはその後で、プレーリー・ハウス後の新しい方法を模索している時期です。

参考文献　8-2、8-13、8-14

Q F.L.ライトによる落水荘のデザイン的特徴は？

▼

A 大胆なキャンティレバー（張出し）を使ったベージュ色のテラス腰壁や庇の水平要素と、石積みの垂直要素を噛み合わせて構成した、渓谷や滝と一体化したデザインです。

左右や前方に大きくキャンティレバーされた水平性の強いベージュ色のテラスと腰壁、庇を何段にも積み上げ、所々で垂直に立ち上がる石積みの壁と噛み合わせ、水平と垂直を交錯させ対比させた「キャンティレバーと自然との一体化」が主題のデザインです。居間を川と滝の上に大きく張り出し、吊るされた階段を下りて居間から直接川面に出られます。谷に寄り沿うように、山、岩、滝という自然と噛み合い一体化した建築で、居間の暖炉脇の床には元からあった岩が突き出ています。

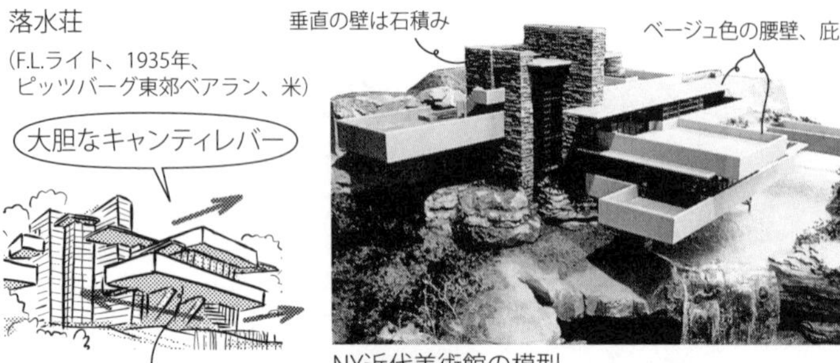
落水荘
（F.L.ライト、1935年、
ピッツバーグ東郊ベアラン、米）
大胆なキャンティレバー
左右や前方に大きくキャンティレバー
垂直の壁は石積み
ベージュ色の腰壁、庇
NY近代美術館の模型

キャンティレバーされた腰壁、庇
どんなもんだ!
F.L.ライト 68歳
居間とルーフ・テラスを
川と滝の上に大きく張り出す

（写真：筆者）

- 丘の上に自然を征服するように建てるのではなく、谷筋に沿うように斜面と噛み合わせるように自然と一体化して建てるのは、日本的構成でもあります。筆者はバリのウブドゥで谷に沿うように建てられた、奥行のある建築を見つけて、驚いたことがあります。大陸ではなく、平野の少ない小さな島国の空間構成とも考えられます。

参考文献　8-2、8-15、8-16、8-17

Q 落水荘のインテリアデザインの特徴は？

A 棚板や横長の石を使って水平線を強調する、自然の素材を多用したデザインです。

長押に代わるような棚板を壁の高い所に回し、薄い石を積んで横長の目が出るようにして、水平性を強調しています。床は大きなサイズの石を、目地を通さずに乱張りとし、暖炉の前の床には既存の岩をそのまま突き出させており、自然に包まれたような室内としています。

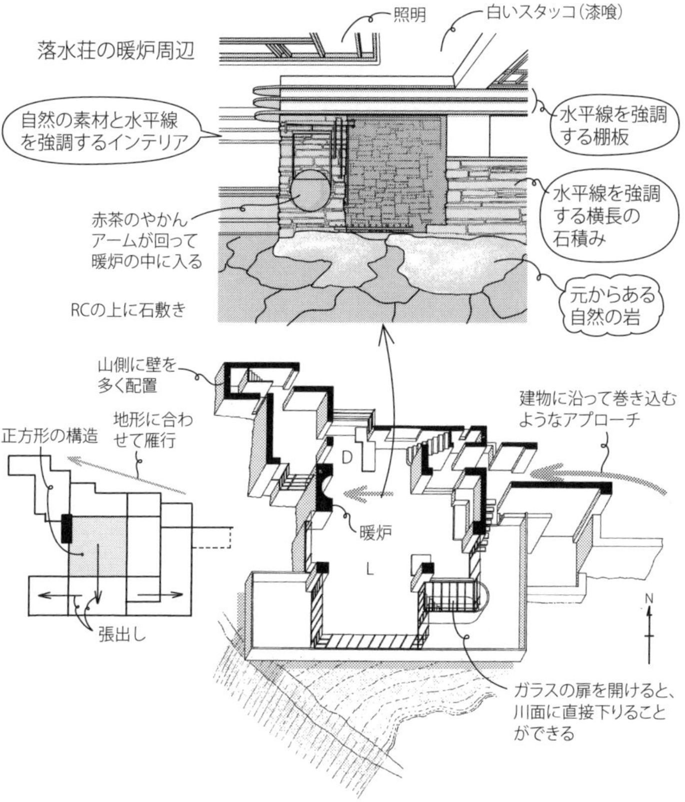

落水荘の暖炉周辺

照明
白いスタッコ（漆喰）
自然の素材と水平線を強調するインテリア
水平線を強調する棚板
水平線を強調する横長の石積み
赤茶のやかんアームが回って暖炉の中に入る
元からある自然の岩
RCの上に石敷き

山側に壁を多く配置
地形に合わせて雁行
正方形の構造
張出し
建物に沿って巻き込むようなアプローチ
D
暖炉
L
N
ガラスの扉を開けると、川面に直接下りることができる

- 平面形は中央の正方形から谷側の前方と左右に張り出し、山側は壁を多く配して、その壁を地形に合わせて雁行させています。

参考文献　8-2、8-15、8-16、8-17

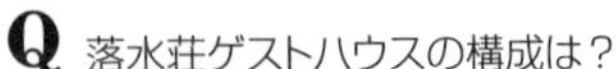

Q 落水荘ゲストハウスの構成は？

A 中央に水回りのコア（＊）、その両脇に居間と寝室を配置し、山側を壁でL形に囲ってコーナーに暖炉を置き、崖側に窓を多くして、水平スラブの庇を大きく架けた構成です。

落水荘の裏手に増築された小さなゲストハウスですが、非常に濃密な空間がつくられています。山側の壁には棚板を何段にも付けて水平性を強調し、その上には水平に連続した高窓（クリアストーリー）が設けられています。「棚板＋高窓」の水平性の強い壁は、後のユーソニアン・ハウスで多用されるものです。石積みの壁をL形に囲い、コーナーに暖炉を配置して、開放的な落水荘とは対照的な、壁に囲まれた巣ごもりするような居心地の良い空間とされています。庇の水平スラブは崖側に大きくキャンティレバーされ、スラブの中間には長方形の孔が多くあけられ、フレーム状、パーゴラ状の形とされています。このパーゴラ状の庇は落水荘本体でも部分的に使われています。

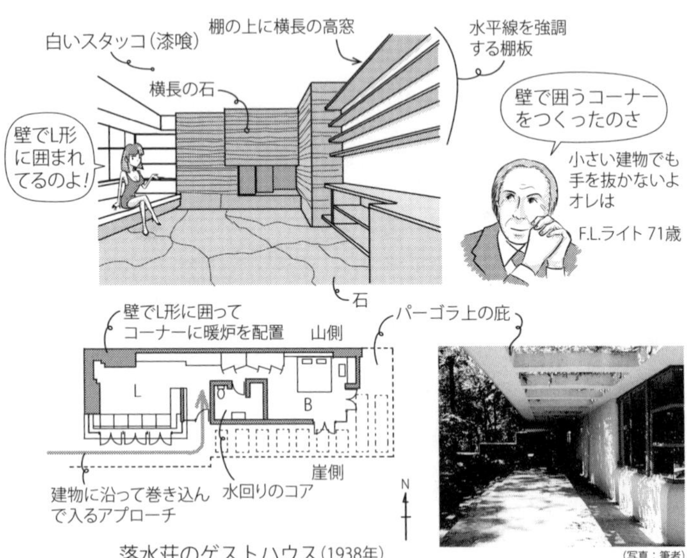
白いスタッコ（漆喰）
棚の上に横長の高窓
水平線を強調する棚板
横長の石
壁でL形に囲まれてるのよ！
壁で囲うコーナーをつくったのさ
小さい建物でも手を抜かないよオレは
F.L.ライト 71歳
石
壁でL形に囲ってコーナーに暖炉を配置
山側
パーゴラ上の庇
L
B
崖側
建物に沿って巻き込んで入るアプローチ
水回りのコア
N

落水荘のゲストハウス（1938年）

（写真：筆者）

＊水回りをコンパクトに納めた平面は、新古典主義のプティ・トリアノン（1768年、R053参照）で見られます。広い空間の中で島状に浮いた水回りのコアは、ミースv.d.ローエによるベルリン建築展モデル住宅（1931年）のトイレで初めてつくられ、後のファンズワース邸（1951年）においてコアを使った簡潔な平面構成に純化されます。

参考文献　8-2、8-15、8-16、8-17

Q テラスを大きく張り出すキャンティレバーは、落水荘以外にある?

▼

A 小さなスタージェス邸でも、建物とテラスを崖側に大きく張り出しています。

屋根を長軸方向に大きく張り出すことは、プレーリー・ハウス、ユーソニアン・ハウスでよく行われました。テラスを張り出すのは落水荘が有名ですが、約94m²の小さなスタージェス邸でも斜面方向に建物とテラスを大きく張り出しています。山側の壁と基壇をレンガの厚い組積造でつくり、崖側は軽い壁とガラスで構成し、床、屋根ともに4″×12″(89×286mm)の梁を6′6″(約1980mm)間隔で並べて支えています。長方形のガレージと住宅を雁行させて配置し、その間に屋根を架けて、建物に沿って巻き込むようなアプローチとしています。

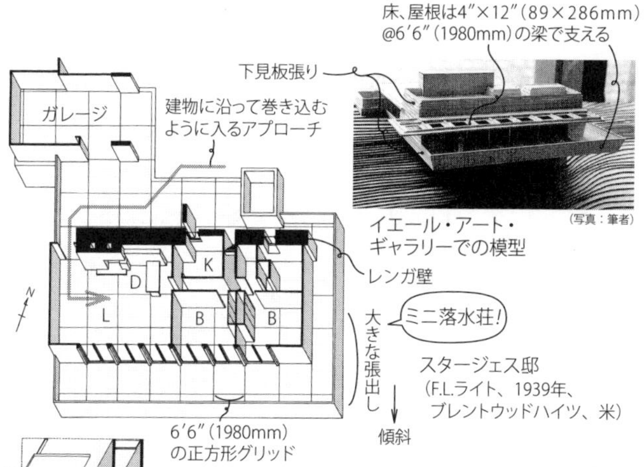

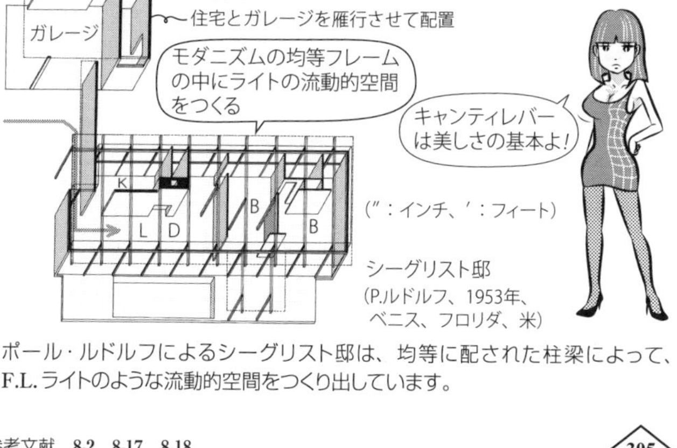

床、屋根は4″×12″(89×286mm)
@6′6″(1980mm)の梁で支える
下見板張り
ガレージ
建物に沿って巻き込む
ように入るアプローチ
K
D
L
B
B
N
レンガ壁
大きな張出し
傾斜
ミニ落水荘!
6′6″(1980mm)
の正方形グリッド
(写真:筆者)

イエール・アート・ギャラリーでの模型

スタージェス邸
(F.L.ライト、1939年、ブレントウッドハイツ、米)

ガレージ
住宅とガレージを雁行させて配置
モダニズムの均等フレーム
の中にライトの流動的空間
をつくる
キャンティレバー
は美しさの基本よ!
K
L
D
B
B

(″:インチ、′:フィート)

シーグリスト邸
(P.ルドルフ、1953年、ベニス、フロリダ、米)

- ポール・ルドルフによるシーグリスト邸は、均等に配された柱梁によって、F.L.ライトのような流動的空間をつくり出しています。

参考文献 8-2、8-17、8-18

Q F.L.ライトによる最初のユーソニアン・ハウスとされる第1ジェイコブス邸は、どのような構成？

▼

A 居間と寝室の棟をL形に連結し、Lの屈曲部にキッチンと水回りのコア+暖炉を置き、コアの前のアルコーブ（くぼんだ空間）を食堂にあてた平面形で、分離された水平スラブの屋根とレンガの壁を組み合わせた水平性の強い構成です。

長い水平スラブと垂直のレンガ壁を組み合わせた、地を這うような背の低い水平性の強いデザインです。ガレージの壁に沿って歩かせてコアの壁にぶつかって折れ曲がり、コアの壁に沿って進むと居間に到達。そして暖炉を回り込んでアルコーブ状の食堂を通り過ぎて寝室群に至るという奥行のある経路と、相互にあいまいにつながった流動的な空間が実現されています。プレーリー・ハウスであった装飾がほとんど省かれています。

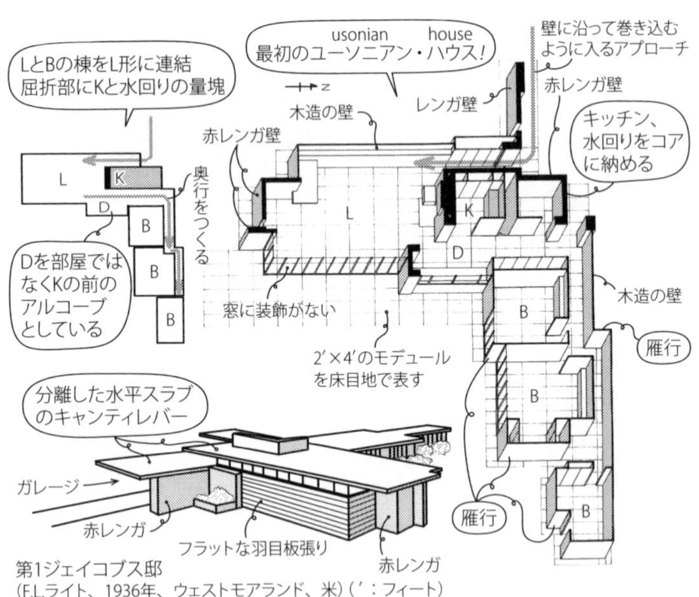
LとBの棟をL形に連結
屈折部にKと水回りの量塊
L
K
D
B
B
B
奥行をつくる
Dを部屋ではなくKの前のアルコーブとしている
usonian house
最初のユーソニアン・ハウス！
木造の壁
赤レンガ壁
レンガ壁
壁に沿って巻き込むように入るアプローチ
赤レンガ壁
キッチン、水回りをコアに納める
L
K
D
B
B
B
窓に装飾がない
2′×4′のモデュールを床目地で表す
木造の壁
雁行
雁行
分離した水平スラブのキャンティレバー
ガレージ
赤レンガ
フラットな羽目板張り
赤レンガ

第1ジェイコブス邸
(F.L.ライト、1936年、ウェストモアランド、米)（′：フィート）

- Usoniaは United States of North Americaから来た、小説家サミュエル・バトラーがつくったアメリカ合衆国民を指す造語。ライトは普通のアメリカ国民のための住宅をめざしてUsonian Houseと命名しました。一般には第1ジェイコブス邸が最初のユーソニアン・ハウスとされますが、ライト自身はCB造箱形のミラード邸（R283参照）が最初のユーソニアン・ハウスであると1952年に述べています（*）。

＊8-2（p.18）／参考文献　8-2、8-16、8-17

Q 第1ジェイコブス邸の木造の壁は、どのような構造？

▼

A 縦の枠材を使わずに、厚板の両側にレッドウッドの羽目板（小幅板をさねなどでつないで壁、天井をつくる方法、またはその板）を付けることで強度と断熱性をもたせています。

外観の屋根の水平スラブと羽目板の水平線が、第1ジェイコブス邸の水平性を強めています。その羽目板の壁はバルーン・フレームのように縦の枠材で支えるのではなく、心材となる厚板の表裏にさねと相じゃくりの付いた目板（つなぎ目の板）をネジ留めすることでつくられています。心材と羽目板の3枚の板による簡素な木造壁です。インテリア各部はレンガの横目地、羽目板や本棚の横線が繰り返し現れ、水平性の強いデザインとされています。

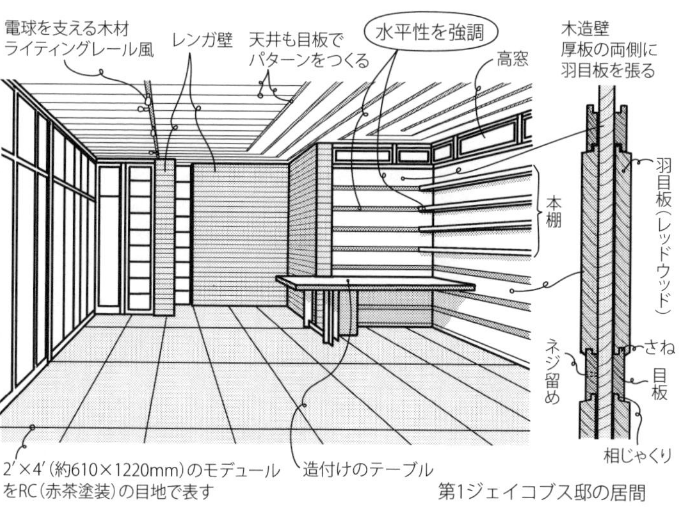
電球を支える木材
ライティングレール風
レンガ壁
天井も目板で
パターンをつくる
水平性を強調
高窓
木造壁
厚板の両側に
羽目板を張る
羽目板（レッドウッド）
本棚
さね
目板
ネジ留め
相じゃくり
2′×4′（約610×1220mm）のモデュール
をRC（赤茶塗装）の目地で表す
造付けのテーブル
第1ジェイコブス邸の居間

- 詳細図は元図から筆者が書き起こしたもの。
- 近代建築全般に水平性が強い傾向がありますが、初期のライトからの影響も大きいと思われます。またミースv.d.ローエによる壁を面として独立させ、動線を壁に当ててから壁に沿わせて流す構成は、ライトの壁の使い方から学んだものと見られます。

参考文献　8-2、8-16、8-17

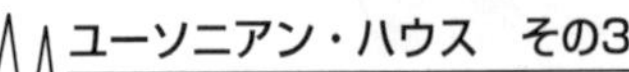
ユーソニアン・ハウス　その3

Q F.L.ライトによるユーソニアン・ハウスのL形平面において、寝室につながる片廊下はどちら側に付ける？

▼

A 居間のある表側、居間と反対側の裏側の両方のタイプがあります。

設計では部屋をつなぐ片廊下を、表と裏のどちら側に付けるかは、重要なポイントとなります。第1ジェイコブス邸（R289参照）のように居間と反対側に片廊下を付けると、寝室に行くのに裏側を移動するような感覚になりますが、雁行させることで単調さを避けています。モスバーグ邸でも同様に片廊下を裏側に、寝室を表側に配置しています。一方スミス邸のように片廊下を居間側、表側にすると、居間と一体感のある明るい廊下となり、日本建築の縁側的な扱いとなりますが、寝室の窓は裏側となります。

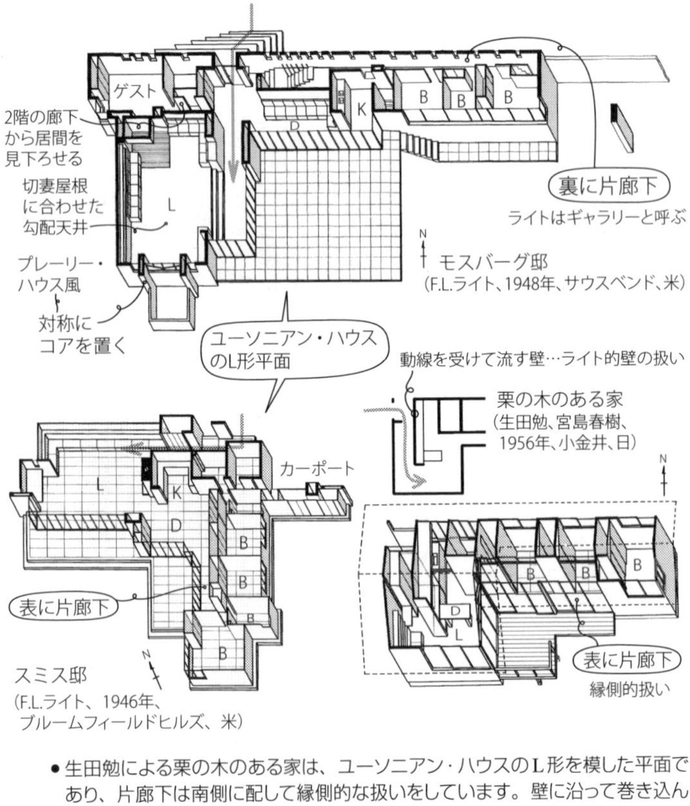

ゲスト
2階の廊下から居間を見下ろせる
切妻屋根に合わせた勾配天井
L
D
K
B B B
プレーリー・ハウス風
対称にコアを置く
裏に片廊下
ライトはギャラリーと呼ぶ
N
モスバーグ邸
（F.L.ライト、1948年、サウスベンド、米）

ユーソニアン・ハウスのL形平面

動線を受けて流す壁…ライト的壁の扱い
栗の木のある家
（生田勉、宮島春樹、1956年、小金井、日）

L
K
D
カーポート
B B B B
表に片廊下
N
スミス邸
（F.L.ライト、1946年、ブルームフィールドヒルズ、米）

N
B B B
D
L
表に片廊下
縁側的扱い

● 生田勉による栗の木のある家は、ユーソニアン・ハウスのL形を模した平面であり、片廊下は南側に配して縁側的な扱いをしています。壁に沿って巻き込んでアプローチする方法、入口の壁の扱いも、ライトそのものです。

参考文献　8-2、8-17、8-19、8-20

ユーソニアン・ハウス　その4

Q F.L.ライトによるユーソニアン・ハウスでは、正方形グリッド（モデュール）のほかにどんなグリッドが使われた？

▼

A 菱形、正三角形、正六角形、円弧などのグリッドが使われました。

カリフォルニアの海辺に建つウォーカー邸では、菱形が床に描かれていますが、実施図面では4フィートの正三角形グリッドを下敷きにしています。L形平面を変形したような平面形です。海を眺められるガラス張りの六角形の居間と寝室群の棟を、暖炉とキッチンのコアを中心に配置しています。ローレント邸は4フィートの正方形グリッドを下敷きにしていながら、円弧のグリッドも重ねて使っています。建物の配置や窓の向きは、方位よりも傾斜方向、眺望の方向をメインにして決めています。

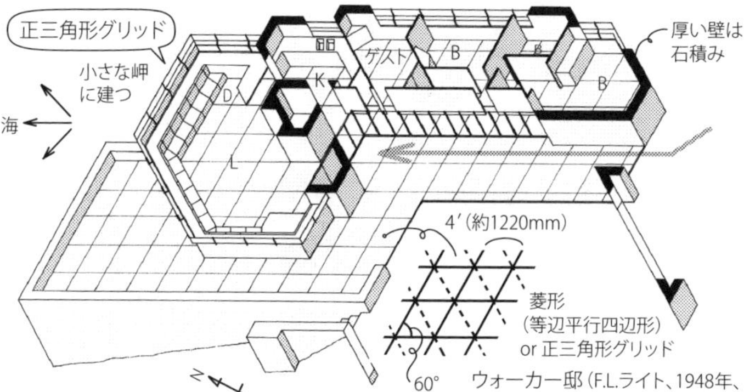

正三角形グリッド
小さな岬に建つ
海
厚い壁は石積み
ゲスト
B
B
B
K
D
L
4′(約1220mm)
菱形
(等辺平行四辺形)
or 正三角形グリッド
60°
N

ウォーカー邸（F.L.ライト、1948年、カーメル、米）

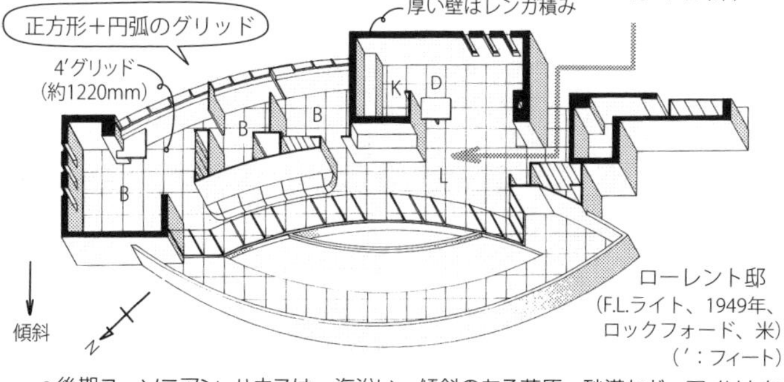

正方形＋円弧のグリッド
厚い壁はレンガ積み
4′グリッド
(約1220mm)
K
D
B
B
B
L
傾斜
N

ローレント邸
（F.L.ライト、1949年、ロックフォード、米）
（′：フィート）

- 後期ユーソニアン・ハウスは、海沿い、傾斜のある草原、砂漠など、アメリカならではの大自然の中に建っているものが多くあります。前期プレーリー・ハウスでは道路と平行に1階建ての棟を左右に大きく延ばし、2階の棟はそれに直交させ、道路からの見え方で量塊を配置していましたが、後期の平面形は敷地の傾斜や眺望によることが多くなります。

参考文献　8-2、8-17、8-19

R293

ユーソニアン・ハウス その5

Q F.L.ライトは六角形グリッドを使った平面構成をしたことがある？

▼

A 第1ジェイコブス邸と同時期のハナ邸では、六角形グリッドが使われています。

前期プレーリー・ハウスでは4フィート（約1220mm）モデュールを基本としながらも、大きく見ると壁や構造の配置はダブルグリッドをベースにしており、空間を二重に囲い込む構成が多くありました（R269、R193参照）。一方後期ユーソニアン・ハウスでは、均等なシングルグリッドによる単純化、標準化されたシンプルな構成とされています。正方形グリッド、平行四辺形グリッド、正三角形グリッド、同心円グリッドなどが試されていますが、ハナ邸では六角形グリッドによるハニカム・プラン（ハチの巣平面）がつくられます。動線は直角に曲がるのではなく、120°の角度でなめらかに曲がり、より流動性が増しています。壁は第1ジェイコブス邸と同様に、厚板の両側に羽目板を張ったもので、薄い切妻屋根の軒線とともに水平線が強調されています。

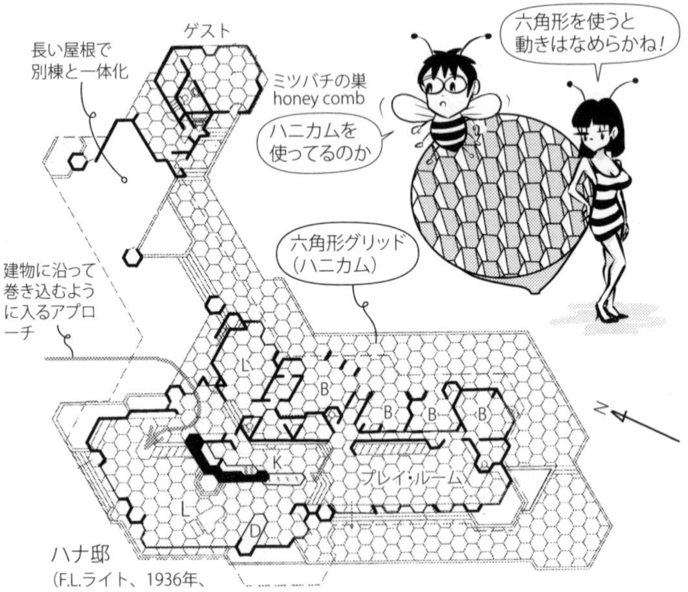

ゲスト
長い屋根で
別棟と一体化
ミツバチの巣
honey comb
ハニカムを
使ってるのか
六角形を使うと
動きはなめらかね！
六角形グリッド
（ハニカム）
建物に沿って
巻き込むよう
に入るアプローチ
L
B
B
B
B
K
プレイ・ルーム
L
D

ハナ邸
（F.L.ライト、1936年、
スタンフォード、米）

- 六角形グリッドといっても正六角形の部屋をつくるのではなく、小さな六角形を下敷きにして壁を120°などに傾けながら構成するものです。筆者が訪れたときは内部見学ができませんでしたが、羽目板による外観が予想していたよりも非常に美しく、驚かされました。現在は内部見学可能です。

参考文献　8-2、8-16、8-17

Q F.L.ライトによる前期のプレーリー・ハウスと後期のユーソニアン・ハウスにおける中央の量塊から空間の延びる方向の違いは？

A プレーリー・ハウスでは中央の暖炉から主に十字の軸方向に延ばすのに対し、ユーソニアン・ハウスではL形、T形、I形で長軸の方向に延ばすことが多くなります。

プレーリー・ハウスでは十字形が基本であったのに対して、ユーソニアン・ハウスではL形やT形、I形として、敷地を囲むように棟を配置しています。屋根は前期では長軸方向に延ばされた背の低い寄棟屋根であったのが、後期では水平スラブが多くなります。

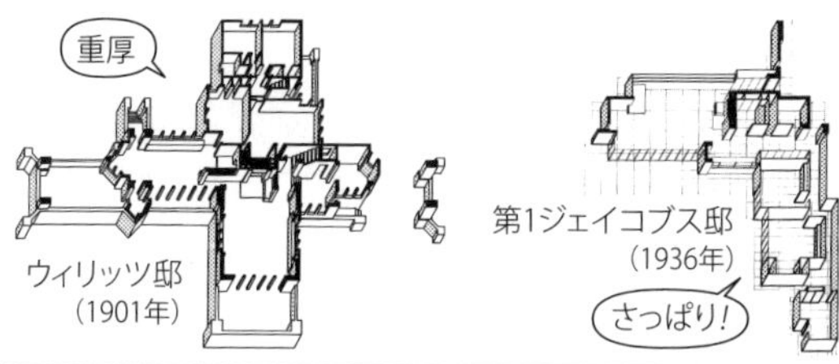
重厚
ウィリッツ邸
(1901年)
第1ジェイコブス邸
(1936年)
さっぱり!

	プレーリー・ハウス	ユーソニアン・ハウス
立地	住宅地	住宅地 草原や砂漠の大自然
グリッド	ダブルグリッド	シングルグリッド
平面形	十字形ほか	L形、T形、I形ほか
対称性	対称の部分が多い	対称の部分が少ない
アプローチ	軸から外して建物に沿って巻き込む	建物に沿って巻き込む
階数	2階が多い	平屋が多い
屋根	長軸方向に引き伸ばされた低い寄棟屋根	長軸方向に引き伸ばされた水平スラブ パーゴラ状の水平の庇
テラス	建物と一体化された腰壁	オープンなテラス
装飾	縁（trim）による線の多い装飾 ステンドグラス	装飾をほとんど付けない 羽目板、棚による水平線
構造	組積造＋木造＋一部S造	組積造＋木造＋一部S造 板3枚合わせた木造壁

- 前期プレーリー・ハウスの立地はシカゴ郊外の住宅地が多かったけれど、後期ユーソニアン・ハウスは草原や砂漠の大自然の中にもあります。どちらかというと後期の方がプレーリーの名にふさわしいように思えます。
- プレーリー・ハウスはヨーロッパ近代運動に大きな影響を与えましたが、ユーソニアン・ハウスの均質グリッドによる標準化、規格化された無装飾なフラットルーフの形は、逆にモダンデザインからの影響とも考えられます。

Q ミースv.d.ローエ初期のレンガ造田園住宅案、コンクリート造田園住宅案の空間的特徴は？

▼

A 分離した面の構成、複数の直方体の非対称で動的な構成で、両者ともに遠心性、旋回性を有します。

レンガ造田園住宅案は、端部を見せた分離された壁を十字形に配置した、十字の軸性、遠心性のある構成です。コンクリート造田園住宅案は複数の直方体を卍状に配置した、旋回性、遠心性のある構成です。分離した面による構成はデ・ステイルから、中心を強調するのではなく周縁部を強調する、周縁へ広がろうとする遠心性や十字の軸性は、F.L.ライトのプレーリー・ハウスからの影響と思われます。

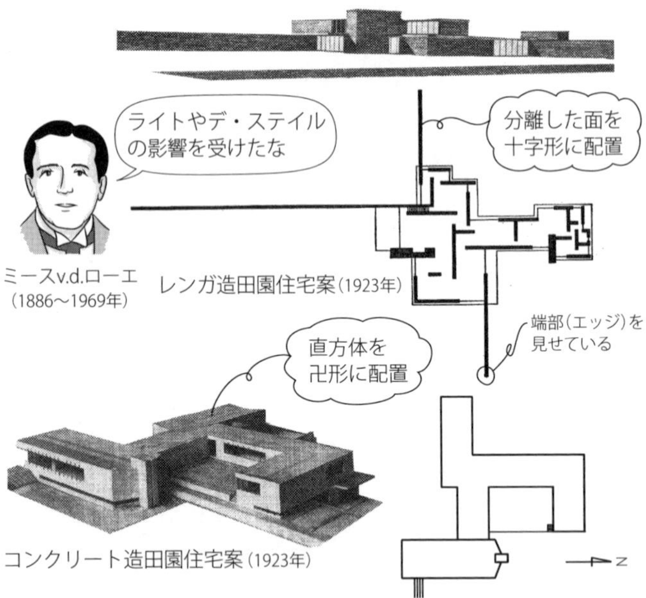
ライトやデ・ステイルの影響を受けたな
分離した面を十字形に配置
ミースv.d.ローエ（1886～1969年）
レンガ造田園住宅案（1923年）
端部（エッジ）を見せている
直方体を卍形に配置
コンクリート造田園住宅案（1923年）
N

- 卍形は洋の東西で古くからある、旋回性のある十字形です。コンクリート造田園住宅案は後にバウハウス校舎で大規模に実現される卍形プランですが、それは卍であると同時に後に政権をとるナチスのハーケンクロイツ=鉤（かぎ）十字にも似ています。バウハウスはナチスから迫害されて閉校に追い込まれますが、ナチスは校舎のハーケンクロイツに気がつかなかったのかどうか、興味深いところです。また桂離宮には卍亭というあずまやがあり、腰掛けが卍状、旋回状に置かれています。ル・コルビュジエはそれをノートにとり、上野の国立西洋美術館のトップライトを卍状に配置したのではと言われています（*）。

*9-4（p.128）／参考文献　9-1、9-2、9-3、9-4／出典　9-1（パース）

Q ミースv.d.ローエによるヴォルフ邸の空間構成は？

▼

A 雁行状に、斜め方向に部屋を連続させて、連続的、流動的な空間としています。

ミースの1910年代の組積造の住宅は、古典主義的な対称性、中心性の強い箱形の建物でした。ヴォルフ邸では内外部ともに、雁行状に、斜め方向に形や部屋を連結、連続させることにより、非対称で動的、流動的な形態、空間としています。さらに壁の一部は端部を露出させており、面として部分的に分離させているのがわかります。古典主義の中心性に代わる新しい構成を模索するなかで、斜め方向への空間と量塊の連続を、組積造の制約のなかで試していたものと思われます。レンガを積んだ壁による組積造を主とする構造では、面を分離させることには限界があります。この後に細いS造ラーメンを採用することで、次のステージに進むことになります。直方体や壁を雁行状に配置して対称を避け、空間を流動させる方法は、後のバルセロナ・パヴィリオン、テューゲントハット邸、ファンズワース邸でも用いられる、ミース得意の構成法です。

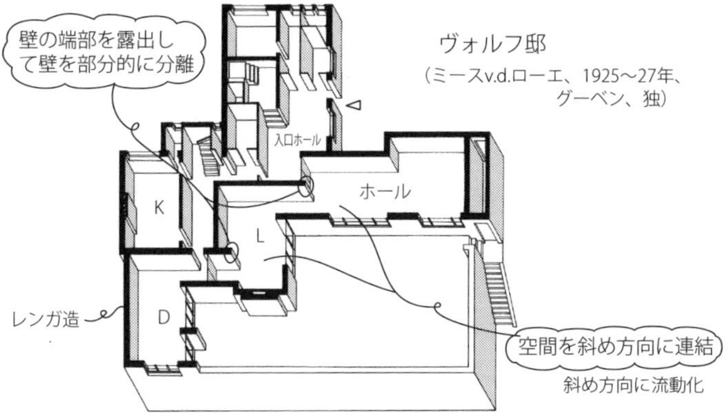

壁の端部を露出して壁を部分的に分離
ヴォルフ邸
（ミースv.d.ローエ、1925～27年、グーベン、独）
入口ホール
ホール
K
L
D
レンガ造
空間を斜め方向に連結
斜め方向に流動化
量塊を斜め方向に連結
一部RC造
対称を回避できる
ミースは雁行が好きなのか

参考文献　9-1、9-2、9-3

初期住宅の構成　その3

Q ミースv.d.ローエによるノルデ邸とクレフェルト・ゴルフクラブの計画案はどのようなデザイン？

A 正方形グリッドに柱を置き、量塊や分離された壁を斜め方向に雁行配置して流動的空間としています。

クレフェルト・ゴルフクラブでは、水平スラブの端部（エッジ）も露出されています。ミースは1929年頃には均等フレーム構造を採用して、壁、水平スラブを直方体から分離した、抽象的な面を雁行配置する構成を試みています。

ノルデ邸計画案
（ミースv.d.ローエ、1929年、ベルリン、独）

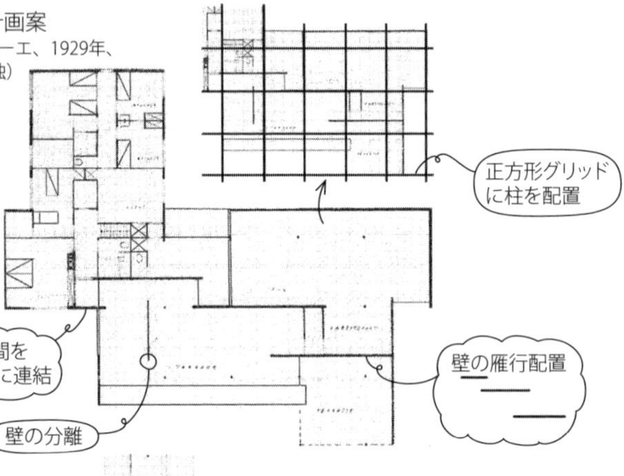

正方形グリッドに柱を配置

量塊と空間を斜め方向に連結

壁の雁行配置

壁の分離

クレフェルト・ゴルフクラブ計画案
（ミースv.d.ローエ、1930年、クレフェルト、独）

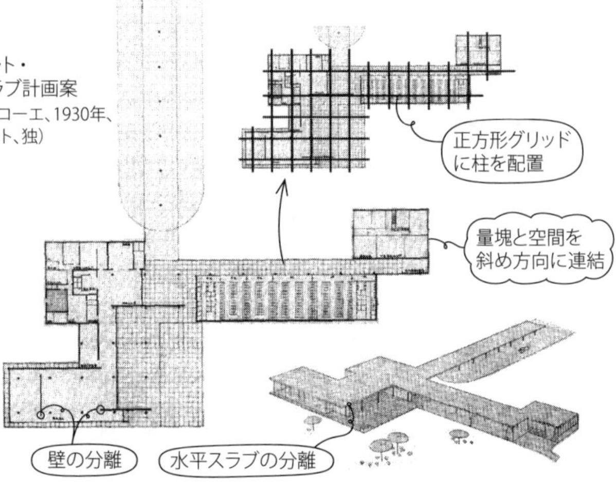

正方形グリッドに柱を配置

量塊と空間を斜め方向に連結

壁の分離

水平スラブの分離

参考文献　9-1、9-2、9-3／出典　9-1（平面）

Q ミースv.d.ローエのバルセロナ・パヴィリオンにおける屋根スラブ、壁、ガラス面の配置は？

▼

A 雁行配置を基本としています。

屋根の水平スラブは雁行配置、壁やガラス面も雁行配置を基本としています。壁、ガラス面は均等グリッドに置かれた8本の柱から離され、壁、ガラス面が箱から分離されて独立した面であることが強調されています。分離された面による雁行配置で、空間は斜め方向に流動的に連続しています。組積造では難しかった分離した面による構成も、鉄のフレームによって難なくできるようになりました。パヴィリオンというオープンな性格の建物であったことも、面の分離を後押ししました。

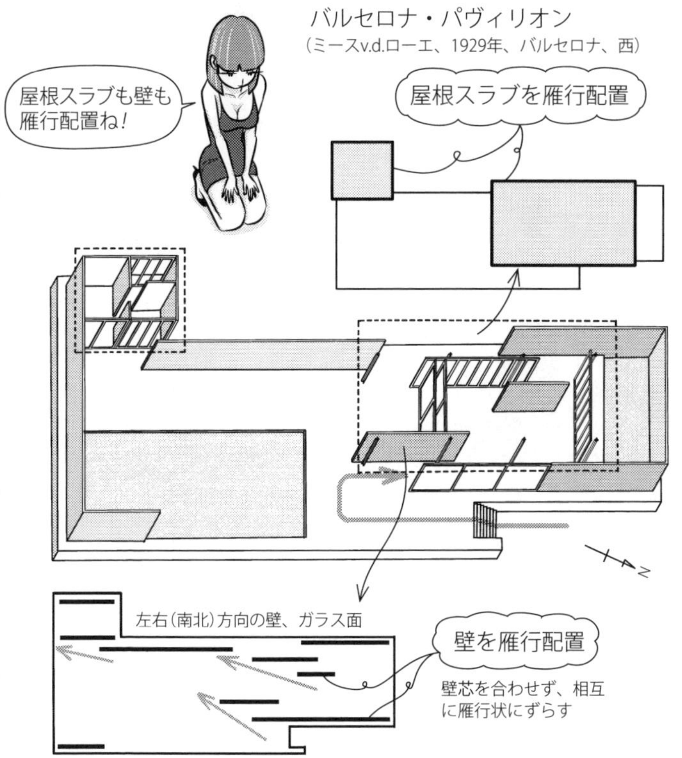

バルセロナ・パヴィリオン
（ミースv.d.ローエ、1929年、バルセロナ、西）

屋根スラブも壁も雁行配置ね！

屋根スラブを雁行配置

左右（南北）方向の壁、ガラス面

壁を雁行配置

壁芯を合わせず、相互に雁行状にずらす

- G.T.リートフェルトのシュレーダー邸（1924年）では小規模であいまいな構造であったため、面の分離は外周の一部に限られました。

参考文献　9-1、9-2、9-3

Q ミースv.d.ローエによるバルセロナ・パヴィリオンの柱はどのようなもの？

A 鋼板を4本のアングル（L形鋼）でサンドイッチさせた上に、クロムメッキ鋼板を被覆した十字形断面の柱です。

敷石の109cm角の正方形モデュール（グリッド）で全体が整えられています。16cm幅の十字形断面の柱を桁行6.903m（19グリッド×1/3）、梁間7.63m（7グリッド）間隔に立て、14.17m×25.07m（13グリッド×23グリッド）の屋根スラブ（天井高3.1m）を支えています。屋根スラブがI形鋼に板を張った軽いものなので、細い柱で支えられています。屋根の張出しは、桁行は2.18m（2グリッド）、梁間は3.27m（3グリッド）です。

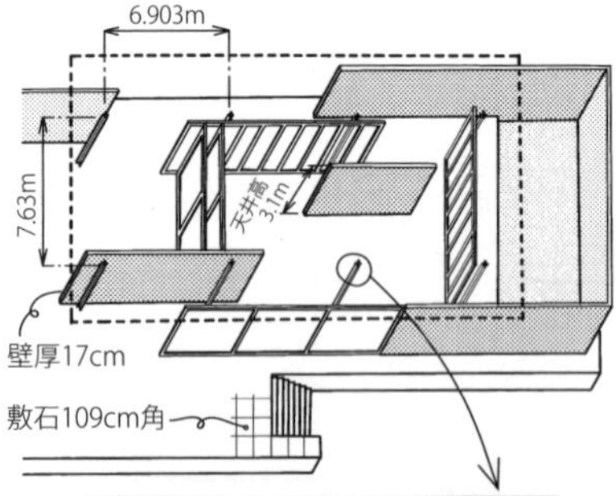

6.903m
7.63m
天井高3.1m
壁厚17cm
敷石109cm角
I形鋼
鋼板にボルト締め
8本の柱は壁、ガラス面から離して配置されている
160
PL-5.5
柱詳細
28
クロムメッキ鋼板
L-70×70×5.5
細い！
サッシ詳細
82
クロムメッキ鋼板
FB10×30
FB25×50
FB10×30
FB15×50

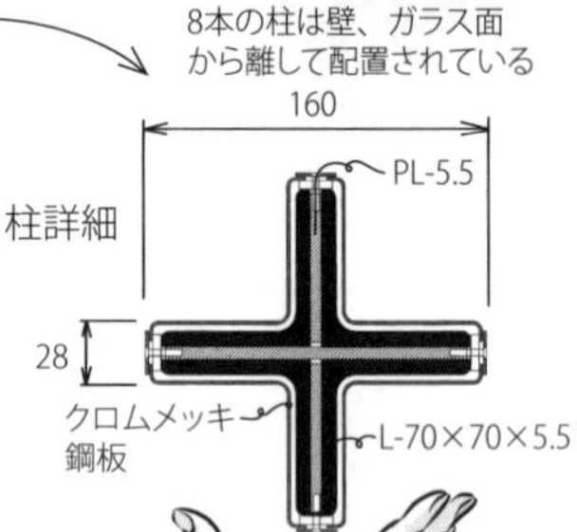

（撮影：筆者）

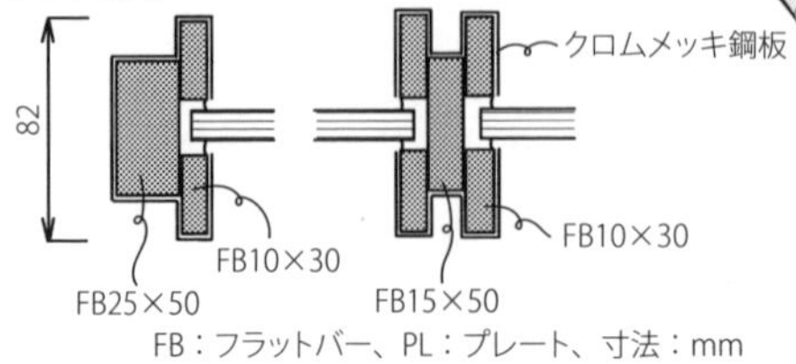

FB：フラットバー、PL：プレート、寸法：mm

- 柱の図面と寸法は文献9-5から、壁厚の17cmは再建建物の筆者現地実測、サッシの寸法は文献9-6の実施図面、右上写真は文献9-2によります。

R300

テューゲントハット邸　その1

Q ミース**v.d.**ローエによるテューゲントハット邸において、直方体や壁はどのように配置されている？

▼

A 雁行配置を基本としています。

部屋を囲い込む必要のある住宅ということもあり、バルセロナ・パヴィリオンのように分離された面の構成だけで全体をつくることはしていません。居間、食堂部分で部分的な分離面が見られますが、全体としては箱形です。しかし、ル・コルビュジエのような単一の箱ではなく、複数の箱を雁行状に複合して非対称な構成としています。**1**階の箱内部では、正方形グリッドに置かれた柱の中に、左右（東西）方向の壁が雁行状に置かれ、斜め方向に流動する空間がつくられています。さまざまな部分で雁行配置が見られ、組積造の住宅から続くミースの構成原理、空間イメージと思われます。

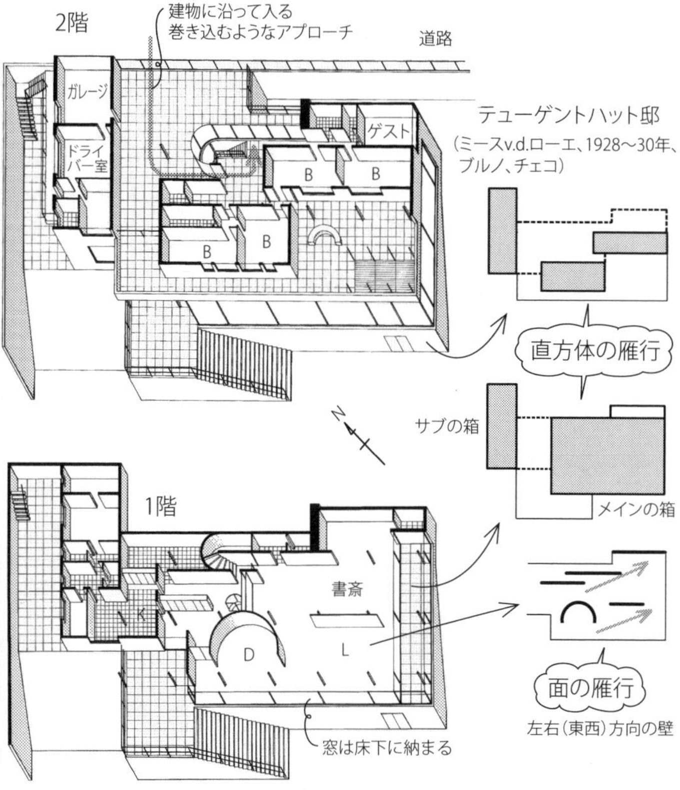

2階

建物に沿って入る
巻き込むようなアプローチ

道路

ガレージ

ドライバー室

ゲスト

B

B

B

B

テューゲントハット邸
（ミースv.d.ローエ、1928〜30年、ブルノ、チェコ）

直方体の雁行

サブの箱

メインの箱

N

1階

書斎

K

D

L

窓は床下に納まる

面の雁行

左右（東西）方向の壁

Q ミースv.d.ローエによるテューゲントハット邸の居間の窓は、どのようなデザイン?

▼

A 床から天井までの透明ガラス窓で、床下に動力で引き込むことができます。

ミースのデザインの傾向は、テューゲントハット邸における初期スタディのスケッチに、よく表れています。スケッチを見ると、水平スラブが全体の輪郭を規定していて、水平スラブによってサンドイッチされた空間が試みられています。崖側を柱によるピロティとして、箱形のヴォリュームよりも水平スラブの方が強調されています。出来上がった建物でも、腰壁のない天井高いっぱいの透明ガラスの窓とし、電動で床下に引き込むと、水平スラブに挟まれた縁側のような空間が出現する仕組みです。ル・コルビュジエならば腰壁のある横長連続窓として、全体を箱形のヴォリュームとしますが、ミースは水平スラブ端部を出して、水平スラブを強調するデザインとします。ミースの水平スラブを重視する傾向は、余計なものを取り外して、最終的には水平スラブだけで規定する「水平スラブの空間」と言えるような均質空間、ユニバーサル・スペース（普遍的空間）に行き着きます。

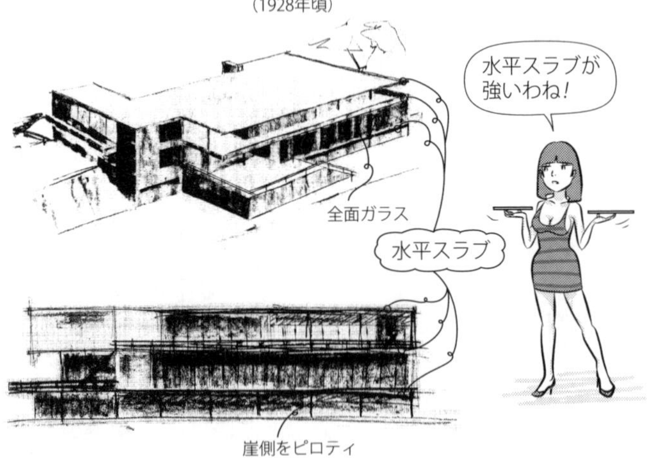
テューゲントハット邸の初期のスタディ
（1928年頃）
水平スラブが
強いわね!
全面ガラス
水平スラブ
崖側をピロティ

R302

Q ミースv.d.ローエによるテューゲントハット邸とバルセロナ・パヴィリオンの構成上の類似点は？

▼

A ①メイン部分とサブの部分の雁行配置
②分離された壁を均等フレームの中に雁行配置して流動的空間をつくる
③天井高いっぱいのガラス面
④テラス+外部階段の付け方
⑤壁やガラスに囲まれた緑と水盤の位置
⑥二重ガラス+照明（あるいはトップライト）による光の壁
（②、③はテューゲントハット邸では居間の部分のみ）

同時期に建てられた両者には共通点が多く見られ、ミースがめざそうとしていた構成が浮かび上がります。

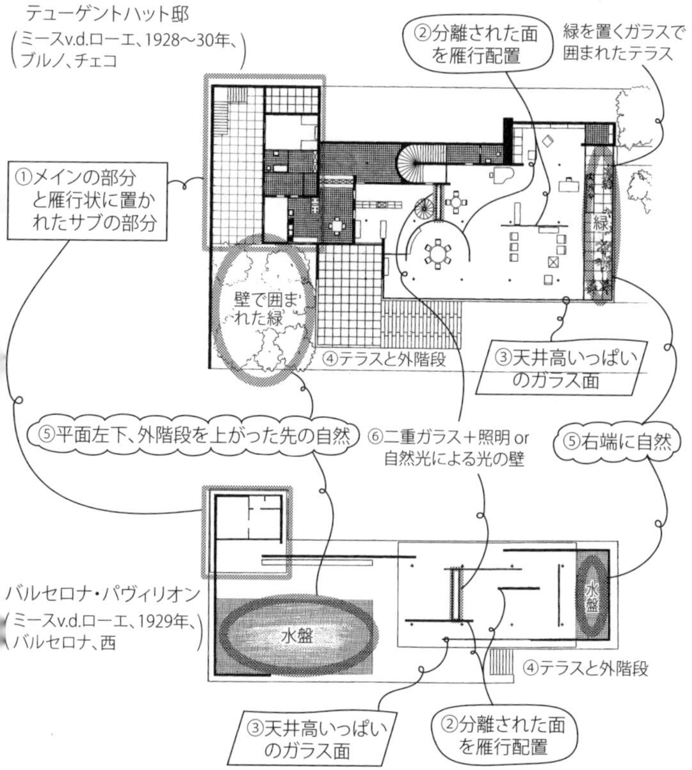

テューゲントハット邸
（ミースv.d.ローエ、1928〜30年、ブルノ、チェコ）

②分離された面を雁行配置
緑を置くガラスで囲まれたテラス
①メインの部分と雁行状に置かれたサブの部分
緑
壁で囲まれた緑
④テラスと外階段
③天井高いっぱいのガラス面
⑤平面左下、外階段を上がった先の自然
⑥二重ガラス＋照明 or 自然光による光の壁
⑤右端に自然

バルセロナ・パヴィリオン
（ミースv.d.ローエ、1929年、バルセロナ、西）

水盤
水盤
④テラスと外階段
③天井高いっぱいのガラス面
②分離された面を雁行配置

参考文献　9-1、9-2／出典　9-1（図）

Q ミースv.d.ローエによるテューゲントハット邸とル・コルビュジエによるガルシュの家の類似点、相違点は？

▼

A 類似点　①テラスを左に寄せ、箱に食い込ませて、全体を非対称とする。
②テラスに外部階段を付け、立面に斜めの要素を導入する。
③外壁を柱芯から前に張り出し、水平に連続した窓とする。
④ダイニングを囲う曲線状の分離された壁

相違点　①白い箱の複合 vs. 白い単一の箱
②居間の窓は全面ガラス vs. 腰壁のある横長連続窓
③水平スラブの強調 vs. ヴォリュームとしての箱の強調
④柱割が均等グリッド vs. ダブルグリッド（R187参照）

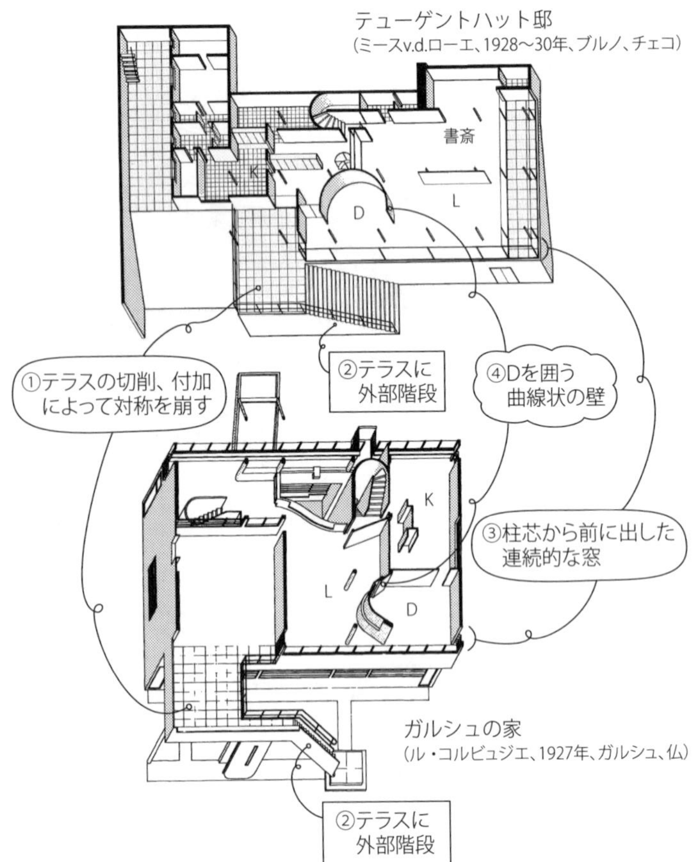
テューゲントハット邸
(ミースv.d.ローエ、1928〜30年、ブルノ、チェコ)
書斎
K
D
L
①テラスの切削、付加によって対称を崩す
②テラスに外部階段
④Dを囲う曲線状の壁
K
③柱芯から前に出した連続的な窓
L
D
ガルシュの家
(ル・コルビュジエ、1927年、ガルシュ、仏)
②テラスに外部階段

参考文献　9-1、9-2、9-3、9-7

Q ミースv.d.ローエが住宅において壁を分離することができた最初の作品は？

▼

A 1931年のベルリン建築展におけるモデル住宅において、ほとんどの壁をカードボードのように分離独立できました。

住宅ではプライベートな部分を壁で囲う必要から、バルセロナ・パヴィリオンに見るカードボードを立てたような、分離した壁による構成は難しい傾向にあります。そのためテューゲントハット邸では、面の構成と箱の構成の両者が混じったものでした。ミースが住宅において最初に壁の分離を実現したのは、ベルリン建築展モデル住宅においてです。トイレ、バスルームを壁で囲んで空間内に浮かんだ島状のコア（core：芯）にすることで、開放的な平面とすることに成功しています。近代住宅における島状に浮いたコアは、この作品が初めてです。バルセロナ・パヴィリオンなどに見る壁を雁行状に配置することも、このモデル住宅で踏襲されています。ただし寝室まわりは壁で旋回状に囲い込み、開放性は減じています。

ベルリン建築展モデル住宅
(ミースv.d.ローエ、1931年、ベルリン、独)
巻き込むようなアプローチ
空間に島状に置かれたコア
トイレ、バスルームを壁で囲う
K
小さい部屋を集めた箱
B
D
L
B
水平スラブを越えて突き出る独立した面としての壁
面を雁行させながら配置
濃い木目(ほかの壁は白)
ベッド
コア
壁で寝室をある程度囲っている
旋回する壁配置
トイレぐらい囲まないとね！
いくら分離した面の構成だって

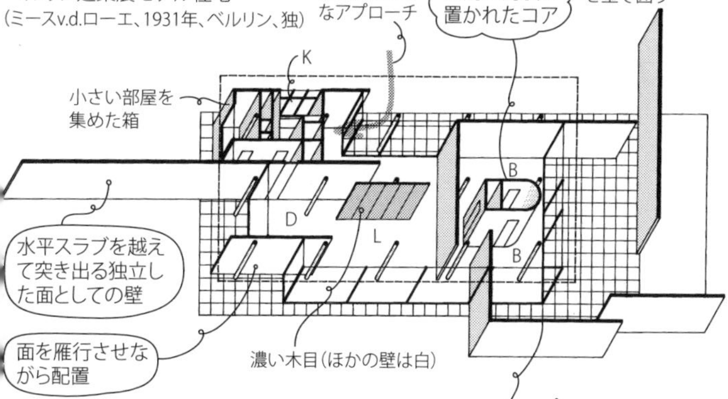

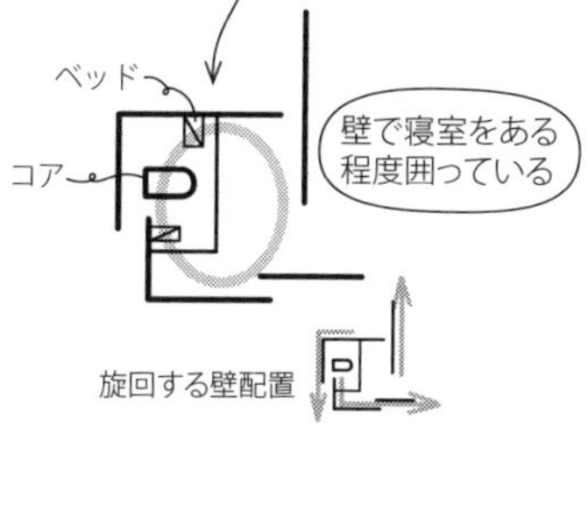

参考文献　9-1、9-2、9-3

R305

コートハウス計画案

Q 住宅を分離独立したカードボードのような壁で構成するため、ミースv.d.ローエはどのような工夫をした？

▼

A 住宅全体を壁で囲って、プライバシーを確保してから、その内部に分離した壁を挿入するコートハウス（中庭型住宅）としました。

ナチスが台頭し、ミースがアメリカに移住する1938年までの不遇時代に、多くのコートハウス計画案がつくられました。残念ながら実施されたものはありませんが、20年代初期にデ・ステイルのエレメンタリズムに影響を受けた、面を分離して構成する方法は、ここでも追求されています。コート周壁によって住宅全体を囲って明確な輪郭をつくり、その内部で分離した壁をカードボードのように置きます。部屋を壁で囲い込む必要がなくなるので、開放的な面による構成が可能となります。3つの中庭をもつコートハウス計画案では、中央部に水回りを集め、動線を受け止めてから横に流すF.L.ライト的な壁を水回りの周囲に置き、遠心的、流動的な空間としています。屋根スラブから突出していた壁は、スラブ内に納め、コート周壁とともに全体の輪郭がはっきりとしてきます。

3つの中庭をもつコートハウス計画案（ミースv.d.ローエ、1934年）

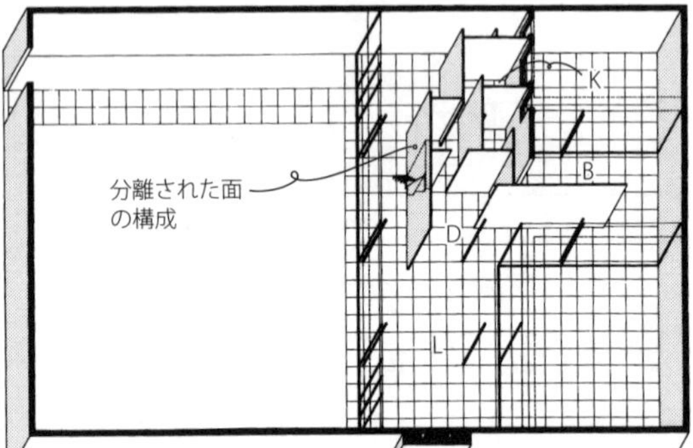

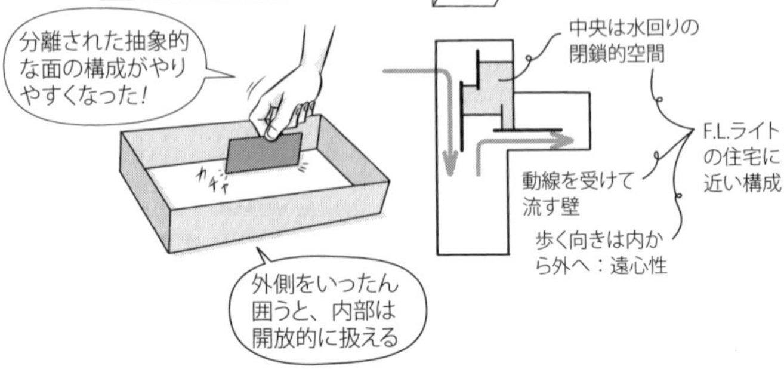

分離された面の構成
K
B
D
L

分離された抽象的な面の構成がやりやすくなった！
カチャ
外側をいったん囲うと、内部は開放的に扱える
中央は水回りの閉鎖的空間
F.L.ライトの住宅に近い構成
動線を受けて流す壁
歩く向きは内から外へ：遠心性

参考文献　9-1、9-2、9-3

Q 均質空間、ユニバーサル・スペース（普遍的空間）と呼ばれる2枚の水平スラブに挟まれた空間は、いつつくられた？

▼

A ミースv.d.ローエによる1951年のファンズワース邸で初めて実現されました。

ミースがアメリカ移住後に計画したレザー邸では、壁を建物の左右にまとめ、全体を水平スラブが表された箱形に単純化しています。そしてファンズワース邸にて2枚の露出された水平スラブで挟まれた「水平スラブの空間」と呼べるような単純な空間、完全なガラスの箱を実現します。ガラスの箱とテラスは、20年代から試されてきた雁行配置です。内部は、コア＋暖炉と家具によって仕切られ、余計なものが何もないワンルームです。

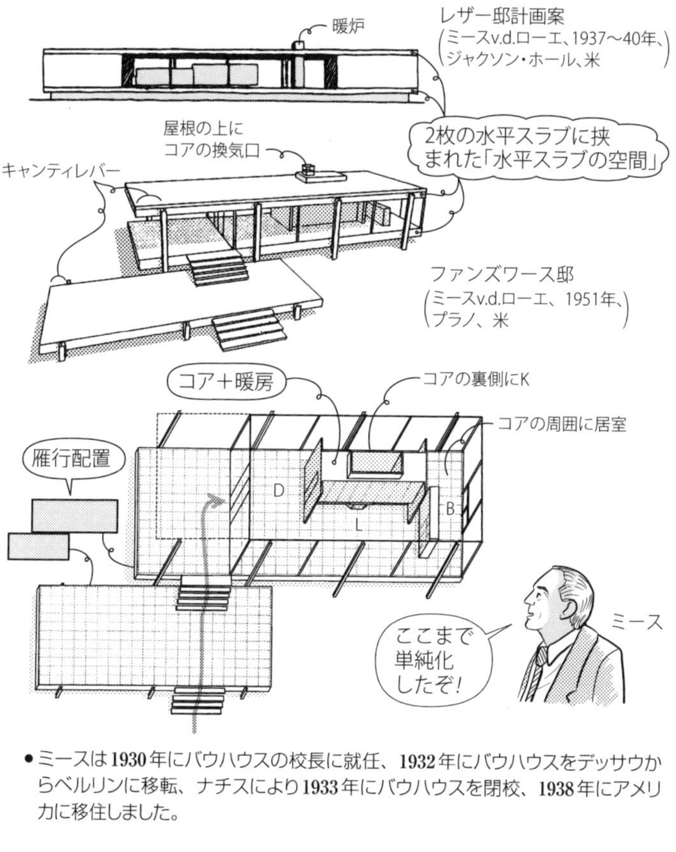

暖炉
レザー邸計画案
（ミースv.d.ローエ、1937〜40年、ジャクソン・ホール、米）
屋根の上にコアの換気口
2枚の水平スラブに挟まれた「水平スラブの空間」
キャンティレバー
ファンズワース邸
（ミースv.d.ローエ、1951年、プラノ、米）
コア＋暖房
コアの裏側にK
コアの周囲に居室
雁行配置
D
L
B
ミース
ここまで単純化したぞ！

- ミースは1930年にバウハウスの校長に就任、1932年にバウハウスをデッサウからベルリンに移転、ナチスにより1933年にバウハウスを閉校、1938年にアメリカに移住しました。

参考文献　9-1、9-2、9-3

R307

ファンズワース邸　その2

Q ミース v.d. ローエによるファンズワース邸のガラスの押さえ方は？

▼

A 平鋼（フラットバー）でガラスを挟んで、それより見込み（奥行）寸法の小さい平鋼に栓溶接、ネジ留めします。

平鋼のエッジ（小口）を見せることで、シャープなディテールとしています。バルセロナ・パヴィリオン、テューゲントハット邸と同様な納まりです。H形鋼のフランジのエッジを見せるのは、バルセロナ・パヴィリオンで十字形のエッジを見せるのと同様に、鉄骨特有のシャープさを醸し出します。角形鋼管では、角が丸くて鋭利な部分が出せません。柱のH形鋼をわざわざ桁行の梁芯からずらして外に出しているのも、フランジを上下で通しで見せて、シャープさを出すためです。

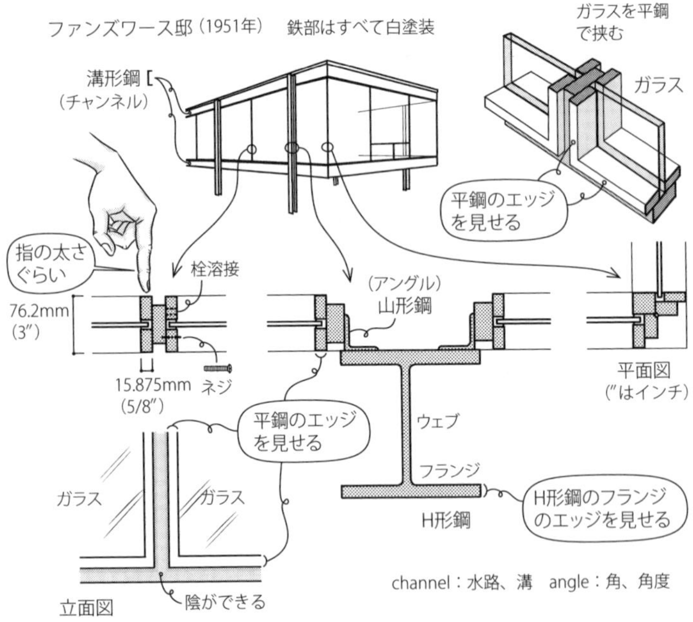

ファンズワース邸（1951年）　鉄部はすべて白塗装

ガラスを平鋼で挟む

溝形鋼［（チャンネル）

ガラス

平鋼のエッジを見せる

指の太さぐらい

栓溶接

（アングル）山形鋼

76.2mm（3″）

15.875mm（5/8″）

ネジ

平面図（″はインチ）

平鋼のエッジを見せる

ウェブ

フランジ

H形鋼

H形鋼のフランジのエッジを見せる

ガラス　ガラス

立面図

陰ができる

channel：水路、溝　angle：角、角度

- ミースは「神は細部に宿る（God is in the details.）」（原典不明）をよく語っており、最小限に抑えた鉄のディテールは、多くの近現代建築に応用されています。
- 栓溶接とは、孔の中に溶融金属を流して、孔に栓をして溶接する方法。
- バルセロナ・パヴィリオンやテューゲントハット邸では、柱、サッシ、方立には光沢のあるクロムメッキ鋼板を巻き付けていますが、ファンズワース邸では鉄骨に直接白い塗装をしています。

参考文献　9-8

Q ミース v.d. ローエによるファンズワース邸は長軸方向にキャンティレバーされていますが、その効果は？

▼

A コーナーガラスにできること、水平スラブを突出させて強調できること。

長軸方向を持ち出すことで、コーナーガラスを可能にし、反対側では水平スラブを強調しています。高床であることも、その効果を助けています。P. ジョンソンはファンズワース邸のスケッチを見て、ファンズワース邸の2年前にガラスの家を建ててしまいます。ミースはガラスの家に招かれましたが、気に入らなかったのか、すぐに帰ってしまいます。ガラスの家とファンズワース邸の相違点をまとめると以下のようになります。共通点は、偏心して置かれたコア＋暖炉をよりどころとする開放的なワンルーム、ガラスの箱というところです。

	ガラスの家	ファンズワース邸
鉄骨の色	黒	白
床、壁の素材	レンガ	石、木
床の位置	地面に接する	浮き床（洪水対策のためでもあった）
アプローチ	中心軸上	テラスを介した、巻き込むようなアプローチ
配置	単体の箱	箱とテラスを雁行配置
コアの平面形	円形	H形（壁のエッジを出して、壁を面として分離）
キャンティレバー	なし	長軸方向に張り出して、コーナーガラスとスラブの強調

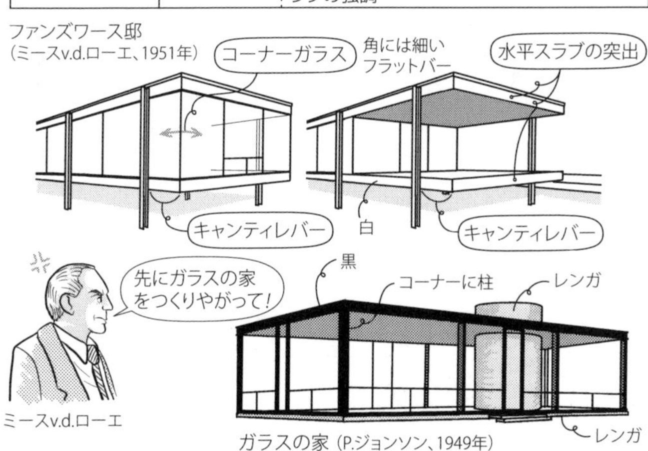

ファンズワース邸
（ミースv.d.ローエ、1951年）
コーナーガラス
角には細い
フラットバー
水平スラブの突出
キャンティレバー
白
キャンティレバー
先にガラスの家をつくりやがって！
黒
コーナーに柱
レンガ
ミースv.d.ローエ
ガラスの家（P.ジョンソン、1949年）
レンガ

● キャンティレバーは、近代建築において重要なデザイン的手法です。ル・コルビュジエは柱から壁をキャンティレバーさせることにより水平連続窓をつくり、W. グロピウスは柱にじゃまされない大ガラス面をつくり、F.L. ライトはロビー邸や落水荘などでダイナミックな形態を実現させました。

9 ミース・ファン・デル・ローエ

R309

★ R309 ミースの独立住宅4段階

Q ミースv.d.ローエの独立住宅における変遷を、大きく4段階に分けると?

▼

A Ⅰ期(古典期)**1907〜21**年　外壁による明確な輪郭
Ⅱ期(変革期)**1921〜31**年　複雑な輪郭
Ⅲ期(過渡期)**1931〜35**年　コート周壁による明確な輪郭
Ⅳ期(完成期)**1937〜52**年　水平スラブによる明確な輪郭

ミースの独立住宅は全体の輪郭に注目すると、1910年代の明確な輪郭が、1920年代で雁行配置や屋根スラブから伸び出る壁によって輪郭は複雑になっています。**Less is more.**(より少ないことはより多いこと)はミースのキャッチコピーで有名ですが、最初からより少ない方向にデザインしていたわけではありません。古典主義の対称性の強い箱を解体して壁を分離し、中心性に代わる偏心性、遠心性を生むための操作がされたからです。「近代の複雑化」と呼べるような傾向で、ほかの建築家たちの作品にも見られます。1930年代にコート周壁によって明確な輪郭がつくられ、壁も短くなります。そしてアメリカ移住後には、明確な輪郭をもつ箱が復活します。ただしその箱は、「水平スラブの空間」と呼べるような明確な輪郭をもつガラスの箱となります。

Ⅰ期　外壁による明確な輪郭

Ⅱ期　複雑な輪郭

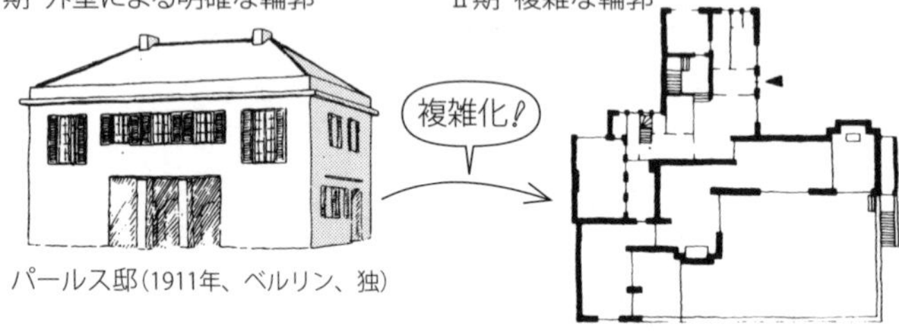

複雑化!

パールス邸(1911年、ベルリン、独)

ヴォルフ邸(1925〜27年、グーベン、独)

Ⅲ期　コート周壁による明確な輪郭

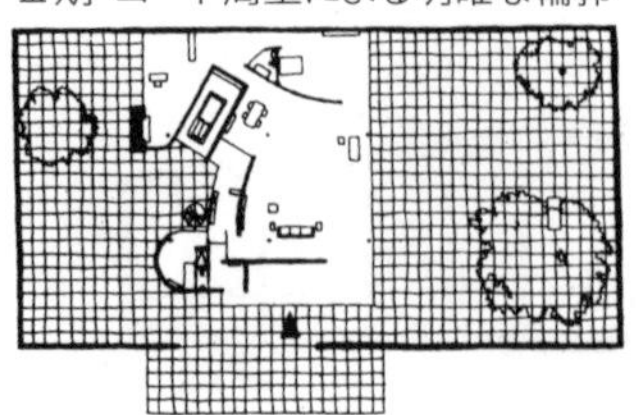
ガレージをもつコートハウス計画案(1934年)

Ⅳ期　水平スラブによる明確な輪郭
「水平スラブの空間」

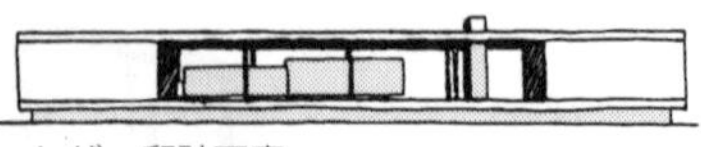
レザー邸計画案
(1937〜40年、ジャクソン・ホール、米)

• 詳しくは拙著『**20**世紀の住宅』(鹿島出版会、**1994**年)**p.52〜57**を参照のこと。

参考文献　9-1、9-2、9-3

ジョンソンのガラスの家

Q ガラスの家では個室のプライバシーが保てないため、家族向けの住宅でP.ジョンソンがした工夫は？

▼

A 居間、食堂をガラスの箱とし、個室群をガラスの箱の下に置く、またはガラスの箱と並列して配置する方法をとりました。

ガラスの家はジョンソンひとりのための家、あるいはゲストを招くためのギャラリー的な建物で、家族が住むための家としては、ガラスの箱には工夫が必要でした。ウィリー邸ではガラスの箱を、壁で囲った個室群の箱の上に置くことで、個室のプライバシーを確保しています。入り江に面して建つレオンハルト邸では、ガラスの箱と個室群の箱を平面的に並列に置いて、個室群は壁で囲っています。レオンハルト邸は海に向かって張り出した部分にブレースを入れていて、ミースv.d.ローエのスケッチとそっくりであり、これもジョンソンがミースから拝借したデザインです。

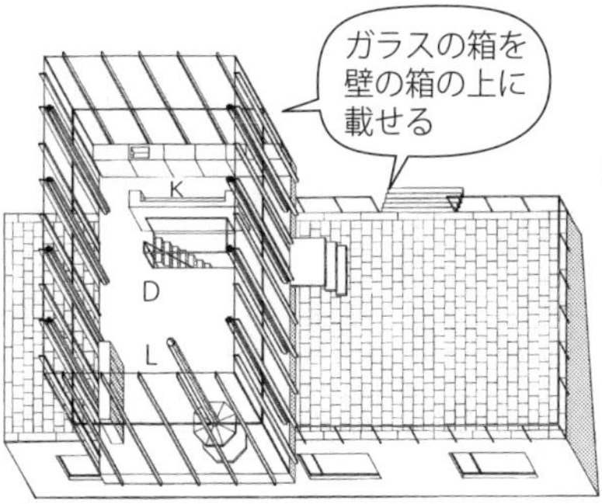

ガラスの箱を
壁の箱の上に
載せる

K
D
L

ウィリー邸
(P.ジョンソン、1953年、
ニューカナーン、米)

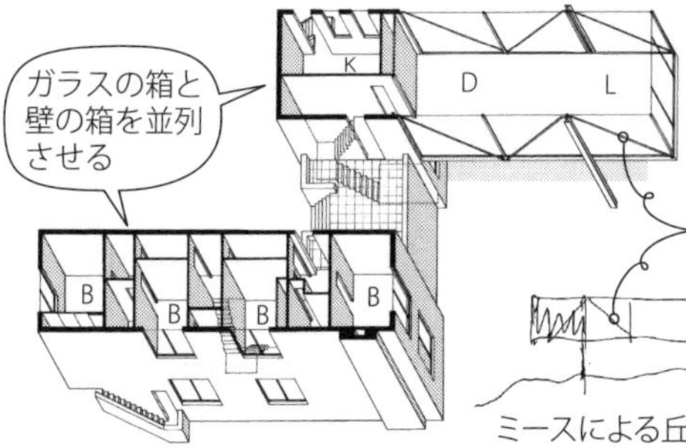

ガラスの箱と
壁の箱を並列
させる

K
D
L
B
B
B
B

レオンハルト邸
(P.ジョンソン、1956年、
ロングアイランド、米)

ブレース

ミースによる丘に建つ家のスケッチ
(1934年)

R311

ノイトラのロヴェル健康住宅

Q リチャード・ノイトラのロヴェル健康住宅の構成は？

A 細い鉄骨の均等グリッドに従って段状に張り出すピロティのある形態で、内部は構造グリッドに合わせた部屋割とし、**2**階の居間、食堂は開放的な構成としています。

R.シンドラーのウィーン時代の友人ノイトラもアメリカに渡り、シンドラーによるロヴェル・ビーチ・ハウスの翌年、鉄骨均等グリッドを用いて、ハリウッドの山の上にロヴェル健康住宅を建てます。プールをまたいでピロティの上に段状に張り出す形態とし、内部は構造グリッドに従って部屋割をし、階段周囲に部分的に吹抜けを設けた構成です。**1927**年ですから、ヨーロッパでル・コルビュジエやミース**v.d.**ローエが試行錯誤していた頃、アメリカ西海岸でもモダンデザインが試みられていたことになります。

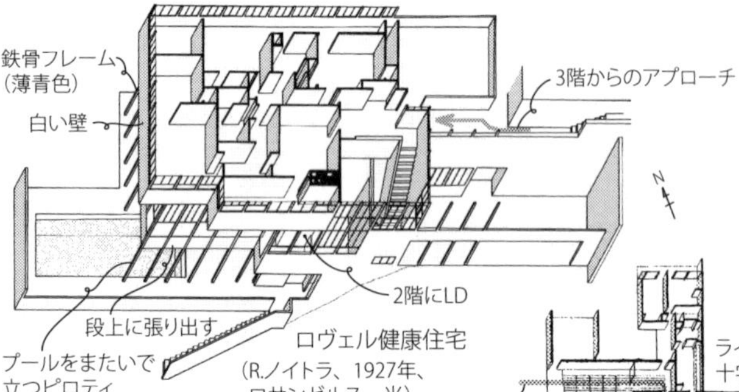

鉄骨フレーム（薄青色）
白い壁
3階からのアプローチ
2階にLD
段上に張り出す
プールをまたいで立つピロティ

ロヴェル健康住宅
（R.ノイトラ、1927年、ロサンゼルス、米）

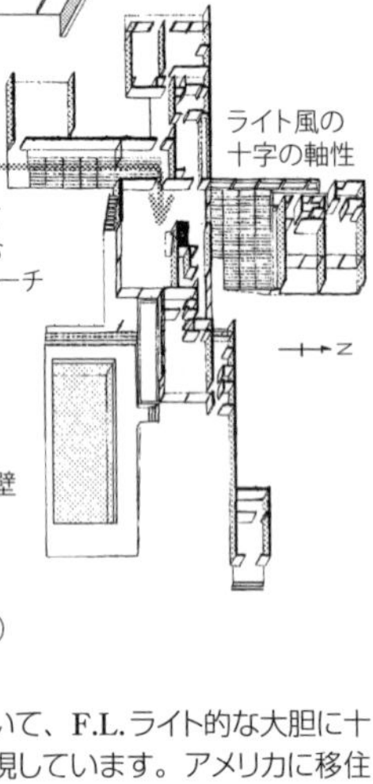

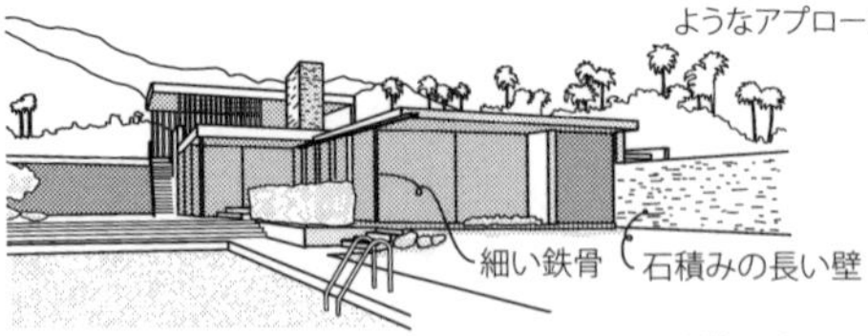

ライト風の十字の軸性
建物に沿って入る巻き込むようなアプローチ
細い鉄骨
石積みの長い壁
ライトの落水荘と同じオーナー

カウフマン砂漠の家
（R.ノイトラ、1946年、パームスプリングス、米）

- ノイトラは戦後のカウフマン邸（砂漠の家）において、**F.L.**ライト的な大胆に十字方向に伸びる開放感ある構成を細い鉄骨で実現しています。アメリカに移住した建築家は、シンドラー、ノイトラのウィーン組と、ミース、**W.**グロピウスらのドイツ組がありますが、大きくは、前者は絵画的で優雅な構成、後者は理論的で厳格な構成に尽力したように思えます。

Q C.イームズの自邸の構成は？

A 黒い鉄骨のフレームに白と原色のパネルをはめ込み、天井には鉄骨の細いトラス梁やデッキプレートを露出させ、工業製品によってつくられた軽快な籠の構成としています。

P.ジョンソンのガラスの家と同時期につくられたイームズ自邸は、軽い鉄骨のフレームでつくられた籠状の住宅と工房からなります。黒い鉄のフレームや桟と、それにはめ込まれた白や原色のパネルは、P.モンドリアンの絵画や日本の障子を連想させます。イームズ夫妻が畳を部分的に敷いて日本文化を楽しんだ写真が残っているので、日本建築の構成を参考にしたとも考えられます。ミースv.d.ローエやル・コルビュジエらのヨーロッパ勢は、伝統的な古典主義のアカデミーに対抗するために理論武装して、純粋芸術としての抽象的な構成をさまざまに試行錯誤しましたが、アメリカのジョンソンやイームズは、出来上がったモダンデザインを楽観的に取り入れ、明るく気楽で洒落たデザインとしてつくっていたように見えます。20世紀中頃のアメリカの明るく楽観的なモダンデザインの傾向は、「ミッドセンチュリー」と呼ばれることがあります。

イームズ自邸（C.イームズ、1949年、ロサンゼルス、米）

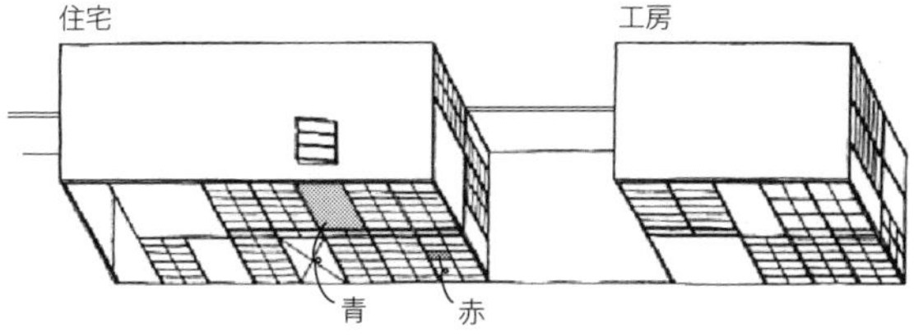

デッキプレート 白塗装
FRP（ガラス繊維強化プラスチック）
工業部品でも和風ね！
黒く塗られた鉄骨
シェル・チェア
（イームズ夫妻、1950年、1953年）
ミッドセンチュリーと呼ばれる！
シェル shell
シェルは強い！
ラウンジ・チェア
（イームズ夫妻、1956年）
木製パーケットフロア
（木片を集めたフローリング）
住宅
工房
青
赤

参考文献 9-12

IIT化学工学科校舎

Q ミースv.d.ローエによるIIT化学工学科校舎は、どのような構成？

▼

A 正方形グリッドの柱梁で全体の箱をつくり、大小の教室や中庭を長軸に対して左右対称に配置して、単一の箱に納めた構成です。

ミースが1930年から校長を務めたバウハウスは1933年にナチスにより閉校に追い込まれ、1938年にアメリカに移住します。アーマー工科大学（後のIIT：イリノイ工科大学）の建築学科主任教授となり、キャンパス計画を担当します。ヨーロッパでは複数の箱の集合や雁行配置、水平スラブから伸び出た壁などによって複雑であった輪郭は、アメリカに渡ってからは単一の箱に納めた単純な輪郭となります。戦後すぐに建てた化学工学科校舎は、正方形グリッドのS造ラーメンで、長手方向の立面ではレンガ壁を左側に寄せてガラス面と対比させると同時に、左右対称を避けています。鉄骨は黒く塗られ、壁は薄黄色のレンガとし、キャンパス中に同じパターンの直方体をつくりました。オーソドックスな平面計画ですが、さまざまな機能、大小の空間を単一の箱に納めようとする意図が明快で、次のファンズワース邸、IITクラウン・ホールなどに見る「水平スラブの空間」への前段階ともとれます。

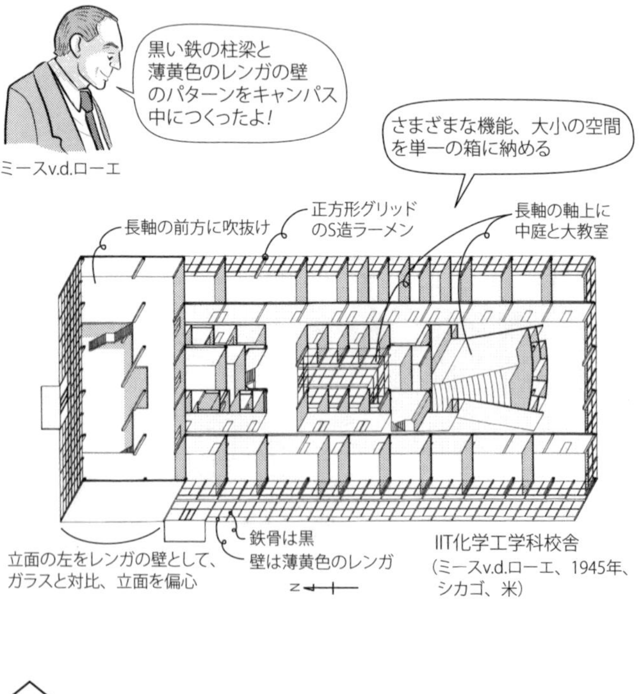

黒い鉄の柱梁と
薄黄色のレンガの壁
のパターンをキャンパス
中につくったよ！

ミースv.d.ローエ

さまざまな機能、大小の空間
を単一の箱に納める

長軸の前方に吹抜け

正方形グリッド
のS造ラーメン

長軸の軸上に
中庭と大教室

鉄骨は黒
壁は薄黄色のレンガ

立面の左をレンガの壁として、
ガラスと対比、立面を偏心

N

IIT化学工学科校舎
（ミースv.d.ローエ、1945年、
シカゴ、米）

参考文献　9-1、9-13

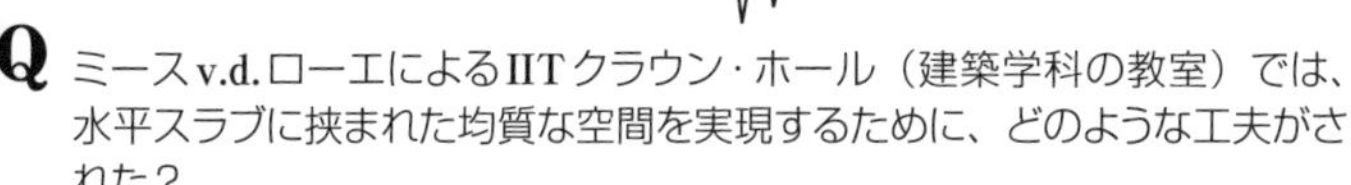

Q ミースv.d.ローエによるIITクラウン・ホール（建築学科の教室）では、水平スラブに挟まれた均質な空間を実現するために、どのような工夫がされた？

▼

A 小さな教室、トイレなどの壁で囲う必要のある部屋を半地下に納め、上部の空間は壁を最小限とし、大きな梁は屋根の上に出すことで天井面を平滑にしています。

小部屋を半地下に押し込んで上階を開放的な大空間とする方法は、ベルリン新国立美術館でも使われました。大きな梁は屋根の上に出しスラブを吊る形にして、梁によって区切られることのない、平滑な天井面をつくっています。床や屋根スラブの厚みは外周に出され、水平スラブによって挟まれた空間という構成が、外からもわかるようにされています。

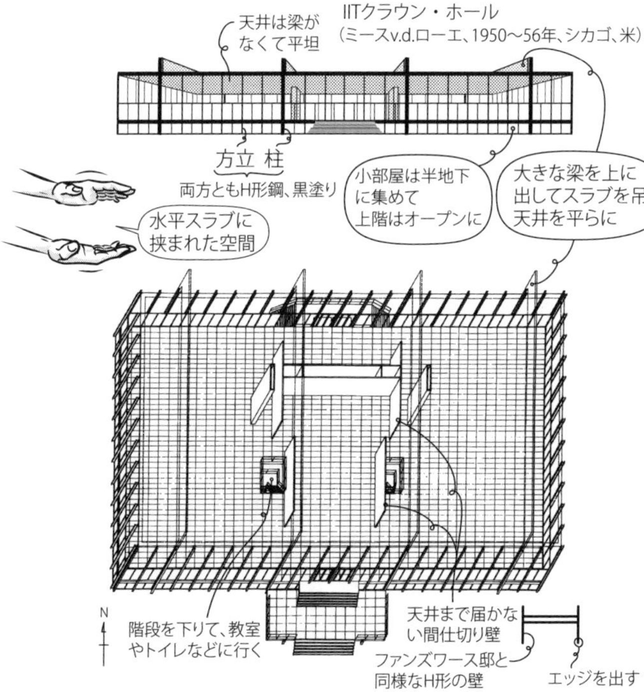

IITクラウン・ホール
（ミースv.d.ローエ、1950～56年、シカゴ、米）

天井は梁がなくて平坦
方立 柱
両方ともH形鋼、黒塗り
水平スラブに挟まれた空間
小部屋は半地下に集めて上階はオープンに
大きな梁を上に出してスラブを吊り天井を平らに
N
階段を下りて、教室やトイレなどに行く
天井まで届かない間仕切り壁
ファンズワース邸と同様なH形の壁
エッジを出す

- ファンズワース邸以降、ミースは大学、教会、集合住宅、オフィスと、同じ構成の「水平スラブの空間」を開き直ったように繰り返します。そんな「水平スラブの空間」に最も適合したのは、ホワイトカラー労働者がデスクワークをするオフィスビルでした。

参考文献　9-1、9-13

Q ミースv.d.ローエは屋根スラブを薄く見せるために、どのような工夫をした？

▼

A 天井を窓際で上げる、屋根の上面をスラブの縁で下げるなど。

IITクラウン・ホールでは天井面を窓際で段状に持ち上げて、スラブ端部を薄く見せています。バルセロナ・パヴィリオンでは屋根スラブ端部を縁で勾配をつけて下げて、スラブ端部を薄く見せています。見かけ上、薄くて軽くシャープな水平面とする工夫です。単純に平らなスラブをつくっているのではなく、エッジ、端部の見え方にも神経を使っているのがわかります。なお再建されたバルセロナ・パヴィリオンでは、屋根スラブはほとんどフラットとされています。

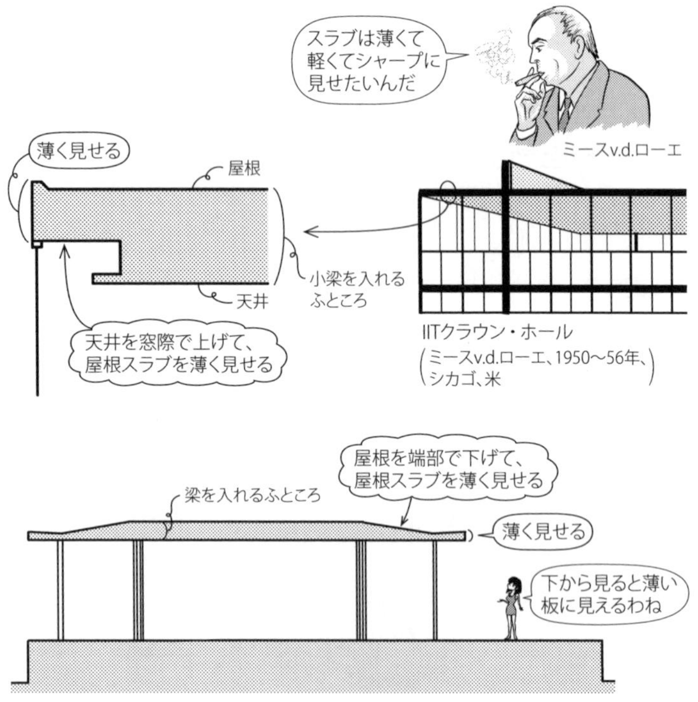
スラブは薄くて
軽くてシャープに
見せたいんだ
ミースv.d.ローエ
薄く見せる
屋根
小梁を入れる
ふところ
天井
天井を窓際で上げて、
屋根スラブを薄く見せる
屋根を端部で下げて、
屋根スラブを薄く見せる
梁を入れるふところ
薄く見せる
下から見ると薄い
板に見えるわね

IITクラウン・ホール
（ミースv.d.ローエ、1950～56年、シカゴ、米）

バルセロナ・パヴィリオン　断面図
（ミースv.d.ローエ、1929年、バルセロナ、西）

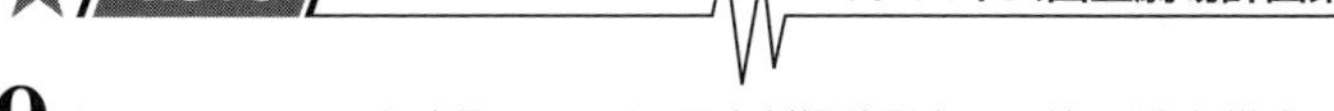

R316 マンハイム国立劇場計画案

Q ミースv.d.ローエによるマンハイム国立劇場計画案は、どのような構成？

A 鉄骨トラスを屋根スラブ上に出したガラスの箱の中に、舞台と舞台裏だけ壁で囲って入れ子にした構成です。

劇場は一般に、入口ホールとチケットもぎり後に入るホワイエに囲まれている必要から、全体は二重の箱の入れ子となります。その外箱をミースはガラスの箱とし、舞台と舞台裏をコア状に壁で囲って内箱にしています。観客席はオープンにされていますが、音響や照明が難しいため、あまり現実的とは思えません。舞台上部フライタワー（照明や幕類を引き上げるためのスペースをつくる塔）の突出以外は平らな屋根で、その上に架かる鉄骨トラスが外観では際立っています。天井をフラットにするため、また内部を無柱とし、天井を平らとするために大梁を屋根の上に出すのは、同時期に計画されたIITクラウン・ホールと同じ手法です。「水平スラブの空間」、均質空間を劇場に適応させた、コンセプチュアルな計画案と言えます。

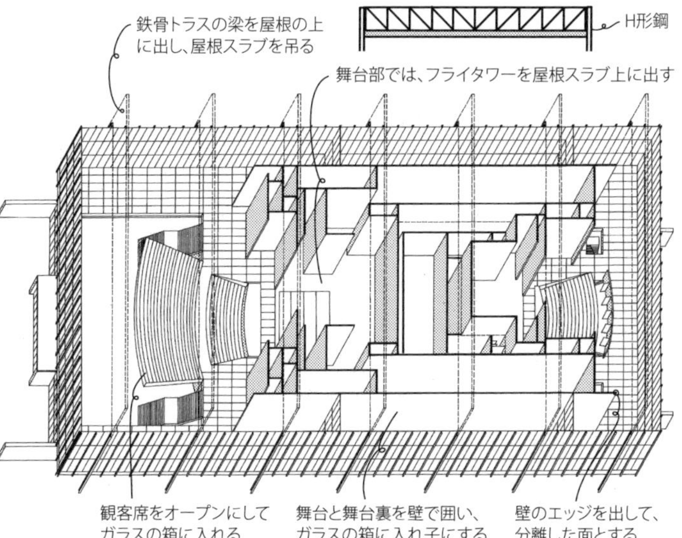
鉄骨トラスの梁を屋根の上に出し、屋根スラブを吊る
H形鋼
舞台部では、フライタワーを屋根スラブ上に出す
観客席をオープンにしてガラスの箱に入れる
舞台と舞台裏を壁で囲い、ガラスの箱に入れ子にする
壁のエッジを出して、分離した面とする

マンハイム国立劇場計画案（ミースv.d.ローエ、1952〜53年、マンハイム、独）

参考文献 9-1、9-13

Q ミースv.d.ローエによるベルリン新国立美術館における巨大な屋根スラブは、どのような構造？

▼

A 梁を正方形格子状に架けたワッフルスラブです。

お菓子のワッフルのように正方形グリッドに梁を架け、スラブ厚を薄くすると同時に、空間の均質性を強調しています。大きな正方形の屋根スラブを、フランジのエッジを出した8本の十字形の柱で支えています。IITクラウン・ホールと同様に、壁で囲まれた小部屋は地階に入れ、上階は基壇と屋根スラブに挟まれた開放的で均質な空間としています。

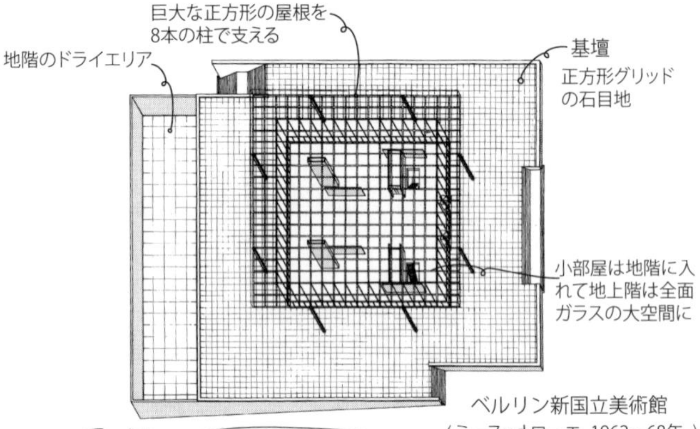

巨大な正方形の屋根を8本の柱で支える
地階のドライエリア
基壇
正方形グリッドの石目地
小部屋は地階に入れて地上階は全面ガラスの大空間に

ベルリン新国立美術館
（ミースv.d.ローエ、1962～68年、ベルリン、独）

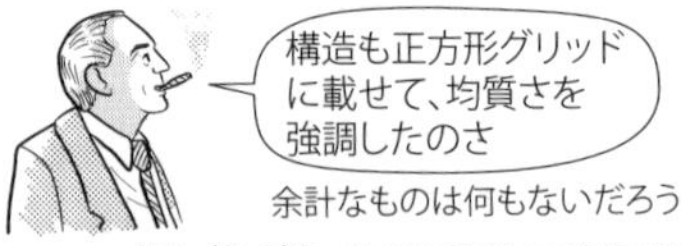

構造も正方形グリッドに載せて、均質さを強調したのさ
余計なものは何もないだろう

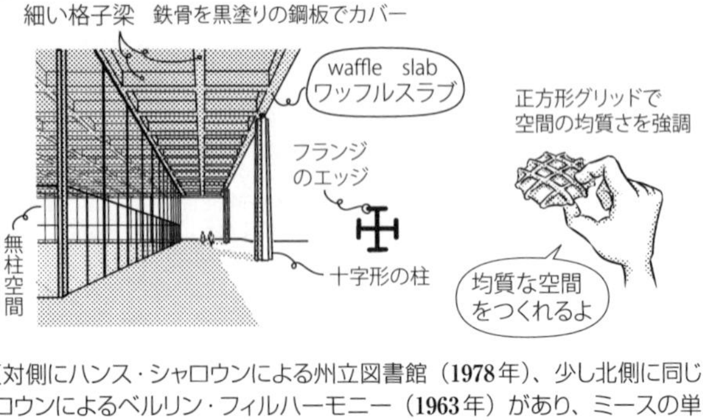

細い格子梁　鉄骨を黒塗りの鋼板でカバー
waffle slab
ワッフルスラブ
フランジのエッジ
十字形の柱
無柱空間
正方形グリッドで空間の均質さを強調
均質な空間をつくれるよ

- 道の反対側にハンス・シャロウンによる州立図書館（1978年）、少し北側に同じくシャロウンによるベルリン・フィルハーモニー（1963年）があり、ミースの単純で均質なデザインとは対照的な不整形、曲線的な造形の建物です。

参考文献　9-1、9-13

Q 建築の機能と形や空間との対応は、どのように考えられていた？

▼

A ①機能と形、空間を個別に対応させ、それを集合させて全体をつくる。
②さまざまな機能を単一の形や空間に入れてしまう。

機能と形、空間との対応は、大きく分けて上記**2**種の方法があり、一般に大規模になるほど①の傾向が強まります。ミース**v.d.**ローエはコンクリート造田園住宅で居間＋食堂、寝室、入口ホールの**3**つのブロックに分けて卍形に集合させる①のタイプを試みています。**W.**グロピウスのバウハウス校舎は教室、工房、宿舎と**3**つのブロックに分け、やはり卍形に集合させています。ミースはアメリカ移住後、②を追求し続けますが、**IIT**クラウン・ホールはその典型例です。

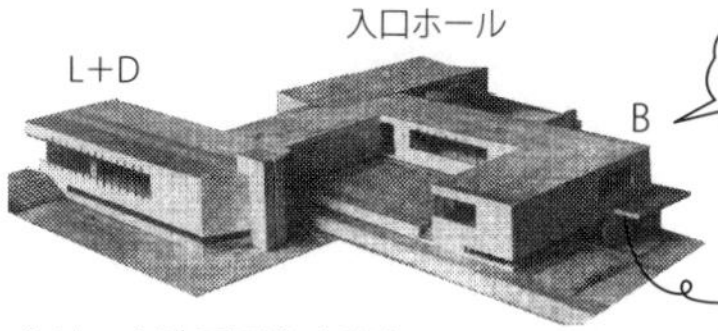

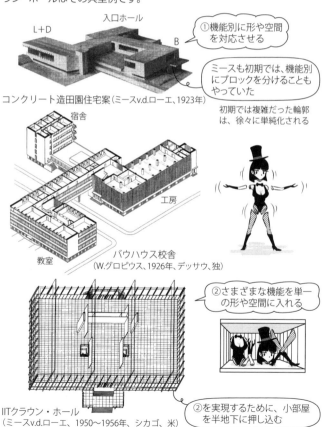

L+D
入口ホール
B
①機能別に形や空間を対応させる
ミースも初期では、機能別にブロックを分けることもやっていた

コンクリート造田園住宅案（ミースv.d.ローエ、1923年）

初期では複雑だった輪郭は、徐々に単純化される

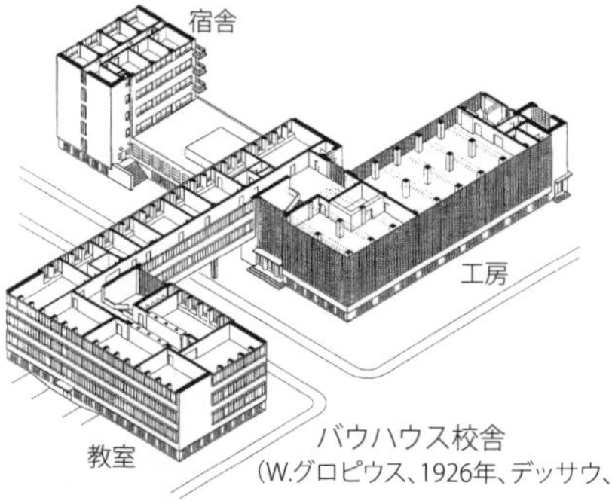

宿舎
工房
教室

バウハウス校舎
（W.グロピウス、1926年、デッサウ、独）

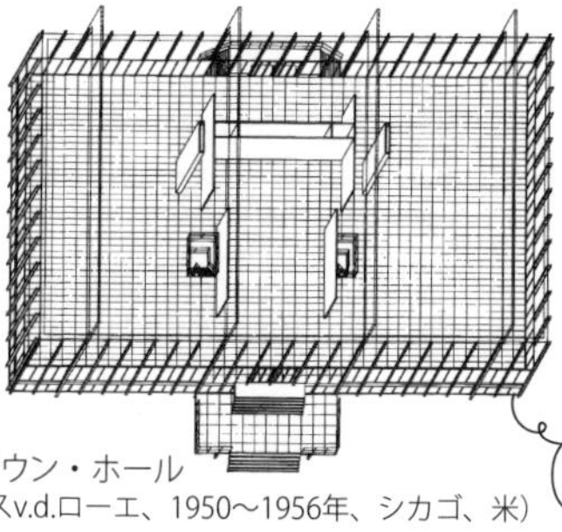

②さまざまな機能を単一の形や空間に入れる
②を実現するために、小部屋を半地下に押し込む

IITクラウン・ホール
（ミースv.d.ローエ、1950〜1956年、シカゴ、米）

参考文献　9-1、9-2、9-13／出典　9-1（写真）

Q ミースv.d.ローエは建築の機能をどのように考えていた？

▼

A 明快でも一定でもなく、建物よりも早く変わるような、あいまいなものと考えていました。

ミースは1920年代初頭、同世代の建築家フーゴ・ヘーリングとの会話で、「君、空間を存分に大きくしろよ。中を自由に歩き回れるようにさ、しかも一定の方向じゃなく！　それとも連中がどう使うか、すっかりわかっているのかい？　人々が我々の望むように使ってくれるかどうか、全然わからないじゃないか。機能なんてそう明快でもなければ一定でもないよ。そんなものは建物より早く変わるさ」（*）と語っています。あれこれ考えずにがらんどうでいいのだと。20年代初頭はミースが雁行配置などの複雑な形態操作をしていた時期ですが、アメリカ時代のいろんな機能を大きな空間でまとめてしまう「水平スラブの空間」、均質空間、ユニバーサル・スペース（普遍的空間）を予言したような会話だったように思われます。

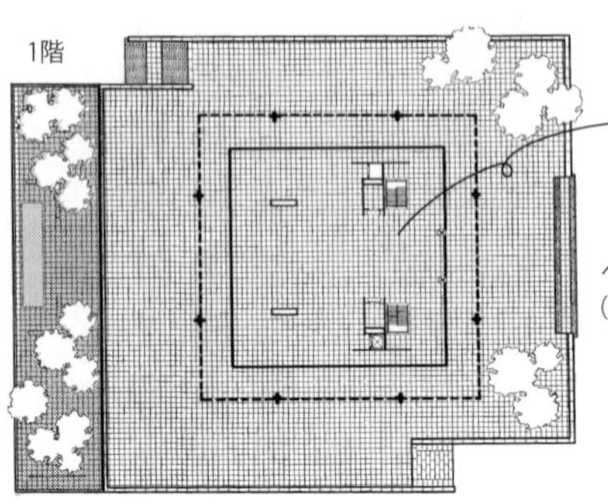
1階
・「水平スラブの空間」
・ユニバーサル・スペース（普遍的空間）
・均質空間

ベルリン新国立美術館
（ミースv.d.ローエ、1962〜68年、ベルリン、独）

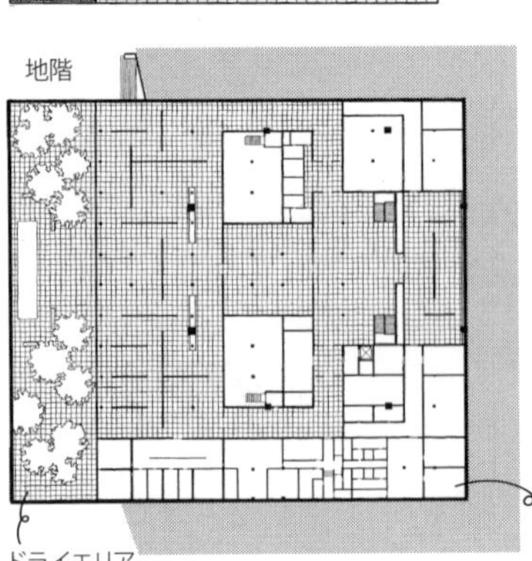
地階
ドライエリア
壁で囲まれた小部屋は地階に入れて、地上階をオープンにしている
機能なんてそう明解でもなければ一定でもないよ
そんなものは建物より早く変わるさ
1920年代初頭のミースの言葉

＊9-14（p.118）／参考文献　9-1、9-14／出典　9-1

R320

最初のRC作品　シュウォブ邸

Q ル・コルビュジエによるシュウォブ邸は、どのような空間構成？

A 正方形を9分割した平面の中央部を吹抜けとし、十字方向に伸ばした中心性の強い空間構成です。

コルビュジエは故郷スイスの田舎町ラ・ショー＝ド＝フォンにて6件の住宅を建てており、ほとんどは組積造やRCの箱に木造の屋根を載せた伝統的なスタイルです。1908年の夏からA.ペレの事務所で約10カ月働いた後にシュウォブ邸を設計しており、RCラーメンの陸屋根はペレ譲りです。またシュウォブ邸の十字の軸性、塀と一体化した道路側の立面、入口を庇下に対称にふたつ置いているところは、F.L.ライトのハーディ邸などからの影響と思われます。道路側立面中央の白い正方形パネルは、C.ロウにA.パラディオらの影響を指摘されています（＊）が、ペレのポンテュ街のガレージ（1907年、R178参照）の方が、影響が大きいように見えます。RCラーメン、陸屋根、屋上庭園、大ガラス面など近代的要素が表れていますが、平面は正方形を9分割して中央を吹抜けとした中心性の強い伝統的な構成です。

シュウォブ邸（ル・コルビュジエ、1916年、ラ・ショー＝ド＝フォン、スイス）

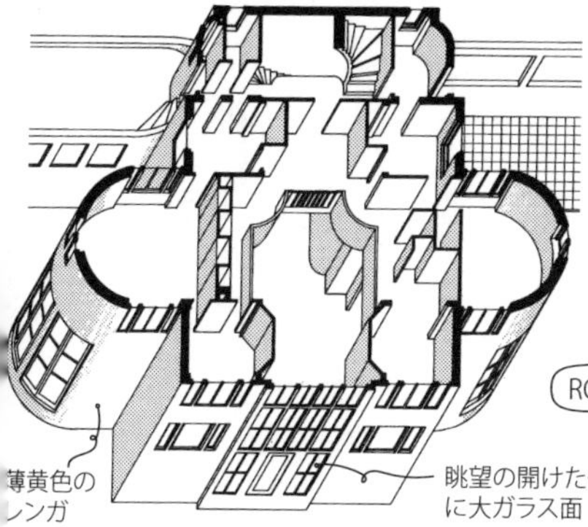

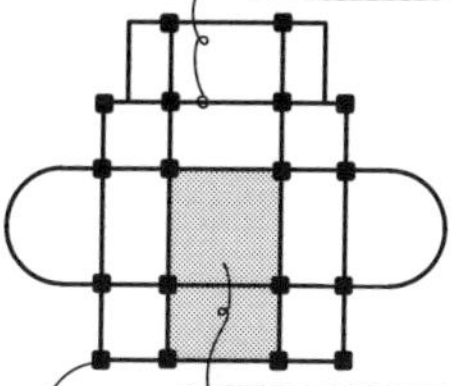

正方形の9分割
吹抜け：中心の強調
RCラーメン
薄黄色のレンガ
眺望の開けた側に大ガラス面
RCラーメンを使っていても、伝統的な中心性の強い構成
白い正方形のパネル
大きなコーニス
左右対称に入口
庇
庇
建物と一体化した塀

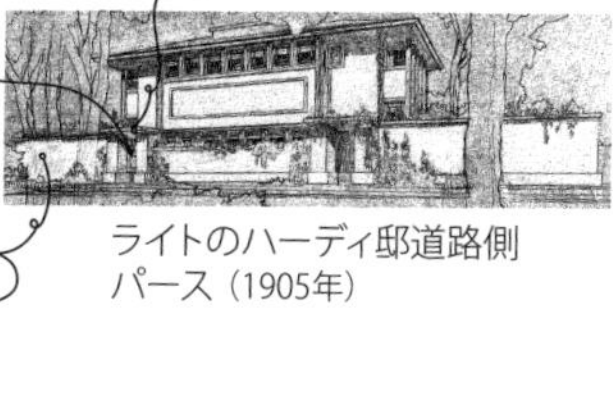

ライトのハーディ邸道路側パース（1905年）

＊10-5（p.38）／参考文献　10-1、10-2、10-3、10-4、10-5／出典　10-1（パース）

R321

トラセ・レギュラトゥール

Q トラセ・レギュラトゥール（Les Tracés Régulateurs）とは？

▼

A 各部の比例を規定する基準線（指標線）のこと。

トラセ・レギュラトゥールは「図を使用した調整」が直訳ですが、ル・コルビュジエは主に黄金比をつくる基準線として使っています。黄金比は約**1：1.618**ですが、その長方形の対角線は同じ角度となり、『建築をめざして』に載せたシュウォブ邸の立面図に多く引かれています。コルビュジエはいくつかの建築書から基準線の方法を学び、自らの構成に利用した数少ない近代の建築家で、建築の比例に数学的な根拠を求めた理性主義者でした。「心は、理性が満足したとき、すなわち物事が計算されているときでなければ感動しない」（＊）と述べています。

シュウォブ邸 南側立面図（ル・コルビュジエ、1916年、ラ・ショー＝ド＝フォン、スイス）

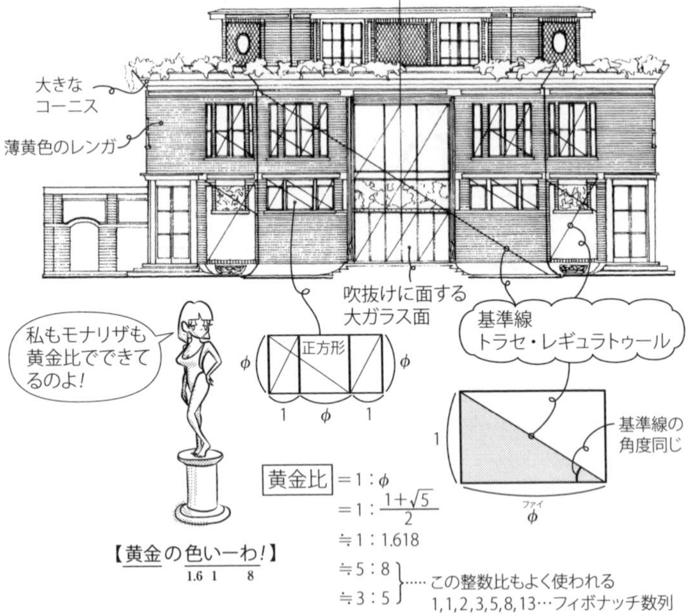

大きなコーニス

薄黄色のレンガ

吹抜けに面する大ガラス面

基準線 トラセ・レギュラトゥール

私もモナリザも黄金比でできてるのよ！

正方形

ϕ　ϕ

1　ϕ　1

基準線の角度同じ

1

$\overset{ファイ}{\phi}$

黄金比 $=1:\phi$

$=1:\dfrac{1+\sqrt{5}}{2}$

$\fallingdotseq 1:1.618$

$\fallingdotseq 5:8$ ｝…… この整数比もよく使われる

$\fallingdotseq 3:5$ ｝ 1,1,2,3,5,8,13…フィボナッチ数列

【黄金の色いーわ！】
（黄金＝1.6、い＝1、わ＝8）

- 古代ギリシャから黄金比は神の比とされ、建築、彫刻、絵画から現代のロゴデザインに至るまでさまざまに使われています。$1:\phi=\phi:(1+\phi)$が成り立つ比で、$\phi=(1+\sqrt{5})/2\fallingdotseq 1.618$となります。次項が前**2**項の和とするフィボナッチ数列の**1**、**1**、**2**、**3**、**5**、**8**、**13**、**21**…の**4**、**5**、**6**番目の数を使った**3：5**、**5：8** の整数比は黄金比に近く、建築でよく使われています。

【　】内スーパー記憶術

＊10-6（p.182）／参考文献　10-6／出典　10-6（立面）

Q ル・コルビュジエのドミノ・システム（ドミノ住宅）の命名理由は？

▼

A ドミノ・ブロックのように標準化されて量産が可能で、数多くの組み合わせもでき、組立てが容易なシステムをめざして命名された造語です。

ドミノ・システムはドミノ・ブロックとドムス（**domus**：ラテン語で家）とを掛け合わせた造語で、床版を柱だけで支える標準化したシステムです。梁間方向のみにキャンティレバーされています。ドミノを並べるように住宅を連結して、大型の集合住宅もつくれるとして、そのスケッチも残しています。構造を支える壁がないので平面は自由に決められ、長手の立面は柱が後ろの位置に下げられているので、窓の位置も柱によらずに自由に決められます。シュウォブ邸の少し前に計画しています。

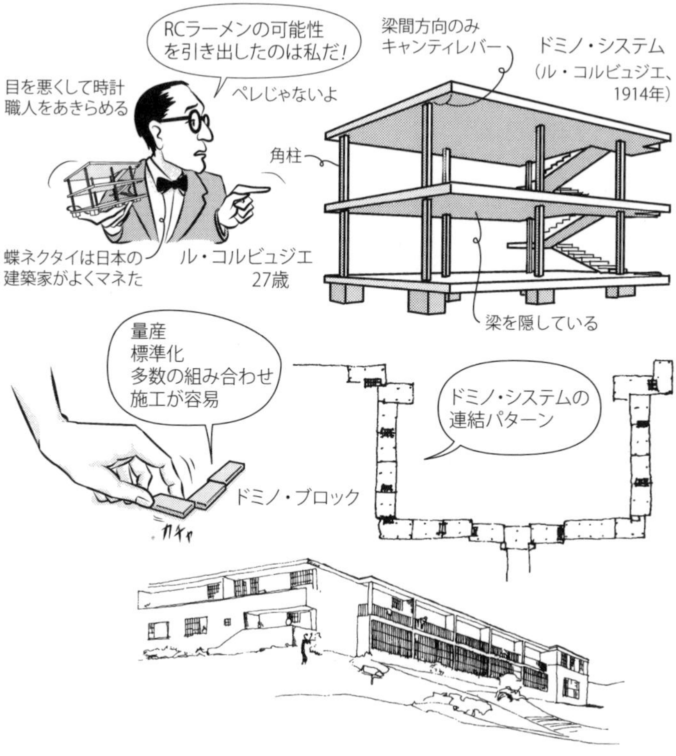

RCラーメンの可能性を引き出したのは私だ！
ペレじゃないよ
目を悪くして時計職人をあきらめる
蝶ネクタイは日本の建築家がよくマネた
ル・コルビュジエ 27歳
梁間方向のみキャンティレバー
ドミノ・システム（ル・コルビュジエ、1914年）
角柱
梁を隠している
量産 標準化 多数の組み合わせ 施工が容易
ドミノ・ブロック
カチャ
ドミノ・システムの連結パターン

● コルビュジエは**A.**ペレの影響を受け、友人の技師**M.D.**ボア（チューリヒ工科大学で**E.**モルシュに教えを受ける）と協同でプロジェクトをつくりました。

参考文献　**10-1**／出典　**10-1**（平面、下パース）

Q ル・コルビュジエのドミノ・システムに梁はない（無梁版：むりょうばん）？

▼

A 小梁を多く掛けて梁成を小さくして、梁は床版の中に隠しています。

木造の根太（ねだ：joist）のように小梁を梁間に多く架け、天井は梁下、小梁下すぐに設けて、床版（しょうばん、ゆかいた）だけのように見せています。小梁を多く架ける分、梁成を小さくしています。現在のジョイストスラブ、中空スラブに構造が似ています。ドミノ・システムには梁がないと記した本もありますが、コルビュジエ自身の編集による『ル・コルビュジエ全集』の梁伏図、断面図には梁がしっかりと描かれています。コルビュジエは梁で空間を規定されるのを避けるために、床版の中に吸収して見た目が平滑な床版の構造にしたものと思われます。サヴォア邸でも、梁成の大きな梁しか床版から出ていません。ドミノ・システムの図では柱は角柱ですが、以後、独立柱では円柱を多く使うようになります。古代のオーダーと同様に、独立柱では円形断面の方が、線が少なくすっきりとして見えます。

ドミノ・システムの梁伏図
RCの角柱
木造の根太組
みたいね
RCの床版
梁
密に入れた小梁
この梁の下にRCの版
小梁（根太 joist）を密に入れる
ジョイストスラブ
梁
パラペットを
兼ねたプランター
角柱

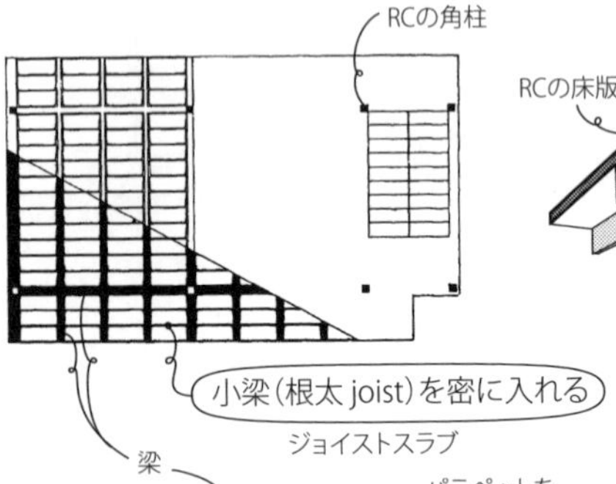

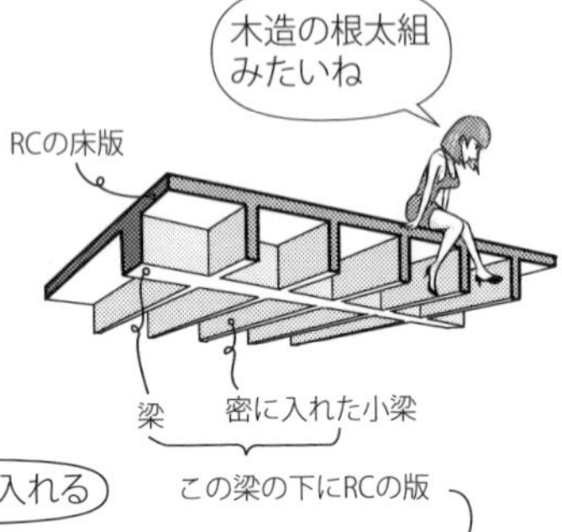

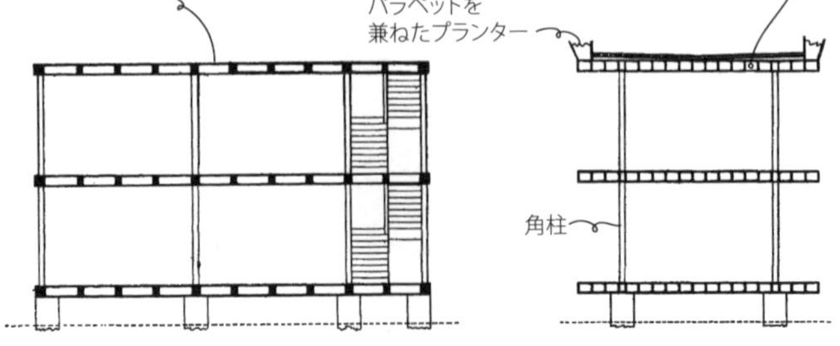

ドミノ・システムの断面図

参考文献　10-1

標準化住宅

Q ル・コルビュジエは初期に量産住宅の計画をしましたが、その構成は？

▼

A 正方形、正方形×1/2を組み合わせて、多様な形をつくる構成です。

小さめの箱を組み合わせて多様な形を生むシステムで、ペサックの集合住宅（1924年）の基礎となりました。W.グロピウスも同時期にバウハウス教員住宅などで、白い箱形の住宅を多数建てています。直方体を切削したり組み合わせたりする構成ですが、コルビュジエのシステムほどには、システマティックではありません。近代の建築家は住宅の量産システムを考えて設計するケースが多く、その住宅も小規模な労働者用住宅でした。

量産住宅のシステム
（ル・コルビュジエ、1923年）

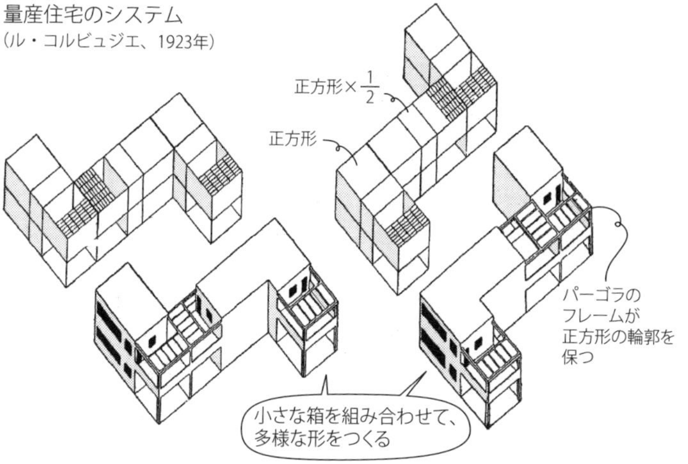

正方形×$\frac{1}{2}$

正方形

パーゴラのフレームが正方形の輪郭を保つ

小さな箱を組み合わせて、多様な形をつくる

量産住宅のシステム
（W.グロピウス、1921年）

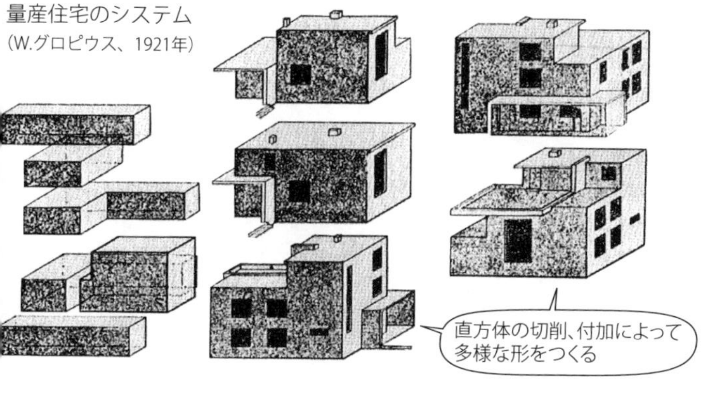

直方体の切削、付加によって多様な形をつくる

10 ル・コルビュジエ

参考文献　10-1、10-7／出典　10-1（上図）、10-7（下図）

4つの住宅のタイプ

Q ル・コルビュジエが自身の作品集に載せた4つの住宅のタイプとは？

▼

A ①さまざまな箱を連結してつくる方法→ラ･ロッシュ＝ジャンヌレ邸（1924年）
②ひとつの箱の中を分割する方法→ガルシュの家（1927年）
③ドミノ･システムの中に間仕切り壁を挿入する方法→カルタゴの家（1928年）
④ひとつの箱の中にテラスなどを切削してつくる方法→サヴォア邸（1931年）

1914年にドミノ・システムを提案しますが、1920年代にはそのシステムを使って試行錯誤することになります。③のカルタゴの家は、最もドミノ・システムに忠実な形をしています。その構成が魅力に乏しいのは、箱としての性格よりもスラブが勝っていて、スラブ間に壁が挿入されただけの、ドミノ・システムがそのまま露出した形だからです。システムに忠実な実施案よりも計画案の方が、高さを変えて互い違いに箱を配置する興味深い構成ですが、北アフリカの強い太陽を考えると、計画案には無理があったものと思われます。

ル・コルビュジエによる住宅の4つのタイプ

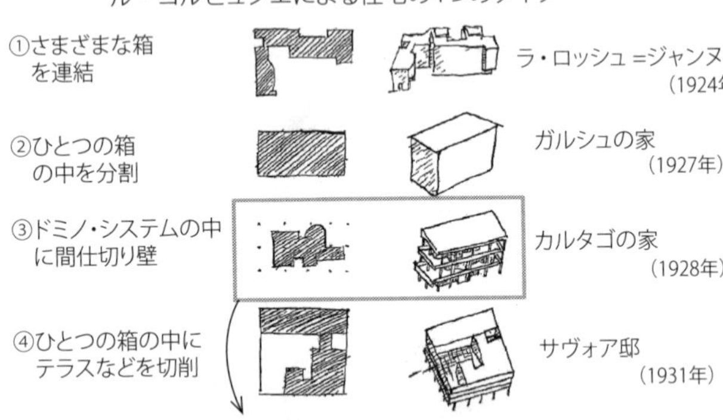
①さまざまな箱を連結
ラ・ロッシュ＝ジャンヌレ邸（1924年）
②ひとつの箱の中を分割
ガルシュの家（1927年）
③ドミノ・システムの中に間仕切り壁
カルタゴの家（1928年）
④ひとつの箱の中にテラスなどを切削
サヴォア邸（1931年）

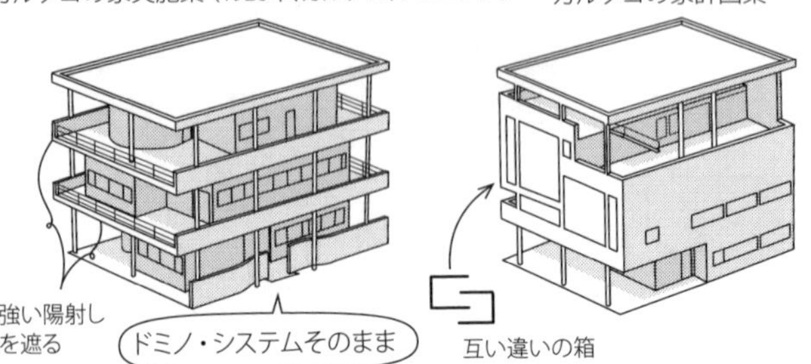
カルタゴの家実施案（1928年、カルタゴ、チュニジア）
カルタゴの家計画案
強い陽射しを遮る
ドミノ・システムそのまま
互い違いの箱

参考文献　10-1、10-2／出典　10-1（上図）

Q R.シンドラーによるロヴェル・ビーチハウスの構成は？

▼

A 壁柱と壁梁が規則的に配列された中で、2階と3階の床スラブを梁間方向で左右にずらして、空間を断面方向に斜めに連続させた構成です。

ル・コルビュジエがこの作品を参考にしたか否かは不明ですが、床を梁間方向にずらして空間を連続させ、それを妻面に表す構成は、カルタゴの家の計画案（1928年）に類似しています。3階が左にずれた右側は2階居間の吹抜け、2階居間が右にずれた左側は外階段が置かれたピロティです。3階個室群の下のピロティには、壁柱と壁梁を並べており、力強く荒々しい印象を受けます。シンドラーはウィーン美術学院に学んだ後、1914年に渡米してタリアセン（F.L.ライトの寄宿舎付き建築学校）でライトに師事、1921年にロサンゼルスで独立して仕事をはじめます。初期の作品はライト風ですが、この住宅で彼独自の空間構成が現れます。

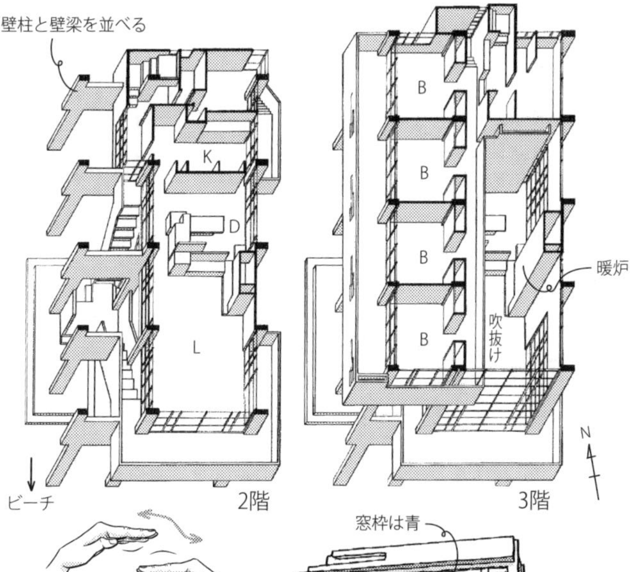

壁柱と壁梁を並べる
K
D
L
ビーチ
2階
B
B
B
B
暖炉
吹抜け
N
3階
窓枠は青
床を左右でずらして
斜めに連続させる!

ロヴェル・ビーチハウス
（R.シンドラー、1926年、
ニューポートビーチ、米）

参考文献 10-3、10-8

R327

シトロアン型住宅 その1

Q 住宅における吹抜けや中庭、テラスの主軸に対する位置を4つのパターンに分けると？

▼

A 主軸（*）に対して①中央に置く、②前方に置く、③側方に置く、④吹抜けが明確な輪郭をもたず、2階プランを図として浮かび上がらせる。

②、③は建物周縁部が強調された偏心性をもつ吹抜けで、近代建築で頻繁に用いられています。①はシュウォブ邸（1916年）のように中心性の強い伝統的構成。④はチャールズ・ムーア、P.アイゼンマンらがよく使った吹抜け。②の前方吹抜けの代表例として、ル・コルビュジエによるシトロアン型住宅が挙げられます。車のシトロエンのように標準化、量産化されることをめざした計画案ですが、1927年のシュトゥットガルトの住宅で実現されます。前方吹抜けの構成で、吹抜け側に大ガラス面を設け、後方の上階にはロフトのような寝室が付けられた、現在でもよく使われる構成です。

吹抜けの4つのパターン

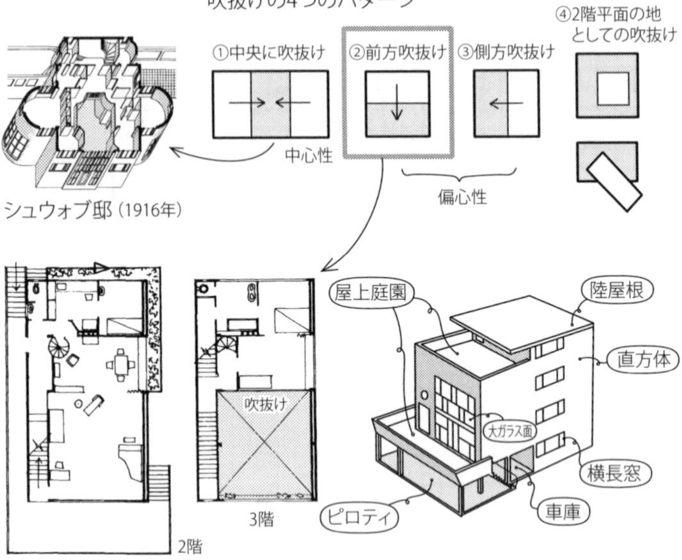

①中央に吹抜け　②前方吹抜け　③側方吹抜け　④2階平面の地としての吹抜け

中心性　偏心性

シュウォブ邸（1916年）

吹抜け　3階　2階

屋上庭園　陸屋根　直方体　大ガラス面　横長窓　車庫　ピロティ

シトロアン型住宅（ル・コルビュジエ、1922年）

（*）主軸とは、左右対称となる要素の数が、その建物において最も多い左右対称軸のこと。

参考文献　10-1、10-3／出典　10-1（左下平面）

Q ル・コルビュジエによるシトロアン型住宅を応用した住戸ユニットを、片廊下でつないだ集合住宅は？

▼

A ヴィラ型集合住宅（イムーブル・ヴィラ、1922年）です。

ル・コルビュジエの300万人都市（1922年）は、塔状集合住宅群のまわりに中層集合住宅を置いていますが、中層集合住宅はシトロアン型住宅を応用した住戸ユニットを120戸集めて片廊下でつないで積み重ねたものです。各住戸ユニットは、シトロアン型のように前方吹抜けを有するブロックをL形に曲げて、2層分の屋上庭園を囲い込んでいます。南北軸に棟を配し、各住戸は主に東西に向け、棟の中央は中庭とし、棟のまわりに道路を配して街区を形成しています。住戸→住棟→街区→都市と、小さなスケールの積み重ねから都市ができるという壮大な計画です。

ヴィラ型集合住宅計画案
（イムーブル・ヴィラ、ル・コルビュジエ、1922年）
「300万人のための都市計画」に含まれる。

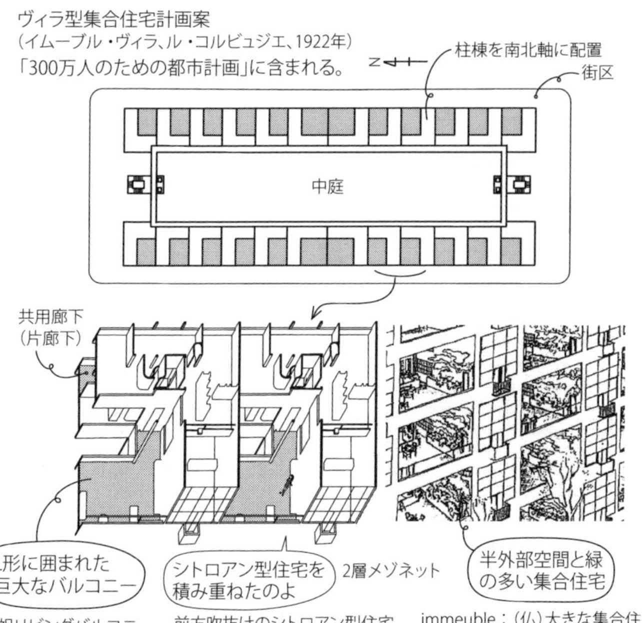
N
柱棟を南北軸に配置
街区
中庭
共用廊下
（片廊下）
L形に囲まれた
巨大なバルコニー
シトロアン型住宅を
積み重ねたのよ
2層メゾネット
半外部空間と緑
の多い集合住宅

元祖リビングバルコニー

前方吹抜けのシトロアン型住宅をL形にしたもの

immeuble：（仏）大きな集合住宅

- この住戸ユニットは1925年のパリ装飾芸術万国博覧会におけるエスプリ・ヌーヴォー館で実際につくられ、現在はボローニャに移築されて見ることができます。装飾芸術万国博覧会に展示しながら、妻面の大きなグラフィック文字以外は、なんら装飾は施されないというコルビュジエの真骨頂が発揮されています。シトロアン型住宅（1922年）の石膏模型をサロンに展示したのも、1925年です。

参考文献　10-1、10-3／出典　10-1（右下パース）

Q シトロアン型住宅を応用した住戸ユニットを、中廊下でつないだ集合住宅は？

▼

A ユニテ・ダビタシオンです。

ユニテ・ダビタシオンは、前方吹抜けをもつシトロアン型住宅を応用した住戸ユニットを、中廊下でつないで積み重ねたものです。メゾネットの1階から入るユニットと、2階から入るユニットを、断面を互い違いに組み合わせています。棟を南北軸に配置し、各住戸は東西に向けています。1階はピロティとして、公に開放されています。

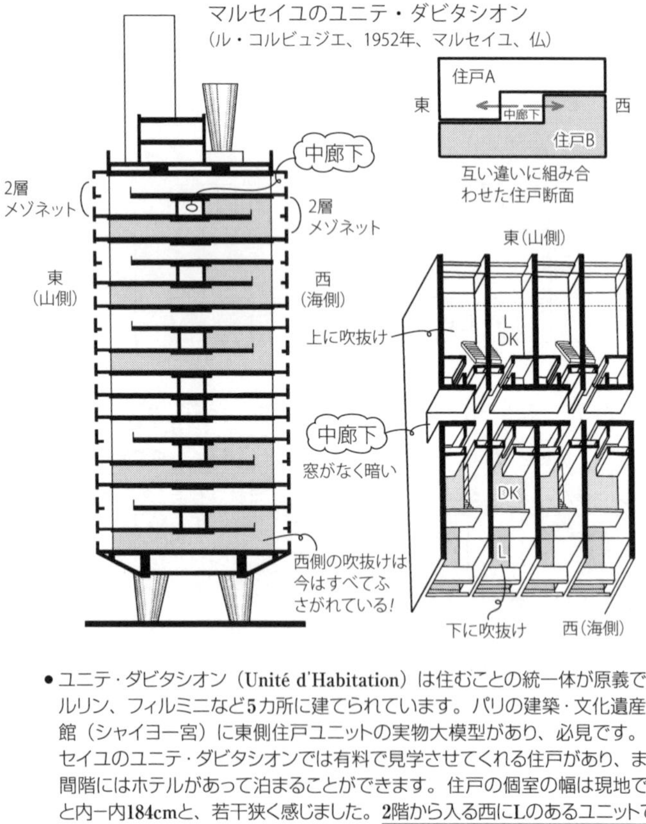

マルセイユのユニテ・ダビタシオン
（ル・コルビュジエ、1952年、マルセイユ、仏）
中廊下
2層
メゾネット
2層
メゾネット
東
（山側）
西
（海側）
西側の吹抜けは
今はすべてふ
さがれている！
住戸A
東
西
中廊下
住戸B
互い違いに組み合
わせた住戸断面
東（山側）
上に吹抜け
L
DK
中廊下
窓がなく暗い
DK
L
下に吹抜け
西（海側）

- ユニテ・ダビタシオン（Unité d'Habitation）は住むことの統一体が原義で、ベルリン、フィルミニなど5カ所に建てられています。パリの建築・文化遺産博物館（シャイヨー宮）に東側住戸ユニットの実物大模型があり、必見です。マルセイユのユニテ・ダビタシオンでは有料で見学させてくれる住戸があり、また中間階にはホテルがあって泊まることができます。住戸の個室の幅は現地で測ると内ー内184cmと、若干狭く感じました。2階から入る西にLのあるユニットでは、現在は吹抜けがすべてふさがれています。2階のDKと1階のLとのつながりが悪く、吹抜けをふさいでLDKとして使っていました。

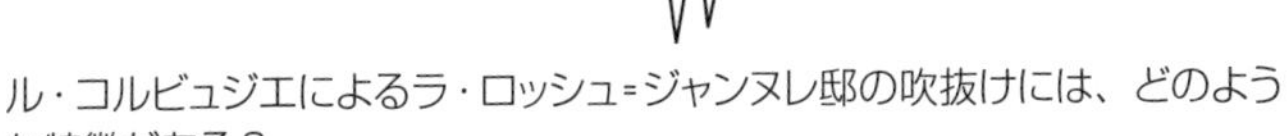
★
R330
ラ・ロッシュ=ジャンヌレ邸

Q ル・コルビュジエによるラ・ロッシュ=ジャンヌレ邸の吹抜けには、どのような特徴がある？

▼

A 吹抜けにオープンに階段やスロープ、ブリッジが架けられ、吹抜けを眺めながら巡ることができる、旋回状の回遊路、プロムナードがつくられています。

R327 ②の偏心した吹抜けに、階段、スロープ、ブリッジが架けられ、吹抜けを眺めながら巡る散歩できる回遊路、プロムナードがつくられています。入口ホールに入って左奥の折返し階段を上ると、吹抜けに突出したバルコニーがあります。さらに奥に進んでアトリエの前を左に曲がると、先ほどの入口の上を通るブリッジに出ます。またアトリエには湾曲したスロープが架かり、アトリエを眺めながらスロープを上るとロフト状のスペースに出て、さらに奥に進むと入口ホールの吹抜けが眺められます。路地の行き止まりにつくられた不整形な長屋ですが、ラ・ロッシュ邸の方は、歩いて楽しめるシークエンス（景観の連続）がつくられています。

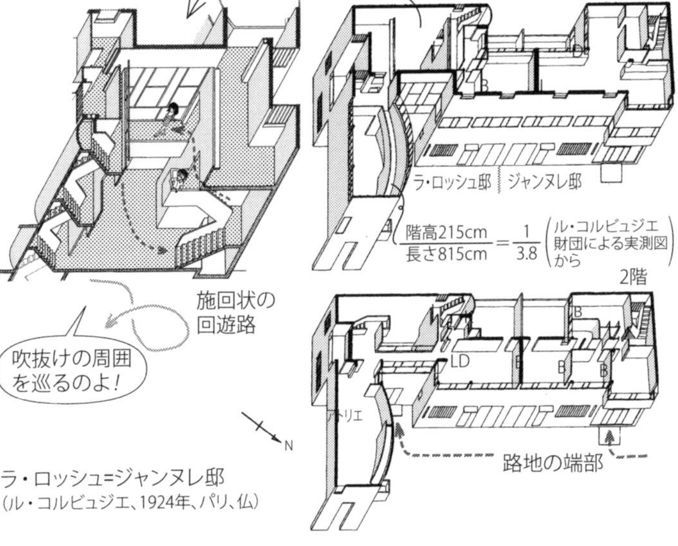
入口ホールを裏から見た図
3階
B
ラ・ロッシュ邸
ジャンヌレ邸
階高215cm
長さ815cm
= 1/3.8
（ル・コルビュジエ財団による実測図から）
2階
施回状の回遊路
吹抜けの周囲を巡るのよ！
LD
B
B
B
B
アトリエ
N
路地の端部

ラ・ロッシュ=ジャンヌレ邸
（ル・コルビュジエ、1924年、パリ、仏）

- 斜路の勾配は、ラ・ロッシュ=ジャンヌレ邸で約**1/3.8**、サヴォア邸で約**1/5.6**であり、日本の建築基準法の**1/8**よりもはるかに急なスロープとなっています。筆者は現地で何度も歩いてみましたが、階段に比べて上りにくいという印象をもちました。

参考文献　10-1、10-3

偏心性を生む空間構成

Q ドミノ·システムの床スラブに孔をあける吹抜けやテラス（屋上庭園、中庭）は、全体に対してどのような配置とされる？

▼

A 主軸に対して前方か側方に偏心した配置にして、全体に偏心性、遠心性をもたせます。

ドミノ・システムに壁を入れただけだと、床スラブで上下階が分断された退屈な建物になります。ル・コルビュジエは、床の一部を吹抜けやテラスなどのために抜いて、上下階を連続させます。その際に主軸に対して、吹抜けを前方や側方に片寄らせる方法をとります。吹抜けやテラスを平面の端に寄せて、平面の端部、周縁部に重要度をもたせます。これは近代建築一般に用いられた構成で、箱の中に偏心性、遠心性をつくる常套手段です。テルニジアン邸、職人のための住宅案、クック邸は**R327**の③の側方吹抜けで、ガルシュの家、サヴォア邸のテラスも広義には側方吹抜けと考えられます。

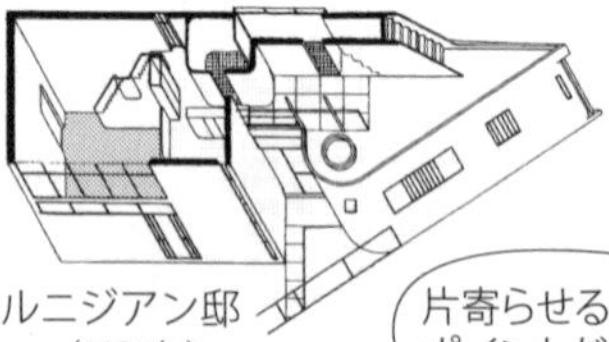

テルニジアン邸（1926年）

片寄らせるのが
ポイントだよ！

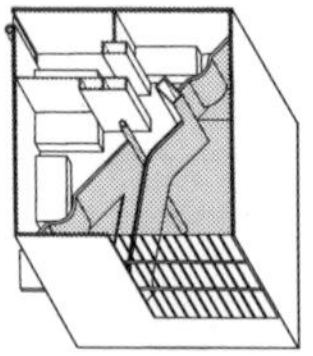

職人のための住宅案（1924年）

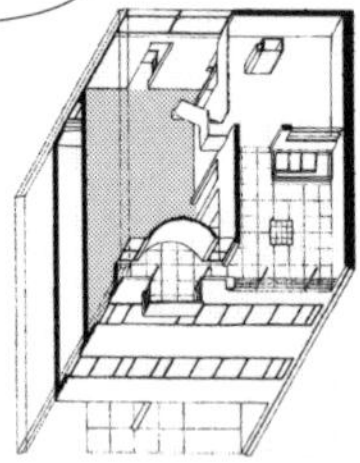

クック邸（1926年）

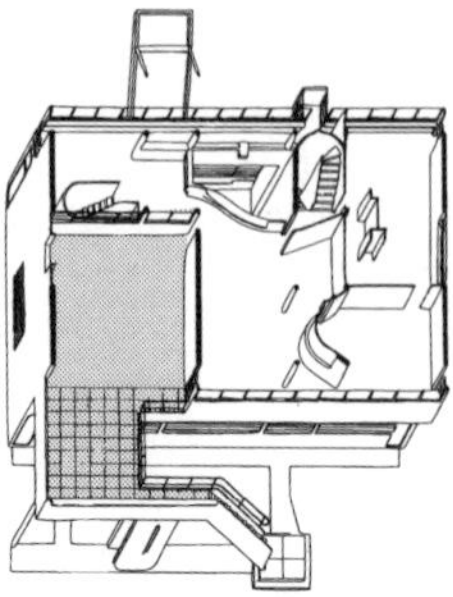

ガルシュの家（1927年）

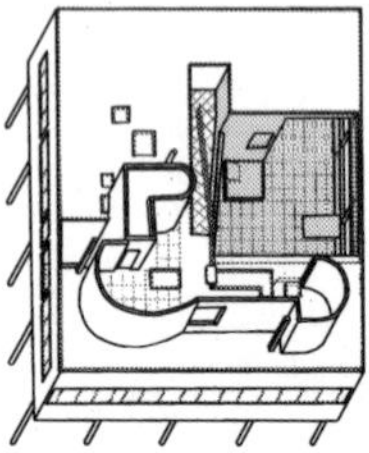

サヴォア邸（1931年）

参考文献　10-1、10-3

Q ドミノ・システムを生かした、ル・コルビュジエの近代建築の5原則（1926年）とは？

A ①自由な平面：内部に重さを支える壁がないので、平面の自由度が高い。
②自由な立面：外周に壁が不要なので、立面の自由度が高い。
③ピロティ：1階をピロティとして公に開放できる。
④水平連続窓：縦長ではなく横長の連続窓が可能で、室内を明るくできる。
⑤屋上庭園：平らな屋根が可能で、屋上を庭園にできる。
（コルビュジエ作品集に書かれた順とは変えてあります）

サヴォア邸（1931年）で、近代建築の5原則すべてが盛り込まれた作品が完成します。

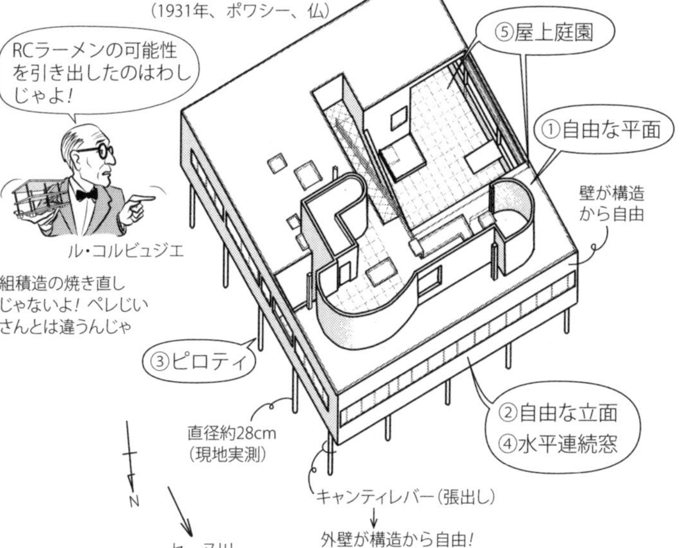
サヴォア邸
（1931年、ポワシー、仏）
平らな屋根を使う
⑤屋上庭園
①自由な平面
壁が構造から自由
RCラーメンの可能性を引き出したのはわしじゃよ！
ル・コルビュジエ
組積造の焼き直しじゃないよ！ペレじいさんとは違うんじゃ
③ピロティ
直径約28cm（現地実測）
②自由な立面
④水平連続窓
N
セーヌ川
キャンティレバー（張出し）
外壁が構造から自由！

- コルビュジエが暗いとした組積造の窓ですが、構造壁を残すように縦長にしたり、C.F.A.ヴォイジイやF.L.ライトのように窓の縦桟（方立）で重さを支えるなどの工夫により、窓を大きく明るくすることができます。水平連続窓は開放感、透明感をもたらす半面、壁が囲う安心感をなくすものでもあります。陸屋根は雨漏りの可能性が大きく、現にサヴォア邸では防水端部の立ち上がりが小さいために雨漏りが頻発して、サヴォア婦人から苦情が何度も寄せられています。またコルビュジエの個人住宅はフェンスに囲まれていてピロティは彼の言うようには公に開放されておらず、アーケードをもつ都市内の古い建物の方がピロティとしての開放度は高いといえます。

参考文献　10-1、10-3

R333

サヴォア邸　その2

Q ル・コルビュジエによるサヴォア邸の梁が一部分しかないのは？

▼

A 多くの小梁が床版の中に隠されていて、成の大きい梁が床版の下に露出しているからです。

サヴォア邸もドミノ・システムの根太のような小梁の架け方、ジョイストスラブとされていますが、床版が280mmと薄く設定されているので一部の梁が露出しています。施工は中空レンガを置いて配筋し、その上からコンクリートを打つことで床版をつくっています。柱梁、床スラブはRC、壁はレンガを積んでモルタルで平滑にしたものです。レンガで壁を充塡するのは、A.ペレのフランクリン街のアパートでも同様で、当時としては一般的なコストを抑えるための建設法です。コルビュジエは、F.エヌビック、ペレ譲りのRC工法を使っていました。最終的にはすべて平滑にモルタルで均した上に白く塗装して、ホワイト模型のように仕上げています。

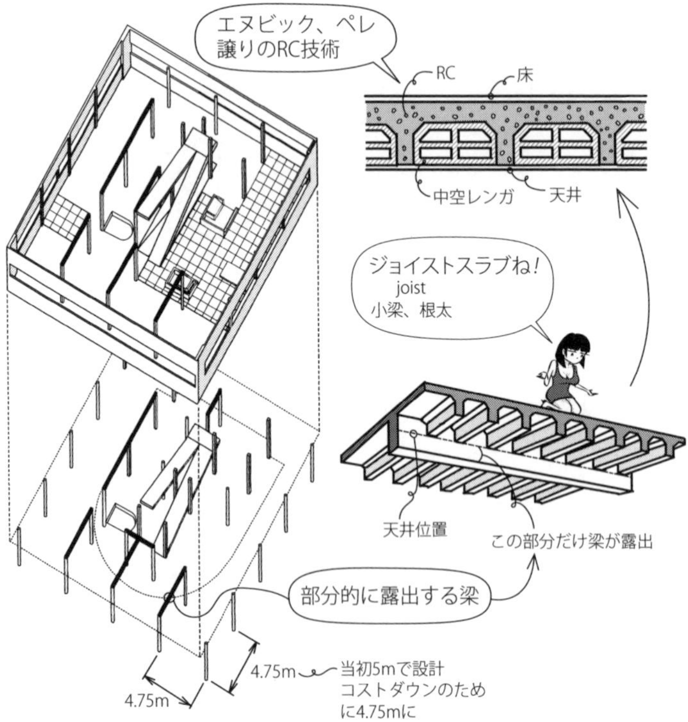

エヌビック、ペレ
譲りのRC技術
RC
床
中空レンガ
天井
ジョイストスラブね！
joist
小梁、根太
天井位置
この部分だけ梁が露出
部分的に露出する梁
4.75m
4.75m
当初5mで設計
コストダウンのため
に4.75mに

Q ル・コルビュジエによるサヴォア邸のテラス（中庭）の外壁にあけられた横長の孔は、どのような効果をもつ？

▼

A 外から見るとテラス内部と空が透けて見えて奥行き感、透明感、軽快さをつくり出し、居間から見ると横長窓と連続して見えて内外の連続性が高まります。

古典主義の建物でも箱に窓をあけただけでは平板で単調であるため、オーダーやアーチなどの層を前面に距離を置いて配置する二重被膜とすることはよく行われます。たとえばパリのオペラ座では、ファサードのオーダー列の背後にバルコニー分の距離を置いて、その奥に窓が置かれ、奥行がつくられています。サヴォア邸では中庭の壁に横長の孔をあけることで、奥行や透明性をつくり出しています。また居間から見ると、横長の孔が水平連続窓とつながって見えるため、居間とテラスが連続して見える効果があります。

スロープや寝室の窓が奥に見える
奥行をつくる壁の孔
奥行をつくるオーダーやアーチの列

サヴォア邸西立面

パリ・オペラ座（C.ガルニエ、1875年）

（写真：筆者）

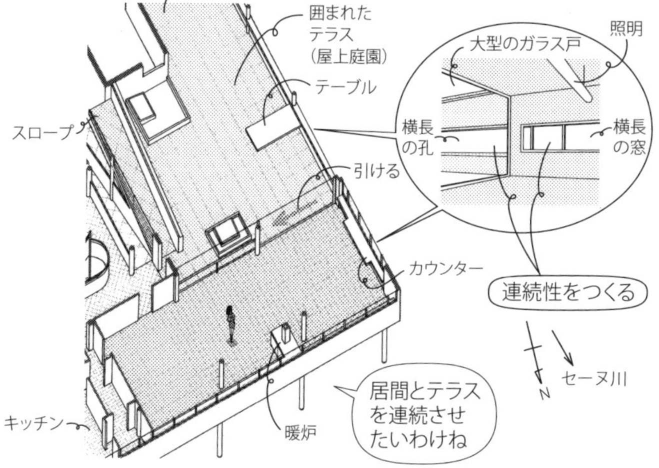

屋根のあるテラス
囲まれたテラス（屋上庭園）
テーブル
スロープ
引ける
カウンター
キッチン
暖炉
居間とテラスを連続させたいわけね
大型のガラス戸
照明
横長の孔
横長の窓
連続性をつくる
N
セーヌ川

10 ル・コルビュジエ

参考文献　10-1、10-3

コルビュジエの白い箱形住宅の構成

伝統的な箱は周囲を厚い壁で囲んで空間を強く規定し、それに孔をあけて窓をつくりますが、ル・コルビュジエは水平連続窓を設けて壁の強い限定性を弱め、壁を空間の輪郭を弱く規定する薄い表皮、被膜とします。ドミノ・システムによると水平スラブの規定力が強く、カルタゴの家実施案のように安易な構成となりやすくなります。コルビュジエの創造力が発揮されるのは、ドミノ・システムを適用した後の内部空間の操作です。ラ・ロッシュ＝ジャンヌレ邸（1924年）、クック邸（1926年）、ガルシュの家（1927年）、サヴォア邸（1931年）などの1920年から1931年の白い住宅の空間構成を以下にまとめます。

① 構造は約5mの均等グリッド（クック邸、サヴォア邸：サヴォア邸は5mグリッドで計画していたものの、コスト削減のために4.75mに変更）、a：b：a：b：aのダブルグリッド（ガルシュの家）など、柱を規則的に配列したRCラーメン（ドミノ・システム）。
② 床スラブの周囲を水平連続窓や大ガラス面、白い壁面といった薄い被膜が包み込み、単純な白い箱とする（純粋直方体）。
③ 外形は対称性が強い場合が多いが、内部空間は非対称に配列する。特に吹抜け、中庭、テラスを主軸に対して前方や側方に配置し、箱内部の空間を大きく偏心させる。
④ 階段や斜路が吹抜けや中庭、テラスと相呼応するように設けられ、シークエンス（景観の経時的連続）をつくると同時に水平スラブで分断されがちな上下階の空間を統合する。
⑤ 居間、食堂などの重要な部屋は上階に設け、プライバシーと眺望を確保すると同時に、入口からそこへの経路に④のシークエンスを組み込む。建物内部に豊かな回遊路、散歩道、プロムナードをつくる。
⑥ 曲線は局所的に使われる。トイレ、浴室などのサービス空間を包む壁、人の動きを止め、流し、あるいははね返す壁、入口を支持する壁、車の回転半径に従った壁（サヴォア邸）、外形に彫刻的要素を添える壁など。曲線は構成に変化を与えるが、全体の箱としての特性を崩さない。
⑦ キャンティレバーされた部分の立面は、柱で分割されることのない水平連続窓がとられ、さらにコーナーにガラスを回して箱の重量感をなくし、表層を分離する操作（ガルシュの家）なども施される。
⑧ ピロティをつくり、地上での人や車の動きを確保すると同時に、浮いた箱の表現として重量感をなくす。
⑨ 屋根はフラットとして屋上庭園をつくり、地上はなるべく公に開放する（実現されているものは個人住宅ではない）。

規則的に配列された柱は座標平面のように均質なものですが、その規則性の中にいかに偏差を付与するか、いかに水平スラブで分断された空間を統合するかが、ドミノ・システムを使った住宅の課題でした。

R336

Q A.ロースによる「ラウムプラン」の特徴は？

A ①外郭を対称性の強いフラットルーフの箱とする。
②内部は多くのレベル差をもち、居間、食堂、通路は空間的に連続させる。
③レベル差をつなぐ階段は平面上の位置が一定ではなく、また複雑に屈曲するものが多い。
④居間と食堂は2階にあり、入口からそこへの経路は、何度も屈曲する複雑なものとする。
⑤通路と部屋との間には腰壁、段差などがあり、部屋の落着きを保つ。
⑥居間と食堂は長方形の輪郭をもち、対称性が強調される。
⑦アルコーブ的な小さな空間が多くつくられる。

ロースによって「ラウムプラン」と命名された平面は、現在で言うスキップフロアに近い構成ですが、階段、通路を複雑に捻じ曲げて、旋回性、遠心性をつくり出しており、ル・コルビュジエとは異なる箱となっています。

モラー邸
(A.ロース、1928年、ウィーン、オーストリア)

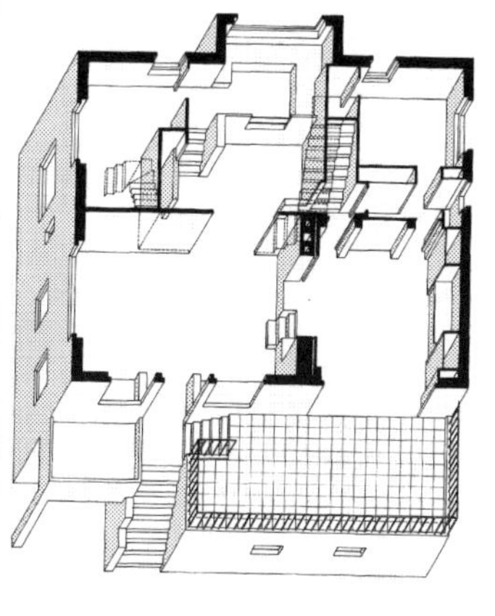

ミュラー邸
(A.ロース、1930年、プラハ、チェコ)

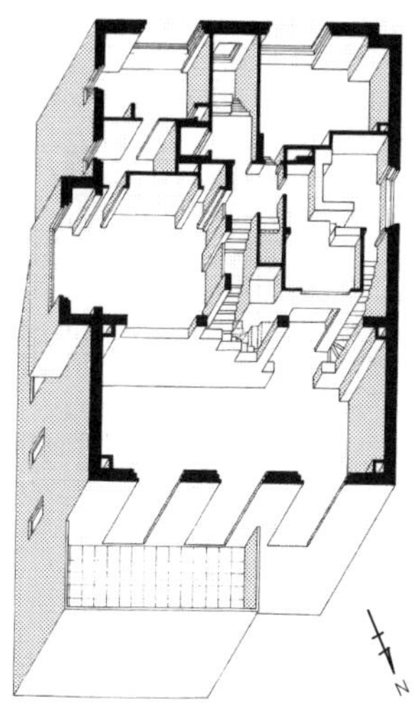
N

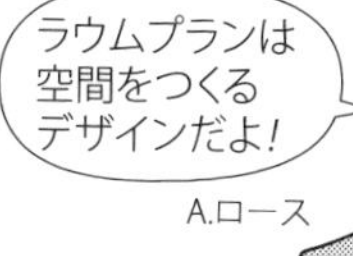
ラウムプランは
空間をつくる
デザインだよ！

A.ロース

階段があちこち行く
スキップフロアね

• ラウムRaumは独語で空間、ラウムプランは直訳すると空間計画。

参考文献　10-3、10-11

モノル住宅

Q ル・コルビュジエのモノル住宅（1919年）とは？

▼

A ヴォールトを並列に並べた住宅です。

A.ペレは倉庫（1915年、カサブランカ、モロッコ、R183参照）などでRCの薄い（ライズの低い）ヴォールトを並列にした建物を設計し、後にル・ランシーのノートルダム教会（1923年、R185参照）で身廊は軸方向、側廊ではそれと直交方向に薄いRCのヴォールトを架けた教会をつくります。コルビュジエはRCラーメンのほかにヴォールトのRCシェルでもペレの影響を受け、ヴォールトを並べたモノル住宅の計画案を1919年に発表します。1920年代の白い箱の時代の後に、30年代以降はRC打放しや石、レンガなどの素材を露出した表現に移行し、レンガ、石を積んだ壁やRC打放しの壁の上に、RC打放しのヴォールトを並べた住宅がパリやスイス、インドなどでつくられます。ヴォールトを並べた場合、空間の方向性や幅が一定で単調な構成になりがちなので、ドミノ・システムほどの汎用性はありません。

モノル住宅（1919年）

RCヴォールトの上に土

ガラスブロック

石積み

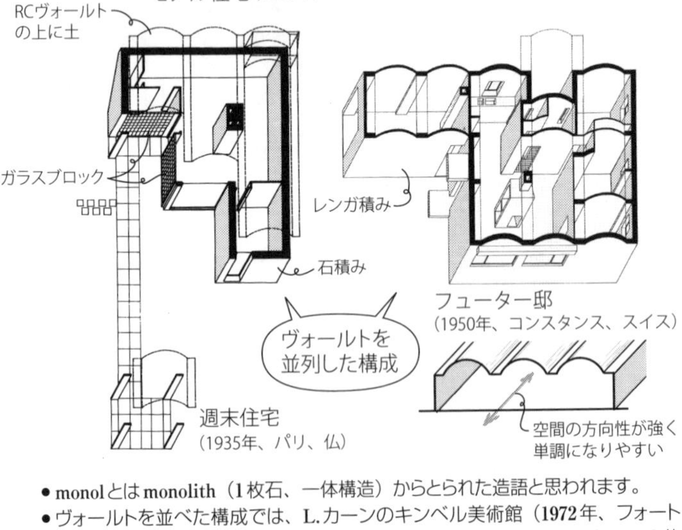

週末住宅（1935年、パリ、仏）

レンガ積み

フューター邸（1950年、コンスタンス、スイス）

ヴォールトを並列した構成

空間の方向性が強く単調になりやすい

- monolとはmonolith（1枚石、一体構造）からとられた造語と思われます。
- ヴォールトを並べた構成では、L.カーンのキンベル美術館（1972年、フォートワース、米）が有名ですが、キンベルのヴォールトは中央のキーストーンの位置が抜けていてトップライトとされており、ヴォールトは両側から持送りとされたアクロバット的な架構です。

参考文献　10-1、10-3、10-9、10-12／出典　10-1（上パース）

Q ル・コルビュジエの1920年代以降の住宅で、陸屋根、ヴォールト屋根以外の屋根は？

▼

A バタフライ屋根もつくられました。

初期のラ・ショー＝ド＝フォンでは、切妻、寄棟などの普通の屋根を架けていましたが、1916年のシュウォブ邸（陸屋根）、1917年の労働者住宅（切妻）以降、前衛を志したためか、陸屋根をメインとした箱形となります。バタフライ屋根は雨仕舞が悪い欠点がありますが、普通ではない優美な形態なので、コルビュジエはいくつかの住宅で試みています。エラズリス邸計画案は、バタフライ屋根の勾配に合わせた折返しのスロープがあり、上階のロフトに上ると吹抜けを見下ろせます。またレ・マットの家は梁間方向をバタフライ形にしており、石積みの壁で全体をS形に枠取り、床と屋根は木造で支えています。

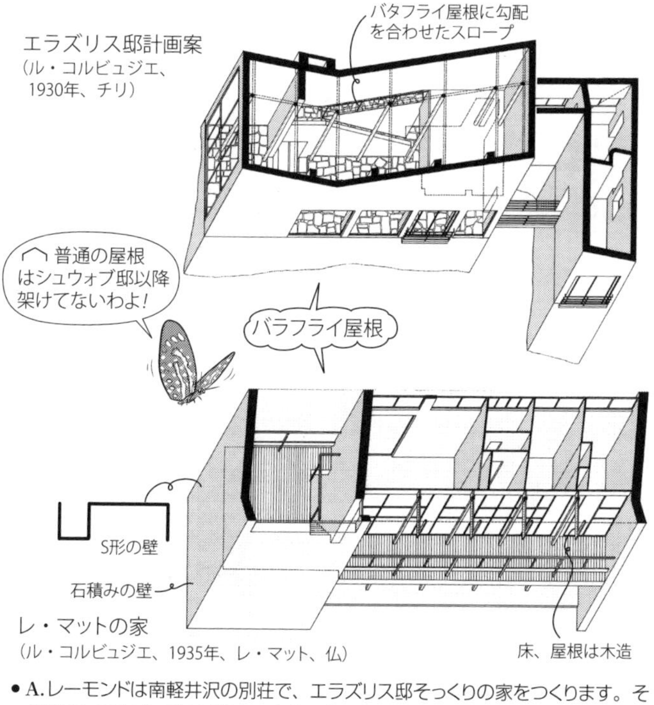

バタフライ屋根に勾配
を合わせたスロープ
普通の屋根
はシュウォブ邸以降
架けてないわよ！
バラフライ屋根
S形の壁
石積みの壁
床、屋根は木造

エラズリス邸計画案
（ル・コルビュジエ、1930年、チリ）

レ・マットの家
（ル・コルビュジエ、1935年、レ・マット、仏）

- A.レーモンドは南軽井沢の別荘で、エラズリス邸そっくりの家をつくります。それを見たコルビュジエは驚き、自身の作品集にその写真を載せています。その家は軽井沢タリアセン（ライトとは無関係）に移築され、現在は美術館として使われています。

参考文献　10-3、10-12、10-13

R339

衛生陶器の露出

Q ル・コルビュジエは洗面台などの衛生設備機器を居室に露出して使ったことがある？

▼

A ナンジュセール・エ・コリ通りのアパートにあるアトリエ兼住宅では、白い衛生陶器があちこちで居室に露出して設置されています。

コルビュジエというと、理論的にトップダウンでつくった印象がありますが、実際見に行くと、小さなデザインや工夫の積み重ねがあるのがわかります。アトリエ兼住宅では、衛生陶器やシャワー室、風呂以外でも、動く家具、屋根裏の斜め天井や階段の造形など、どんなものでもデザインに生かそうとする貪欲さを感じます。

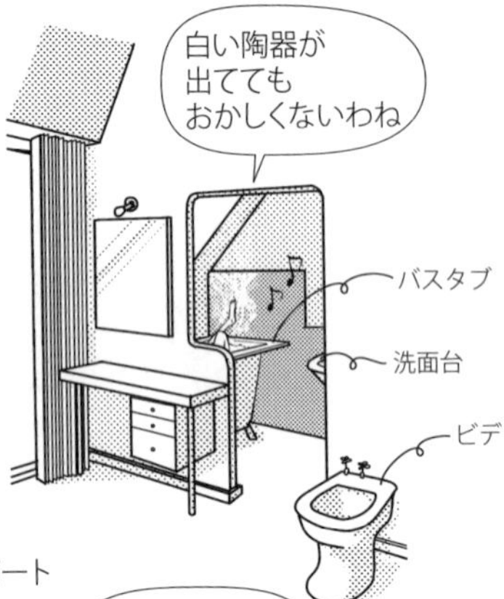

ガラスブロック
白い陶器が
出てても
おかしくないわね
バスタブ
洗面台
ビデ

ナンジュセール・エ・コリ通りのアパート
（ル・コルビュジエ、1933年、パリ、仏）

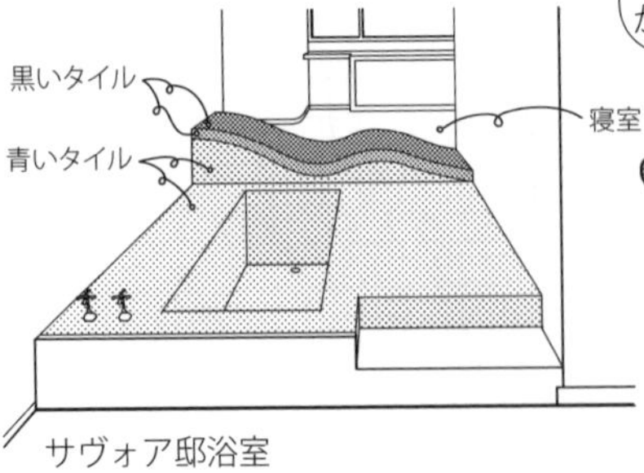

コルもS字カーブ
が好きなのよ！
黒いタイル
青いタイル
寝室
動かせる
外して床に置くと
ロッキングチェア

サヴォア邸浴室

シェーズロング
（ル・コルビュジエ、1928年）

- サヴォア邸の浴室では、タイルでつくられたS字カーブの寝椅子が、寝室との境にオープンに設置されています。実際に使うと固くて冷たそうなので、造形要素として置いたものと思われます。

参考文献　10-13

Q モデュール（module）とル・コルビュジエのモデュロール（Modulor）はどう違う？

A モデュールは基準寸法のことで、モデュロールはコルビュジエが人体寸法と黄金比から導いた寸法体系のことです。

木造において**910mm**グリッド（格子）で柱や壁を立てる場合、**910mm**がモデュール＝基準寸法となります。モデュロールは、モデュールと**section d'or**（黄金分割）からコルビュジエがつくった造語で、彼独自の寸法体系です。人が立って手をあげた寸法を**226cm**として、黄金比で割り込んで出した寸法を基準とします。ユニテ・ダビタシオンなどのコルビュジエの後期の作品に、このモデュロールが使われています。

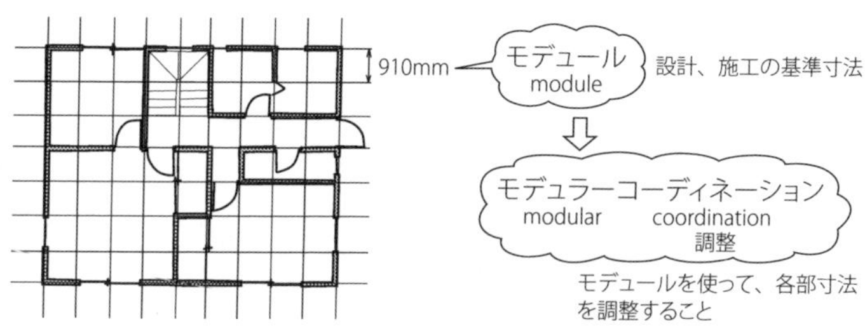
910mm
モデュール
module
設計、施工の基準寸法
モデュラーコーディネーション
modular coordination
調整
モデュールを使って、各部寸法を調整すること

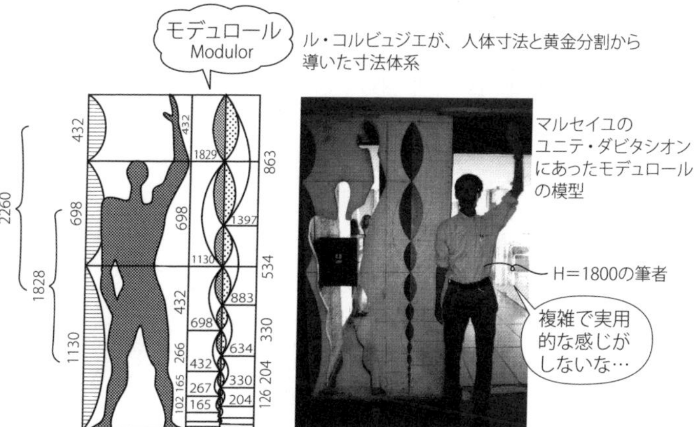
モデュロール
Modulor
ル・コルビュジエが、人体寸法と黄金分割から導いた寸法体系
432
698
1130
2260
1828
1829
1397
1130
883
698
634
432
330
267
204
165
863
534
330
204
126
266
165
102
マルセイユのユニテ・ダビタシオンにあったモデュロールの模型
H＝1800の筆者
複雑で実用的な感じがしないな…

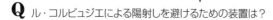

Q ル・コルビュジエによる陽射しを避けるための装置は？

A ブリーズソレイユ（brise-soleil）とパラソル（parasol）です。

ブリーズとは英語の**break**、ソレイユは**sun**で、ブリーズソレイユは太陽の日射を遮るものとなり、建築化された格子状の日除けです。またパラソルは浮き屋根です。ユニテ・ダビタシオンのバルコニー部分は、巨大な格子状のブリーズソレイユとされ水平スラブの浮き屋根はパラソルです。陽射しの強いインドに建つショーダン邸では、壁で構成された奥行のあるブリーズソレイユに対して、内部の壁柱やスロープは直交するように配され、XY方向の方向性が偏らないように配慮されています。RC打放しによる日除けと浮き屋根による、彫塑的で力強いデザインです。同時期のミース v.d.ローエのガラスの箱とは正反対の、奥行き感、素材感、重量感のある箱です。

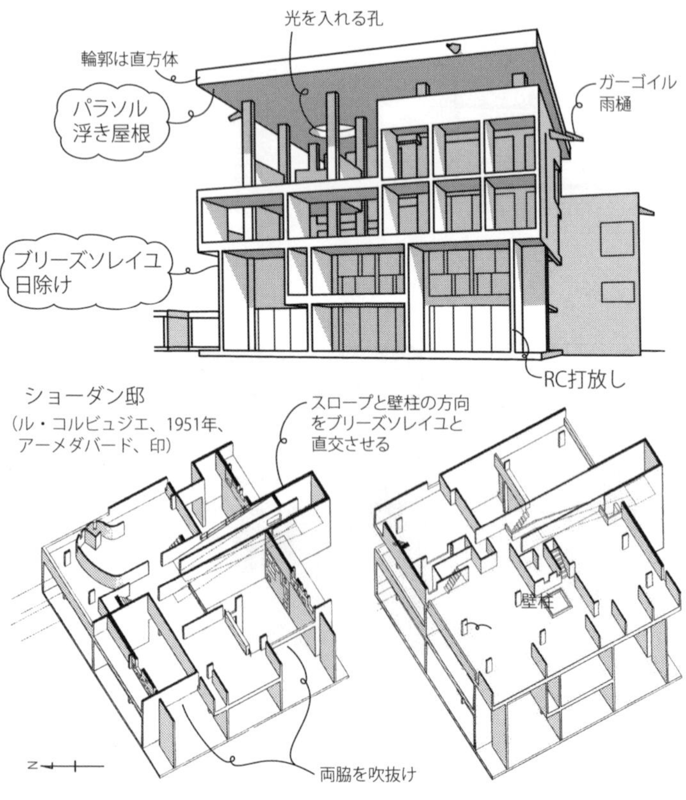
光を入れる孔
輪郭は直方体
パラソル
浮き屋根
ガーゴイル
雨樋
ブリーズソレイユ
日除け
RC打放し
ショーダン邸
（ル・コルビュジエ、1951年、
アーメダバード、印）
スロープと壁柱の方向
をブリーズソレイユと
直交させる
壁柱
両脇を吹抜け
N

参考文献　10-3、10-15

Q ル・コルビュジエによるチャンディガール州議事堂の構成は？

▼

A ブリーズソレイユとパラソルで囲んだ空間の中に、ふたつの議事堂のシェルを偏心して置いて、バランスをとっています。

彫刻家でもあるコルビュジエの晩年の作品では、彫刻的、彫塑的形態の傾向が強くなり、RC打放しによるブリーズソレイユやパラソルのような環境を調整する装置も、彫刻的に扱われています。現代建築においても、表層を限りなくフラットにしてミニマルな（最小限の）デザインをめざすのか、箱に格子状、浮き屋根状の要素を付けて二重被膜として奥行と陰影をつくるのかで、デザインが大きくふたつに分かれます。陽射しの強いところや住宅では、後者の方が環境的に望ましい設計と思われます。

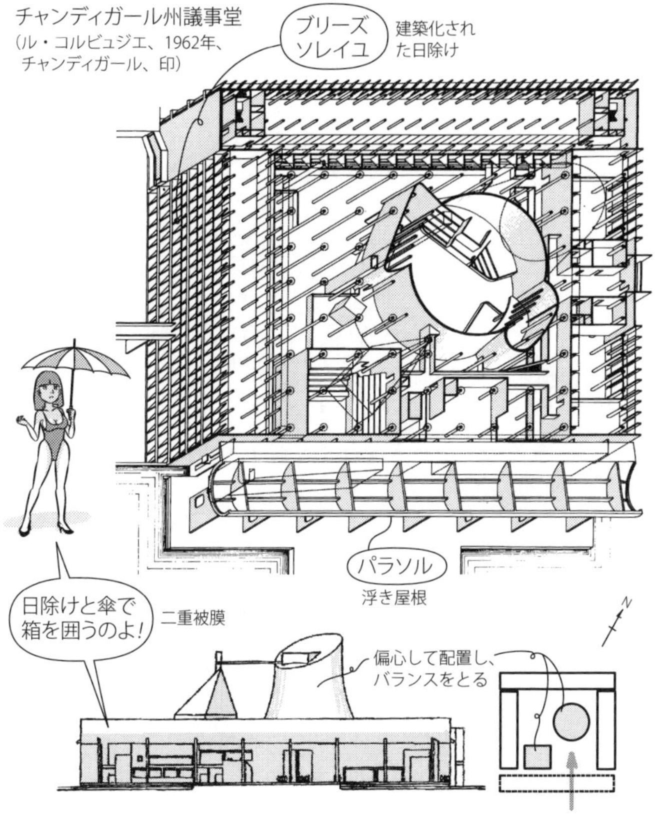

チャンディガール州議事堂
（ル・コルビュジエ、1962年、
チャンディガール、印）
ブリーズ
ソレイユ
建築化された日除け
パラソル
浮き屋根
日除けと傘で
箱を囲うのよ！
二重被膜
偏心して配置し、
バランスをとる
N

参考文献　10-16、10-17／出典　10-16（立面）

カーンとの比較　その1

Q L.カーンによるダッカの作品群では、日射を避けるのにどのようにしている?

▼

A 壁に大きな孔をあけ、その後ろに距離を置いてガラス面を付ける壁による二重被膜の方法で、日射を避けています。

カーンは均質なフレーム内を間仕切る近代建築の構成からはじめ、各々光を取り入れた空間単位を分離して並べる構成を試し、バングラデシュ国会議事堂では空間単位を中心の議事堂の周囲に集めた構成としています。柱によって床スラブを支えて、その均質な場に偏差を与えるように議事堂を配置したル・コルビュジエの方法とは対照的です。壁に円形や三角形などの大きな孔をあけ、その内側に距離を置いてガラス面を配し、日射を避けると同時に外観に奥行と象徴性を与えています。ソーク生物学研究所のコミュニティ・センター計画案でも、同様の壁による二重被膜の構成が見られます。スイスのマリオ・ボッタはこの方法を多用しています。

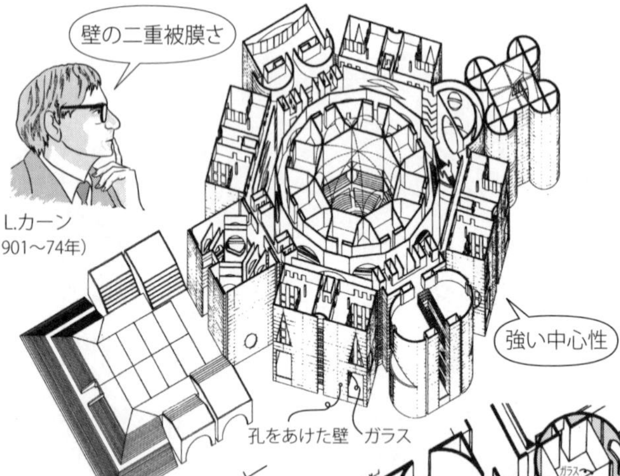

壁の二重被膜さ

L.カーン
(1901〜74年)

強い中心性

孔をあけた壁　ガラス

バングラデシュ国会議事堂
(L.カーン、1974年、ダッカ、バングラデシュ)

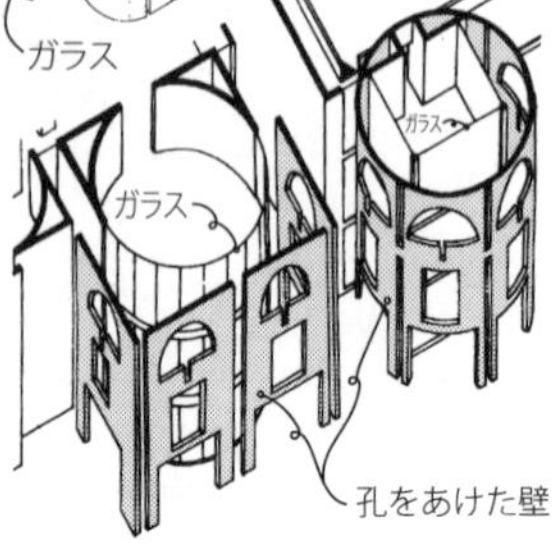

ガラス

孔をあけた壁

ソーク生物学研究所
コミュニティ・センター計画案
(L.カーン、1965年、ラ・ホヤ、米)

- カーンの空間構成に関しては、拙著『ルイス・カーンの空間構成　アクソメで読む20世紀の建築家たち』(彰国社、1998年)を参照のこと。

参考文献　10-17、10-18

Q ル・コルビュジエのスイス学生会館と、L.カーンのブリンモア大学女子寮の全体構成は？

A コルビュジエは個室群のブロックと共用部のブロックを分けて連結した機能的配列、カーンは個室群を45°傾けた正方形のブロックとし、コーナーを重合させて連結した形式的並列。

一般に個室を南向きに並べると、個室群は板状のブロックとなります。コルビュジエは板状のブロックをピロティで浮かせ、曲線を用いた共有部のブロックを付加して、機能的に配列しています。個室群にはユニテ・ダビタシオンやラ・トゥーレット修道院のような格子状のバルコニーはまだ付けていません。一方カーンは個室群を45°傾けた正方形にまとめ、そのコーナーを重合させることで連結しています。ふたつの学生寮を比べると、コルビュジエがいかに機能的に配列したか、カーンが機能的な構成を乗り越えるために、いかに形式的配列にこだわったかが明瞭となります。

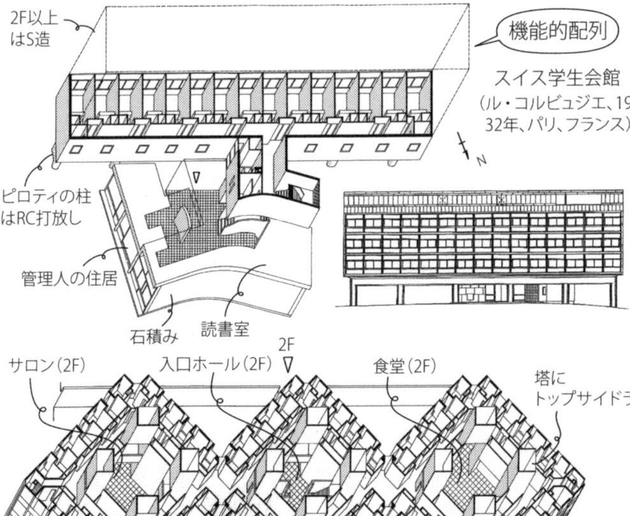

2F以上
はS造
機能的配列
ピロティの柱
はRC打放し
管理人の住居
石積み
読書室
N

スイス学生会館
（ル・コルビュジエ、1930〜32年、パリ、フランス）

サロン（2F）
入口ホール（2F）
2F
食堂（2F）
塔に
トップサイドライト
N
形式的配列

ブリンモア大学女子寮
（L.カーン、1960〜64年、ブリンモア、米）

- 女子寮における正方形の中央吹抜けには、四隅の塔のトップサイドライトから光が入り、筆者が訪れた際にも、明るい壁に囲まれた空間となっていました。

参考文献 10-13、10-17、10-18

Q ル・コルビュジエのソヴィエト宮設計競技案と、L.カーンのヴェネチア会議場計画案はどのような構造体？

▼

A コルビュジエは放物線アーチから梁を吊り、その梁から屋根を吊る構造体。カーンは左右のコアから巨大な梁を架けて床全体を吊り、その懸垂曲線を会議室の傾斜として利用する構造体。

大空間の建築は、構造と大人数の動線処理でデザインがかなり決まりますが、両計画案はアクロバット的な構造体の提案として興味深いものです。コルビュジエのソヴィエト宮設計競技案では、放物線アーチから梁を吊り、その梁から屋根を吊る構造。一方カーンのヴェネチア会議場計画案は左右のコアから大きな梁を架けて床全体を吊り、その懸垂カーブを会議室の傾斜に利用する案です。

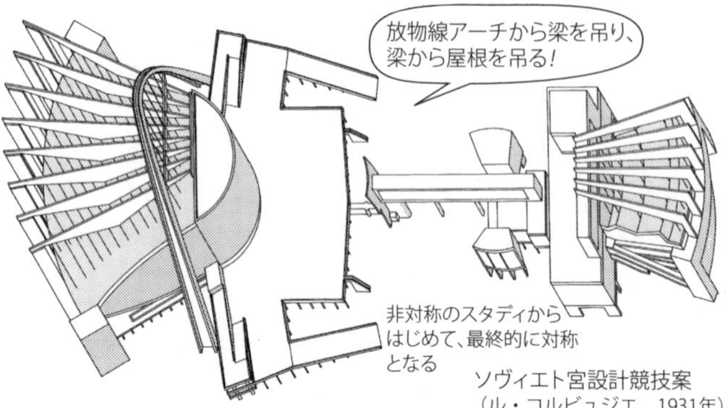

放物線アーチから梁を吊り、梁から屋根を吊る!
非対称のスタディからはじめて、最終的に対称となる

ソヴィエト宮設計競技案
（ル・コルビュジエ、1931年）

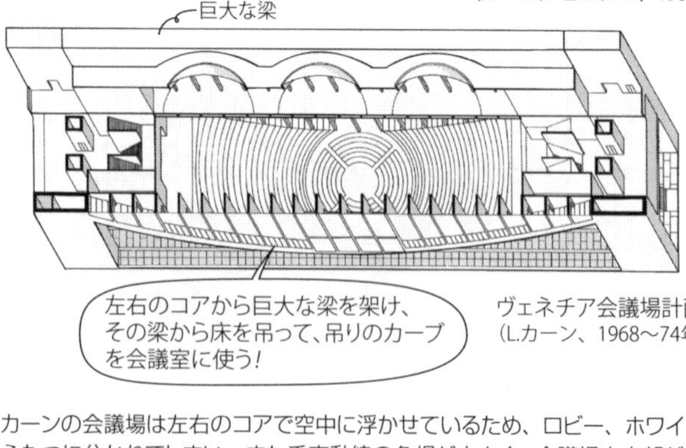

巨大な梁
左右のコアから巨大な梁を架け、その梁から床を吊って、吊りのカーブを会議室に使う!

ヴェネチア会議場計画案
（L.カーン、1968〜74年）

- カーンの会議場は左右のコアで空中に浮かせているため、ロビー、ホワイエがふたつに分かれてしまい、また垂直動線の負担が大きく、会議場中央部が控室などのバックヤードから遠いなどの問題点もあります。

参考文献　10-13、10-17、10-18

Q ル・コルビュジエのラ・トゥーレット修道院とL.カーンのドミニコ会修道院の全体構成は？

▼

A コルビュジエは個室群のコの字と礼拝堂によってロの字に囲い、中庭に十字の通路を設けた構成。カーンは個室群のコの字の中に、礼拝堂などを不規則にぶつけて配置し、重合してつなげた構成。

伝統的な修道院は個室群と礼拝堂で中庭を囲い、散策しながら思索できるように中庭には回廊がつくられます。コルビュジエは中庭を囲うまでは伝統的な構成ですが、回廊を設けずに十字に通路を設けています。一方カーンはコの字に囲んだ中で、礼拝堂や食堂などを、角度を振ってランダムにぶつけ、角を重合させています。角度を振った長方形をぶつけてコーナーを重合させる構成は、フィッシャー邸（1969年）で実現されます。

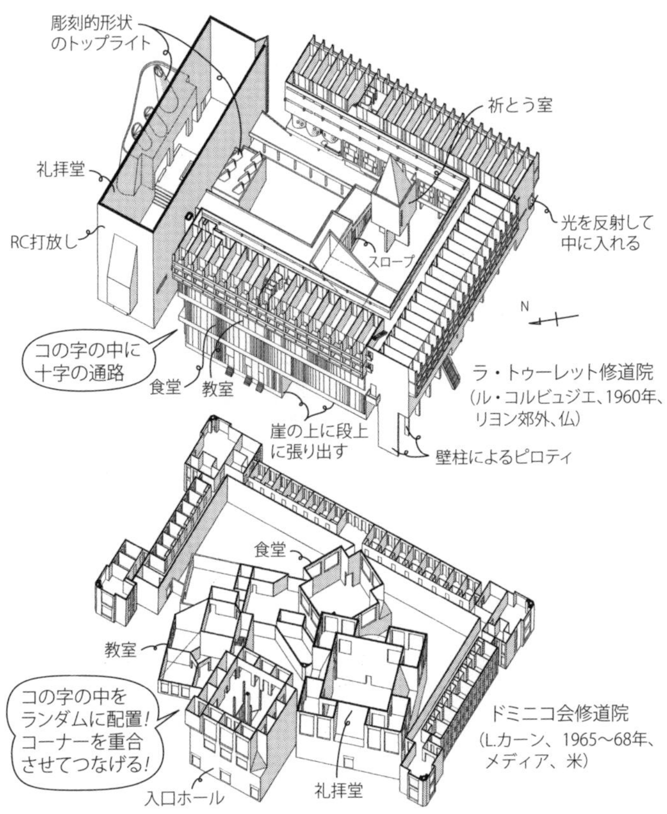
彫刻的形状のトップライト
祈とう室
礼拝堂
光を反射して中に入れる
RC打放し
スロープ
N
コの字の中に十字の通路
食堂
教室
ラ・トゥーレット修道院
（ル・コルビュジエ、1960年、リヨン郊外、仏）
崖の上に段上に張り出す
壁柱によるピロティ
食堂
教室
コの字の中をランダムに配置！コーナーを重合させてつなげる！
ドミニコ会修道院
（L.カーン、1965〜68年、メディア、米）
入口ホール
礼拝堂

10 ル・コルビュジエ

参考文献　10-16、10-17、10-18

Q L.カーンの空間構成における変遷は？

▼

A
Ⅰ　準備期（1940年代）　近代建築の構成
Ⅱ　変革期（1950年代）　空間単位の分離
Ⅲ　完成期（1960年代）　空間単位の中心による統合
Ⅳ　展開期（1970年代）　屋根の空間

初期の作品は非対称で機能的配置を均等グリッドの柱梁で実現した、近代建築の構成そのもの。イエール・アート・ギャラリー（1953年）から正三角形グリッドや対称性などの、近代建築とは異質な要素が現れます。アドラー邸（1955年）の頃から空間単位の分離が意識され、空間単位と構造単位の一致が追求されるようになります。そして柱主体から壁面主体の空間に移行し、ソーク生物学研究所コミュニティ・センター（1965年）の頃から中心的な空間により空間単位が統合されます。ダッカの国会議事堂（1974年）という最もカーンらしい作品は、壁面主体の空間単位を中心によって統合する構成です。さらにキンベル美術館（1972年）などでは「屋根の空間」と呼べるような、屋根によって空間単位が強調された空間もつくられます。

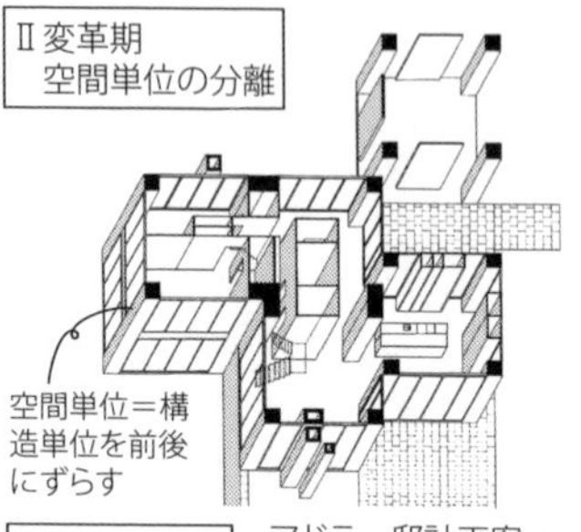

Ⅱ変革期
空間単位の分離
空間単位＝構造単位を前後にずらす
アドラー邸計画案
（1955年、フィラデルフィア、米） 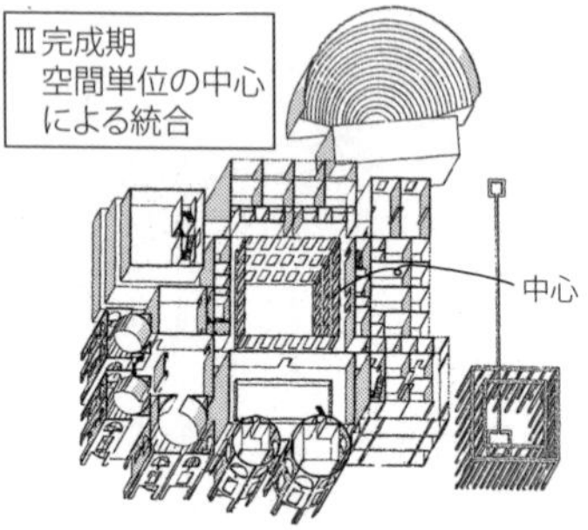
Ⅲ完成期
空間単位の中心による統合
中心
ソーク生物学研究所コミュニティ・センター計画案
（1965年、ラ・ホヤ、米） 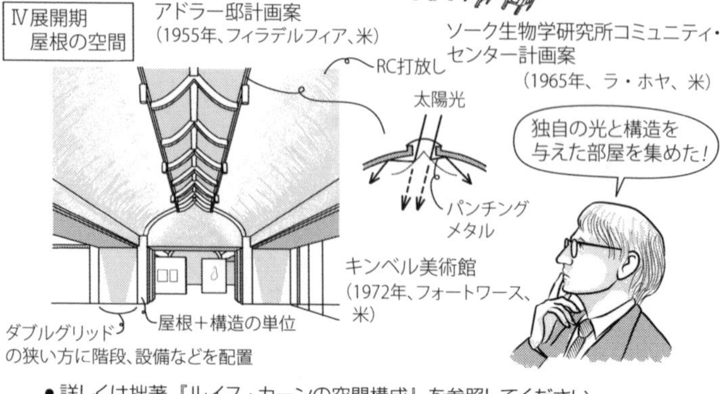
Ⅳ展開期
屋根の空間
RC打放し
太陽光
パンチングメタル
独自の光と構造を与えた部屋を集めた！
キンベル美術館
（1972年、フォートワース、米）
ダブルグリッドの狭い方に階段、設備などを配置
屋根＋構造の単位

● 詳しくは拙著『ルイス・カーンの空間構成』を参照してください。

参考文献　10-17、10-18

Q A.アアルトの空間構成を特徴づけるものは？

▼

A ①波打つ曲面や、②扇形の長方形平面への挿入が挙げられます。

ニューヨーク万博フィンランド館では、オーロラのような波打つ壁面としています。ロヴァニエミの図書館では、端部にトップライトのある扇形の閲覧室が、偏心した位置に付けられています。アアルトは古典主義からはじめ、ル・コルビュジエのような白い近代建築を試した後に、波打つ曲面や扇形などの特徴的なデザインをするようになります。曲線の使用は部分的なもので、A.ガウディや表現主義のような全体が彫塑的となるデザインではありません。

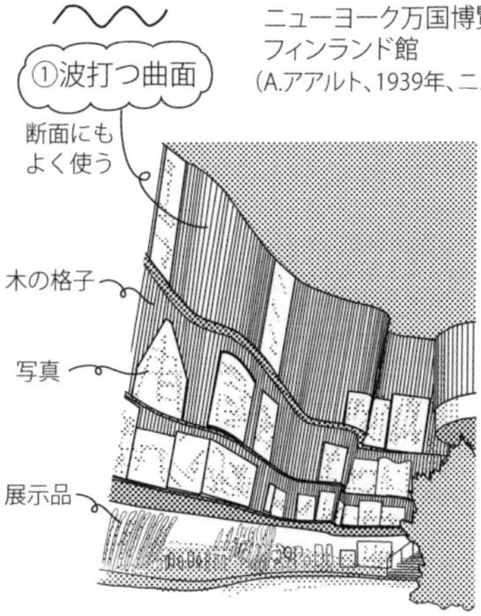

①波打つ曲面

断面にもよく使う

木の格子

写真

展示品

ニューヨーク万国博覧会
フィンランド館
(A.アアルト、1939年、ニューヨーク、米)

オーロラかスカートのひだみたい！

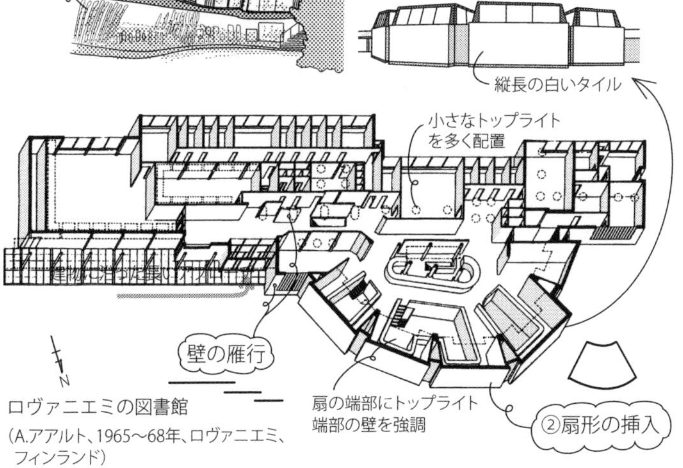

縦長の白いタイル

小さなトップライトを多く配置

建物に沿った緑のテラス

壁の雁行

N

扇の端部にトップライト
端部の壁を強調

②扇形の挿入

ロヴァニエミの図書館
(A.アアルト、1965～68年、ロヴァニエミ、フィンランド)

11

参考文献　11-1、11-2

Q A.アアルトはどのような素材を使う？

▼

A レンガや木などの自然の素材をよく使います。

アアルトは1930年代以降、レンガや木を好んで使うようになります。片流れを組み合わせたメゾン・カレにおけるギャラリーの天井は、木製のうねる曲面で、居間まで流れるように続きます。白い壁と要所に入れられた木が対比され、近代建築がそぎ落とした優雅さを住宅に復活させています。

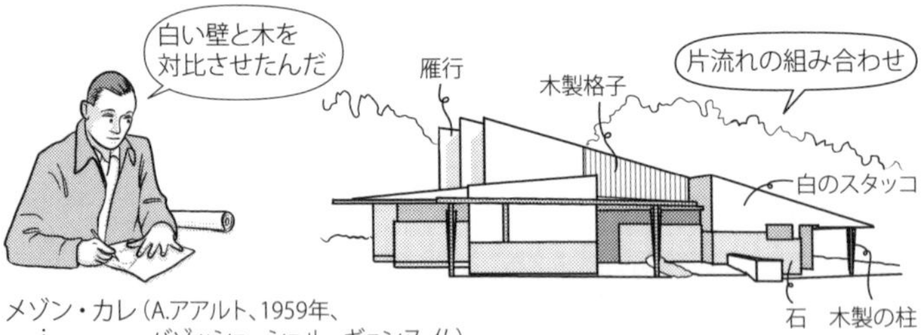

白い壁と木を対比させたんだ
雁行
木製格子
片流れの組み合わせ
白のスタッコ
石
木製の柱

メゾン・カレ（A.アアルト、1959年、
バゾッシュ・シュル・ギヨンヌ、仏）

maison：仏語で家
ニームに同名の
古代ローマ神殿あり

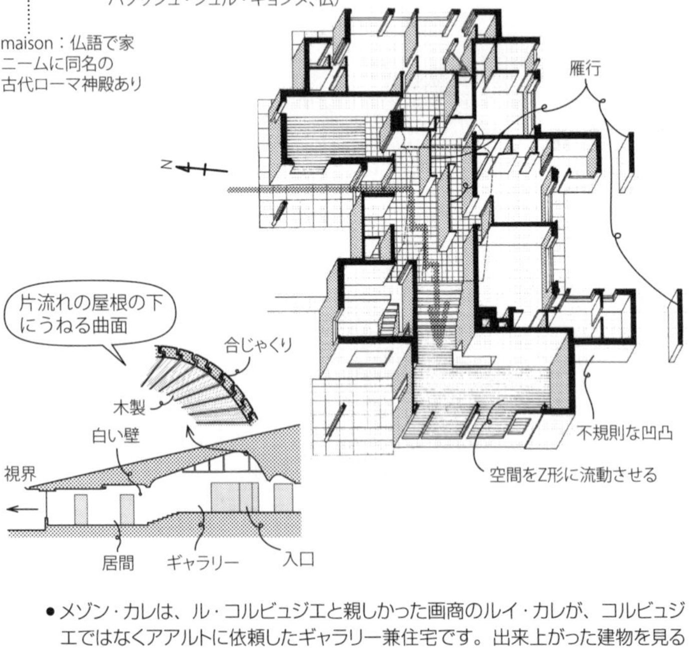

雁行
N
片流れの屋根の下にうねる曲面
合じゃくり
木製
白い壁
視界
居間
ギャラリー
入口
不規則な凹凸
空間をZ形に流動させる

- メゾン・カレは、ル・コルビュジエと親しかった画商のルイ・カレが、コルビュジエではなくアアルトに依頼したギャラリー兼住宅です。出来上がった建物を見ると、コルビュジエに頼まなくて良かったのでないかと思ってしまいます。

Q A.アアルトによるフィンランディア・ホールの配置と動線は？

A 大小のホールを非対称に偏心して配置して、ホールへは巻き込むようなアプローチとしています。

ホールは一般的に、パリのオペラ座のように主軸上にホールを置き、主軸上から入口ロビーに入り、階段を上がってホワイエ（チケットもぎり後のスペース）に到る、主軸に沿って進むアプローチ動線です。一方アアルトはホールの舞台を入口側に向け、観客席とホワイエを逆側（湖側）に向けて、観客は入口から階段を上がって、左奥に進んで湖の見えるホワイエに入る、巻き込むような、奥行のあるアプローチ動線です。左右非対称で偏心した配置、奥行のある、巻き込むような動線は、アアルトのホール特有のものです。外形は、全体を箱形に納めるのではなく、不整形な形を集合させ、雁行、曲線、鋭角などを使って、さまざまな形を各部でバランスをとりながら構成する方法をとっています。

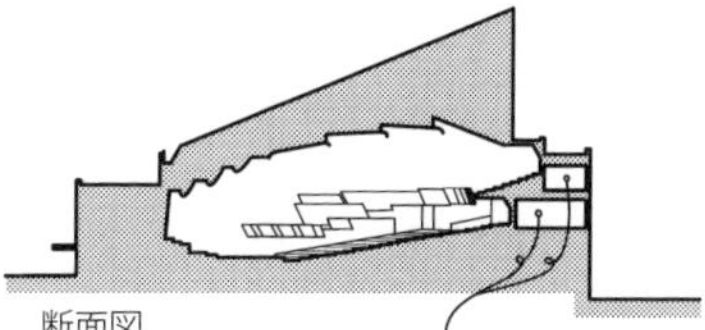

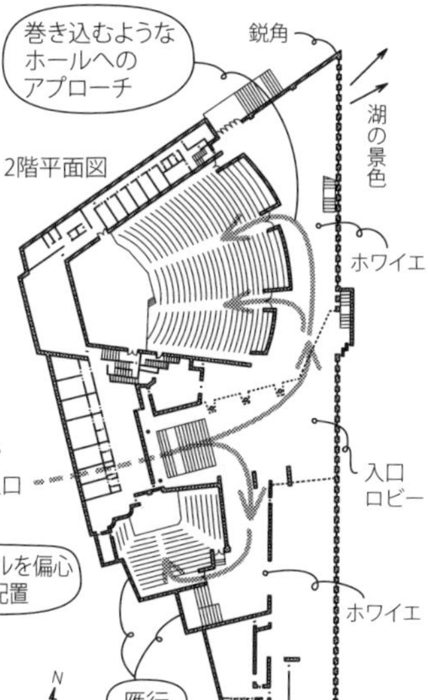

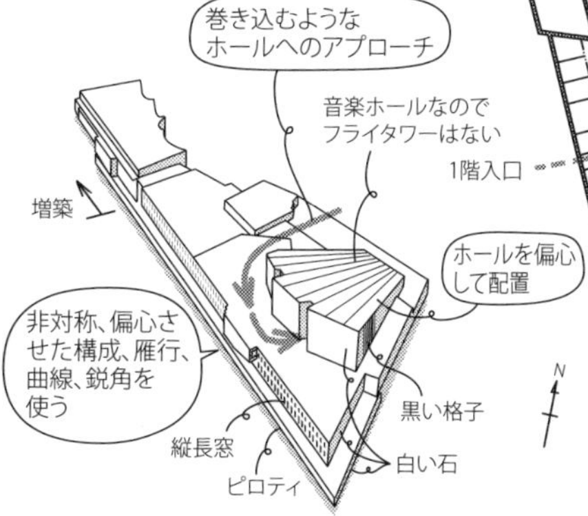

断面図
ホワイエ
巻き込むようなホールへのアプローチ
鋭角
湖の景色
2階平面図
ホワイエ
1階入口
入口ロビー
ホワイエ
雁行
N
巻き込むようなホールへのアプローチ
音楽ホールなのでフライタワーはない
増築
ホールを偏心して配置
非対称、偏心させた構成、雁行、曲線、鋭角を使う
黒い格子
縦長窓
白い石
ピロティ

フィンランディア・ホール（A.アアルト、1971年、ヘルシンキ、フィンランド）

Q P.ルドルフ、リチャード・マイヤーらのコルビュジエ風の住宅は？

▼

A ルドルフによるミラム邸はブリーズ・ソレイユを前面に付けた住宅、マイヤーによるスミス邸は前部に吹抜けと大ガラス面の居間、食堂、後部に寝室などを配し、前部をフレーム、後部を壁でつくった白い箱形の住宅としています。

ル・コルビュジエが開発したモチーフを、後の建築家たちは洗練、応用していきます。ルドルフのブリーズソレイユ、マイヤーの白い箱がその典型例です。スミス邸を見たP.ジョンソンは、「前はグロピウス、後ろはコルビュジエ」と表現しています。柱主体のドミノと壁主体のシトロアンから、「ドミノ&シトロアン」とも呼ばれました。

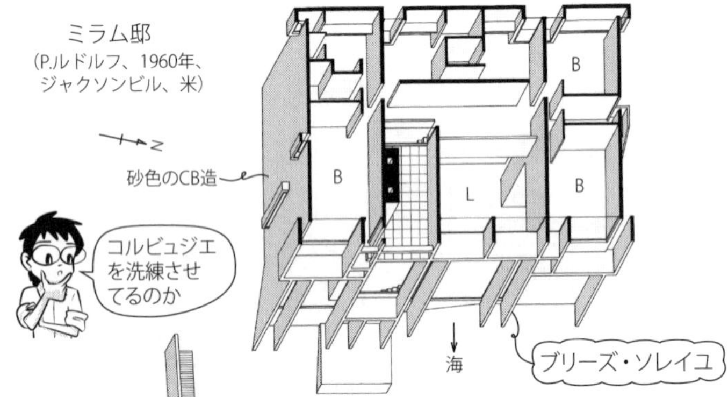

ミラム邸
(P.ルドルフ、1960年、ジャクソンビル、米)

N

砂色のCB造

B

B

L

B

コルビュジエを洗練させてるのか

海

ブリーズ・ソレイユ

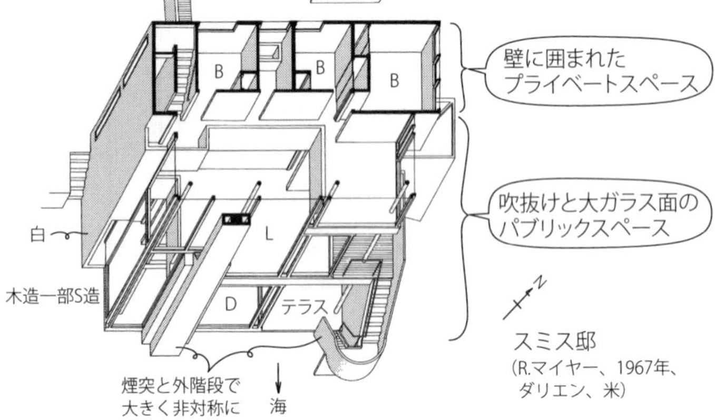

B

B

B

壁に囲まれたプライベートスペース

吹抜けと大ガラス面のパブリックスペース

白

L

木造一部S造

D

テラス

N

スミス邸
(R.マイヤー、1967年、ダリエン、米)

煙突と外階段で大きく非対称に

海

参考文献　11-4、11-5

R352

チャールズ・ムーア　その1

Q C.ムーアの空間構成はどのような特徴がある？

A ①全体の輪郭はさまざまな操作で不明確にされる。
②エディキュラ（小神殿）と呼ばれる4本柱のやぐらを建物内に入れ子にする。
③吹抜けが明確な輪郭をもたず、逆に2階のプランが図として浮かび上がる特有な吹抜けが多い。（R327の4つの吹抜けパターンの④）
④幅の広い大階段を室内に取り込む。
⑤45°線の多用。
⑥スーパー・グラフィックの採用。
⑦ヴァナキュラー（土着的、世俗的）な形態を取り入れる。

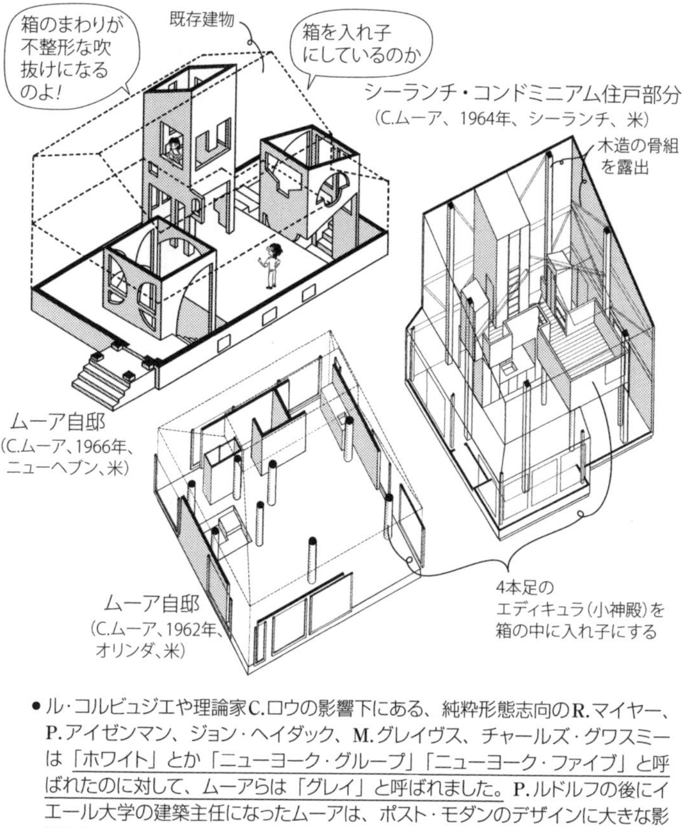

箱のまわりが不整形な吹抜けになるのよ！

既存建物

箱を入れ子にしているのか

シーランチ・コンドミニアム住戸部分
（C.ムーア、1964年、シーランチ、米）

木造の骨組を露出

ムーア自邸
（C.ムーア、1966年、ニューヘブン、米）

ムーア自邸
（C.ムーア、1962年、オリンダ、米）

4本足のエディキュラ（小神殿）を箱の中に入れ子にする

- ル・コルビュジエや理論家C.ロウの影響下にある、純粋形態志向のR.マイヤー、P.アイゼンマン、ジョン・ヘイダック、M.グレイヴス、チャールズ・グワスミーは「ホワイト」とか「ニューヨーク・グループ」「ニューヨーク・ファイブ」と呼ばれたのに対して、ムーアらは「グレイ」と呼ばれました。P.ルドルフの後にイエール大学の建築主任になったムーアは、ポスト・モダンのデザインに大きな影響を与えました。

参考文献　11-6、11-7

チャールズ・ムーア その2

Q スーパー・グラフィックとは？

▼

A 壁にカラフルな大きなパターン、文字、抽象画などを描くことなどを指します。

C.ムーアによるシーランチ・コンドミニアムの共用部には、原色で大きなパターンが描かれています。モダニズムが白い壁やガラス面、いわゆる純粋な面を主に構成したのに対し、色彩のついた大胆な模様や大きい文字を壁面に描いてしまう方法は、ポスト・モダニズムに属すると思われます。

シーランチ・コンドミニアムのスーパー・グラフィックス

濃青
赤
黒
赤
ボロイ空間がイキイキするわね

エスプリ・ヌーヴォー館
（ル・コルビュジエ、1925年、パリ、仏）

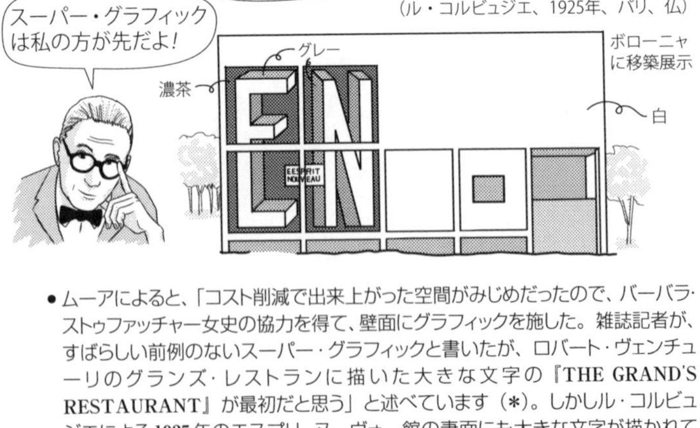

スーパー・グラフィックは私の方が先だよ！
グレー
濃茶
ボローニャに移築展示
白
ESPRIT NOUVEAU

- ムーアによると、「コスト削減で出来上がった空間がみじめだったので、バーバラ・ストゥファッチャー女史の協力を得て、壁面にグラフィックを施した。雑誌記者が、すばらしい前例のないスーパー・グラフィックと書いたが、ロバート・ヴェンチューリのグランズ・レストランに描いた大きな文字の『THE GRAND'S RESTAURANT』が最初だと思う」と述べています（＊）。しかしル・コルビュジエによる1925年のエスプリ・ヌーヴォー館の妻面にも大きな文字が描かれており、スーパー・グラフィックの先駆けです。

＊11-8（p.55）／参考文献　11-6、11-8、11-9

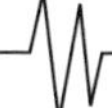

R354 日本の戦後住宅　その1

Q 1950年代の日本でつくられた極小住宅では、どのような平面構成がある？

A 分離された壁によるドアのない間仕切り、偏心した吹抜け、中央に置かれたコアなどが平面構成に使われました。

明治以後に個室化が進み、書院造りの「続き間+縁側」が減り、「中廊下型」や「居間中心型」の平面が増えていきます。戦後、建築家たちが中廊下形のつまらなさや超狭小の平面を克服するために、廊下やドアを極力排した「オープンプラン」を推し進めます。工務店やハウスメーカーは普通の中廊下形平面、建築家はオープンプランという構図ができます。そんな中でモダニズムの成果である分離面としての壁、偏心した吹抜け、コアなどが採用されます。

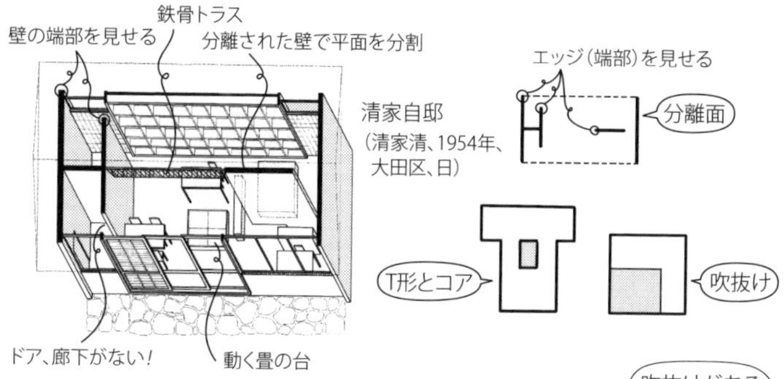

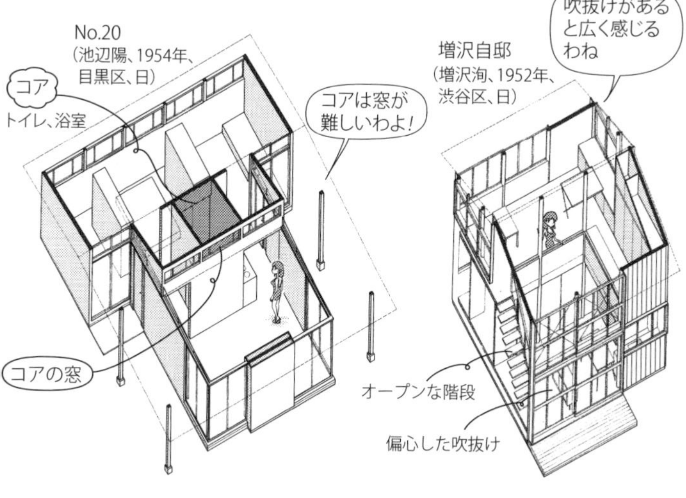

壁の端部を見せる
鉄骨トラス
分離された壁で平面を分割
清家自邸
（清家清、1954年、大田区、日）
エッジ（端部）を見せる
分離面
T形とコア
吹抜け
ドア、廊下がない！
動く畳の台
No.20
（池辺陽、1954年、目黒区、日）
コア
トイレ、浴室
コアは窓が難しいわよ！
コアの窓
増沢自邸
（増沢洵、1952年、渋谷区、日）
吹抜けがあると広く感じるわね
オープンな階段
偏心した吹抜け

参考文献　11-10、11-11

Q 1930年代にミースv.d.ローエによって試されたコートハウスは、日本ではつくられた？

▼

A 西沢文隆、広瀬鎌二、RIAらが1960年代にコートハウスを試みています。

西沢の正面のない家は、塀と建物を一体化し、等間隔に架けられた梁のグリッドに沿って、あちこちに中庭を設けています。広瀬によるSH-60はブレースで斜面の上に中庭を張り出し、建物の外壁と同じ高さの壁で囲っています。RIAの光庭のある家は、細長い住宅で梁間方向に2カ所中庭を切り抜いており、離れには一旦中庭に出てから入る構成です。いずれも建物全体を高い壁で囲い込み、その中は開放的に扱っています。コートハウスはあまり狭いところでつくろうとすると、塀が高くなって採光通風が悪くなる欠点があります。日本の狭小住宅で中庭をつくる場合、平屋の方が採光がとりやすく、古くからある坪庭（1間角の庭）も、ほとんど平屋限定の手法となっています。

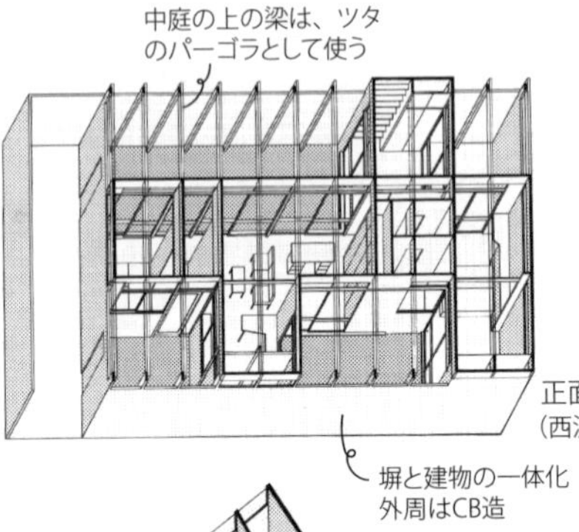

中庭の上の梁は、ツタのパーゴラとして使う
グリッドに合わせて抜いてるのよ!
パン
塀と建物の一体化
外周はCB造

正面のない家
（西沢文隆、1960年、西宮、日）

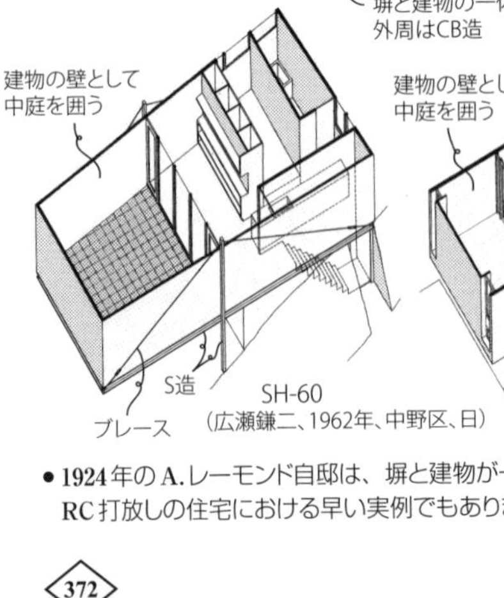

建物の壁として中庭を囲う
S造
ブレース
建物の壁として中庭を囲う
RC打放し
ピロティ
2カ所に中庭

SH-60
（広瀬鎌二、1962年、中野区、日）

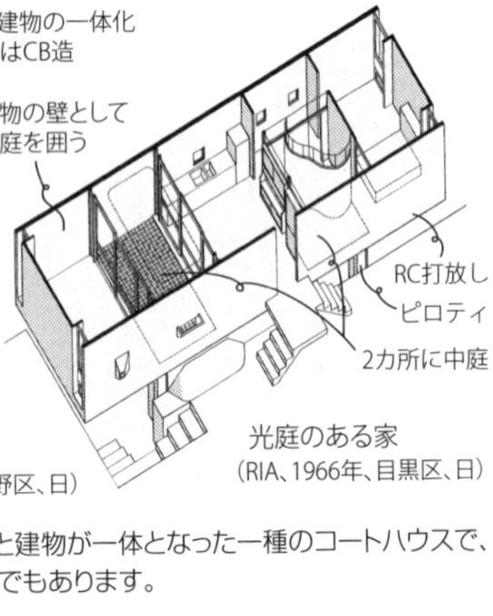

光庭のある家
（RIA、1966年、目黒区、日）

- 1924年のA.レーモンド自邸は、塀と建物が一体となった一種のコートハウスで、RC打放しの住宅における早い実例でもあります。

参考文献 11-12、11-13、11-14

Q 日本の戦後住宅において、前方吹抜け、側方吹抜けはどのようにつくられた？

▼

A A.レーモンドによるカニンガム邸、吉阪隆正のヴィラ・クゥクゥは前方吹抜け、白井晟一の増田夫妻のアトリエは側方吹抜けの優れた実例で、いずれも階段と上階の部屋を吹抜けに対してオープンにした「立体的なオープンプラン」です。

前方吹抜け、側方吹抜けは、近代建築家がよく採用したもので、建物全体を偏心させるのに効果的でした。カニンガム邸、ヴィラ・クゥクゥはともに吹抜け側の天井を下げ、天井が高すぎないように工夫しています。ヴィラ・クゥクゥは、ル・コルビュジエ後期の作品のように、RC打放しで彫塑的な形としています（吉阪はコルビュジエの弟子）。このような「立体的オープンプラン」は近代建築の成果を取り入れたものですが、日本的特殊事情である超狭小面積を克服する手段でもありました。日本住宅は大きくは、開放性（伝統）→明治以後の閉鎖化（個室化）→戦後の建築家による平面的、立体的開放という変遷とまとめることができます。

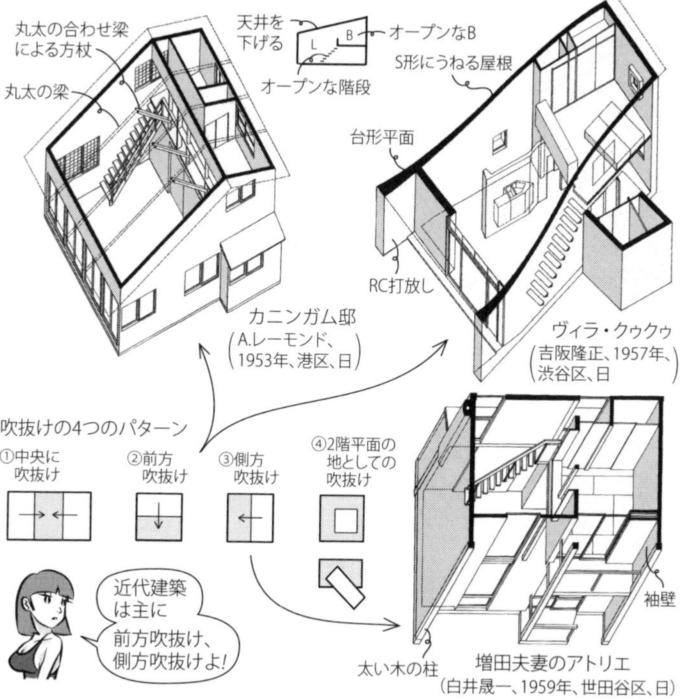
丸太の合わせ梁による方杖
丸太の梁
天井を下げる
L
B
オープンなB
オープンな階段
S形にうねる屋根
台形平面
RC打放し
カニンガム邸
（A.レーモンド、1953年、港区、日）
ヴィラ・クゥクゥ
（吉阪隆正、1957年、渋谷区、日）
吹抜けの4つのパターン
①中央に吹抜け
②前方吹抜け
③側方吹抜け
④2階平面の地としての吹抜け
近代建築は主に前方吹抜け、側方吹抜けよ！
袖壁
太い木の柱
増田夫妻のアトリエ
（白井晟一、1959年、世田谷区、日）

参考文献　11-15、11-16、11-17

参考文献・出典

- 本文の執筆・作図にあたり参考とした書籍は「参考文献」、図の引用は「出典」として、各項目の下に文献番号を記しました。
- 古い図面、パースなどを引用する場合、汚れ、線のかすれなどは筆者が修正し、立体感をわかりやすくするためにトーンを追加したり、背景をトリミングしたものがあります。これらは出典を各項目下に記しました。
- 現存するものは、Google ストリートビューで上空から見て、屋根のかかり方や建物全体の構成を参考とし、なるべく忠実に作図しました。
- 参考文献、出典については、古い資料など、1 次資料の確認が難しかったものは 2 次資料を参考としています。

1 章

1-1) Anthony Vilder, "Claude-Nicolas Ledoux" Massachusetts Institute of Technology, 1990
1-2) Sir Banister Fletcher, "A History of Architecture" Athlone Press, 1975
1-3) Robin Middleton, David Watkin, "Neoclassical and 19th Century Architecture/2", Electa/Rizzoli, 1980
1-4) 三宅理一著『都市と建築コンペティションⅠ 首都の時代』講談社、1991 年
1-5) Andrew Saint, "Richard Norman Shaw" Yale University Press, 1976
1-6) エドワード・R ザーゴ『機能主義論の建築』鹿島出版会、1972 年
1-7) ル・コルビュジエ著、吉阪隆正訳『建築をめざして』鹿島出版会、1967 年
1-8) H.R. ヒッチコック、P. ジョンソン著『インターナショナル・スタイル』鹿島出版会、1978 年
1-9) ジークフリート・ギーディオン著、太田實訳『空間　時間　建築』丸善（1 巻 1969 年、2 巻　1969 年）
1-10) ポール・オヴリー著、由水常雄訳『デ・ステイル』PARCO 出版局、1978 年
1-11) 佐々木宏著『20 世紀の建築家たち Ⅱ』相模書房、1976 年
1-12) 原口秀昭著『20 世紀の住宅』鹿島出版会、1994 年
1-13) 日本建築学会編『近代建築史図集』彰国社、1966 年
1-14) 谷川正己編『近代建築小事典』オーム社、1975 年
1-15) 二川幸夫編集、写真『FRANK LLOYD WRIGHT MONOGRAPH 1907-1913』A.D.A.EDITA Tokyo、1987 年
1-16) 『a+u』1979 年 6 月臨時増刊号『フィリップ・ジョンソン作品集』新建築社、1979 年
1-17) Manfred Tafuri, "Modern Architecture" Academy Editions, 1976
1-18) "Le Corbusier œuvre compléte 1952-57" Artemis Zurich, 1965
1-19) 三宅理一著『都市と建築コンペティションⅡ』講談社、1991 年
1-20) チャールズ・ジェンクス著『a+u』1978 年 10 月臨時増刊号『ポスト・モダニズムの建築言語』新建築社、1978 年
1-21) ロバート・ヴェンチューリ著、伊藤公文訳『建築の多様性と対立性』鹿島出版会、1982 年
1-22) ヴィンセント・スカリー著『マイケル・グレイブス作品集』A.D.A.EDITA Tokyo、1982 年
1-23) Norman Foster and Partners, "Norman Foster Works" Prestel Verlag, 2004
1-24) 『SD』「特集＝ハイテック・スタイル」1985 年 1 月号、鹿島出版会
1-25) Philip C. Johnson, Mark Wigley, "Deconstructivist Architecture" The Museum of Modern Art, New York, 1988
1-26) N. Pevsner, "A History of Building Types" Thames and Hudson, 1976
1-27) レイナー・バンハム著、原達二・増成隆士訳『第 1 機械時代の理論とデザイン』鹿島出版会、1976 年
1-28) ケネス・フランプトン著『GA Document Special Issue2 Modern Architecture 1851-1919』A.D.A EDITA Tokyo、1981 年
1-29) Henry-Russell Hitchcock, "The Pelican History of Art Architecture：Nineteenth and Twentieth Centuries" Penguin Books, 1958（4ht edition, 1977）
1-30) 磯崎新・鈴木博之著『20 世紀の現代建築を検証する』A.D.A.EDITA Tokyo, 2013 年
1-31) ケネス・フランプトン著『GA Document Special Issue 3　Modern Architecture 1920-1945』A.D.A.EDITA Tokyo、1981 年
1-32) William Buchanan, "Mackintosh's Masterwork The Glasgow School of Art" A&C Publishers, 2004
1-33) "The Hill House", The National Trust for Scotland, 2012
1-34) 鈴木博之編著『図説年表　西洋建築の様式』彰国社、1998 年
1-35) Panayotis Tournikiotis, "Adolf

Loos" Princeton Architectural Press, 1994
1-36) ウルリヒ・コンラーツ著、阿部公正訳『世界建築宣言集』彰国社、1970年
1-37) "Le Corbusier œuvre compléte Volume1 1910-1929" Artemis Zurich, 1964
1-38) 鈴木博之著『NHK市民大学　空間を造る〜現代建築への招待』日本放送協会、1986年
1-39) ニコラス・ペヴスナー著、白石博三訳『モダン・デザインの展開』みすず書房、1957年
1-40) レオナルド・ベネヴォロ著、武藤章訳『近代建築の歴史』鹿島出版会、上巻(1978年)、下巻(1979年)
1-41) ヴィンセント・スカーリー著、長尾重武訳『近代建築』鹿島出版会、1966年
1-42) チャールズ・ジェンクス著、黒川紀章訳『現代建築講義』彰国社、1976年
1-43) D. ワトキン著、榎本弘之訳『モラリティと建築』鹿島出版会、1981年
1-44) ニコラス・ペヴスナー著、小野二郎訳『モダン・デザインの源泉』美術出版社、1976年

２章
2-1) 桐敷真次郎編著『パラーディオ　建築四書　注解』中央公論美術出版、1986年
2-2) Sir Banister Fletcher, "A History of Architecture" Athlone Press, 1975
2-3) ピエロ・ヴェントゥーラ著、福田晴虔訳『住まいの歴史』三省堂、1994年
2-4) 鈴木博之著『建築の世紀末』晶文社、1977年
2-5) レオナルド・ベネヴォロ著『近代建築の歴史　上』鹿島出版会、1978年
2-6) エミール・カウフマン著、白井秀和訳『ルドゥーからル・コルビュジエまで自律的建築の起源と展開』中央公論美術出版、1992年
2-8) Luigi Ficacci, "Giovanni Battista Piranesi:The Complete Etchings" Taschen (Bibliotheca Universalis), 2016
2-9) ハンス・ゼードルマイヤー著、石川公一、阿部公正訳『中心の喪失：危機に立つ近代芸術』美術出版社、1965年
2-10) Anthony Vilder, "Claude-Nicolas Ledoux" Massachusetts Institute of Technology, 1990
2-11) 磯崎新、篠山紀信『幻視の理想都市ショーの製塩工場』六燿社、1980年
2-12) 磯崎新、篠山紀信『磯崎新の建築談義#10　ショーの製塩工場』六燿社、2001年
2-13)『SD』1981年1月号『Andrea Palladio』鹿島出版会
2-14) ケネス・フランプトン著『GA Document Special Issue 3　Modern Architecture 1920-1945』A.D.A EDITA Tokyo、1981年
2-15) ジャン・ニコラ・ルイ・デュラン著、丹羽和彦、飯田喜四郎訳『建築講義要録』中央公論美術出版、2014年
2-16) エドワード・R・デ・ザーゴ著、山本学治、稲葉武司訳『機能主義理論の系譜』鹿島出版会、1972年
2-17) 磯崎新、篠山紀信著『磯崎新の建築講義#11　サー・ジョン・ソーン美術館［19世紀］』六耀社、2004年
2-18)『GA Houses 5』A.D.A.Edita Tokyo、1978年
2-19) スピロ・コストフ著、鈴木博之監訳『建築全史　背景と意味』住まいの図書館出版局、1990年
2-20)『SD』1981年3月号『Neo-Classicism』鹿島出版会
2-21) N. Pevsner, "A History of Building Types" Thames and Hudson, 1976
2-22) "Macmillan Encyclopedia of Architecture vol. 3" Macmillan Publishing, 1982
2-23) Robin Middleton, David Watkin, "Neoclassical and 19th Century Architecture/2", Electa/Rizzoli, 1980
2-24) 磯崎新・鈴木博之著『20世紀の現代建築を検証する』A.D.A.EDITA Tokyo、2013年
2-25) ジークフリート・ギーディオン著、太田實訳『空間　時間　建築　1』丸善、1969年
2-26) Robin Middleton and David Watkin, "Neoclassical and 19th Century Architecture" Electa Editrice, 1977
2-27) 鈴木博之著『ジェントルマンの文化―建築から見た英国』日本経済新聞社、1982年
2-28) ビル・ライズベロ著、内田茂、越智卓英訳『絵で見る近代建築とデザインの歩み』鹿島出版会、1988年
2-29) 鈴木博之著『建築家たちのヴィクトリア朝　ゴシック復興の世紀』平凡社、1991年
2-30) ニコラス・ペヴスナー著、小野二郎訳『モダン・デザインの源泉　モリス　アールヌーヴォー　20世紀』美術出版社、1976年
2-31) ニコラス・ペヴスナー著、白石博三訳『モダン・デザインの展開　モリスからグロピウスまで』みすず書房、1967年
2-32) ニコラス・ペヴスナー著、鈴木博之＋鈴木杜幾子訳『美術・建築・デザインの研究Ⅱ』鹿島出版会、1980年
2-33) 桐敷真次郎著『西洋建築史』共立出版、2001年
2-34) D. ワトキン著、榎本弘之訳『モラリ

ティと建築』鹿島出版会、1981年
2-35) "Visual Guide, The Basilica of the Sagrada Familia" Dos De Arte, 2013

3章
3-1) John Mckean, "Crystal Palace" Phaidon Press, 1994
3-2) N. Pevsner, "A History of Building Types" Thames and Hudson, 1976
3-3) Geoffrey D. Hay and Geoffrey P. Stell, "Monuments of industry" Royal Commission on the Ancient and Historical Monuments of Scotland, 1986
3-4) ジークフリート・ギーディオン著、太田實訳『空間　時間　建築　1』丸善、1969年
3-5) Henry Russell Hitchcock, "Architecture:Nineteenth and Twentieth Centuries" Penguin Books Ltd., 1958 (1977, Forth Edition)
3-6) ケネス・フランプトン著『GA Document Special Issue 2 Modern Architecture 1851-1919』A.D.A EDITA Tokyo、1981年
3-7) 鈴木博之著『ジェントルマンの文化』日本経済新聞社、1982年
3-8) ビル・ライズベロ著、内田茂、越智卓英訳『絵で見る近代建築とデザインの歩み』鹿島出版会、1988年
3-9) レオナルド・ベネヴォロ著、武藤章訳『近代建築の歴史』鹿島出版会、上巻(1978年)、下巻(1979年)
3-10) Robin Middleton, David Watkin, "Neoclassical and 19th Century Architecture/2", Electa/Rizzoli, 1980
3-11) Sir Banister Fletcher, "A History of Architecture" Athlone Press, 1975
3-12) Coral Davidson Cragoe, "How to read buildings　A Crash Course in Architecture", Rizzoli International Publication, 2008

4章
4-1) N. Pevsner, "A History of Building Types" Thames and Hudson, 1976
4-2) ジークフリート・ギーディオン著、太田實訳『空間　時間　建築　1』丸善、1969年
4-3) 鈴木博之著『NHK市民大学　空間を造る　現代建築への招待』日本放送協会、1986年
4-4)『新建築』1991年1月号臨時増刊『建築20世紀　part1』新建築社、1991年
4-5) レオナルド・ベネヴォロ著、武藤章訳『近代建築の歴史』鹿島出版会、上巻(1978年)、下巻(1979年)
4-6) 高山正美ほか『PROCESS ARCHITECTURE 35　シカゴ派の建築』プロセスアーキテクチュア、1983年
4-7) Carole Rifkind, "A Field Guide to American Architecture" New American Library, 1980
4-8) スピロ・コストフ著、鈴木博之監訳『建築全史　背景と意味』住まいの図書館出版局、1990年
4-9) ケネス・フランプトン著『GA Document Special Issue 2 Modern Architecture 1851-1919』A.D.A EDITA Tokyo、1981年
4-10) David Spaeth, "Mies van der Rohe" The Architectual Press, 1985
4-11) Mariana Griswold Van Rensselaer, "Henry Hobson Richardson and His Works" Dover Publication, 1969
4-12) Henry Russell Hitchcock, "Architecture:Nineteenth and Twentieth Centuries" Penguin Books Ltd., 1958 (4th edition, 1977)
4-13) コーリン・ロウ著、伊東豊雄、松永安光訳『マニエリスムと近代建築』彰国社、1981年
4-14)『SD』1983年11月号「特集アメリカン・ボザール」鹿島出版会
4-15) Sir Banister Fletcher, "A History of Architecture" Athlone Press, 1975
4-16) 小林克弘他著『ニューヨークのアール・デコ』鹿島出版会、1983年
4-17) 小林克弘著『アール・デコの摩天楼』鹿島出版会、1990年
4-18) 佐々木宏著『二十世紀の建築家たち』相模書房、1973年
4-19) 佐々木宏著『二十世紀の建築家たち　2』相模書房、1976年
4-20) "Art and Architecture Russian Avant-Garde" Academy Editions, 1983
4-21) 三宅理一他著『都市と建築コンペティションⅢ　アヴァンギャルドの道標』講談社、1991年
4-22) 小林克弘他著『SD』1983年1月号「特集　Art Deco in New York」鹿島出版会
4-23) "UIA International Architect Issue3 Mies van der Rohe　Mansion House Square and the Tower Type"
4-24) 山本学治、稲葉武司著『巨匠ミースの遺産』彰国社、1970年
4-25)『建築文化』1998年2月号「特集　Mies van der Rohe vol. 2」彰国社
4-26)『a+u』1988年4月臨時増刊号「アメリカ高層建築」新建築社、1988年
4-27) Charles Jencks, "Skyscrapers-Skycities" Academy Editions, 1980
4-28) 富永譲編著『近代建築の空間再読　〈巨

匠の作品〉にみる様式と表現』彰国社、1985年
4-29）磯崎新・鈴木博之著『20世紀の現代建築を検証する』A.D.A.EDITA Tokyo, 2013年
4-30）ケヴィン・ローチ他著『GA No. 4 ケヴィン・ローチ＆ジョン・ディンケルーフォード財団ビル1967／オークランド美術館1969』A.D.A.EDITA Tokyo、1971年
4-31）Heinz Ronner, Sharad Jhaveri, Alessandro Vasella, "Louis I. Kahn Complete Works 1935-74" Westview Press, 1977
4-32）原口秀昭著『ルイス・カーンの空間構成 アクソメで読む20世紀の建築家たち』彰国社、1998年
4-33）『SD』1980年1月号「特集＝丹下健三」鹿島出版会
4-34）マイケル・フランクリン・ロス著、市居浩一・好川博共訳『メタボリズム以後 戦後日本建築の軌跡』日経マグロウヒル、1978年
4-35）小澤雄樹著『20世紀を築いた構造家たち』オーム社、2014年
4-36）Carter Wiseman, "I.M. Pei A Profile in American Architecture" Harry N. Abrams, 1990
4-37）『SD』1982年6月号「特集＝ペイアンドパートナーズ」鹿島出版会
4-38）『建築ディテール集成』彰国社、1994年
4-39）"Philip Johnson/John Burgee Architecture 1979-1985" Rizzoli, 1985
4-40）ヴィンセント・スカリー著『マイケル・グレイブス作品集』A.D.A.EDITA Tokyo、1982年
4-41）Norman Foster and Partners, "Norman Foster Works" Prestel Verlag, 2004
4-42）『建築文化』別冊『東京都新庁舎』彰国社、1991年
4-43）『新建築』1991年5月号「特集 東京都新庁舎」

5章

5-1）坪井善昭他著『力学、素材、構造デザイン』建築技術、2012年
5-2）ケネス・フランプトン著『GA Document Special Issue 2 Modern Architecture 1851-1919』A.D.A EDITA Tokyo、1981年
5-3）吉田鋼市著『トニー・ガルニエ』鹿島出版会、1993年
5-4）ドーラ・ウィーベンソン著、松本篤訳『工業都市の誕生 トニー・ガルニエとユートピア』井上書院、1983年
5-5）レオナルド・ベネヴォロ著、武藤章訳『近代建築の歴史 上』鹿島出版会、1978年
5-6）デヴィッド・ゲバート著、末包伸吾訳『ルドルフ・シンドラー カリフォルニアのモダンリビング』鹿島出版会、1999年
5-7）ジークフリート・ギーディオン著、太田實訳『空間 時間 建築 2』丸善、1977年、初版1969
5-8）原口秀昭著『ルイス・カーンの空間構成 アクソメで読む20世紀の建築家たち』彰国社、1998年
5-9）Manfredo Tafuri, Francesco Dal Co" Modern Architecture" Academy Editions, 1980
5-10）Karla Britton, "Auguste Perret" Phaidon Press, 2001
5-11）吉田鋼市著『オーギュスト・ペレ』鹿島出版会、1985年
5-12）"Le Corbusier œuvre compléte Volume 1 1910-1929" Artemis Zurich, 1964
5-13）S.V. モース著、住野天平訳『ル・コルビュジエの生涯』彰国社、1981年
5-14）Steven Park, "Le Corbusier Redrawn the houses" Princeton Architectural Press, 2012
5-15）二川幸夫編集、写真『FRANK LLOYD WRIGHT MONOGRAPH 1887-1901』A.D.A.EDITA Tokyo、1986年
5-16）二川幸夫編集、写真『FRANK LLOYD WRIGHT MONOGRAPH 1902-1906』A.D.A.EDITA Tokyo、1987年
5-17）Frank Lloyd Wright, " Drawings and Plans of Frank Lloyd Wright The Early Period (1893-1909), Dover Publications, 1983
5-18）R. マコーマック『a+u』1979年3月号『ライトの美学の解剖』新建築社
5-19）William Allin Storrer, "The Frank Lloyd Wright Companion" The University of Chicago Press, 1993
5-20）ジークフリート・ギーディオン『空間 時間 建築 1』丸善、1976年
5-21）二川幸夫編集、写真『FRANK LLOYD WRIGHT MONOGRAPH 1924-1936』A.D.A.EDITA Tokyo、1985年
5-22）二川幸夫編集、B.B. ファイファー文『FRANK LLOYD WRIGHT IN HIS RENDERINGS 1887-1959』A.D.A.EDITA Tokyo、1984年
5-23）コーリン・ロウ著、伊東豊雄、松永安光訳『マニエリスムと近代建築』彰国社、1981年
5-24）二川幸夫編集、写真『FRANK LLOYD WRIGHT MONOGRAPH 1951-1959』A.D.A.EDITA Tokyo、

1988年

6章

6-1）原口秀昭著『20世紀の住宅』鹿島出版会、1994年
6-2）片木篤著『イギリスのカントリーハウス』丸善、1988年
6-3）Sir Banister Fletcher, “A History of Architecture” Athlone Press, 1975
6-4）ロンドンデザイン美術館、鈴木博之監修『ブリティッシュ・スタイル170年―理想都市の肖像にみるイギリスのインテリア、建築、都市計画展　British Style 170 years through the view of Ideal City』西武美術館、1987年
6-5）『建築学大系27　集合住宅』彰国社、1955年
6-6）鈴木博之『NHK市民大学　空間を造る―減退建築の招待』日本放送出版協会、1986年
6-7）ケネス・フランプトン著『GA Document Special Issue2 Modern Architecture 1851-1919』A.D.A EDITA Tokyo、1981年
6-8）『新建築』1991年1月臨時増刊『建築20世紀　part1』新建築社
6-9）鈴木博之著『建築の世紀末』晶文社、1977年
6-10）ニコラス・ペヴスナー著、小野二郎訳『モダン・デザインの源泉　モリス　アールヌーヴォー　20世紀』美術出版社、1976年
6-11）ニコラス・ペヴスナー著、白石博三訳『モダン・デザインの展開　モリスからグロピウスまで』みすず書房、1967年
6-12）片木篤著『アーツ・アンド・クラフツの建築』鹿島出版会、2006年
6-13）Robin Middleton, David Watkin, “Neoclassical and 19th Century Architecture/2”, Electa/Rizzoli, 1980
6-14）ウィリアム・モリス著、松村達雄訳『ユートピアだより』岩波書店、1968年
6-15）長谷川堯著『建築逍遥』平凡社、1990年
6-16）鈴木博之著『建築家たちのヴィクトリア朝―ゴシック復興の世紀』平凡社、1991年
6-17）長谷川堯著『田園住宅―近代におけるカントリー・コテージの系譜』学芸出版社、1994年
6-18）大橋竜太著『イングランド住宅史―伝統の形成とその背景』中央公論美術出版、2005年
6-19）スピロ・コストフ著、鈴木博之監訳『建築全史　背景と意味』住まいの図書館出版局、1990年
6-20）Andrew Saint, “Richard Norman Shaw” Yale University Press, 1976
6-21）Henry Russell Hitchcock, “Architecture:Nineteenth and Twentieth Centuries” Penguin Books Ltd., 1958（1977, Forth Edition）
6-22）『a+u』1981年12月臨時増刊号『ロバート・ヴェンチューリ作品集』新建築社
6-23）David Gebhard, “Charles F.A. Voysey Architect” HENNESSEY & INGALLS INC., 1975
6-24）ニコラス・ペヴスナー、鈴木博之＋鈴木杜幾子『美術・建築・デザインの研究Ⅱ』鹿島出版会、1980年
6-25）Panayotis Tournikiotis, “Adolf Loos” Princeton Architectural Press, 1994
6-26）James D. Kornwolf, “M.H. Baillie Scott and the Arts and Crafts Movement” The Johns Hopkins Press 1972
6-27）ロバート・ヴェンチューリ著、伊藤公文訳『建築の多様性と対立性』鹿島出版会、1982年
6-28）ロバート・ヴェンチューリ著『ラッチェンスから何を学ぶか』（『a+u』1981年12月号、新建築社）
6-29）“Macmillan Encyclopedia of Architecture vol. 3” Macmillan Publishing, 1982
6-30）Daniel O'Neil, “Sir Edwin Lutyens” Lund Humphries Publishers Ltd., 1980
6-31）A.G.S. Butler, “The Architecture of Sir Edwin Lutyens vol. 1” A.S.G. Country Life Ltd., London, 1950
6-32）山口廣、飯塚キヨ他『インド建築の500年』世田谷美術館、1988年
6-33）“Le Corbusier œuvre compléte Volume6　1952-57” Les Editions d'Architecture Zurich, 1957
6-34）鈴木博之著『ジェントルマンの文化―建築から見た英国』日本経済新聞社、1982年
6-35）三宅理一著『都市と建築コンペティションⅡ　機械と装飾』講談社、1991年
6-36）二川幸夫編集、写真『FRANK LLOYD WRIGHT MONOGRAPH 1887-1901』A.D.A.EDITA Tokyo、1986年

7章

7-1）香山寿夫『アメリカの建築と荒野のイメージ』（『SD』1977年4月号）鹿島出版会
7-2）Carole Rifkind, “A Field Guide to American Architecture” New American Library Publishers Signet, Mentor, Plume, Meridian & Nal Books, 1980

7-3) Virginia and Lee McAlester, "A Field Guide to American Houses" Alfred A. Knoff, ING. 1984
7-4) V. スカーリー著、香山寿夫訳『アメリカの建築とアーバニズム（上）』鹿島出版会、1973年
7-5) ジークフリート・ギーディオン著『空間 時間 建築 1』丸善、1969年
7-6) Edward R. Ford, "The Details of Modern Architecture" The MIT Press, 1990
7-7) Andrew Jackson Downing, "A Treatise on the Theory and Landscape Gardening Adapted to North America-with Remarks on Rural Architecture" 1814, "Cottage Residence" 1842, "The Architecture of Country Houses" 1850
7-8) Vincent J. Scully, Jr., "The Shingle Style and the Stick Style" revised edition, Yale University Press, 1979
7-9) Carole Rifkind, "A Field Guide to American Architecture" New American Library Publishers Signet, Mentor, Plume, Meridian & Nal Books, 1980
7-10) Arnold Lewis, "American Country Houses of the Gilded Age" Dover Publication, Inc., 1982
7-11) Leland M. Roth, "Mckim, Mead & White, Architects" Thames and Hudson Ltd., 1984

8章
8-1) 二川幸夫編集、写真『FRANK LLOYD WRIGHT MONOGRAPH 1887-1901』A.D.A.EDITA Tokyo、1986年
8-2) William Allin Storrer, "The Frank Lloyd Wright Companion" The University of Chicago Press, 1993
8-3) Frank Lloyd Wright, "Drawing and plans of Frank Lloyd Wright The early period (1893-1909)" Dover Publications, 1983
8-4) マコーマック著『ライトの美学の解剖』(「a+u」1979年3月号) 新建築社
8-5) 二川幸夫編集、写真『FRANK LLOYD WRIGHT MONOGRAPH 1902-1906』A.D.A.EDITA Tokyo、1987年
8-6) Edward R. Ford, "The Details of Modern Architecture" MIT Press, 1990
8-7) 二川幸夫編集、写真『FRANK LLOYD WRIGHT MONOGRAPH 1907-1913』A.D.A.EDITA Tokyo、1987年
8-8) Henry Russell Hitchcock, "Architecture:Nineteenth and Twentieth Centuries" Penguin Books Ltd., 1958 (4th edition, 1977)
8-9) 住宅金融支援機構『フラット35対応枠組壁工法住宅工事仕様書』井上書院、2013年
8-10) ポール・オヴリー著、由水常雄訳『デ・ステイル』PARCO出版局、1978年
8-11) レイナー・バンハム著、原達二・増成隆士訳『第1機械時代の理論とデザイン』鹿島出版会、1976年
8-12) ケネス・フランプトン著『GA Document Special Issue2 Modern Architecture 1851-1919』A.D.A EDITA Tokyo、1981年
8-13) 二川幸夫編集、写真『FRANK LLOYD WRIGHT MONOGRAPH 1914-1923』A.D.A.EDITA Tokyo、1985年
8-14) Edward R. Ford, "The Details of Modern Architecture" MIT Press, 1990
8-15) Donald Hoffmann, "Frank Lloyd Wright's Fallingwater" Dover Publications, 1978
8-16) 二川幸夫編集、写真『FRANK LLOYD WRIGHT MONOGRAPH 1924-1936』A.D.A.EDITA Tokyo、1985年
8-17) 原口秀昭著『20世紀の住宅』鹿島出版会、1994年
8-18) 二川幸夫編集、写真『FRANK LLOYD WRIGHT MONOGRAPH 1937-1941』A.D.A.EDITA Tokyo、1986年
8-19) 二川幸夫編集、写真『FRANK LLOYD WRIGHT MONOGRAPH 1942-1950』A.D.A.EDITA Tokyo、1988年
8-20)『昭和住宅史』新建築社、1977年

9章
9-1) David Spaeth, "Mies van der Rohe" The Architectual Press, 1985
9-2) Wolf Tegethoff, "Mies van der Rohe The Villas and Country Houses" The Museum of Modern Art, 1985
9-3) 原口秀昭著『20世紀の住宅』鹿島出版会、1994年
9-4) 磯崎新・鈴木博之著『20世紀の現代建築を検証する』A.D.A.EDITA Tokyo、2013年
9-5) Fundacio'Mies van der Rohe Barcelona資料より
9-6)『建築文化』1998年1月号、彰国社
9-7) "Le Corbusier œuvre compléte Volume1 1910-1929" Artemis Zurich, 1964年

9-8) 『GA ディテール No. 1：ミース・ファン・デル・ローエ　ファンズワース邸』A.D.A.EDITA Tokyo、1976 年
9-9) 『a+u』1979 年 6 月臨時増刊号『フィリップ・ジョンソン作品集』新建築社、1979 年
9-10) "Philip Johnson Architecture 1949-1965" Thames Hudson, 1966
9-11) 『リチャード・ノイトラ』美術出版社、1969 年
9-12) 『新建築』1991 年 1 月臨時増刊『建築 20 世紀　PART1』新建築社、1991 年
9-13) 原口秀昭著『ルイス・カーンの空間構成 アクソメで読む 20 世紀の建築家たち』彰国社、1998 年
9-14) フランツ・シュルツ著、澤村明訳『評伝 ミース・ファン・デル・ローエ』鹿島出版会、2006 年

10 章
10-1) "Le Corbusier œuvre compléte Volume 1 1910-1929" Artemis Zurich, 1964
10-2) 東京大学工学部建築学科安藤忠雄研究室編『ル・コルビュジエの全住宅』TOTO 出版、2001 年
10-3) 原口秀昭『20 世紀の住宅』鹿島出版会、1994 年
10-4) 二川幸夫編集、写真『FRANK LLOYD WRIGHT MONOGRAPH 1902-1906』A.D.A.EDITA Tokyo、1987 年
10-5) コーリン・ロウ著、伊東豊雄、松永安光訳『マニエリスムと近代建築』彰国社、1981 年
10-6) ル・コルビュジエ著、吉阪隆正訳『建築をめざして』鹿島出版会、1967 年
10-7) スタンスラウス・フォン・モース著、住野天平訳『ル・コルビュジエの生涯』彰国社、1981 年
10-8) デヴィッド・ゲバート著、末包伸吾訳『ルドルフ・シンドラー　カリフォルニアのモダンリビング』鹿島出版会、1999 年
10-9) "Le Corbusier œuvre compléte Volume 5 1946-52" Artemis Zurich, 1964
10-10) 安藤直見、柴田晃宏、比護結子著『建築のしくみ　住吉の長屋/サヴォア邸/ファンズワース邸/白の家』丸善、2008 年
10-11) Panayotis Tournikiotis, "Adolf Loos" Princeton Architectual Press
10-12) "Le Corbusier œuvre compléte Volume 3 1934-38" Artemis Zurich, 1964
10-13) "Le Corbusier œuvre compléte Volume 2 1929-34" Artemis Zurich, 1964
10-14) ル・コルビュジエ著、吉阪隆正訳『モデュロール 1、2』鹿島出版会、1978 年
10-15) "Le Corbusier œuvre compléte Volume 6 1952-57" Les Editions d'Architecture Zurich, 1964
10-16) "Le Corbusier œuvre compléte Volume 7 1957-65" Artemis Zurich, 1964
10-17) 原口秀昭著『ルイス・カーンの空間構成 アクソメで読む 20 世紀の建築家たち』彰国社、1998 年
10-18) Heinz Ronner, Sharad Jhaveri, Alessandro Vasella, "Louis I. Kahn Complete Works 1935-74", Westview Press, 1977

11 章
11-1) Karl Fleig, "Alvar Aalto Ⅰ 1922-1962" Architecture Artemis Zurich, 1963
11-2) Karl Fleig, "Alvar Aalto Ⅱ 1963-1970" Architecture Artemis Zurich, 1971
11-3) Karl Fleig, "Alvar Aalto Ⅲ" Architecture Artemis Zurich, 1990
11-4) 『a+u』1977 年 7 月臨時増刊『ポール・ルドルフ作品集』1977 年
11-5) 『SD』1978 年 1 月号、鹿島出版会
11-6) 『GA　No. 3　シーランチ』A.D.A.EDITA Tokyo、1971 年
11-7) 『MLTW の住宅』A.D.A.EDITA Tokyo、1975 年
11-8) 『GA HOUSES 101』A.D.A.EDITA Tokyo、2008 年
11-9) "Le Corbusier œuvre compléte Volume1 1910-29" Artemis Zurich, 1964
11-10) 『新建築』1952 年 7 月号、新建築社
11-11) 『新建築』1954 年 11 月号、新建築社
11-12) 『新建築』1961 年 1 月号、新建築社
11-13) 『新建築』1966 年 9 月号、新建築社
11-14) 『都市住宅』1985 年 10 月号、鹿島出版会
11-15) 『建築文化』1954 年 11 月号、彰国社
11-16) 『建築文化』1960 年 4 月、彰国社
11-17) 『新建築』1957 年 12 月号、新建築社

索引（用語）

人名索引は p.383、建築・椅子は p.384 にまとめた。

欧文

あ

か

さ

た

わ

索引（人名）

あ

か

さ

た

な

は

索引（建築・椅子）

あ

か

さ

た

や

ら

わ

原口秀昭（はらぐち　ひであき）
1959年東京都生まれ。1982年東京大学建築学科卒業、86年同大学修士課程修了、89年同大学院博士課程単位取得満期退学。大学院では鈴木博之研究室にてラッチェンス、ミース、カーンらの研究を行う。現在、東京家政学院大学生活デザイン学科教授。
著書に『20世紀の住宅－空間構成の比較分析』（鹿島出版会）、『ルイス・カーンの空間構成　アクソメで読む20世紀の建築家たち』『1級建築士受験スーパー記憶術』『2級建築士受験スーパー記憶術』『構造力学スーパー解法術』『建築士受験　建築法規スーパー解読術』『マンガでわかる構造力学』『マンガでわかる環境工学』『ゼロからはじめる建築の［数学・物理］教室』『ゼロからはじめる［RC造建築］入門』『ゼロからはじめる［木造建築］入門』『ゼロからはじめる建築の［設備］教室』『ゼロからはじめる［S造建築］入門』『ゼロからはじめる建築の［法規］入門』『ゼロからはじめる建築の［インテリア］入門』『ゼロからはじめる建築の［施工］入門』『ゼロからはじめる建築の［構造］入門』『ゼロからはじめる［構造力学］演習』『ゼロからはじめる［RC＋S構造］演習』『ゼロからはじめる［環境工学］入門』『ゼロからはじめる［建築計画］入門』『ゼロからはじめる建築の［設備］演習』『ゼロからはじめる［RC造施工］入門』『ゼロからはじめる建築の［歴史］入門』（以上、彰国社）など多数。

ゼロからはじめる［近代建築］入門

2023年 7 月10日　第 1 版　発　行

著作権者との協定により検印省略

著　者　原　口　秀　昭
発行者　下　出　雅　徳
発行所　株式会社　彰　国　社
162-0067　東京都新宿区富久町8-21
電　話　03-3359-3231(大代表)
振替口座　00160-2-173401

自然科学書協会会員
工学書協会会員

Printed in Japan

印刷：三美印刷　製本：中尾製本

ISBN 978-4-395-32195-7　C3052　https://www.shokokusha.co.jp